대통령이 된
간첩

문재인을 간첩이라 주장하는 100가지 이유

정치에 관심을 가지지 않는다면

국가 반역자들과 적국의 스파이들이

나와 내 부모와 내 자식의 머리 위에 군림한다

대한민국은 이미 그렇게 되었다

대통령이 된
간첩

초판 1쇄 인쇄 2024년 01월 03일
초판 1쇄 발행 2024년 01월 08일
초판 2쇄 발행 2024년 01월 26일

공저자 | 고영주·장영관
발행인 | 장영관

발행처 | 북저암
등록번호 | 제399-53-00755호

주소 | 서울 마포구 큰우물로 75, 405호
전화 | 010-8671-0710
팩스 | 070-4185-7319
이메일 | kalxon888@naver.com

ISBN 979-11-986047-2-9 03340

대통령이 된 간첩

문재인을 간첩이라 주장하는 100가지 이유

고영주 장영관 공저

북저암

2018년 4월 27일, 문재인은 판문점 도보다리에서 김정은을 만나 USB를 전달했다. 그후 문재인은 이 USB에 어떤 내용이 담겨있었는지 밝히지 않았다. 국민들이 USB의 내용을 궁금해 하자 문재인 정부 대통령비서실 국정기획상황실장이던 더불어민주당 윤건영 의원은 그 USB는 통일부가 보관하고 있으니 통일부에 알아보라고 발뺌을 했다. 그래서 "문재인이 김정은에게 건넨 도보다리 USB의 내용을 알려달라"고 통일부에 정보공개청구를 했는데, 통일부에서는 USB의 내용이 공공기관의 정보공개에 관한 법률 제9조의 제1항 제2호 소정 「비공개 대상정보」라는 이유로 공개를 거부했다. 즉 이 USB에는 「국가안전보장·국방·통일·외교관계 등에 관한 사항으로서 국가의 중대한 이익을 현저히 해칠 우려가 있다고 인정되는 정보」가 있었다는 취지다. 그렇다면 위 내용은 국가보안법 제4조 제1항 제2호 가목에 해당하는 「국가기밀」이라 할 것이므로 이를 반국가단체의 수괴인 김정은에게 넘긴 문재인의 행위는 법정형이 사형 또는 무기징역에 해당하는 국가보안법상 간첩죄에 해당한다 할 것이다. 그리하여 자유민주당은 2023년 9월 25일자 조선일보, 중앙일보, 동아일보, 문화일보의 각 사설면 하단에 문재인을 간첩죄 등으로 즉각 수사하라고 5단 광고를 게재하였다.

이 광고를 보고 「문재인의 정체」의 저자인 장영관 씨가 당사로 찾아왔다. 자신도 문재인의 행적을 곰곰이 살펴본 결과 그는 단순한 공산주의자를 넘어서 북한의 간첩임이 틀림없다고 생각해서, 「문재인의 정체」의 후속

편으로 「대통령이 된 간첩」이라는 제목으로 책을 쓸 자료를 수집해 놓았는데, 너무 민감한 문제라서 고민하던 중 당의 광고를 보고 반가워서 찾아왔다고 말했다. 참고로 장영관(필명 장삼)씨는 종전에 「문재인의 정체」라는 책을 펴낼 때 제가 감수를 한 인연이 있을 뿐 아니라 제가 대표로 있는 자유민주당의 당원으로 있는 분이다.

자유민주당을 창당한 직후의 일이다. 늘 대한민국의 좌경화를 걱정하고 종북주의자들에게 관심이 많은 이 분에게 제가 문재인 정권의 종북 좌파적 실상을 알리는 책을 저술해보라고 권유한 바 있다. 그러고 나서 2년쯤 지난 어느날 「문재인의 정체」라는 방대한 원고를 들고와 제게 상담을 요청했다. 그래서 면밀하게 일독했는데 문장도 매끄럽고 충분한 근거를 제시하며 결론을 내는 과정도 자연스러워 시간가는 줄도 모르고 금새 읽을 수 있었다. 이런 좋은 책은 국민들에게 널리 알려야 할 필요가 있겠다고 생각해서 제가 감수를 하는 조건으로 자유민주당에서 출판하게 되었고 책은 예상대로 큰 호평을 받았다.

사업을 하는 분이 어떻게 그런 정치적, 사회적 식견을 가지고 있는지 후에 알아보았더니 장영관 씨는 대학과 대학원에서 정치학과 문학을 모두 전공한 분이다. 다행히 「문재인의 정체」는 우파의 서적 치고는 드물게 히트를 해서 거뜬히 베스트셀러에도 올랐다. 이런 인연으로 저는 이미 이 분의 능력을 알고 있으니 새롭게 준비해오신 「대통령이 된 간첩」 책자에 대해서도 같이 뜻과 힘을 모으기로 했다. 그런데 이번에는 감수만 할 것이 아니라 공동저자가 되었으면 좋겠다고 제의했다. 그래서 "아니, 장영관 씨가 다 준비해오신 책에 공동저자로 이름을 올리는 것은 너무 염치없는 짓이 아닙니까" 그랬더니 "공동으로 저작한다는 심정으로 자세히 검토하시고, 잘못된 부분은 직접 수정, 보완, 삭제해 주시면 공동저작에 버금가는 일입니다. 더구나 내용이 너무 민감하고 부담스러워서 그러니 거절하지 말아 주십시오"라고 간청했다. 그래서 기꺼이 공동저자로 이름을 올리게 되었다. 그리고 공저자의 이름이 부끄럽지 않도록 열심히 읽은 후 방향성과 논지에 대해 많은 조언을 하고 의논을 나누었다. 법적으로 문제가 될 만한 부분은 모두 수정했으며 보완해야 할 것에 대해서도 귀찮을 정도로 많은 요구를 했다. 장영관 씨 역시 제가 귀찮을 정도로 많은 질문을 해 왔고 자료를 요구해 왔다. 저도 당무를 보며 시간을 쪼개 나름 성의있게 모두 요구에 응했다. 그렇게 1년간의 길고 어려운 과정을 거쳐 나온 것이 이 책이다.

완성된 글의 최종본을 다시 읽고 나서 새삼 장영관 씨가 언제 이렇게 많은 자료들을 수집하고, 또한 체계적으로 정리해 놓았는지 또 한번 감탄을 금할 수 없었다. 문재인을 간첩이라 주장하는 서술의 근거가 너무도 탄탄해서 어느 분이라도 이 책을 읽으면 동의를 넘어 확신할 수 있을 것이다. 공저자 장영관 씨와 늘 하는 말이 있다. 대한민국은 이미 좌익의 나라가 되었다는 것이다. 헌법은 분명 자유민주주의 국가로 명시하고 있지만 종북주의자들이 사회 모든 분야의 주류가 되어 대한민국을 흡수하려는 야욕을 버리지 않은 북한에 동조하는 매우 위험한 상황에 있다는 점을 서로 공감하고 있다. 그리고 이런 상황을 막아야 한다는 점에는 더욱 의기투합하고 있다. 여기에 공감하는 많은 국민이 제가 당 대표로 있고 장영관 씨가 당원으로 있는 자유민주당에 합류하여 같이 힘을 모아 대한민국의 자유민주주의를 함께 지킬 수 있기를 두손을 모아 기도한다.

감히, 문재인의 5년과 문재인의 정체를 이 책보다 더 적나라하게 파헤칠 수는 없을 것이라는 믿음을 가지고 이 책을 내놓는다. 이 책을 읽으시고 책 제목 그대로 문재인을 '대통령이 된 간첩'으로 생각하신다면, 그리고 그의 범죄혐의에 공감하고 그를 구속해야 한다고 생각하신다면, 더 큰 목소리를 내 주시길 진심으로 바란다. 문재인이 처벌받지 않는다면 대한민국이 위험하다고 다시 한번 말씀드리고 싶다. 아무쪼록 많은 국민들이 이 책을 보시고, 최소한 다시는 문재인과 같은 간첩이나 종북 주사파를 대한민국의 지도자로 선출하는 일이 없기를 기대한다.

2023. 12. 10
자유민주당 대표 고영주

PROLOGUE ● 장영관

　그는 자신의 5년을 다 잊은 것일까. 그가 통치한 5년을 국민이 다 잊었다고 생각하는 것일까. 평산에서 책과 커피를 팔며 한 번씩 훈수나 두는 그가 너무 태평해 보였다. 국민에게 그렇게 많은 고통을 안기고, 나라를 총체적으로 파괴해 놓고 자신은 그것을 다 잊은 것일까. 퇴임한 그를 보는 일은 그가 대통령으로 재임할 때 만큼이나 답답했다. 그리고 그가 더 궁금해졌다. 그의 정체는 대체 무엇일까. 거짓말쟁이이거나 사기꾼 정도일까. 아니면 공산주의자나 북한주의자일까. 대한민국 반역자라고 규정해야 하나. 간첩은 아닐까. 이 책은 이런 의문에서 시작되었다.

　윤석열도 버거워 보였다. 뱃심 두둑한 그도, 문재인의 사주를 받은 추미애의 무당춤에도 끄덕없던 그도, 범죄자 잡는 데는 이골이 난 그도 버거운 듯했다. 자유민주주의 대한민국 70여 년 역사상 최악의 범죄 혐의자가 확실한 문재인을 단죄해야 하는데 윤석열은 최고 권력의 자리에 오르고 나서도 진척이 없었다. 그의 무능이 이유가 아닌 듯 했다. 이미 악성 암덩이가 되어 나라의 모든 영역을 장악한 종북좌익 세력이 쌓아둔 방어벽은 난공불락인 듯 했고 그 철옹성 안에 숨은 간첩 혐의자 문재인을 잡는 데는 윤석열도 힘겨운 듯 했다. 그에게 어떤 힘을 보탤 수 있을까를 생각했다.

　최고 통치자도 버거운 이 일에 일개 국민이 할 수 있는 일은 아무 것도 없는 듯 보였다. 그러나 한 그루의 나무로 수많은 성냥을 만들어 내지만 한 개피의 성냥으로 나무는 물론 숲까지 몽땅 태울 수 있는 이치를 믿어보기로 했다. 그제서야 할 수 있는 일이 보였다. 글로 문재인의 정체를 밝히고 그의 죄악을 널리 알리는 일이다. 중국문학과 정치학을 공부한 오래된 밑천을 꺼내들었다. 그래서 나온 것이 [문재인의 정체]라는 제목의 책이다. 문재인의 이념 정체성을 가장 잘 꿰뚫고 있는 고영주 변호사의 지도와 응원은 글쓰는 고통을 참아내는데 충분한 에너지원이 되었다. 책은 베스트셀러가 되었다. 조갑제 선생님의 격려를 받았고 월간조선 배진영 편집장으로부터는 "재미 없는 보수 진영의 책 가운데 보기 드물게 재미 있는 책"이라는 과분한 평가도 받았다. 그래서 다시 힘을 냈다.

"국민에게 그렇게 많은 고통을 주고 잊혀지고 싶다고? 어림없는 일이다." 책 [문재인의 정체]에서 문재인이 볼 수 있도록, 적어도 문재인의 귀에 들어가기를 바라며 책 표지에 그렇게 박아놓았다. 그러나 그는 꿈쩍도 하지 않았다. 그를 추종하는 문빠들 외에는 자신의 백성으로 여기지 않는 그에게 이 일개 국민의 목소리는 그의 귀에까지 닿을 수 없는 듯 했다. 대깨문들은 댓글로 악평을 쏟으며 관심을 보였으나 문재인의 목소리는 없었다. 국민을 수시로 고소 고발했던 그가 자신을 공산주의자, 김일성주의자로 규정하고 대한민국 파괴자로 단정하고, 간첩으로 의심했는데도 아무런 말도 하지 않았다. 그는 자신의 집 가까이에 책방을 내어 추종자를 모았고 추종자들은 사진으로 그의 평안한 근황을 알렸다. 그의 실정과 악정과 폭정을 기억하는 국민으로서 분노스럽고 분통 터지는 일이었다.

주사파로 대표되는 종북세력이 대한민국에 끼친 해악은 무수하다. 그들이 지향하고 투쟁하는 일은 크게 세 가지다. 첫째는 대한민국의 정통성을 부정하고 국체인 자유민주주의를 공격하는 국가 정체성 흔들기다. 둘째는 대한민국 보다는 북한, 민족 보다는 김일성 일가에 충성하는 이적성이다. 셋째는 대한민국을 파괴하는 것이다. 대한민국의 자유민주적 법질서를 파괴하고, 산업화의 성취를 파괴하고, 호전적인 북한정권에 대응하는 우리의 군사적 방어능력을 파괴했다. 대한민국 대통령이 된 문재인의 지향과 목표는 이 세 가지와 일치했다. 놀라운 일이었다. 주사파가 대통령이 된 것인가. 주사파는 고정간첩과 유사어인데, 그렇다면 대통령 문재인이 간첩인가.

막스 베버는 "정치는 의도로 평가받는 것이 아니라 결과로 평가받는다"고 했다. 거짓과 조작과 선전과 선동으로 청와대를 차지하고, 여기에다 쇼와 홍보와 광고와 자랑질과 국민 뇌피셜을 더해 자신의 통치를 위장하고 포장하며 높은 지지율을 유지했던 문재인에게 속지않고 그의 통치 5년을 제대로 보기 위해서는 "정치는 결과"라고 한 막스 베버의 말을 믿어야 한다. 그래서 문재인의 5년의 결과를 복기하며 진상을 파헤치고 숨겨진 진짜 의도를 찾아내려 한다. 찾아낸 결과를 먼저 말하자면, 대한민국 제19대 대통령 문재인은 간첩이다. 남한에서 북한을 위해 일한 간첩이다. 확신한다.

2023. 12. 15.

울릉도 저동 서재에서 장영관

CONTENTS

PART 4

독재시대

PART 5

인민경제

문재인
그의
정체는

미국 국방장관을 지낸 캐스퍼 와인버거Caspar weinberger는 그의 저서 [THE NEXT WAR]에서 대한민국이 멸망한다면 그 이유는 "간첩과 주사파의 공작에 의한 내전(민중봉기, 폭동)에 의해서 일 것이다"라고 말했다. 광우병 사태, 세월호 사태, 촛불과 탄핵정국은 모두 내전이었고 이 내전의 총사령관은 문재인이었다. 문재인은 주사파가 옹립한 대통령이다. 그렇다면 그의 정체는 대체 무엇인가.

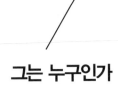

CHAPTER ● 1

그는 누구인가

문재인의 정체를 의심하는 사람은 많았다. 2012년 대통령 후보가 되었을 때부터 많은 지식인들은 그의 이념 정체성을 검증하려 했다. 그러나 그는 침묵하거나 엉뚱한 소리만 하며 검증을 회피했다. 한 국가의 수반이 될 사람의 정치적 이념을 확인하는 것은 단순한 흥미의 차원이 아니라 국가의 운명에 영향을 미치는 일이라는 이유를 말하며 그것을 검증하려 했으나 그는 자신의 사상을 분명하게 말하지 않았다. 그는 자유민주주의의 주요 가치인 인권, 민주 등의 용어를 자주 들먹였으나 행동은 반인권적이고 비민주적인 것이었다. 그나마 민주주의의 핵심 가치인 자유는 입에 담지도 않았다. 그의 사상을 의심하는 국민이 많았던 이유다. 결국 그의 정체성에 대한 우려는 현실이 되었다. 대통령이 된 그가 펼치는 통치는 대한민국의 기본질서와는 완전히 배치되는 것이었다. 지금이라도 그의 정체를 알아야 한다.

그를 인민군 장교의 아들이라고 말하는 사람이 있다

문재인의 아버지 문용형은 1950년 12월 24일 미국 군함을 타고 남하하여 거제도에 정착했으며 53년 거제도에서 문재인을 낳았다. 이것이 우리가 공식적으로 알고 있는 19대 대통령 문재인에 대한 출생의 기원이다. 문재인 자신도 저서 [운명]에서 그렇게 말했다. 그러나 많은 사람들은 여기에 근본적인 의문을 제기한다. 의문은 1920년생으로 1950년 당시 31세였던 문재인의 아버지에 대한 이야기에서 시작된다. 수 많은 사람이 제기한 의혹 가운데 원로 언론인 조갑제 선생이 제기한 내용과 6·25당시 문재인의 아버지를 직접 생포했다는 윤월스님(속명 서승남)의 주장을 언론인 조우석이 공론의 장으로 등장시킨 내용을 들여다 보자.

그 아버지의 아들

조갑제는 문재인이 스스로 말한 내용, 즉 문재인의 부친 문용형이 1950년 흥남철수 때 남하하여 경남지역에 정착했으며 거제도에서 문재인을 낳고 길렀다는 전제를 인정하고 그 위에서 의문을 제기한다. 문용형은 월남 전 공산당원으로 함흥 농업과장을 지낸 그 지역에서 힘있는 관료였음에도 공산당을 피하기 위해 가족을 데리고 모두 남하했다는 점이 첫 번째 이해불가한 의혹이다. 그리고 1978년 사망할 때까지 거제 부산 양산 등의 경남지역에 거주하는 동안 한국 미국 일본에 대한 매우 비판적인 견해를 주위에 퍼뜨렸다는 점이 두 번째 의혹이다. 문용형은 자신의 매우 강한 반 미국 반일본 반한국적 의식을 주변 사람들에게 적극적으로 주입시키기 위해 노력했는데, 이는 공산당을 피해 미국의 도움으로 가족과 함께 남하에 성공한 다른 사람들의 행보와는 확연히 다르며 그래서 이해할 수 없는 것이라고 했다. 그리고 이런 아버지를 보며 문재인 역시 자연스럽게 공산주의자가 되고 반미주의자가 되었을 것이라는 견해다. 조갑제는 공산주의자인 동시에 반한국주의자 반미주의자인 아버지 문형용 아래에서 그 영향을 받고 자란 종북주의자 문재인을 이해하고 있다.

윤월스님의 증언

언론인 조우석은 2021년 2월 '뉴스타파'와 '뉴스타운TV'를 통해 6·25 전쟁 당시 문재인의 아버지 문용형을 직접 생포했다는 윤월스님의 주장을 공론화 했다. 스님의 주장은 이렇다.

1950년 7월 고등학생 신분으로 학도병으로 징집된 윤월스님은 백선엽이 이끄는 1사단의 15연대 2대대 7중대 소속으로 경북 영천지역으로 배치된다. 그는 학도병 소응렬(미국 거주)과 학도병 김 모씨(경기 안성 거주)와 함께 8월 29일 오전 10시경에 영천시 화북면 입석리 먹배기골에 위치한 보현산 450고지에서 문재인의 아버지 문용형을 생포한다. 문용형은 북한 8사단 소속의 상위(장교급)로 죄수부대 1200명을 인솔하고 있었으나 부대는 괴멸되고 젊은 병사들은 모두 도망간 상태에서 31세였던 그는 도주하지 못하고 숨어있다 소총을 든 학도병에게 생포되었다는 것이다. 이후의 행적은 두 갈래로 나뉜다. 하나는 그가 거제도 포로수용소에 수용되었다가 이승만의 석방 조치로 풀려나 거제, 부산, 양산 등지에서 거주하며 생업을 이으며 반국가 활동 혹은 간첩활동을 하였다는 설과, 다른 하나는 포로수용소에 계속 잡혀있다 1953년 휴전 후 포로교환협정에 따라 북한으로 송환되었으며 그 후 일정 시점에 다시 남쪽으로 침투하여 양산지역을 근거지로 반국가 활동을 전개했다는 설이다. 이 설은 문재인이 퇴임 후 거처를 양산으로 정한 때부터 더 강한 설득력을 얻는다. 이 두 가지의 설은 경남지역 문용형의 지인들로부터 나온 증언이다. 이를 주장하고 전파하는 측과 이를 부인하는 측 사이의 논쟁을 거치며 어느 정도 윤곽이 잡힌 내용이다. 문용형이 남한에 정착하기전에 사용한 이름은 문용준이었다. 문재인의 아들 이름 '준용'과 거꾸로다. 북한의 문용준이 남한에 내려와 문용형으로 이름을 바꾸고 살았다는 의미다.

조갑제는 공식적으로 알려진 문용형의 월남 과정을 인정하는 것을 전제로 월남 후 이해할 수 없는 행적에 의문을 제기하고 있다. 그러나 윤월 스님은 자신이 직접 겪은 일을 공개하며 문용형이 흥남철수 때 내려왔다고 하는 문재인의 말을 뒤집고 있다. 문재인이 말한 그의 부친에 대한 내막이 이렇게 의혹을 사거나 혹은 뒤집어지면서 이와 함께 문재인에 대한 출생의 진실을 뒤집는 주장이 제기되는 것은 자연스러운 일이었다.

문재인은 1953년 1월 거제도에서 태어난 것으로 알려져 있다. 그러나 윤월스님의 주장에 의하면 이것은 거짓일 가능성이 높다. 스님이 문용형을 생포하고 7년이 지난 1957년 8월 문용형을 다시 만났을 때 옆에 어린이 문재인이 같이 있었는데 7∼8세된 초등학생 정도였다고 했다. 문재인이 1953년생이라면 당시 4세 어린아이였을 것이다. 성인 문재인의 덩치를 감안하면 4세가 7∼8세로 보일 정도로 육체적으로 과성숙했던 것은 아닐 것이다. 그래서 문재인은 1949년 생으로 북한(평안남도 운송리라고 구체적으로 말한 사람도 있다)에서 태어나 그의 아버지가 1953년 전쟁포로로 북한으로 송환되었다가 다시 월남할 때 데려왔거나 혹은 다른 공작원의 손에 이끌려 내려왔을 것이라는 추측이 있다. 이 추측이 사실이라면 그는 아버지로부터 반 대한민국적인 사상과 행위를 배웠을 것이다. 그를 적국에 파견된 세계 최연소 간첩이라고 주장하는 사람들이 제시하는 근거다. 문재인이 성인이 되어 한 일을 생각하면 허황한 말은 아닌 듯하다.

그의 어머니에 대한 의혹도 만만치가 않다. 문재인의 모친은 월남하지 않고 북한에 계속 머물렀으며 문재인이 어머니라고 말한 경남지역에 거주한 분은 실제 이모라는 것이다. 노무현 정부에서 있었던 이산가족상봉 기회에 문재인이 50대 초반이던 자신의 나이를 74세로 속이고 부인과 자녀 모두를 데리고 방북하여 북한의 이모라며 만났던 사람이 바로 어머니라는 것이다. 이것이 중요한 이유는 문재인이 대통령이 되어 펼친 많은 종북적이고 충북忠北적 행태를 이해할 수 있는 단서이기 때문이다. 북한에서 볼모나 다름없는 상태인 자신의 어머니를 위해 김정은에게 무엇이든 다 해주었으며, 김여정으로부터 그렇게 자주 모욕적인 욕을 먹고도 아무 소리도 못한 이유의 하나라는 것이다. 또하나, 부인과 자식들을 위해 나랏돈을 마구 사용했던, 검소와는 아주 거리가 멀었던 문재인이 2019년 10월의 모친상에는 그렇게 조문도 화환도 받지 않는, 검소함을 넘어 초라한 장례를 치렀는지에 대한 의문이다. 그때는 코로나가 시작되기도 전이었는데 어떻게 모친상을 그렇게 치룰수 있느냐고 하는 것이 망자를 어머니가 아닌 이모로 주장하는 사람들의 논리적 근거였다.

대통령 문재인의 아버지 문용형의 정체가 화두로 등장한 것은 2020년 하반기부터였고 2021년 봄과 함께 뜨거워졌다. 갈수록 이해할 수 없는 문재인의 종북적 통치를 보며 이 사람 대한민국 사람이 맞느냐, 간첩은 아니냐 하는 목소리가 커지며 이 와중에 그의 아버지의 과거 행적과 정체에 대한 관심이 고조되었기 때문이다. 윤월스님의 증언을 언론인 조우석, 성호스님, 전광훈 목사가 공론의 장으로 끌어올리자 여론광장에는 불이 붙기 시작했다. 그러나 문재인과 그의 청와대 수하들은 조용했다. 자신을 공산주의자로 의심하는 국민 개개인까지도 고소 고발하는 사람 문재인에게는 도무지 이해되지 않는 반응이었다. 문재인은 이것을 보도한 뉴스타운 사주와 기자 조우석을 고발하지 않았다.

그렇다고 아무 일도 없었던 것은 결코 아니다. 윤월스님은 증언을 공개하고 7개월 후인 2021년 9월 의문사한다. 볼일이 있다며 서울에 가신 분이 동해안에서 주검으로 발견된 것이다. 객지에서 사유가 소명되지 않고 사망할 경우에는 부검을 해야 한다. 그런데 웬일인지 경찰도 의사도 우선 타살을 부인했으며 부검도 하지 않았다.(뉴스타파, 2022.6.21) 윤월스님의 의문사로 문재인의 부친 문용형과 문용형의 아들 문재인이 간첩이 아닐까하는 의혹은 더욱 짙어졌다. 그들은 그 아버지 간첩에 그 아들 간첩이 맞는 것일까.

간첩을 동지로 둔 또다른 간첩

문재인 정권의 핵심 권력자들은 대부분 과거 김일성이 내린 지령인 대남혁명과업을 받고 투쟁했던 사람들이다. 대한민국의 입장에서는 국가 반역자들이다. 그들은 수많은 반국가 행위를 범했고 그래서 국가보안법이라는 실정법 위반으로 감옥살이를 했다. 청와대를 장악한 문재인은 이들을 모아 자신의 정권을 구성했다. 국보법을 더 엄중하게 범하고 감옥을 더 자주 들락거고 더 오래 감옥에 있었던 사람 일수록 더 높은 자리에 앉혔다. 국가반역자들과 간첩들의 정권인 듯 보였다.

반국가행위자들은 모두 그의 동지였다

문재인 정권은 흔히 주사파 정권이라 불렸다. 대통령 문재인의 측근과 정권의 핵심 권력자 대부분을 주사파 운동권 출신으로 채웠기 때문이다. 주사파는 김일성 주체사상을 수용하고 대한민국의 자유민주주의 체제에 대항하는 활동을 전개하다 국가보안법 위반으로 전과를 쌓은 사람들의 무리다. 국보법 전과범이라는 말은 대한민국의 안전을 공격하고 우리 헌법이 불법단체로 규정하고 있는 북한을 이롭게하는 이적행위 등의 반국가행위를 범한 범죄자란 뜻이다. 문재인은 이런 사람들을 모두 모아 자신의 정권을 구성했고 권력이 더 큰 자리일수록 그런 사람들로 채웠다.

문재인의 정치적 요람인 더불어민주당은 주사파 출신들이 주축이었다. 송영길 우상호 이인영 정청래 등 70여 명의 주사파 운동권 출신이 당을 장악하고, 유사한 이념과 정서를 공유한 집단인 86그룹이 당의 60~70%를 차지하고 있었다. 젊은 시절부터 민주화운동이라는 간판을 내걸고 친북한 반 대한민국 활동을 해온 상왕 이해찬은 당 대표가 되어 주사파 정치인들과 함께 민주당을 조선로동당처럼 일사불란하게 움직이는 정당으로 만들었고 180여 명의 국회의원을 거수기 삼아 사회주의적 법안을 무더기로 통과시켰다. 주사파가 장악한 민주당은 로동당 서울지부라 불릴 정도로 공산당을 닮아 있었다.

문재인이 친히 통솔한 청와대는 행동 주사파의 최고봉인 임종석을 필두로 백원우 한병도 윤건영 등 주사파 운동권이 완벽하게 장악했다. 사회주의자 조국은 민정수석의 자리에 앉아 국가의 핵심 권력기관을 통솔하며 나라를 사회주의 체제로 만들어갔다. 문재인의 정권에 당정청의 요직에는 자유민주주의 신봉자와 자유시장주의자와 과학 분야의 전문가는 거의 없었고 주사파를 비롯한 사회주의자와 김일성주의 투사들로 가득 채웠다. 간첩혐의로 처벌된 후 김대중과 노무현으로부터 사면 복권된 공안사범도 수두룩했다. 이 사실은 정권의 수장 문재인이 주사파 운동권 출신들과, 국보법을 위반한 전과자들과, 반국가행위자들과 같은 정치적 이념을 가진 사람이었다는 사실을 증명하기에 충분하다. 문재인의 동지들은 대부분 국보법 위반 전과범이었다. 반국가행위자들과 간첩행위자들은 문재인의 동지였다. 문재인도 그들과 다르지 않을 것이다.

간첩 이석기의 동지

자유민주주의 대한민국을 전복시키고 '혁명의 그날'을 성취하기 위해 남한의 통신망을 파괴하고, 철도를 끊고, 가스시설을 폭파하고, 유류 탱크 폭파를 계획하던 사람들이 만든 정당, 어린 자식들까지 교육시켜 무대에서 대한민국 정부를 비난하는 해괴망측한 노래를 부르게 만든 사람들이 모인 정당, 마르크스주의식 폭력혁명노선을 지향하고 북한과 긴밀하게 연계하며 이 땅을 북한식 공산주의 국가로 만들겠다는 목표를 세우고 만든 정당, 그 정당이 바로 통진당이다. 이적 정당이자 반국가 정당인 통진당을 국회 제3당으로 만들어 주고 그들의 활동을 옹호하고 지원한 정당,

그 정당이 바로 민주당이다. 이런 민주당의 중심에는 문재인이 있었다. 통진당은 민주당과 동지의 당이었고 이석기는 문재인의 동지였다.

이미 1980년대부터 반국가 혐의로 수차례 공안기관의 수사선상에 올랐던 이석기는 1999년 민혁당의 주요 피의자로 당국의 체포대상이 된다. 그러나 다른 핵심 인물 대부분이 체포된 것과 달리 그는 3년 간이나 수사기관의 추적을 피해 도피하다 결국 2002년 5월에 체포되어 반국가단체 구성 등의 혐의로 징역 2년 6개월을 선고 받았고 대법원에 상고하였으나 곧 이를 취하하여 형이 확정된다. 그리고 같은 해 광복절 특사로 가석방되었고 2년 후인 2005년 다시 특별사면 되어 공무담임권과 피선거권이 회복되었다. 이 당시 법조계에서는 이석기의 특별사면을 두고 한 정권에서 연이어 두 번이나 특별사면된 것은 매우 이례적이라며 의심의 눈초리를 보냈다. 이석기에 대한 특별사면의 속을 들여다 보면 법조인들의 의심이 이해되고도 남는다.

대통령의 특별사면은 대통령의 의사에 의해 청와대 민정수석이 대상자에 대한 기준을 정한다. 이석기에게 두 번이나 특별사면을 결정한 당시 청와대 민정수석은 문재인이었다. '김일성은 절세의 애국자'라며 김일성을 숭배하고 북한의 남침에 호응하여 남한에서도 무장봉기를 일으키기 위해 총기를 준비하고 경찰서를 습격하는 등의 계획을 세우다 대법원의 실형선고를 받은 이석기를 두 번이나 특별사면시켜 수 년후에는 당당히 국회의원이 될 수 있었던 데는 노무현 정부의 민정수석 문재인의 역할이 지대했다. 많은 사람이 문재인과 이석기의 관계를 의심하는 이유다. 여기서 끝이 아니다. 문재인과 이석기의 관계는 훨씬 깊고 길다.

대통령이 된 문재인은 2021년 12월 이석기를 다시 한번 가석방으로 풀어준다. 2013년 대한민국 체제를 전복하기 위해 실행을 모의하는 등 내란선동 혐의로 구속되어 총 9년 8개월의 징역형을 받은 그를 형기종료 1년 5개월 앞 둔 시점에 다시 풀어준 것이다. 국가전복을 모의했다면 대역죄다. 문재인은 이런 이석기를 한명숙과 함께 풀어주는 것을 자신의 살아 있는 권력으로 해야하는 마지막 임무로 여기는 듯 보였다. 이때 대부분의 국민은 박근혜가 풀려나는 것에 주목하고 있었다. 그러나 문재인과 주사파 정치인들은 이미 정신도 육체도 쇠약해진 박근혜는 관심사가 아니었다. 그들의 관심은 한명숙과 이석기에게 집중되어 있었다. 석방된 이석기의 제1성은 "악랄한 박근혜 정권에서 말 몇 마디로 감옥에 갔다. 역사의 흐름 속에서 결정될 것"이라고 했다. 이석기가 말하는 '역사의 흐름'은 물꼬가 어디로 향하는 것일까. 한명숙 문재인 이석기 그들만 알 것이다.

통진당과 이석기를 키운 8할은 문재인이다

감옥에 있던 이석기는 문재인이 민정수석으로 있었던 2003년과 2005년 두 차례에 걸친 핀셋사면을 통해 피선거권을 회복하고 과거 민혁당의 경기지역 조직을 기반으로 활동을 재개할 수 있었다. 그는 후에 통진당에 흡수된 노회찬 심상정의 민주노동당에 기생하며 세력을 키운 뒤 통진당을 장악한다. 그리고 마침내 2010년 전후에는 대한민국 공산혁명 세력의 전위 부대로 성장한다. 이것은 6·25전쟁 후 60여 년간 지하조직으로 존재하던 종북 혁명정당이 지상으로 올라와 합법적으로 활동하게 된 획기적인 일이었다. 이 대사건에는 이석기의 족쇄를 풀어준 문재인의 역할이 결정적이었다.

2012년 3월 13일 국회 구내식당에서는 4월 11일의 19대 국회의원 총선을 앞두고 '야권연대 공동선언'행사가 열렸다. 참석자는 민주당의 대표 한명숙, 통진당 공동대표 이정희 유시민 심상정, 재야 원탁회의 멤버 백낙청 등이 참석한다. 이 날 야권연대 행사에서 합의한 주요내용은 통진당이 후보를 내는 지역구에는 민주당의 후보를 내지 않는 것이었다. 이런 야합으로 치루어진 선거에 의해 통진당은 지역구에서 무려 7명의 당선자를 낼수 있었다. 또한 민주당 지지자들이 지역구는 민주당 후보에 투표하고 정당은 통진당에 투표하는 방법으로 비례대표 국회의원도 6명이나 당선시킨다. 이로써 대한민국 전복을 준비하던 통진당은 13명의 국회의원을 배출하여 원내 제3당이 된다. 조직원들에게 '김일성은 절세의 애국자'라는 사상을 주입하고 대한민국 전복을 준비했던 이석기가 국회의원이 되어 국회에서 고급 국가정보를 취득하며 국회를 혁명투쟁의 교두보로 확보할 수 있게 된 것이다. 이것은 민주통합당의 주사파 대모 한명숙 당 대표와 임종석 당 사무총장이 주도한 것이다. 그러나 노무현 사후 종북세력의 최고 지도자가 되고 그해 말 대선주자로 나선 문재인의 재가와 지원이 없었다면 불가능한 일이었다. 고정간첩 이석기를 키운 8할은 문재인이었다.

이석기는 이미 2010년부터 국정원으로부터 내란음모 혐의가 포착되어 수사를 받고 있었다. 국회의원이 된 다음해 여름에는 총기와 폭탄을 준비하고 유사시에 국내 주요 기간시설을 공격하려고 기도하는 등 그간의 음모가 발각되어 2013년 9월 국회에서 이석기 체포동의안 처리를 위한 중간 절차로 국회 회기에 대한 표결이 있었다. 264명 투표에 찬성 255명으로 통과된다. 이 표결에서 민주당 국회의원 문재인은 기권표를 던졌다. 새누리당 대변인은 문재인이 민정수석으로 있을 때 이석기가 사면 복권된 점을 거론하며 "대통령까지 출마한 사람이 국민에게 사과 한마디 없이 기권을 했다"고 비판했다.(조선일보. 2013.9.3)

그해 12월 문재인은 기자들과의 오찬 자리에서 법무부의 통진당 해산 심판청구에 대해 "반민주적 폭거"라며 "종북몰이에 제일 분노한다"고 말했다. 자신을 대통령 후보로 선택했던 소속 정당 민주당이 바로 1년 전 총선에서 야권연대라는 기만전술로 통진당을 국회 제3당으로 만든 일에 대한 사과는 없었다. 국가전복을 준비한 이석기에 대한 합당한 비판도 없었다. 2014년 이석기는 대법원에서 징역 9년이 확정되고 그해 12월 헌재의 판결로 통진당은 강제해산된다. 이 과정에서도 민주당은 일관되게 통진당을 옹호했다. 12월 19일 헌재의 해산결정에 민주당은 논평을 내고 "정당의 자유가 훼손될 우려가 있다"고 했다. 민주당이 통진당과 연대했다는 것은 곧 국가전복 기도세력과 연대했다는 것이다. 문재인은 국회의원 시절이던 2012년 6월 관훈클럽 토론회에서 "극소수의 종북주의자가 대한민국의 안전에 크게 위협이 되지 않을 것"이라고 말했다. 종북주의자는 극소수도 아닐뿐더러 그들의 최종목표는 대한민국 체제의 파괴와 북한으로 흡수되는 통일이다. 문재인은 이들을 옹호하고 있다. 문재인은 간첩행위자들과 한통속이 분명했다.

2020년 7월 25일 오후 서울 서초구 헌릉로에 두 팔을 벌리고 활짝 웃는 이석기가 나타났다. 그를 사면하라고 주장하는 시위대가 육교 위에 걸어놓은 대형 걸게그림이었다. 이날 '종북몰이 피해자 이석기 의원 석방하라'는 구호깃발을 단 차량 2500여 대가 서울 6개 지역에서 저속행진을 하며 교통정체를 일으켰고 대형차량 5대 위의 시위자들은 '이석기 석방' 깃발을 흔들었다. 시민들은 "주말 저녁에 자기들 마음대로 경적을 울리고 차량 통행을 방해해도 되는 것이냐"며 분노했으나(조선일보, 2020.7.27) 시위대는 들은 척도 하지 않았다. 형법상 일반교통방해죄는 10년 이하의 징역 또는 1500만원 이하의 벌금에 처하도록 되어있다. 그러나 경찰이 그들을 처벌했다는 소식은 없었다. 시위차량 2500대와 처벌받지 않는 교통방해죄, 문재인은 아직도 이석기를 보호하고 있었다.

문재인이 '방역비상상황'이라고 말한 날인 2020년 12월 12일 오후 서울 한강 다리 12곳을 비롯하여 전국 200곳에서 이석기 석방을 요구하는 집회가 동시 다발적으로 열렸다. 전남 신안 해남의 어선 시위, 지리산 천왕봉, 한라산 백록담, 마라도, 강원도 고성 통일전망대, 서울 한강다리 12곳 등 전국 200여 곳에서 2000여 명이 참석했다고 '이석기 구명위'가 밝혔다.(연합뉴스, 2020.12.12) 종북세력의 규모와 힘은 우리가 생각하는 것보다 훨씬 크고 강력하다. 이석기와 북한의 관련성도 우리가 상상하는 것 이상일 것이다. 문재인은 이런 이석기를 끝없이 보호했다. 문재인도 간첩 이석기와 다를 바 없을 것이다.

간첩 어벤져스를 완성시킨 문재인

문재인 정권은 헌정사상 딱 한 번 있었던 수사지휘권을 한명숙을 구하기 위해 두 번이나 휘둘렀다. 한명숙이 문재인 세력에게 어떤 존재인지를 말해주는 상징적인 일이다. 한명숙은 대한민국을 뒤집고 공산혁명을 도모한 통혁당의 일원으로 투쟁했던 사람이며 노무현의 퇴장과 함께 폐족이 된 친노세력을 살리고 문재인을 친노세력의 후계자로 세워 그들이 다시 정권을 잡는데 중추적인 역할을 했다. 그래서 주사파들은 한명숙을 대모로 추앙했고 문재인 세력은 한명숙 구하기를 포기하지 않았다.

법률 전문가들은 문재인 세력의 무법적인 한명숙 구하기에 "억울한 것이 있으면 증거를 갖춰 재심을 신청하라"고 했다. 그러나 한명숙은 대법원의 확정 판결이 난지 5년이 넘도록 재심을 청구하지 않았다. 확실한 증거에 근거하여 내려진 판결이라 재심 청구를 못한 것이다. 그러나 남한을 공산화하기 위해 투쟁한 모든 혁명조직의 적통을 가진 지하정당 통혁당의 잔당인 한명숙을, 대형 태극기를 밟고 서서 웃고 있던 좌익 혁명가 한명숙을 문재인 정권이 포기할 리는 만무했다. 문재인은 그의 대통령 임기 종료를 5개월 앞둔 2021년 12월 한명숙을 복권시켰다. 퇴임 직전의 문재인이 대한민국에서 오직 자신만이 가진 권한으로 한명숙을 복권시킨 것은 단지 한명숙의 과거의 위상 때문만은 아닐 것이다. 모든 종북세력의 배후 혹은 최고위의 존재로 의심받는 사람으로 문재인의 정신적 멘토라고 알려진 한명숙의 남편 박성준을 위한 것으로 보는 사람이 많았다. 이런 시각이 사실이라면 대한민국을 북한화하려는 문재인과 그의 동지들의 혁명은 이제 시작일지도 모른다.

한명숙이 복권된 다음 달 그의 남편인 박성준에게도 무죄 판결이 내려졌다. 박성준은 통혁당 간첩혐의로 15년 형을 선고받고 13년 간 감옥살이를 했던 사람이다. 문재인은 무장폭동을 준비한 이석기에게 거듭 자유를 주었고, 주사파 김기식 임종석과 사회주의자 조국을 국가 권력의 핵심에 심었으며, 주사파 김경수를 항상 곁에 두었고 그의 여론조작에 힘입어 대통령이 된 사람이다. 그리고 통혁당 잔당인 박성준을 정신적 멘토로 모시고 한명숙을 끝까지 구한 사람, 그 사람이 바로 문재인이다. 이석기는 자유의 몸이 되었고, 감옥가지 않는 임종석도 건재하다. 문재인은 그의 퇴임 전에 한명숙 임종석 이석기까지 주사파 어벤져스를 완성시켜 놓고 양산으로 내려갔다. 김경수도 감옥에서 나왔다. 그들의 혁명은 이제부터가 시작일지도 모른다. 대한민국을 자유민주주의 국가로 여기며 살아가는 국민에게 엄청난 일이 기다리고 있는 것이 분명하다.

북한과 내통한 사람

2023년 11월 13일 청주지법에서 열린 청주간첩단 사건의 재판에서 운동권 출신의 송영길과 간첩 피고인들이 나눈 대화 녹음파일이 공개됐다. 민주당 소속 국회의원으로 당시 국회 외통위원장이었던 송영길이 이들 간첩단과 '북녘 통일 밤묘목 백만 그루 보내기 전국민운동'에 관해 나눈 대화였다. 인천광역시장과 5선 국회의원에다 민주당 당 대표까지 지낸 사람이 간첩단과 접촉을 했다는 사실만으로도 놀랄 일인데 더 놀랄 일이 있다. 묘목보내기운동을 논의하다 "내가 북측한테 연락해서 정확하게 이게 자기들의 의도가 맞는지 한번 물어볼게요"라고 말하는 녹취가 나왔다.(중앙일보, 2023.11.13) 국회의원으로 국회 외교통일위원장인 송영길이 북한과 따로 연락하는 사이라는 의미다. 이것은 적과의 내통이다. 은밀함이 생명인 내통행위의 속성상 밝혀지는 것은 빙산의 일각이지만 이따금 이렇게 일각이라도 드러난다. 문재인이 북한과 내통한 일도 마찬가지다. 직·간접적인 일을 통해 문재인이 북한과 내통한 사실을 추적한다.

송민순과 천영우의 증언

노무현 정부에서 외교부 장관을 지낸 송민순은 그의 저서 [빙하는 움직인다]를 통해 문재인의 과거 행적을 폭로했다. 2007년 유엔의 대북인권 결의안에 대한 투표를 앞두고 정권 내부에서 찬반으로 의견이 갈리자 대통령 비서실장 문재인이 "이 투표에 대해 북한의 의견을 물어보자"고 말하며 청와대 참모진에게 북한과 접촉할 것을 지시했고 실제 북한의 의견을 들은 후 투표에 이를 반영했다는 것이다. 문재인은 송민순의 주장에 대해 "송민순이 중대한 기억의 착오를 범했다"는 모호한 표현으로 발뺌했고 송민순은 문재인의 주장을 반박하기 위해 김만복 국정원장이 북한으로부터 받은 내용을 정리한 문건을 노무현이 받아 이를 다시 송민순에게 보여주었다는 '청와대에서 만든 메모'를 증거로 공개했다. 송민순은 "문재인은 이처럼 증거가 있는데도 계속 부인한다."고 말했다.(중앙일보, 2017.4.21) 송민순과 문재인의 주장은 상반된다. 한 사람은 거짓말을 했다는 뜻이다. 누구의 말이 거짓일까. 송민순이 거짓말을 한 것은 아는 것이 없다. 그러나 문재인의 거짓말은 무수하다. 문재인이 과거의 말과 지금의 말 둘 중 하나를 거짓말로 만든 일은 다 열거할 수도 없다. 무엇보다 대통령 취임사를 놓고 그의 5년간의 통치와 비교하면 지키지 않은 것과 거꾸로 간 것 뿐이다. 더구나 송민순의 주장에는 증거도 있고 증인도 있다.

노무현 정부에서 청와대 외교안보수석을 지냈고 6자회담 수석대표를 역임했던 천영우는 더 생생한 증언을 했다. 2005년 9월 미국은 북한의 불법자금 세탁을 도와준 혐의로 BDA(방코델타아시아)은행을 우려대상으로 지목했고 이에 BDA는 북한계좌 50여개에 들어있던 2400만 달러를 모두 동결했다. 미국의 첫 대북 금융제재인 이것을 풀어주기 위해 노무현 정부가 나섰다. 천영우의 증언을 들어보자.

"(당시) 운동권 출신의 청와대 비서관이 한국수출입은행을 통해 BDA 자금을 세탁해서 북한의 해외계좌로 넘겨주자는 기상천외한 아이디어를 냈다... 청와대 서별관에서 문재인 비서실장과 법무부 장관, 금융위원장까지 참석한 대책회의가 열렸다. 금융위원장과 수출입은행장은 황당무계한 제안에 어이가 없다는 표정을 지으면서도 차마 나서지는 못하고 있는데 법무부 장관이 용감하게 나서서 법적 의견을 제시했다... (김성호)법무장관이 수출입은행법과 정관을 근거로 북한의 이 비자금을 받아 신용이 떨어지고 자금조달에 차질이 생기거나 은행에 손실을 끼치면 행장은 배임으로 형사처벌을 받을 수 있다는 유권해석을 내렸다. 이 해석을 듣고 문재인 당시 비서실장이 화를 버럭 냈다... '우리가 무슨 나쁜 짓을 하려는거냐, 어떻게 해서든 풀어보자는 건데 어떻게 그런 해석을 내놓느냐'며 법무부 장관을 박살냈다... 6자회담 수석대표를 하는 동안에 문재인 비서실장을 이런저런 기회에 여러번 본 적 있지만 그렇게 화내는 모습은 처음 봤다... 배임으로 행장이 잡혀갈 수도 있고 수출입은행이 망할 수도 있다는데 화낸다고 해도 이게 해결될 일이냐."(조선일보, 2020.9.21)

문재인 비서실장의 주장은 여러 한계에 부딪쳐 실행되지 못하다 2007

년 송 장관이 러시아와 협의하여 BDA에 묶인 자금을 러시아 은행으로 옮기며 해결되었다. 문재인은 이때부터 이미 대한민국의 국익과 정부 관계자들의 리스크는 안중에도 없었고 그는 오직 북한만 생각했다. 문재인은 단지 북한을 위해 일하는 것에 그치지 않고 북한과 은밀히 내통하고 있었을 것이다. 그가 대통령이 되고나서 보여준 북한을 위한 외교와 대한민국의 이익과 안보에 반하는 외교 행보에 더해 국민에게 알려지지 않은 북한과의 은밀한 내통이 또 있었을까. 시간이 지나면 많은 것이 드러나고 분명해질 것이다. 북한에 원전을 지어 주려했던 계획처럼 꼬리만 잠깐 보이다 덮혀버린, 혹은 꼬리조차 드러내지 않은 일들이 얼마나 더 있을까. 무수하게 있을 것으로 짐작되는 이런 일들은 진상이 밝혀질 때를 기다려야 한다. 그러나 그가 정권을 잡기 전에 북한과 내통한 것으로 의심되는 일도 이미 적지 않다.

북한과 직접 내통하는 주사파와 종북 정당

김일성이 남한 내부에 자신이 직접 조종할 수 있는 지하혁명조직을 구축하라는 지시를 내린 것은 4·19 직후였다. 1960년의 혼돈을 보며 남한 점령의 절호의 기회를 놓쳤다고 생각한 김일성은 이때부터 남한에 지하조직을 구축한다. 이후 북한으로부터 자금과 무기를 수령하고 그들의 지령에 의해 조직된 지하단체는 끊임없이 이어졌고 이들은 북한과 내통하며 혁명활동을 전개한다. 그래서 지하에서 활동한 역대 모든 혁명조직은 북한과 내통한 조직으로 보면 된다. 김일성은 30여 년전에 사라졌으나 그의 아들을 거쳐 손자에 이른 지금까지 북한정권과 종북단체들의 내통은 끊임없이 계속되고 있다.

주사파의 원조 김영환은 2013년 통진당 정국에서 국회의원 이석기 등이 야권연대를 통해 통진당 당원들이 국회에 대거 입성한 것은 북한의 지시에 의한 전략일 것이라고 했다. 그의 말이 맞다면 통진당의 이석기 김재연 등은 물론 야권연대를 통해 통진당 당원 13명을 국회의원으로 만든 민주당의 문재인 한명숙 임종석과 원탁회의의 백낙청까지 모두 북한의 지시를 수행했다는 말이다. 김영환은 자신도 1990년대 활동한 지하조직인 반제청년동맹에서 활동하던 중 북한으로부터 '정당을 만들어 남조선의 제도 정치권으로 진출하라'는 지시를 받았다고 말했다.(중앙일보, 2013.8.30) 실제 김영환은 1991년 서해에서 북한이 보내준 잠수정을 타고 밀입북하여 김일성을 만나고 20만불을 받아와 민혁당을 만들고 1995년 지방선거에 출마한 이상규 김미희에게 선거운동자금 500만 원씩을 지원했고 1996년 총선 출마자 6명에게도 1인당 500만 원씩 지원했다고 고백했다. 이상규 김미희는 결국 2012년 총선에서 통진당 소속으로 국회의원이 되는데 성공한다. 김영환이 북한과 내통하고 김일성으로부터 받은 지령이 시간이 지나 이석기에 의해 실행된 것이다.

국정원 등의 공안기관이 간첩단을 적발하고 수사를 진행하여 밝혀낸 내용에 의하면 북한이 남한에 조직한 지하혁명단체들은 북한으로부터 지령과 공작금과 무기를 수령하고 수시로 지시를 받고 보고를 하며 활동 했다는 점에서 공통적이다. 헌재가 통진당을 위헌정당으로 판결하고 강제해산을 명령할 때의 수사기록에는 북한의 지령문과 통진당의 대북보고서도 포함되어 있다. 이 기록에 의하면 북한은 통진당을 통해 '김정일의 영도를 실현'하려 했고 이에 의해 북한 로동당의 지령과 동일한 내용으로 통진당의 당직 인선이 이루어졌으며 통진당의 강령을 바꾸라는 구체적인 지령을 내린 기록도 있다. 통진당은 북한이 직접적으로 움직였으며 이석기 등의 활동은 북한의 직접 지시에 의한 것임을 알 수 있다. 2000년대의 대표적 간첩단 사건인 왕재산간첩단과 일심회간첩단도 그 총책이 북한에 들어가거나 중국에서 조선로동당 간부와 접촉하고 지령을 받는 등 북한과 내통하며 움직인 조직이다. 조선로동당은 일심회를 통해 통진당의 전신인 민노당의 중앙당과 서울시당 장악을 시도하기도 했는데 로동당 지령문에는 "민노당 정책방향을 우리 당의 요구에 부합하도록 할 것, 중앙당 간부대오를 친북 NL계열로 영입 강화할 것, 민노당이 통일전선적 정당이 되도록 대회사업을 영도할 것" 등을 지시했다. 또한 "장군님의 영도를 실현하라"는 지령을 내렸고 통진당과 연계된 일심회는 "장군님의 포탄이 되어 과업을 완수할 것"을 다짐했다.(신동아, 2015년 1월호)

2016년 미래한국뉴스가 입수한 '경애하는 최고사령관 김정은 동지께서 2015년 1월 5일 로동당 간부회의에서 하신 말씀'이라는 제목의 문건을 보면 이 땅의 좌익 혁명정당들이 북한의 직접적인 지령과 지시에 의해 움직이고 있다는 사실은 분명히 확인된다. 이 문건은 2014년 12월 19일 헌법재판소의 판결에 의해 강제 해산된 통진당 사태에 대한 다급한 입장과 대책을 담고 있다. "이번 사건(통진당 해산)을 계기로 대남부서에서는 남조선 혁명가들과 조직을 재정비할 필요성이 있다. 우리 당의 노선과 일치하는 노선을 투쟁과업으로 내세운 당이 건설되도록 모든 힘과 지원을 아끼지 말아야 한다... 이번 통진당 해체사건을 교훈 삼아 대남부서에서는 남조선의 헌법재판소를 정치적으로 각성되고 반미의식이 강하며 권위있는 세력이 장악하도록 뒷받침하라... 현재 남조선에서 공화국의 통일노선을 신념으로 간직하고 투쟁하는 진보세력들은 친북좌파로 인식되어 활동을 원활하게 할 수가 없다. 선거에서 지지율을 얻어 야당이나 여당의 핵심 위치까지 진입할 수 있도록 여기 있는 일꾼들이 모색하고 만들어야 한다... 다가오는 대선에서 전폭적인 지지율을 얻으려면 민족의 화해와 협력, 통일의 상징인 개성공업지구 활성화와 금강산 관광 재개, 이산자 가족 상봉 등을 전제조건으로 내걸고 남조선 당국과 맞서야 한다. 우리의 노선을 그대로 옮기지 않아도 겨레에게 통일에 대한 희망과 신심을 안겨주는 목소리를 내는 사람은 언제든지 동반자가 될 수 있다... 우리쪽 사람들이 남조선 정당들에서 주도권을 틀어쥐게 된다면 그때 가서 국가보안법 철폐나 미군철수를 자연스럽게 이끌어 낼 수 있다. 남조선에 있는 진보세력은 적진에 있는 우리들의 동지이다. (그들은) 통일에 대한 절절한 희망 속에 미군 철수, 고려연방제 통일, 국가보안법 철폐 등을 외치던 애국세력들이다... 국가안전보위부나 보위사령부는 독립적 행동보다 대남부서와 협력하라. 귀순자 위장도 일반인과 준비된 요원들을 엄격히 구분해서 침투시키라."(미래한국뉴스, 2016.3.3, 정재욱 기자)

김정은이 내린 이상의 '말씀'에 의하면 불과 보름전에 헌재의 결정으로 해산된 통진당이 북한정권의 대남부서가 직접 조종한 조직이었음을 바로 알 수 있다. 김정은은 통진당 해산으로 대남 혁명역량이 약화될 것을 우려하여 대남공작부서를 향해 새로운 과업을 지시하고 있는 것이다. 그리고 '정치적으로 각성된 헌법재판소' 혹은 '선거에서 지지율을 얻어 핵심 위치까지 진입' '우리쪽 사람들이 남조선의 주도권을 틀어쥐게 된다면'

등에서는 마치 문재인 정권을 보는 듯 강한 기시감이 든다. 문재인은 김정은의 이 말씀에 따라 5년간 대한민국을 통치한 것으로 보인다. 그리고 더불어민주당은 통진당을 계승한 정당으로 보인다.

반역집단 통진당과 문재인

통진당은 김일성의 주체사상을 지도이념으로 삼아 남한 내의 주요 기간 시설을 파괴하는 계획을 세우고 조직원들에게 '전쟁 대비 3대 지침'을 하달하는 등 내란을 음모하다 강제 해산된 좌익혁명정당이다. 헌재의 선고문에는 통진당을 '북한식 사회주의를 한국에 구현하려는 반역집단'으로 분명히 규정하고 있다. 문재인은 이석기와 통진당을 원내정당으로 만들겠다는 계획에 따라 사면과 선거연대를 했을 것이다. 문재인도 북한과 내통했을 것으로 의심되는 대목이다. 최소한 이석기를 매개로 북한정권과 내통했을 것이다. 문재인은 정계에 입문하기 전인 1992년 3월 '월간 말'지 기고문에서 진보세력의 장내 진입, 즉 국회진출을 주장했다. 그리고 정계진출 후에는 통진당의 전신인 민노당 등의 좌익정당과 민주당이 하나의 정당으로 통합하거나 연립정부를 구성하자는 주장도 했다. 이석기에 대한 거듭된 사면과 통진당의 원내 진입을 이해할 수 있는 단서다. 이석기도 통진당도 문재인에게는 국가반역세력이 아니었다. 내편이었다. 간첩 정당과 한편인 민주당을 어떻게 봐야하는가. 간첩 이석기와 한 편인 문재인은 어떻게 봐야 하는가.

국회의원 총선이 있었던 2012년 당내 부정선거 등의 무리한 방법을 불사하며 국회진출을 노리던 이석기와 통진당 후보들을 향해 우익진영에서는 종북좌파의 발호라고 비판하는 등 부정적인 여론이 거세게 일었다. 이에 대해 문재인은 3월 17일 자신의 트위터를 통해 "친북좌파니 종북좌파니 하는 말은 상대와의 공존을 거부하는 사악한 말"이라며 통진당 후보들을 적극적으로 옹호했다. 그리고 2년이 지나 2014년 12월 헌재가 통진당 해산을 진행할 때는 "정치적 결사의 자유에 대한 중대한 제약"이라며 헌재의 심판을 정면으로 부정했다. 이어 해산결정이 내려진 후에는 "국민에게 맡겨어야지 국가기관이 개입했다"며 분노를 드러냈다. 반면 이석기와 통진당의 이적행위와 국가반역행위에 대해서는 어떤 비판도 하지 않았다. 명백히 대한민국의 법 질서를 부인하는 태도이자 국가의 체제를 부정하는 태도이며 반역집단 통진당과 이석기를 비호하는 태도였다.

반국가행위를 했던 이석기가 국가전복을 준비할수 있도록 법적 장애물을 제거해준 사람이 문재인이다. 반역집단 수괴 이석기가 북한을 위한 활동을 합법적으로 수행할 수 있게 해준 사람도 문재인이다. 이석기가 국회에 들어가 대한민국의 국가기밀에 접근할 수 있게 방조한 사람도 문재인이다. 이석기가 법의 심판을 받게 되자 이에 항의한 사람이 문재인이다. 이석기는 북한과 내통하며 내란을 음모했고 문재인은 그런 이석기를 거듭 사면 복권해주고 석방해 주었다. 이것은 문재인과 북한의 간접 내통이 분명하다. 직접 내통이 있었는지는 문재인과 이석기만 알 것이다. 이런 사람 문재인이 대한민국 제19대 대통령이 되었다.

북한의 지령을 수행한 촛불혁명과 탄핵
"지금 남조선과 해외를 비롯하여 우리 겨레가 사는 곳 어디에서나 〈박근혜는 퇴진하라!〉〈박근혜를 처형하라!〉〈탄핵대상 박근혜정권 갈아엎자!〉라는 웨침과 함께 민족의 분노가 활화산처럼 폭발하고 있다. 민심의 버림을 받은 산송장인 박근혜가 갈 곳은 지옥 뿐이다."(로동신문, 주체 105(2016).3.16) "무자비한 보복전의 첫 불세례를 박근혜역도가 도사리고 있는 청와대에 쏟아부을 것이다. 박근혜역적패당이 어떻게 아우성치며 불타 없어지는가를 똑똑히 보게될 것이다."(로동신문, 주체105(2016).3.26) "박근혜는 〈하야하라〉〈물러나라〉〈탄핵하자〉는 민심의 웨침을 무덤으로 한시바삐 가라는 민족의 목소리, 겨레의 요구로 알아들어야 한다. 민족을 등진 만고의 매국악녀 박근혜는 이 땅, 이 하늘아래 더이상 살아숨쉴 곳이 없으며 온 겨레의 준엄한 심판을 받고 가장 비참하고 처절한 종말을 맞이하게 될 것이다... 박근혜역적패당에게 치명적인 정치, 군사, 경제적 타격을 가하여 비참한 종말을 앞당기기 위한 계획된 특별조치들이 련속 취해지게 될 것이다." (로동신문, 주체105(2016).4.8)

이상은 이화여대에서 북한학을 전공하는 대학원생 손유민 씨가 학교 도서관 특수열람실에서 한 달치 로동신문을 읽고 찾아낸 기사다. 그가 GMW 연합 2017년 4월 12일자에 '1년 전 로동신문 보도 대로 따라가는 대한민국'이라는 제목으로 기고한 글에서 로동신문 기사를 그대로 옮기기 위해 띄어쓰기와 철자법을 신문에 나온 그대로 인용했다. 내용이 심각하고 충격적이다.

이 신문기사가 나온 2016년 3~4월은 사드배치를 극렬히 반대하던 민주당 국회의원 대부분과 종북좌익세력이 날뛴 사드정국이 시작되기 4개월 전이며 JTBC의 태블릿 보도로 탄핵정국이 본격화하기 7개월 전이다.

이때는 아직 우리 정치권에서 '탄핵'을 입에 올리기도 전이었다. 북한 로동신문이 탄핵을 말한 지 약 반년 후 대한민국에서는 청계천광장과 광화문광장에서부터 '박근혜 탄핵'의 소리가 울려퍼졌다. 이 두 가지 일의 시간적 흐름과 탄핵 외침의 선후는 우연일까. 더불어민주당과 종북세력이 로동당의 지령을 받들어 기획하고 실행한 것은 아닐까. 이후 1년간 진행된 촛불과 탄핵, 뒤이은 박근혜의 하야와 구속은 '(박근혜의) 비참한 종말을 앞당기기 위한 계획된 특별조치들이 련속 취해지게 될 것'이라고 한 로동신문의 기사 그대로 된 것이다. 무서운 일이다.

더불어민주당은 북한의 지령을 받고 지하에서 대한민국을 전복시키기 위해 투쟁한 사람들과 김일성에게 충성을 맹세하고 김일성의 주체사상을 신봉하는 주사파들이 모두 모인 혁명정당이며, 문재인은 그러한 사람들과 오랫동안 뜻을 같이한 동지였다. 그들이 북한의 지령을 받고 탄핵정국을 만들었다는 추측은 이 로동신문의 기사에 의해 사실로 증명된다.

2016년 3, 4월 로동신문에 실린 북한의 박근혜 탄핵 지령에 의해 7월부터 사드 반대로 좌익이 총궐기하고, 그 여세를 몰아 10월부터 본격적으로 탄핵정국을 조성하고, 결국 2017년 3월 헌재가 탄핵을 인용함으로써 북한의 지령이 완성된 것으로 보인다. 우리는 이 지점을 꼭 의심하고 확인해야 한다. "(박근혜가 탄핵되기) 1년 전 로동신문에는 박근혜를 탄핵시켜야 한다는 기사로 도배가 되어 있었다. 1년 후 북한이 원한대로 박근혜가 탄핵되었다. 대한민국의 정치가 북한이 원하는대로 움직이고 있어 화가 난다. 이미 우리의 역사교과서가 북한의 역사교과서와 비슷해진 지금, 로동신문과 대한민국의 언론이 비슷하고 대한민국의 정치가 로동신문의 주장대로 되어가고 있다" 손유민 씨가 2017년 4월 1일 자신의 페이스북에 올린 글이다. 분노와 개탄과 걱정이 읽혀진다. 그는 대한민국의 엄청난 미래를 경고하고 있다. 흘려들을 말이 아니다.

북한의 대남지령을 수행한 그의 통치

1960년대 초반, 김일성은 남한을 북한에 흡수시킬 수 있는 방안을 담은 대남혁명노선을 남한 내 지하혁명조직과 학생운동권 단체에 활동자금과 함께 하달한다. 이것을 전달받고 지하에서 혹은 거리에서 투쟁했던 사람들이 지난 50~60년간 누적되어 이룬 세력이 지금 대한민국의 주류가 된 종북좌파 집단이다. 주한미군 철수, 국가보안법 폐지, 고려연방제 실시 주장이 대남혁명노선의 핵심 내용이다. 민주화, 독재타도, 재벌개혁, 정의구현 등의 구호는 대남혁명노선의 구현을 위해 고안해낸 거짓 구호일 뿐이다. 그들이 민주화운동이라 부르는 것도 외부를 향한 위장구호일 뿐 그들 내부에서는 대남혁명과업이라 불렀다.

김일성의 지령인 대남혁명노선을 수행한 역사는 길다. 우선 1970년대까지는 남로당 통혁당 등 북한이 직접 통제한 지하혁명정당이 과업을 직접 수행했다. 이어 박정희 사후 김대중 정부까지 약 20여년은 주사파로 대표되는 학생 김일성주의자들이 기성세대의 지하혁명세력과 연대하며 남한의 자유민주주의 체제를 공격했다. 그리고 노무현 이명박 박근혜 정부 14년은 주사파 운동권 중심의 확장된 종북좌익세력이 총연합하여 국가 체제를 파괴하고 자유민주 진영을 공격해 나갔다. 이 14년간의 공격 대형에서 선봉에 있었던 사람이 바로 문재인이다. 문재인은 노무현 정부 5년간 두 번의 민정수석과 시민사회수석에다 비서실장까지 지내며 정권의 명실상부한 제2인자였고 이후 9년간의 우익정부 시절에는 좌익진영의 선두에 서서 이명박을 공격하고 박근혜를 무너뜨리는 투쟁을 총지휘한 최고 1인의 위치에 있었다. 최소 9년간, 최고 14년간 대한민국의 자유민주주의 체제와 우익정부를 공격하는 대오에서 최고 지휘관이었던 문재인은 김일성의 지령인 대남혁명노선을 수행하는 총사령관이었다. 그리고 박근혜를 탄핵시킨 촛불혁명에서도 문재인은 총지휘자였다.

종북세력이 내민 청구서, 혁명과업

박근혜를 청와대에서 끌어내고 탄핵을 결정하고 감옥으로 보내는 동력이었던 광화문의 촛불집회를 주도한 것은 충분한 자금력과 거대한 조직력을 갖춘 민노총이 중심에 있었다. 여기에 전교조 참여연대 민변 등이 주도적으로 움직이고 범민련남측본부 연방통추 등 이름만 들어도 알 수 있는 종북단체들, 그리고 대법원이 이적단체로 판결을 내린 민권연대 환수복지당 재건통진당 등 노골적으로 북한식 공산주의를 지향하는 단체들까지 가세했다. 명실상부한 종북좌익단체의 총연합이었다. 민주당의 문재인 세력은 여론전을 주도하며 이 정국을 총지휘했고 종착점은 그들의 정권장악이었다. 꼭대기 점에는 문재인이 있었고 그는 박근혜를 쫓아낸 청와대를 차지하고 부귀와 영화를 누리는 일에도 꼭대기에 있었다.

문재인이 이끈 촛불세력의 연합체에 속한 대부분의 단체들은 이미 탄핵정국 이전부터 반정부 활동과 반체제 운동을 오랫동안 해온 세력이다. 그들은 특히 강경한 반좌익 정책을 펼치던 박근혜 정권을 집요하고 격렬하게 공격했다. 이들은 세월호 참사를 박근혜의 책임으로 뒤집어 씌우는 프레임을 만들어 정국의 주도권을 잡은 후 마침내 최순실과 국정농단이라는 두 개의 허깨비를 생산하여 탄핵정국을 만들어 갔다. 이 연합체는 '비상국민행동' '민중공동행동' 등으로 여러 번 명칭을 바꾸었으나 소속된 단체들의 성격과, 핵심 주도세력과, 그들의 정체성과, 그들의 지향점은 동일했다. 그 지향점은 결국 대남혁명과업의 수행이었다.

문재인이 대통령에 취임하고 정확히 2주가 지난 뒤인 2017년 5월 24일 '박근혜정권퇴진 비상국민행동'은 해산을 선언한다. 그러나 촛불집회를 거대한 혁명의 축제로 만든 공으로 문재인 정권에 대한 채권자가 된 그들이 그냥 물러날 리는 없었다. 그들은 문재인을 향해 '촛불개혁 10대 분야 100대과제'라는 제목의 청구서를 내밀었다. 소위 '10대 분야'로 불린 이것은 1.재벌체제 개혁 2.공안통치기구 개혁 3.정치선거제도 개혁 4.좋은 일자리와 노동기본권 5.사회복지 공공성 생존권 6.성평등과 사회소수자 권리 7.남북관계와 외교안보정책 개혁 8.위험사회구조 개혁(안전과 환경) 9.교육불평등 개혁과 교육 공공성 강화 10.언론개혁과 자유권 등이다.

10대 분야라는 이 청구서는 문재인이 취임사에 나열한 추상적 내용과 비교하면 구체성을 띠고 있다. 그리고 좌익적 이념지향성이 분명하다. 놀라운 것은 10대 분야 각각이 문재인의 통치 5년을 단숨에 스크린해 준다는 점이다. 게다가 이해되지 않았던 문재인 정권의 수많은 통치내용이 여기에 모두 들어있다. 그 각각을 간단히 살펴보자.

1. 재벌체제개혁: 삼성 롯데 한진 등의 총수들은 늘 검찰과 법정과 감옥을 들락거렸고 한진의 오너는 홧병으로 자신의 명을 지키지 못했다.

2. 공안통치기구 개혁: 검찰개혁이라는 이름으로 검찰의 범죄대응력을 약화시키고 자신들을 보호하기 위해 공수처를 만들었다. 급기야 검찰의 수사권을 제한하여 자신들의 수많은 범죄를 수사하지 못하도록 했다.

3. 정치선거제도 개혁: 2019년 야당의 강력한 반대를 억압하고 지역구 의석을 줄이고 비례대표를 크게 늘리는 선거법개정안을 패스트트랙에 태워 통과시켰다. 그리고 선관위의 중립성을 완전히 붕괴시켰다.

4. 좋은 일자리와 노동기본권: 비정규직의 정규직화를 무리하게 추진하고 공무원을 늘리고 세금으로 단기성 일자리를 양산했으며 주52시간제와 급격한 최저임금 인상을 밀어붙였다.

5. 사회복지 공공성 생존권: 수많은 종류의 지원금 형식으로 현금을 살포하고 국가부채의 폭증을 무릅쓰고 문케어를 추진했다.

6. 성평등과 사회소수자 권리: 성평등의 이름으로 분열적 페미니즘 선동을 펼쳤으며 그들 편의 소수자를 위해 다수자의 권리를 침해했다.

7. 남북관계와 외교안보정책 개혁: 문재인의 모든 국정운영은 북한과의 관계를 우선했으며 탈 자유진영과 친 공산진영의 외교를 전개했다.

8. 위험사회구조 개혁: 중대재해처벌법 등 기업에 부담만 되고 실효성은 거의 없는 법안을 강압적으로 만들었다.

9. 교육: 자사고 특목고의 폐지를 추진하고 좌익이념 교육을 강화했으며 학력의 하향평준화를 유도하거나 방치했다.

10. 언론개혁: 우익 언론사를 탄압하고 어용언론을 우대했으며 정권이 끝날 때까지 언론중재법의 통과에 매달렸다.

문재인의 국정운영은 모두 이 촛불청구서를 따른 것이 분명하다. 그의 통치 5년을 회고하면 바로 확인되는 사실이다. '촛불개혁 10대 분야'와 그의 대통령 취임사를 다시 한번 읽고 비교하면 놀라움을 금할 수 없다.

해산을 선언한 '비상국민행동'의 주도세력은 다시 '주권회복과 한반도 평화실현 8·15 범국민평화행동추진위원회'라는 긴 이름의 단체를 결성하고 2017년 8월 15일 서울 시청 앞에서 집회를 가졌다. '8·15 범국민대회'라 부른 이날 시위는 민노총 한국진보연대 6·15남측위원회 등 200여 단체 회원 6천여 명이 모였다. 여기서 그들이 주장한 것은 사드배치 철회, 한미연합 군사훈련 중단, 남북대화 개시, 평화협정 체결, 한일 위안부 합의와 군사협정 철회 등 이땅의 종북좌파세력의 주장과 구호는 모두 등장했다. 이것은 박근혜 탄핵을 이끈 촛불 주도세력의 정체성을 고스란히 드러낸 것이며 또한 문재인 정권의 5년간의 국정운영 내용과도 일치한다. 문재인은 북한정권의 지시를 받는 이들 종북단체들의 요구에 따라 대한민국을 통치한 것인가. 문재인은 이들 단체들과 종북의 이념 지향성과 투쟁목표가 동일했을까. 둘 다 맞을 것이다.

이들은 문재인 정권 출범 초기에 내밀었던 채권청구서를 중간에 점검하는 일도 잊지 않았다. 2016년 가을, 초기 촛불시위를 이끌었던 민중총궐기투쟁본부를 계승한 단체인 '민중공동행동'은 문재인 집권 1년이 되던 2018년 5월 기자회견을 열고 "문재인 정부가 내세운 100대 과제 중 39개 과제가 개혁을 향해 전혀 진척되지 못하고 있다."고 비판했다. 놀라운 일이다. 100대 과제 중 61개는 집권 1년만에 이미 실현되었거나 실현 중이라는 말이 아닌가. 문재인이 대통령 취임사에서 말한 33가지의 약속 중 지켜진 것은 단 하나도 없다. 논객 진중권이 취임사를 조목조목 짚어가며 평가하고 내린 결론이다. 그렇다면 문재인은 취임사에서는 전혀 딴말을 해놓고 국정운영은 종북세력이 내민 촛불청구서에 의해 수행했다는 말이다. 문재인과 그의 정권을 이해하는데 있어서 매우 중요한 대목이다.

문재인은 시민을 선동하고 촛불을 지휘했다

촛불시위가 최고조를 향해 달리고 있던 2016년 11월 26일 문재인은 종로 청계천 광장에서 열린 시위에 참석했다. 그리고 마이크를 잡았다. "박근혜 대통령은 한시라도 빨리 스스로 내려오는 것이 국민들을 덜 고생시키고 국정공백의 혼란을 최소화하는 것이다. 국가권력을 사익 추구의 수단으로 삼아온, 경제를 망치고 안보를 망쳐온 가짜 보수 정치세력은 거대한 횃불로 모두 태워버리자."(한겨레신문, 2016.11.26)

박근혜가 국가권력을 이용하여 사익을 추구했다는 주장은 후에 검찰 등 여러 기관에서 거듭된 수사를 벌였지만 밝혀낸 것은 아무 것도 없다. 그래서 '국가권력을 사익추구의 수단으로 삼아온' 이라는 문재인의 말은 거짓 선동이다. '경제를 망치고 안보를 망치고'라는 말은 그의 통치 5년을 경험한 지금 다시 생각하면 실소만 나온다. 그가 실행한 국정운영의 결과 정도는 되어야 '망쳤다'는 말을 쓸 수 있을 것이다. 문재인은 정치 경제 외교 안보사회 과학 등 국가의 모든 영역을 망쳐놓았고 대한민국 번영의 역사 70년을 쇠망의 역사로 흐름을 꺾어 놓았으며 청년 세대를 부모 세대보다 못살게 된 첫 세대로 만든 사람이다. 경제를 망친 사람은 문재인이다.

문재인은 2016년 12월 16일 정치적으로 철저하게 좌익 편만 드는 동양학자 도올 김용옥과 인터뷰를 가졌다. 도올이 물었다. "헌재가 (박근혜) 탄핵기각을 결정하면 어떻게 하겠는가". 문재인이 대답했다. "그런 결정을 내린다면 다음은 혁명밖에 없다." 이때부터 시위대에는 더 많은 사람이 동원되었고 함성은 더 커졌다. 문재인이 시위대를 향하여, 국민을 향하여 선동질을 한 결과다. 그때 광화문에서 그렇게 많은 사람이 그렇게 크게 질렀던 함성의 배후에는 문재인이 있었다.

돈의 힘과 조직의 힘과 거짓말과 선전과 선동의 힘으로 시민을 광화문에 동원하는데 성공한 문재인은 촛불을 횃불로 키워 박근혜 정부를 뒤집어 엎겠다는 의도를 점점 더 노골적으로 드러냈다. 수십 년간 법률가 노릇을 하며 살아온 사람이 아직 최서원과 박근혜에 관한 어떠한 의혹도 조사와 수사를 통해 확인되기 전이던 그때 그 모든 의혹이 마치 사실인 양 말하며 정권찬탈의 속셈을 감추려하지 않았다. 때가 되어 문재인을 심판하는 날 그가 청계천광장에서, 그리고 도올과의 인터뷰에서 했던 말들은 좌익혁명의 증거로, 시민을 선동한 증거로, 대한민국의 헌정질서를 파괴하려는 계획을 세운 증거로 쓰여야 한다. 박근혜 정권을 심판할 때는 의혹이 사실인지 아닌지 확인하는 절차도 없이, 조사도 증거도 없이, 추측과 해석과 주장만으로 현직 대통령을 끌어내렸지만 문재인을 심판할 때는 반드시 조사를 거치고 증거에 의거해야 한다. 특히 문재인이 청계광장에서 했던 말과 도올과의 대화에서 했던 말을 빠뜨려서는 안된다. 문재인의 내란선동죄는 이런 증거에 의해 분명해질 것이다.

문재인의 말은 헌재가 탄핵 결정문에서 말한 '헌법 수호의 의지가 드러 나지 않는'의 정도가 아니다. 그것은 '헌법 파괴의 의지가 분명히 드러나는' 말이다. 기존의 법질서를 준수하며 진행되는 혁명은 없다. 혁명은 기존 질서를 뒤엎는 것이다. 문재인이 "(박근혜가) 탄핵되지 않으면 혁명밖에 없다"고 말한 것은 기존의 헌정질서를 파괴하겠다는 의지를 분명히 나타낸 것이다. 그래서 문재인은 대한민국의 헌법 파괴를 공언한 사람이다. 권력욕에 눈이 먼 234명의 몰지각한 국회의원들과 겁먹은 8인의 서생 헌재 재판관들이 대신 악역을 맡아준 덕에 모든 것을 합법으로 가장할 수 있었지만 그 내용을 들여다 보면 온갖 편법과 불법으로 진행된 탄핵이었다. 그리고 이 모든 것을 선동한 꼭대기에는 문재인이 있었으며 탄핵이 성공한 후 최고의 열매를 차지한 사람도 문재인이었다. 헌정질서 파괴를 공언하며 국민을 선동한 문재인을 심판하지 않는다면 이땅의 법과 정의와 자유민주주의는 회복될 수 없을 것이다. 그를 심판하지 않는다면 우리 후손들은 주사파 김일성주의자들이 의도하는대로 김씨왕조의 백성이나 사회주의 국가의 인민으로 살게될 것이다.

/

CHAPTER 2

그의 이념과 사상은

문재인은 변호사 시절부터 철저한 좌익이었다. 그는 이 땅의 이적세력, 종북세력, 반국가세력, 국가전복 기도세력 등 북한 정권의 지원과 지령을 받고 활동하는 모든 세력들과 지속적으로 교류 협력했으며 그들을 옹호하고 변호했다. 그의 저서에는 그가 변호사로서 변호한 사건들을 자랑스럽게 나열하고 있는데 대부분 종북 운동권 세력이 대한민국 체제를 부정하는 사건이었다. 또한 불법적이면서 폭력성을 강하게 드러냈던 대형 노동자 파업사건, 전교조 해직교사사건 등 좌익이념으로 무장된 노동자 교사들을 동조하고 변호한 이력들이다. 반면 자유민주주의 단체와는 교류 협력하고 변호한 행적은 보이지 않는다. 오히려 배제와 적대적 태도를 보였다. 이런 행보는 그가 중앙정치의 무대에 등장한 이후 노무현 정권의 실세로 있을 때나 노무현 사후 정치적 계승자로 지목되어 활동할 때, 그리고 그가 대통령이 된 이후까지 일관되게 보여주었다. 반국가 단체와는 협력한 반면 자유민주 세력과는 적대적이었던 대통령 문재인을 이해하기 위해서는 그의 이념과 사상 편력부터 접근해야 한다.

그의 멘토는 간첩이었다

문재인이 자신의 정치철학이나 이념 지향성을 제대로 밝히는 것을 들은 기억이 없다. 자신을 자유민주주의자라고 말하는 것을 들은 적도 없다. 국민은 그런 문재인을 공산주의자로 규정하거나 간첩으로 의심했고 그는 그렇게 말하는 국민을 고소 고발했다. 간첩을 스승으로 삼는 제자는 간첩일 것이며 공산주의자를 멘토로 삼는 멘티는 공산주의자일 것이다. 문재인은 그런 제자이고 그런 멘티였다.

스승 신영복과 리영희

1968년에 적발된 간첩단인 통혁당은 6·25 남침 이후 남한에서 적발된 모든 공산주의 지하단체 중에서 제1의 적통을 가지는 혁명조직이다. 그 잔당은 50년도 더 지난 지금까지 엄연히 존재하며 남한내 종북좌파들의 정신적 지주가 되거나 인맥의 발원지가 되고 있으며 민주당은 통혁당의 정통성을 계승하고 있다. 이 간첩단 사건에서 사형을 선고받은 최고위급 세 사람 다음으로 중형을 선고받은 사람이 신영복이다. 신영복은 수감생활 20년을 채운 1988년 전향서를 쓰고 가석방되었고 김대중 정권이 출범하고 바로 사면 복권된다. 그는 이후 줄곧 북한체제를 옹호하고 자유민주주의 체제를 비판하는 활동을 펼치다 2016년 사망했다. 신영복은 남한 내의 대표적인 김일성사상가로 손꼽히는 사람으로 1975년 남북이 협상하는 계재에 북한 당국이 신영복의 북한 송환을 요구했을 정도로 북한은 물론 남한 내의 공산주의자들에게 정신적 지주와 같은 인물이다.

신영복이 사망하고 2년 후인 2018년 2월 강원도 용평에서 열린 평창

동계올림픽 리셉션에서 그는 문재인에 의해 화려하게 부활하여 전 세계인에게 소개된다. 북한의 김여정과 김영남, 미국 부통령 마이크 펜스, 일본총리 아베신조, 시진핑 중국 국가주석의 특별대표 한정 등 국내외 주요인사 200여 명이 참석한 자리에서 환영사를 한 문재인은 "제가 존경하는 한국의 사상가 신영복 선생은..." 이라며 말을 이었다. 문재인은 김일성사상가로서 간첩혐의로 20년을 감방에서 보낸 신영복을 존경한다고 했다. 이것은 세계인을 향해 자신이 김일성주의자임을 고백한 것이다. 논리학의 삼단논법을 빌리자면 '신영복은 간첩 혐의자이며 문재인의 사상적 스승이다. 고로 신영복을 스승으로 둔 문재인도 간첩혐의자다.'

문재인의 저서 [운명] 131쪽에는 이런 구절이 있다. "대학시절 나의 비판의식과 사회의식에 가장 큰 영향을 미친 분은 그 무렵 많은 대학생들이 그러했듯 리영희 선생이었다." 리영희는 우리의 두음법칙을 따르지 않고 북한식으로 부르는 그의 성 '리'가 말해주듯 1970~80년대 대표적인 공산주의 사상가였고 운동권 집단의 사상적 스승이었다. 그의 저서 '전환시대의 논리' '우상과 이성' '8억인과의 대화' 등은 운동권 학생들의 필독서였다. 그러나 문재인이 '그 무렵 많은 대학생들이 그러했듯'이라고 한 것은 거짓말이다. 그 시대 대학생들 중 운동권에 몸담은 이들만 그것을 읽었고 운동권이 아닌 학생 중에 그런 책을 읽은 것은 정치학 등 사회과학을 공부하는 학생 정도였다. 법학을 전공한 문재인이 리영희의 책을 읽고 큰 영향을 받았다고 말하는 것은 리영희로부터 공산주의의 사상적 세례를 받았다는 뜻이다. 그의 이념 정체성은 공산주의자가 분명하다.

문재인은 김일성주의자인 신영복을 존경한다고 말했고 공산주의 사상가 리영희로부터 사회의식에 가장 큰 영향을 받았다고 말했다. 여기서 그의 정치적 이념은 선명하게 드러난다. 더구나 그는 전 국민과 세계인이 보는 앞에서 그것을 공개적으로 말했다. 그럼에도 자신을 공산주의자라고 말한 국민들을 고소 고발한 것은 이 땅의 모든 공산주의자들이 다 그러하듯 자신의 정체를 감추려는 위장술일 것이다.

멘토, 통혁당의 박성준과 한명숙

조선로동당으로부터 거액의 자금을 받아와 1964년 결성된 통일혁명당은 1968년 일망타진되었다. 총 158명이 검거된 이 사건의 판결문에는 "남로당을 부활시킨 조직체로 북한의 무력 남침에 대비한 사전 공작조직이었으며 1970년까지 결정적 시기를 조성하여 민중봉기함으로써 공산정권 수립을 획책하였다."고 기록되어 있다. 공안기관의 수사·기소와 사법부의 판결에 의해 남파간첩 김종태를 포함한 5명의 수뇌들은 사형을 선고받았고 신영복은 무기징역, 한명숙의 남편 박성준은 징역 15년, 한명숙은 징역 1년에 집행유예 1년을 선고받았다. 3년 후인 1971년 4월 전라남북도에서 통혁당 재건을 시도한 간첩단 11명이 다시 검거되었다.

통혁당은 처음부터 북한의 계획에 의해 로동당의 하부 조직의 개념으로 만들어 졌다. 북한의 자금으로 운영되고 로동당의 통제와 지시에 따른 조직으로서 적대국의 지하에 설립한 공산주의 혁명조직이다. 통혁당 최고위의 김종태는 김일성이 직접 챙긴 인물로서 그가 검거될 위기에 처하자 직접 병력을 보내 1968년 8월 제주도에 상륙시키는 중에 우리 군경과 교전을 벌여 12명이 사살되고 2명이 체포되었다. 김종태가 우리 당국에 체포되어 사형에 처해지자 북한은 그에게 공화국영웅 칭호를 내리고 시신

없는 장례식을 북한 최고 영예인 국장으로 예우할 정도로 김일성은 김종태와 통혁당을 크게 중시했다. 북한은 그 후에도 남한에 통혁당이 재건되었다고 지속적으로 선전하였던 바, 실제 통혁당 재건은 계속 시도되어 1969년부터 1979년까지 무려 9차례나 통혁당 재건세력이 검거된다.

김일성이 남한을 점령하기 위한 대남공작의 거점으로 조직한 통혁당의 명맥은 지금도 존재한다. 우선 무기징역을 선고받고 20년간 수감생활을 하다 풀려난 신영복은 문재인이 세계인 앞에서 '존경하는 분'이라고 공개적으로 밝히고 그의 사후에는 간첩 행위를 한 그의 글씨가 이제는 간첩잡기를 멈춘 국정원의 원훈석은 물론 경찰청 여러 곳의 액자에 새겨져 있다. 신영복은 죽었으나 그의 혼은 문재인 정권 곳곳에 살아있었다.

징역 15년을 선고받고 13년을 복역한 후 석방된 박성준은 공식적인 직함이나 공개적인 활동은 없으나 이땅의 종북세력의 대부 혹은 문재인의 정신적 멘토로 알려져 있다. 그의 아내로서 노무현 정부에서 국무총리를 지낸 한명숙은 좌익의 대모로 대접받는 존재다. 명백한 증거에 의해 실형을 받은 한명숙을 문재인 정권의 실세들이 모두 나서서 무죄로 뒤집으려 끊임없이 시도했던 사실은 통혁당 잔당인 한명숙과 그의 남편 박성준이 종북세력 내에서 차지하는 위상을 분명하게 말해준다. 통혁당 조직원으로 유죄 판결을 받은 기세춘의 딸 기모란은 코로나 방역의 사령탑이 되어 청와대를 굳건히 지켰다. 남로당이 사라진 이후 북한이 남한에 설립한 혁명 지하조직의 조종祖宗격인 통혁당은 60여 년이 지나서도 문재인에 의해 부활하여 대한민국의 심장부에 단단히 박혀있었다. 통혁당 잔당과 문재인의 관련성 만으로도 문재인의 정체는 선명해진다.

자유를 말하지 않는 공산주의자

대한민국은 자유민주주의 국가다. 헌법에 명시된 대한민국의 국가 체제다. 북한은 공산주의 정권이고 대한민국은 자유민주주의 국가다. 우리 국민은 모두 그렇게 알고 있다. 문재인은 대한민국의 제19대 대통령이다. 그렇다면 그의 정치적 이념도 반드시 자유민주주의라야 한다. 그것이 아닌 다른 정치적 이념, 특히 대한민국이 불법화하고 있는 사회주의나 공산주의가 그의 이념이라면 그것을 분명히 밝히고 국민의 선택을 받았어야 했다. 그렇게 하지 않았다면 국민을 기만한 것이다. 그가 공산주의자인데 그것을 밝히지 않고 자유민주주의 국가 대한민국의 대통령이 되었다면 이것은 엄중한 일이다. 대한민국의 존립 자체를 위협하는 일이므로 문재인에 대한 법적 판단과 처벌이 반드시 따라야 한다. 내란음모 국가반역 등의 죄목이 적용되어야 할 것이다. 지금의 언어로는 반국가 행위이며 과거의 언어로는 대역죄. 간첩이라는 쉬운 용어도 있다.

그는 공산주의자가 확실하다

"영국 BBC는 2018년 3월 9일자 방송에서 문재인이 트럼프와 김정은의 회동이라는 엄청난 도박을 중재하였으며 이를 통해 핵전쟁의 위험을 줄일 수 있다면 문재인은 노벨평화상을 탈수 있을 것이라고 전망했다. 이 21세기의 정치도박을 중재한 문재인은 '외교적 천재'이거나 혹은 '나라를 파괴하는 공산주의자' 중 하나일 것이라고 했다."(뉴시스, 2018.3.10)

문재인이 적극적으로 중재했던 2018년과 2019년의 트럼프와 김정은의 요란했던 만남에서 성취된 것이나 진전된 것은 아무 것도 없다. 김정은을 국제무대에 화려하게 등장시켜주고 잔인한 독재자의 이미지를 희석시켜주었으며 핵무기의 수량을 늘리고 미사일 성능을 개선할 수 있는 시간을 벌어주는 등 오직 북한과 김정은을 위한 시간이었다. BBC는 문재인을 두고 외교적 천재인가 아니면 나라를 파괴하는 공산주의자인가 하는 의문을 던졌지만 어느 쪽인지 이미 알고 있었을 것이다. 이 21세기의 정치 도박은 곧 실패로 끝났고 답은 저절로 가려졌다.

문재인은 그의 임기 내내 북한을 중심에 둔 통치를 펼치며 서방의 자유진영을 멀리하고 공산진영을 가까이하는 외교 기조로 대한민국을 미국 등의 서방의 자유진영으로부터 고립된 나라로 만들었다. 이로써 문재인이 외교적 천재가 아닌 것은 분명해졌다. 그렇다면 그는 나라를 파괴하는 공산주의자가 맞을 것이다. 이 당시 해외언론 뿐만 아니라 많은 국민들 역시 대한민국의 편이 아니라 북한 편에 선 그의 정체를 의심하고 있었다..

'국대떡볶이' 대표 김상현은 "문재인은 공산주의자, 문재인은 북조선 편, 공산주의자인 대통령이 연방제를 통해 나라의 정체성을 바꾸려한다"는 등의 주장을 한 이유로 2019년 9월 친문성향의 단체들로부터 고발되었고 그가 운영하는 사업은 그들로부터 불매운동에 시달렸다. 서울 강남구청장 신현희는 "문재인은 공산주의자, 문재인 부친이 북한 공산당 인민회의 흥남지부장이었다."는 등의 주장을 한 혐의로 2017년 8월 기소되었다. 그러나 2018년 2월 서울중앙지법 조의연 판사는 문재인을 가리켜 "양산의 빨갱이, 공산주의자' 등으로 표현한 것은 허위사실의 적시가 아닌 주관적 평가로 판단하고 명예훼손에 해당하지 않는다고 판결했다. 2017년 4월 60대 시민 박모씨는 문재인을 공산주의자로 지칭하고 주한미군

철수, NLL포기선언 등 21개 항목을 근거로 제시한 받은 글을 200여 명이 있는 카카오톡 단체방에 올린 혐의로 기소되었다. 그러나 2018년 4월 서울중앙지법 정계선 판사는 "헌법은 모든 국민에게 정치적 인물에 관해 평가할 수 있는 자유를 보장하고 있다"며 무죄를 선고했다. 2015년 10월 당시 KBS 이사였던 조우석은 한국프레스센터 토론회에서 "문재인이 공산주의자라고 저 또한 확신한다. 문재인이 공산주의자라는 말에 발칵 화를 내는데 그 친구는 자기가 왜 공산주의자인지 모를 것"이라고 했다. 이 말 때문에 문재인이 대통령에 당선된 그해 조우석은 명예훼손죄로 고발되었다. 김정식 김상현 신현희 박모씨 조우석은 문재인을 공산주의자로 생각하는 많은 국민 중 일부일 뿐이다. 이런 국민의 생각을 논리적으로 정리해준 학자가 있다.

양동안은 한국학중앙연구원 명예교수다. 이미 1980년대부터 대한민국이 공산국가화 되고 있다는 신호를 지속적으로 보낸 학자로서 공산주의 전략 전술 연구에서 우리나라 제1인자다. 그는 고영주 변호사가 문재인을 공산주의자로 말했다는 이유로 진행된 소송에서 재판부에 의견서를 제출했다. 이 의견서에서 그는 문재인은 공산주의를 신봉하는 자가 확실하다고 했다. 공산당을 불법으로 규정하는 자유민주주의 국가에서 관찰되는 공산주의자의 말과 행동의 특징 11가지를 문재인에게 적용한 결과라고 했다. 공산주의 활동이 불법화된 나라에서 공산주의 활동을 전개하는 사람들은 스스로 자신이 공산주의자임을 밝히지 않고 오히려 적극적으로 부인하기 때문에 그의 말과 행동을 기준으로 판단해야 한다고 주장한다. 양동안 교수가 판별하는 공산주의자의 기준은 이렇다.

"공산국가의 주장과 정책에 동조하고 공산주의자의 주장과 인식을 수용한다. 공산주의자들에 대해 존경을 표시하고 과거 공산주의자들의 활동을 찬양한다. 공산주의 체제에 대해 호감과 동경의 태도를 보이고 공산국가의 나쁜 것도 좋은 것으로 찬양한다. 공산주의 단체와 용공성향의 단체들을 옹호하고 그들과 지속적으로 협조한다. 반공주의자에 대하여 부정적 태도를 보인다. 자국의 안보와 정당성 강화를 위한 조치는 반대하고 오히려 약화를 초래할 조치를 주장한다. 말로 스스로를 민주주의자로 자처하나 자유민주주의를 옹호하지는 않는다."

양동안은 이러한 내용의 의견서를 고영주 재판부에 제출했는데 2015년 당시까지 문재인의 말과 행동으로 판단할 경우 문재인은 이상의 기준 모두에 해당하므로 문재인 자신이 인정하느냐 하는 것과는 상관없이 공산주의자가 틀림없다고 단정하며 문재인은 자신의 일관된 행동으로 대한민국 편이 아니라 북한정권 편임을 스스로 증명하고 있다고 했다. 양동안은 공산주의자를 판별하는 기준에서 나아가 대한민국 땅에서 활약하는 공산주의자들의 말과 행동상의 특징 12가지를 정리하고 제시했다. 이는 2015년의 시점에서 고찰한 것으로 문재인과 주사파 등 종북세력 전체가 공유하고 있던 이념적 지향과 정치적 코드를 잘 읽을 수 있다.

1.국가보안법 폐지 주장 2.주한미군 철수 주장 3.연방제 통일 주장 4.평화협정 체결 주장 5.이적단체 옹호 6.통진당 해산 반대 7.진보세력과의 교류 8.사회문제를 계급대립의 관점에서 이해함 9.신자유주의를 강렬하게 비판함 10.반공에 대한 부정적 태도 11.한미FTA 반대 12.국정원 해체 주장

등이다. 노무현이 집권하며 정치 무대에 등장한 문재인의 과거 20년 간의 행적에 양동안이 제시한 이 12가지의 기준을 대비해 보면 문재인이 공산주의자인지 아닌지 김일성주의자인지 아닌지는 간단히 판별된다. [참고자료: '벼랑끝에 선 한국의 자유민주주의'(양동안, 인여사, 2017) '문재인은 공산주의자인가'(월간조선, 2016년 11월)]

자유 대신 북한

민주주의와 사회주의를 구별하는 핵심 키워드는 '개인의 자유'다. 사회주의 국가에서는 인민민주주의라는 용어를 사용하며 스스로 자유민주주의와 구별한다. 그러나 사회주의 국가의 인민민주주의는 모순적이고 허위적인 용어다. 시민 개개인의 자유와 책임을 전제로 하는 개인주의를 부정하고 국가주의와 전체주의를 선택하는 사회주의는 민주주의와는 양립할 수 없다. 개인의 자유는 부정되고 전체 속의 개인으로 존재하는 인민은 개인의 자유를 전제로 하는 민주주의와는 근원적으로 배치된다. 그래서 사회주의 국가에서 말하는 인민민주주의는 사회주의의 본질인 허구와 기만 그 자체다. 급진적 행동 사회주의인 공산주의는 더욱 그렇다. 공산주의자들이 민주주의를 말하면서도 '자유'라는 용어는 사용하지 않는 것은 집단을 위해 개인의 자유를 제한하는 것이 사회주의 체제의 본질이고 속성이기 때문이다. 그리고 인민 개개인의 자유를 더욱 강력하게 제한하며 전체주의적으로 국가를 운영하는 것이 공산주의다. 개인의 자유를 인정하는 순간 사회주의와 공산주의는 성립하지 않는다.

반면 민주주의는 개인의 자유를 핵심 가치로 삼는다. 그래서 민주주의는 곧 자유민주주의를 말하며 민주주의가 발전한 역사는 곧 자유가 진전된 역사이기도 하다. 자유는 양심 윤리 도덕 등의 사회적 규범과 타인의 자유와 이익과 생명에 대한 침범을 제한하는 법적 규범에 의해서만 제한할 수 있다. 자유민주주의 국가인 대한민국은 헌법 곳곳에서 자유를 최고의 가치로 규정하고 있다. 좌익 역사가들과 전교조 교사들에 의해 미래 세대가 공부하는 역사 교과서에 기존에 있던 '자유'가 삭제되고 문재인이 조국을 앞세워 '자유'가 사라진 신헌법을 추진하다 국민의 저항으로 곧 저지되었지만 대한민국은 엄연한 자유민주주의 국가다. 그렇다면 대한민국 대통령 문재인은 이 '자유'에 대해 어떤 입장을 가지고 있었을까.

문재인은 그가 집권하기 이전에도 집권한 이후에도 자유에 대해 말하지 않았다. 언론인 조갑제는 문재인이 했던 연설을 들며 일일이 세어주었다. 문재인이 2019년 신년회견에서 단어별로 언급한 횟수를 보면 경제35, 성장29, 혁신21, 평화13, 공정10, 고용9, 한반도6, 개혁3, 북한3, 적폐2, 촛불2, 청산 2, 양극화2, 평등2, 민주2, 대한민국1, 안보1, 자유0이다. 문재인은 실행하지도 않은, 그래서 몽땅 거짓말이라고 확인된 많은 아름다운 단어를 나열하면서도 민주주의의 핵심가치인 자유에 대해서는 입에 담지도 않았다. 2018년의 연두회견에서도 자유는 0이다. 2018년 4월 김정은과 합의한 4·27판문점 선언에서도 평화11, 민족10, 한반도9, 번영5, 통일3, 비핵화3, 자유0이다.(월간조선, 2019년 3월호) 문재인은 '자유' 기피자다.

대통령이 새해 국정운영의 큰 방향을 밝히는 신년회견에서 자유를 단 한번도 말하지 않은 것은 이미 심각한 일이다. 더구나 미래의 통일을 전제로 한 판문점선언에 '자유'라는 용어가 들어가지 않은 것은 더욱 엄중하다. 합의문에 자유가 들어가지 않은 것은 남북을 자유가 없는 공산주의 국가로 통일하겠다는 것을 전제로 했다는 뜻일 것이다. 문재인에게 합의문에 자유를 넣지 않은 이유를 묻는다면 아마 북한을 자극하지 않기 위해서라는 상투적인 대답을 할 것이 뻔하다. 그러나 북한과 직접적 관계가 없는 신년 기자회견에서도 자유를 말하지 않았다는 사실은 그의 이념적 정체성을 분명히 보여주는 것이 틀림없다. 자유를 포기하면서까지 북한과의 통일을 원하는 국민은 종북세력 외에 또 있을까. 공산주의 국가로 통일하는 것에 동의하는 국민은 더욱 없을 것이다. 자유를 말하지 않는 문재인은 결코 자유민주주의자는 아니다. 한반도는 자유민주주의와 공산주의가 첨예하게 대립하는 곳이며 이는 대한민국 내부에서도 마찬가지다. 김정은과 이견없이 자유가 빠진 합의문에 서명하고, 자유가 빠진 선언문을 체결하는 문재인의 정치적 이념은 김정은과 같은 것이라고 봐야한다.

문재인은 자유를 말하지 않는 대신 민족, 한반도, 북한을 말했다. 그가 말하는 민족과 한반도는 당연히 북한을 염두에 둔 말이며 북한과 자유는 한 자리에 모일 수 없는 말이다. 김씨 일가 3대는 현존하는 세계 공산주의 정권 중에서도 인민의 자유를 가장 완전하게 유린하는 집단이다. 그래서 문재인은 북한을 말하면서도 자유를 말하지 않았을 것이다. 여기서 문재인의 이념 정체성은 분명하게 확인된다. 공산주의 정권의 수령 김정은과 자유가 빠진 합의문을 작성한 일은 엄중한 일이다. 문재인은 자신을 조선인민공화국의 남쪽 대통령 쯤으로 생각한 것이 분명하다. 김정은이 남쪽까지 지배하는 그림을 그리고 있었던 것은 더욱 분명하다.

평양에서 자백한 그의 정체

'민족'과 '조국통일'은 주사파 운동권을 포함한 이땅의 종북좌익세력 모두가 내세우는 제1의 테마. 그들은 경제 과학 미래 사회통합 국가발전 등 자유민주주의 국가의 정부가 지향하는 주제는 외면하는 대신 오직 민족과 통일 만을 말한다. 문재인의 집권 5년도 그러했다. 더욱 심각한 것은 그들이 말하는 통일이 인간의 행복과 복리증진에 유용한 체제로 이미 충분히 입증된 자유민주주의와 시장경제자본주의를 전제로 하는 것이 아니라는 점이다. 그들은 오히려 인간의 존엄성을 파괴하고 인민을 빈곤에 이르게하는 북한식 사회주의 체제로의 통일을 꿈꾸는 것으로 보였다. 이들의 맨 앞에 서있던 문재인은 더욱 그렇게 보였다.

남쪽 대통령

"남쪽 대통령으로서 김정은 국무위원장 소개로 여러분에게 인사말을 하게되니 그 감격을 말로 표현할 수 없습니다." 북한을 방문한 문재인은 2018년 9월 19일 평양 5·1경기장에 모인 15만 북한 인민 앞에서 대한민국을 '남쪽'이라 부르고 자신을 '남쪽 대통령'으로 소개했다. 그는 저잣거리의 필부가 아니다. 이 땅의 아무 동네에나 사는 일개 국민이 아닌 대한민국의 대통령인 그가 대한민국을 남쪽이라고 불렀다. 남쪽은 나라 이름이 아니라 어떤 방향이나 지역을 가리키는 말이다. 문재인이 대한민국을 남쪽이라 부르면 자신은 한 지역의 대표로 한정된다. 이것이 청와대에 포진한 주사파들의 의도대로 한 것인지 혹은 온전한 자신의 의도인지는 알 수 없다. 그러나 이것은 대한민국을 한반도 유일의 합법정부로 명시하고 있는 우리 헌법을 정면으로 뒤집는 것이며 국가의 정통성을 스스로 부정하는 엄중한 일이다. 이 땅을 지키기 위해 목숨을 바치고 국립묘지에 묻힌 선열들이 통곡할 일이다.

정치학자 노재봉은 이에 대해 "문재인은 대한민국을 통일로 가는 과정에서 잠정적으로 존재하는 임시정부 정도로 생각하는 듯하다. 남쪽 대통령이라고 한 것은 대한민국이라는 국가의 존재를 스스로 깔아 뭉갠 일이다. 이것은 김일성이 주장하는 연방제와 연결되어 그 자신을 남쪽의 도독都督이라고 이야기 하는 것이다."(월간조선, 2019년 10월호)라고 말했다. 문재인은 대한민국을 북한에서 본 남쪽으로, 자신을 그 남쪽에 있는 도독 정도로 불렀다. 이제 대한민국은 북한의 한 부분이 되고 문재인 자신은 김정은의 수하가 될 수 있는 길이 열린 것이다. 문재인은 이 길을 열기 위해 스스로 평양으로 가서 김정은을 알현했다는 뜻이다.

정치인 장기표는 문재인 정권의 핵심을 이루는 주사파에 대해 친북종북을 넘어 북한에 충성하는 충북으로 단정했다. 주사파에서 전향한 그의 말을 빌리지 않더라도 문재인 정권의 핵심 권력자들은 북한 정권과 김정은에게 무비판적으로 충성하는 사람들이었다. 김일성의 주체사상에 사로잡힌 이념가들로 자신의 정권을 구성한 문재인은 북한 정권의 이익을 도모하는 일에만 몰두했다. 북한 동포에게 자유 인권 등 인류의 보편적 가치를 극단적으로 훼손하는 김씨 왕조의 야만적 통치에는 눈을 감았고 우리의 안보에 가장 큰 위협이 되는 핵과 미사일에 대해서는 입을 닫았다. 북한과의 관계에서 주도권을 완전히 포기한 채 그들이 삶은 소대가리,

특등 머저리 등 굴욕적인 비난을 퍼부어도 아무 소리도 내지 않았다. 그것은 충성이라기보다 굴종이었다. 개성연락사무소 건물이 폭파되고 서해에서 우리 국민이 사살되었을 때 문재인은 우리 재산의 손실에 대한 복구에는 전혀 무관심했다. 오히려 사건의 본질을 호도하며 북한과 김정은을 변호하고 옹호하는 일에 집중했다. 그들은 대한민국의 이익을 위해 일하는 사람들이 아니었다. 그래서 대한민국 사람들이 아닌 듯 보였다.

북한과의 관계가 역대 최고이며 평화가 왔다고 선전하면서도 북한에 억류된 우리 국민에 대해 송환을 요구했다는 말을 들은 적은 없다. 이명박 박근혜 정부에서 각각 2번씩 있었던 이산가족 상봉도 그의 정권에서는 단 1번 뿐이었다. 그는 대한민국을 위해서는 아무것도 하지 않았고 오직 북한을 위해 일했다. 문재인이 북한을 위해 일한 것은 국민의 눈을 피할수 있는 해외에서 더 활발했다. 그는 대한민국의 돈으로 부지런히 밖으로 나가서 북한을 위해 뛰었다. 유엔의 대북인권결의안 채택에는 모두 빠진 반면 해외 정상을 찾아다니며 북한에 대한 경제제재의 해제를 부탁했다. 대한민국의 이익이 아닌 북한의 이익을 챙기는 대한민국 대통령을 북한과 중국과 러시아를 제외한 온 세계는 조롱했으나 문재인은 멈추지 않았다. 북한을 위해 열심히 일하는 문재인은 대한민국 사람이 아닌 듯 보였다. 그가 말한 남쪽 대통령이란 뜻은 남쪽에서 북한을 위해 일하는 남조선 대통령이란 의미일 것이다. 간첩이라는 말과 달라보이지 않았다.

북한 사람

조갑제는 우익 성향의 원로 언론인이다. '문재인은 공산주의자인가' 라

는 질문에 많은 근거를 제시한 그는 이 질문에서 한 걸음 더 나아가 '문재
인의 조국은 어디인가'라는 화두를 던졌다. 그리고 문재인의 조국이 대한
민국이 아니라 북한일 것이라고 의심하는 이유를 다음과 같이 열거했다.

1. 문재인은 대한민국을 정통국가로 보지 않는다.
2. 유엔이 규정한 반인도적 범죄자 김정은을 적이나 악으로 보지않는다.
3. 북한동포의 인권이나 한국 국민의 안전을 걱정한다는 증거가 없다.
4. 김일성주의자를 사상가로 존경한다.
5. 계급투쟁론과 제국주의론의 시각으로 세상을 보고 정책을 결정한다.
6. 종전선언 민족공조 등 한미동맹 해체로 이어지는 북한의 전략에 적극
적이고 항구적으로 동조한다.
7. 주한미군 철수와 한미동맹 해체의 수순을 밟고 있다.
8. 탈미 반일 친중 통북 노선은 그의 이념노선이며, 그 궁극 지향점은 대
한민국의 공산화이거나 인질화일 것이다.
9. 김정은을 칭송하고 북한을 찬양하는 주체사상 신봉세력으로서 현재
대한민국의 정권을 장악하고 있다.
10. 대한민국의 주류세력을 위선적 허위의 세력으로 제거 대상으로 본다.
11. 김정은 한 사람을 5000만 국민의 생명 자유 재산보다 더 소중하게 생
각한다. 이렇게 말한 조갑제는 마지막으로 이런 질문을 던졌다. "문재인의
조국은 어디인가."(월간조선, 2019년 3월호, '남쪽 대통령 문재인 연구')

    정치 무대에 올라간 이후의 문재인의 행적을 보면 어떤 때는 친북으
로 보였고 어떤 때는 종북으로 보였으며 또 어떤 때는 북한에 충성하는

충북으로 보였다. 그는 일관되게 북한을 편들고 지지하고 옹호했으며 북한이 어떠한 도발을 해와도 비난을 하거나 책임을 묻는 일이 없었다. 그런 그를 북한주의자로 부르는 사람도 많았지만 차라리 '북한 사람'으로 보였다. 반면 그는 대한민국에 대해서는 적대적이었다. 늘 말과 행동이 따로였던 그는 스스로 평양에서 표현했던 대로 '남쪽'에 대해서는 말은 좋게하는 경우에도 행동은 거꾸로인 경우가 대부분이었다. 그는 남쪽 사람이 아니었다. 남쪽에 있는 북한 사람이었다.

문재인은 세계 최악의 인권 탄압 국가인 북한에 대해서는 철저히 침묵하면서도 간첩 잡는 기본법인 국가보안법은 인권탄압이라고 주장하며 폐기를 촉구했다. 북한동포의 인권에는 눈을 감으면서도 남쪽에서 암약하는 간첩과 이적행위자들의 인권에만 입을 열었다. 현존하는 정권 중에서도 세계 최악인 김정은의 독재정치에는 입을 봉한 채 김정은보다 백배는 민주적인 대한민국의 우익 집권자에게는 모조리 독재자라고 비난했다. 김씨 일가의 3대에 걸친 왕조적, 전체주의적, 공포적 통치에는 말 한 마디 않은 채 이승만부터 박근혜까지 자유민주주의를 신봉하는 대통령을 향해서는 비민주적 지도자 혹은 독재자 취급으로 일관했다. 그는 정의와 인권과 민주주의를 말하는 것이 아니었다. 남쪽 정부를 공격하는데 그런 용어를 사용했을 뿐이다. 인권, 자유, 민주주의 등 근대 국가의 보편적 가치에 대해 북한의 그것에는 철저히 침묵하면서도 대한민국의 그것에는 과잉 비판을 퍼붓는 그의 이중적 언행은 다른 간첩들과 같은 것이었고 조선로동당과 조선중앙통신의 태도와 판박이였다.

그러면서도 그 자신은 대한민국의 인권과 공정과 법치를 훼손하고 유린했고 그나마 '자유'는 입에 담지도 않았다. 문재인의 '북한 사람' 정체성은 박근혜를 밀어내고 대통령이 된 이후 노골적이고 적나라하게 드러났다. 대한민국 최고 권력자가 된 문재인은 철저하게 북한 편향적인 국정운영을 펼쳤고 그런 그는 대한민국 대통령이 아닌 북한이 남쪽 통치를 위해 파견한 사람 정도로 보였다. 좌경화된 언론이 입을 다물고 겁먹은 학자들이 눈치를 보고 있을 때 외국 언론은 그를 김정은의 수석 대변인 혹은 공산주의자로 불렀다. '북한 사람'과 별반 다르지 않는 말이었으며 '스파이'라는 말뜻도 포함된 듯 보였다.

대통령이 된 문재인은 북한과 김정은에 충성하기로 작정한 사람으로 보였다. 그의 집권 전반기는 북한 정권과 내통하는 시간이었고 집권 후반기는 북한을 스토킹 한 시간이었다. 문재인의 북한주의자 정체성을 분명히 드러낸 그의 집권 5년은 그를 북한 사람이라 불러도 반박할 수 없을 것이다. 북한 사람이 대한민국에서 북한을 위해 일한다면 그는 간첩이다. 그가 대통령이었으니 그를 대통령이 된 간첩으로 불러야 할 것이다. 세계사에서 간첩이 대통령이 된 사례가 또 있나 싶다. 없다면 그가 세계 최초가 될 것이다. 간첩이 대한민국 대통령이 되었다니, 경악할 일이다.

CHAPTER 3

대한민국의 정통성을 부정한 대한민국 대통령

2020년부터 사용된 중·고교 역사교과서에는 '대한민국은 한반도 유일의 합법정부'라는 내용이 빠져있고 '대한민국 수립'은 '대한민국 정부수립'으로 바뀌었다. 대한민국을 하나의 국가에서 일개 정부로 격하시킨 것이다. 또한 대한민국의 국가 정체성을 규정한 '자유민주주의'에서 '자유'를 뺐다. 이것은 대한민국을 건국할 때 천명한 핵심가치를 삭제한 것이며 국가의 영혼을 빼버린 것이다. 이제 '자유'가 빠진 자리에 '인민'을 넣어 인민민주주의가 되고 대한민국 '국민'은 '인민'이 될 수 있는 길이 열린 것이다. 문재인과 종북좌파 세력이 한반도의 정통성을 대한민국이 아닌 북한으로 변경하는 역사투쟁에서 승리한 결과다.

뒤바뀐 역적과 영웅

문재인 세력은 집권 후 경제 민생 안보 역병방역 등 눈앞의 모든 현안을 팽개치고 조용히, 그리고 중단없이 사상투쟁과 역사투쟁을 진행했다. 1948년 8월 15일인 대한민국 건국절 흔들기, 창군과 호국의 영웅인 백선엽을 밀어내고 그 자리에 인민군 창군과 6·25남침에 앞장섰던 김원봉 밀어넣기, 남조선로동당이 일으킨 폭동인 제주4·3사건과 여수순천반란사건을 민주화운동으로 둔갑시키기, 중·고교 역사교과서에 북한 역사책의 내용을 대거 반영하기 등은 종북세력의 역사투쟁의 틀 속에서 진행된 것이며 모두 대한민국의 정통성을 부정하는 공통점이 있다. 대한민국 정통성 부정의 최종 지향점은 북한 정통성의 인정이며 이것은 주사파의 오래된 혁명과업이었다. 그들이 문재인의 시대에 열심히 했던 일이다.

문재인은 그의 임기 두 달을 남긴 3·1절 기념식에서 김대중 정부를 대한민국의 첫 '민주정부'라고 말했다. 김대중 정부를 찬양하는 말이 아니다. 이승만이 세운 자유민주주의 대한민국을 부정하는 말이다. 그도 북한처럼 이승만을 민족반역자로, 이승만 정부를 반인민적 정부로 규정한다는 의미다. 그의 민주정부는 자유민주주의 정부가 아닌 인민민주주의 정부를 가리킨다. 문재인은 일관되게 대한민국의 정통성을 부정했다.

이승만과 여운형

2019년 4월, 임시정부 수립 100년을 맞아 임시정부에 관련되거나 독립운동을 했던 인물의 초상화를 광화문에다 대형 걸게그림으로 걸었다. 광화문 정부청사에 10위, 외교부 청사에 9위가 걸리고 교보생명 건물과의정부터 발굴현장에도 걸었다.(조선일보, 2019.4.11) 여기에 임정 초대 대통령 이승만은 없었다. 그러나 여운형은 있었다. 여운형은 해방 후 건국준비위원회를 세우면서 임시정부의 정통성을 인정하지 않았을 뿐만 아니라 임시정부가 국내로 들어오는 것을 막은 인물이다. 그는 1920년 중국 상해에서 고려공산당에 가입하여 공산당원으로 활동했고 광복 후에는 귀국하여 '조선인민당'을 창당하고 '근로인민당'을 조직하는 등 공산주의자로서 활동했다. 그는 노무현 정부에서 그 공로를 인정받아 건국훈장 대통령장(2등급)에 추서된데 이어 노무현 퇴임 4일 전인 2008년 2월 21일에는 건국훈장 대한민국장(1등급)에 추서되었다. 여운형의 독립운동의 발자취는 보잘 것 없다. 그래서 노무현 정부가 그에게 1등급 훈장을 준 것은 독립운동에 대한 보훈이 아니다. 그의 공산주의 활동에 대한 보상이 분명하다.

노무현이 여운형에게 최고 훈장을 추서할 때 비서실장이었던 문재인은 스스로가 대통령이 되어 다시 여운형의 얼굴을 걸게그림으로 서울 한복판에 높이 올렸다. 그러나 독립운동 역사에서 여운형과는 비교할 수 없을 정도의 업적을 남기고 후에는 자유민주주의 국가 대한민국을 건국한 초대 대통령 이승만의 사진은 없었다. 한반도의 정통성이 북한에 있다고 주장하는 것은 종북세력의 입장이며 문재인의 입장이기도 하다. 임정 100주년을 기념하는 걸게그림에서 임정 초대 대통령 이승만을 뺀 것은 이승만이 김일성에 대항하여 자유민주주의 대한민국을 건국한 사람이기 때문이며, 이승만에 비해 독립운동의 업적이 턱없이 부족한 여운형이 그 자리에 들어간 것은 그가 공산주의자이기 때문이다. 광화문의 걸게그림은 대한민국이 이미 공산주의자들에게 점령되었다는 것을 말해주고 있었다. 문재인과 그의 수하들은 체제 경쟁에서 패배한 북한의 역사를 한반도의 정통 역사의 지위에 올리는 한편, 승리한 대한민국의 역사를 삭제하는 일을 하고 있었다. 문재인이 앞장 서서 한 일이다.

안익태 정율성 그리고 문재인

안익태와 정율성은 20세기 전·중반기에 해외에서 활동한 민족 음악가다. 우리가 부르는 애국가를 작곡한 안익태는 노무현 정부에서 본격적으로 추진되고 완성된 친일인명사전에 올랐다. 애국가를 작곡한 민족음악가라면 정부와 국민의 추앙을 받아야 마땅한데 왜 친일인사 명단에 올랐을까. 더구나 안익태는 뚜렷하게 확인된 친일행적이 없다. 노무현의 청와대를 장악한 종북 주사파들의 역사투쟁의 공작 때문이었을까. 의문은 문재인이 정권을 잡고 나서 바로 풀렸다. 안익태 정율성 두 음악가를 보는 문재인의 극명하게 다른 시각과 예우에서 우리는 문재인의 민족관과 이념 정체성을 분명하게 확인할 수 있다. 무려 20여 년에 걸친 그의 집념에 두려움을 느낄 정도다. 문재인은 단순한 종북주의자 혹은 간첩의 의심을 넘어 우리가 생각하는 것보다 훨씬 무서운 사람인지도 모른다.

친일인명사전은 김대중 정부 시절인 2001년 시작하여 노무현 정부에서 본격 추진되고 완성된다. 그리고 이명박 정부가 들어선지 두 달이 채 안되어 신정부가 아직 경황이 없던 2008년 4월에 기습적으로 발표된다. 종북성향을 감추지 않는 '민족문제연구소'의 이름으로 발간되었으나 그것은 형식이었을 뿐, 이땅의 모든 종북 단체들이 연합하여 만들어진 것이다. 여기에 친일행위자로 등재된 사람들의 면면을 보면 이완용 같은 진짜 친일행위자도 있다. 그러나 해방 후 공산주의를 선택한 인사는 대부분 제외하고 자유민주주의를 선택한 인사를 친일이라는 이름으로 대거 올려놓았다. 예를 들어 일제 강점기에 20대의 청년으로 살았던 좌익의 김대중은 제외한 반면 박정희는 친일분자로 분류하는 식이다. 박정희 김대중 모두 일제 하에서 일본이 만든 제도와 통치의 틀 속에서 학교를 다니고 군대를 가고 사업을 영위했던 20대 청년이다. 그러나 박정희는 친일분자로 분류되고 김대중은 제외된다. 이유는 간단하다. 박정희는 그 후 잠시 공산주의에 심취했으나 곧 공산주의의 허구성과 기만성을 깨달은 후 자유민주주의자로 전향했고, 김대중은 끝까지 공산주의자로 남았기 때문이다. 그래서 친일인명사전은 친일분자를 확정하는 것이 목적이 아니었다. 그것은 자유민주주의자 혹은 반공산주의자를 친일분자와 같은 명단에 올려놓고 민족반역자의 멍에를 씌우는 것이 진짜 목적이었다.

이런 기만적인 역사조작 행위는 물론 종북좌익세력 전체가 나선 일이었지만 정권의 비호 아래에서 가능한 것이었다. 그래서 비난을 받고 책임을 져야하는 것은 정부수반이었던 김대중과 노무현이다. 그리고 이 일을 본격적으로 진행시킨 노무현 정부로 책임을 한정한다면 제1의 책임자는 대통령 노무현일 것이고 제2의 책임자는 문재인이다. 문재인은 노무현 정부 5년 내내 권력의 2인자로 있었기 때문이다. 그래서 안익태 선생이 친일인명 사전에 올라간 일에서 문재인의 책임은 결코 가볍지 않다. 그가 공산주의자 정율성을 국가유공자로 만들려고 했던 일과 연결한다면 같은 맥락이다. 문재인은 애국가를 만든 민족 영웅 안익태는 친일분자로 몰아 역적으로 만들고 대신 공산주의자로서 반 대한민국 행위를 했던 정율성을 민족의 영웅으로 만들려고 했다.

　안익태 선생을 친일분자로 규정한 이유를 보면 헛웃음이 난다. 안익태는 1938년까지 미국에서 음악가로 활동했다. 이 시기에 그가 친일행위를 한 행적은 아무것도 없다. 종북세력은 그가 유럽으로 건너간 1938년부터 1944년까지를 친일로 규정한다. 유럽에서 안익태는 주로 스페인에 거주하며 유럽 여러나라의 오케스트라를 지휘했다. 그런데 그 중에는 독일과 일본이 연합한 관변단체인 '일독협회'의 지원을 받은 오케스트라도 있었다는 것이다. 이 관변단체로부터 어느 나라의 오케스트라가 어느 정도의 지원을 받았는지에 대해서도 밝혀진 것은 없고 알 수 있는 것도 없다. 그저 이 관변단체의 이름이 발견된다는 작은 꼬투리에 의해 민족음악가 안익태는 졸지에 친일분자가 된다. 종북세력은 이것으로는 근거가 부족하다고 생각한 듯 근거를 하나 더 만들어냈는데 이것도 헛웃음거리인 것은 마찬가지다. 안익태가 유럽에서 활동하며 사용한 '에키타이 안'이라는 이름이 일본식 이름이라는 것이다. 안익태의 유족과 지인이 나타나 '에키타이'는 일본식 표기가 아니라 스페인에 살면서 현지식 발음으로 부른 것이 바로 에키타이 안Ekitai Ahn이라고 설명했다. 그러나 처음부터 안익태를 친일분자로 확정했던 그들은 이 설명에 귀를 닫는다. 그리고 기어이 친일인명사전에 그의 이름을 올린다. 폭력이고 야만이다.

　정권을 잡고 7개월이 지난 문재인은 무엇에 쫓기기라도 한 듯 외교적 조율도 거른 채 중국을 방문한다. 2017년 12월의 일이다. 시진핑이 북경을 비우고, 문재인이 10끼 중 8끼나 혼밥을 하고, 우리 기자 2명이 중국 측보안요원에게 구타를 당했던 그 굴욕적인 방중이다. 문재인은 북경대에서 300여 명의 학생 앞에서 이런 연설을 한다. "마오쩌뚱 주석이 이끈 대장정에도 조선 청년이 함께 했다. 중국과 한국은 근대사의 고난을 함께 겪고 극복한 동지다"라며 중국과 함께한 조선 청년으로 김산과 정율성을 들었다. 김산은 중국 공산당에 소속되어 국민당의 장제스에 대항하다 공산주의 활동 혐의로 중국경찰에 체포되어 총살당한 사람이다. 그는 항일운동을 한 적이 없으며 중국공산주의 운동을 했을 뿐이다. 그리고 우리의 근대사와는 어떠한 관련도 없다.

정율성은 1939년 중국공산당에 가입해 '인민해방군 행진곡'을 만들었고 해방 후에는 북한으로 들어가 '조선인민군 행진곡'을 작곡한 사람이다. 그래서 6·25남침 당시 북한군과 중공군은 그가 만든 군가를 부르며 쳐내려 왔다. 정율성은 자유민주주의 대한민국의 독립과 건국에는 어떠한 기여도 한 일이 없으며 중국과 북한의 공산당 국가 건국을 위해 투쟁했을 뿐이다. 심지어 그는 자유민주주의 국가 대한민국을 공격하는데 앞장 선 사람이다. 문재인이 정율성의 이름을 들추어내어 국가유공자로 서훈하려 한 사실에서 그의 이념과 사상과 정체는 바로 드러난다. 그가 북한 사람인지 대한민국 사람인지 알 수 있는 하나의 단서다. 간첩인지에 대한 단서도 될 것이다.

정율성은 6·25전쟁에 처음에는 조선인민군 소속으로 참전했다가 도중에 저우언라이周恩來와 김일성의 합의로 중국인민지원군 소속으로 변경했다. 그만큼 중국과 북한 양쪽에서 모두 중요한 인물이었다는 뜻이다. 그는 '전쟁위문공연단'을 조직해서 스스로 응원대장을 맡았으며 점령지 서울에서 종묘제례악과 연례악 악보 등 궁중문화재를 약탈하여 중국으로 무단반출했을 정도로 반 대한민국적이고 반 민족적인 인물이었다. 문재인은 자신이 중국을 처음 방문할 무렵인 2017년 12월 이미 정율성의 국가유공자 서훈을 추진했다. 그러나 2018년 보훈처는 '독립유공자 심사회의'에서 "활동 내용의 독립운동 성격이 불분명하다"는 사유로 부결한다.(조선일보, 2023.8.24) 실제 정율성의 독립운동 경력을 찾기 위해 기록을 뒤져보면 나오는 것은 아무것도 없다. 의열단을 조직하여 단장을 맡고 있던 시기의 김원봉과 잠시 교류했다는 주장은 있으나 이것조차 부인하는 사람이 있을 정도여서 그의 항일운동 경력은 확인되거나 입증된 것은 전혀 없다. 문재인은 이런 정율성을 독립운동가로 둔갑시키려는 시도를 했다. 문재인의 의도는 대체 무엇이었을까. 애국가를 작곡한 안익태 선생에 대한 문재인의 입장과 비교하면 그의 의도는 충분히 읽혀진다.

종북세력이 확인되지도 않은 얼토당토 않는 이유를 들며 안익태를 친일분자로 만드는 일에 문재인도 가담했다. 또한 정율성에 대해서는 확인되지도 않은 독립운동 행적을 이유로 들며 국가유공자로 만들려고 했다. 안익태는 그들이 내세우는 친일의 이유를 백번 양보하여 인정한다고 해도 대한민국의 애국가를 만들었다는 점에서 국가적으로 추앙해야 할 사람이다. 정율성 역시 백번 양보하여 그의 독립운동 주장을 인정한다고 해도 그가 대한민국을 공격하는데 앞장섰다는 점에서 우리의 적이 분명하다. 애국가를 만든 사람은 친일분자로 배격하고, 반면 우리를 공격하는 군대의 응원가를 만들고 우리의 문화재를 약탈한 사람은 국가유공자로 서훈하려 시도한 문재인 그의 목적은 친일행위자와 독립운동가를 구분하는 것이 아니었다. 그것은 외피일 뿐 그는 자유민주주의자를 역적으로 만들고 공산주의자를 영웅으로 만들려고 한 것이 분명하다. 김일성의 남침을 막아낸 백선엽은 친일분자로 매도하고, 김일성과 함께 남침에 앞장섰던 김원봉을 국군의 뿌리라며 영웅으로 만들려고 했던 일과 판박이다. 문재인은 애국가를 만든 안익태를 민족반역자로 만들고 인민군의 군가를 만든 정율성은 민족영웅으로 만들려고 했을 것이다. 그가 대한민국 사람이라면, 그가 간첩이 아니라면 할 수 없는 일이다. 그가 대한민국 사람이 아니고 간첩이라면 할 수 있는 일이다.

2023년 8월, 광주시장 강기정은 무려 48억 원의 예산을 들여 광주에 정율성공원을 조성한다고 했다. 이미 광주에는 정율성의 이름을 딴 거리가 있고 그의 고향인 전남 화순군에는 생가도 복원되어 있었다. 이런 사실이 알려지자 반대여론이 비등한다. 이에 강기정은 "정율성에 대한 역사정립은 끝났다. 더 이상 국론을 분열시키지 말라"고 일갈했다. 그의 말은 대한민국은 이미 공산주의자들에 의해 점령되었으니 딴소리 말라는 뜻으로 들렸다. 혹은 광주는 이미 '북조선 광주시'로 해방되었다는 선언인 듯도 했다. 그러나 광주 출신의 연평도 전사자 서정우 하사의 모친 김오복 여사는 "광주에 정율성 공원이라니... 피눈물이 난다"고 말했다. 광주는 해방구가 아니다. 주사파와 김일성주의자와 종북세력이 광주를 해방구로 만들려고 시도하고 있을 뿐이다. 광주가 그들의 손에 완전히 떨어지게 되면 다음 목표는 대한민국 전체가 될 것이다.

충무공은 임진왜란에서 若無湖南 是無國家, 즉 호남이 없으면 나라가 없다고 했고 호남을 끝까지 지켜냄으로써 조선을 지켜냈다. 이것은 지금도 마찬가지다. 지금 광주가 위험하다. 그래서 대한민국이 위험하다. 광주와 대한민국을 종북세력의 손아귀에서 구해내야 한다. 강기정은 문재인 정권에서 청와대 정무수석으로 있었던 문재인의 수하였다. 강기정도 문재인 처럼 간첩일지 모른다. 안익태 선생은 지금도 친일인명사전에 올라있다. 그렇다면 우리와 우리 자식들과 우리 손자들이 부르는 애국가를 친일분자가 만들었다는 뜻인가. 그게 아니다. 자유민주주의 나라 대한민국이 이미 종북 주사파 세력에게 점령되었다는 뜻이다.

통일운동으로 둔갑시킨 공산당 폭동

"제주는 분단을 넘어 평화와 통일을 열망했습니다. 제주도민은 오직 민족의 자존심을 지키고자 했으며... 누구보다 먼저 꿈을 꾸었다는 이유로 제주는 처참한 죽음을 마주했고..." 2020년 문재인의 제주4·3사건 추념사다. "완전한 독립을 꿈꾸며 분단을 반대했다는 이유로 국가권력은 폭동과 반란의 이름으로 무자비하게 탄압했다." 2021년의 추념사다. 문재인은 4·3사건을 민족의 자존심을 지키려한 통일운동이었다고 말하고 있다. 그러나 이 사건이 공산당이 일으킨 폭동이었다는 사실에는 함구하고 있다.

북한의 로동당과 연계된 남로당은 1948년 4월 제주도의 경찰서와 우익단체를 습격했다. 무장봉기한 그들의 슬로건은 "통일정부 수립"이었고 대한민국의 정부수립을 방해하여 김일성이 남한까지 통치하는 통일정부의 수립이 그들의 목적이었다. 노무현 정부에서 과거사 청산을 내걸고 발표한 '제주4·3사건 진상보고서'에도 그렇게 되어있다. 김대중도 1998년 11월 CNN과의 인터뷰에서 이것을 공산당이 일으킨 폭동으로 인정했다.

그러나 문재인과 지금의 종북좌익 세력은 이 사건을 남조선로동당이 일으킨 폭동이었다는 사실은 절대 말하지 않는다. 그들은 오직 폭동을 진압하는 과정에서 발생한 민간인 희생에 대해서만 말한다. 남로당 폭도들이 우리 군경의 진압을 막기위해 민간인을 산속으로 끌고가 방패막이로 악용해서 민간의 희생이 커졌다는 사실도 결코 말하지 않는다. 그들이 민간인의 희생만 말하는 의도는 이 사건이 남조선 해방을 목적으로 공산당이 일으킨 폭동이었다는 사실을 은폐하기 위해서다.

제주 4·3사건이 통일운동이라고?

1948년 4월 3일 새벽 남로당 무장 폭도들은 제주도의 파출소를 습격하고 계속하여 군·경·공무원과 그 가족들을 무참히 학살한다. 그들은 스스로를 '제주인민해방군'으로 칭하며 인공기를 내걸고 적기가를 부르며 김일성 만세를 불렀다. 그러면서 살인 방화 약탈을 이어갔다. 그들은 자신들에게 협력하지 않거나 동조하지 않는 민간인에 대해서는 남녀노소 가리지 않고, 심지어 어린 소녀까지도 잔인하게 학살했다. 민간인을 앞에 세우면 군경이 공격하지 못할 것이라며 많은 민간인을 산속 등 자신들의 은신처로 강제로 끌고 갔고 그래서 진압과정에서 민간인의 피해는 컸다. 군경에 의한 민간인 희생이 폭도들을 진압하는 과정에서 어쩔 수 없는 것이었다면 그들은 고의로 민간인을 마구 학살했다.

김달삼 안세훈 등의 폭동 지도자들은 먼저 월북하여 김일성 옆에 붙어있던 박헌영의 지시를 받으며 폭동을 지휘했고 다른 지도자들은 군경의 진압을 버틸 수 없게 되자 북한으로 탈출했다. 김달삼은 이 폭동의 공로를 인정받아 김일성으로부터 2급영웅 호칭을 받았고 북한 정권의 수립에 앞장 섰다. 그는 죽어서 북한의 애국열사릉에 묻혔다. 폭동 당시 제주도의 30만 인구 중 7만 명이 남로당원이었다.

제주4.3사건을 '통일운동'이라고 한 문재인의 말은 공산당, 즉 당시의 남조선로동당과 북한로동당이 내건 슬로건이었다. 종북좌익 세력은 그동안 남로당의 폭도들에 의해 학살된 민간인 군인 경찰 및 그 가족에 대해서는 말하지 않았다. 오직 민간인 희생만 되새김질했고 이 과정에서 폭동에 가담한 남로당 당원들도 대부분 '억울한 민간인 희생자'에 포함되어 그 후손들에게 두둑한 보상금까지 지급했다. 그렇게 해서 공산당원이라는 그들의 신분은 세탁되었다. 그리고 문재인은 그들의 폭동을 '통일운동'으로 둔갑시켜 주었다. 문재인은 나라를 지키다 순국한 선열을 추념하는 자리에는 빠지는 경우가 대부분이었으나 제주4·3 추념식에는 재임기간에 3번을 갔고 퇴임 후 맞은 첫 해에도 참석했다. 북한의 지령을 받으며 대한민국을 전복시키려 했던 공산주의자들에게 이렇게 진심이었던 문재인의 노력에 힘입어 70여년 전 공산당이 제주도에서 일으킨 폭동은 '민족통일운동'으로 완벽하게 날조되었다. 이런 문재인, 간첩이 아닌가.

여순군부대반란사건이 민주화운동인가

제주에서 폭동이 발생하고 6개월이 지난 1948년 10월 19일에는 여수에서 군사반란사건이 일어난다. 8월에 막 출범한 이승만 정부는 여수에 주둔중이던 국방경비대 14연대에 제주 폭동을 진압하라는 출동명령을 내린다. 그러나 부대에 침투해 있던 김지회 지창수 등의 남로당 당원들은 명령을 거부하고 장교 20명을 사살한 뒤 부대를 장악한다. 그들은 하사관 계급이던 지창수를 연대장으로 추대하고 이미 출범한 이승만 정부가 남한 단독정부라는 이유로 반대한다는 명분을 앞세우고 무장봉기를 일으킨다. 그리고 여수 순천 일대의 6개 군을 점령하고 군인 경찰 공무원과 그 가족들을 학살한다. 반란군은 경찰 국군과 교전을 벌였으나 8일만에 진압된다. 주동자들은 사살 처형되고 살아남은 자들은 지리산으로 들어가 빨치산 사령관 이현상 밑에서 소위 '남부군'으로 활동한다. 공산당원이던 그들의 무장 반란으로 2천여호의 가옥이 소실되고 최소 2000, 최고 5000여 명이 희생되었다. 문재인 정권은 공산당 당원이던 이들의 신분도 깨끗하게 세탁해 준다. 세탁법은 세금을 마구 퍼붓는 돈질이었다.

2021년 6월 29일 '여수순천 10·19사건 진상규명 및 희생자 명예회복에 관한 특별법안'이 국회 본회의를 통과했다. 민주당 소병철 의원등 152명이 발의한 법안이다. 행안부는 이 법안에 의한 보상금 규모를 묻는 언론의 질문에는 대답하지 않았다. 한 해 전인 2020년 7월에 통과된 제주 4·3사건특별법개정안을 토대로 국회 예산처가 추산한 보상금 금액은 1조 5천억 원 수준이었다. 다시 이를 토대로 4·3사건에다 여수순천사건, 거창 노근리사건, 보도연맹사건 등으로 확대될 경우 보상금 지급에 필요한 예산은 4조7천억 원으로 추산되었다.(YTN, 2020. 11.22)

문재인 정권은 보상금 지급 과정에서 남로당 측에 가담하여 우리 군경에 가해를 입힌 자들은 물론 남로당 당원조차 신분과 당시의 행적을 감추고 보상금을 신청해도 따지지 않고 지급해 주었다. 심지어 그렇게 하도록 유도하는 것을 본 실무 공무원은 이렇게 지급되면 금액이 6조원까지 늘어날 것이라고 예상했다. 문재인 세력은 이런 방법으로 당시 공산당원으로서 대한민국을 공격했던 가해자들의 신분을 모두 피해자 혹은 희생자로 둔갑시켰다. 경이로운 신분 세탁술이었다. 이렇게 해서 70여 년 전 대한민국의 건국을 방해하고, 첫걸음을 내딛는 대한민국을 공격하고 뒤집으려 했던 공산당원 혹은 간첩들의 반역행위는 모두 통일운동이 되고 그들은 희생자가 되고 피해자가 되었다. 문재인은 이런 방법으로 우리의 역사를 공산당이 승리한 역사로 날조하고 있었다. 대한민국이 패배한 역사라는 뜻이기도 하다. 공산주의가 승리하고 자유민주주의가 패배한 역사로 뒤집어놓은 문재인, 그를 간첩으로 규정하는 것이 무리인가.

대한민국을 반역하면 민주화유공자라는 공식

임헌영이라는 사람이 있다. 2009년 장지연 박정희 등 4389명을 친일로 규정한 '친일인명사전' 편찬을 주도한 사람으로 원래 이름은 임준열이었으나 남로당의 박헌영 이름을 따라 임헌영으로 개명했다. 지금은 '민족문제연구소장'으로 있다. 1974년의 '문인간첩단사건'과 1979년의 '남민전사건'으로 투옥된 사람이다. 남민전사건은 조직원들이 예비군훈련장의 총기를 탈취하고 무장에 필요한 비용을 마련하기 위해 종로 금은방에서 절도행위를 범하고 북한에 보고문을 보내는 등의 국보법 위반행위로 84명이 검거되었는데 임헌영은 이 사건으로 징역 5년을 선고 받았다. 경기 군포 지역구의 민주당 이학영도 같이 징역형을 받았다. 김대중 정권에서 만든 '민주화운동 명예회복보상심의회'는 임현영 이학영을 포함한 38명을 민주화운동 관련자로 인정하고 1인당 평균 5000만원의 보상금을 지급했다. 보상심의회의 논리는 이들이 총기를 탈취하고 강도 절도 행위를 저지른 것은 유신체제에 대한 항거행위이므로 민주화운동이라는 것이었다. 사악한 종북좌파 정치인들의 부지런함과 게으르고 겁많은 우익 정치인들의 무관심 속에 대한민국은 그렇게 뒤집어지기 시작했다.

임준열 이학영의 사례와 같이 국보법을 위반하고 간첩행위를 한 공안사범을 민주화운동가로 둔갑시키는 작업은 좌익정권 내내 진행되었다. 사노맹사건, 혁명적노동자계급투쟁동맹사건, 부산동의대방화사망사건 등에 연루된 반국가행위를 범한 범죄자들이 민주화유공자가 되고 보상금을 받았다. 노무현 정권이 끝난 2008년까지 그렇게 신분을 세탁한 사람은 8000명이 넘었다. 이 신분세탁 작업에 동원된 논리는 그들의 국가반역, 이적, 간첩행위는 모두 민주화를 위한 것이었고 무장폭력 행위는 '국내의 불합리성을 극복할 수 없어 나온 고육지책'이라는 것이었다. 그것이 뒤집힌 세상을 합리화하기 위한 궤변이라는 것을 입증하는 사례는 무수하다.

부산동의대사태는 1989년 5월 1일 국제노동절을 맞아 노동자의 파업을 지지하던 학생 시위대가 경찰과 대치하며 화염병을 투척하여 무려 7명의 경찰이 사망하고 9명이 부상당한 폭력사건으로 75명이 기소되고 31명에게 유죄판결이 내려졌다. 보상심의회는 이들 중 46명에게 명예회복 결정을 내리고 유죄판결을 받은 31명에 대해 1인당 평균 2500만원의 보상금을 지급했다. 많은 인명피해를 낸 폭력범들은 민주화운동가가 되고 직무를 수행하다 희생된 18명의 경찰관은 반민주 세력이 되었다. 김대중 집권 3년 차인 2000년 8월에 발족된 '민주화운동 명예회복 보상심의회'는 노무현 정권이 끝난 2008년까지 과거 국보법 위반행위, 간첩행위, 반국가행위로 처벌받은 총 1만2609건이 접수되었고 이 중 8264건이 민주화운동으로 뒤집어졌다. 그리고 9년간 국가 예산 약 1조 원이 보상금으로 지급되었다. 이렇게 공안사건 범죄자들의 국가반역 행위를 민주화운동으로 둔갑시키는 일은 김대중 노무현이 집권한 10년 내내 진행되었다.

과거 유죄를 받은 증거는 고문에 의한 허위 자백이라거나 조작된 것이라며 부인했다. 그럴 때면 공영방송의 스피커와 좌익 신문사의 펜을 앞세우고 '만들어진 여론'을 동원했다. 국민 몰래 권력 핵심부에서 은밀하게 진행된 것도 적지 않았다. 사법부는 1980~90년대의 공안기관들이 제시한 유죄의 증거를 2000년대의 기준을 들이대며 '증거부족' 판정을 내리고 범죄자들의 일방적 주장을 인정하여 무죄판결을 내렸다. 당시 수사를 담당했던 공안기관 관계자들의 항변은 철저히 묵살되었다. 보상심의회는 북한 정권이나 쓸법한 억지 논리로 공안 범죄자를 민주화 운동가로 둔갑시켰고 좌익 판사들이 주류가 된 법원은 그것을 모두 인정해 주었다.

이런 뒤집어진 세상을 저항하는 사람도 있었다. 사노맹사건을 담당했던 검사 출신의 함귀용 변호사는 "그 사람들이 민주화 인사라면 나는 반국가사범이냐"라고 항변했고, 법학자 제성호 교수는 "보상위가 극단적 좌파세력의 범죄 경력을 세탁하는 세탁소 노릇을 해왔다. 대한민국 역사도 거꾸로 쓰는 현상이 좌파정권 10년 동안 나타났다"고 개탄했다.(월간조선, 2009년 9월호) 전여옥 당시 국회의원은 2009년 보상심의위의 결정을 재심하도록 하는 법률 개정안을 추진하다 민주화실천가족운동협의회 회원들로부터 전치 8주의 폭행을 당했고 고영주 변호사는 '국가정상화 추진위'를 만들어 이를 바로 잡으려다 문재인을 공산주의자라고 한 그의 말을 물고 늘어진 좌파들의 고소 고발로 손발이 묶여졌다. 이적행위를 하고 간첩행위를 했던 사람들은 모두 민주화운동가가 되었고 그것이 거짓이라며 바로 잡으려 하는 사람들은 폭행을 당하고 검찰과 법정에 불려다녔다. 대한민국이 뒤집힌 것이다.

이렇게해서 대한민국에는 북한의 김씨 3대가 남파한 간첩도 몇 되지 않게 되고 그들에게 포섭되었던 토착간첩도 없어졌다. 이때부터 간첩행위를 했던 반국가사범은 모두 사라지게 되고 공안사범으로 몰려 억울하게 처벌받은 민주화운동가만 남게 되었다. 그들의 어이없는 억울함은 넉넉한 보상금으로 메워졌고 좌익 대통령들은 이렇게 법적으로 완벽하게 신분을 세탁한 국가 반역자들을 사면 복권시켜 제도 정치권으로 끌어들였다. 김일성주의인 주사파들은 그렇게 해서 대거 정부기관 요직을 꿰차거나 국회의원이 되어 대한민국의 주류가 되고 대한민국을 통치하게 되었다. 대한민국이 완전하게 뒤집힌 것이다.

김대중이 시작하고 노무현이 숙성시킨 대한민국 뒤집기를 완성한 사람은 3대 좌익정권의 수장 문재인이다. 우선 김·노 두 정권에서 1조 원이 지급된 보상금은 문의 시대에 최소 4조7천억 원에서 최고 8조까지 늘어났다. 대한민국을 지키려 한 사람들이 아닌 대한민국을 공격하고 뒤집으려 한 사람들에게 이렇게 막대한 보상금을 지급했다는 것은 돈으로 성취한 대한민국의 정체성 변경이다. 대한민국은 이제 지키려하는 사람들의 나라가 아니라 북한과 손을 잡고 공격하는 사람들이 주인이 된 나라가 되었다는 뜻이다. 문재인 세력은 국민을 속이기 위해 '민주화운동가'에서 '민주화유공자'로의 명칭 격상을 여러번 시도했다. 국민의 반발로 좌절된 민주화유공자법이 그것이다. 그들이 민주화유공자가 맞다면 그것은 '자유민주화 유공자'가 아니라 '인민민주화 유공자'다. 그들이 민주화유공자로 확정된다면 대한민국이 인민민주주의 국가로 확정된다는 의미일 것이다. 간첩행위를 했던 사람들을 민주화유공자로 둔갑시키고 막대한 돈까지 안겨준 문재인, 그는 간첩이 맞을 것이다.

충성과
방패

김일성사상을 수용하고, 인공기 앞에서 충성을 맹세하고, 북한이 내린 지령을 받들어 대한민국을 공격했다면 그것은 국가 반역이다. 그래서 국가보안법을 위반한 범죄자들은 모두 대한민국 반역자다. 그러나 그들 스스로는 자신들을 민주화운동가로 부른다. 대한민국 반역자들이 민주화 운동가로 행세하는 기만적 현실, 대한민국의 모든 갈등과 모든 모순과 모든 위험은 여기서 시작한다.

CHAPTER ● 1

북한을 위하여 김정은을 위하여

문재인의 집권 전반은 숙청과 북한의 시간이었고 후반은 역병과 북한의 시간이었다. 북한은 그의 임기 5년 모두를 관통하는 키워드였다. 문재인은 북한과 김정은에만 매달렸다. 그 외의 일에는 무관심 했다. 대한민국의 정치 경제 사회적 현안은 아무래도 괜찮은 듯 보였고 대한민국을 '남조선' 쯤으로 여기는 사람인 듯했다. 점점 저질화되는 정치에도, 피폐해지는 민생에도, 혼란과 분열을 거듭하는 사회에도 그는 관심이 없었다. 자신이 욕을 먹고 있다고 생각될 때는 얼굴을 내밀고 수하가 써준 A4를 읽거나 'K-자랑질'과 '기적 같은'을 남발했다. 그것으로 끝이었다. 그리고는 또 북쪽을 쳐다봤다. 문재인 이 사람은 북한과 김정은을 위해 남쪽을 통치하고 있었다. 김씨 일가에 충성하는 문재인 그의 조국은 북한인 듯 했다. 대한민국에는 반역자로 보였다. 간첩으로 의심되기도 했다.

위인이 된 독재자

"장성택을 처형한 후 머리 없는 시신은 북한 고위 간부들에게 전시되었다. 그는 고모부를 죽였고 그 시신을 바로 계단에 두었다. 그의 잘린 머리는 가슴 위에 놓였다." 2019년 북미회담에서 트럼프가 김정은을 만났을 때 김정은이 트럼프에게 털어놓았다는 이 말을 트럼프는 1년이 지난 2020년 9월이 되어 폭로했다.(중앙일보, 2020.9.12) 트럼프가 이것을 폭로하고 열흘이 지난 9월 22일, 북한은 서해에서 표류 중이던 우리 공무원을 사살하고 기름을 부어 태웠다. 그를 살릴 수 있었던 6시간 동안 국가원수 문재인은 이 국민을 구하기 위한 어떤 조치도 취하지 않았다. 3일이 지난 25일, 청와대는 17일 전인 9월 8일 문재인이 김정은에게 "생명존중 의지에 경의를 표한다"는 내용의 친서를 보냈다는 사실을 공개했다.

살육 3대손에게 생명존중의 경의를

김정은의 생명존중 의지에 경의를? 문재인은 왜 이런 정신 나간 말을 했을까. 그의 조부는 북한 땅에 정권을 세우고 약 200만 명을 숙청했고 그의 아버지는 정권을 이어받고 자신의 권력에 위협이 되는 자 2만5000명을 숙청했으며(한국경제, 2023.6.13) 잘못된 경제정책과 핵 개발에 돈을 퍼붓느라 인민의 생활을 방치한 결과 소위 '고난의 행군' 5년 동안 굶어 죽은 북한 동포는 무려 200~300만 명에 달했다. 김정은 역시 소위 '김정일 운구 7인방'과 한 때 최측근이었던 '삼지연 8인방'도 대부분 제거했다. 할아버지와 아버지 때부터 존재했던 인민에 대한 공개 처형과 무시무시한 정치범수용소 역시 김정은의 시대에도 여전했다. 이런 김정은에게 생명존중의 의지가 있다고? 이런 김정은에게 경의를 표한다고? 문재인이 사람의 정신세계를 대체 어떻게 이해해야 하는가. 김정은이 장성택의 머리를 잘라 시신 위에 올려놓고 전시했다는 사실이 알려지고 13일 후, 우리 공무원이 사살되고 3일 후 '김정은의 생명존중 의지'에 경의를 표한 서신을 공개한 이유는 또 무엇인가. 이것은 김정은에 대한 문재인의 충성심 표시일 것이다. 김정은의 잔혹함이 거듭 노출되어 우리 국민과 세계로부터 욕을 먹게되자 그것을 희석시키거나 덮으려는 수작이었을 것이다. 북한과 김정은을 향한 문재인의 충성심이 눈물겹다.

서울 한복판에서 위인이 된 김정은

"방탄소년단보다 김정은 국무위원장님이 백배 천배 더 좋아요" 2018년 12월 15일 '백두칭송위원회'는 서울 마로니에공원에서 김정은 환영집회를 열고 김정은을 이렇게 칭송했다. 다음날 '위인맞이환영단'은 서울 수유역에서 김정은 환영행사를 열고 김정은을 '전쟁을 멈춘 위대한 인물'로 치켜세웠다. 그리고 미국을 '전쟁국가이자 깡패국가'라고 비난했다. 이 두 단체는 한 달 사이 이런 집회를 30여 차례 개최했다. 1년 전부터 10여 차례나 미국대사관에 불법 진입을 시도했던 반미단체 '청년레지스탕스'와 함께 이들은 박근혜 정부에서 해산된 통진당과 통진당의 후신 민중당과 연결되어 있었다.(한국경제, 2018.12.16)

2018년 11월에는 서울 도심에서 김정은 환영 조직들이 잇달아 출범했다. 불과 20여 일 전 북한으로부터 "다양한 환영준비 기구들을 출범시키기 위한 조직사업을 내실있게 진행하라"는 지령문이 민노총에 하달되었고 이 지령에 따라 명칭까지 북한이 주문한 것과 똑 같거나 거의 같은 조직이 만들어졌다. '백두칭송위원회'와 '위인맞이환영단'은 북한 지령문에 나온 이름 그대로다. 이들 단체는 지령문에 적혀있는대로 김정은을 '위인'으로 지칭했다. 문재인이 물러나고 1년이 지난 2023년 5월 국민의힘 조수진 의원이 입수 공개한 검찰 공소장에 의해 알게된 내용이다.

백두칭송위원회는 11월 18일 광화문 미국대사관 인근에서 연설대회를 열었다. 행사 이름은 '김 정 은' 단 세 글자였다. 연사들은 "이번 서울 답방은 젊은 나이의 지도자라고는 믿기지 않을 추진력과 대담함으로부터 나왔다.""(김정은) 굉장한 전략가일지 화려한 언변가일지 혹은 천리안을 가진 게 아닐지" "(그의 방문은) 분단체제를 유지하려는 미국의 힘을 압도했음을 증명하는 일"이라고 찬양했다. 그리고 김정은과 문재인을 연호했다. '위인맞이 환영단'은 26일 행사에서 "정상회담을 통해 보인 (김정은의) 모습은 겸손하고 배려심 많고 결단력 있고 배짱 좋고 실력있는 지도자였다. 나이를 떠나 진정한 위대한 인물"이라고 했고 '서울시민환영위원회'는 29일 기자회견을 열고 "서울정상회담이 진행되는 날 거리마다 환영인파로 가득차게 만들자"며 100여개 단체가 뭉친 연합체의 결성을 알렸다.(조선일보, 2023.5.24)

지금 생각하면 실소만 나오는 이 광란은 2018~9년 2년간 이어졌다. 북한은 "김정은 환영단을 만들라"는 지령을 민노총에 내렸고 지령에 나온 이름 그대로의 3개 단체가 출범하여 환영 분위기를 띄우고 김정은을 위인의 반열에 올려 놓았다. 이들이 북한과 김정은을 노골적으로 찬양하고 미화해도 문재인의 검찰과 경찰은 이를 제지하지 않았다. 오히려 그들의 집회를 보호했다. 문재인의 시대에 이렇게 회오리처럼 몰아쳤던 '김정은 위인맞이'의 착란은 북한이 지령을 내리고 문재인의 묵인 아래 종북주의자들이 실행에 옮긴 작품이었다. 문재인은 지지율 80%를 누리는 선군이었고 김정은은 위인이었다. 그때는 그랬다. 그리 오래 전도 아니다. 문재인의 시간에는 대한민국에서도 김정은을 위인으로 모시고 있었다.

문재인이 만든 착란

북한이 절대 핵을 포기할 리 없고 그래서 북미회담은 실패가 예견된 것이라는 모든 전문가들의 견해가 현실이 되고 나서야 세계는 '역시' 라는 반응을 보이며 관심을 거두었고 우리 국민은 착란에서 깨어났다. 우리를 착란에 빠뜨린 사람은 국가원수 문재인이었다. 그는 이미 2018년 2월에 열린 평창올림픽에 김여정을 초청하여 '평양올림픽'이라 불리울 정도로 모든 스포트라이트를 김여정이 받도록 했고 '순수 평화통일 올림픽'이라며 온 국민을 평화 분위기의 술독에 빠뜨렸다. 그래서 국민은 취했다. 이어 북미정상회담을 보며 평화는 따놓은 당상이었고 통일은 이미 눈 앞에 이른 듯 보였다. KBS MBC 등 민노총 노조가 장악한 공영방송이 김정은의 이미지를 아름답게 포장하는 프로그램을 내보내고, 자칭 지식인 유시민이 살인마 김정은을 '계몽군주'라 칭송하고, 민주당의 주사파 의원들이 여기저기에 나와 출력 높은 스피커를 가동하며 분위기를 만들어간 착각이고 착란이었다. 그러나 이들은 모두 종범이었고 주범은 문재인이었다.

김여정을 우리 국민과 세계인 앞에 세워 국제무대에 등장시키고, 간첩 혐의로 20년 간이나 징역을 살았던 신영복을 세계 지도자들 앞에서 "제가 존경하는 사상가"로 소개하고, 김정은과 판문점에서 만나 도보다리를 걸으며 단 둘이서 밀담을 나누던 그때부터 온 국민은 착란상태에 빠지기 시작한다. 북미회담이 부도난 후 북한으로터 '삶은 소대가리'라는 조롱을 받고 국제 인권단체로부터 '망상'이라는 비난을 받으면서도 김정은을 "매우 솔직하고 의욕적이며 강한 결단력을 보여줬다. 국제적인 감각도 있다"(타임지 인터뷰, 2021년 6월)고 칭송하는 김정은에 대한 변치않는 그의 마음에서 국민의 착각은 발원했다. 고모부와 이복형을 잔인하게 살해한 일을 국민도 세계도 모두 기억하고 있었으나 문재인은 시치미를 떼고 김정은을 칭송하며 종전선언과 평화협정을 앞세운 평화공세를 그치지 않았다. 그의 평화공세는 늘 "북한이 변했다" "북한이 핵 폐기를 약속했다" 등의 메시지와 함께 했는데 그것이 북한과 김정은에 대한 열풍을 만드는 에너지였다. 결국 이런 열풍 속에서 국민은 인권유린, 기아와 아사, 핵과 미사일, 김씨 일가의 탐욕과 김정은의 잔혹성 등 북한 정권의 실체를 보는 눈이 멀어갔다. 북한을 향한 문재인의 충성심 표시와 김정은을 위한 통치의 결과였다.

문재인의 평화 공세 속에서 불과 1년 전 이복형까지 독살시킨 김정은의 잔혹성은 잊혀졌다. 그리고 독살 직후 1%(2017년 3월, 리얼미터)였던 김정은에 대한 우리 국민의 호감도는 31%(2018년 5월, 한국갤럽)까지 치솟았다. 어떤 좌파 여론조사회사는 김정은에 대한 호감도가 77%라고 했다. 문재인이 시작하고 만들어간 이런 착란은 3년 후에야 제자리로 돌아온다. 아들 뻘인 김정은을 그렇게 극진히 모시고도 온갖 욕을 먹은 문재인 자신의 지지율은 80%대에서 40%대로 반토막이 났고 김정은에 대한 호감도 역시 7%(2021년 11월, 한국갤럽)로 떨어졌다. 그렇다고 안심할 일은 아니다. 남북 및 북미 관계의 개선이 완전한 실패로 끝났다고는 해도 어쨌던 문재인이 열심히 노력한 결과 그의 취임 전에 1%였던 김정은에 대한 호감도는 7%까지 올랐기 때문이다. 이것은 문재인의 업적이다. 대한민국에 대한 업적이 아니다. 북한에 대한 업적이다. 문재인의 5년 동안 남조선에는 6%의 김정은에 대한 팬이, 혹은 인민이 더 늘어난 것이다. 그들은 한 발자국씩 나아가고 있었고 우리는 그것을 깨닫지 못하고 있었다.

김정은에게 충성하는 사람

2019년 3월 서해수호의날 행사에 문재인은 참석하지 않았다. 북한의 공격으로부터 대한민국을 지키다 희생된 군인과 국민을 늘 홀대한다는 비난이 잇따르고 전임 대통령들은 모두 참석했다는 지적이 이어지자 문재인은 두어달이 지나 보훈 유가족 240여 명을 청와대로 초청했다. 유가족에게 돌려진 팜플릿에는 김정은의 사진 2장이 들어있었다. 유가족은 "김정은에 의해 가족을 잃은 분들을 데려와서... 친북 반북을 떠나 인간에 대한 예의문제다. 자리를 박차고 일어나고 싶었지만 차마 그러지는 못하고..."(KBS, 2019.6.7) 김정은에 대한 문재인의 충성심을 말하기 위해 복기한 슬프고도 분노가 치미지는 한 장면이다.

충성하는 사람들

2020년 7월 3일 청와대는 외교안보라인에 대한 대통령 인사를 발표했다. 통일부 장관 이인영, 국정원장 박지원, 국가안보실장 서훈, 대통령 통일안보특보에는 임종석과 정의용 둘이었다. 이들은 이미 문재인 정권 전반기에 대통령비서실장(임종석), 국가안보실장(정의용), 국정원장(서훈) 등을 지낸 사람들로서 완전한 실패로 끝난 북한 비핵화와 남북관계 악화에 책임을 지고 모두 물러나야 할 사람들이었다. 문재인이 회전문 인사라는 비판을 무릅쓰고 자리만 바꿔 이들을 재기용한 이유가 무엇일까. 이들은 분명한 공통점이 있는 사람들이다. 전문성은 전혀 없지만 북한에 대한 충성심은 충만하고, 외교안보 분야에서 국제공조 의사와 능력은 전무하지만 오직 북한만 쳐다보는 사람들이다. 이인영과 임종석은 김일성과 인공기를 향해 절을 하고 충성을 맹세한 사람들이라는 전대협 의장 출신이다. 그들의 충성심은 대를 이어 김정일 김정은에게도 여전했다.

박지원의 아버지 박종식은 큰아버지 박종국과 함께 공산당에 가입하여 빨치산으로 활동하다 경찰에 사살되었다. 일제 강점기에는 친일행위를 했고 후에는 빨치산이 된 그의 부친은 권력자가 된 박지원의 노력으로 독립유공자로 둔갑하여 건국포장까지 추서받았다. 2020년 국정원장이 되어서도 자신의 부친과 관련되어 온라인에 올려진 흔적을 지우기 위해 열심이라고 그 스스로 말했다. 박지원 자신도 최소 4억5천만 불을 북한에 불법 송금한 죄로 징역살이를 한 사람이다. 문재인은 실로 공산당 가문이라 할 수 있는 이런 박지원을 국정원장에 앉혔다. 서훈과 정의용 역시 일관되게 친북 종북적 입장을 견지하는 사람들이다. 문재인은 자신처럼 북한에 대한 충성심으로 가득한 이런 자들로 외교안보라인을 구성했다. 김정은의 충신인 그들이 팀을 이루어 한 일을 보자.

김여정의 하명을 수행하다

"(대북전단에 대해) 남조선 당국이 응분의 조처를 세우지 못한다면 금강산관광 폐지, 개성공단 철거, 남북연락사무소 폐지, 남북군사합의 폐지, 어느 것이 될지 단단히 각오는 해둬야 할 것이다." 김여정은 2020년 6월 4일 자신들은 전혀 지키지도 않는, 문재인이 사실상 우리의 손발만 옭아맨 판문점 선언의 적대행위 중단 조항을 내세우며 엄포를 놓았다. 이 협박성 담화가 나오고 4시간도 지나지 않아 통일부는 예고도 없는 브리핑을 한다. 대북전단 관련 법률을 정비하겠다는 내용이었다. 그것은 복종이고 항복이고 충성이었다. 국민의 눈에도 참으로 굴욕적인 일이었다.

6월 10일 통일부는 새로운 법을 만들겠다고 한 기존의 입장에서 나아가 남북교류협력법, 항공안전법, 공유수면법 등을 적극적으로 적용해 강력한 법적 조치를 취하겠다고 했다. 대북전단을 보내는 단체들에 대한 경고이자 북한에 대한 항복과 충성의 표시였다. 그럼에도 북한은 16일 개성연락사무소를 가루로 만들었다. 이번에도 문재인은 아무 소리도 내지 않았다. 7월 17일 통일부는 전단 살포에 적극적인 탈북민 단체 2곳에 대해 법인 설립을 취소했다. 곧 세계는 들끓기 시작한다.

언론은 대북전단 발송을 막는 것은 표현의 자유를 제한하는 엄중한 일이라고 지적했다. 그러나 표현의 자유 법 조항을 무기로 국가 반역적인 말을 쏟아놓고 길거리에 유인물을 뿌리며 국민을 선동했던 그들은 자신들이 표현의 자유를 제한한다는 비판에는 귀를 닫는다. 미국 영국 캐나다 독일 UN 등 국제사회의 인권단체들이 "이것은 탄압이다. 한국이 우리가 알던 그 민주주의 국가가 맞느냐"라는 비판에 귀를 닫았고 다수의 미국 전직 관료들이 대통령에게 탈북민 단체에 대한 탄압 중단을 촉구하는 서한을 보내와도 문재인은 꿀먹은 벙어리였다. 그렇게 버티던 문재인 정권은 12월이 되자 기어이 이 굴욕적인 악법을 통과시킨다. 12월 2일 민주당 단독으로 국회 외교안보통일위의 문턱을 넘더니 14일에는 야당의 필리버스터까지 강제로 종료시킨 후 여당의원 재석 187명 중 187표의 찬성으로 법안이 완성된다. 만장일치였다. 북한의 인민대회를 보는 듯했다.

대북 전문가와 탈북민들의 말에 의하면 북한 정권이 가장 두려워하는 것은 외부로부터의 정보 유입이다. 21세기가 된 지금 1명의 절대 군주와 100만의 특권계급이 2500만의 노예를 거느리고 사는 체제를 유지하는 데 가장 위협이 되는 것은 외부 세계를 알게 된 북한 주민이 자신들의 현실을 자각하는 일이다. 북한 정권이 인민의 귀를 막고 눈을 가리려 하는 이유다. 그래서 김씨 일가의 진상을 알리는 대북전단지, 아이돌 가수들의 노래를 틀어주는 전방의 확성기, 남한의 생활상을 그대로 보여주는 드라마가 든 USB는 그들이 가장 두려워하는 것이다. 탈북민과 북한 전문가들은 이런 것이 피 흘리지 않고 북한 권력을 붕괴시킬 수 있는 엄청난 힘을 가졌다며 남북이 협상하는 테이블에서 남한이 쓸 수 있는 강력한 카드가 된다고 말한다. 그러나 문재인은 스스로 이 카드를 김여정의 말한 마디에 간단히 포기하고 전방의 확성기를 철거한 데 이어 USB와 전단지를 실어 보내는 일도 막아버렸다. 항복이었다. 또한 충성이다.

문재인이 김여정의 하명을 받든 일은 또 있다. 2018년 설립된 한미워킹그룹의 폐기다. 이것은 북한 비핵화와 남북협력을 추진하는 과정에서 한미간의 공조를 위해 만든 협의체다. 총 12차례의 회의를 가지는 동안 북한에 일방적으로 유리하거나 종속적이기까지 한 문재인 정권의 정책 추진에 미국 측이 이의를 제기했다. 예를 들어 '조건 없는' 금강산관광과 '조건 없는' 개성공단 재가동 같은 일에 미국측이 제동을 거는 식이다. 마침내 2020년 6월 17일 김여정이 나섰다. "남측이 친미 사대의 올가미에 갇혀 남북합의를 이행하지 않았다."며 남북관계 경색 책임이 한미워킹그룹에 있다고 저격했다. 이 무렵 이미 문 정권에서도 주사파 출신의 이인영, 종북적 태도로 일관하는 전 통일부 장관 정세현, 민주당 윤건영 홍익표 의원 등이 이 협의체의 기능 조정을 요구하며 이것이 대북외교와 남북관계 발전에 걸림돌이라고 주장했다. 이 후 1년간 미국측과 줄다리기를 이어가다 마침내 문 정권의 초대 국무총리와 민주당 당대표를 지낸 이낙연이 총대를 맨다. 2021년 5월 그는 한미워킹그룹의 폐지를 제안했고 채 한 달이 안되는 6월 22일 결국 폐지에 이른다. 당일 이낙연은 한 기조연설의 자리에서 이를 자랑스럽게 말했다. 그러나 김여정은 이날도 미국을 향해 대화를 일축하는 독설을 날렸다. 김 씨 일가는 문재인 정권의 이 정도의 충성에는 만족하지 못하는 듯 보였다.

충성의 걸림돌을 뽑아내자 그들의 간첩 본색이 드러났다

2010년 천안함폭침 사건이 발생하자 이명박 정부는 북한에 책임을 물어 5·24조치로 불리는 제재를 발표한다. 남북교역과 방북과 대북지원사업을 제한하고 북한에 대한 신규투자를 불허하는 내용이었다. 북한에 대한 퍼주기에 결정적인 장애가 되는 이 조치를 남북관계 발전의 걸림돌이라며 끊임없이 흔들어대며 폐기 주장을 이어가던 문재인 세력은 2020

년 5월이 되자 '총선 승리의 에너지가 분출하는 지금 5·24 폐기 문제를 정리하자'며 팔을 걷고 나선다. 김연철의 통일부는 5월 19일 앞뒤 맥락없이 북한의 코로나와 식량부족을 걱정하는 의견을 내더니 다음 날인 20일 5·24조치의 폐기를 선언한다. 10년간 유지되던 이 조치는 이렇게 간단히 종료되었다. 한달 전 총선에서 압승을 거두고 자신감에 충만한 그들이 서둘러 손을 댄 것이 북한 퍼주기에 장애가 되는 이 조치를 폐기하는 것이었다는 사실은 예사롭지 않다. '와이타임즈'(2020.5.21)의 추부길 대표는 이에 대해 다음 두 가지 문제를 제기했다.

첫째, 북한은 천안함 폭침 후 그때까지 사과나 재발방지에 대한 어떤 약속도 없이 오히려 남쪽의 자작극이라고 주장하고 있는데 이 조치를 폐기하는 것은 북한에 면죄부를 주는 것이라는 점이다. 추부길은 46용사의 억울한 죽음은 어떻게 하느냐고 반문하며 천안함 폭침은 '우발적 사건'이며 '5·24조치는 바보 같은 제재'라고 했던 문재인 정권 통일부 장관의 시각이 고스란히 반영된 이 조치의 폐기를 그는 개탄했다.

둘째, 5·24조치를 폐기하고 대북지원을 재개하는 것은 미국이 주도하는 유엔 대북제재와 상충된다는 점이다. 2018년 외교장관 강경화가 5·24조치 해제를 검토 중이라고 말하자 트럼프는 "한국은 미국의 승인없이 제재 해제를 하지 않을 것"이라는 말을 두 번이나 되풀이하며 제동을 걸었고 미국정부는 북한이 비핵화 조치를 취하기 전에는 대북제재가 완화되지 않을 것이라는 의사를 반복적으로 내놓았다.

10년간 지속된 5·24조치를 하루 아침에 폐기한 문재인 정권은 이때부터 북한을 지원하기 위해 적극 행동에 나선다. 코로나로 모두가 침체되어 있던 2020년 7월 민주당 신현영 의원은 재난 시에 남북이 의사를 긴급지원할 수 있는 내용의 '남북의료교류법'을 발의한다. 북한의 의료수준을 생각하면 말이 남북교류일 뿐 실상은 우리의 의료진을 북한으로 보내 일방적으로 지원하겠다는 것이다. 이어 8월에는 황운하 의원이 재난상황에서 정부가 의사 등을 관리할 수 있도록 하는 법안을 발의했다. 명백한 공산주의적 법안이다. 우리도 이미 지방에서는 의사 부족으로 어려움을 겪고 있으며 특히 코로나 기간에는 의료인력 부족이 극심했다. 이런 때에 의사를 북한으로 차출하여 지원하겠다는 법안을 낸 것이다. 신현영과 황운하가 발의한 두 법안이 동시에 시행된다면 남한 정부가 민간인 의사를 지정해서 북한에 합법적으로 보낼 수 있는 길이 열리게 된다. 이것은 당시 추진 중이던 좌익 시민단체 주도로 공공의료기관을 설립하겠다는 계획과 맞물려 북한을 위한 것이라는 의도가 분명하게 드러났다. 이것으로 북한에 대한 문재인 정권의 충성심은 더욱 선명해졌다.

대북지원에 가장 앞장선 사람은 미국을 "철천지 원쑤, 아메리카 침략자"라 말하고 북한을 우리와 '생명 공동체'라 말하는 이인영이었다. 5·24 조치가 폐기되고 두 달 후 통일부 장관에 임명된 이인영은 장관에 임명되기도 전에 평양종합병원 건설 지원의사를 먼저 밝혔고, 임명된 후 그의 통일부는 8월 6일 1000만불(120억 원) 북한지원을 결정했으며, 11월에는 북한에 식량과 비료를 지원하겠다고 했다. 이어 12월에는 금강산 공동개발을 제안했고 다음해에는 금강산 골프장에서 국제골프대회를 열자는 제안도 했다. 이 시설들은 후에 북한에 의해 모두 강제철거되었다. 2020년 11월 18일 통일부장관 이인영은 KBS에 출연해 "(백신이) 좀 부족하더라도 부족할 때 함께 나누는 것이 진짜로 나누는 것이다"라며 아직 백신을 확보하지 못한 문재인이 온갖 욕을 다 먹고 있는 상황에서도 그는 북한과 나눌 생각을 먼저하고 있었다. 당시 일본은 3억 개의 백신을 확보했으나 우리는 이제야 미국제약사와 협의하고 있는 단계였다. 크리스마스 며칠 전 이인영은 다시 "치료제와 백신을 북한과 나누고 싶다"고 말했다. 백신 접종률이 아프리카 국가들과 나란히 세계 100위에 있을 때도 그는 북한만 생각하고 있었다. 충성심이 지나쳐 제정신이 아닌 듯도 했다.

5·24 조치를 폐기한 후 이인영이 보인 행보는 마치 물 만난 고기를 보는 듯했다. 그의 행보 가운데 가장 충격적인 일은 임명 한 달 후인 8월 27일 통일부가 입법예고한 '남북교류협력법 개정안'이다. 여기에는 북한 기업이 국내에서 영리활동을 허용하는 내용이 포함되어 있었다. 북한 기업이 남한의 부동산을 매입할 수 있고 삼성전자 등 우리 기업의 주식을 매입하여 경영권을 가질 수 있는 길을 열겠다는 의도였다. 말이 '상호투자'지 우리는 북한 땅조차 자유롭게 밟을 수 없는 현실에서 이 법안은 북한이 남한 땅과 기업을 점령할 수 있는 문을 열어놓는 것이다. 더구나 민간 기업은 전무한 상태에서 모두가 김정은의 기업이고 김정은의 자본인 북한의 돈으로 국내 기업과 부동산을 매입한다는 것은 전쟁이 아닌 평화적 형태의 남한 점령이 분명하다. 이것이 문재인과 이인영과 민주당이 말하는 평화의 본질이다. 2020년, 노정희 선관위의 편파적이고 의혹 투성이의 선거관리로 총선에서 압승을 거두고(4월), 승리의 열기가 식기 전에 5·24 조치를 폐기하고(5월), 주사파 이인영을 통일부 장관에 임명하고(7월), 그리고 나서 북한을 향해 충성심 가득한 방안들을 쏟아냈다. 이 일련의 과정

이야말로 그들이 말하는 진정한 혁명일지도 모른다. 우리가 그들을 너무 모르고 또 너무 쉽게 보는 것이 분명하다.

북한에 대해 국제사회가 공조하며 제재를 가하는 상황에서 우리 정부가 단독으로 북한을 지원하는 것은 사실상 불가능하다. 그런데 문재인 정권은 왜 5·24조치를 국민적 합의도 없이 일방적으로 갑자기 폐기했을까. 그들은 표면적으로는 북한의 식량기근을 호소하며 인도적 차원의 지원이 필요하다는 여론을 만들어갔다. 그러나 실제로는 김정은이 우리와 미국을 겨냥한 미사일을 개발하고 방사포 등의 대남 공격용 무기를 개량하느라 항상 부족한 식량조달비용을 해결해 주겠다는 것이다. 북한은 인민을 부양해야할 돈으로 무기를 개발했고 그래서 부족한 인민의 식량구입비는 남한의 대북지원에 크게 의지했다. 역대 세 번의 좌익정권에서 늘 되풀이된 일이다. 문재인과 이인영은 이 지원을 계속 하겠다는 것이었다.

더구나 문재인 세력은 현금지원은 물론 병원을 지어주고 의사와 백신을 지원하자는 궁리까지 했다. 김정은에게 들어오는 외화를 고스란히 무기를 개발하는데 쓰라는 의미일까. 그들은 핵과 미사일을 개발하는 돈으로 인민을 먼저 먹여살리라는 국제사회의 북한정권을 향한 요구에는 왜 동조하지 않는 것일까. 그러면서 왜 자꾸 우리의 것만을 퍼줄려고 할까. 북한의 핵도 미사일도 방사포도 우리의 돈을 퍼준 김대중 노무현 문재인 정권이 만들어 준 것이라는 주장에는 왜 극구 부인만 할까. 핵과 미사일 개발이 마무리 되어 앞으로 생기는 김정은의 돈으로 이제는 남조선의 땅과 집과 기업을 사들이는 혁명을 시작하려는 의도일까. 대답이 이미 나온 의문이다. 어쨌던 문재인 이인영 임종석 박지원 처럼 남한을 점령한 충성스러운 김일성주의자들 덕분에 한반도 전체를 점령하고 다스리겠다는 김씨 3대의 불변의 목표는 언젠가는 이루어 질 듯하다. 끔찍한 일이다.

CHAPTER ● 2

김정은을 위해 열린 남쪽의 국고

김일성 장학생이라는 말이 있다. 북한으로부터 활동자금을 받고 친북 활동을 하고 반정부 투쟁을 벌인 사람들을 말한다. 공안기관이 국보법을 적용하여 기소한 종북 행위자들의 공소장에는 그들이 북한으로부터 받은 돈에 관한 내용이 빠지지 않는다. 그들 스스로는 그것을 '내려온 돈'이라 불렀다. 그들의 모든 은밀한 돈이 다 그렇듯 드러난 것은 극히 일부다. 주사파에서 전향한 자들에 의해 확인된 것도 일부 있는데 강철서신의 김영환이 월북하여 김일성을 만나고 받았다는 20만 불이 대표적이다. 1991년 북한정권 서열 19위까지 오른 거물간첩 이선실이 남파되어 중부지역당을 조직할 때 김일성이 하사한 천문학적인 돈을 휴대하고 남한 내의 좌파 중 종북적인 세력에게 뿌렸다는 사실은 운동권 출신이면 다 아는 일이다. 그 돈을 반정부 투쟁의 활동자금으로 사용하고 조직원 개개인의 생활비로도 쓴 그들은 권력자가 되어 세금을 마음대로 쓸 수 있게 되자 과거 위에서 내려온 돈을 다시 올려 보내기로 작정한 듯 보였다.

북조선의 수령님과 남조선의 금고

김대중 노무현 정부에서 권력의 중심부에 들어간 그들은 먼저 '돈'으로 북한에 보은하고 자신들의 충성심을 증명한다. 그들은 갖가지 명목을 붙여 막대한 돈을 북한으로 보낸다. '내려온 돈'은 그렇게 어마어마하게 불어나 '올라간 돈'이 된다. 김영삼 정부에서 2266억 원이었던 대북지원이 김대중 정부 2조7028억, 노무현 정부 5조6777억 원으로 급증했다.(2008년, 진영 국회의원실) 공식적인 금액만 이렇다. 김일성이 장사를 잘 한 것이다. 문재인은 북으로 올려보낸 경험이 있는 자들을 청와대에 모았고 그래서 많은 돈이 수월하게 북으로 올라갈 수 있었다. 은폐와 은닉의 천재적 기술자인 그들의 솜씨로 의혹만 가득할 뿐 아직 밝혀진 것은 적다. 언젠가 낱낱이 밝혀지기를 기다리며 우선 밝혀진 것만이라도 말해보자.

귤 200톤만 갔을까

2018년 9월 문재인이 평양에 갔을 때 김정은은 북한산 송이버섯 2톤을 선물했다. 돌아온 문재인은 답례로 제주산 귤 200톤을 보내기로 했다. 그러나 9~10월에 수확이 가능한 극조생귤을 모으는 데는 한계가 있었다. 200톤을 청와대에서 사버리면 내수용 공급과 시장 가격에 영향을 줄 수 있어 지연되었고 조급했던 문재인은 "귤이 왜이리 더딘가"라며 세 번이나 재촉했다.(중앙일보, 2018.11.23) 국내 시장에 대한 교란을 걱정한 공무원들의 마음이 북한에 대해 애틋한 문재인의 마음을 이긴 결과 귤은 11월이 되어서 준비가 끝난다. 구입비용으로 5억7000만 원이 들어간 2만 상자의 귤은 군 수송기 4대가 동원되어 11월 11, 12일 이틀간 북한으로 보내졌다.

정치인 홍준표는 이를 보며 "군 수송기로 보내진 귤 상자 속에 귤만 들어 있다고 믿는 국민이 과연 얼마나 되겠는가. 이미 그들은 남북정상회담 대가로 수억 달러를 북한에 송금한 전력도 있다."고 말했다. 홍준표의 말은 문재인이 물러나고 나서 증언에 의해 제법 윤곽이 드러난다.

익명의 유력 대북 소식통은 "북한에 귤을 전달하는 과정에서 국정원 직원이 캐리어에 현찰 250만 달러(당시 환율로 약 29억 원)을 담아 북측에 전달했다. 북한 현지 라인을 통해 입수한 확실한 정보다"라고 증언했다. 이 소식통은 덧붙여 "당시 북한은 대북제재로 송이버섯 해외판로가 전부 차단되어 더 놔두면 다 썩어버리는 상황에서 김정은이 남쪽에 생색내는 것처럼 던져놓고 한국정부에 답례 관련 대응을 위임한 형국이었다."고 말했다. 전직 정보관계자는 "문재인 정부 시절 이런저런 루트로 대북 송금을 했다는 의혹은 여러 차례 제기된 바 있다."고 말했다.(일요신문, 2022.11.4) 국제적 규약을 위반하고 미사일을 마구 쏘아대는 북한에 대한 유엔 제재를 피하여 교묘하게 북한을 지원하는 문재인 정권의 행위는 단순한 의혹으로 끝날 일이 아니다. 국가기관에 의해 범죄로 확정되는 날을 기다린다.

김정은을 위해 이렇게 국고를 열었다

대한민국 국고의 바닥을 보겠다고 작정한 종북좌익 정치인 그들이 정권을 잡았다는 것은 곧 예산을 마음대로 쓸 수 있는 권한을 장악했다는 것을 의미했다. 그들은 마치 사이비 종교집단의 교주처럼 오래 받들어온 김씨 일가를 위해 국고를 열었다. 2018년 9월 문재인이 평양을 방문했을 당시 김정은은 가까운 시일 내에 서울을 답방하겠다고 약속했다. 지켜질 가능성이 별로 없는, 그래서 결국 지켜지지 않았던 이 약속을 믿고 서울은 온통 김정은 맞이에 분주했다. 유시민 김제동 등 종북좌익 전용 스피커는 물론 광복회장 김원웅, 한총련 출신의 윤기진 황선 부부가 조종한 대진연, 통진당 잔당이 북한의 지령을 받고 조직한 단체 등이 분위기를 띄웠다. 그 사이 문재인 정권은 돈으로, 정확히는 우리가 낸 세금으로 김정은 맞이를 준비하고 있었다.

정권이 바뀌고 3개월이 지난 2022년 8월 국정원 고위간부를 지낸 한 인사는 그때의 사실을 그대로 전해주었다. 경기도 파주에 김정은이 머물 숙소로 쓰기 위해 16억 원 짜리 별장을 구입하고 여기에 명품광인 그의 취향에 맞춰 6000만원의 고급 탁자를 들여놓았고 요트매니아인 그를 위해 6~7억 원에 이르는 요트를 구입했다. 1년 관리비만 4~5천만원이 드는 이 요트는 지금도 인천 송도에 정박되어 있다. 그리고 김정은의 외가 연고지라는 이유로 제주도에 연회장과 숙소를 짓기로 하고 예산 220억 원을 책정했으며 강원도 고성에도 50억 원을 들여 김정은이 머물수 있는 곳을 마련하려고 했다. 당시 청와대 의전비서관으로 있던 탁현민은 한 언론에 나와 "준비는 다 해놓은 상태"라고 자랑했다.(월간조선, 2022년 9월호) 2018년 2월 김여정 일행이 평창올림픽에 참석했을 때도 우리 세금 27억 6000만원이 들어갔다. 공식적인 액수만 이렇다. 이것은 외교의전의 수준을 넘는 수령님 가족에 대한 극진한 예우다. 정권을 잡고 예산을 마음대로 쓸 수 있었던 그들이 돈으로 충성심을 표시하는 일은 쉬운 일인 듯 했다.

이렇게 많은 의문

대북사업을 준비하고 있던 저자의 지인이 중국 루트를 통해 북한 방문을 타진했을 때 인민폐 1200만 위안(한화 약 21억 원)을 요구받았다고 말했다. 그는 1000만 위안은 북한 몫이고 200만 위안은 중국 측 거간꾼의 몫일 것으로 짐작했다. 평양을 방문하는 일에 공짜는 없다. 이재명도 북한을 방문하기 위해 민간기업의 돈 300만불(당시 환율로 38억 원)을 대가로 지급 해야 했다. 수령님을 만나는데는 더 큰 돈이 든다. 김대중은 최소 4억5000만 달러(약 5000억 원 이상)를 보낸 후 김정일을 만날 수 있었고 이명박은 북한이 현금을 요구하자 제3국에서 진행하던 북한과의 협상을 멈추고 방북 계획을 접었다. 그렇다면 문재인은 김정은에게 얼마를 주고 평양에 갔을까. 평양 능라도 경기장에서 집단체조를 관람하고 15만명의 북한 주민 앞에서 연설을 한 것은 4.5억 달러를 준 김대중도 누리지 못한 영광이다. 문재인은 김정은을 만나는 대가로 대체 얼마를 주었을까.

평양방문에는 얼마가 보내졌을까

2023년 2월 중앙일보 장세정 기자는 청와대에서 근무한 공직자의 다음과 같은 말을 인용했다. "2018년 3차례에 걸친 남북정상회담 전후로 대통령 전용기 등 방북 항공편이 오갔던 성남 서울공항을 통해 북한으로 거액의 달러 뭉치가 반출됐다. 돌아오는 비행기에는 김일성 김정일 김정은 세습 정권 우상화와 공산주의 이념 서적이 가득 실려왔다." 당시 서울공항에는 출입국 업무를 담당하는 법무부 관세청 파견공무원이 있었지만 신고없이 반출할 수 있는 1인당 1만 달러의 한도를 넘긴 달러 뭉치가 아무

런 제지없이 북측으로 보내졌다고 한다.(중앙일보, 2023.2.20)

이 기사가 나온 직후인 2월 28일 국회에서 열린 관세청 업무보고에서도 북한으로의 달러뭉치 반출의혹이 제기되었다. 여기서 그 당시 관세청이 아닌 청와대 경호처가 보안검색을 담당했다는 사실이 확인된다. 국민의힘은 이를 근거로 대북 송금의혹을 추궁했다. 그러나 문재인의 호위무사 윤건영 의원이 "불가능하다"고 말하는 등 민주당 의원들이 줄줄이 나서서 이를 부인했다. 당시 대통령 비서실장이었던 임종석은 이 의혹을 제기한 기자를 "즉시 고발조치하라"며 엄포를 놓았다.(문화일보, 2023.2.28) 그러나 임종석 자신도, 민주당 의원 누구도 장세정 기자를 고발하지 않았다. 고발해서 진상을 조사한다면 수상했던 자루뭉치가 정상회담의 대가로 북한에 준 돈이라는 사실이 드러날 것이 뻔하기 때문일 것이다. 그게 얼마인지 물으시는가. 문재인과 임종석에게 물어봐야 할 일이다.

체코와 UAE에는 왜 갔을까

문재인의 부인 김정숙이 코로나 상황에도 역대 가장 많은 외유를 다닌 영부인이었다면 문재인은 역대 대통령 중 북한 대사관이 개설된 국가를 가장 많이 갔던 대통령으로 기록될 것이다. 러시아(2회), 중국(2회)은 물론 체코 등 동유럽 국가, 캄보디아 베트남 미얀마 라오스 등 동남아 국가, 우즈벡, 카자흐 등의 중앙아시아 국가는 모두 북한과 우호적인 나라들이다. 그는 이런 나라를 방문할 때마다 남한 주사파의 행동대장 임종석을 대동했다. 임종석은 문재인 정권 전반기에는 대통령비서실장으로, 후반기에는 대통령외교안보특보로 늘 문재인의 지근거리를 지켰다. 자유민주진영에서 벗어나 공산진영으로 갈아타는 것이 문재인 정권 외교의 기본노 선이었다는 사실을 감안해도 임종석을 대동하고 북한 대사관이 있는 나 라를 부지런히 방문한다는 사실은 분명히 이례적인 것이었다. 특히 2018 년 11월 체코를 방문한 일은 참으로 수상하다.

아르헨티나를 가는 길에 해당국의 대통령이 해외 순방 중이어서 만날 수도 없었던 체코를 방문한 것을 두고는 방문 목적이 부인 김정숙의 해외 여행 버킷리스트 한 줄을 지우기 위한 것이라는 것과 함께 달러뭉치를 전 달하기 위해 북한 대사관이 있는 체코를 방문했을 것이라는 추측이 설득 력을 얻었다. 체코 대통령이 부재중이어서 총리와 호텔에서 환담을 가졌 다는 사실, 떠나기 전에는 청와대가 '원전 세일즈'를 방문 목적으로 말했 다가 정작 체코 현지에 도착해서는 "원전은 면담 의제가 아니다"라고 번 복했다는 사실은 이 방문이 체코와의 외교 목적이 아니라는 것을 말해주 었다. 불과 두 달전에 있었던 평양 방문의 대가로 약속한 돈 중에 아직 못 다 전달한 돈과 김정은의 서울 답방을 조건으로 약속한 돈을 주체코 북 한대사관에 전달하기 위한 것이라는 추측이 '달러뭉치 전달설'의 근거였 다. 그리고 김정숙이 체코 프라하 비투스성당을 홀로 관광하다 뒤늦게 성 당을 나와 "우리 남편 어디 있나요"라며 황급히 뛰어나가 문재인의 팔짱 을 끼었던 촌극이 '김정숙 버킷리스트설'의 근거였다.

2017년 12월 9일 대통령비서실장 임종석이 UAE와 레바논으로 급파되 었다. 청와대는 파병장병 격려와 양국 간의 교류협력 증진을 위한 방문이 라고 발표했다. 그러나 국방장관이나 외교장관이 아닌 대통령의 그림자라

불리는 청와대비서실장이 단독으로, 그것도 갑작스레 외유에 나선 것은
누구도 이해할 수 없는 일이었다. 청와대를 장악한 주사파 운동권의 최고
봉인 임종석이 갔다는 점에서 언론과 야당은 비밀 특수임무를 의심했다.
한 언론은 북한이 핵을 포기하는 대가로 80조 원을 요구했으며 임종석이
북한과 UAE 관계자를 만나 이 문제를 협의하기 위해 급히 파견되었다는
해외 소식을 전했다.(TV조선, 2017.12.12) 당시 문재인이 추진하고 있던 평양
방문의 대가를 협의하기 위한 급파였다는 것은 국내 언론의 추측이었다.
UAE는 가상화폐 거래의 세계적 중심지다. 그래서 '북한, 가상화폐, 세탁,
문재인 방북의 대가'로 조합된 의혹은 설득력을 높여갔다.

　2019년 10월 22일 '자유아시아방송'은 일본 인권단체 '아시아인권'의
대표 '가토 켄'이 UAE에 있는 북한은행 관계자 4명에 대해 돈세탁 의혹을
제기하며 추방을 촉구하는 내용을 내보냈다. 이보다 한 달 앞서 나온 UN
의 대북제재위원회 보고서에는 UAE에 주재하는 북한 관계자 4명의 실
명을 나열하며 이들이 노동자들의 돈을 세탁한 뒤 제재를 피해 평양으로
송금했다는 내용이 포함되어 있었다. 임종석이 돌아오고 한 달 후인 2018
년 1월 8일, 이번에는 UAE 행정청장이 급히 방한했다.(월간조선, 2022년 12
월호) 이렇게 한 달 사이에 급히 오간 한국과 UAE의 상호 방문으로 북한
이 가상화폐를 대규모로 세탁하여 평양으로 송금하는 일에 문재인과 임
종석의 청와대가 깊숙이 개입되었다는 의혹은 더욱 사실인 듯했다.

10조 송금의 주범은 누구인가
문재인이 물러나고 3개월이 지난 2022년 8월, 국내 은행을 통한 수상

한 외화송금 소식이 등장했다. 처음부터 조 단위로 시작하더니 8조5000억 까지 액수가 늘어났고 9월에는 10조 이상으로 불었다. 다음해 4월이 되자 금감원이 13개 금융회사를 검사한 결과 16조 규모라고 발표했다. 신한은행 우리은행 등을 통해 홍콩 일본 중국 동남아 지역의 은행으로 송금되었고 이것이 북한으로 유입된 정황도 드러났다. 문재인 정권 시대에 국내의 가상화폐 시장이 여러 형태의 이상현상을 보이며 급팽창했으며 시세도 해외시장보다 월등히 높았다는 사실, 이 시기에 북한이 '세계 최대의 은행강도' 혹은 '국가 규모의 은행강도'라 불릴 정도로 전세계 은행을 해킹하여 달러를 빼냈다는 사실이 함께 조명되었다. 미국의 암호화폐 관련기업 '체이널 리시스'는 2021년 한 해 동안 북한이 가상화폐 해킹으로 우리돈 5200억 원에 해당하는 4억 달러를 탈취했고(시장경제신문, 2022, 9.29) 다른 언론은 문 정권 5년간 수조 원을 탈취한 것으로 추정했다. 이 돈이 문 정권의 협조로 북한으로 들어가 핵과 미사일 개발에 사용되고 김정은 일가의 사치품 구입에 사용되었을 것이라는 시나리오가 설득력을 얻었다. 배나TV 대표 장원재 박사는 이에 대해 다음과 같이 말했다.

"최근 들어 외국에 나와있는 북한 경제일꾼들 사이에서 묘한 소문이 돌고 있다. 북한이 해킹으로 번 가상화폐를 남쪽 정부가 세탁해 주기로 했는데 일부가 덜 오거나 늦게 들어오자 본때를 보여주려고 개성공단 연락사무소를 폭파했다. 이에 남측이 깜짝놀라 송금 전문가를 요직에 앉히겠다고 했다.(실제 연락사무소 폭파는 2020년 6월 16일에 있었고 7월 12일에 DJ정부에서 대북송금을 총괄했던 박지원을 국정원장에 지명했다) 이후 거의 모든 남측 은행이 세탁에 동원되었다. 적발되는 금융기관은 모두 제재대상으로 국제전산망에서 퇴출되니 아예 물귀신 작전으로 나간 것이다. 제재를 걸면 남쪽 경제가 다 망하기 때문이다. 이번 여름에(2022년 6월말~7월초) 남쪽 장관 한동훈이 미국에 갔는데 미국과 이 문제를 협의하기 위해서 인 듯하다."(월간조선, 2022년 12월호) 국민인 우리에게는 갑작스럽게 느껴졌던 개성연락사무소 폭파, 정보에는 어떤 경험도 없는 박지원을 국정원장에 임명했던 일, 16조원이라는 막대한 돈의 해외 송금에 국내 은행 거의 대부분이 동원된 사실에 대한 해답의 실마리를 장원재 박사는 말하고 있다.

은밀하게 기획된 평양 대개조 작전

2021년 4월 1일 서울시는 국제올림픽위원회에 '2032년 서울평양공동하계올림픽 제안서'를 제출했다. 국민의힘 소속의 오세훈이 서울시장에 취임 한 것이 8일이니 신임 시장에 의해 제동이 걸릴 것을 걱정한 문재인 정권은 그 1주일 전에 동 제안서를 IOC에 제출한 것이다. 다음 해에 배현진 의원이 입수한 계획서에 따르면 올림픽 공동개최를 위한 인프라 구축에 총 28조5540억 원의 예산을 계획했는데 이 가운데 국내 인프라에는 5조9925억 원을, 북한 인프라에는 22조6615억 원을 투입하는 것으로 되어 있었다.(조선일보, 2022.10.3) 문재인은 이해찬의 장담대로 최소 20년은 집권할 것으로 믿었을 것이다. 그래서 올림픽 개최를 위해 북한에 필요한 기반시설을 우리 돈으로 지어주고 북한이 부담해야 할 개최비용까지 대신 내어주기로 계획한 것이다. 미사일 개발에 돈을 쏟느라 인민을 굶기는 김정은에게 개최비용 1조7230억 원 조차 감당할 수 있는 돈이 아니었다.

계획서에는 평양 도심지역의 재개발, 에너지 공급지원, 서울 평양간 5G통신망 구축, 고속도로 건설 등의 내용도 들어 있었다. 배현진 의원은 이를 두고 "올림픽을 계기로 제재를 회피하면서 기술 이전이나 건축, 통신망 설치 등의 꼼수 대북지원을 하려고 했던 것이 아닌지 조사가 필여하다"고 말했다. 문재인은 우리의 돈으로 낙후된 북한을 완전히 한단계 업그레이드 시키려 한 것이다. 이것은 민족통일이라는 대의를 위해 필요하다고 해도 북한이 먼저 핵을 포기하여 한반도를 안전한 곳으로 만들고, 왕조국가적 전체주의적 독재적 통치를 종식시키고, 성공한 대한민국의 자유민주주의와 자본주의 체제로 통일되어야 한다는 것을 전제로 할 경우에나 국민이 동의할 수 있는 일이다. 그러나 이런 전제조건은 전혀 논의되지 않았고 IOC에 제안하기 전에 국민에게 알리지도 않았다. 국민적 합의가 전혀 없었다는 뜻이다. 그들은 은밀하게, 국민 모르게 이렇게 막대한 우리 돈으로 북한에 충성할 계획을 꾸미고 있었다.

이 제안은 실패했다. 북한에 대한 인프라 건설지원이 핵과 미사일 개발에 대한 국제적 대북제재를 회피할 목적이 있고 무엇보다 북한과 협의 없이 한국 정부 단독으로 추진했다는 것이 퇴짜의 이유였다. 비록 올림픽 유치에는 실패했으나 문재인의 북한에 대한 충성심은 충분히 확인할 수 있었다. 과거 북한이 내려준 돈으로 살았던 주사파 운동권 빚쟁이들은 국민이 낸 세금으로 그들의 빚을 대신 갚으려 한 것이다. 김씨 일가에게는 충성이지만 국민인 우리에게는 배신이다. 대한민국에는 반역이다.

CHAPTER ● 3

김정은의 방패가 만든 가짜 평화

    평양에 간 문재인은 15만 명의 군중 앞에서 자신을 '남쪽 대통령'이라고 소개했다. 해외에서는 북한과 김정은에게만 진심인 그를 '김정은의 대리인'이라 불렀다. 앞의 말은 자신의 말이고 뒤의 말은 제3자의 말이라는 점에서 다를 뿐 문재인이 대한민국의 대통령이라는 사실을 부정한다는 점에서는 같은 말이다. 북한과 김정은을 위해 참으로 열심히 일하는 대통령을 보는 국민의 생각도 별로 다르지 않았다. 전 국무총리 노재봉은 그를 북한이 파견한 남조선 도독 쯤 된다고 말했고 문재인의 귀에서 멀리 있는 국민들 중에는 그를 고정간첩으로 단정하는 사람도 있었다. 남한 최고의 권력자가 된 그가 스스로 김정은의 비위를 맞추는 일에 몰두하고 그의 종북 동지들이 수십 년간 투쟁해온 일들을 진척시키고 완성시키는 그의 통치를 보며 그를 간첩으로 의심하는 견해는 합당해 보였다. 북한의 대리인으로서 혹은 간첩으로서 그가 했던 일을 한번 보자.

우리 땅 함박도를 넘겨주었다 반역이다

"대한민국 주소지에 왜 북한군이 주둔하고 있나" 2019년 여름 언론이 먼저 의혹을 제기한 이 문제는 국회로 올라갔다. 9월 4일 국회 국방위 하태경 의원은 "함박도에 (북한군의) 군사시설이 들어선 시점이 현 정부 출범 이후가 맞느냐"고 질의했고 국방장관 정경두는 "2017년 5월 이후인 것은 맞다"고 대답했다. 그러나 이 엄청난 일에 다른 부처는 함구했다. 함박도의 주소는 '인천광역시 강화군 서도면 말도리 산97번지'다. 우리 민간인과 해병대 병사들이 주둔하고 있는 인근 말도까지는 6km 떨어져 있다. 밀물 때에도 수심은 3m에 불과하며 썰물이 되면 말도까지 갯벌로 연결되며 인근 섬들과도 연결된다. 행정주소는 물론 지형적으로도 명백한 우리의 땅이다. 그런데 이 우리 땅을 북한에 넘겨주었다. 문재인의 짓이다.

함박도는 명백한 우리 땅이다

북한은 2015년 연평도에서 4.5km 떨어진 북한 땅 갈도에 방사포 6문을 설치했고 연평도에서 12km 거리인 아리도에는 레이더를 설치하고 20여 명의 병력을 배치했다. 당시 북한은 이를 '서해요새화 작업'이라 불렀고 김정은이 직접 시찰까지 했다. 이 작업 2년 후인 2017년 5월(문재인 정부의 출범이 5월 10일이다) 북한은 우리 땅 함박도를 점령하여 막사를 짓고 태양광 발전시설을 놓고 레이더를 설치했다. 그리고 군인 30명을 주둔시켰다. 서해 NLL 인근에 있는 섬은 그 위치가 가지는 군사적 의미로 인해 조그만 변화만 있어도 안보에 큰 위협이 될 수 있다. 특히 함박도는 서울과 불과 80Km 떨어진 곳으로 그 위치 자체가 위협적이다. 북한이 마음만 먹으면 방사포 해안포 등의 공격용 무기를 설치하여 바로 서울을 겨냥할 수 있으며 전자전에도 훌륭하게 이용할 수 있는 위치다. 문재인과 그의 동지들은 이 함박도를 점령한 북한의 행위를 보고만 있었고 그것이 국민에게 알려진 후부터는 북한을 옹호하는 강철방패 노릇을 했다.

함박도에 설치한 레이더를 두고 언론과 야당이 추궁하자 국방부는 "군 사용이 아니라 항해용이며 중국어선 단속 용도일 가능성이 크다"고 답변 했다. 이에 대해 서해5도 주민 여럿은 "내가 여기서 몇십 년을 살았는데, 북한군이 나서서 중국어선을 단속한다는 말은 듣느니 처음이다."고 말했 다. 국방부 답변이 거짓말이라는 뜻이다. 2016년 북한은 이미 300만불을 받고 중국에 조업권을 넘겼다며 언론과 야당이 추궁하자 정부는 "(조업권 을) 개개 선박에 판 것은 아니지 않느냐"는 어이없는 말을 내놓았다. 문재 인 정권의 우리 영토 상실을 은폐하고 북한의 우리 영토 점령을 옹호하기 위한 궤변이었다. 전문가들은 이 레이더가 북한이 포를 쏘고나서 어디에 떨어지고 맞았는지를 확인하는 표적탐지용으로 군사적 목적으로 쓰는 것 이 분명하다고 했다. 미국의 한 군사전문가는 함박도가 북한 섬이냐 남한 섬이냐의 문제를 떠나 이곳에 북한군 군사시설이 설치되는 것을 방치하 면 한국군에게 크게 불리하고 위험하다며 북한과의 협상을 통해 비무장 지대 즉 DMZ로 설정하는 것이 바람직하다고 말했다. 그러나 문재인 정권 은 한국의 안보를 걱정하는 전문가의 조언 따위는 귓등으로 들었다. 북한 을 위한 방패 역할에만 열심이었다.

2019년 9월, 국회에 나온 국방장관은 함박도에 군사시설이 들어선 것은 2017년 5월 이후가 맞다고 인정하면서 "설계는 그 이전부터 했을 것"이라는 사족을 달았다. 10월 2일 국회 국방위에서 야당은 "함박도는 70여 년간 우리 영토로서 우리 통제하의 지역이었기 때문에 북한이 70여 년간 점령하지 못한 것"이라고 말하자 전대협 출신의 국보법 전과자 민주당 최재성 의원은 "행정 실수는 설명할 필요 없다. 검증 자체가 시간 낭비고 부끄러운 일"이라며 묵살했다. 함박도는 주소지가 분명 우리의 영토로 표시되어 있으며 그래서 엄연히 공시지가도 매겨져 발표된다. 2018년에는 정부가 '국가지정 문화재 구역'으로 설정했다. 그럼에도 최재성은 함박도가 우리의 주소지로 된 것은 행정 실수이고 그것을 따지는 것은 시간낭비라고 했다. 최재성 이사람 아직도 남조선에 파견된 간첩이 아닐까.

최재성이 북한의 강철방패 노릇을 하던 같은 날 같은 장소에서 민주당 홍영표 의원도 거든다. 그는 "이런 질문은 좀 삼가해달라. 상식적인 것 아닌가. 사실 확인도 하지 않고 질문하면 안된다"며 야당의원에게 면박을 주었다. 그는 내 나라 땅을 빼앗겼는데, 그것을 묻는데 그런 질문을 하지 말라고 했다. 110여 년전 나라를 일본으로 넘기는데 공을 세운 그의 할아버지 홍종철을 따라 이제는 우리 땅을 북한에 넘기기로 작정한 듯했다. 영토를 빼앗기고도 그것을 따지지 않는 것이 상식인가. 그는 김정은의 상식을 말하고 있는 것일까. 민주당 원내대표의 명찰을 달고 영부인 친구 손혜원이 목포 부동산 투기를 해명하는 자리의 옆에 서서 멀뚱히 병풍 노릇이나 하는 것이 상식인가. 최재성과 홍영표는 문재인이 우리 영토를 북한에 넘겨줄 때 앞잡이 노릇을 한 사람으로 기록되어야 한다.

목 밑에 들이댄 칼, 함박도에 주둔한 북한군

함박도는 서해 인근 우리 어민들의 삶의 터전이다. 1965년 10월 북한이 우리 어민 97명을 납치한 사건이 일어난 후 주민들이 떠나기 시작했고 결국 빈 섬이 되었다. 과거 인근 섬 말도에서 근무했던 예비역 해병들은 함박도가 북한 땅이 되어버린 사실을 놀랍고 기가막히다고 말했다. 그들이 현역으로 근무할 때 함박도는 '관측보고'와 '일일보고'에 포함된 우리 섬이었다고 분명히 말했고 북한 공작원 경력이 있는 한 예비역은 북파 후 귀환할 때 사용된 귀환루트였다고 증언했다. 어민을 납북했던 당시에도 북한 스스로 "함박도 어민들이 북한 땅으로 들어온 입북사건"이라고 말했다며 함박도가 북한 땅이었다면 북한이 어떻게 '남한 어민들의 입북'이라 말했겠느냐, 이 말 자체가 북한조차 함박도를 우리 섬으로 인정했다는 말이 아니냐며 탄식했다.(월간조선, 2020.2.7)

지도책을 보면 함박도는 19.9km²로 0.186km²인 독도의 107배다. 일본이 우리의 섬 독도를 넘보면 우리는 모두 전면전 불사의 의지를 다진다. 종북좌파세력은 더 그렇다. 그런데 문재인 정권은 독도보다 백배가 더 큰 함박도를 왜 이렇게 허무하게 넘겨주었을까. 넘겨준 것이 아니라 빼앗긴 것이라 해도 왜 그것을 되찾으려 하지 않고 오히려 그것이 원래 북한 땅이었다며 북한을 편들고 그래서 결국 북한 땅임을 확정했을까. 그런 문재인 정권을 지켜보기만 했던 국민은 바보인가 아니면 문재인과 그의 수하들에게 속은 것인가. 그럼에도 함박도를 넘겨주지 않으려고 마음을 다지고 계획을 세운 군인이 있었다. 3성장군 이승도다.

2019년 10월 15일 국회에 나온 해병대 사령관 이승도는 말했다. "(해병대는) 지난 2017년 5월 4일 북한 선박이 함박도에 접안할 때부터 감시장비를 고정설치하고 주시했다. 상부에도 보고했다. (북한군의) 활동이 점점 많아지면서 나중에는 건축물까지 들어오고 레이더도 설치되고..." 현장 가장 가까이에 주둔한 우리 군의 최고 책임자인 그의 말에 의하면 북한은 문재인 정권 출범 딱 6일 전에 함박도에 발을 디뎠다. 이승도는 "유사시에 함박도를 완전히 초토화시킬 수 있도록 2사단 화력계획을 세웠다"고 말했다. 그는 군인으로서 함박도에 북한 군사시설이 들어오고 그것으로 우리의 안보가 위험해지는 상황을 막으려 했을 것이다. 그러나 그가 상부에 보고했음에도 아무것도 못한 사실에 의해 문재인의 청와대에서 그의 작전계획을 허락하지 않았음을 알 수 있다. 그렇다면 우리 영토를 잃어버린 책임은 누구에게 있는가.

헌법 제3조에는 "대한민국 영토는 한반도와 그 부속도서로 한다"고 되어 있다. 그래서 대한민국 주소지로 되어있는 함박도를 북한 땅이라고 인정하고 우리의 주소지와 지도에서 삭제한다면 그것은 명백한 위헌이다. 그러나 더불어민주당은 함박도가 우리 주소로 되어있는 사실을 행정 착오라고 우기기만 한다. 북한이 남한을 흡수하는 형태의 통일을 꿈꾸는 그들은 통일의 그날이 오면 어차피 그게그거라고 생각했을까. 그래서 되찾으려 하지 않는 것일까. 그들은 모두 역적이 아닐까.

2017년 5월 4일부터 북한은 우리 땅 함박도를 강탈했고 우리는 이 우리 땅을 강탈당했다. 2년이 지나 언론의 취재로 그것이 폭로되자 문재인 정권은 국방장관이 나서서 사실상 북한 땅임을 인정해주었고 행안부 등 허수아비 관료들은 꿀먹은 벙어리였다. 민주당의 종북 의원들은 궤변과 막무가내 화법으로 덮고 뭉개며 북한정권의 점령을 지켜냈다. 그리고 문재인의 청와대는 책임에서 빠졌다. 우리 땅 함박도의 상실을 알아차렸을 그 때 쯤부터 사상 유례없는 역병이 닥쳤고 그래서 우리는 모두 함박도를 잊었다. 지금도 함박도에는 북한군이 주둔하고 있다.

헌법 제66조 2항은 대통령의 영토보전 의무를 규정하고 있다. 우리의 영토를 강탈당했다면 그것은 대통령 문재인이 책임져야 할 일이다. 최재성 홍영표 등 앞잡이 노릇을 했던 민주당 의원들은 지금 당장의 욕을 먹고 훗날 역사의 심판을 받기는 하겠지만 법적 책임은 없다. 그러나 문재인에게는 법적 책임이 있다. 대통령으로서의 직무유기와 이적과 여적행위에 대한 법적 책임이다. 이것은 나라를 팔아먹은 이완용에 비교해도 가벼운 죄가 아니다. 문재인을 간첩으로 단정하는 중요한 이유다.

북한 정권의 방패가 되다

2020년 6월 4일, 김여정은 남북간에 오랫동안 존재하고 북한 역시 우리를 향해 늘 보내왔던 그 전단지 발송을 이유로 우리를 향해 "단단히 각오는 해 둬야 할 것"이라고 겁을 주었다. 그리고 16일 오후 개성 남북연락사무소를 폭파했다. 우리가 낸 혈세 1000억 원은 그렇게 가루가 되었다. 이 과정에서 문재인은 아무것도 하지 않았다. 별 말도 없었다.

개성연락사무소 폭파의 배상 청구를 포기했다

남북연락사무소는 2018년 문재인과 김정은의 합의에 의해 우리측이 건설비용 180억 전액과 유지사용료 235억 원을 들여 지은 건물이다. 바로 옆에 위치한 공단종합지원센터 역시 이 폭파의 여파로 외벽과 내부 구조에 상당한 훼손과 손실을 입었는데 이 건물은 건설비용만 530억 원이다. 이 건물에 입주해 있던 은행 편의점 등 우리측의 재산 손실에다 그 외 개성공단 내 기타시설물의 피해는 그 액수를 산정하기조차 어렵다. 피해액이 모두 1000억 원이라는 보도가 나온 이유다.

연락사무소는 국가간 수교 전 단계에서 설치하는 것으로 사실상 대사관으로 간주된다. 그래서 이를 폭파하는 것은 외교공관 폭파에 준하는 행위로서 상대국의 영토를 공격하는 것이고 선전포고로 간주된다. 그러나 문재인 정권 사람들은 그렇게 생각하지 않는 듯했다. 그들은 북한에 책임을 묻지 않았다. 오히려 국민과 언론이 북한과 김정은에 대해 책임을 추궁하고 비난을 쏟아내자 이를 막는 방패로 나섰다. 민주당의 주사파 의원들이 입을 열었다. 윤건영 의원은 "북한이 나름 노력했는데 그 대가가 무엇이냐고 요구하는 것 같다. 한미연합훈련이 북한을 자극했다."고 말했다. 그는 북한의 도발이 우리에게 책임이 있다는 사실을 국민에게 친절히 알리고 종북세력을 향해서는 북한에 대한 그들의 충성이 아직도 부족하다는 사실을 말하는 듯했다. 북한의 만행이 있을 때면 북한을 위한 방패막이로 빠지지 않는 송영길도 말을 보탰다. 무려 국회 외교통일위원장 자리에 있던 그는 "대포로 폭파 안한게 어디냐"고 말했다. 북한을 향한 자신의 충성심만 전할 수 있다면 국민에게 욕먹는 일은 별일 아니라고 생각하는 사람이었다. 김여정은 남한의 권력을 잡은 이런 충성스러운 사람들이 뒷감당을 해 줄것이라 믿고 건물을 가루로 만들었을 것이다.

국민은 폭파 그 자체에 전쟁의 전조가 아닌가 해서 놀라고 걱정했다. 그러나 문재인 정권의 수상한 대응과는 달리 강경한 메시지를 내놓는 미국정부의 태도와 세계 최강의 전력을 가진 미군이 이땅에 주둔하고 있다는 사실을 새삼스레 상기하며 걱정을 누르고 각자의 생업에 몰두할 수 있었다. 그제서야 언론에서 1000억까지로 추산하는 먼지가 된 돈이 마음에 와 닿는다. 야당 의원 태영호는 "국제법에 따라 반드시 손해배상을 청구해야 한다"고 주장했고 여러 언론은 국제법과 과거의 사례를 들며 그 가능성을 궁리했다. 그러나 항상 대한민국이 아닌 북조선에 충성하는 민주당 의원들은 "소유권 소재에 대한 남북간 서면합의는 없다. 국제법을 통한 소송은 이론적으로 가능하나 현실적으로는 어렵다"고 말했다. 애당초 북한에게 배상을 물리는 어떤 일에도 관심이 없다는 뜻이었다. 그들은 배상을 면제해줄 핑계를 찾고 있었다. 국가원수 문재인은 북한을 향해 배상을 요구하는 어떤 말도 하지 않았고 어떤 조치도 취하지 않았다.

1000억 원이 먼지가 된 이 일은 결국은 대통령 문재인의 일이고 그래서 문재인이 책임져야 한다. 민주당에서는 소유권 소재에 대한 남북간 서면합의가 없다는 사실을 배상 청구 포기의 핑계로 삼았다. 그렇다면 이 일은 최종 결재권자인 문재인이 책임져야 한다. 그렇게 큰 예산으로 국경밖에다 건물을 지으며 최소한의 안정장치도 만들지 않았다는 것은 그가 책임져야 할 일이 분명하다. 업무상 과실? 직무태만? 어림없는 죄목이다. 이적죄, 여적죄, 간첩죄 등의 역적죄가 적용되어야 한다.

우리 국민은 사살되었고 진실은 뭉개졌다

2020년 9월 22일 서해에서 직무수행 중이던 대한민국 공무원이 바다 위에서 10여 발의 총탄을 맞고 죽임을 당했다. 북한은 그의 주검 위에 기름을 붓고 불태웠다. 24일 오전 합참 안영호 작전본부장은 "(북한군이) 우리 국민에게 총격을 가하고 시신을 불태우는 만행을 저질렀습니다"라며 비장하게 말했다. 최초의 공식 브리핑이다.

25일 국정원장 박지원은 북한이 청와대 앞으로 보낸 통지문이라는 것을 들고 청와대로 갔다. 북한에서는 쓰지 않고 우리만 쓰는 단어가 나오고 어투도 우리의 것이라 많은 언론은 모사꾼으로 이름난 박지원이 스스로 쓴 것이 아닌가 의심했지만 어쨌든 내용에는 김정은이 "대단히 미안하다"고 하는 말이 있었다. 이때부터 민주당 사람들은 만행을 저지를 김정은을 옹호하기 위해 마치 들개처럼 떼를 지어 나선다. 피살자의 형이 진상을 알기 위해 동분서주하고 아들이 "아버지의 시신이라도 찾아달라"며 호소했지만 문재인과 민주당 동지들은 이를 철저히 외면했다.

통일부 장관 이인영은 "이례적이다. (김정은이) 두 번씩이나 미안하다고 한 적이 없다"고 했다. 그는 수령님이 미안하다고 말한 사실에 감격한 듯 그 말을 반복했다. 자칭 어용지식인 유시민은 미안하다는 말을 했다는 이유로 김정은을 '계몽군주'라고 치켜세웠고 이를 비난하는 여론에 대해서는 "내가 너무 고급스러운 비유를 했나"며 이죽거렸다. 당대표 이낙연, 전 통일부 장관 정세현 등 여러 민주당 사람들이 짜기나 한 듯 연이어 입을 보탰는데 그들의 말은 결국 "이런 최고지도자는 없었다"는 뜻이었다. 모두 김정은의 충성스러운 졸개들인 듯 보였다.

김정은의 책임을 희석시키는 수작과 함께 그들은 피살 공무원을 월북으로 몰아가는 공작도 병행했다. 24일 국방부는 자진 월북의 가능성을 제기하는 브리핑을 한다. 오전의 합참 브리핑과는 다른 내용이었다. 이어 민주당의 김병주 의원 등이 나서서 "월북은 사실로 확인돼 가고 있다"며 몰아가고 피살자는 개인사로 월북하다 죽은 사람이며 시신훼손은 판단 유보로 가닥이 잡혀갔다. 결국 24일 사건 현장과 상황을 구체적이고 분명하게 설명해 준 합참의 발표 내용은 갈수록 흐릿하게 되어갔다. 그리고 "수온 21도에서는 길어야 8시간 밖에 버티지 못한다. 38km 거리는 박태환이 헤엄쳐도 서너 시간은 걸린다. 그 지역 조류흐름으로 봐서 그곳으로 헤엄쳐 가는 것은 불가능하다"는 실증적이고 과학적인 주장들은 깡그리 무시되고 제대로 된 조사도 없이 우리 국민은 월북자가 되었다. 그렇게 해서 사살의 최종 책임자 김정은의 범죄도, 우리 국민을 구하지 않은 문재인의 범죄도 모두 뭉개졌다. 서로 순서를 정한 듯 번갈아 등장하며 같은 뜻의 말을 표현만 바꿔가며 가열찬 선전공작을 펼친 더불어민주당 의원들의 승리였다. 이 얼마나 충성스러운 김정은의 졸개들인가.

이 사건 38일 전에 있었던 광복절 경축사에서 문재인은 "대한민국은 이제 단 한 사람의 국민도 포기하지 않을 것입니다"라고 말했다. 그러나 문재인은 피살자가 바다에 떠 있었던 최소 6시간 동안 잠을 자고 있었고 사건 발생 10시간이 지나서야 첫 대면보고를 받았다. 문재인은 우리 국민을 구하기 위한 어떤 일도 하지 않았고 어떤 조치도 취하지 않았다. 명백한 국민 포기이고 직무유기다. 국민 포기는 위헌이고 직무유기는 법전에 있는 죄목이다. 형법 제122조다.

이것이 평화인가

문재인과 김정은이 2018년 4월 판문점에서 만난 후 발표한 '판문점 선언'에는 '한반도에 전쟁 없는 새로운 시대의 개막'을 천명하고 '상대방에 대한 모든 적대행위 전면 중지'를 약속했다. '한반도의 완전한 비핵화 목표를 확인한다'는 내용도 있다. 문재인이 평양을 방문하고 맺은 9·19군사합의 첫머리는 '남과 북은 지상과 해상, 공중을 비롯한 모든 공간에서 군사적 긴장과 충돌의 근원이 되는 상대방에 대한 일체의 적대행위를 전면 중지하기로 하였다'로 시작한다. 그리고 '군사분계선 일대에서 상대방을 겨냥한 각종 군사연습을 중지하기로 하였다'고 명시했다. 이에 의해 동년 11월 1일부터 남북간의 모든 육해공 접경지역과 완충구역에서는 포사격과 군사훈련이 금지된다. 그러나 김일성 시대 이후 남북이 맺은 수많은 선언, 합의 등 모든 약속이 다 그러했듯 북한은 이 합의 역시 수시로 위반했고 문재인은 북한의 위반에 대해서는 위반이 아니라고 방어하면서 우리 측은 이를 철저히 준수하도록 했다. 문재인은 국군의 손을 묶고 발에 족쇄를 채우기 위해 친히 평양에 가서 합의서를 맺고 온 것이다.

계속된 도발과 합의 위반

2019년 11월 23일 북한은 김정은의 직접적인 현장지도 하에 황해도 옹진반도 서쪽의 창린도에서 해안포 사격을 감행한다. 언론과 보수정당은 완충구역에서의 포사격은 명백한 9·19합의 위반이라며 북한에 대한 항의를 촉구했다. 그러나 청와대와 민주당은 침묵했다. 방송 토론에 나온 좌익 패널들은 위반이 아니라며 우기거나 궤변을 길게 늘어놓으며 북한을 옹호했다. 2020년 5월 3일에는 강원도 철원군 군사분계선에 위치한 국군 감시초소를 겨냥해 북한은 총탄 4발을 사격했고 우리측도 대응사격을 했다. 이 명백한 합의 위반을 청와대는 북한군의 실수로 단정했다. 군에서 북한에 해명을 요구했으나 북한은 이에 무응답으로 대응하더니 나중에는 우리측을 비난하는 반응을 내놓았다. 유엔사는 북한의 사격이 정전협정 위반이며 우리군의 대응사격도 협정 위반이라는 결론을 내렸다. 정전협정을 위반했다면 9·19합의에도 위반이다. 청와대는 "북한이 실수한 일에는 답신을 안한다"며 무대응으로 일관했고 언론의 질의에도 아무런 입장을 내놓지 않았다. 한 민주당 의원은 "대포로 쏜 것이 아니라서 위반이 아니다"라고 했다. 문재인과 그의 동지들은 모두 북한의 방패였다.

북한은 2022년 3월 20일에는 평안남도 일대에서 방사포 4발을 발사했다. 언론은 완충구역에서의 포사격이므로 9·19군사합의 위반이라고 했으나(채널A, 2022.3.22) 국방부는 완충구역 이북이어서 위반이 아니라고 했다. 국방부도 북한을 지키는 방패였다. 10월 20일을 전후해서는 완충구역에서 밤낮으로 수백 발의 포 사격을 했다. 언론은 9·19합의를 10번째로 위반한 것이라고 했다.(SBS, 2022.10.20) 그러나 북한의 방패 민주당은 침묵했다. 2020년 6월의 개성연락사무소 폭파도, 9월의 서해 공무원 사살도 '일체의 적대 행위를 전면 중지'하기로 한 9·19합의 위반이 명백하다. 문재인 정권의 엄호를 받으며 북한이 9·19군사합의를 위반한 것은 2023년 1월을 기준으로 총 17건이었다. 이는 서해 5도를 겨냥해 배치된 포문을 무려 3400여 차례나 개방한 것을 1건으로 간주하는 식으로 계산할 때의 횟수다. 반복된 위반을 모두 센다면 2023년 10월까지 모두 3600여 건에 이른다고 새 정부의 국방부가 말했다. 문재인이 자신의 시대를 '평화의 시대'라 선전하고 그의 수하들은 그를 '평화 대통령'이라 부르는 가운데 일어난 일이다. 어이없는 일이고 기만적인 일이다.

문재인 그의 시간에 북한은 핵을 완성했다

김정은은 2017년 1월 신년사에서 지난해인 2016년 4월에 ICBM 개발을 완료했음을 말했고 문재인의 취임 4개월 후인 2017년 9월 3일 제6차 핵실험을 감행했다. 이어 11월 29일 ICBM 발사에 성공했고 김정은은 이날 '핵무력 완성'을 선언했다. 이로써 북한은 핵을 탑재한 미사일로 미국 뉴욕까지 공격할 수 있는 핵무장 국가가 되었다. 당시 박근혜 양승태 이재용 등 수많은 고위 공직자와 기업인이 포승줄에 묶여 검찰과 법원을 드나들며 국민의 시선이 여기에 몰려있었고 또한 문재인에 대한 인기가 하늘 높은 줄 모르던 그때, 우리 모두가 심각성을 눈치채지 못하고 있는 와중에 있었던 일이다. 이후 북한은 그들이 쏘는 미사일을 '불상의 발사체'라며 실체를 감추어주는 문재인 정권의 도움을 받으며 수시로 시험발사를 감행하여 문재인이 물러날 때는 남해안까지 이를 수 있는 단거리 미사일은 물론 세계 전역을 사정거리로 하는 대륙간탄도미사일까지 단·중·장거리 미사일 모두를, 그리고 지상·잠수함·이동식 화물차·달리는 열차 어느 곳에서도 발사할 수 있는 장치를 갖추었다. 액체연료는 물론 주입시간을 절약함으로써 발사 시 사전탐지가 어려운 고체연료 발사도 가능하게 되어 명실상부한 핵탑재 미사일 시스템을 완벽하게 갖추게 된 것이다. 이제 남은 것은 핵미사일로 미국 정부를 위협하여 협상을 하고 미국이 남한을 포기하게 하여 주한미군을 철수케하는 것이다. 그 다음은 남쪽을 점령하는 일만 남는다. 남쪽에는 110년 전의 이완용처럼 "좋은 전쟁보다 나쁜 평화가 낫다"고 말하는 문재인 이재명 세력이 성문을 열어줄 준비를 하고 있으니 북한은 김정은의 계획대로 7일 내에 남한을 점령할 수 있을 것이다. 북한이 인민을 굶겨가며 핵과 미사일을 완성한 이유다.

문재인 취임 직전인 2017년 5월 4일 북한은 방사포와 신형 전술유도무기를 발사했고 9일에는 동해로 단거리 미사일 2발을, 14일에는 중장거리 탄도미사일을, 21일에 또 미사일을 발사했다. 북한은 문재인이 취임한 이후 더 이상 남쪽의 눈치를 보지않고 미사일 시험발사를 하고 있었다. 문재인의 취임을 축하하는 비싼 불꽃놀이라고 말하는 국민도 있었다. 계속되는 북한의 발사를 두고 문재인 정권과 그의 군은 '불상 발사체, 미상 발사체, 확인 중, 분석 중, 예의 주시 중'이라는 논평만 내놓았다. "우리 군의 정보력이 이 정도 밖에 되지 않느냐" "그 많은 영관급 장교들과 별자리들은 놀고 먹느냐"는 비난이 쏟아지고 미사일을 미사일이라 부르지 못하는 '문길동 정부'라는 조롱까지 등장했다. 불과 한 달전에 북한의 한성열 외무상은 BBC와의 인터뷰에서 "우리는 탄도미사일을 매주 발사할 것"이라는 큰소리친 바 있고 미국 언론도 이것이 탄도미사일이라고 확인해 주었음에도(뉴데일리, 2017.5.21) 문 정권은 그것을 탄도미사일이라고 말하지 않았다. 5월 9일 발사한 미사일은 '불상 발사체'라고 말한 지 무려 23일이 지난 6월 2일에야 그것을 단거리 미사일이라고 시인했다. 국민과 언론이 이미 외신을 통해 다 알고 있는 사실을 더 이상 감출 수 없었기 때문일 것이다. 북한이 끊임없이 감행하는 미사일 시험발사를 정권이 나서서 미사일인지 아닌지를 모호하게 만드는 이런 패턴은 문의 5년이 끝날 때까지 반복되었고 북한은 결국 완전한 핵무장 국가가 될 수 있었다. 문재인은 북한의 강철방패였다.

문재인은 노무현 정부에서 청와대 민정수석 두 번에다 시민사회수석과 비서실장까지 맡았다. 그가 노무현 정부의 명실상부한 권력 2인자로 있던 바로 그때인 2005년 2월 10일 북한은 '핵무기 보유'를 선언했다. 그리고 다음 해인 2006년 10월 9일 제1차 핵실험을 단행한다. 북한은 문재인이 남한 권력의 2인자일 때 핵실험을 시작했다는 뜻이다. 그리고 문재인이 권력의 제1인자가 되었을 때 6차 핵실험으로 핵탄두의 소형화에 성공했으며 이미 80개 이상을 가지고 있다는 핵탄두를 실어서 세계 모든 곳을 보낼 수 있는 미사일시스템까지 완전히 갖추어 완벽한 핵무기 보유국이 되었다. 북한의 핵무장 성공과 문재인의 관계는 결코 우연이 아니다. 문재인은 대한민국 대통령으로서 북한의 핵 개발과 미사일 시험발사를 반대하거나 저지하는 어떠한 실효적인 조치도 취하지 않았다. 문재인은 그것을 묵인하거나 방치함으로써 북한의 핵보유국가화를 사실상 방조했다. 명백한 직무유기이자 이적행위며 대한민국에 대한 배신행위다. 오히려 그는 핵협정 위반, UN규약 위반 등으로 인한 UN안보리의 대북한 경제제재 결의로 세계 각국이 북한의 돈줄을 죄자 여러 나라를 다니며 북한에 대한 경제적 제재를 풀어달라며 호소하고 다녔다.

2018년에는 김정은이 핵폐기를 약속했다는 '전하는 말'을 국민에게 전해주었고 세계 모든 국가는 그의 말을 다시 전하고 옮겼다. 그러나 우리 국민도 세계 어느 누구도 김정은이 직접 그런 말을 하는 것을 들은 사람은 없다. 북미회담이 성과없이 끝나고 김정은이 모든 것을 걷어차는 것을 본 세계는 북한의 비핵화에 대한 문재인의 전하는 말을 더 이상 믿지 않았다. 트럼프도 문재인에게 밤늦게 국제전화를 걸어 "왜 당신과 북한의 이야기가 다른가"라며 따졌다는 보도(중앙일보, 2018.5.21)도 있었다. 트럼프 뿐만이 아니다. 문재인의 전하는 말을 들은 우리는 물론 모든 국가가 현혹되어 북한에 대한 수많은 판단착오와 혼란을 초래했다. 우리는 '역시 문재인은 거짓말쟁이고 종북주의자다'라 말했고 세계는 문재인을 '김정은의 대리인'이라 불렀다. 오직 북한과 김정은의 입장만 생각하는 문재인의 충성심이 빚은 결과다. 북한의 핵폐기 약속이 김정은의 거짓말인지 아니면 문재인의 거짓말인지는 아직도 궁금하다. 답은 문재인 그 자신만 알 것이다.

김정은이 방사포를 보여주며 우리를 사랑한다고 했다

2019년 2월 하노이에서 있었던 북미정상회담이 결렬되며 한동안 뜸했던 북한의 도발은 재개된다. 5월 4일 북한은 원산에서 방사포와 단거리 미사일 여러 발을 발사했다. 방사포는 사거리가 짧아 남한을 겨냥하고 개발된 무기라고 군사 전문가들은 말한다. 혈맹인 중국을 겨냥할 리도 없고 미국이라는 강력한 군사동맹을 가진 일본을 겨냥할 리도 없다. 그리고 비행거리가 70~240km인 단거리 미사일은 서울과 평양의 직선거리 195km를 감안하면 우리를 겨냥한 것이 분명하다. 7월 25일에는 비행거리 430km의 미사일 2발을 발사했다. 이로써 북한은 최대 사거리 400km의 초대형 방사포를 개발한데 이어 비행거리 430km의 단거리 미사일까지 갖추게 되었다. 이것은 제주도를 제외한 대한민국 전역을 미사일과 포로 공격할 수 있는 무기체계를 가지게 되었다는 것을 의미한다.

2020년 10월 10일, '문재인의 참모'인 탁현민의 조언을 받고 야밤에 열려 화제가 되었던 로동당창당 75주년 열병식에 북한은 초대형 방사포와 신형 전차, 신형 단거리 탄도미사일, 최신 전투장구로 무장한 특수부대를 선보였다. 이 신형 무기들은 모두 남한을 겨냥한 것이었고 열병식의 전체적인 모습은 '남한 인민들은 보라'는 메시지를 담고 있었다. 일부 우익 성향의 언론은 이 열병식을 우려스러운 시선으로 보도했다. 그러나 KBS MBC YTN 등의 좌익방송은 '위협'을 전하려는 북한의 메시지를 제대로 말하지 않았다. 그래서 이날 김정은이 우리를 "사랑하는 남녁 동포"라고 불렀던 일도 제대로 전해지지 않았다. 열병식에서 김정은은 새로운 무기를 보여주며 우리를 사랑한다고 말했다. 형제를 독살시키고 고모부의 목을 잘라 전시하는 김정은이, 손에 쥔 핵버튼을 누구의 통제도 받지 않고 누를 수 있는 절대권력을 가진 김정은이 우리를 사랑한다고 했다. 김정은의 사랑, 무섭지 않으신가.

국민과 세계를 속인 문재인의 가짜 평화

"한반도 평화, 나아가 동북아 평화를 만들어 가겠습니다."(2017.6.28 장진호전투 기념사) "올해가 한반도 평화의 새로운 원년이 되도록..."(2018년 신년사) "한반도의 항구적이고 공고한 평화체제를 구축해 나가기로..."(판문점 선언 기자회견 중) "나는 오늘 이 자리에서 평화의 큰 그림을 내딛자고..."(2018.9.19 능라도경기장) 문재인은 '평화' 메뉴를 우려먹고 또 우려먹었다. 그는 퇴임하고 나서도 평화타령을 계속했다. "판문점 선언은 누구도 훼손할 수 없는 평화의 이정표다... 기적같이 만들어낸 평화의 봄이었다... 판문점선언이 약속한 평화의 길은 어떤 경우에도 되돌릴 수 없다" 판문점

선언 5주년을 맞은 2023년 4월 27일 퇴임한 대통령의 신분으로 문재인이 내놓은 메시지다. 2018년 10월 바티칸 교황청을 방문한 자리에서 "기필코 평화를 이루고 분단을 극복해 낼 것"이라고 말하는 그를 보며 김정은과 같은 침대에서 다른 꿈을 꾸고 있는 그가 안쓰럽다는 생각이 들었는데, 그는 퇴임 후에도 여전했다.

문재인이 평화를 말하고 또 말하는 사이에도 북한의 핵무장 프로세스는 멈추지 않았고 문재인이 물러날 무렵 김정은은 결국 그것을 성공했다. 집권 후 아무런 성취도 없는 김정은에게 유일한 성취인 핵무장 완성의 과정과 결과에서 문재인의 공은 절대적이다. 김정은이 비핵화를 약속했다고 전하고 자신이 평화의 시대를 만들었다고 국민을 끊임없이 세뇌했고 계속되는 북한의 도발에 대해서도 그것이 협정을 위반한 것이 아니라며 우기고 또 우겼다. 우리 국군에게는 제대로 된 군사훈련도 시키지 않았고 한미연합 방어훈련조차 이런 저런 이유를 붙여 못하게 했다. 심지어 민방위 훈련도 하지 않았다. 그러면서 평화타령만 되풀이 했다. 북한이 이미 평화 약속을 무수히 어겼다는 사실을 문재인 자신은 몰랐을까? 아니다. 그는 국민에게 평화를 세뇌시키며 김정은이 핵무장을 완성하고 북한이 무력에서 남한에 우위에 설 수 있도록 우리의 눈과 귀를 가리고 김정은에게는 핵을 완성할 시간을 벌어준 것이다. 적어도 결과는 절대적으로 그렇다.

문재인은 그의 시대에 있었던 북한의 만행을 만행으로 인정하지 않았다. 그것을 인정하지 않으니 그의 5년은 저절로 평화가 되었다. 그의 평화는 동네 깡패에게 돈을 갈취 당하고 구타를 당하면서도 대들지 않고 굴종해서 피를 흘리지 않는 그런 평화였다. 정치인 홍준표는 이를 '노예적 평화'라고 불렀다. 문재인은 2016년 "나는 가장 좋은 전쟁보다 가장 나쁜 평화에 가치를 더 부여합니다"라고 말했다. 그는 대통령이 되기 전부터 북한에 두들겨 맞으면서도 가만히 있는 평화를 계획하고 있었다. 북한과 김정은에 복종하자는 것이다. 그리고 대통령이 되고 나서 실제 그렇게 했다. 국민인 우리가 속은 듯하다.

CHAPTER ● 4

간첩들의 천국이 된 대한민국

"나라에 간첩이 이렇게나 많나" 문재인으로부터 정부를 넘겨받은 윤석열은 정권 인수 1년도 되지 않는 2023년 3월 이렇게 말했다. 그의 말대로 대한민국은 간첩천국이 되었다. 문재인이 그렇게 해 놓았다. 정권을 장악한 문재인은 간첩을 잡지 않았다. 그가 잡지않아 활개치던 간첩들은 다음 정부에서 대거 체포된다. 그는 간첩을 잡지 않음으로써 대한민국을 지키는 기본법인 국가보안법을 사실상 폐기시켰고, 북한이 해방정국에서 시작하여 우리 군대 내에 끊임없이 심어온 간첩을 잡아내는 역할을 해온 국군기무사를 무력화無力化시켰다. 그리고 간첩을 열심히 잡던 국정원의 간부와 베테랑 수사관들을 숙청의 수준으로 제거했고 그것도 모자라 국정원의 간첩잡는 기능을 아예 법으로 박탈했다. 그렇게 해서 대한민국은 간첩이 발뻗고 잘 수 있는 나라가 되었고 국민은 나라의 안위를 걱정하게 되었다. 모두 문재인이 한 일이다.

국보법을 사문화시키자 간첩이 안전하게 되었다

1948년 8월 15일 나라를 건국하고 단 2개월이 지난 10월 19일에 일어난 여수순천군부대반란사건에 깜짝 놀란 이승만 정부는 부랴부랴 간첩잡는 기본법을 만든다. 그해 12월에 제정된 국가보안법이다. 이 법은 북한에 동조하고 북한과 내통하며 대한민국을 공격하고 이적행위를 하는 간첩을 수사하고 처벌하기 위해 만들어진 법이다. 북한 정권은 국보법을 남한 내부에 첩자를 심고 그 첩자들이 활동하는데 최대의 장애물로 인식한다. 그래서 김일성이 내린 대남혁명노선의 3대 혁명과업에도 국보법 철폐가 포함되어 있다. 이인영 임종석 등이 활약한 전대협을 필두로 모든 종북 운동권 세력이 끊임없이 국보법 철폐를 외친 이유다. 그러나 문재인의 시대에 그들은 그것을 더 이상 외치지 않았다. 그들이 간첩을 잡지 않음으로써 사문화시켰기 때문이다.

임종석 3년 6개월 복역(선고 5년), 이인영 1년 6개월(집유 3년), 정청래 2년, 진성준 4년 6개월, 은수미 6년, 조국 6개월 복역(선고 1년 집유 2년). 문재인 정권 권력자들이 국보법을 적용받아 법원으로부터 받은 형량이다. 주사파 운동권으로 분류되는 자들은 대부분 국보법을 위반한 범죄자다. 그들이 국보법을 위반했다는 말은 대한민국의 안전을 위협하거나 그것을 실행에 옮겼다는 의미다. 국가 반역과 의미가 다르지 않다. 김일성의 주체사상을 수용하고, 김일성에게 충성을 맹세하고, 북한이 내린 지령에 따라 대한민국을 공격했다는 것은 국가반역이다. 그래서 국보법을 위반한 범죄자인 그들은 모두 대한민국 반역자다.

세계 어떤 나라도 자국의 정체성과 국가존립과 사회 안전을 위협하는 활동을 허용하는 경우는 없다. 독일의 헌법수호법, 미국의 애국법, 일본의 파괴방지법 등은 모두 자국의 국가 사회 체제를 지키기 위한 법률이다. 반정부 반국가적 행위를 범하는 자를 법률에 의하지 않고도 극형으로 다스리는 북한조차 반국가 행위에 대한 처벌규정을 명확히하는 형법 체계를 가지고 있다. 나치에 의해 민주주의가 철저히 파괴되는 경험을 했던 독일은 자유민주적 기본질서를 공격하는 출판, 강의나 연설, 의사 표현, 집회, 결사는 물론 그런 내용의 통신비밀의 자유도 허용하지 않는다고 명시하고 있다. 자유민주주의를 공격하는 자유는 허용하지 않는 것이 독일법이다. 이런 내용을 아는지, 알고도 거짓말을 하는 것인지 이땅의 종북세력은 국보법을 선진국에는 없는 악법이라는 거짓말로 국민을 호도한다. 2004년 노무현이 "국가보안법은 독재시대의 낡은 유물이니 이제 칼집에 넣어 박물관으로 보내야 한다."고 말했을 정도다.

2020년 총선에서 180석의 압승을 거둔 바로 다음날 민주당의 위성정당인 더불어시민당의 우희종 대표는 "개인적으로 상상의 날개가 돋는다. (국가)보안법 철폐도 가능하지 않을까"라며 폐지론에 연기를 피운다. 이것을 시발로 곧 좌익진영 전체에 불이 붙는다. 그러나 민주당 원내대표로 있던 이인영은 "그런 희망은 저도, 누구도 다 가질 수 있다. 그러나 지금 경제비상시국에서는 국민 생업과 일자리가 우선"이라며 이를 진화한다. 이인영은 자신에게 징역 1년 6개월에 집행유예 3년을 내렸던 국보법이 이제는 무섭지 않았을 것이다. 권력을 잡은 그들이 국가의 방첩기관을 모두 괴멸시켜놓아 간첩을 잡을 수가 없게 되었고, 뻔하게 보이는 간첩도 고의로 잡지 않음으로써 국보법은 저절로 사문화되었다. 그래서 이제는 간첩이 안전하게 활동할 수 있게 되었기 때문이다. 자신이 있었던 이인영은 긁어 부스럼 만들 필요가 없었을 것이고 그래서 충분한 의석을 가지고도 국보법 폐지를 추진하지 않았을 것이다.

대검이 발표한 통계에 의하면 박근혜 정부 때인 2016년 국보법 위반 사건은 167건이 접수되어 35건이 기소되었다. 기소율 21%다. 문재인 정권 3년차인 2019년에는 305건이 접수되어 15건을 기소했다. 기소율 5%다. 문의 시대에 국보법 위반 건수는 80%가 늘었으나 기소율은 오히려 16% 줄었다는 것은 간첩사건과 이적행위가 대폭 늘었으나 제대로 수사하지 않았고 잡지 않았고 처벌하지 않았다는 뜻이다.

2011년부터 2017년까지 6년간 26건의 간첩과 간첩단이 적발되었다. 그러나 문재인의 5년간 적발된 것은 단 3건이다. 이 3건도 박근혜 정부에서 이미 혐의가 인지되고 많은 증거가 확보되어 더 이상 뭉개고 있을 수 없어서 공개한 것이었고 문재인 정권에서 새로이 수사에 착수한 것은 없었다. 성일종 의원은 국정원장 서훈이 실무진의 간첩수사를 막았다고 주장했고, 문 정권에 의해 옥살이를 했던 기무사의 전 방첩국장은 "(문재인 정부가 간첩에 대한) 국가적 대응을 무력화 시켰다"고 증언했다. 이런 주장과 증언이 사실이라는 것은 간첩 적발 숫자로 간단히 증명된다. 문재인과 그의 정권은 간첩을 잡지 않았다. 간첩을 잡지 않았던 대통령 문재인과 그의 정권에 참여한 권력자들도 모두 간첩이 아닌지 의심해야 한다.

간첩 잡기를 포기한 공안기관

좌익세력이 정권이 잡으면 간첩을 잡지 않았다. 어김이 없었다. 김대중 노무현의 10년간 국보법 위반으로 검거된 공안사범은 1997년 877명에서 2007년에는 39명으로 95% 이상 대폭 줄었다. 김대중 때인 2001년 남파되어 이명박 정부 첫해인 2008년에 적발된 여간첩 원정화 사건에서 군에 침투한 간첩용의자 50여 명을 포함하여 170여 명이 연루된 사실에 비추면 좌익정권 10년 동안 간첩들은 국내 각 분야에 침투하여 광범위하게 활동했을 것이다. 간첩이 없었던 것이 아니라 잡지 않았던 것이다.

대한민국에서 간첩을 잡는 정부기관은 국정원, 기무사령부, 검찰공안부, 경찰이다. 좌익정권은 이 기관의 공안부서를 지속적으로 축소시키는 방법으로 간첩을 잡지 못하게 했다. 경찰 내의 보안조직은 1997년 4500여 명에서 2008년에는 2000여 명으로 60% 줄였고, 같은 기간 대검 공안부는 70여 명에서 44명으로 37% 줄이고 예산은 50% 감축했다. 국정원의 안보 수사인력은 46% 감축하고 공안사범 전담 수사부서는 아예 없애버렸다. 국군기무사의 대공인력 역시 560여 명에서 370명으로 축소되었다.(월간조선, 2008년 12월호) 김대중 노무현 정부에서 시작된 간첩천국의 방벽은 문재인이 정권을 잡으면서 더욱 단단해지고 모든 공안기관은 궤멸 상태가 된다. 대한민국은 그렇게 간첩들의 나라가 된다.

간첩 대신 자유민주 인사를 잡은 검찰공안부

검찰공안부는 학원가 노동계 문화계 등 사회 일반의 안보위해사건과 대테러사건 등의 국보법 관련 수사를 지휘한다. 문재인 정권은 출범 초기

적폐청산이란 이름으로 보수정권의 핵심인사들을 숙청하는데 검찰의 공안검사들을 앞장 세웠다. 대공수사를 담당해야 할 공안부 검사들은 전직 국정원장 4명을 포함한 국정원 고위 간부들과 박근혜 정부의 주요 인사들을 사법처리 하는데 동원되었다. 대공수사관들은 간첩 잡는 업무는 수행할 수 없었고 대신 문재인 정권의 반대 세력을 광범위하게 제거하는데 매달리게 된다. 간첩을 잡는 대신 자유민주 인사들을 잡은 것이다. 간첩을 민주화 유공자로 둔갑시키는 것에서 나아가 이제 자유민주 인사를 간첩으로 처벌하는 세상이 된 것이다. 간첩 잡는 공안검사와 공안 수사관이 잡은 사람들이니 간첩 취급을 하고 간첩으로 대우한 것이 맞을 것이다. 문재인의 입장에서는 간첩을 못잡도록 하는 동시에 우익 진영의 인사를 대거 제거했으니 도랑치고 가재잡기인 셈이다. 결국 경찰이 간첩혐의를 잡고 검찰에 지휘 신청을 해도 대응할 수 없었고 그래서 문재인 정권 하에서 간첩을 잡은 것은 2018년 1건, 2019년 1건으로 단 2건이다. 이 2건도 지난 정권에서 수사를 시작한 것이며 문 정권에서 수사에 착수해서 검거한 것이 아니다. 그래서 문 정권에서는 단 1명의 간첩도 잡지 않았다고 해도 무방하다. 간첩이 안전한 나라가 된 것이다.

해체된 기무사령부

전쟁사를 읽으면 군대 조직 내에 첩자를 심는 일은 전쟁을 준비하는 측에게는 필수적인 일이다. 해방정국에서부터 이미 남침을 준비했던 북한 정권은 상시적으로 우리 군대 안에 간첩을 심었다. 정부 수립 두 달 후에 일어난 여수순천14연대반란사건은 그 시작이었고 그래서 이때 육군본부에 방첩대가 생긴다. 보안사령부를 거쳐 기무사령부로 이름이 바뀐 이 부대를 문재인은 초토화시킨다. 목적은 분명하다. 군 부대 내부에 침투한 간첩을 잡지 못하도록 하는 것이다.

2018년 7월 2일, '국방사이버댓글사건 조사 TF'는 기무사가 세월호 유가족 사찰에 관여한 문건이 발견되었다고 발표한다. 같은 날 한 군인권단체는 기무사가 박근혜 탄핵 정국에 대비해 작성한 계엄대비 문건이라는 것을 공개한다. 문의 세력은 모든 친 정권 언론을 동원하여 이 두 발표를 소재로 대대적인 여론몰이를 하며 세월호 유가족을 지원하는 과정에서 알게된 내용은 모두 '민간인 사찰'로, 계엄대비 문건은 '쿠데타 음모 및 내란음모'로 둔갑시킨다. 종북세력의 주특기인 둔갑술이 마음껏 발휘된 것이다. 그렇게 약 두 달간의 여론몰이를 거친 후 국방부와 검찰의 수사 결과도 나오기 전에 기무사를 해체한다. 문재인은 다 계획이 있었다. 해체된 기무사는 4200여 명이던 인력이 2900명으로 대폭 축소되고 명칭이 군사안보지원사령부로 변경되는 등 전면적으로 개편된다. 개편의 핵심은 군부대 내부의 대공 수사업무를 담당하는 방첩처의 축소와 기능약화였다. 계엄대비 문건을 방첩처가 주관하여 작성했다는 이유로 방첩처를 죄악시하고 방첩요원들은 대부분 일반부서로 보냈다.(월간조선, 2019년 10월호) 군 내부에 침투한 간첩을 잡는 기무사는 이렇게 초토화 된다.

기무사 해체 두 달 후인 2018년 11월 6일 발표된 '계엄령문건관련 의혹사건' 수사결과 발표에 문재인 정권과 좌익 언론이 떠들어 대던 내란예비음모의 혐의는 없었다. 기무사 장교 3명을 허위공문서작성 혐의로 불구속 기소한 것이 전부다. 민간인사찰 관련 내용은 '기무사가 유가족의 중고거래 내역까지 들여다 봤다'는 식으로 유가족의 물품 구입을 도와준 사실을 '유가족의 거래내역을 들여다 봤다, 그러니 민간인 사찰이다'라는 식의 논리였다. 삶은 소대가리도 웃을 논리다.

기무사는 과천에 소재하고 있어 단원고가 소재했던 안산에서 가까웠을 뿐 아니라 기무사령관 이재수는 부인이 단원고 인근 학교의 교사로 재직 중이어서 세월호 유가족의 사정을 소상히 알고 있었다. 그래서 기무사가 유가족 지원에 적극 나섰던 것이다. 문재인 세력은 이재수의 이런 선의를 악용하여 민간인 사찰로 몰아부쳤고 고의로 3성 장군의 수갑찬 모습을 반복 방송하는 문재인 정권의 만행에 분노를 이기지 못한 이재수는 군인으로서의 명예를 더 이상 더럽히지 않는 마지막 방법으로 투신을 선택한다. 김정은이 쳐내려 오면 가장 먼저 나설 참군인 이재수를 문재인은 이렇게 미리 제거하는데 성공한다. 통탄할 일이다.

2021년 1월 19일, '세월호특별수사단'은 1년 2개월의 활동을 끝내며 기무사와 이재수의 세월호 유가족 사찰혐의에 대해 그런 정황은 확인되지 않았다는 설명과 함께 무혐의 처분을 내렸다. 그러나 참군인 이재수는 돌아오지 않았고 문재인은 기무사의 간첩 잡는 역할을 회복하지도 않았다. 문재인의 5년간 안보사가 기무사 시절을 포함해서 국보법 위반혐의, 혹은 간첩혐의로 적발한 사건은 '0'이다. 김영삼 정부 90명, 김대중 정부 22명, 노무현 정부 9명, 이명박 정부 33명, 박근혜 정부는 14명이다.(중앙일보, 2021.3.15) 그러나 문재인 정권은 단 한 명도 없다. 문재인 시대에 남파간첩은 모두 북한으로 돌아가고 자생간첩은 모두 전향한 것일까. 그럴 리가 있겠는가. 문재인이 간첩을 잡지 않기 때문이다. 문재인의 5년은 간첩천국의 시간이었다.

국정원을 궤멸시키다

문재인 정권의 심장부를 차지한 종북 주사파 권력자들은 모두 중앙정보부 안기부에서 이름이 바뀐 국정원의 베테랑 수사관들로부터 범죄가 적발되어 처벌을 받은 전과자들이다. 권력을 잡은 이들은 국정원을 궤멸시킨다. 자신들의 동지인 간첩을 잡지 못하도록 만들기 위해서다. 자신들을 전과자로 만든데 대한 보복은 보너스였을 것이다. 그들은 무자비했다. 이명박 박근혜 정권에서 국정원장을 지낸 원세훈, 남재준, 이병기, 이병호 4명의 원장과 100여 명에 이르는 고위 간부들을 기소하거나 구속시켰다. 간첩잡는 직무에 충실했던 사람들에 대한 대청소였다.

특히 원세훈에게는 집요했다. 노무현이 자살한 2009년 5월 당시와 문재인이 박근혜에게 패배한 18대 대선 당시 국정원장이었던 원세훈에게 권양숙 사찰과 댓글사건 혐의를 씌워 검찰과 법원에 끝없이 불러댔다. 길고 길었던 수사와 재판 끝에 2020년 무려 8개의 재판을 병합한 판결에서 징역 7년형이 내려지고 2021년 9월의 파기환송심에서 다시 2년 형이 추가된다. 권양숙과 박원순에 대한 직권남용 혐의는 2심에서 무죄가 선고되었으나 김명수의 대법원이 유죄 취지로 서울고법으로 되돌려 보낸 결과였다. 2013년에 재판이 시작된 이후 8년만에 총 9년형이 확정된 것이다.

그는 댓글혐의로 확정된 징역 4년에다 다른 알선수재 혐의로 1년2개월을 더해 도합 14년2개월 형을 받는다. 원세훈에 대한 재판에 무려 8년이 걸린 것은 그의 범죄혐의가 불분명하고 증거도 턱없이 부족했기 때문이다. 그래서 정치재판이라거나 공산당 혁명 후의 숙청이라 규정하는 사람

도 있었다. 간첩과 종북세력 단죄에 엄했던 원세훈에 대한 잔인한 보복으로
보였다. 4명의 국정원장 모두에게 적용한 죄목인 '국정원 특활비 상납'은
김대중 노무현 정권에서도 흔히 있었던 일이었다는 언론과 보수당의 지적
이 있었으나 보복을 작정한 종북 주사파 권력자들은 이런 사실에는 귀를
닫았다. 문재인 세력은 자신들의 특활비 사용에는 오리발을 내밀면서 이
들에게는 범죄로 간주하여 남재준 이병기 이병호 세 사람에게 1년6개월
에서 3년6개월의 형을 확정했다. 공산당의 숙청과 달라 보이지 않았다.

국가를 장악한 종북주사파 세력은 자신들은 물론 지금도 간첩으로
활약하고 있는 동지들의 반국가적 반역 행위로 가득한 과거와 현재의 행
적에 관한 정보기록을 모두 가지고 있는 국정원을 손아귀에 넣기 위해 먼
저 기존의 국정원 고위직을 대대적으로 쓸어낸다. 그리고 그 자리에는 자
신들과 코드가 맞는 좌편향 인사들과 호남인으로 대거 채운다. 이 결과
간첩 잡는 국정원 본래의 역할은 정지되고 수천 명의 직원을 가진 이 거
대 정부조직은 하는 일이 없어 늘 한가했다. 문재인 정권 내내 그랬고 박
지원이 원장이 된 후에는 더욱 그랬다. 그들은 여기에서 그치지 않았다.
정권 1년 반을 남긴 그들은 '간첩 못잡게 하기'에 법으로 대못을 박는다.

간첩잡기를 금지한 국정원법 개정

2020년 12월 13일은 문재인 세력이 국정원법을 개정하여 향후 남한
에서 암약하는 간첩을 수사 조사 체포하는 일을 법률로 원천봉쇄한 날이
다. 국정원의 대공수사권을 3년 유예한 후 경찰에 이관한다고 조건을 달
았다. 그러나 문 정권에서 새로이 수사에 착수한 사건은 단 한 건도 없으

니 3년 유예라는 조건은 의미가 없다. 이 3년간 계속 간첩을 잡지 않고 버티면 되는 것이고 3년이 지나면 국정원의 간첩사건 수사권 자체가 삭제되므로 이 땅의 모든 간첩들은 이제 안전하게 된 것이다.

개정된 법률에는 국정원의 대공수사권을 경찰로 이관하는 내용 외에 개정 전 수사대상이었던 내란외환죄를 정보관련 업무로 한정한 후 수사권은 삭제하고, 국정원의 직무범위에서 국내 보안정보, 대공 대정부 전복 등을 삭제한 것이 주요 내용이다. 다시 말해 그동안 국정원이 수행해 왔던 간첩잡는 역할을 남파간첩, 국내 고정간첩을 불문하고 모두 금지한 것이다. 이로써 간첩이 대한민국을 공격하고, 전복을 시도하고, 북한 및 제3국의 이익을 도모하는 이적 행위와 반국가 행위를 안전하게 수행할 수 있는 나라가 되었다. 간첩과 종북 주사파 그들의 천국은 이렇게 만들어졌다.

국정원법을 이렇게 고친 것은 물론 청와대의 문재인과 주사파, 민주당의 주사파가 배후에서 지휘했을 것이다. 그러나 행동대장으로 나선 것은 김경협과 박지원이다. 김경협은 행안부 장관에 지명된 전해철을 대신해 국회정보위를 이끌었다. 동 법안이 11월 30일 민주당과 범좌익 정당만으로 정보위를 통과하고 이어 12월 13일 본회의를 통과하는 과정을 김경협이 주도한다. 문재인의 시대에 민주당과 국회의 요직에 있었던 사람 대부분이 그렇듯 김경협 역시 1985년 이적단체인 '삼민투 사건'으로 2년 이상 감옥살이를 했던 국보법 위반 전과범이다. 이런 사람이 국가 핵심 정보에까지 접근할 수 있는 국회 정보위원장이 되었다. 이러고도 대한민국이 북한의 위협으로부터 안전을 도모한다는 말은 어불성설일 것이다. 김경협은 개혁이라는 미명으로 국정원의 간첩잡는 기능을 없애려 했고 이미 국정원을 장악하고 있던 박지원과 손발을 맞춰 그것을 실행에 옮겼다.

이 법이 통과되자 박지원은 기다리고 있었다는 듯 "경찰청장을 만나 오늘부터 모든 대공수사를 경찰과 함께 할 것이며 대공수사 기법을 전수하며 경찰은 사수가 되고 국정원은 조수가 될 것"이라고 말했다. 그가 이끄는 국정원에서 간첩잡기에 이미 손을 놓고 있다는 사실을 제대로 알지 못하는 국민을 우롱하는 짓이었다. 아, 이래서 문재인이 그를 국정원장에 임명했고 그는 임명이 발표되자 즉시 충성을 맹세했구나 싶었다. 한 때 매일 아침 자신을 비난하는 메시지를 내놓았던 박지원을 그 자리에 앉힌 문재인은 박지원의 종북 정체성이 필요했고 그래서 둘은 간첩천국을 만드는 일에 의기투합했을 것이다. 대한민국은 그들의 손 안에 있었고 그들은 대한민국을 마음대로 주무르고 있었다. 그때는 그랬다.

국정원의 대공수사 기능을 경찰에 넘긴 개정안과 경찰과 함께 대공수사를 하겠다는 박지원의 말이 대국민 기만이라는 것은 쉽게 알 수 있다. 경찰에는 국정원과 같은 대공수사 베테랑이 거의 없다. 있다고 해도 국정원수사관에 비교하면 업무 숙련도가 턱없이 떨어진다. 조직으로부터 철저한 사전 교육을 받고 은밀하게 암약하는 간첩을 잡아내기 위해서는 오랜 경험이 필수적이다. 적어도 10년 이상의 경력을 쌓아야 전문가로 인정받는 이유다. 경찰은 국내 타 수사기관과 국외 수사기구와 외국 정보 수사기관과의 유기적 수사 경험도 적다. 일반 민형사 사건에 비교해 국가간의 정보 및 첩보사건에는 더욱 그렇다. 또한 경찰의 대공수사에서 컨트롤 타워 역할을 하던 검찰까지 검수완박법으로 손을 놓게되면 간첩을 잡고도 영장청구조차 쉽지 않을 것이다. 간첩잡기는 이제 구조적으로 어렵게 되

없었다는 뜻이다. 게다가 경찰 보안수사대의 인력은 물론 전국 지방경찰청의 보안경찰까지 증원은 커녕 10~26%까지 감축한 것을 보면 경찰의 대공업무를 강화하겠다는 정부의 말도 처음부터 공수표였다. 이후에도 경찰의 대공 수사관을 늘린다는 소식 대신 우수 경찰에게 수여하는 청룡봉사상에서 대공업무를 담당하는 경찰은 제외되었다는 뉴스만 있었다.

국정원법 개정안이 국회 본회의를 통과하자 민주당은 "이제 국정원의 대공수사권을 폐지함으로써 국정원의 인권침해 가능성은 원천 차단할 수 있게 되었다"는 논평을 냈다. 민주당이 말하는 인권은 우리 대한민국 국민의 인권이 아니다. 간첩과 반국가행위자들의 인권이다. 이제 북한 추종자들과 반국가행위자들의 인권은 보장되고 그래서 절대 다수인 우리 국민은 위험하게 되었다. 대한민국을 전복하려는 세력은 안전하게 되었고 북한이 남한을 흡수하는 통일에는 한 발 더 다가서게 되었다. 2020년 12월 그때 국민인 우리가 제대로 인식하지 못하는 사이에 벌어진 일이다.

유동열 자유민주연구원장은 문재인 정권이 개혁이라는 이름으로 대공수사기관들을 무력화시키는 것을 북한의 '반혁명역량 약화 공작'이라고 했다. 반혁명 역량이란 북한이 남한을 공산국가로 만드는데 방해가 되는 존재를 가리키는 것으로 주한미군, 국군, 안보수사기관, 국가보안법 등을 가리킨다. 이런 존재들을 제거하고 무력화하는 것은 북한정권의 오랜 숙원이며 대남혁명노선의 핵심 내용이다. 그래서 북한은 남한의 종북세력을 향해 국정원 기무사 등의 대공수사기관을 '파쇼폭압기관'으로 매도하며 이의 해체를 위해 투쟁하라는 지령을 내렸다. 이들 대공 수사기관을 없애면 남한 혁명을 방해받지 않고 전개할 수 있기 때문이다.(월간조선, 2019년 10월호) 이것은 종북좌파 단체들이 국보법 폐지와 함께 공안기관의 해체를 끊임없이 주장하는 이유다. 문재인 세력은 이것을 '해체' 대신 '개혁'이라는 이름으로 위장했다. '국정원 개혁' '경찰 개혁' 등은 우리가 한 때 늘 들어서 익숙한 말이다. 그들은 개혁이라는 말로 국민을 기만하며 공안기관의 대공업무를 삭제하고 방첩기능을 박탈했다. 사실상 대공기관의 해체와 다름없는 것이다. 우리가 또 속은 것이다. 속은 것이 문제가 아니다. 이제 대한민국은 간첩천국이 되었고 대한민국과 우리 자식들의 미래는 위험해진 것이 문제다.

대한민국이 뻘겋게 되었다

"요즘 세상에 간첩이 어디 있습니까" 2012년 강호동의 예능 프로 '무릎팍도사'에 출연하여 깜짝스타가 된 깜짝천재 안철수는 이렇게 말했다. 제법 행세하는 사회 지도급 인사조차 간첩이 어디 있느냐고 말하는 세상이 되고, 더욱이 좌익정권 10년을 거치면서 간첩과 종북세력이 판을 치게 된 상황을 입에라도 올리면 '아직도 빨갱이 타령이냐'는 면박이 돌아왔다. 이런 분위기 속에서 우리는 이땅에 간첩이 있다는 사실을 거의 잊었다. 종북적 통치를 펼친 문재인의 시대에는 더욱 그랬다. 문재인의 퇴임을 약 9개월 앞둔 2021년 8월에 공개된 '자주통일충북동지회'사건, 그들의 근거지였던 충북 청주의 이름을 딴 청주간첩단사건이 공개된 것은 그래서 놀라운 것이었다. 종북주의자로서 문재인과 어깨를 나란히 하는 박지원이 국정원장으로 있었기 때문에 더욱 놀라웠다.

청주간첩단은 이렇게 말했다

국정원과 경찰이 이 간첩단을 주목한 것은 김대중 정권 때였다. 1998년과 2001년 두 차례 이들의 이적활동을 내사했으나 정권의 비호 아래 곧 혐의없음으로 종결된다. 그래서 그들은 간첩활동을 계속할 수 있었다. 국정원은 박근혜 정부 때인 2015년 이들의 간첩혐의를 포착하고 수사를 진행하여 중요한 증거를 확보한다. 2019년 8월 북한이 이 간첩단에게 하달한 '2020년 4·15총선에 대한 전술지침'에는 "보수세력을 제압하고 진보세력이 압도적으로 승리하도록 하라"는 지령을, 2020년 11월에는 "2022년 대선 관련 통일체를 조직하라"는 지령을 내리는 등 선거 개입 정치공작을 적극 수행했다. 당국이 압수한 USB에는 2017~21까지 4년 간 84건의 지령문과 보고문 등의 교신기록이 나왔다. (주간조선, 2021.8.21)

청주간첩단의 활동 중에서 눈에 띄는 것은 F-35A기로 불리는 스텔스 전투기 도입 반대투쟁을 벌인 일이다. 스텔스기는 레이더망에 잡히지 않고 청주에서 평양까지 15분만에 이를 수 있고 핵미사일 기지 등 주요시설을 정밀타격 할 수 있는 최첨단 무기로 북한이 가장 두려워하는 전투기종이다. 북한이 청주간첩단에 이런 지령을 내린 것은 청주에 스텔스기를 운용하는 공군 비행단이 있기 때문이다. 이들의 간첩활동이 작용한 것인지 문재인 정권은 2021년 스텔스기 도입 예산 920억 원을 삭감했다. 북한의 지령대로 된 것이다. 이 간첩단의 리더 손 모씨와 그 외 3인은 충북지역에서 오랫동안 민노 총에 소속되어 활동했고 2017년 대선 때는 손씨를 포함한 4인 전원이 문재인 후보의 특보로 위촉되어 문재인 당선을 위해 뛰었다. 이들은 2020년 10월 당시 국회 외통위원장으로 있던 송영길과 직접 면담했고 민주당 관계자들과도 수시로 접촉했다. 문재인 정권과 민주당과 민노총과 청주간첩단이 긴밀하게 연계되어 있었다는 사실이 확인되는 대목이다.

공안당국의 조사내용을 보면 청주간첩단은 그들의 조직 강령과 규약에 조선로동당의 비밀 지하조직임을 분명히 하고 있다. 2017년 8월 '자주통일충북동지회'란 공식명칭으로 조직을 결성할 때는 충성맹세문을 혈서로 작성하고 사진을 찍어 북한에 보고하였고, 김정은의 위대함과 북한체제에 대한 미화와 찬양활동을 지속적으로 전개한 것으로 드러났다. 이렇게 간첩단으로서의 정체가 분명한 청주간첩단은 그들의 활동내용으로 문재인 정권과 긴밀하게 연결되어 사실상 한 몸이라는 것을 알 수 있다. 보수세력 제압, 총선과 대선에서 진보세력의 압도적 승리, 국보법 철폐, 국정원 해체, 사법적폐 청산, 검찰개혁, 스텔스기 도입 반대 등 동 간첩단이 지향한 목표와 그들이 실제 행동에 옮긴 내용이 문재인 정권의 국정운영과 통치행위의 내용들과 놀랍도록 일치한다. 동시에 이런 내용 모두는 북한정권이 청주간첩단에 내린 지령의 내용과도 일치한다. 북한과 간첩단과 문재인 정권이 목표를 공유했다는 말이며 문재인 정권이 북한의 지령대로 움직였다는 뜻이다. 북한의 지령을 받는 청주간첩단의 주요 인물 4인이 모두 대통령 후보 문재인 캠프에서 활동했고, 그들이 북한의 지령을 받으며 문재인 정권이 추구하는 것과 같은 내용의 활동을 전개했다는 사실에서 문재인의 정체와 그의 정권의 정체성을 충분히 가늠할 수 있다. 이 간첩단이 공개되고 정권이 보인 대응은 더 확실한 증거다.

청주간첩단이 공개되자 문재인 세력이 보인 반응은 간첩단과의 연관성을 부인하는 회피성 태도에 그치지 않고 오히려 공격적으로 나왔다. 2021년 8월 6일 보수정당과 청와대 출입기자단은 이 간첩단 관련자들이 문재인 대선 캠프에서 활동했다는 명백한 사실에 대한 입장표명을 요구하자 청와대는 불쾌감을 드러내며 "언급할 가치가 없는 주장"이라며 일거에 답변을 거부했다. 이것은 기자단을 향해 청주간첩단사건을 거론조차 하지 말라는 무언의 압박 같은 답변이었다.(서울경제신문, 2021.8.14) 청와대는 이와 함께 간첩사건을 공개한 국정원에 대해서도 불만을 표시했다.

김명수 사법부의 대응은 더 노골적이었다. 이 간첩단이 언론에 알려진 것은 2021년 8월초였으나 국정원과 검찰은 이미 5월 이전부터 수사를 진행하였고 압수수색 영장과 체포영장, 구속영장이 다섯 차례 이상 청구되었으나 법원에 의해 모두 통째로 기각된다. 마치 '간첩을 왜 잡느냐'는 식이었다. 결국 8월초가 되어서야 간첩혐의자 4명 중 3명에 대해 영장이 발부된다. 최초의 영장 청구에서 발부까지 3개월의 시간이 지나며 수사보안은 모두 누설되었고 피의자들이 증거를 인멸할 수 있는 시간만 벌어주게된다. 4명 중 3명의 영장은 늦게라도 발부되었으나 충북동지회의 위원장으로서 이 간첩단의 주모자인 손모씨의 영장이 기각된 것은 더욱 어이없는 일이었다. 구속을 면한 손씨는 언론에 영장 내용을 직접 공개하는 방법으로 북한을 향해 영장에 적시된 혐의를 입증할 수 있는 증거를 인멸하라는 메시지를 보냈고 자신들과 접촉한 북한 공작원의 실명까지 적시하며 도피하라는 신호를 보내는 대담함을 보였다. 이를 통해 20여 년에 걸친 방첩당국의 내사와 수사의 내용은 북한에 낱낱이 보고된다. 문재인 정권과 김명수의 사법부와 간첩단과 북한정권은 4위1체였다.

간첩단 본래의 명칭인 자주통일충북동지회 혹은 충북동지회 사건으로도 불린 청주간첩단 사건을 문재인 정권은 왜 공개했을까. 이것을 문정권 처음이자 마지막 간첩단 사건으로 공개한 이유는 무엇일까. 이것이 공개되자 언론은 모든 간첩사건을 꽁꽁 감추던 정권이 이것은 왜 공개했나 하는데 시선이 모아졌다. 언론의 진단을 종합하면 3가지 이유로 요약된다. 첫째, 20년간 쌓인 간첩활동의 증거가 너무 많아 간첩들의 신병 확보를 더 미루게 되면 문재인과 박지원이 퇴임 후 직무유기와 직권남용의 책임을 피할 수 없기 때문이며 둘째, 국정원에는 아직도 간첩수사를 자신들의 핵심 역할과 존재가치로 생각하는 요원들이 많아 차기 대선을 앞두고 이들이 정권의 간첩단 은폐를 폭로할 경우 그 충격파가 엄청날 것이며 셋째, 박지원이 국정원장으로 있을 때 이 사건을 축소하여 털고 가자는 것이다. 문재인과 박지원이 이땅에서 암약하는 간첩과 간첩단과, 그들에게 지령을 내리며 조종하는 북한을 향해 경고의 메시지를 보낸 것은 결코 아니다. 간첩들의 활동으로부터 대한민국을 지키겠다는 의지를 천명하기 위해 이 사건을 공개한 것은 더욱 아니다.

2021년 8월 25일 청주간첩단 조직인 '자주통일충북동지회'는 보도자료를 낸다. 적발되면 더 깊숙이 숨어 조직의 실체를 감추는 기존의 간첩

조직과는 달리 그들은 당당했다. 북한과 문재인 정권이 뒷배로 있어 걱정하지 않고 두려워하지 않는다는 뜻이었다. 그들은 "국정원과 경찰청의 충북간첩단 사건 조작은 실패했다. 이 사건을 조작한 국정원은 20년 간의 불법사찰 내역을 공개하라"고 요구했다. 이어 국정원과 경찰청 관계자 등 34명을 직권남용과 특수절도 등의 혐의를 들어 고소했다. 그리고 구속된 총책 박모는 불구속상태이던 손모가 면회오자 "국정원장(박지원)도 날라 갈 것"이라 말하며 여론전과 함께 구명운동을 할 것을 지시했다.(중앙일보, 2021.8.25) 다른 언론은 총책 박모가 "국정원 긴장했어. 숨도 못쉬고 있어. 국정원장도 날라갈 것 같다"고 말했다고 보도했다. 이들은 이후 재판지연 전략을 펼치며 수사와 재판을 방해했고 결국 아무것도 진척되지 않고 시간만 끌다 구속기한 만료로 모두 풀려난다. 간첩단의 승리였다.

2021년 8월 청주간첩단 적발 소식이 보도되자 국민 여론은 대체로 무덤덤 했다. 역병에 지친 탓이기도 했지만 간첩들과 같은 말을 하고 간첩들과 같은 행동을 하는 문재인 정권과 종북 시민단체들에게 이미 익숙해진 것이 더 큰 이유였을 것이다. 문재인의 5년은 그런 시대였다. 대한민국은 그렇게 해서 간첩들의 나라가 되고 간첩들의 천국이 되었다.

봇물 터지듯 나온 간첩단

문재인의 시대가 간첩들의 천국이었다는 사실은 정부가 바뀌자 봇물처럼 터져나온 간첩단 사건으로 바로 증명된다. 2023년 새해 벽두부터 창원간첩단, 제주간첩단, 전북지하조직망, 민노총간첩단이 적발되었다는 소식이 연이어 나왔다. 마치 봇물이 터진 듯 했다. 신임 대통령이 "나라에 간첩이 이렇게나 많나"라며 놀라워 했을 정도였다. 창원간첩단은 경남 창원과 진주를 거점으로 활동했다. 방위산업체가 집중해 있는 창원에 포진한 그들은 방위산업 관련 대기업의 임원 포섭을 시도하기도 했다. 제주간첩단의 공식 명칭은 'ㅎㄱㅎ(한길회 추정)'으로 총책은 여성 강모씨. 이 간첩단이 적발된 후 '민노총 제주본부'에서 간첩단 보도가 왜곡이라며 법적 대응을 예고한 점으로 보아 민노총 내부 간첩단의 일부로 추정된다. 그들은 2017년 캄보디아 등 동남아에서 북한 공작원과 접촉하며 자금을 받고 지령을 접수하며 활동했다. 전북지하조직망은 전북 전주를 거점으로 민노총, 전농, 여러 국내 대학과 CJ 롯데 우체국 등의 대기업 택배노조에까지 침투하여 지하조직망을 구축했다.

2023년 1월 공안당국은 민노총간첩단이 하부지하조직을 만드는 등 방대한 조직망을 구성했다는 소식을 발표했다. 당국은 "그 규모를 가늠하기 어려운 정도"라고 말했다. 북한 전문가 중에는 민노총 집행부 전체를 간첩단으로 규정하는 사람도 있다. 당국의 발표는 이런 주장을 뒷받침하고 있었다. 특히 총책 석모가 20년 이상 민노총 요직을 거치며 조직국장까지 지냈다는 점은 '민노총집행부=간첩단' 주장에 설득력을 더했다. 양경수 위원장을 포함하여 민노총의 핵심 지도부가 대부분 이석기의 경기동부연합 동지들이라는 점에서 더욱 그렇다. 석모는 청와대를 비롯한 국가 핵심시설에 근무하는 민노총 노조원 출신들을 통해 청와대 송전망, 평택 해군 2함대사령부, 오산공군기지, 평택화력발전소와 LNG 저장탱크 배치도 등의 기밀을 수집하여 유사시에 국가 기간망의 마비를 도모했다는 것이 당국의 설명이다. 내란을 기도하고 선동하고 실제로 준비한 이석기의 구체적 범죄혐의와 판박이다.

2023년 1월에는 창원 제주간첩단과 함께 윤미향 의원 보좌관의 국가보안법 위반혐의가 드러났다. 윤미향의 남편 김삼석과 시누이 김은주는 1994년 적발된 남매간첩단사건의 바로 그 남매다. 사실상 이해찬이 국회에 심은 윤미향은 가족에 이어 보좌관까지 간첩행위로 처벌 받았거나 수사를 받고 있다는 사실과 우리를 '남조선 역적 괴뢰'라고 지칭한 조총련 행사에 참석했다는 점에서 윤미향 자체를 이석기와 같은 '국회에 심어진 간첩'으로 의심하는 국민도 적지 않다. 이어 7월에는 민주당 설훈 의원 보좌관의 국보법 위반혐의가 드러났다. 국회 국방위 소속인 설훈의 보좌관인 그는 국방위의 자료를 북한에 넘긴 혐의를 받았다. 그가 수집한 700여 건의 군사기밀 중 일부가 유출되었는데 대북 억제력의 핵심인 3축체계 관련내용, 우리 군의 각종 무기체계의 보유수량, 김정은 참수작전 관련 내용 등 전쟁이 발발할 경우 우리군에 치명적으로 작용할 수 있는 정보가 들어 있었다. 이 정도면 대한민국이 뻘겋게 되기 전에 국회가 미리 뻘겋게 된 것이 분명하다.

자유민주연구원 유동열 원장은 2023년 6월 북한 간첩공작 관련 세미나에서 창원간첩단이 2021~22년 북한에 보고한 보고문과 지령을 수령한 지령문을 분석한 결과 이 간첩단이 구축한 지역조직과 단체가 민노총 민노당 등 대규모 조직에 침투한 것을 제외하고도 총 68개이며 이 중 절반이 이미 구축되었다고 했다. 그는 전국 각 지역에 구축된 간첩조직의 분포를 나타내는 그 자신이 작성한 간첩 포치布置지도를 제시하며 "창원간첩단 조직만으로도 대한민국이 뻘겋게 표시된다"고 말했다. 그는 "자통(자유통일민중전위 즉 창원간첩단)은 전국 22개 대학에 하부망이 구축되어 있거나 앞으로 구축하겠다고 북한에 보고했다. 자통은 '전국민중행동' 과 '6·15청년학생본부'등을 하부망으로 가지고 있는데, 심지어 '대우조선 돌봄노조'에도 진출해 돌봄교사들을 포섭하고 어린아이들을 관리하는 지경이다'라고 덧붙였다. 같은 세미나에서 윤봉한 전 국정원 수사처장은 "북한과 연계된 조직들이 전국적으로 활동하고 있다. 이들 조직은 지역 진보정당과 진보단체를 활용하며 하층과 중층의 통일전선을 구축하려는 시도를 했다. 이번에 적발된 간첩조직은 빙산의 일각에 불과하다. 민노총, 진보당, 전농 등의 진보단체를 통해 정치 사회 종교 학원 등 다양한 계층에 조직적으로 침투하여 활동하고 있다."고 말했다.(문화일보, 2023.6.8) 유동열과 윤봉한의 말을 흘려 듣는다면 우리는 결국 북한 체제에 편입될 지도 모른다. 김정은의 인민으로 살게 된다는 뜻이다.

2019년 문재인 정권은 헌법상 우리 국민인 탈북 청년 2명을 조사나 수사도 없이 강제로 북송했고 2020년에는 우리 공무원 이대준 씨가 서해에서 비무장 상태에서 사살되었는데도 아무런 조치도 취하지 않았다. 이때부터 '대통령 문재인이 간첩이 아니냐'며 의심을 제기하는 국민이 많아졌다. 그의 정권에서 새로 시작한 간첩 수사는 단 한 건도 없었고 이미 드러난 것도 덮고 감추려 했다. 국정원의 간첩수사 기능을 없애고 기무사를 해체했으며 검찰과 경찰의 공안부를 무력화시켰다. 그렇게 해서 간첩들이 안전하게 활동할 수 있도록 만들어 주었다. 문재인은 그것으로도 부족했던지 '빨갱이라는 말은 청산해야 할 친일잔재'라며 종북세력과 간첩의 존재 자체를 모두 부정하려는 시도를 했다. 북한 공작원 출신의 김동식은 공작원보다 한 단계 위인 '선생'급 고정간첩망 20여 개 조직이 있으며 여기에 60~100명 정도가 활동 중일 것이라고 했다."고 증언했다. 문재인도 여기에 포함되는 것은 아닐까. 이 의심을 심각하게 고민하지 않는다면 우리는 문재인에게 또 당할지도 모른다.

문재인의 주적은
국군이었다

"TOMORROW IT WILL BE YOU"

CIA 국장 출신으로 미국 국무장관을 지낸 폼페이오^{Mike pompeo}는 한국언론과의 인터뷰에서 "다음은 한국 차례"라고 말했다. 그는 지금 이 상태로 간다면 우크라 전쟁 다음의 전쟁은 한국이라고 말했다. 그가 헛소리를 하는가. 문재인은 자신의 시대를 평화라고 말했는데 그의 평화에 속은 우리가 너무 태평한가. 김정은은 2018년 북한을 방문한 폼페이오에게 "전쟁은 준비됐다"고 말했다. 우리는 선택해야 한다. 문재인의 평화를 믿을 것인가, 김정은과 폼페이오의 전쟁을 믿을 것인가.

CHAPTER ● 1

자신이 통치하는 나라가 주적이었나

박근혜 정부 시절이던 2015년 새해 벽두, 국내 여러 언론은 김정은이 남한을 침공하는 전쟁을 일으키고 7일만에 점령을 완료하는 작전계획을 세웠다고 보도했다. 탈북한 북한군 고위인사가 밝힌 내용이다. '7일전쟁'이라는 이름이 붙여진 이 작전계획의 주요 내용은 북한이 기습 남침을 개시하거나 국지전이 전면전으로 확대될 경우 미군 증원군이 도착하기 전 7일 이내에 남한 전역을 점령한다는 계획이다. 국군과 미군의 반격으로 전황이 나쁜 경우라도 최장 15일 내에 전쟁을 끝낸다는 계획이었다.

문재인과 종북세력은 주한미군 철수와 유엔사령부 해체를 주장했다. 이에 북한의 도발과 김정은의 호전성에 대한 우려를 제기하면 "우리 스스로 막으면 되지 않느냐"고 반박했다. 그러나 문재인은 우리 스스로 북한의 침략을 막을 수 있는 힘을 무너뜨렸다. 그의 정권은 간첩을 잡지 않았고 그래서 자유롭게 활동할 수 있었던 간첩들은 국군의 기밀을 빼내 북한으로 보냈다. 간첩들이 이렇게 대한민국 파괴를 은밀하게 준비하고 있을 때 문재인은 그의 권력을 이용해 합법적이고 공개적으로 국군을 붕괴시켰다.

이것이 대한민국 국군통수권자 할 수 있는 일인가

문재인이 이끄는 종북좌파 세력은 세월호와 국정교과서와 사드배치를 소재로 박근혜 정부를 거세게 공격했고 내부의 공격이 버거웠던 박근혜는 북한의 새로운 남침 작전에 대응하지 못했다. 이어 정권을 잡은 문재인은 평화타령을 시작했고 타령에 취한 국민은 더 이상 전쟁을 걱정하지 않았다. 김정은의 7일전쟁 계획은 그렇게 잊혀졌다. 국민의 정신무장을 해제하는데 성공하여 국민의 눈이 두렵지 않고 여론의 눈치를 볼 필요가 없게 된 문재인은 국군의 기본을 하나씩 붕괴시켜 나갔다.

참군인 이재수를 잃었다 문재인의 짓이다

'공은 부하에게 책임은 나에게' 이런 신조를 가졌던 기무사령관 이재수는 문재인 정권에 의해 무참히 숙청되었다. 2018년 12월 7일, 검찰의 조사를 받고있던 이재수는 극단을 선택했다. 문재인의 사냥개 역할에 충실하던 검찰은 3성장군 이재수를 아직 구속여부가 결정되지도 않은 수사 단계에서부터 수갑을 채우고 포토라인에 세웠고 문재인의 개인용 스피커였던 KBS MBC 등의 방송은 이 장면을 열심히 송출했다. 새로운 스타일의 인민재판이었다. 다음해 법무장관이 된 조국이 자신의 권한으로 규정을 변경하여 부인을 포토라인에 세우지 않고 얼굴은 모자이크 처리를 하며 꼭꼭 숨긴 일과는 완전하게 대비되는 장면이다. 명예를 목숨처럼 여겼던 참군인 이재수에게는 견딜 수 없는 모욕이었다. 사후에 무혐의로 끝난 그에 대한 범죄혐의는 세월호 유가족 사찰과 쿠데타 음모 두 가지였고 구속영장 청구사유는 '직권남용과 권리행사방해'였다. 모두 엉터리다.

세월호 참사 뒷수습에 참여한 여러 군부대 중 가장 희생적이었던 곳은 이재수가 사령관으로 있던 기무사였다. 기무사 부하 중에 참사 가족이 둘이나 있었고, 이재수의 부인이 교사로서 세월호와 같은 코스로 학생들의 수학여행을 인솔한 개인적 동기도 있어 뒷수습에 열심이었던 것이다. 문재인 세력은 이런 선의를 거꾸로 엮어 민간인 사찰로 몰아갔다. 그렇게 해서 훈장을 줘야 할 이재수에게 수갑을 채운다.

쿠데타 음모도 어이없는 일이기는 마찬가지다. 박근혜 탄핵정국에서 국내정치의 급변으로 인한 사회적 혼란과 북한의 남침 조짐 등 안보위험을 고려하여 작성한 계엄대비문건이 2018년 7월 한 군인권단체에 의해 공개되자 문재인 세력은 이를 바로 쿠데타 음모로 몰아갔다. 이어 좌익진영 전체가 이에 호응하며 마녀사냥 몰이에 나섰고 좌편향 언론들은 이를 기정 사실인 듯 보도했다. 죄없는 박근혜를 잡은 것과 같은 수법이었다.

이재수가 사망 직전 가까운 지인에게 털어놓은 심경은 이렇다. 담당 검사는 그에게 "부하들이 다 실토했다. 있는대로 말하라"고 다그쳤고 이재수는 "실토할 것이 없다. 없는 것을 어떻게 말하느냐"며 맞섰다. 그는 지인에게 "영장심사를 받고 구치소까지 가는데 함께 간 부하는 희희낙락했다. 아, 검사가 원하는대로 답변을 해서 뭔가 약속을 받아냈구나 하는 생각이 들어 우울했다"고 털어놓았다.(조선일보, 2018.12.21) 참군인 이재수가 왜 극단적 선택을 했는지 이유를 짐작할 수 있는 대목이다.

문재인 정권은 왜 이재수에게 이런 엉터리 혐의를 씌우고 처벌하려 했을까. 그것은 4명의 국정원장과 100여 명의 국정원 핵심 간부를 제거한 이유와 같다. 군부 내에서 활동하는 간첩을 잡아내는 기무사의 기능을 정지시키는 것이다. 고대부터 현대에 이르기까지 전개된 수많은 전쟁에서 아군 내에 심은 적군의 스파이에 의해 승패가 결정된 사례는 무수하다. 문재인은 국군에 숨어든 간첩을 보호하기 위해 먼저 참군인 이재수를 제거했고 그것이 성공하자 기무사를 해체한다. 계엄대비 문건을 찾아냈다고 발표하고 두 달이 지난 2018년 9월의 일이다. 기무사 시기와 기무사 해체후 방첩요원의 대부분을 일반부대로 보내고 이름을 바꾼 안보사까지 문재인 정권 5년간 군대 내에서 적발된 간첩행위자의 숫자는 제로다. 이명박 정부에서 33명, 박근혜 정부에서 14명, 기무사가 적발해낸 간첩의 숫자다. 그렇다면 문재인의 시대에 간첩들은 모두 전향하거나 북으로 돌아간 것일까. 아니다. 참군인은 제거되고 간첩들은 활개를 친 문재인의 시대가 된 것이다. 문재인이 이 땅을 간첩천국으로 만든 것이다.

실패했으나 집요했던 김관진 제거 작전

문재인 정권이 이재수를 구속시키려 한 이유는 기무사의 간첩잡는 기능을 정지시키는 것 외에 또 하나의 목적이 있었다. 참군인 김관진을 잡아넣기 위해서다. 앞서 언급한 이재수의 검찰 조사에서 검사가 "부하들이 다 실토했다"고 했던 말의 내용은 김관진을 구속시키기 위해 필요한 범죄혐의였다. 문재인과 그의 수하들은 정권 초기부터 김관진을 잡으려고 했다. 대한민국을 북한으로부터 철통같이 지키는 김관진은 김정은과 북한 군부가 가장 경계하고 그래서 북한 병사들이 사격연습을 할 때면 과녁에 그의 얼굴 사진을 붙여놓을 정도로 증오하기 때문이다.

북한에 대한 그들의 뜨거운 충성심이 무색하게 김관진에 대한 구속영장은 번번이 기각되었고 그래서 3성장군 이재수의 입을 빌리려 했던 듯하다. 박근혜의 동생 박지만의 육사동기이자 기무사령관으로서 군부 내의 대공 정보를 가장 많이 가지고 있는 이재수의 말의 무게는 증거 없이도 김관진을 구속시키는데 충분하다고 본 것이다. 그러나 후배 참군인 이재수는 선배 참군인 김관진에 대해 허위자백을 강요하는 문재인 정권을 향해 죽음으로 대답했다. 이재수의 죽음으로 2명의 대통령, 대법원장, 4명의 국정원장, 200명 이상의 우익정부 고위인사를 구속했던 문재인 정권도 김관진을 제거하는 데는 결국 실패한다.

문재인 세력은 참군인 김관진 잡기에는 실패했으나 북한을 향해 그들의 충성심을 확인시키는 데는 부족함이 없었을 것이다. 더 큰 수확도 있다. 댓글사건으로 17번, 세월호사건으로 4번, 도합 21번에 걸친 김관진에 대한 재판을 통해 대한민국 모든 군인과 대한민국 모든 국민을 향해 대한민국을 지키려 하면 어떻게 되는지 샘플을 보여줬다는 점이다. 그들의 뜻대로 병사들은 물론 모든 국민의 호국의식과 국방개념은 희미해졌다. 대한민국이 북한에 흡수되지 않고 온전하게 남기 위해서는 이재수 죽음의 내막과 김관진 제거의 음모는 반드시 파헤쳐져야 한다.

시범 사례가 하나 더 있다. 이번에는 김관진 이재수와는 반대 케이스다. 문재인의 시대에 참군인이 모두 제거된 자리는 정치군인들로 채워지게 되는데 대표적인 사람은 4성장군으로 한미연합사 부사령관을 지낸 김병주다. 그는 자신의 부사령관 재임시에 한미일 합동으로 해상 군사훈련을 실시했음에도 전역 후 민주당의 국회의원이 되어서는 "한미일 군사동맹을 하면 일본 자위대가 한국에 들어올 수 있다"는 논리로 3국 군사훈련을 반대했다. 자신에게 직위를 주고 부귀영화만 보장한다면 국가수호나 국방 따위는 고려하지 않는 사람이었다. 이런 사람을 4성장군으로 진급시키고 한미연합사 부사령관이라는 국방의 요직에 임명하고, 또 자신의 정권에 불러들여 국회의원으로 만들고, 나라의 국방 체계를 허무는 통치를 수행한 문재인은 모든 군인과 모든 국민이 대한민국을 지켜야한다는 기본적인 의식을 무너뜨리려 한 것이 분명하다. 문재인의 호국의식 지우기는 참군인을 감옥이나 집으로 보내고 정치군인을 중용하는 일에서 그치지 않았다. 그는 자신의 손으로 국군의 토대와 기본을 하나씩 허물어갔다.

국민의 호국의식을 지우고 병사들의 사기를 꺾었다

매년 10월 1일 국군의 날이면 볼 수 있었던 병사들의 퍼레이드와 전투기의 축하 비행 등 과거에 볼 수 있었던 행사는 문재인의 시대에는 없었다. 그날이 아닌 다른 날에 약식으로 간단히 치러졌고 병사들을 위해서는 연예인 쇼의 판을 벌였다. 국민에게 국방의 중요성을 다시 한번 각인시키고 군인에게는 나라를 지키는 일이 젊은 시절에만 누릴 수 있는 명예라는 점을 일깨워주는 그런 일 따위는 이제 없어진 것이다. 국군의 날은 그냥 연예인의 춤과 노래를 즐기는 날이 되면서 국방에 대한 국민의 의식은 점점 희미해지고 병사들의 사기는 꺾이고 군기는 무너져 갔다.

2018년 7월 17일 헬기 추락사고가 났다. 포항 해병대에서 새로 만들어진 헬기 '수리온' 시험비행 도중에 일어난 이 사고로 5명의 군인이 사망하고 1명이 중상을 입었다. 다음날 청와대 대변인 김의겸은 "수리온의 성능과 기량은 세계 최고 수준"이라는 논평을 냈다. 적지 않은 결함을 지적했던 언론의 보도와는 달리 기체결함은 사고 원인이 아니라는 말이었다. 사고가 나고 며칠이 지나도록 국방부에서는 원인과 사후 대처에 대해 말이 없었고 그래서 유가족은 분노했다. 국방장관 송영무는 유족의 분노를 단순한 의전의 문제로 축소시켰고 청와대는 조문이 거의 끝날 무렵에야 비서관 둘을 분향소로 보냈다. 이런 형식적인 조문과 20일 영부인 김정숙이 청와대에서 직원들과 영화를 감상했다는 사실에 대해 유가족은 분노했다. 유가족인 박재우 병장 할아버지는 지각 조문객인 비서관들을 가로 막으며 "조문은 끝났습니다. 낚싯배가 뒤집혀도 대통령이 긴급성명을 내는데, 엘리트 해병 5명이 죽어도... 돌아가는게 맞습니다. 유가족들은 가슴이 타는데, 영화관람을 앉아서..."라며 말을 잇지 못했다. 2017년 제천, 2018년 밀양에서 화재사고가 났을 때 문재인은 직접 현장을 찾았고 2017년 12월 서해 낚싯배 전복사고에는 묵념을 올리며 눈물을 글썽였던 사람이다.

한 나라의 국방력은 무기체계의 우열과 함께 유사시 조국을 사수하겠다는 병사들의 애국심과 전투의지는 전쟁의 승패를 가르는 결정적 요소가 된다. 군인의 사기가 중요한 이유다. 미국 대통령이 해외에서 전사한 군인의 유해를 맞기 위해 새벽에도 직접 공항에 나가서 영접하는 이유다. 그러나 문재인은 달랐다. 공산당이 일으킨 폭동인 제주4·3사건과 남쪽 한 지방에서 일어난 폭동 기념일에는 꼭 참석하는 문재인은 대한민국을 지키다 목숨을 바친 군인을 기리는 자리에는 듬성듬성 갔다. 북한의 도발에 희생된 우리 젊은이들은 쉬쉬하거나 덮히며 잊혀졌고 미선이와 효순이의 이름만 남았다. 문재인과 그의 김일성주의자 동지들은 그렇게 했다.

문재인은 나라를 지킨 국민에 대해서는 철저히 홀대했다. 아직 26만 명이 생존하는 6·25 참전 상이용사들이 판잣집에 거주하며 겨우 연명하고 있는데도 관심조차 보이지 않았고 보훈처는 예산이 없다는 이유로 이들에게 전쟁 후유증 치료에 필요한 약값 지원을 거부(조선일보, 2021.6.13)한 것이 바로 문재인 정권이다. 천안함 사고가 북한에 의한 폭침이 아니라 우리 측의 자작극이라는 괴담을 증명하기 위해 위원회를 만들고 활동기간 연장을 거듭하며 거액의 세금을 배정하고, 김어준이 생산한 거짓말을 증명한다며 700억 이상을 들여 세월호를 파먹고 또 파먹었던 문재인 세력은 나라를 지키다 사고를 당한 천안한 병사는 외면했다. 천안함 생존자 전우회장은 정부가 그들에게는 아직 연금조차 지급하지 않고 있다며 "군인 여러분 국가를 위해 희생하지 마세요, 저희처럼 버림받습니다"라고 말했다. 그가 받은 모멸감과 그의 분노가 고스란히 느껴진다.

두 아들에게 "지금 아빠가 나서지 않으면 밤에 너희들 머리 위로 총알이 날아 다닐거야"라는 말을 남기고 아프간으로 갔던 한 미군은 총상으로 다리를 절단한 상이용사가 되었다. 정부보조금에 의지해 생활하는 그는 "다리를 잃을 가치가 있었나요"라는 질문에 이렇게 대답했다. "물론이죠. 내 나라는 목숨을 걸고 지킬 가치가 있습니다."(조선일보, 2021.6.1) 모두가 조금씩 희생할 때 모든 것을 바친 이들이 있다All gave some, some gave all. 그들이 바로 군인이다. 군인을 홀대한 문재인은 대한민국을 지킬 생각이 없었던 사람으로 단정해야 한다. 문재인이 우리 병사들의 사기를 꺾고 국민의 호국의식을 무너뜨린 일은 무수하다. 대한민국 제19대 대통령 문재인 그를 간첩으로 확신하는 이유다.

주적을 삭제하니 국군이 무너졌다

대통령이 된 문재인은 국군의 기본과 토대를 하나씩 차근차근 허물어 갔다. 북한이 주적이라는 조항을 삭제하자 병사들의 총구는 타깃을 잃었고 타깃을 모르는 병사들은 사격훈련을 하지 않았다. 다른 모든 공약은 지키지 않으면서도 병사들의 복무기간은 한치의 차질없이 단축시켰다. 전방의 초소를 철수하자 병사들은 경계에 소홀했다. 그러나 평화가 왔다는 문재인의 말과는 달리 여전히 남쪽 땅을 차지하겠다는 꿈을 포기하지 않은 북한은 수시로 경계선을 침범했고 우리의 철책선은 뚫리기 일쑤였다. 전방에 설치된 확성기를 철수하고 북한으로 보내는 전단지까지 금지하며 '앞선 전쟁'으로 불리는 심리전과 정보전을 무력화 시켰다. 육군 대신 공군으로 군수뇌부를 교체하여 전쟁 발발시 전쟁 전체를 지휘하는 시스템을 무너뜨렸다. 이제 7일 만에 남한을 모두 점령하겠다는 김정은의 계획도 실현이 어렵지 않을듯 했다. 문재인은 그렇게 김정은 맞이를 차근차근 준비하고 있는 듯 보였다.

방향을 잃은 병사의 총구

노무현 정권에서 육군사관학교 교장으로 재직하던 김충배 예비역 중장은 2003~4년 당시 재학중이던 생도를 상대로 우리의 주적을 묻는 설문을 조사한 결과 북한 33%, 미국 34%의 응답이 나와 큰 충격을 받았다고 했다.(월간조선, 2008년 12월호) 사상전, 이념전, 선전전에서 북한과 좌익이 승리했다는 의미다. 이념전의 중심에는 '주적' 개념이 있다. 그러나 대통령이 된 문재인은 국방백서에서 주적을 삭제했다. 국민과 군인의 머리 속에서도 북한이 주적이라는 사실을 지웠다.

2017년 4월 19일 열린 대선후보 토론회에서 문재인은 주적 개념에 대한 경쟁후보의 질문에 다음과 같이 답했다. "유승민: 북한이 우리 주적입니까? 문재인: 아... 그런 규정은 대통령으로서는 할 일이 아니라고 생각합니다. 유승민: 아니, 아직 대통령이 안 되셨으니까. 문재인: 대통령이 될 사람이죠." 문재인은 다 계획이 있었고 자신이 있었던 사람이다.

1995년부터 2000년까지 정부가 발행한 국방백서에는 북한을 주적으로 명시하고 있었다. 노무현 정부에서 '현존하는 북한의 군사적 위협'이라는 표현으로 타깃이 희미해 지더니 2010년의 천안함 폭침 이후 '북한정권과 북한군은 적'이라는 표현으로 다시 선명해진 후 2016년까지 유지된다. 문재인이 정권을 잡고 나온 2018년의 국방백서에는 적에 대한 개념이 '대한민국을 위협하고 침해하는 세력'이라고 되어있다. 국어사전에나 나올 법한 표현으로 서술하고 있을 뿐 북한을 '적'이나 '주적'으로 규정한 내용이 삭제된 것이다. 병사들의 총구가 가리켜야 하는 타깃을 없앤 효과는 바로 나타난다. 국군도 국민도 북한정권과 북한군에 대한 경계심이 사라지고 곧 김정은을 위인 혹은 계몽군주라고 부르는 정신나간 사람들이 나오게 된다. 정신무장이 완전히 해제된 것이다.

문재인의 집권기에도 김정은만 문재인의 손을 1년 남짓 잡아주었을 뿐 북한정권과 북한군 수뇌부의 우리에 대한 적대감은 변함이 없었다. 평화가 왔다고 문재인이 선전할 때도 북한은 우리 건물을 부수고 우리 국민을 사살했다. 북한은 변함없이 대한민국과 미국을 주적으로 여기고 있었으나 문재인은 북한이 우리의 적이 아니라고 했다. 결국 우리 군 수뇌부는 북한의 공격을 받고도 청와대 주사파의 눈치만 볼 뿐 제대로 된 대응을 하지 않았다. 지휘부가 이러니 북한군의 공격에 대응하는 병사들의 방어의지가 사라지는 것은 자연스러운 결과였다. 남북이 전쟁을 한다면 전투의지에서 우리 군이 열등할 것으로 보였다. 문재인이 주적을 삭제한 목적이고 계획일 것이다.

병력이 부족한 5000만 인구의 나라

노무현은 대통령으로 재임 중이던 2006년 12월 군 복무를 '인생 썩히는 일'이라고 했다. 동서고금에 젊은이들이 지키지 않고도 존속된 나라가 대체 어디 있는지, 군인이 목숨을 걸고 지켜도 사라진 나라가 얼마나 많은지, 젊은 군인이 나라 지키기를 회피하면 힘없는 아녀자와 늙은 부모가 어떤 치욕을 겪어야 하는지는 역사책을 몇 페이지만 펼쳐도 무수한 사례가 나온다. 그런데 대한민국 국군 통수권자 노무현은 군대에 가서 총을 들고 나라를 지키는 일을 인생 썩히는 일로 규정했다. 더구나 두 달전인 10월 9일 북한이 세계의 우려 속에 제1차 핵실험을 감행하여 국민 모두가 나라의 안위를 걱정하고 있을 때 대통령은 헌법에 명시된 국방의 의무를 인생 썩히는 일이라고 했다. 군 복무는 나와 내 가족과 내 나라를 지키는 일이고 그래서 '신성한 국방의 의무'라고 부른다는 사실을 노무현 그는 모르는 듯 했다. 그의 이런 생각은 바로 군복무 기간 단축으로 이어진다.

노무현이 군 복무 기간 단축을 시사한 다음해인 2007년 발표된 국방개혁안에는 사병의 복무기간을 2014년까지 당시의 24개월에서 18개월로 단축시키고 군 병력은 69만 명에서 2020년까지 50만명으로 감축한다고 했다. 곧 있을 대통령 선거에서 청년들의 표를 겨냥한 속보이는 포퓰리즘 공약이라는 것을 알았지만 보수 야당 역시 선거를 의식해서 적극적인 반대 의견을 낼 수가 없었다. 사악한 좌익과 비겁한 우익의 조합이었다.

2010년 천안함 폭침 후 24개월에서 3개월 단축된 21개월로 유지되던 사병의 복무기간 단축은 문재인에 의해 기어이 완성된다. 그는 후보시절 공약으로 18개월 안을 다시 들고나왔고 당선 후에는 이를 실천한다. 전력 약화를 우려하는 군사 전문가들의 의견을 무시하고 18개월 안은 2018년 9월 국무회의를 통과한다. 문재인의 대선 공약 중 지켜진 몇 안되는 것 중의 하나다. 북한이 핵과 미사일 전력을 완성하고 방사포 등 재래식 무기도 계속 증강하고 있는 현실이 그의 눈에는 보이지 않는 듯 했다.

"야전부대에서는 배치된 병력이 부족해 당장 임무를 수행하기도 빠듯하다... 전투함에 배치할 병력이 모자라 지상근무자를 최대한 줄이고 차출해 채우는 것이 현실이다... 대형 함정과 장비가 늘어난 해군과 공군의 사정은 더욱 어렵다."(중앙일보, 2021.2.12) 입대 가능한 남성 절반이 증발하여 병력 부족이 심각하다는 말이다. 문재인은 이미 2012년 17대 대선 공약으로 18개월 공약을 내 놓았으니 그 당시 10~20세 남성의 인구수는 곧 10년 후인 지금의 징집 가능 병력의 숫자라는 사실을 모를리 없었을 것이다. 그는 2017년 대선에서 다시 18개월 복무를 공약으로 내걸었고 그의 임기 동안 순차적으로 단축시키더니 임기 종료 5개월을 앞둔 2021년 12월 기어이 완성한다. 그는 대한민국을 강하고 부유하게 만드는 공약과 대한민국을 발전시키는 공약은 단 하나도 지키지 않았다. 그러나 대한민국을 약하게, 빈곤하게 만들고 퇴보시키는 공약은 꼭 지켜냈다. 병력 부족으로 인한 국군의 전력약화도 그 중 하나다.

문재인은 경계를 허물었고 북한은 마음대로 드나들었다

"작전에 실패한 장수는 용서할 수 있어도 경계에 실패한 장수는 용서할 수 없다" 군문 근처에라도 갔다온 국민이라면 모두 아는 금언이다. 경계의 중요성을 강조하는 말이다. 문재인은 국군의 경계警戒를 무너뜨렸고 그래서 그의 5년은 북한이 우리의 경계境界를 수시로 침범한 시간이다.

2018년 당시 비무장 지대 내에 설치된 초소는 북한 160개 우리 70개였다. 9·19 합의를 위한 협상에서 북한은 1대1 철수를 주장했고 청와대는 이에 동의하는 기류였다. 그러나 합참은 동수 철수는 우리에게 불리하다는 이유로 반대했고 결국 합의서에는 GP 10개를 우선 시범철수하고 이후 전면 철수하는 것으로 되었다. 실제는 11개가 철수되고 2019년 2월 북미회담이 결렬되면서 더 이상의 철수는 중지된다. 문재인 정권은 이렇게 DMZ 내 초소를 줄인데 이어 지뢰를 제거했으며, 해안 철책선을 철거하고, 경기북부 지역의 탱크저지선 혹은 장갑차방어벽이라 불리는 시멘트장애물을 제거하고, 전방의 예하부대를 이전하거나 해체한다. 문재인이 해체한 부대는 기계화사단 1(20사단), 기계화보병사단 2(26, 30사단), 보병사단 4(2, 23, 61, 65사단)로 무려 7개 사단이다. 명실상부한 자해 국방이다. 우리의 무장을 해제하고 방어 자산을 감소시키는 이러한 자해적 조치의 결과는 즉각적으로 나타난다. 우리 군의 경계가 무너진 것이다.

2019년 6월 15일 북한 주민 4명이 탄 목선이 23사단 관할의 삼척항에서 발견되었다. 이 목선은 부두에 접안할 때까지 우리 군에 포착되지 않았고 산책 중이던 주민에 의해 발견되었다. 승선한 4명 중 2명은 귀순하고 다른 2명은 판문점을 통해 북한으로 귀환했다. 그러나 이들은 말끔하게 다려진 옷을 입고 있었다는 점, 우리 주민의 휴대전화를 빌려 어딘가로 전화를 했다는 점, 2명은 북으로 돌아갔다는 점 등을 들어 간첩 2명을 침투시키기 위한 계획된 침투로 추측하는 군사 전문가도 있었다. 이로부터 3주가 지난 7월 4일에는 해군 2함대 탄약고에 거동 수상자가 침입한 일이 있었고, 7월 12일에는 강원도 고성에서 북한발 목선이 발견되었다.

2020년에는 진해기지사령부, 32보병사단, 2함대사령부 등 11곳 이상의 부대에 56명 이상의 민간인이 침범하여 우리 군의 경계 붕괴가 전후방을 가리지 않았다는 사실이 확인된다. 2020년 5월에는 충남 태안 보트 밀입국 사건이 있었고, 7월에는 탈북인 김금혁이 강화도의 해병대 2사단 경계망을 뚫고 월북한 사건이 있었으며, 11월에는 북한 민간인이 탈북 후 22사단 철책을 훼손하고 월남 10시간이 지나 신병이 확보되었다. 2021년 2월에도 북한 남성이 동해안 민통선 검문소 주변에서 발견되었는데 우리 군은 그를 처음 인지하고 6시간이 지나 신병을 확보했다.

2022년 1월 1일에는 탈북민 한 사람이 월북했다. 그는 2020년 11월, 22사단의 철책을 훼손하고 귀순한 바로 그 사람이다. 그는 넘어왔던 그 부대의 철책을 다시 넘어 북한으로 돌아간 것이다. 탈북자가 특정 부대의 관할 철책구역에서 사실상 남북을 제집 드나들 듯 왕복한 이 사건을 두고 간첩임무를 종료한 후 귀환한 것이 아니냐는 추측이 설득력을 얻었다. 그렇다면 문재인은 북한 간첩이 자유롭게 남한으로 침투할 수 있도록 우리 군의 경계를 허문 것일까. 그가 그런 의도를 부인해도 상관없다. 결과적으로 그렇게 되었기 때문이다. 간첩이란 은밀하게 움직이는 속성에서 바퀴벌레와도 같다. 바퀴벌레 한 마리가 발견되면 100마리가 숨어있다고 여긴다. 그래서 우리의 경계를 무서워하지 않고 쉽게 우리 땅으로 넘어온 간첩은 무수하게 많을 것이다. 문재인 정권이 간첩을 잡지 않았기 때문에 정확한 숫자는 더욱 알 수가 없다. 문재인 정권은 국군의 경계를 무너뜨렸고 그래서 간첩들은 쉽게 넘나들 수 있었다. 이 사실은 분명하다.

심리전을 포기한 군대

심리전은 전시에는 적군의 사기를 떨어드리고 전투를 포기하도록 하기 위해, 평시에는 적군과 적 민간인에게 아군에 대한 적대감을 감소시키고 친근감을 가지게 함으로써 전쟁에서 승리하거나 전쟁 발발을 억제하도록 하는 특수전의 일종이다. 그래서 심리전 부대는 정보부대와 함께 평시에도 전쟁을 수행하는 부대로 불린다. 이념 대립이 전쟁 발발의 주요 원인이 된 현대전에서는 중요성이 더욱 커져 미국에는 심리전 병과가 독립적으로 존재한다. 우리는 북한에 비교해 압도적으로 유리한 심리전 컨텐츠와 장비를 보유하고 있다. 그러나 좌익정권은 3기에 걸쳐 우리의 심리전 전력을 완전히 무력화 시켰다. 자해행위인 동시에 이적행위다.

김대중 노무현 문재인 정권이 북한과 접촉하거나 협상을 할 때면 북한은 어김없이 우리에게 대북방송과 전단지 살포의 중단과 금지를 요구했고 3기에 걸친 좌익정권은 예외없이 이를 모두 들어주었다. 우리 국민의 자유 향유, 인권보장, 경제적 풍요와 가요 드라마 등 다양한 문화적 컨텐츠는 폐쇄적 북한체제를 위협하는 결정적인 요소다. 좌익정권은 3기 모두 이 평화적이면서도 강력한 우리의 무기를 포기했다.

박근혜 정부 때인 2015년 8월 DMZ 목함지뢰 매설사건이 발생하자 우리 군은 확성기 방송을 재개한다. 이때 북한은 우리 확성기를 향해 사격을 가했고 남북협상을 통해 사과를 받은 후 방송을 중지한다. 2016년 1월 북한이 제4차 핵실험을 단행하자 우리는 대북 방송을 재개했다. 이때 북한은 대남 방송용 확성기를 북한 방향으로 돌려놓았고 그래서 북한 병사들은 우리 방송을 거의 들을 수 없었다고 한다.

문재인 정권은 2018년 4월, 북한이 핵실험 현장을 폐기했다는 이유를 대며 대북 확성기의 운용을 중단시켰고 5월에는 확성기 설비와 장비를 모두 해체하고 철수한다. 2020년 6월 개성연락사무소 폭파 후 확성기를 다시 설치하자는 국민적 여론이 높았으나 늘 북한 편인 문재인은 침묵했다. 2020년 12월에는 온 세계로부터 욕을 먹은, 그 악명높은 대북전단금지법을 통과시켜 탈북단체들이 북한으로 전단지를 보내는 일도 원천봉쇄한다. 이렇게 해서 대북방송이 중단되고 대북전단지 발송도 중단되어 김정은 정권은 더욱 안전하게 되었다. 그리고 북한 동포들의 노예상태는 더욱 철벽이 된다. 늘 '민족'을 말하는 문재인 세력이 북한의 민족에게 이런 지옥을 만들어 놓은 것이다.

분단 이후 남북은 여러 번의 회담을 통해 많은 합의와 선언을 발표했다. 그 중에는 남북간의 군축에 대한 내용도 있었다. 그러나 북한은 70여 년간 끊임없이 군비를 증강했고 마침내 핵무장에도 성공했다. 그럼에도 좌익정권은 우리가 월등한 우위에 있는 대북 방송과 선전물 발송 등의 심리전 자산의 포기를 쉽게 양보했다. 3기 좌익정권 내내 일관되게 이루어진 이러한 양보는 결국 우리 스스로의 전력약화를 초래한다. 군사 전문가들은 우리의 심리전 자산이 북한의 핵이 우리를 위협하는 크기에 필적할 수 있는 막강한 위력을 발휘할 수 있는 것으로 평가한다. 발전된 대한민국의 실상을 제대로 알리는 것만으로 북한의 변화를 이끌어낼 수 있고 북한 주민의 노예상태를 끝낼 수 있다는 것이다. 그러나 문재인은 이를 포기하고 금지를 법제화 했다. 우리의 심리전 포기에 대못을 박았다는 뜻이다.

호남인과 공군의 군대

2021년 12월 당시 대한민국 국군의 모든 4성 장군에다 국방장관까지 합하면 모두 8명이었고 이 가운데 4명이 호남출신이었다. 전체 인구 중 약 10%를 점한다는 호남인이 군 최상층부의 50%를 차지한 것이다. 참군인 김관진은 호남인이고 기회주의적 군인 김병주는 영남인이니 지역 그 자체에 문제가 있는 것이 아니다. 문재인은 집권 초기부터 다른 모든 국가 부문과 마찬가지로 국군의 인사에서도 호남인을 절대적인 비율로 중용했고 이 과정에서 국가관이 투철한 군인들은 대부분 한직으로 좌천되거나 군복을 벗었고 그자리는 기회주의적인 정치군인이나 개념없는 생계형 군인들로 채워졌다. 특히 모든 선거에서 단일 투표집단으로 행동하는 호남인에 기생하여 생명력을 유지하는 종북세력의 기본전략에 충실하여 호남인을 절대적으로 우대했고 이의 일환으로 군부에서도 호남인이 요직을 독식했다. 호남인이 득세하는 군대에서 군인들은 능력과 국가에 대한 충성심보다는 눈치있게 줄서는 일에 더 몰두하게 된다. 결국 참군인은 빠르게 사라지고 군인으로서의 기본적인 소양과 최소한의 국가수호의 의지조차 갖추지 못한 정치군인이나 기회주의적 군인만 남게 된다. 문재인은 이들을 앞세우고 국군을 빠르게 무너뜨렸다.

문재인 시대의 국군은 공군천하였다. 공군이 국군의 최상층부를 차지했다는 의미다. 2021년 한 언론은 "문재인 대통령은 국방장관 1명과 합참의장 2명 외에 안보사령관과 국방부 정책실장에도 처음으로 공군 출신을 기용했다."(문화일보, 2021.6.4)고 보도했다. 현대전에서 공군전력은 매우 중요하다. 그러나 전쟁의 시작과 진행과정과 마무리를 지휘하고 총괄하는 것은 육군이다. 세계 모든 나라의 군대는 그런 구조로 설계되어 있다. 그러나 문재인은 달랐다. 그는 공군을 우대했다. 육군을 홀대했다는 말과 같은 뜻이다. 문재인 정권 5년간 3명의 국방장관 중 해군출신 송영무, 공군출신 정경두에 이어 육군 출신은 마지막 장관인 서욱 1명 뿐이다. 육군의 홀대는 곧 국군 전체의 난맥상을 초래했고 그래서 문재인 정권의 국방장관은 한 달이 멀다하고 연이어 대국민 사과로 머리를 숙여야 했다. 공군과 해군에 비교해 압도적으로 규모가 큰 육군을 홀대한 결과 국군 전체의 결집력은 약화되고 이것은 곧 국방력의 저하로 이어진다. 대통령 문재인이 고의로 국군의 전력 약화를 기도한 것이다. 북한이 남침을 감행하여 쳐내려 오면 우왕좌왕하는 대한민국 군대로 만들어 놓으려고 했을 것이다. 적어도 결과적으로는 그렇게 된 것을 부인할 수는 없다.

육군도 멀쩡하게 놔두지는 않았다. 2020년 5월, 문재인은 9·19군사합의를 실무적으로 주도했던 육군 소장 김도균을 수도방위사령부 사령관에 임명했다. 사단장 경험 한 번 없는 김도균을 군단장급인 수방사 사령관에 앉힌 것은 국군을 약군화시키는 정도가 아니라 국군을 망쳐놓는 일이라는 비난이 비등했다. 문재인은 김정은이 남침을 감행했을 때 경험 없는 지휘관에 의해 우왕좌왕하는 수방사를 만들어 수도 서울 점령을 용이하게 하도록 했을 것이다. 그렇게 계획된 임명일 것이다.

2020년 9월 서해에서 우리 공무원이 사살되고 이틀 후 국방부는 "(북한군이) 북측에서 발견된 우리 국민에 대해 총격을 가하고 시신을 불태우는 만행을 저질렀음을 확인했다. 우리 군은 북한의 이러한 만행을 강력히 규탄하고, 이에 대한 북한의 해명과 책임자 처벌을 강력히 촉구한다."고 발표했다. 이때까지만 해도 우리 군대는 제정신이었다. 그러나 청와대가 개입하여 우리 공무원의 탈북으로 몰아가자 군부는 침묵했다. 그리고 해명을 회피할 수 없는 자리에서는 '상부의 지시' 타령을 했다. 후에는 "그렇게까지 사살하고 불태울 줄 몰랐다"는 무책임한 말까지 내놓았다. 군인정신은 커녕 뼈 없는 허물허물한 군인이 된 것이다. 문재인이 무너뜨린 국군을 말하고 있다.

CHAPTER ● 2

국군을 무너뜨린 대한민국 대통령

손: 북한이 핵을 포기하지 못한다면 한국도 핵을 가져야한다는 주장이 있습니다/ 문: 우리 정치인들이 삼가해야 할 주장입니다. 어처구니 없는 주장입니다. 기본이 안된 주장이라고 말할 수 있습니다. / 손: 점점 발언 강도가 쎄지는 것 같습니다/ 문: 그 주장에 대해서는 좀 나무라야 할 필요가 있습니다.

퇴임을 보름 앞둔 2022년 4월 25일 문재인은 언론인 손석희와의 대담에서 이렇게 말했다. 그는 이날 자신의 재임기간 동안 북한이 핵 폐기 약속을 번복하고 완전한 핵무장 국가화에 성공한 사실에 대해서는 입도 뻥끗하지 않았다. 북한이 핵탄두를 가지게 되었고 단·중·장거리, 육상 수중 이동식 발사 등 모든 미사일 시스템을 완성하여 이제 남북의 무기체제는 북한의 일방적 우세로 역전되었다는 사실도 말하지 않았다. 그는 핵비확산금지조약 등을 나열하며 우리의 핵무장이 불가능하다는 말만 했다.

그는 대한민국의 핵무장을 반대하고 있었다. 그러나 북한의 핵무장으로 우리의 안보가 더 위험해졌다는 사실에 대해서는 아무런 걱정도 하지 않았다. 우리가 핵무장을 해서는 안되는 합당하고 논리적인 이유는 말하지 않았다. 북한이 무시한 핵확산금지조약을 우리가 핵무장을 해서는 안되는 이유로 들었다. 우리가 핵무장에 나서는 일은 정치인들이 삼가야 할, 어처구니 없는, 기본이 안된, 좀 나무라야 할 주장이라고 했다. 그는 우리의 핵무장을 무조건적으로 반대하고 있었다. 그는 남한이 핵무장으로 북한보다 군사력에서 우위에 서는 것은 물론 대등하게 되는 상황조차 용납하지 않을 태세였다. 문재인은 우리의 핵무장을 반대하는 것에서 그치지 않았다. 그는 우리 국군의 모든 전력자산을 적극적으로 붕괴시켰다. 그는 국군이 인민군에 비해 우위에 서는 상황을 용납하지 않으려는 듯 국군을 실효적으로 궤멸시켜 나갔다.

훈련하지 않는 군대

"사격훈련을 제대로 하지 않아 탄알장전도 못한다. 수류탄 훈련은 거의 없어졌다. 칫솔까지 챙겨줘야하는 병사도 있다." 육군훈련소 조교의 하소연이다.(중앙일보, 2021.11.10) "장교의 경우 통상 1년에 네 번 사격훈련을 해야 한다. 그러나 군 법무관의 경우 최근 5년간 아예 사격훈련을 한 번도 하지 않고 제대했다."(조선일보, 2020.9.4, 윤주경 의원실 자료) "2019년 42만 5천 발, 20년 31만 발, 21년 상반기 13만 발, 우리 육군이 대공사격훈련에 쓴 탄환 숫자다. 2018년 9·19 남북군사합의 이후 우리의 대공사격훈련은 이렇게 대폭 축소되었다."(동아일보, 2021.7.13) "인권을 이유로 암기를 강요하지 않아 병사들은 군가 '멋진 사나이'도 잘 모른다. 육군에서는 군가를 부르는 소리가 들리지 않는다."(조선일보, 2022.3.5)

2005년 7월 포항 해병부대를 방문한 대통령 노무현은 "국군이 없으면 아무리 외교와 정치를 잘해도 평화를 유지할 수 없다. 열심히 실전훈련하라"며 병사들을 독려했다. 노무현을 좌익이념을 가진 대통령으로 규정하지만 간첩으로 의심하지는 않는 이유다. 그러나 문재인은 아니다. 그의 정권은 병사들에게 훈련을 제대로 시키지 않았다. 문재인 집권기에 군복무를 했던 청년들이 흔히 '놀다 왔다'거나 '꿀 빨다 왔다'고 말하는 이유다.

꿀 빠는 병사와 무너진 군기

문재인의 시대에 군 복무를 하는 병사들은 평시훈련을 제대로 하지 않았다. 대포사격 훈련, 탱크기동 훈련, 공군기 폭탄투하 훈련을 제대로 하지않았고 심지어 소총훈련도 제대로 하지 않았다. 문재인이 훈련을 하지말라고 시킨 것인지, 가자미 눈을 한 지휘관들이 평화가 왔다고 자꾸 말하는 대통령의 말을 눈치있게 받든 것이지 알 수는 없으나 문재인 시대의 군대는 병사들에게 훈련을 게을리 시켰다.

2018년 국군의날을 맞아 문재인은 행사를 간소화하라고 지시하며 참모들과 티타임 중에 덧붙였다. "평화 기조로 설명할 수 있다. 봄부터 준비해야 해서 병사들이 힘들다. 병사들의 고충을 생각해야 한다. TV 화면에는 특전사가 여의도 광장에 사뿐히 낙하산 점프를 하는 장면이 나오지만 사실은 몇 달 전부터 호된 훈련을 한다. 국군의날은 병사가 주인이 되는 날이어야 한다."(연합뉴스, 2018.10.2) 문재인은 병사들의 노고를 걱정하는 것이 아니다. 호된 훈련을 거쳐 강군이 되고 그래서 나라를 지킬 수 있는 힘을 기르는 곳이 군대다. 문재인은 훈련을 하지 않아 나라를 지킬 수 없는 약군을 만들려는 수작을 하고 있다. 이에 대한 비판이 드높자 청와대 대변인 김의겸은 기자들 앞에서 "강한 군대라는 것이 겉으로 드러난 모습으로 판단될 수 없다"고 했다. 김의겸 다운 괴변이다. 전쟁은 예방이 최선이고 그래서 모든 국가의 모든 군대는 보유하는 무기를 과시하고 무력시위를 한다. 현재적 적과 잠재적 적을 향해 우리 군이 이렇게 강하니 침공하게 되면 큰 희생을 감수해야 한다는 메세지를 전하는 것이다. 그러나 대통령 문재인은 훈련하지 않고 심지어 군사 퍼레이드도 하지 않는 안락한 군대를 지시했고 그의 수하 김의겸은 궤변으로 그것을 합리화했다. 대한민국을 제대로 지킬 수 없는 국군을 만들려는 수작이었다. 훈련하지 않는 병사는 훈련하지 않는 운동선수와 조금도 다르지 않다.

국민들은 처음에는 문재인이 김정은의 심기를 불편하게 하지 않도록 배려하는 것이라거나, 대한민국의 자랑스러운 성취는 모조리 평가절하하고 축소하고 무너뜨리는 문 정권의 국군에 대한 자해행위라고 비판했고, 나중에는 무너지는 병사들의 사기와 군기를 걱정했다. 국방백서에서 주적이 사라지고 병사들은 훈련을 게을리했으며, 북한이 도발해올 때면 실시하던 특별정신교육이 사라지자 펑펑 쏘아대는 미사일도 남의 일처럼 보게되었다. 그렇게해서 병사들의 군기는 급속히 무너졌다. 군기가 무너진 병사들은 군 영내에서 장교를 만나도 경례하지 않는 일이 점점 늘어갔다. 문재인이 만들어놓은 남조선 군대였다.

2021년 7월, 국방부 장관 집무실 바로 옆 건물에서 현역 군인이 자살했다. 공군에서 성추행 사건으로 여군이 자살한데 이어 사건 관련자가 또 극단적 선택을 한 것이다. 문재인의 통치 기간, 부대 내의 무너진 성 군기 피해자인 여성 병사들은 연이어 목숨을 끊었고 엄단을 지시하는 대통령의 지시도 먹혀들지 않는 듯 이런 사건은 계속되었다. 이것은 분명 문재인의 책임이다. 피가 끓는 젊은 나이에 징집되어 몸은 영내에 묶였으나 훈련을 하지 않아 한가해진 병사들과 더욱 한가하게 된 지휘관들은 동료나 부하를 성추행했다. 젊은 병사들의 성 군기 문란은 국군 전체의 군기 문란의 일부분일 뿐이다. 결국 병사들은 적군과의 전투에 의한 죽음이 아닌 스스로의 손으로 자신의 죽음을 선택했다. 군인에게는 최악의 죽음이었다. 문재인이 무너뜨린 국군의 모습을 보여주는 이런 사례는 무수하게 많다. 대위와 하사가 역병 방역을 위한 영내 대기지침을 어기고 유흥업소를 출입하다 나란히 코로나에 걸렸던 일(2020년 5월)부터 해군의 4500억 원짜리 최신예 잠수함이 고장나서 민간선박에 의해 예인된 일(2021년 1월)까지 모두 국군의 군기가 무너져 생긴 일이었다. 북한 주민이 내려와도 혹은 우리 쪽 민간인이 올라가도 몰랐으며, 내려온 탈북자가 다시 올라가도 군은 몰랐다. 경계의 실패는 군기가 무너진 군대의 전형적인 모습이다. 군기가 무너진 군대는 적군에게 쉽게 무너질 것이다. 문재인은 이것을 노리고 우리 군의 군기를 무너뜨린 것일까.

컴퓨터게임이 된 한미연합기동훈련

문재인은 2021년 1월 신년기자회견에서 "한미연합군사훈련은 북한과 협의할 수 있다"고 말했다. 열흘 후 국방부 장관 서욱은 "상반기 한미연합훈련은 컴퓨터 시뮬레이션 방식으로 진행하겠다"고 밝혔다. 이어 2월이 되자 안민석 김남국 윤미향 최강욱 등 민주당 국회의원 35명은 다음 달로 예정된 한미연합훈련의 연기를 촉구한다는 내용의 성명을 낸다. 김정은이 반대한다는 이유를 덧붙였다. 김정은이 핵 무력을 완성했다고 선언했을 때는 모두 꿀먹은 벙어리 행세를 하고, 북한이 하루가 멀다하고 탄도미사일을 펑펑 쏘아대도 말 한마디 하지 않던 그들은 우리의 유일한 군사동맹인 미군과의 한미연합 방어훈련을 연기하라고 압박했다. 결국 이 훈련은 '한미연합지휘소훈련'이라는 이름의 컴퓨터 시뮬레이션으로 대체되었다. 훈련이 아니라 컴퓨터게임이 되었다는 비판이 이어지고 70여 년간 지속된 상호방위조약에 의한 한미군사동맹을 종료를 선언하지 않고도 사실상 쓸모없는 것으로 만들어 버린 것이라는 비난도 있었다. 이 일의 주범은 결국 대통령 문재인이라는 비판도 적지 않았다.

북한은 수시로 우리를 향해 공격과 위협을 가할 뿐 아니라 실제적으로 우리를 겨냥한 무력 증강을 지속하고 있다. 그들이 침공을 실행하는 순간 북한은 명백한 적군이 된다. 잠재적 적장이 요구한다는 이유로 군사훈련을 연기하라는 이들 35명의 민주당 사람들과 그들의 수장 문재인은 대한민국을 지키려는 의지가 있는 것일까. 이 당시 한미연합훈련 실시를 약속하고 미국으로부터 100만 명 분량의 코로나 백신을 지원받고도 결국 기동훈련을 하지 않았다. 기만행위였고 명백한 자해행위였다.

로버트 에이브럼스 한미연합사령관은 2021년 5월 임기를 마치는 고별사에서 "평시에 땀을 흘려야 전시에 피를 흘리지 않는다"는 군인의 금언을 말했다. 그는 떠나면서도 훈련하지 않는 한국군과 한미연합군을 걱정하고 있었다. 그의 이런 완곡한 충정에 대해 문재인은 물론 우리 군의 수뇌부 누구도 화답하지 않았다. 에이브럼스는 본국으로 돌아가서도 "솔직히 한국군의 군사력은 많이 뒤쳐져 있다."(중앙일보, 2021.12.25)며 국군을 걱정했다. 베트남 전은 물론 소규모로 중동 등에 파견되었을 때도 기강이 엄정하고 잘 조직된 강군으로 소문났던 국군이다. 그러나 문재인의 시대에는 훈련하지 않아 총도 제대로 쏠줄 모르는 병사를 거느린 걱정스러운 국군이 되었다. 대통령 문재인이 그렇게 만들어 놓았다.

2022년 8월 30일에 전개된 한미연합방어훈련에서 지휘부는 혼란에 빠져 어수선했다. 지난 문 정권은 한미연합훈련을 제대로 전개하지 않았고 그래서 훈련지휘부가 없었다. 지휘부가 없는 군대는 머리 없는 생물체와 같다. 새로운 정부는 문재인 정권이 중단시킨 한미실전훈련을 재개하기로 결정하고 급히 지휘소를 만들었다. 그러나 무려 4년만에 꾸려진 지휘소는 대원 사이에 손발이 맞지 않았고 운영미숙을 드러냈다. 그래서 훈련에 참여한 부대들은 우왕좌왕했다. 훈련하지 않는 군대가 어떻게 되는지를 선명하게 보여주는 장면이었다. 실제 북한이 공격해왔다면 지휘부는 제 기능을 하지 못했을 것이고 그래서 국군은 쉽게 무너졌을 것이다. 김일성이 쳐내려왔던 1950년 6월 25일에 바로 그러지 않았는가. 대한민국이 전후 약 70년간 애써 만들어 놓은 우리 군대를 문재인은 이렇게 무너뜨려 놓았다. 김정은의 쉬운 남하를 위해 그렇게 한 것일까.

종북세력들은 해외로부터의 무기도입과 병사들의 훈련을 모두 중단하라고 외친다. 시위 때마다 대통령을 향해 그것을 촉구한다. 무기도입과 군사훈련이 전쟁을 부른다는 이유다. 군사학 교과서와 완전히 배치되는 주장이다. 그들은 전쟁을 걱정하고 있는 것이 아니다. 남한의 국방력이 강화되어 북한이 불리하게 되는 상황을 막는 것이 목적이다. 유사 좌파 이재명이 "한미일 군사훈련은 극단적 친일행위다"라는 극단적 궤변을 토해놓는 일 역시 목적은 같다. 문재인은 자신의 입으로 군사훈련 중단을 직접 말한 경우는 많지 않다. 논란이 되고 욕 먹을 일, 특히 후에 법적 책임이 따를수 있는 발언은 모두 그의 동지와 수하들의 입을 빌리는 그의 습성 때문일 것이다. 그러나 그는 동지 수하들이 대신 말해준 것을 자신의 통치권을 이용하여 모두 실행에 옮겼다. 훈련하지 않는 군대를 만든 것도 그런 일 중의 하나다. 그의 정권은 군사훈련은 물론이고 적의 공습에 대비하는 민간의 민방위훈련도 하지 않았다. 집권 3개월 만인 2017년 8월의 민방위훈련을 마지막으로 그의 집권기간 내내 하지 않았다. 김정은이 남침을 감행하여 쳐내려오면 국민인 우리가 우왕좌왕하도록 하여 빠른 시간 내에 점령이 완료될 수 있도록 하기 위해서 일 것이다. 그의 의도는 확인할 수 없다고 해도 결과는 마찬가지일 것이다.

문재인에게 훈련은 이런 것이다. 2020년 하반기부터 코로나 백신을 확보하지 못해 자신의 정부는 온갖 비난에 시달리고 있었다. 2021년 연초가 되어 겨우 도입이 가시화되자 그는 2월 어느 날 군과 경찰특공대를 동원해 백신 수송 모의훈련을 전개하고 자신이 직접 참관했다. "(백신이 들어오면) 수송에 만전을 기하라"는 의례적인 그의 말씀은 웃음을 띤 참관장면과 함께 그날 저녁 모든 방송화면을 장악했다. 그에게 훈련은 예방이나 준비가 아니었다. 홍보였다. 그나마 군사훈련은 홍보성 행사도 없었다.

소모적으로 사용한 국방예산

문재인은 퇴임전 손석희와 가진 대담에서 자신이 무너뜨려 놓은 국방을 변명하며 그 근거의 하나로 국방예산의 증액을 들었다. 민주당 정치인들과 방송에 나온 좌파 패널들이 문 정권의 안보 약화를 지적받으면 어김없이 꺼내는 레퍼토리다. 그들은 우리가 경제대국이라는 사실과 GDP의 2.4%에 이르는 국방예산의 규모를 내세우며 남한의 국방력이 북한에 비교해 월등하다고 말한다. 그래서 북한의 군비강화는 걱정할 것이 못된다고 말한다. 이 말을 믿는다면 문재인과 그의 동지들에게 속은 것이다.

국방예산 증액의 허구성

문재인이 양산으로 낙향하고 5개월이 지난 22년 10월 북한은 무력시위를 목적으로 군용기 150대를 띄웠다. 이에 우리 군은 북한이 가장 두려워 한다고 알려진 F-35A 스텔스기를 띄웠다. 그러나 이 최첨단 기종에는 교전 발생 시 필수인 기관포가 장착되지 않았다. 대신 훈련용 공갈탄이 실렸다. 이유는 문재인 정권이 예산을 배정하지 않아 단 1발의 기관포도 구매할 수 없었기 때문이다. F-35A기는 북한이 우리에게 선제타격을 기도할 경우 감지 30분 내에 핵시설과 김정은을 타격할 수 있어 김정은이 가장 두려워하는 킬 체인이다.(조선일보, 2022.10.12) 기관포 없는 이 최첨단 무기가 교전 시에 무슨 소용이 있겠는가. 2021년에 적발된 청주간첩단의 임무 중에도 이 스텔스기의 무력화 지령이 들어있었다. 간첩단의 이 임무를 문재인 정권이 기관포를 구입하지 않는 방법으로 수행해 낸 것이다. 국방에 대한 자해행위인 동시에 간첩행위다.

2021년 우리의 국방예산은 52조8000억 원이었다. 이 예산 중 병사들의 급여 부식비 피복비 등을 포함하는 전력운영비는 35조 1000억 원으로 총 예산의 3분의 2다. 반면 북한은 체제의 특성상 인건비를 포함한 전력운영비가 우리와는 비교할 수 없을 정도로 작은 비중이다. 남성 10년, 여성 5년의 의무복무 기간 중 지급하는 급여는 사병 5센트 이하, 장교 1~2달러 수준이다. 반찬으로 소금 하나 지급할 정도로 열악한 부식과 복지 수준까지 고려하면 전력운영비의 비중은 매우 작다. 북한은 우리와는 달리 작은 규모의 국방예산 대부분을 무기증강 등의 전력강화에 쓴다는 의미다. 인건비 등의 비중이 미미한 북한과 북한 정규군의 절반도 되지 않는 규모의 병력을 유지하는데 3분의 2를 사용하는 국방예산 총액을 비교하며 북한의 전력이 별거 아니라고 말하는 것은 그래서 사기행위다.

2021년의 국방예산은 전년 대비 5.5%가 인상된 규모였다. 여기서도 전력운영비는 7.1%가 증액된 반면 방위력개선비는 2.4% 증액에 그쳤다. 문재인 정권은 국방예산에 있어서도 병사의 급여 인상 등 매표성이 강한 포퓰리즘적 지출에 집중했고 무기체계의 개선에는 소극적이었다. 2021년의 국방예산에서 무기 구입과 개발 등 방위력 개선을 위한 규모는 17조 700억 원으로 전체 예산의 33% 수준에 불과했다. 국방예산을 전력 증강이 아닌 소모성 지출에 집중했다는 의미다. 이렇게 하는 한 세계 10위라는 우리의 경제력도 국방력 강화에는 쓸모가 없다. 그나마 33%의 방위력 개선 몫의 예산을 어떻게 썼는지 알게 되면 한숨은 더 깊어진다.

합동참모본부는 2020년 12월 30일 경항공모함 도입을 확정했다고 밝했다. 2030년 초에 전력화된다는 이 사업에는 우선 7조8000억 원의 예산이 배정되었다. 그러나 전문가들은 최고 10조까지 늘어날 것이라고 예상한다. 전투기를 10대 가량 탑재할 수 있는 경항모는 작전상 메리트가 작고 오히려 적군의 대형 표적이 될 위험이 크다는 이유로 군사전문가들의 반대 의견이 거세어 추진되지 않았다. 문재인 정권은 이것을 기어이 하겠다고 나섰다. 항공모함은 미국 영국 러시아 일본 등 지켜야 할 바다가 넓고 해외영토를 가진 나라들이 필요한 것이다. 그러나 지켜야 할 바다가 넓지 않고, 3면이 바다인 한국은 지형상 우리의 영토 자체가 하나의 거대한 항공모함이라는 것이 전문가들의 반대 논리다. 고종 임금이 막대한 예산을 들여 실전용이 아닌 과시용으로 들여와 단 한 번도 항해하지 않았던 고철덩이 군함 양무호를 연상케하는, 쇼통령 쇼정권의 끝판왕이라는 비판도 있었다. 그러나 문재인은 6500톤급 미니 이지스함을 건조하는 이 프로젝트를 밀어부쳤다. 무려 6척이다. KDDX로 불리는 사업이다.

이 프로젝트의 추진은 즉각적인 국군의 전력약화를 초래했다. 이 경함모에 탑재할 F-35B 전투기를 도입해야 한다는 이유로 바로 들여오기로 되어있던 기존 모델 F-35A 전투기의 도입을 미룬다고 했다. 당장 우리 군에 필요한 것은 성능이 더 우수하고 가격도 3분의1이나 저렴한 F-35A기였으나 경함모 건조를 이유로 이 핵심 전략무기의 구입을 보류시킨 것이다.(조선일보, 2021.1.7) 이게 다가 아니다. 코로나 지원금을 지급해야 한다며 F-35A기 도입예산을 2020년에 2864억 원을 삭감하더니 2021년에 또 921억 원을 삭감했다. 문재인 정권은 애당초 우리 군의 전력강화에 매우 중요한 이 전투기를 도입할 생각이 없었음이 분명하다. 필요성이 극히 낮다는 경항모의 도입을 결정한 목적도 즉각적인 국군의 전력 약화를 노린 것이었다는 의심이 힘을 얻는 이유다. 이 경항모 완성에 필요한 10년 동안 방위력개선 예산 10조 원을 여기에 투입하게 되면 당장에 꼭 필요한 전력 강화는 어렵게 될 수밖에 없다. 문재인 정권은 경항모가 건조되는 10년간 예산부족으로 우리 군의 전력강화가 불가능하도록 만들어 놓은 것이다. 이 10년 사이에 북한이 남한을 점령하는데 성공한다면 결국 6척의 경항모는 모두 북한이 차지하게 될 것이며, 이것조차 문재인이 의도한 것으로 보는 견해도 있다. 이 견해가 사실이라면 문재인은 간첩이 분명할 것이다. 대통령인 그가 간첩이라면 충분히 그렇게 의도했을 것이다.

전력 강화에는 쓰지 않았다

북한은 문재인이 집권한 5년 사이 남한 정권의 묵인 또는 보호 아래서 국제사회의 눈치를 보지 않고 마음껏 미사일 시험발사를 할 수 있었고 결국 완전한 미사일 시스템을 완성하게 된다. 우리는 아직도 걸음마 단계인 SLBM을 북한이 개발에 성공했을 때 이에 대해 우려를 표명하거나 우리도 개발에 박차를 가해야 한다고 말하는 사람은 문재인 정권 참여자 중에는 아무도 없었다. 북한은 남한을 겨냥한 무기 가운데 특히 중점을 두는 방사포의 성능을 개량하고 대형화 했으며 심지어 미국도 포기한 스마트유탄발사기까지 개발했다. 북한이 열병식을 열 때면 선보이는 이런 새로운 무기체계에 대해 문 정권 사람들은 그 위력을 폄하할 뿐 그것의 의미를 설명해주지 않았고 그래서 국민인 우리는 심각성을 인지할 수 없었다. 그 사이 남북간의 재래식 무기, 즉 대칭무기는 전력의 차이가 크게 좁혀졌다. 북한이 다시 전쟁을 벌인다면 개전 초기에 핵과 미사일을 앞세운 북한군에 우리는 절대적으로 불리한 전황을 마주하게 될 것이며 재래식 무기에서도 결코 우세하지 않다. 더구나 북한은 세계 3위 수준의 생화학 무기도 보유하고 있어 전황이 불리하면 이것을 사용하여 한반도를 지옥으로 만들고 전세를 역전시킬 것이다. 유일한 군사동맹국인 미국의 도움이 없다면 우리는 핵을 가진 북한을 결코 이길 수 없다. 문재인과 그의 동지들이 주한미군 철수를 궁리하는 이유는 여기에 있다.

대한민국 예비군은 약 300만 명이다. 전쟁이 발발하면 모두 총을 들 수 있을까. 아니다. 100만 명은 총을 들고 싸울 수 있으나 200만 명은 총알받이나 되어야 할 것이다. 총이 부족하기 때문이다. 300만 예비군에 확보된 소총은 약 100만 정이다. 그것도 30년 이상 묵은 것이다. 장비부족은 우리군의 고질적인 문제다. 문재인은 이런 곳에는 국방예산을 쓸 생각이 전혀없는 듯 보였다. 그가 거느리는 정권은 국방예산에서 인건비 등 소모성지출을 급격히 높이고, 미국과의 군사동맹 결속력을 단단하게 하면 필요하지 않게될 경항모 건조에 막대한 예산을 배정하고, 전력증강 예산을 빼서 코로나 지원금으로 사용했다. 훈련하지 않는 군대를 만들자 전체 국방예산 중에서 훈련비용으로 쓰인 부분은 채 1%가 되지 않았다. 그는 고의적으로 국군의 전투력을 약화시켰다. 게다가 총알에 뚫리는 엉터리 방탄복 5만 벌을 100억여 원에 구입하여 병사들에게 지급하는 등 불량장비 보급의 문제도 끊이질 않았다. 문재인은 33%에 지나지 않는 전력증강 예산마저 이렇게 운용했다. 국군의 전력에 대한 자해행위인 동시에 이적행위다. 그를 간첩으로 규정하는 또 하나의 근거다.

그는 우리의 방어자산을 무력화했다

북한은 핵무기를 비롯한 공격자산에서 우위인 반면 남한은 북한의 공격으로부터 우리를 지킬 수 있는 방어자산을 위주로 국방력을 강화해 온 점에서 차이가 있다. 북한이 창을 준비한 반면 우리는 방패를 더 튼튼히 준비한 것이다. 대통령이 된 문재인은 우리의 군사적 방어 자산을 쓸모없는 것으로 만들기로 작정한 사람인 양 보였다. 대통령이 되기 전에도 그랬고 되고난 후에는 더욱 그랬다. 사드를 적극적으로 무력화 시키는 그를 보고 있노라면 북한으로부터 그것을 지령받은 사람인 듯 보였다. 우리의 방어자산을 무력화시킨다는 것은 곧 북한의 공격자산의 위력을 더욱 강력하게 만드는 일이다. 대통령이 되어 남한의 권력을 움켜진 그와 그의 주사파 동지들은 그런 일을 더욱 열심히 했고 더욱 효과적으로 해내고 있었다. 그들의 군사적 자해행위와 이적행위를 고발하려 한다.

포기한 NLL

문재인은 2013년 6월 실향민중앙협의회로부터 여적죄與敵罪로 형사고발을 당한다. 여적죄란 적과 힘을 합해 아군에 대적할 때 성립되는 범죄다. 고발사유는 2007년 10월 녹취된 노무현과 김정일의 대화록에서 우리 측이 NLL 포기 및 양보를 약속했으며 여기에 문재인이 중요한 역할을 했다는 혐의였다. 서해 NLL은 북한이 다시 남침을 감행할 경우 수도권 지역을 신속히 점령하기 위한 해상 침투작전을 전개함에 유리하도록 경계선을 조금이라도 더 남쪽으로 확장하기 위해 집착하는 해상경계선이다. 노무현이 김정일과 회담하는 과정에 이 서해 NLL, 즉 해상북방한계선을 포기했다는 의혹이 2012년의 대선정국에서 제기되었고 이 내용이 수록된 비밀회담록의 존재와 문재인의 책임이 수면 위로 떠오른다.

이 당시 문재인은 NLL 포기 사실 자체에 대해서는 분명한 의견을 내놓지 않은 채 비밀회담록의 존재를 부인하는 입장을 취했다. 이에 우익진영은 관련기록의 공개를 주장한다. 그러나 문재인은 NLL 포기 발언이 사실로 판명된다면 정계를 은퇴하겠다는 오리발 작전을 펼치면서도 끝내 대화록을 공개하지 않았다. 결국 NLL 포기 의혹은 뭉개지고 국민의 뇌리에서 잊혀진다. 그러나 북한은 문재인의 집권 즉시 함박도를 점령했고 이곳에 서울 등 수도권 지역을 감시할 수 있는 장비와 레이더를 설치하여 대한민국의 목에 칼끝을 고정시키는데 성공한다. 우익정당과 언론은 이를 거세게 추궁했으나 청와대와 민주당 의원들은 함박도가 원래 북한 땅이었다는 거짓말로 우기며 다시 뭉개기를 시도했다. 이후 북한은 수시로 NLL을 침범하기는 했으나 함박도의 점령으로 소기의 목적을 달성했기 때문에 문재인의 집권기에는 더 이상 NLL의 남쪽으로의 확장을 기도하지는 않았다. 그러나 의혹으로 남았던 노무현 정부의 NLL 포기는 결국 문재인의 함박도 포기로 입증되었고 우리의 서해 방어자산인 해상경계선 NLL은 무력화되고 함박도는 북한의 공격자산이 되었다. 문재인이 북한의 남침 준비를 방조했다는 뜻이다. 결과적으로 그렇게 되었다.

지소미아 폐기, 자해를 협박하다

지소미아GSOMIA란 국가 간에 군사기밀을 공유하기 위한 군사정보보호협정이다. 상호주의를 원칙으로 사안별로 선별적으로 정보를 교환한다.

우리 정부는 모두 35개 국과 체결하고 있으며 일본과는 2016년 11월 33 번 째로 체결했다. 유효기간은 1년이며 종료를 통보하지 않으면 자동으로 연장된다. 일본과는 폐쇄적인 북한 내부의 정보와 핵개발, 미사일 발사 등의 도발행동에 대한 정보공유라는 제한적인 목적으로 맺어졌다.

일본과의 지소미아 체결이 논의되던 2012년 당시 민주당의 유력 대선 후보 신분이던 문재인은 "세상에 영토분쟁을 일으키고 있는 상대에게 군사비밀정보를 제공하겠다는 그런 얼빠진 나라가 어디 있습니까"라며 강하게 반대했다. 그는 독도와의 분쟁을 핑계로 우리가 일본으로부터 북한에 대한 정보를 취득하는 것을 반대하고 있었다. 독도에 대한 정보는 지소미아의 정보교류 범위에 들어가지도 않는 부분이며 한일 양국 모두 문재인의 말처럼 얼빠진 나라가 아니라면 독도에 관한 정보는 서로 주지도 받지도 않을 것이다. 문재인이 지소미아에 억지 논리를 갖다대며 반대한 것은 그것이 북한에 해로운 것이기 때문이다. 다른 이유는 찾을 수가 없다.

북한과 잠재적 적대관계에 있는 일본은 북한과 현재적 적대관계인 우리보다 오히려 북한에 대해 더 정확한 정보를 더 많이 더 빨리 취득한다. 통신장비의 우열과도 관계가 있지만 우리처럼 북한에 대한 정보를 교란하는 내부 간첩이나 이적세력이 존재하지 않기 때문이다. 항상 북한을 감싸고 돈 문재인의 5년간 이런 현상은 더욱 심해져서 북한이 탄도미사일을 발사할 때면 우리 언론과 국민은 늘 일본으로부터 먼저 소식을 얻었다.

문재인은 스스로 말한 '얼빠진 나라'의 대통령이 되어 2017년과 18년에 일본과의 지소미아를 계속 연장하는 얼빠진 짓을 하더니 2019년에는 더욱 얼빠진 짓을 했다. 2018년 10월 김명수의 사법부는 일본 전범기업의 강제징용에 대한 배상판결을 내렸고, 이어 정부는 다음해 1월 한일위안부 합의에 의해 설립된 화해치유재단을 해산한다. 일본과의 관계악화를 노린 고의적 조치였다. 이에 일본은 합의 위반이라며 강력히 항의했고 2019년 7월에는 한국에 대해 일부 수출품목의 수출 우대국 혜택을 취소하는 소위 화이트리스 배제를 발표한다. 이때 청와대가 보복 카드로 내놓은 것이 바로 일본과의 지소미아 종료를 선언하는 것이었다. 문재인은 물론 청와대를 장악한 주사파들의 정체를 적나라하게 드러내는 짓이었다. 지소미아를 종료하는 것은 북한 내정과 군사에 대한 정보노출을 방해하는 일인 동시에 일본과의 관계를 극단까지 악화시켜 김일성의 갓끈이론을 완전하게 실천하는 일거양득의 카드였다. 그러나 청와대는 3개월 후 지소미아 종료를 번복한다. 우리 기업이 잘 극복하고 있다는 문재인의 거짓 홍보와는 달리 우리 산업계는 일본 산업계와 오랫동안 유지해온 생산 및 판매 생태계의 교란으로 큰 어려움을 겪고 있었고 특히 일본으로부터 소재 부품의 조달에 차질이 생기면서 경제지표 전체에 영향을 미치기 시작했다. 거기다 한일관계의 악화를 바라지 않는 미국의 압박을 문재인은 이겨낼 수 없었다. 그가 트럼프와 김정은을 한 테이블에 앉혀 종전을 선언하고 평화협정을 체결한 후 주한미군을 철수하게 하는 베트남 모델의 수행에 목을 매고 있었기 때문이다. 그렇게 해서 문재인의 지소미아 종료 협박은 한 바탕의 쇼로 끝난다. 그러나 북한의 도발에 대비하여 일본과 맺은 정보교류 자산을 쓸모없게 만들고 폐기시키려 했던 문재인 세력의 군사적 자해와 이적의 의도는 분명하게 확인되었다.

처박아 놓은 사드

2016년 7월 박근혜 정부는 고고도미사일방어시스템 사드THAAD 배치를 결정했다. 당시 북한은 이미 1000여 발의 탄도미사일을 보유하고 있었고 이 가운데 85% 가량은 대남공격용으로 스커드 혹은 노동미사일로 불린 단거리 및 준중거리 미사일이었다. 이러한 북한의 대남미사일을 요격하는데 탁월한 성능을 가졌으며 기존의 패트리엇보다 훨씬 더 넓은 지역을 방어할 수 있다는 점이 사드 배치를 결정한 이유였다. 정부는 북한이 핵무기의 경량화와 소형화를 이미 실현한 상황에서 우리 국민의 생명을 지키기 위해 사드 배치를 결정했으며 북한이 핵을 폐기한다면 사드를 철수할 수 있다고 밝혔다. 그러나 좌익세력은 전체가, 일제히, 막무가내로, 이구동성으로 사드 배치를 반대했다. 사드는 북한의 대남용 단거리, 준중거리 미사일을 요격하는 방어체계이며 북한이 미국으로 ICBM을 발사할 경우에는 이를 요격할 수도 없는 무기라는 정부의 설명에도 종북좌파들은 이를 완전히 반대로 뒤집어 '사드는 우리에게는 아무런 소용이 없고 미국을 방어하기 위한 것'이라고 주장했다. 그들의 특기인 기만과 선동의 전술이다. 이 방어자산을 제거하기 위해 그들은 미쳐있었다.

민주당 주사파 의원들의 주도 하에 종북세력 전체가 전자파 참외라는 괴담을 만들어 사드 배치 지역인 경북 성주 주민을 시위대에 합류시키고 사드장비의 기지 반입을 막고 있을 때 그들의 지도자 문재인은 분명한 메시지를 낸다. 그는 2016년 7월 13일 페이스북을 통해 "정부는 사드 배치 결정을 재검토하고 공론화 할 필요가 있다. 득보다 실이 더 많은 결정이라고 판단된다. 정부는 사드 문제를 잘못 처리해... 국민을 분열시키고 불안하게 만들고 있다."며 사드 배치에 반대한다는 의견을 전달한다. 이미 좌익진영의 다음 주자로 거론되는 지도자의 견해로는 명확한 근거나 합리적 논리가 결여된 말이었다. 그냥 좌익진영을 겨냥한 선동의 메시지였다. 2017년 3월 17일 민주당 대선후보 TV토론에서도 그는 사드배치에 대한 찬반을 묻는 질문에 애매한 답변으로 얼버무리며 유보적인 태도를 취했다. 표 계산 때문에 속마음을 감추고 있었다. 그는 대통령 취임 직후 사드 발사기 4대가 비공개로 추가 반입돼 보관 중이라는 내용을 보고받고 '매우 충격적'이라는 말과 함께 철저한 진상조사를 지시했다. 우리 국방의 방어능력을 강화하는 일에 대통령인 그가 충격을 받았다는 사실이야말로 실로 충격적인 일이었다. 충격적인 일은 이제 시작이다.

2021년 3월에 열린 한미국방장관회의에서 미국 국방장관 로이드 오스틴은 "사드 기지의 열악한 생활여건을 계속 방치하는 것은 동맹으로서 용납할 수 없는 일이다. 반드시 고쳐져야 한다"고 했다. 그의 말에는 강한 분노가 배어있었다. 미국은 북한의 핵과 미사일 위협으로부터 동맹국 한국과 주한미군의 방어능력을 강화할 목적으로 우리 돈 1조1300억 원짜리(정확히는 10~13억불, 1조1300억~1조4700억 원짜리다) 사드를 배치했다. 그러나 2017년 4월 사드시스템이 처음 배치된 이후 성주기지에서 근무하는 한미 장병 400여 명은 미국 국방장관이 항의한 당시까지 낡은 옛 골프장 클럽하우스와 컨테이너를 숙소로 사용하고 었었고 부식공급이 제대로 되지 않아 전투식량으로 끼니를 때우고 있었다. 특히 건물이 낡고 전기 상하수도 등 생활기반 시설이 제대로 되지않아 장병들은 겨울에도 온수와 난방이 제대로 공급되지 않았고 미군 장병들은 클럽하우스 복도나 창고에서 야전침대를 깔고 자기도 했다. 기지 진입로에는 좌익 시민단체들이 설치한 상황실에서 실시간으로 감시하며 기지 건설에 필요한 장비와 자재반입을 막고있어 성주기지는 제대로 된 군사주둔지 역할을 하지 못하고 있었다. 결국 애꿎은 우리 장병들, 군 복무를 하는 우리의 자식들만 고생을 하고 있었다.(조선일보, 2021.3.26) 문재인은 사드 기지를 이렇게 방치하는 방법으로 미국이 제공한 군사적 방어자산을 무력화시키고 있었다.

2017년 10월 31일, 문재인 정권은 중국 정부와 협의한 내용이라며 "한중관계 개선 관련 양국간 협의결과"를 발표한다. 여기에는 3불, 즉 사드 추가배치를 하지 않고, 미국의 미사일방어시스템 MD에 참여하지 않으며, 한미일군사동맹에 참여하지 않는다는 내용이 들어있었다. 우리의 군사적 주권사항을 스스로 속박하는 자해적 내용을 중국에게 약속했다는 비판이 비등했다. 그러나 80%가 넘는 문재인의 지지율에 힘입어 이런 비판은 곧 묻히고 국민의 시선에서 멀어진다. 이것이 다시 문제가 된 것은 정권이 바뀌고 나서다. 중국은 새 정부를 향해 3불 외에 약속한 1한이 더 있으니 이것도 준수하라고 우리를 압박했다. 1한이란 사드레이더에 차단막을 설치하는 등의 방법으로 중국을 향해서는 작동하지 않도록 운용에 제한을 둔다는 내용이었다. 이 문제가 부상하며 문재인 정권에 대한 비판이 거세어지자 문재인의 호위무사 윤건영 의원 등이 나서서 3불은 인정하면서도 1한에 대해서는 이런저런 변명을 하고 오리발을 내민다. 당시의 합의서를 읽고 분석한 유상철 중국연구소장은 1한의 내용에 대해 중국 측의 주장이 맞다고 했다.(중앙일보, 2022.8.14) 윤건영도 문재인 정권에 몸담았던 다른 사람들처럼 중국에 1한을 약속한 적 없다는 말만 반복했다. 새 정부가

1한의 존재를 확인하려 했으나 당시의 사드 관련 문건은 이미 파기되고 없었다. 그들은 증거를 남기지 않는 범죄조직이었다.

2022년 여름, 문재인 다음의 새로운 정부가 2022년 9월 말까지 사드 기지를 정상적으로 운영하겠다고 발표하자 종북좌익 단체들은 9월 3일 서울도심에서 대규모 집회를 가지고 사드기지 정상화를 철회하라고 외쳤다. 문재인을 필두로 종북좌파 세력 모두 사드가 우리의 방어능력을 향상시킴으로써 북한의 공격력을 저하시키는 일에 필사적으로 반대하고 있었다. 이들의 목소리를 그냥 둔다면 대한민국은 결국 북한에 흡수 될 것이다. 언제 그렇게 되느냐 하는 시간의 문제만 남을 것이다.

새로운 정부의 국방부는 2023년 5월 환경부에 사드기지 환경영향평가서를 접수시켰고 6월에 환경부의 승인이 떨어졌다. 문재인 정권에서 5년이 걸려도 나오지 않았던 결과가 단 40일 만에 나온 것이다. 결과는 더욱 놀랍다. 공군과 한국전파진흥협회가 공동으로 실측한 결과 사드에서 나오는 전자파의 측정 최대값은 인체보호기준의 530분의 1 수준에 그친다는 것이었다. 사드레이더에서 나오는 전자파가 우리 인체에 휴대전화만큼의 영향도 주지 못한다는 주장은 좌익전체가 나서서 사드 소동을 전개하던 2016년 당시 과학자들에 의해 이미 널리 알려진 사실이었다. 문재인과 그의 종북 동지들은 북한의 미사일 시스템을 무력화할 수 있는 우리의 방어자산인 사드를 반대하기 위해 5년간 이런 장난질을 한 것이다. 박근혜 정부가 사드 배치를 발표하자 미래의 대통령 후보 문재인과 이재명이 나서서 이를 반대하고 미래의 영부인 친구 손혜원 의원이 나서서 유행가를 개사하여 '사드 전자파 밑에서 내 몸이 튀겨질 것 같아 싫어~'라며 노래하고 춤을 추던 모습을 떠올리면 분노보다는 대한민국이 어쩌다 이렇게 종북 인간들의 세상이 되었는지 슬픔이 앞선다.

신정부에서 사드시스템이 정상화되었다고 생각하시는가. 아니다. 2023년 6월 환경영향평가가 발표되면서 겨우 사드기지 건설을 위한 행정절차를 종료했을 뿐이다. 사드기지의 건설이 이제야 시작된다는 뜻이다. 신정부는 2022년 9월부터 보급물자 병력 장비 등을 정상적으로 수송 보급하게 되었고 40만 평방미터에 이르는 부지 공여도 이제야 완료되었다. 문재인이 북한의 미사일로부터 우리를 보호할 수 있는 이 방어자산을 무려 5년 간이나 쳐박아 놓고 기지 건설을 지연시켰다는 뜻이다. 문재인을 대한민국 사람으로 생각하시는가. 간첩으로 보는 것이 더 합당하지 않는가.

국군의 손발을 묶어놓은 9·19 군사합의

휴전협정(1953,이승만), 7·4남북공동성명(1972,박정희), 남북기본합의서(1991,노태우), 6·15남북공동선언(2000,김대중), 10·4남북공동선언(2007,노무현). 모두 6·25전쟁 이후 남과 북이 맺은 약속이다. 북한이 모조리 깨어버렸고 그래서 아무런 쓸모없는 약속이 되었다. 그러나 모두 적대행위를 중단한다는 포괄적이며 선언적인 수준의 내용이었고 군사부분에서 구체적인 합의에까지 이른 것은 없다. 북한은 이 선언적 합의조차 무력도발을 반복하며 곧 파기시켰다. 문재인은 이 사실을 몰랐을까. 2018년 4월 27일 문재인과 김정은이 직접 합의한 '판문점선언'과 같은 해 9월 19일에 체결한 '판문점선언 이행을 위한 군사분야 합의서'는 남북 간에 맺은 최초의 실질적이고 구체성을 띤 군사합의다. 그러나 이 합의는 이미 내용에 있어서 불평등했고 그나마 북한은 무력도발을 반복하며 곧 파기했다. 그러나 문재인은 이를 지켰고 그래서 이 합의서는 국군의 손을 묶는 수갑이 되고 발을 묶는 족쇄가 된다. 그는 국군을 궤멸시키기 위해 이 합의서에 서명한 것일까. 그의 의도는 짐작만 할 뿐이다. 그러나 결과는 확정적이다.

자해적이고 이적적인 내용들

2018년 9월, 문재인이 평양을 방문하여 김정은을 만나고 국방장관 송영무를 시켜 인민군 대장 노광철과 서명하게 했던 군사합의의 주요 내용은 이렇다. 바로 대한민국 국군을 궤멸시키려 한 9·19군사합의다.

1. 남과 북은 지상과 해상과 공중을 비롯한 모든 공간에서 군사적 긴장과 충돌의 근원이 되는 상대방에 대한 일체의 적대행위를 전면 중지한다. 2. 남과 북은 비무장지대를 평화지대로 만들어 나가기 위한 실질적인 군사적 대책을 강구하기로 한다. 3. 남과 북은 서해 북방한계선 일대를 평화수역으로 만들어 우발적인 군사적 충돌을 방지한다.

이 합의서는 이상의 주요 내용을 열거하고 이의 실천을 위해 상당히 세부적이고 구체적인 내용에까지 합의에 이른다. 합참 전략기획본부장을 지낸 신원식 예비역 중장은 정부가 인터넷에 쓱쩍 올려놓은 이 군사합의서를 분석하고 이것은 대부분 북한이 주장하고 요구한 내용을 그대로 담고 있으며 우리에게는 크게 불리하고 불평등한 것이라고 강력히 비판했다. 전략통인 그가 분석하고 비판하는 이유는 다음과 같다. 한 마디로 문재인이 9·19합의로 우리 군의 수족을 묶어놓았다는 것이다.

1. 서해를 우리가 정한 NLL이 아니라 북한이 주장하는 경비계선을 기준으로 하고 있으며, 북한의 경비계선을 기준으로 하더라도 우리가 거기서 다시 무려 15km를 더 양보했다. 이에 대해 언론과 야당이 추궁하자 국방장관은 이곳은 평화구역이며 적대행위 금지구역이라고 얼버무렸다.

2. 서해에 완충구역을 설정함으로써 우리 해병대의 손발을 묶고 우리 해군 군함의 해상 초계와 공군의 초계비행을 못하게 막아버렸다. 이로 인해 우리 군은 북한군의 동향을 감시할 수 없게 되었으며 특히 우리보다 우위에 있는 북한 잠수함은 우리 영해를 마음대로 드나들 수 있어 수도권과 서울이 그대로 위험에 노출된다. 또한 북한이 기습공격을 가해올 경우 서해 5도의 우리 해병대 장병들은 해군과 공군의 지원을 받을 수 없게 되고 K9자주포도 쏠 수 없게 돼 소총만으로 북한 4군단과 대적해야 한다.

3. 서해에 평화구역을 설정하고 이를 비행금지구역으로 만들어 전투기와 정찰기는 물론 무인기조차 들어가지 못하게 했다. 이것은 군사분계선 상공에 대해 모든 기종들의 비행금지구역을 설정한 것으로 북한측 후사면에 있는 군부대의 정찰은 사실상 막아버린 것이다. 그리고 상호 1km 내에 근접한 비무장지대의 감시초소 GP를 완전히 철수하기로 했다.

9·19군사합의가 이상과 같이 불평등하고 자해적이라는 비판이 거세게 일자 민주당의 문재인 호위무사들은 북한의 동창리 엔진시험장과 미

사일 발사대의 영구적 폐기를 성과로 들먹이며 북한이 핵 관련 시설의 폐기를 약속했으며 그래서 우리 측이 군사적으로 대폭 양보했다는 변명을 했다. 변명이 아니라 기만이다. 9·19공동선언문에 포함된 내용인 동창리 엔진시험장과 미사일발사대는 이미 쓸모가 없게 되어 계속 유지할 경우 유지비용만 계속 투입되어야 하는 것이었다. 더구나 북한은 이미 이동식발사차량 TEL을 이용해 장소를 옮겨가며 시험발사를 계속하고 있었기 때문에 이것을 폐기하는 것은 북한의 핵 위협 제거에 아무런 실익이 없었다. 북한이 문재인을 기만한 것일까. 아니면 북한과 문재인이 일체가 되어 국민인 우리를 기만한 것일까. 어느 쪽이든 결국 9·19군사합의는 북한이 늘 눈엣가시처럼 여기는 서해5도를 지키는 우리 해병대의 손발을 묶어 놓았고, 우리 해군과 공군의 경계 범위를 대폭 축소시켰다는 점, 그리고 군사분계선 인근에 대한 우리군의 정찰을 불가능하게 하여 북한의 도발을 사전에 감지할 수 없도록 만들어 놓았다는 점에서 이 합의는 국군의 방어환경을 선제적으로 허물어버린 자해행위인 동시에 북한의 공격환경을 유리하게 만들어 준 이적행위였다.

그는 다 계획이 있었다

2018년 10월 1일 국군의날 행사에서 문재인은 말했다. "힘을 통한 평화는 군의 사명이며 평화시대의 진정한 주인공은 바로 강한 군대입니다" 과거에 비해 형편없이 초라하게 약식으로 치른 이날 국군의날 행사에서 문재인은 힘을 통한 평화와 강한 군대를 말했다. 그의 말씀은 지당했다. 그러나 불과 열흘 전 스스로 평양에 가서 김정은과 웃으며 군사합의에 서명하여 우리 군의 수족을 묶어놓고 돌아온 사람이 할 수 있는 말은 아니었다. 주사파에서 전향한 김문수 전 경기지사는 문재인의 이 말을 듣고 "NLL과 DMZ를 북한에 내주고, 우리 정찰기를 비행금지 시킨 사람이…"라며 분개했다. 예비역 장성 415명은 이 군사합의가 북한이 주도하는 공산화 통일에 기여할 것이라며 즉각 중지를 촉구했고, 심동보 예비역 해군 제독은 "합의서를 고치지 않으면 현역 병사가 위험해지고 죽는다"며 걱정했다. 그러나 문재인은 이 모든 우려에 귀를 닫고 꿈쩍도 하지 않았다.

문재인은 9·19평양선언을 자신이 이끄는 정권의 성과이자 업적이라며 수시로 자랑했다. 이것이 업적이라면 과연 대한민국을 위한 업적일까. 국군의 활동을 제약하여 방어능력을 약화시키는 내용을 약속하고, 북한은 이미 그것을 파기했음에도 우리만 준수를 고집한다는 것은 자해행위다. 그 사이에도 북한은 핵무기 생산을 늘리고 방사포 등 재래식 대남 무기의 성능을 개량하고 ICBM과 SLBM까지 개발했다. 그러나 문재인은 세계 각국의 정상을 찾아 북한에 대한 경제제재를 풀어달라고 구걸하고 다녔다. 문재인은 9·19합의로 국군의 손발을 묶고, 그것을 평화라 말하며 국민을 속이고, 해외에 나가 북한에 대한 경제제재의 해제를 부탁했다. 문재인은 처음부터 다 계획이 있었던 것이 틀림없다.

김정은과 문재인 누가 더 무서운가

김정은이 트럼프와 세 차례에 걸쳐 회담을 하고 대한민국에 평화의 소리가 더 높았을 때도 북한은 핵을 소형화 경량화 하는 등 질적으로 발전시키고 있었고 미사일 시스템을 완전하게 갖추어 완벽한 핵무장 상태를 달성했다. 그때 문재인은 김정은이 비핵화를 약속했다며 국민인 우리에게 안심하라고 했다. 그가 물러난 지금 북한은 완전한 핵무장 국가가 되었고 국제사회는 어쩔수 없이 북한을 핵보유국으로 인정하게 되었다. 위험하게 된 것은 대한민국 국민인 우리다. 문재인은 우리가 낸 세금으로 자신의 생계를 해결하고 우리가 낸 세금을 경비로 쓰며 북한을 위해 열심히 일했다. 그사이 북한은 완전한 핵무기 시스템을 보유하게 되었다. 국민인 우리에게 더 무서운 존재는 북핵일까, 김정은일까, 문재인일까.

핵 버튼을 손에 쥔 김정은

북한은 2020년 10월 10일 조선로동당 창건 75주년을 기념하는 열병식을 열었다. 여기서 과거에 비해 비약적으로 성장한 인민군의 무기체계를 선보였다. 특히 미국을 포함한 전 세계를 사정거리로 하는 신형 대륙간탄도미사일 ICBM과 잠수함발사탄도미사일 SLBM은 과거의 것에 비해 크기가 대형화되고 추진력이 향상된 것이었다. 트럼프가 이것을 보고 크게 화를 냈다는 보도가 나온 것으로 봐서 미국도 충분히 위협감을 느낀 것이 분명하다. 이어 약 3개월이 지나 2021년 1월 14일 역시 야밤에 개최된 로동당대회를 기념하는 열병식에서는 또 새로운 SLBM과 여러 전략전술무기들이 나왔다. 조선중앙통신은 "핵 보유국으로서의 우리 국가의 지위와 당의 믿음직한 핵 무장력"을 말하며 북한이 확실한 핵 보유국이 되었음을 대한민국과 온 세계에 알렸다.

이 두 열병식을 본 많은 국민과 언론과 국내외 지식인들은 2018년부터 시작된 약 3년 간의 평화와 화해의 무드 속에서도 지속적으로 무력증강에 힘을 쏟은 북한에 놀란다. 그리고 같은 기간 김정은이 비핵화를 약속했다며 국민과 미국과 세계를 향해 대북한 경제제재의 해제를 호소했던 대통령 문재인에게 더 놀란다. 과거에도 늘 약속을 깨고 거짓말을 했던 북한은 그다지 놀랍지 않았으나 우리의 대통령이 국민인 우리를 속였다는 것은 참으로 충격적인 일이었다. 그러나 대통령 문재인은 사과하지 않았다. 오히려 초점 흐리기와 우기기로 비판을 피해갔다.

두 번째 열병식이 열리고 불과 4일 후인 2021년 1월 18일 대통령신년기자회견에서 서울신문 임일영 기자는 "대통령님께서는 여전히 김 위원장의 비핵화 의지가 굳건하다고 평가하시는지 궁금합니다."라고 물었다. 이에 문재인은 "김정은 위원장의 비핵화에 대한 의지는 분명히 있다고 생각합니다"라고 답변했다. 앞서 두 번에 걸친 열병식에 나온 ICBM과 SLBM은 한국과 미국을 겨냥한 것으로 핵탄두를 장착하여 발사할 수 있도록 개발된 미사일이다. 김정은과 김여정은 이미 2015년부터 여러 번 핵무장국을 선언하고 핵 완성을 공언했다. 그리고 그것을 남한 전역과 미국까지 직접 발사할 수 있는 미사일 시스템을 불과 며칠 전에 직접 목격하고도 문재인은 시치미를 떼고 김정은의 비핵화 의지를 다시 말한 것이다. 다음 달에는 그의 수하들도 나섰다. 통일부장관이 된 주사파 이인영은 "대북제재를 유연하게 적용하는 것이 (북한의) 비핵화 협상을 추진하는 역할을 할 것"이라며 더욱 강력해진 북한의 핵무력에 대해서는 입을 다문 채 대북제재의 완화를 시사했고, 외교부 장관 후보가 된 정의용은 "김정은 위원장의 비핵화 의지를 직접 확인했다"고 말했다. 문재인도 그의 수하들도 모두 대한민국 사람들은 아니었다. 모두 간첩인 듯 보였다.

북한의 핵무장에 절대 공을 세운 사람 문재인

핵무기 폐기를 위한 국제적 운동단체인 ICAN은 2019년 북한이 핵무기 개발에 6억2000만 달러를 쓴 것으로 추정했다. KBS는 2017년 우리 정보당국의 분석을 인용해 북한은 핵무기 개발에 총 15억3000만 달러를 사용했으며 이 금액은 2500만 북한 주민의 2년치 식량구입비용이라고 했다.(KBS, 2017.9.4) 김대중 노무현 정부에서 69억 달러, 이명박 박근혜 정부에서 23억 달러가 북한으로 보내졌다면 도합 91억 달러. 통일부의 공식통계라면 불법송금은 제외되어 있을 것이니 이런 뒷돈까지 더한다면 100억 달러는 간단히 넘을 것이다. 핵무기 개발에 쓴 15억3000만 달러에 미사일 체계의 완성에 들어간 비용까지 모두 합한다고 해도 넉넉한 금액이다. 북한은 남한의 돈으로 남한을 위협하는 핵무장에 성공한 것이다. 두 우익정부에서 개성공단과 금강산관광으로 송금한 23억 달러도 두 좌익정부가 이미 벌여 놓은 일 때문에 보내진 것이므로 100억 달러 모두 김대중 노무현 정부가 보낸 것과 다름없다. 문재인은 노무현 정부에서 민정수석 비서실장 등을 지내며 자타가 인정한 정권의 2인자였다. 그래서 노무현 정부가 퍼준 대북송금에 대해서도 문재인은 상당한 책임이 있다.

'조선반도의 비핵화'는 김정은의 할아버지와 어버지 때부터 써먹은 기만적 용어다. 김정은도 가끔 써먹었다. 노태우 정부는 1991년 김일성과 '남북기본합의서'를 체결했고 여기에는 한반도 비핵화 공동선언의 내용도 들어 있었다. 한국 정부와 미국 정부는 동 합의를 준수하기 위해 주한미군이 보유하고 있던 핵을 철수했다. 그러나 북한은 지속적으로 핵실험을 시도했고 그래서 지금은 한국과 미국에게 북한의 비핵화는 전쟁방지를 위한 제1의 숙제가 되었다. 자유주의와 공산주의 이념 대립의 최전선인 한반도에 핵무기가 존재하는 것은 곧 인류 전체를 위협하는 것일 뿐 아니라 세계 최악의 1인 독재국가인 북한의 절대 권력자 손에 핵무기 버튼이 쥐어지는 일은 한살배기 아이의 손에 날카로운 회칼을 쥐어준 것 만큼이나 위험한 일이기 때문이다. 문재인은 한민족 전체의 안전을 위협하는 이 위험천만한 일을 해결하기 보다는 그것으로 국민을 희롱했다.

평창올림픽에 김여정을 초청하여 평화 분위기를 띄운 문재인은 2018년 3월 북한의 비핵화에 대한 진의를 확인하겠다며 정의용 국가안보실장 등으로 꾸려진 사절단을 평양에 파견한다. 정의용은 김정은과의 면담에서 김정은이 비핵화에 대한 의지를 분명히 했다고 문재인에게 보고했다. 이어 4월에는 문재인이 직접 판문점에서 김정은을 만나고 판문점선언을 내놓는다. "남과 북은 완전한 비핵화를 통해 핵 없는 한반도를 실현한다는 공동의 목표를 확인하였다"는 내용이 들어있었다. 그러나 이것은 잉크도 마르기 전인 바로 다음 달부터 틀어지기 시작한다. 5월 들어 북한 외무성 부상 김계관은 판문점선언의 비핵화 합의내용을 부인하거나 합의준수를 거부하는 취지의 말을 반복하며 남한과 미국을 혼란에 빠뜨린다.

급기야 북한의 비핵화에 대한 문재인의 '전한 말'을 믿고 북미회담을 준비하던 트럼프는 5월 19일 밤 문재인에게 전화를 걸어 "왜 북한의 최근 태도가 지난달 당신이 김정은을 만난 이후 내게 들려준 이야기와 다른가"라며 따졌다. 이로 인해 북미회담은 결렬되는 듯했고 다급해진 문과 김은

5월 26일 판문점에서 번개미팅을 가진다. 그리고 다음날 문재인은 기자들에게 "김 위원장은 다시 한번 완전한 비핵화 의지를 분명히 했다"고 전했다. 이에 기자들은 김정은도 문재인도 믿지 못하겠다는 듯 북한의 비핵화 의지를 확인하려는 질문을 계속한다. 그러나 문재인은 "그에 대한 추가적 설명이 필요하다고 생각하지 않는다"고 얼버무리며 분명한 대답을 피했다. 김정은의 말을 전하는 자신의 말이 거짓말일 수도 있다는 냄새를 풍겼다. 이어 '북한의 비핵화가 CVID를 뜻하는 것인가'라는 기자의 질문에도 "북한의 비핵화 의지는 내가 거듭 말했기 때문에 나의 거듭된 답변이 필요한 게 아니다"라며 확인을 회피했다.(월간조선, 2020년 2월호)

CVID는 '완전하고 검증 가능하며 되돌릴 수 없는 핵폐기'를 의미하는 북핵 해결의 원칙이다. 용어 속에 이미 북한이 과거 합의와 약속을 번번이 어긴 오랜 역사가 스며있다. 이에 대해 문재인은 모호한 말로 확인을 회피했다. 그는 진실이 두려웠을 것이다. 그럼에도 문재인은 진위가 의심스러운 김정은의 '완전한 비핵화' 의지를 여러 차례에 걸쳐 보증하며 북미회담을 주선했고 트럼프는 문재인의 보증을 믿고 김정은과 세 차례나 회담을 가졌다. 우리가 다 알고 있듯 결과는 아무것도 없다. 문의 거짓 보증에서 출발했던 세계적 야단법석은 셋이서 웃고 있는 사진만 남겼고 이후 미국과 국제사회는 대북한 경제제재의 고삐를 더욱 세게 조였다.

북한은 이미 2012년에 헌법에다 핵보유국의 지위를 명문화했으며 이후 수시로 "조선반도의 비핵화는 영원히 없을 것이다, 절대로 핵을 포기할 수 없다"고 공언했다. 그리고 마침내 2022년 9월 '핵을 선제적 공격용으로 사용할 수 있다'고 법제화까지 했다. 김정은이 인민을 굶겨가며 개발한 핵을 절대 포기할 리 없다고 국민도 세계도 모두 말했으나 문재인은 북한이 핵을 포기하지 않는 한 결코 달성될 수 없는 '한반도 평화프로세스'를 노래하듯 반복했다. 아름답고 웅장한 노래였으나 이 노래에 담긴 가사는 비현실적인 내용이어서 결코 실현될 수 없었다. 결국 북한은 완벽한 핵무장 집단이 되었고 우리와 우리의 자식들은 머리에 핵을 이고 살게 되었다. 이것이 문재인의 평화다. 대한민국 국민과 북한 동포의 평화가 아니다. 김정은의 평화다.

김정은이 비핵화를 약속했다는 말은 문재인이 김정은으로부터 속은 것일까 아니면 문재인이 국민과 세계에 거짓말을 한 것일까. 2018년 3월 평양에 사절단으로 갔던 정의용은 2021년 2월 외교장관 청문회에서 "김정은 국무위원장이 분명히 비핵화를 약속했다. 문재인 대통령에게 더 확실하게 했다"고 말했다. 대한민국 국민인 우리는 김정은이 직접 비핵화를 약속하는 말을 들은 적이 없다. 그렇다면 문재인과 그의 수하의 '전하는 말'을 믿어야 할까. 양쪽 다 믿을수 없는 사람들이니 그것이 딱하다.

북핵보다 문재인이 더 무섭다

모든 국가는 단 1%의 전쟁 가능성을 대비하기 위해 군대를 유지한다. 1%라는 숫자는 수학적 의미가 아니다. 어느 국가든 전쟁 가능성이 존재한다는 뜻이다. 100년에 한 번쯤 전쟁이 일어난다면 1%라는 말뜻을 실감할 수 있을 것이다. 한반도에서는 3000년의 역사 동안 약 50번의 큰 전쟁이 있었다고 한다. 평균 60년마다 전쟁이 일어났다는 뜻이다.

요즘 세상에 무슨 전쟁타령이냐고 하시는가. 그렇게 생각한다면 문재인의 평화타령에 취한 것이다. "평화의 소리가 높다면 전쟁이 가까워진 것이다." 전쟁사를 읽으면 빠지지 않는 메시지다. 전쟁을 대비하지 않는 민족에게 평화는 없다. 역사책에는 이를 증명하는 이야기로 가득하다. 그러나 문재인의 시대에 우리는 전쟁 걱정을 하지 않게 되었다. 해킹으로 우리 금융기관의 돈이 강탈당하고, 1000억 원을 들여 만든 우리의 건물을 가루로 만들고, 비무장의 우리 국민을 사살하여 불태우는 상황에서도 그것을 평화라며 타령을 했던 문재인에게 속은 것이다. 문재인이 통치한 5년간 국군의 방어력은 저하되고 인민군의 공격력은 강화되었다. 문재인이 우리의 국방을 그렇게 만들어 놓았다. 멀리 있는 김정은보다 가까이에 있는 문재인이 더 무섭다는 말은 그래서 나왔다. 북한의 핵과 미사일보다 문재인이 더 무섭다는 말이 나온 이유도 같다. 문재인이 국군에게 자해를 하고 인민군에게는 이적을 했다는 뜻이다.

2021년 4월 서울시장 재보궐선거에 민주당 후보로 나온 박영선은 '대한민국은 문재인 보유국'이라며 자랑스럽게 말했다. 그때 북한은 핵 보유국이었고 우리는 문재인 보유국이었다. 그래서 대한민국은 위험했다. 북한의 핵은 주한미군이 머물고 있으면 어느 정도는 막을 수 있지만 남한 최고의 권력자가 되어 오직 북한을 위해서만 일하며 대한민국을 파괴하는 통치로 일관하는 문재인은 막을 수가 없었다. 그는 KBS MBC 등 방송을 공산당 선전대처럼 부리며 국민의 눈과 귀를 장악하고 있었다. 그렇게 국민을 기만하고 세뇌하여 김정은을 위인으로 만들었고 우리는 북한의 핵과 미사일을 걱정하지 않았다. 그래서 대한민국은 위험했다. 국군의 무력武力을 무력화無力化 시키는 문재인은 북핵보다 더 위험한 존재였다.

CHAPTER ● 3

북한의 남한 흡수를 위해 실행한 베트남 모델

1973년 1월 미국은 공산 베트남과 파리에서 평화협정을 맺는다. 이때부터 미군과 주월한국군 등 모든 군대의 철수가 시작된다. 1975년 3월 초 철수가 완료되자 북쪽의 공산베트남은 남쪽의 자유베트남을 침공하여 단 55일만에 수도 사이공까지 함락시킨다. 자유베트남은 그렇게해서 공산베트남에 흡수되고 베트남은 완전한 공산국가로 통일된다. 북한정권과 남한 내의 종북세력은 이를 '베트남 모델'이라 부른다. 이 모델의 핵심은 미국과 협상을 벌이고, 미국군을 철수시키고, 남쪽을 점령하는 것이다.

왕년의 주사파 구해우 박사는 북한이 핵무기로 먼저 미국 공격을 위협하여 한국에서 손을 떼게한 후 핵을 앞세우고 남한을 점령하는 시나리오를 소개하며 말했다. "김정은이 쳐내려오면 문재인은 바로 항복할 것이다." 문재인은 북한이 미국을 협상 테이블로 끌어들일 수 있도록 북한의 핵 개발을 방조하고, 김정은이 핵을 완성하자 북한과 미국이 한 테이블에서 협상할 수 있도록 거간을 섰다. 역적질이다.

세기의 사기극, 북한의 비핵화와 북미회담

"누구도 미국의 승리를 의심하지 않을 시기에 미국의 패배와 베트남의 패망을 예고했다. 그 예고가 그대로 실현된 것을 현실 속에서 확인하면서 결산하는 것이었다. 적어도 글 속에서나마 진실의 승리를 확인하면서 읽는 나 자신도 희열을 느꼈던 기억이 생생하다." 문재인은 저서 [운명] 132쪽에서 이렇게 말했다. 미국의 패배와 자유베트남의 패망은 진실의 승리이며 그래서 희열을 느꼈다는 문재인 이사람, 우리와는 다른 사람이다.

미국 끌어들이기에 매달린 대한민국 대통령

문재인은 그의 재임 5년간 미국을 8회 방문했다. 이승만 1회(재임 13년), 박정희 3회(19년, 국가재건회의의장 시절 포함), 전두환 2회(8년), 노태우 5회(이하 5년), 김영삼 3회, 김대중 4회, 노무현 2회, 이명박 3회, 박근혜 2회에 비교하면 압도적으로 많다. 미국 대통령은 정권마다 1~2회 방한했고 한미관계가 크게 가까워진 이명박 정부에서 4회 방한한 일 외에는 특별한 것이 없다. 저개발 빈곤국으로서 외교 활동이 미약하고 외교보다는 경제 재건과 내정에 몰두한 시절인 이승만 박정희 전두환 집권기를 제외한다면, 그리고 노태우 집권기에 러시아 중국 베트남과 수교한 북방정책을 전면적으로 추진하는 과정에서 미국과의 조율을 위해 5회 방미한 것을 예외로 한다면 임기 5년제가 시행된 이후의 대통령은 통상 2~4회 미국을 방문했다. 그러나 문재인은 무려 여덟 번이다. 그는 압도적으로 자주 미국에 갔다. 대체 뭐하러 갔을까? 대한민국의 국익을 위해서? 그럴 리가.

문재인은 이명박처럼 한미FTA를 체결하고 진전시켜 대미교역량을 늘리는 일도 없었고 한미동맹의 강화, 미국 거대기업의 투자유치, 대형 국제대회의 유치, 한미간 정부와 민간영역의 교류확대 등 다른 대통령들이 수행했던 통상적인 일은 아무것도 없다. 기억나는 일이라면 삼성 SK 현대차가 미국에 총 44억불을 투자하기로 해서 바이든이 고맙다며 내어논 랍스타케익 점심을 그가 감옥에 가두어 둔 이재용 대신 얻어먹고 온 일 정도다. 그렇다면 문재인은 코로나로 하늘길이 막혀있던 그 시기에 대체 왜 여덟 번이나 미국으로 날아갔을까. 나랏돈으로 해외여행 가기를 좋아하는 부인을 위해? 이런 부수적인 일까지 모두 말하자면 끝이 없으니 핵심만 말하기로 하자. 문재인은 북한과 김정은을 위해 미국으로 날아갔다. 대한민국을 위해 간 것이 아니다.

문재인이 승리한 제1차 북미회담

2017년 6월 28일 문재인 방미, 동년 9월 22일 다시 방미, 2018년 2월 9일 김여정 평창올림픽 참석, 4월 27일 문재인 김정은 판문점 회담, 5월 11일 외무장관 강경화 미국 급파, 5월 23일 문재인 방미에 이은 6월 1일의 남북고위급 회담까지, 2018년 6월 12일 김정은과 트럼프가 싱가포르에서 만나 1차 북미회담을 열기 전 대한민국 대통령 문재인이 몰두한 일이다. 문재인이 3번 미국을 방문하여 한미정상회담을 가지고, 김정은 김여정 남매를 2번 만나서 성사시킨 것이 바로 싱가포르 북미회담이라는 뜻이다. 그사이 청와대와 행정부의 문재인 수하들이 미국과 북한의 고위급과 만난 것은 헤아리기 조차 어려울 정도로 많다. 문재인이 미국을 방문하여 경제 사회 동맹 등 다른 영역에서 결과를 낸 것은 아무 것도 없다. 그래서 그의 3번의 방미는 오롯이 북한이 조미수뇌상봉朝美首腦相逢이라 부르는 김정은과 트럼프의 회담 성사를 위한 것이었다고 보는 것이 맞다.

무너지는 국내의 경제상황을 외면한 채 북한과 김정은을 위해 헌신적인 노력을 기울인 문재인의 공로에 의해 성사된 제1차 북미회담은 최초로 미국과 북한의 정상이 얼굴을 마주한 회담이다. 직전까지 '늙다리 미치광이'와 '로켓맨'으로 서로를 비난하던 분위기가 문재인의 피나는 노력으로 급반전된 것이다. 그렇다면 김정은과 트럼프 회담의 결과는 어떠했을까. 회담 당일 CNN은 "김정은은 위대한 회담을 가졌고 아무것도 내주지 않았다"며 김정은이 승리하고 미국의 패배한 회담으로 규정했다. 회담 직후 트럼프는 "북미회담 진행 중에는 한미연합훈련을 연기한다"고 직접 언급하고 주한미군의 방위비 감축까지 꺼냈다. 이것은 미군 철수의 전조 시그널로 해석되어 한국의 자유보수 진영은 경악했고 미국 의회 의원들 역시 크게 우려하는 논평을 연이어 내놓는다. 문재인이 취임 후 헌신적인 노력을 기울이고 김정은과 힘을 합해 성사시킨 결과다.

그렇다면 우리 국민과 세계가 모두 기대한 북한의 비핵화는 어떨까. 회담후 나온 합의문에는 '완전한 비핵화'를 뜻하는 CD[complete denuclearization]로 표기되어 있었다. 이것은 2005년 미·중·러·일·한·북 6자가 합의한 9·19공동선언 내용 그대로다. 이 선언 후 북한은 6차례에 걸친 핵실험을 감행하여 결국 핵무장에 성공했다. 그래서 국제사회는 이번에는 CD에다 확인과 강제성의 의미가 더해진 CVID[complete,verifiable,and irreversible denuclearization] 즉 완전하고, 확인 가능하며, 되돌릴 수 없는 비핵화를 요구했다. 이것은 유엔 차원에서 시행중이던 대북 경제제재 해제의 전제조건이기도 했다. 그러나 CVID는 성사되지 않았다. 김정은과 문재인의 공산주의자 특유의 속임수에 트럼프가 넘어간 것이다. 결국 세계는 트럼프가 속은 회담이라 규정했고 미국은 물론 세계는 이 회담을 김정은이 승리한 것으로, 트럼프가 실패한 것으로 평가했다. 그러나 문재인과 김정은이 그렇게 염원하던 대북한 경제제재는 풀리지 않았다. 트럼프가 아주 바보는 아니었다.

북미회담 합의문을 보면 "판문점선언을 재확인한다"는 등으로 판문점선언이 명기되어 있다. 이것은 김정은과 트럼프의 북미회담이 김정은과 문재인의 판문점회담의 연장선상에 있었다는 의미다. 대한민국 대통령 문재인이 김정은을 위해 조수 역할을 했으며 그 결과 현존하는 세계 최빈국의 최악의 독재자 김정은은 세계 최강국 미국 대통령을 1대1로 만나는 빅히트를 칠 수 있었다. 그러나 김정은이 원하던 경제제재의 해제는 성사되지 않았다. 그래서 김정은에게는 절반의 성공이다. 미국 대통령의 입에서 한미연합훈련의 중지와 주한미군의 방위비를 감축하겠다는 말이 나온 것은 김일성부터 김정은까지 3대 독재자와 문재인을 포함한 이땅의 모든 종북세력이 줄기차게 투쟁해온 미군철수의 서광이 비치는 실로 놀라운 성취였다. 그것은 김정은의 성취가 아니었다. 문재인의 성취였다. 그래서 트럼프와 김정은의 1차 회담은 트럼프의 패배, 김정은의 절반의 승리, 문재인의 온전한 승리로 불러야 한다.

사진만 남긴 사기극 2, 3차 북미회담

　1차 회담 후에도 문재인은 후속 회담을 성사시키기 위해 분주했다. 곡소리가 점점 더 커지는 민생을 제쳐놓고, 경제위기 경고가 나오면 '기적 같은 성과'라는 이해할 수 없는 말만 되풀이하며 그는 오직 김정은과 트럼프에만 매달렸다. 2018년 9월 18일에는 직접 평양을 방문하여 세계의 스포트라이트를 받으며 북한의 비핵화에 대한 기대를 한껏 드높였고, 같은 달 25일에는 유엔총회 참석을 빌미로 미국에 가서 트럼프와 만났다. 12월에는 제3국에서 열린 G20 정상회의에서 다시 짧은 만남을 가졌다. 당시 언론에 특별한 이슈가 보도되지 않은 것을 보면 또 김정은을 만나달라고 구걸이나 했을 것이다. 김정은이 한국으로 답방을 온다며 트럼프의 양해를 구했다는 뉴스도 있었다. 눈물겨운 문재인의 노력은 결실을 맺어 김정은은 2019년 2월 27일 베트남 하노이에서 다시 트럼프를 만난다.

　"합의문에 서명하는 것은 좋은 일이 아니라고 생각했다." 1차 회담 260일만에 김정은을 만난 트럼프는 그들의 회담이 합의문 하나 내지 않고 간단히 끝났음을 알렸다. 회담이 결렬되었다는 뜻이다. 트럼프는 "영변 이외에도 굉장히 큰 규모의 핵시설이 있고, 미사일과 핵탄두 무기체계가 모두 빠져있어서 합의하지 못했다. 미국이 이를 알고 있다는 사실에 북한 측이 놀란 것 같았다."고 말했다. 김정은이 자강도 희천시와 평안남도 강선에 또다른 핵시설을 만들어 놓고 영변의 것만 협상 테이블에 꺼내는 속임수를 쓰다 들킨 것이다. 문재인은 이 두 곳의 핵시설을 몰랐을까. 회담 결렬 후 곧 가진 트럼프와의 통화에서 문재인은 다시 한미정상회담을 제안한다. 적어도 북한과 김정은에게는 진심이고 끈질긴 사람이었다.

문재인은 북미대화 재개가 방문 목적이라는 사실을 공개적으로 말하고, 임시정부 수립 100주년이라는 종북세력에게는 엄청나게 중요한 기념식 행사에도 불참한 채 4월 10일 다시 트럼프를 만나러 간다. 백악관의 국가안보보좌관 존 볼턴이 그의 자서전에서 트럼프가 대화 도중 하품을 했다는 바로 그 만남이다. 문재인이 트럼프와 대면한 시간이 10여 분이며 통역시간 등을 제하면 실제 대화한 것은 2분 정도라고 하는 그 만남이다. 수조원 어치의 미국산 무기 구매계약이라는 당근을 들고 가서 회담을 구걸했다는 곱지않은 시선을 받은 그 만남이다. 그러나 이미 2번에 걸친 김정은과의 만남으로 북한의 비핵화에 대한 어떠한 결과도 내지 못해 미국 국내정치에서 입지가 좁아진 트럼프는 문재인을 박대했다. 이 짧은 회담에서도 문재인은 트럼프에게 개성공단 재가동과 금강산 관광 재개를 대북제재에서 제외해 줄 것을 요청했으나 거절을 당했고, 그래서 정상회담 후에는 의례적으로 있는 공동성명서나 공동기자회견도 없었다. 대한민국에는 참으로 굴욕적인 일이었으나 문재인에게는 그렇지 않은 듯했다.

문재인이 4월의 방미에서 당하는 수모를 보며 이제 이 세계적인 사기극은 끝난 것으로 여겨졌다. 그게 아니었다. 6월 일본 오사카에서 열린 G20 정상회의를 마친 트럼프가 한국으로 건너와 한미정상회담이 예정되어 있었던 것이 돌발적으로 남북미정상회담으로 둔갑한 것이다. 당시 국내 언론은 남북미정상회담이라고 불렀으나 해외 언론은 3차 북미회담으로 불렀다. 민주당 관계자 중에도 북미회담으로 부르는 사람이 있었다. 형식과 내용 모두에서 3차 북미회담이 맞다. 6월 29일 트럼프는 한국에 왔고 30일 판문점 자유의집에서 회담이 열린다. 하노이 회담 이후 4개월 만에 재회한 트럼프와 김정은은 문재인을 빼고 거의 1시간 동안 면담한다. 싱가포르와 하노이에서 열린 1, 2차 회담의 독대 시간보다 더 긴 시간이다. 그래서 3차북미정상회담으로 부르는 것이 맞다. 문재인은 트럼프 김정은과 잠시 사진만 찍었을 뿐 별도의 회담은 없었다. 동참했던 국무장관 폼페이오는 훗날 김정은도 트럼프도 문재인이 끼는 것을 원하지 않았다고 말했다. 대한민국 대통령이라는 직함을 가진 문재인은 두 사람 사이의 거간꾼이거나 엑스트라에 지나지 않았다. 김정은의 꼬봉 정도로 보이기도 했다. 참 한심하게 보였다는 말이다.

판문점 남북미정상회담 또는 제3차 북미회담에서도 어떠한 구체적 합의는 나오지 않았다. 이 회동을 주시하던 세계 모든 언론과 전문가들은 북미간의 회담을 거대한 쇼 혹은 뻔한 사기극으로 평가하고 이제 실패로 막을 내렸다고 했다. 그러나 한 사람은 달랐다. 이틀 후인 7월 2일 국무회의에서 문재인은 "문서상의 서명은 아니지만 사실상의 행동으로 적대관계 종식과 새로운 평화시대의 본격적인 시작을 선언했다."고 말했다. 불리한 팩트를 괴상한 해석으로 비틀어 민중을 현혹시키는 공산주의 선동가 특유의 어법이었다. 요즘 말로 뇌피셜이다. 평화시대의 시작이라는 그의 말과는 달리 이후 트럼프는 수시로 문재인을 비하하는 발언을 했고 북한은 문재인에게 삶은 소대가리, 미국산 앵무새, 겁먹은 개 등의 욕설을 퍼붓는다. 그러나 이런 욕 세례에도 문재인은 아무 소리도 하지 않았고 그래서 그가 말한 '평화'는 지켜졌다. 문재인표 평화였다. 문재인 자신의 품격은 스스로 망가뜨린 것이나 같이 망가진 대한민국의 국격이 걱정이었다.

비핵화라는 사기극의 종말

2차 회담 이틀 전 청와대 대변인 김의겸은 미국이 이 회담을 기념하여 발행한 주화에 문재인과 태극기가 들어간 의미에 대해 "이번 회담에서 문 대통령이 직접 참석하지는 않았지만 중재자 촉진자로서의 면모를 인정하는 의미가 담겨있다"며 문재인의 공을 자랑했다. 하노이에서 회담 결렬이 발표되기 불과 26분 전에도 청와대는 "남북대화가 본격화된다"며 큰소리 쳤다. 이 거대한 사기극을 배후에서 기획한 사람이 문재인이라는 의미다. 연극의 주인공은 김정은이지만 국민과 세계를 속이는 사기꾼 역할을 한 사람은 문재인이라는 뜻이기도 하다. 영국의 '더 가디언'은 회담 결렬이 발표되자 곧 "이 상황에서 가장 큰 패배자는 문재인이다. 문재인은 이제 더 이상 북한과의 관계를 진전시킬 수 없을 것이다"는 논평을 내놓았다. 문재인이 이 대 사기극의 기획자라는 사실을 알고 있었다는 말이다.

2019년 2차 북미회담이 결렬되고 3차 회담격인 판문점 회동 후 문재인이 기획한 북한 비핵화의 거짓쇼는 끝난 듯 했다. 모두가 그렇게 생각했으나 문재인은 아니었다. 9월 유엔총회 참석을 이유로 미국으로 달려가 트럼프와 약 1시간을 만났고 청와대는 "북미 실무협상 방안을 더 논의했다"는 브리핑을 내놓았다. 이 짧은 브리핑에서 미국은 이제 문재인을 신뢰하지 않는다는 사실과, 그래서 이번 한미정상회담도 아무런 성과가 없다는 사실, 그러나 문재인은 아직도 북미회담에 목을 매달고 있다는 사실이 확인되었다. 그러나 문재인의 사기극은 거의 파국을 향하고 있었다.

북미회담이 결렬된 이후에도 미국은 북한의 비핵화를 실현하기 위한 협상 노력을 계속했다. 그러나 북한은 비핵화 의사가 전혀 없었다. 게다가 북한의 실효적인 비핵화 조치 없이는 미국이 대북제재를 해제할 생각이 전혀 없다는 사실을 알게된 북한은 2020년 3월 30일 외무성 명의로 "미국과의 대화의욕을 접었다. 우리 길을 갈 것이다"라며 대화 단절을 공식화한다. 그리고 실패한 중재자 문재인에게 분풀이라도 하듯 개성에 있는 천억 원짜리 우리 건물을 폭파하고 서해에 표류중이던 비무장의 우리 국민을 사살하고 불태운다. 그렇게해서 이 희대의 사기극은 막을 내린다.

2021년 5월 문재인은 또 미국으로 갔다. 새 대통령 바이든과 첫 대면인 이 만남에서 북한 의제는 자취를 감추었다. 양국이 비핵화 의지를 재확인했다는 의례적인 말 한 마디 뿐이었다. 추측컨대 문재인은 또 북한에 대한 경제제재의 해제를 조르고 미국과 북한의 대화를 촉구했을 것이며, 미국은 이를 거절했을 것이다. 그래서 북한 의제에 대해서는 발표할 내용이 없었을 것이다. 삼성 등 우리 기업이 미국에 투자하기로 한, 문재인 자신과는 아무런 관련이 없는 일로 랍스타케익 점심을 얻어 먹고, 한 달전 미국을 방문한 일본 수상은 햄버거를 대접받은 일을 청와대가 강조하고, 거짓말과 선동의 달인들이 모인 민주당에서 '역대 최고의 회담'이라며 선전한 것으로 봐서 북핵에 대해서는 깡통회담이었을 것이다. 이후 문재인은 더 이상 북한의 비핵화를 말하지 않았다. 5년간 자신이 저질러놓은 실정을 성공으로 둔갑시키거나 뭉개는 일이 급하고, 자신의 모든 범죄행위를 선제적으로 사면하는 검수완박의 일로 바빴기 때문이다.

북한의 비핵화 약속이 사기극인 이유

문재인이 전한 북한의 비핵화 약속은 처음부터 거짓말이었고 기만이었고 국민과 세계를 상대로 한 사기극이었다. 이유는 이렇다.

1. 김정은이 핵을 포기하지 않을 것이라는 것은 전문가의 말을 빌리지 않더라도 뻔한 일이다. 공산주의와 전제왕조적 성격이 혼합된 기형적 권력으로 2500만 인민을 노예상태로 지배하는 김씨 일가에서 3대에 걸쳐 자신들의 왕조를 지키기 위해 인민이 굶어 죽는 것도 불사하며 개발한 핵을 포기할 리는 없다. 이 사실을 문재인만 몰랐을까. 우리나라 고등학교 학생수준이면 알 수 있는 미추(未推)를 문재인은 5천만 국민과 세계인을 상대로 기기(欺欺)라고 말했다. 그래서 사기극이다.

2. 우리 국민과 미국과 국제사회가 원한 것은 CVID 즉 완전하고 확인이 가능하며 불가역적인 비핵화였다. 그러나 북한과 문재인이 원한 것은 당장에는 핵과 미사일 시스템을 완성할 수 있는 시간을 벌고, 동시에 UN이 주도하는 경제제재를 해제하는 것이었으며 궁극적으로는 미국과 직접 협상하여 북한이 한반도 전체의 주도권을 인정받는 것이었을 뿐 CVID에는 처음부터 생각이 없었다. 그래서 김정은 문재인 vs 미국 양측은 처음부터 동상이몽이었다. 그럼에도 문재인은 김정은이 CVID를 약속한 것처럼 말하고 미국을 협상 테이블로 끌어들였다. 그래서 사기다.

3. 1991년 적극적인 북방정책을 펼친 노태우 정부는 북한과 고위급 회담을 통해 남북 동시 유엔가입 등을 내용으로 하는 남북기본합의서를 채택한다. 여기에는 '한반도의 비핵화' 약속도 들어 있었다. 이에 의해 남한에 배치 중이던 미국의 핵은 철수된다. 그러나 북한은 약속을 어기고 핵을 개발했다. 1차 기만의 경험이다. 이어 2005년에는 북한의 핵 개발을 우

려하여 미중러일남북 6자가 모여 합의한 9·19공동선언에 의해 CD 즉 완전한 비핵화를 약속했다. 그러나 북한은 계속하여 은밀히 핵 개발에 열중했고 결국 핵무기를 가지게 된다. 2차 기만의 경험이다. 두 번이나 북한에 속는 경험을 했던 미국과 국제사회는 먼저 강력한 경제제재를 가했고 해제의 조건으로 CVID를 요구했다. 이것을 모를 리 없는 문재인은 김정은이 CVID를 약속한 듯 말하며 미국을 끌어들였다. 그러나 김정은은 여러 번의 회담에서 한 번도 자신의 입으로 CVID를 말하거나 약속한 적이 없고 문재인의 전언만 있었을 뿐이다. 그래서 비핵화는 두 사람이 손발을 맞춘 사기극일 뿐이다.

북한의 비핵화를 의제로 벌인 남북회담과 한미회담과 북미회담이 거대한 사기극이라면 주연 혹은 주범은 누구일까. 문재인인가 아니면 김정은인가. 단연코 문재인이다. 우리는 김정은이 CVID를 말하는 것을 들은 적이 없다. 문재인이 전하는 것을 들었을 뿐이다. 김정은이 트럼프와 만나고 서명한 합의문에는 CD가 있을 뿐 CVID는 없다. 김정은은 국제사회가 CD의 의미로 해석하는 '비핵화'는 말했으나 모두가 기대한 CVID는 말한 적도 없고 서명한 적도 없다. 문재인은 김정은의 말을 전하며 CVID로 해석될 수 있거나 그런 기대를 가질 수 있도록 모호하게 말했다. 그래서 모두가 속은 것이다. 그렇다면 이 사기극의 주범은 문재인이 분명하다.

또 하나의 사기극 종전선언과 평화협정

영국 수상 네빌 체임벌린은 1938년 9월 독일로 날아가 히틀러 무솔리니 등과 회담을 가지고 평화협정을 체결했다. '한 장의 종이조각'으로 유명한 뮌헨협정이다. 런던으로 돌아온 그는 공항에서 협정서를 흔들며 "영국 총리가 독일에서 영예로운 평화를 들고 돌아왔습니다. 집에 돌아가셔서 평안히 주무십시오"라고 자랑스레 말했다. 그러나 히틀러가 체코를 점령하고 슬로바키아를 괴뢰국으로 만듦으로써 이 협정을 한 장의 폐지로 만드는 일에는 단 6개월이 걸렸다. "한 남자가 우리를 최대의 전쟁으로부터 구했다"며 체임벌린에게 찬사를 보냈던 영국은 채 2년이 되지 않은 1940년 5월 그를 실각시킨다. 그리고 9월부터 런던을 비롯한 영국의 주요 도시에는 독일 항공기의 폭탄세례가 퍼부어진다. 기원전 1500년부터 서기 1860년까지 약 3300년 동안 맺어진 부족간, 국가간의 평화조약은 8700여 건이며 이 모든 평화조약의 평균적 유효기간은 2년이었다.(전원책 TV) 문재인이 이 쓸모없는 평화조약에 집착한 이유는 무엇일까.

종전선언과 평화협정의 의미

정치학자 최종건은 문재인 정권에서 외교부 차관을 지낸 사람이다. 그는 한 마이너 언론과의 인터뷰에서 문 정권은 국제사회에 대북제재를 풀어달라고 한 적도 없으며 종전선언이 유엔사 해체를 위한 것이라는 주장은 거짓뉴스라고 말했다.(뉴스토마토, 2023.7.6) 그는 뉴스를 보지 않아 세상 돌아가는 것을 모르는 게으른 학자이거나 아니면 문재인을 위해 거짓말을 하기로 결심한 사람일 것이다. 교수로서 대학에서 학생들을 가르치고 있는 그의 이 말은 거짓말이다. 진보를 참칭하는 이 땅의 종북좌파들도 대부분 유사한 거짓말을 한다. 방송에 출연하여 정치에 관심이 적거나 생계에 바쁜 일반 국민을 세뇌시키는 임무를 수행하는 종북 패널들의 공통적인 주장이다. 그들의 주장은 모두 새빨간 거짓말이다.

문재인의 대통령 임기 종료를 8개월 앞둔 2021년 9월 21일, 국내 신문에는 그가 텅빈 유엔 총회장에서 연설하는 장면과 '종전선언'을 역설했다는 보도가 올라왔다. 자신과 김정은이 합작한 속임수에 트럼프가 넘어가지 않아 미국과의 협상이 2019년 6월 판문점회동 이후 거의 중단되자 문재인은 이때부터 북한의 비핵화는 입에 담지 않은 채 종전선언과 평화협정에 몰두한다. 미국이 북한과의 협상에 나선 것은 북한의 실효적 비핵화가 목적이었다면 문재인과 김정은이 협상에 나선 것은 당장에는 대북한 경제제재를 해제하는 것이었지만 궁극의 목적은 종전선언에 이어 평화협정을 맺고 전쟁이 완전히 끝났다는 이유를 대며 유엔군사령부와 한미연합사를 해체한 후 주한 미군을 철수하는 것이었다. 북미회담 결렬 후부터 문재인이 전략을 바꿔 종전선언과 평화협정에 그렇게 열심이었던 이유다.

"북미가 종전선언을 하면 실효적인 의미가 달성된다. 그러나 평화협정에는 다자가 참석해야 한다는 것이 우리 정부의 입장이다." 하노이에서 2차 북미회담이 열리기 이틀 전인 2019년 2월 25일 청와대는 대변인 김의겸을 통해 김정은과 트럼프의 만남에서 종전선언도 의제로 다루어질 예정임을 알렸다. 그러나 회담은 1시간을 채우지 못하고 종료된다. 그래서 종전선언은 꺼낼 수도 없었다. 이때부터 문재인의 종전과 평화타령이 시작된다. 사기극 제2막이 시작된 것이다.

간첩 쯔엉딘주를 닮은 사람

1973년 베트남은 제3의 장소인 프랑스에서 미국과 협상을 벌여 미군과 외국군의 철수 약속을 받아낸다. '파리평화협정'이다. 이 협정으로 미군은 철수하고 공산베트남은 자유베트남을 점령한다. 이 베트남 모델을 재현하여 남한에 주둔하는 미국군대의 철수를 도모한 것이 세 번에 걸친 북미회담의 본질이다. 베트남과 미국의 협정체결에 자유베트남에 심어진 공산베트남의 간첩 쯔엉딘주가 활약을 펼쳤듯이 북한과 미국의 협상에서 활약을 펼친 것은 문재인이다. 유력 정치인 정도였던 쯔엉딘주가 은밀하고 제한적으로 움직였다면 최고 권력자였던 문재인의 활약은 비교할 수 없을 정도로 힘있고 포괄적이었다. 쯔엉딘주의 간첩질은 성공했으나 문재인은 실패했다. 40여 년전 베트남을 포기했던 미국은 아직도 공산주의의 확장을 꾀하고 있는 중국과 러시아 견제가 우선이었고 그래서 한국을 포기할 생각이 없었다. 문재인이 시도한 베트남 모델의 한반도 적용은 그래서 실패로 돌아갔다. 그러나 대통령이라는 최고 권력을 가진 문재인은 포기하지 않았다.

문재인은 대통령 재임 5년 동안 미국 뉴욕에 있는 UN총회장을 4번 찾았다. 2020년 9월의 유엔 총회는 코로나로 대체되어 총회장이 아닌 화상회의에 참석한 점을 고려하면 사실상 100% 참석이다. 부인을 꼭 대동했고 BTS를 총회장에까지 불러들여 존재감 없는 자신을 돋보이게 하다 따가운 눈총을 받았지만 미국에 간 김에 잠시라도 트럼프를 만날 수는 있었다. 아마 이것이 진짜 목적이었을 것이다. 2017년과 18년에는 미국측의 환대를 받았지만 이후는 면담 시간도 짧았고 굴욕적인 홀대를 받기도 했다. 미국을 상대로 사기극을 벌인 결과였다. 문재인이 국내의 현안을 팽개친 채 매년 9월이면 유엔 총회 참석을 핑계로 뉴욕으로 간 것은 부인의 공짜 해외여행이라는 부수적인 목적보다 미국 대통령을 졸라 한반도에서도 기어이 베트남 모델을 성사시키기 위해서였을 것이다. 역대 대한민국 대통령은 물론 대체 세계 어느나라 국가 원수가 매년 유엔총회 참석을 위해 미국을 방문했을까 싶다. 텅빈 총회장에서 종전과 평화를 역설한 일은 또 얼마나 우습고 민망한 일이었나.

문재인은 왜 그리고 무엇을 위해 종전선언과 평화협정을 끝없이 주장했을까. 이유는 우선 북미회담이 결렬되어 베트남 모델을 더 이상 진행할 수 없게 되었기 때문이다. 북한이 남한을 배제하고 미국과 단독으로 협상하여 미국이 남한 포기를 결정하고 미군을 철수하는 방안이 좌절되자 문재인이 선택한 새로운 방안은 종전을 선언하고 평화협정을 체결하여 유엔사와 한미연합사를 해체할 수 있는 구실을 확보하는 것이었다. 다음 수순은 물론 김씨 일가의 3대에 걸친 염원인 미군을 철수케하고 남한을 점령하는 일이다. 문재인은 종전선언과 평화협정을 성사시키고 주한미군을 철수시키기 위한 목적으로 북미회담에만 몰두했던 것은 아니다. 그는 베트남 모델의 실현을 위해 노력하는 한편 한미동맹을 중단시키기 위한 실효적 조치들도 함께 진행했다. 전시작전권을 환수하고, 한미연합사와 유엔사령부를 해체하고, 한미일 삼각군사동맹과 자유진영의 다자간 동맹의 실현을 방해하고, 한미군사동맹을 해체하고 주한미군을 철수시키기 위한 노력에도 매우 열심이었다. 이것은 국가반역이 분명하다.

영원한 혁명과업, 한미동맹의 해체와 주한미군 철수

'평화협정보다 더 쓸모없는 문서는 없고, 군사동맹보다 더 강력한 안보는 없다' 국제정치학에서 통하는 금언이다. 대한민국 제19대 대통령 문재인은 유효기간이 평균 2년이라는 평화협정에 매달리는 한편 가장 강력한 안보수단인 기존의 군사동맹의 해체를 시도했다. 그리고 이전 정부에서부터 논의되어온 새로운 군사동맹의 가능성은 싹을 자른다. 남한의 군사동맹 와해는 김일성이 그를 추종하는 모든 집단에게 내린 대남혁명과업이었고 그들에게 매수된 남한의 86운동권 출신들이 길거리에서 보도블록을 조각내 던질 때에도 빠지지 않는 구호였다. 전시작전권 전환, 유엔사와 한미연합사 해체, 한미동맹 해체는 그들이 학생시절부터 외쳤던, 보통의 국민에게도 익숙한 구호다. 간첩들과 주사파 학생들이 외쳤던 이 구호들을 실천에 옮긴 사람이 있다. 바로 대통령 문재인이다.

전시작전권 전환

문재인은 대통령 후보시절 이미 자신이 대통령이 되면 임기 내에 전시작전권을 환수하겠다고 공언했으며 취임 후 이를 다시 확인하고 바로 미국과 협상에 들어간다. 취임 5개월이 지난 2017년 10월 양국 국방장관은 공동성명을 내고 "조건에 기초한 한국군으로의 전작권 전환이 조속히 가능하도록 한다는 한미 양국 정상의 합의를 안정적으로 이행하기 위해 공동의 노력을 기울여 나간다"고 밝혔다. 이 공동성명이 나오자 언론은 문재인의 공약인 자신의 임기내 전환이 아닌 '조속히 가능하도록 한다'는 표현에 주목했다. 전작권 환수를 위해서는 미군에 의존하지 않고 우리의 독자적인 정찰감시 능력을 확보하는 인공위성 시스템을 구축하는 등 우리의 무기체계와 장비체계를 충분히 보완해야 하는 선결조건이 해결되어야 했다. 그러나 국군이 전작권을 가지는 것이 목적이 아니라 국군의 작전 수행능력 파괴에 목적이 있었던 문재인 정권은 이러한 선결조건을 해결하기 위한 노력을 하지 않았다. 그래서 더 이상 진전될 수 없었다.

자신의 임기를 1년여 남긴 2021년 초, 문재인은 미국의 정권교체기를 틈타 다시 전작권 환수를 시도한다. 정권 관계자는 새로 출범한 바이든 정부를 설득하겠다고 하는 등 전작권 전환을 가속화하겠다는 의지를 적극 밝힌다. 그러나 미국은 현실적인 조건이 미비한 상태에서 전작권 전환의 시기를 못박는 것은 위험하다며 무리하게 서두르는 문재인에게 제동을 건다. 미 국방부가 "바이든 정부 초기에 적극적인 정책협의를 통해 전작권 전환 여건을 조성하겠다"고 한 발표는 국군의 작전능력을 저하시키려는 문재인의 수작을 좌절시키려는 의도와 한미관계를 악화시키지 않겠다는 미국의 고민을 함께 읽을 수 있다. 미국은 문재인의 속셈을 간파하고 있었던 것이다. 국군의 작전수행 능력을 저하시키고 한미동맹의 근간을 흔들어 놓으려 했던 문재인의 의도가 결국 실패한 이유다.

사망자 4명 부상자 19명으로 총 23명의 우리 군인과 민간인 사상자를 낸 2010년 11월 23일의 연평도 포격 며칠 후 당시 국방장관 김태영은 국회에 출석하여 "전시작전통제권은 자위권보다 하위에 있는 개념이며 한국군 단독으로 보복작전이 가능하다"고 말했다. 또한 한미연합사의 미국 측 정보작전 부장은 "내가 이라크 전쟁에 참전했던 군인이다. 이라크의 신생 군대도 자기 목숨이 걸린 상황이 되면 스스로 판단한다. 그런데 (연평포격이 일어난) 어제 합참에서 뭘 해도 되느냐는 전화가 매 시간 매 분마다 수도없이 왔다. 어떻게 한국군이 이라크군보다 못하단 말인가"라고 개탄했다. 이 나라의 종북 주사파 정치인들이 한국군의 전작권이 마치 미군에 있는 것처럼 거짓 선동을 줄기차게 해온 탓에 국군의 합참 엘리트 장교들조차 북한이 포를 날려보내자 즉각적인 대응보다 먼저 한미연합사에 전화문의를 퍼부은 것이다. 종북세력의 전작권 환수 타령으로 인해 우리 군의 지휘부 조차 전작권의 개념을 잘못 알고 있다는 의미다. 주사파 정치인들이 학생시절부터 북한이 내린 지령대로 거리에서 주한미군의 철수를 외치고 이를 관철하기 위해 한미연합사 해체와 전작권 환수를 주장해온 그들의 성취다. 주사파의 주장에 우리 장교들이 속았다는 뜻이다.

문재인 세력은 전시작전권은 주권의 문제이며 미국이 국군의 전작권을 행사하는 것은 주권침해라고 주장한다. 그들의 수많은 거짓선동 중의 하나다. 전작권은 대한민국 대통령이 가지는 군 통수권과 합참의장이 대통령으로부터 위임받아 행사하는 지휘권의 하위 개념이다. 전쟁이 발발했을 때 미군이 참전하여 한국군과 함께 싸우는 연합작전의 경우에 한정하여 한국과 미국이 공동으로 작전권을 행사하는 한미연합사령부가 전시작전권을 행사한다. 그리고 작전권은 미국이 단독으로 행사하는 것이 아니라 한미연합사 사령관인 미군 대장과 부사령관인 한국군 대장이 공동으로 행사한다. 따라서 국군의 전작권이 미국에 있다는 그들의 주장은 거짓말이다. 심지어 그들은 미군이 전혀 관여할 수 없는 평시작전권까지도 미국에 있다는 듯 선전한다. 한국은 군사적으로 미군에 예속되어 있으며 미국의 허락 없이는 어떠한 군사상의 결정도 할 수 없는 식민지라는 종북좌파들의 주장은 그래서 새빨간 거짓말이며 기만적 선동이다.

한국이 미국으로부터 군사적 도움을 받지 않는 군사적 분쟁에까지 한미연합사와 공동으로 작전권을 행사하는 일은 없다. 한미연합사가 전작권을 행사하는 경우에도 수도방위사령부, 육군작전사령부 등을 통해 국군은 독자적으로 작전권을 행사한다. 국군은 스스로의 필요에 따라 한국군 병력을 한미연합사 관할에서 철수시켜 독자적인 작전을 수행할 수도 있다. 양국군의 필요와 합의가 있는 한정된 전투에서만 한미연합사가 전작권을 행사하는 것이다. 6·25 당시 이승만은 국군의 전작권을 UN군에 넘겨준 상황에서도 국군을 UN사령부에서 철수시켜 단독으로 북진하도록 명령을 내렸고 UN군사령관 맥아더도 여기에 이의를 제기하지 않았다.

경제 발전과 함께 선진화된 무기체계가 보강되는 등 국군의 전투력이 크게 향상되어 자신감을 가지게 된 우리가 미국과 전작권 환수를 위한 협상을 벌인 것은 노태우 정부 때부터다. 그러나 이후 논의와 결정 연기를 무려 30여 년간 반복한다. 국군이 독자적으로 작전을 수행할 경우 동맹국 미국과 미일동맹의 지원이 배제되어 정보 능력이 크게 떨어지고 인력 장비 무기 등의 지원과 총체적 전투능력이 저하되기 때문이다. 이보다 더 큰 문제는 북한의 핵무장이다. 북한은 2006년 처음으로 핵실험을 감행한 이래 10여 년만에 핵무기를 보유하게 되었고 수 많은 미사일 시험발사를 감행하여 완전한 핵무장 국가가 되었으며 방사포 등 대남용 공격무기까지 대폭 증강했다. 이런 상황에서 전작권을 환수하여 미국의 핵우산을 벗겨내는 것은 대한민국을 북한의 핵 위협에 그대로 노출시키는 일이다. 군사전문가들은 전작권의 환수를 베트남과 중동에서 전투 경험을 지속적으로 축적한 미군과의 연계와 합동작전 수행능력을 저하시켜 국군의 전투력을 심각하게 상실할 수 있다고 평가했다. 거기다 한미동맹을 총체적으로 약화시키고 종국에는 해체를 위한 시작이 될 것이라고 본다. 전작권을 무리하게 환수하려 한 문재인을 김정은에게 대한민국을 바치려고 한 사람으로 의심하는 이유다. 그를 간첩으로 의심하는 이유이기도 하다.

반미 반자유진영 외교의 전개

우호적인 주변국이나 혹은 적대적인 국가와 사이가 나쁜 국가와 군사동맹을 맺어 나라의 안전을 도모하는 것은 문명시대 이전의 씨족국가 시대부터 흔히 있었던 안보전략이며 21세기인 지금도 가장 강력한 안보정책으로 유효하다. 물론 자국 스스로 충분한 국방력을 갖추고 있어야 한다는 전제 위에서다. 따라서 이땅의 종북세력이 현존 세계 최강의 군사력을 보유한 동맹국인 미국을 내쫓기 위해 외치는 '자주국방'은 명백한 자해적 국방이다. 정권을 잡은 문재인은 주한미군을 내쫓기 위해 한미군사동맹의 해체를 기도하고 한미연합사와 유엔사의 해체를 시도한다.

정치학자 문정인은 문재인의 외교안보 책사 역할을 한 사람이다. 그는 문재인 정권에서 거의 4년간 대통령 통일외교안보특보라는 공식 직함을 가지고 외교안보의 큰 그림을 그렸다. 대미정책, 동맹정책, 평화협정, 미군철수 등 대한민국의 주요 외교안보 정책은 대부분 그의 입을 통해 정체가 드러났고 여론의 간을 본 결과 논란이 되거나 여론이 악화되면 대통령 문재인이 나서서 그것을 주워담았다. 문재인과 문정인의 콜라보였다. 문정인은 2018년 5월 한 미국 언론과의 인터뷰에서 문재인 정권의 대미정책과 한미동맹, 주한미군 철수에 대한 기본적 입장을 드러냈다. "한미동맹이 종식되길 바란다... 주한미군이 중장기적으로는 필요하지 않다."고 그는 말했다. 이어 또 다른 미국 언론 기고문에서 "평화협정이 서명되면 한반도에서 미군 주둔이 정당화되기 힘들 것"이라고 했다. 그의 이러한 견해에 국내언론과 워싱턴 정가에서는 한미동맹과 한미일 삼각공조가 흔들리게 되고 우리의 안보가 위험에 빠질 것이라는 우려와 비판이 거세었다.

이에 대통령 문재인은 2018년 5월 2일 직접 나와 "주한미군은 한미동맹의 문제로 평화협정과는 아무런 상관이 없다"며 진화에 나섰다. 그러나 문정인이 말한 한미동맹의 종식과 주한미군 철수를 부정하지는 않았다. 더구나 국내외의 뜨거운 비난 속에서도 문정인을 대통령 외교안보특보의 자리에서 경질하지 않아 문재인 자신과 문정인의 견해가 다르지 않음을 보여주었다. 문정인은 이후에도 자신의 견해를 굽히지 않았고 2019년 12월에는 한 발 더 나아가 "주한미군이 철수하면 중국이 한국에 핵우산을 제공하는 방안"을 제안했다. 이것은 주한미군의 철수를 전제로 삼은 것으로 대한민국을 미국 중심의 자유민주 진영에서 중국 중심의 공산주의 진영으로 이동하겠다는 명백하고도 놀라운 메시지였다.

2019년 7월에는 문정인이 주미대사에 내정되었다는 청와대 발 소식이 나왔다. 반미주의자를 주미대사로 보낸다는 것은 미국과의 관계를 기어이 파탄내겠다는 문재인의 의도라는 분석이 국내외에 이어졌다. 그러나 다음 달인 8월, 미국의 거부로 문정인의 주미대사 임명은 무산되었다는 보도가 나왔고 그 자리는 민주당 국회의원 이수혁이 대신했다. 이수혁도 반미주의자인 것은 마찬가지였다. 주미대사로 부임한 이수혁은 2020년 미국에서 거행된 6·25 70주년 행사에 참석하여 한국전참전기념비 앞에서 참전용사에 대한 경례를 거부했다. 그의 반미, 반대한민국, 종북의 성향은 바로 드러났고 대통령을 대리하여 미국에 파견된 그의 이러한 성향은 곧 문재인의 성향을 의미하는 것으로 해석되어 큰 파장을 일으켰다. 이어 이수혁은 같은 해 10월 국회 국정감사에 출석하여 "70년 전에 한국이 미국을 선택했다고 앞으로도 계속 택해야 하는가… 이제는 한국이 미중 사이에서 선택을 할 수 있는 국가"라고 발언해 다시 큰 논란을 일으켰다. 이에 미국은 즉각 "한국은 수십 년전 이미 미국을 선택했다. 한미동맹은 매우 자랑스러운 것이다."라는 논평을 내놓으며 한미관계를 파탄내려는 문재인과 문정인과 이수혁의 의도에 대응한다. 주미대사 이수혁의 이러한 행동과 발언은 문정인과 문재인의 반미주의를 확인시켜주었다. 문재인은 자유진영의 중심 국가인 미국과의 외교 선봉에 반미주의자 문정인과 이수혁을 내세워 대한민국 유일의 군사동맹국이자 세계 최강의 군사력을 보유한 미국과의 관계를 단절하려고 했다. 그리고 중국 등 공산진영에 구애의 신호를 보낸다. 문재인은 위험천만한 장난질을 하고 있었다.

문재인은 2020년 7월 국방과학연구소를 방문한 자리에서 "우리 스스로 책임지는 국방, 우리 손으로 만드는 한반도 평화"를 강조했다. 북한과 종북세력이 말하는 '우리'는 곧 미국과의 관계단절을 의미하는 말로 쓰이듯 문재인이 이날 말한 '우리 스스로 책임지는 국방' 역시 한미군사동맹의 종식을 의도하는 것으로 해석되었다. 특히 이때는 한미연합훈련을 취소하고 일본과의 군사정보협정인 지소미아를 종료하겠다는 엄포를 놓는 등 자유진영 국가와의 결속을 고의적으로 약화시키고 있던 상황이라 그의 '자주국방' 발언은 곧 '한미동맹의 해체와 미군철수'에 방점이 있는 것으로 해석되었다. 당시 워싱턴을 비롯한 국제 외교가에서도 문재인이 친중·반미정책을 전개하며 자유진영에서 공산진영으로 옮겨가려 한다는 확신에 가까운 의심을 하고 있던 터라 국내외의 우려는 심각했다.

중국이 30여 년간의 경제적 성공을 발판으로 공산주의 확장정책을 부활하자 미국은 이에 대항하기 위해 미국 일본 인도 호주 한국 5개국이 참여하는 퀸타QUINTA를 구상하고 이를 추진했다. 그러나 문재인은 끝까지 참여 의사를 밝히지 않았고 그래서 결국 한국을 제외한 4개국은 쿼드QUAD를 출범시켰다. 문재인 정권의 쿼드 불참은 군사안보 분야는 물론 경제 과학 기술동맹에서도 배제되는 상황을 만들며 총체적인 국익손실을 초래한다. 세계 대부분의 주요 국가가 미국산 백신을 확보하여 대규모적인 접종을 하고있던 2020년 하반기 세계 10위권의 경제대국인 한국은 돈이 없어서가 아니라 외교력의 부재로 아프리카 국가들과 나란히 세계 100위권의 백신접종 국가가 된 것은 대표적인 사례일 것이다. 문재인의 반자유진영과 친공산진영의 동맹정책은 명백한 자해행위였다.

유엔사와 한미연합사의 해체를 도모하다

"한미동맹의 심장이자 혼이다" 문재인 세력이 전방위적으로 한미동맹을 흔들어대던 2019년 11월, 한미연합군사령부 창설 41주년 기념행사에서 사령관 로버트 에이브럼스는 한미연합사를 한미동맹의 심장이자 혼으로 표현했다. Fight tonight 즉 '오늘 밤에도 싸울 준비가 되어있다'고 번역되는 구호를 외치는 한미연합사는 문재인과 그의 주사파 수하들에게 눈엣가시였다. 한미연합사는 유엔군사령부와 한국군의 전시작전권과도 연결된다. 문재인이 한미동맹을 해체하려 했다는 사실은 곧 한미연합사와 유엔군사령부를 흔들고 전시작전권을 변경하려 한 일로 입증된다.

김일성이 남침을 감행하자 한국을 군사적으로 지원하기로 결정한 UN은 1950년 7월 도쿄에 사령부를 설치한다. 참전 16개국의 총 93만여 명의 전력을 통솔하기 위해서였다. 유엔사령부는 북한 인민군과 중공군을 상대로 직접적인 전투를 벌이거나 의료 등 후방 지원업무를 전개하며 결국 대한민국을 지켜냈고 종전 후인 1957년에 서울로 이전하여 현재에 이른다. 1972년 주한미군의 육군7사단이 철수하고 1975년 베트남이 공산주의자들의 손에 넘어가는 것을 지켜본 박정희는 북한이 다시 남침할 경우 유엔사를 대체하여 국군과 주한미군 연합군을 총괄 지휘할 수 있는 기구의 필요성을 역설했고 이것이 결실을 맺어 1978년에 출범한 것이 바로 한미연합군사령부다. 이때부터 유엔사의 역할은 정전협정의 이행과 집행을 감시 감독하고, 유사시에 한미연합사와 국제사회간의 교량역할의 수행하며, 전력 제공국의 전력지원 협조 등으로 역할이 축소된다. 그러나 유엔사는 북한이 다시 전쟁을 일으킬 경우 회원국들이 다시 참전하게 된다. 이점은 북한과 종북세력이 유엔사의 해체를 주장하는 이유인 동시에 문재인 정권이 유엔사의 활동을 방해한 이유이기도 하다.

2019년 7월 11일자 연합뉴스는 유엔사가 한반도 유사시에 일본의 전력 제공을 추진하며 이는 자위대의 한반도 투입의 길이 열릴 수 있다는 우려를 보도했다. 이 뉴스는 해외에서 발행된 한 군사 간행물의 내용을 근거로 한국에서 전쟁이 재발할 경우 전력 제공국의 군대가 모여들게 될 유엔 사령부 관할의 7개 후방기지가 있는 일본과 전력 제공국에 대해 합의한다면 일본 자위대가 한반도에 투입될 수 있으며 이에 의한 충돌이 우려된다는 내용이었다. 유엔사 공보부는 이 뉴스가 나온 날 바로 "유엔사는 일본에 대해 전력 제공국으로 제안하지도 않았고 일본 정부도 희망한 적이 없다"며 반박했다. 문재인의 시대에 좌경화가 현저했던 동 언론사는 자위대의 투입을 염려하는 것이 아니었다. 그것은 핑계일 뿐, 북한이 다시 남침을 감행할 경우 국제사회의 대한민국 지원을 주도하게 될 유엔사의 역할을 방해하려는 목적이었다. 또한 유엔사를 공격하여 문재인 정권이 도모하는 유엔사의 활동 방해와 궁극적으로는 유엔사 해체의 명분을 보태려는 의도였다. 언론의 지원 속에 문재인 세력의 행보는 노골적이었다.

문재인 정권은 2019년 8월 유엔사 회원국 덴마크에 유엔사 제외를 통보했다. 6·25전쟁에서 우리에게 의료부문을 지원했던 덴마크를 일방적으로 축출한 것이다. 덴마크가 이에 항의하고 유엔사 차원에서 우려를 표명했으나 문 정권은 유엔사에서 활동하는 덴마크군 장교의 비자 발급을 거부하며 활동을 방해했고 이는 문재인의 퇴임 때까지 지속되었다. 이 사실은 문재인이 물러나고 1년이 더 지나서야 알려졌다. 이는 독일에 대해서도 마찬가지였다. 2019년 5월 미국이 독일군 연락장교의 유엔사 파견을 통보하자 문 정권은 이를 즉각 거부하고 주한 독일대사관 관계자를 초치해 항의하기까지 했다. 북한이 남침해 올 경우 우리를 도울 수 있는 나라를 하나라도 더 줄이자는 속셈이었다. 문재인은 심지어 대한민국의 유엔사 참여 제안조차 거부했다. 우리가 가입할 경우 정전협정의 관리에 직접 관여할 수 있으며 발언권을 가지게 된다는 언론의 지적도 외면했다. 종북세력은 그동안 한국이 가입되지 않았다는 이유를 들며 유엔사의 해체를 일관되게 주장했다. 그러나 정작 유엔이 가입을 권유하자 이를 거절한 것이다. 그들은 우리의 유엔사 참여를 원했던 것이 아니다. 북한의 대한민국 점령에 걸림돌이 되는 유엔사령부를 해체하는 것이 목적이었다. 우크라이나는 나토에 가입되지 않은 탓에 러시아 침공에 영국 독일 프랑스 등의 자유진영 국가들로부터 간접적인 지원만 받을 수 있었고 직접적인 지원은 불가능했다. 유엔사의 활동을 방해하고, 가입국을 축소하고, 우리의 가입을 거부한 문재인이 노린 것도 바로 이런 것이다.

6·25전쟁이 발발하자 이승만은 국군의 병력과 무기의 열세를 극복하고 유엔의 군사적 지원을 확보하기 위해 국군이 유엔군에 배속되어 싸우도록 결정하였고 그래서 국군의 작전권과 지휘권은 유엔사로 이관된다. 휴전협정이 체결된 후 물론 국군의 작전권과 지휘권은 국군에게 귀환되어 우리가 독자적으로 행사하게 되고 유엔사령부는 국군과 합동으로 군사적 행동을 하는 경우에만 국군과 공동으로 작전권과 지휘권을 행사하게 되었고 이것은 한미연합사가 출범한 후에도 마찬가지였다. 주사파가 정치의 중심부를 장악한 노무현 정부는 전시에도 국군이 작전권을 단독으로 행사하고 한미연합사를 해체하려는 계획을 수립한다. 그러나 국군의 정보력과 전투력의 저하에 대한 우려와 북한의 핵실험이 이어지며 국민의 따가운 여

론에 전작권 환수와 한미연합사 해체의 계획은 연기를 거듭한다.

문재인은 정권 출범 후 즉시 미국과 이에 대한 협상을 시작하여 2018년 11월 한미 양국의 국방장관은 워싱턴에서 합의문을 발표한다. 핵심 내용은 한미연합사의 사령관은 국군 대장으로 하고 미군 대장은 부사령관을 맡는다는 것이었다. 전쟁 발발시 양국이 공동으로 행사하게 되어있는 작전권을 실행하는 과정에서 우리 측이 주도권을 쥐겠다는 문재인의 의도와 주한미군의 유지비용에서 한국 측 부담액의 대폭 증액을 기도한 트럼프의 의도가 맞아 떨어진 결과였다. 기업가 출신의 트럼프에게는 주한미군의 유지에 투입되는 비용이 중요했고 그래서 미국군은 타국군의 지휘를 받지 않는다는 '퍼싱원칙'을 깨고 이 합의문에 서명했다. 한미연합사는 존속하기로 합의했으나 일부 좌파언론은 이미 '미래연합사'로 부르며 마치 한미연합사의 해체가 결정된 듯 설레발을 쳤다. 그러나 이 합의는 실행되지 않았다. 주한미군의 철수가 궁극의 목적이었던 문재인은 미군 주둔비용의 대폭 증액에는 동의하지 않았기 때문이다. 또한 한미연합 군사훈련조차 방해하면서 점점 더 노골적인 반미 친중 종북정책을 펼치며 공산진영으로 갈아 타려는 문재인 정권의 의도를 간파한 미국과의 갈등으로 양국은 추가적인 이행합의 테이블에 마주할 수 없었다. 그래서 유엔사와 한미연합사의 활동은 일시적으로 위축되었으나 기본적인 골격에는 변화가 없었다. 전작권 전환도 마찬가지다. 문재인의 계획은 결국 실패했고 그래서 우리의 안보는 지켜졌다. 대통령의 실패가 국민의 성공이라면 이 대통령은 간첩이 아닌가.

문재인 정권이 유엔사의 활동을 방해한 사실을 출범 1년이 지나서야 알게 된 윤석열 정부는 6·25 당시의 각 참전국의 기여형태와 무관하게 모든 회원국이 유엔사에 참여할 수 있다고 선언하고 한국도 가입하기로 결정한다. 동시에 미국을 비롯한 모든 자유진영 국가와의 적극적인 동맹관계 및 협력관계의 복원에 나선다. 퇴임한 문재인은 이에 대해 불만인 듯 사회주의 성향의 서적을 소개하는 방법으로 신임 정부의 외교정책에 딴지를 걸었다. 이재명이 대통령으로 당선되었다면 유엔사와 한미연합사에는 문재인이 계획한 일들이 실행되었을 것이다. 끔찍한 상상이다.

군사동맹을 반대하고 해체하려 했다

2022년 2월 24일 푸틴의 명령으로 러시아군은 우크라이나를 침공했고 우크라는 대통령을 중심으로 온 국민이 단결하여 군사 강국 러시아에 대항한다. 우크라는 북대서양 국가들의 군사동맹인 NATO회원국이 아니었고 그래서 전쟁 중에 가입을 시도했으나 성사되지 않았다. 이미 시작된 전쟁에 뛰어드는 것을 반대하는 국가가 많았기 때문이다. 2023년 여름 핀란드와 스웨덴은 나토에 가입한다. 우크라가 나토 회원국이었다면 러시아는 처음부터 우크라를 침공하지 못했을 것이라는 상식적인 판단이 작용한 결과다. 군사동맹의 힘을 보여주는 단적인 사례. 문재인은 북한의 남침 야욕을 원천적으로 분쇄할 수 있는 강력한 힘인 기존의 군사동맹을 흔드는 동시에 새로운 군사동맹의 성립을 적극적으로 방해했다.

한미군사동맹 흔들기

2020년 문재인 정권이 두 번째로 내놓은 국방백서에는 한미군사동맹을 뿌리째 흔들어 놓는 내용으로 가득하다. 군사동맹은 동맹국 상호간에 동일한 적을 상정해야 성립할 수 있다. 적이라는 타깃이 분명하지 않으면 동맹의 존재 필요성이 사라진다. 문 정권의 국방백서에는 북한을 적 혹은 주적으로 표현한 과거 정부의 규정이 삭제되어 있었다. 반면 미국은 북한의 핵무기를 최대의 안보 위협으로 규정하고 있으며 중국을 주적으로 간주한다. 그러나 2020년의 우리 국방백서에는 그런 내용이 없다. 오히려 북한과 중국의 입장에 동조하고 있다. 북한은 전술핵과 전략핵을 계속 증강하고 있는 상황에서 전작권 전환을 가속화하겠다는 입장을 드러내고, 미국의 인도태평양전략에 대해서는 그것이 중국을 겨냥하고 있다는 중국의 입장을 그대로 싣고 있다. 문 정권은 일찍이 인도태평양전략에 불참하겠다는 의사를 밝힌 바 있는데 국방백서에 그것을 확인한 것이다. 중국의 사드 보복과 중국 군용기의 우리 방공식별구역 카디즈 침범과 중국 군함이 거의 매일 백령도 인근까지 접근하며 서해를 내해화內海化하려는 서해공정에 대해서는 아무런 언급이 없다. 중국과의 전략적 소통 강화를 기술하고 있는 반면 일본에 대해서는 이전 백서의 '동반자' 표현을 삭제하고 '이웃 국가'로 격하했다. 이로써 우리가 북한의 침략을 받을 경우 5만여 명의 미군이 주둔하는 일본은 우리에게 병력 증파와 무기제공을 위한 기지로서의 역할을 보장할 수 없게 되었다는 것이 전문가들의 견해다. 이 백서에는 미국과 일본을 멀리하고 북한과 중국을 가까이 하는 내용으로 채워져 있다. 국방백서가 아닌 '국방포기백서'로 평가받은 이유다.

한미군사동맹은 6·25전쟁 직후인 1953년 10월에 체결된 '한미상호방위조약'에 기반을 두고 있으며 명칭은 지금까지 그대로다. 이 조약에 의해 유지되는 한미군사동맹은 2015년을 기준으로 상비군 212만명, 주한미군 3만7000명, 보유전차 11200여대, 보유장갑차 4400여대, 보유전투기 8400여대, 군함 2600여척을 보유한 세계 최강의 군사력을 보유한 군사동맹이다. 이 전력의 압도적인 부분은 미국측의 것이지만 전쟁이 발발하면 즉시 대한민국의 전력이 된다. 한미군사동맹의 힘이다. 동맹을 맺은지 70년이 지난 지금까지 북한의 남한 재침공을 막는 원동력으로 작용했다. 또한 전세계를 공산주의로 물들이겠다는 확장정책을 포기하지 않은 우리 주변을 에워싼 공산 국가의 위험이 상존함에도 미국의 방위 보호 속에 있다는 사실이 경제적 투자 리스크의 감소 요인으로 작용하여 해외투자의 유입을 가능케 했으며, 국방비를 GDP의 3% 이내로 묶고 우리의 국가 자산을 경제발전에 집중할 수 있게 한 요인이기도 하다. 이스라엘의 국방예산이 GDP의 8~10%며 싱가포르가 5~6%인 점을 감안하면 우리는 북핵의 위협 속에서도 국방비를 3%로 제한하여 경제발전에 투자할 여력을 가질 수 있다는 점은 한미군사동맹의 상시적인 힘이다. 북한의 침략을 막는 힘은 우리의 경제력과 주한미군의 존재이며 한미동맹은 이 둘 모두의 바탕이다. 종북세력이 한미동맹을 와해시키기 위해 그토록 오랫동안 투쟁해온 이유며 문재인이 자신의 책사인 문정인의 등 뒤에서 그토록 한미동맹을 흔들어 댄 이유이기도 하다.

한미일 삼각군사동맹의 무산

한미일 삼각군사동맹 구상이 논의된 것은 이명박 박근혜 정부에서부터다. 미국과 일본의 미일동맹에 한국을 참여시켜 북한의 남하와 중국이 주변 국가로 팽창하는 것을 막는 것이 주된 목적이었다. 두 우익정부는 미국 일본과 이를 주제로 논의를 진전시켰다. 그러나 김대중 노무현 두 좌익정권에서부터 정치판의 주도권을 장악한 종북좌파의 거센 반발에 부딪쳐 더이상 진척될 수 없었다. 좌익의 반대 논리는 우리를 침략한 역사가 있는 일본과 군사동맹을 맺는다는 사실에 대한 무조건적인 반대였다. 그러나 북한을 추종하는 그들의 본심은 삼각군사동맹으로 인해 강력해지는 우리의 국방과 철벽이 되는 안보를 방해하기 위한 것이었다.

2015년 싱가포르에서 열린 '아시아 안보대회'에서 한미일 3국 국방장관들은 '한일군사정보보호협정 및 상호군수지원협정'체결을 논의한다. 그러나 국내의 좌익단체들은 이 협정이 '한반도의 평화를 위협한다'는 궤변을 앞세우고 중단을 촉구한다. 이 부분적 군사협정이 체결된다면 남한의 안보능력은 크게 향상되는 반면 북한의 남침과 한반도 전체의 공산국가화 야욕은 실현 가능성이 더욱 멀어질 것이다. 좌익은 이를 평화를 위협하는 것으로 규정했다. 그들은 북한의 평화를 걱정하고 있었다.

다음 해인 2016년 한일군사정보보호협정, 즉 지소미아는 체결되어 발효한다. 그러나 상호군수지원협정은 좌익의 거센 반발로 결국 체결에 실패했고 이후 탄핵정국에 휘말린 한국의 사정으로 인해 한미일 삼각군사동맹은 더 이상 진전되지 못하고 좌절된다. 중국 러시아 등 공산진영 국가의 반대가 아닌 국내 종북좌익 세력의 반대와 저항으로 실패한 것이다. 2017년 문재인이 정권을 장악한 후 삼각군사동맹 논의는 자취를 감추었고 한미, 한일 관계 모두 악화일로를 걷게 된다.

한국은 이승만 박정희 정부를 포함한 어느 정부도 일본과는 군사동맹을 맺지 않았고 그래서 일본과는 상호방위조약이 없다. 군사적 목적으로 맺은 협정은 박근혜 정부에서 체결한 지소미아가 유일하다. 이전에 사관생도들이 순방훈련과 장교 유학 등 제한된 범위 내에서 간헐적으로 존재했던 군사적 교류가 지소미아 체결로 군사정보를 교환하는 단계에 이른 것이다. 그러나 문재인 정권은 등장과 동시에 고의적으로 한일관계를 완전히 파탄시킨다. 문재인은 집권 4개월 후인 2017년 9월 유엔총회 참석을 위한 뉴욕 방문에서 "미국은 우리 동맹이지만 일본은 (동맹이) 아니다"라고 말했다. 한미일 3국 정상이 함께 모여 식사를 하는 자리에서 일본 수상 아베 신조安倍晋三 면전에다 한 말이다. 일본과의 관계를 파탄내 버리겠다고 작정하지 않은 사람이라면 할 수 없는 말이었다.

문재인이 의도한 대로 그의 집권 5년 간 일본과의 관계는 최악이었다. 김일성은 1972년 핵심 대남전략으로 '갓끈이론'을 제시했다. 남한이 쓰고 있는 갓은 미국과 일본이 양쪽 끈 역할을 하는 바, 어느 한쪽이라도 끊어놓으면 갓이 벗겨지듯 남한은 붕괴된다는 뜻으로 한미일 삼각 공조 관계를 와해시키는 전략이다. 문재인은 대한민국 역대 정치인 중 김일성의 갓끈이론을 가장 적극적이며 실효적으로 실천한 사람이다. 그의 정권은 적극적으로 반일감정을 선동했고, 죽창가를 부르며 지지자들을 결집시키는 것을 선거의 주요 득표전략으로 삼았다. 갓끈전술을 충실하게 이행한 문재인의 대일외교는 북한에는 이로운 것이었으나 대한민국의 국익과는 완전히 거꾸로 가는 것이었다. 이렇게 해서 북한 중국 러시아가 질색을 하는 한미일삼각군사동맹은 문재인의 손에 의해 꿈도 꾸지 못하게 되었다.

PART
4

독재시대

2022년 5월 9일 오후, 대통령 임기를 마친 문재인은 청와대 앞에 모인 지지자 무리를 향해 물었다. "여러분, (제가) 성공한 대통령이었습니까?" 이에 지지자들은 "네"라고 대답했다. 지지자들의 환호가 이어지자 그는 물었다. "다시 출마할까요?" 끔찍한 일이다. 그의 성공은 대한민국의 성공이 아닌 김정은의 성공이었다. 그의 5년은 70년간 어렵게 발전시켜온 대한민국의 자유민주주의가 무참히 무너진 파괴의 시간이었고 군사정권 때 보다 더 지독한 독재의 시간이었다.

CHAPTER ● 1

독재자가 된 민주화유공자

건국 대통령 이승만은 대한민국의 정치체제를 자유민주주의로 선택했다. 이후 약 70년 동안 우리의 자유민주주의는 북한정권과, 자생 고정간첩과, 남파간첩들에 의해 늘 공격을 받으면서도 조금씩 발전해 왔고 세계는 마침내 우리를 2차 대전 후 독립한 나라 중 가장 성공한 자유민주주의 국가로 인정했다. 그런데 건국 후 최대 위협의 시간이 왔다. 독재자 문재인의 등장이다. 문재인의 5년은 군사정부 시절을 뺨치는 독재의 시간이었다. 박정희의 시대를 군인들이 정권의 주체가 되어 강력한 경제발전을 추진한 '개발독재'의 시대라 부른다면, 문재인의 시대는 종북 주사파가 정권의 주체가 되어 대한민국의 자유민주주의를 무너뜨린 '파괴독재'의 시대였다. 대한민국 70년의 성취는 문재인에 의해 하나씩 파괴되고 있었다.

군사정권 때도 이러지는 않았다

"약점을 개처럼 물고 늘어지면 국회의원이 될 수 있다."

2011년 10월 2일 방송된 KBS 개그콘서트에서 당시의 이명박 정부를 비판하는 개그맨 최효종의 대사다. 2012년 1월 9일 SBS 힐링캠프에 출연한 유력한 18대 대선후보 문재인은 개콘에서 최효종이 했던 이 연기를 두고 "아주 잘 하던데요"라며 치켜세웠다. 바로 이 사람 문재인 자신이 정권을 잡고 있던 2020년 6월 개콘은 폐지 되었다. 코미디와 개그를 직업으로 하는 희극인들은 말했다. "군사정권 때도 이러지는 않았다."

개콘이 사라졌다

오랜기간 국민에게 웃음을 준 '개그콘서트의 폐지의 비밀'이다. 이 무렵 한 개그맨은 "과거 김형곤 이주일 선배도 노태우 김영삼 김대중 등 주요 정치인을 개그 소재로 다루었는데 지금은 소위 6공시대보다 정치풍자를 못하고 있으니 정상적인 상황은 아니다. 정부 비판으로 비쳐지는 뉘앙스만 풍겨도 지지층이 떼로 몰려다니며 소위 좌표를 찍고 개인 SNS를 털기 때문에 누구도 정치풍자를 하려하지 않는다."고 말했다. 개그맨 김영민은 당당히 실명을 드러내고 항의했다. "이명박 박근혜 정부 때 정치풍자를 놓고 갈등이 없었던 것은 아니다. 그런데 지금은 갈등이 생길 일조차 없다. 시도조차 못하기 때문이다. 지금처럼 정치풍자를 하기 힘든 적은 없었다. 개그콘서트가 낮은 시청률로 고전하다 종영된 것은 사회현상이라는 재료를 담을 수 없어 재료가 취약해졌기 때문이다. 그래서 (시청자의) 외면을 받아 (개콘이 없어졌다) 자유민주주의 국가에서는 정부에 대한 풍자와

조롱으로 빵빵 터지는데 왜 우리만 안되나."(중앙일보, 2020.8.23)

문재인 스스로 물을 주고 자양분을 제공하며 무럭무럭 키운 대깨문들은 방송이나 신문에서 문재인과 그의 정권에 대한 비판적인 내용이 나오면 악성 댓글은 기본이고 메일 휴대전화 SNS 등으로 무차별적인 공격을 가했다. 그것은 테러 수준이었다. 이런 상황에서 누구도 문재인 정권의 실정을 비판할 수 없었고 개그맨들은 아이디어 조차 낼 수 없었다. 결국 재미없는 개콘은 시청자의 외면을 받고 사라졌다. 문재인 시대의 한 복판이었던 2020년 6월에 있었던 독재정치의 한 조각이다. 반정부활동과 간첩행위와 이적행위를 하고도 자신들을 민주화운동가로 불렀던 문재인 세력은 정권을 잡고 권력자가 되어 정치풍자 개그를 할 수 없는 정치를 했다. 그들은 민주정부가 아니었다. 독재정권이었다. "전 대통령으로 분해 대사를 읊던 전 정권의 개그맨들은 어디서 분분하고 있는지 나는 궁금하다." 진인 조은산의 독백이다. 문재인의 시대는 국민인 우리가 개그맨으로부터도 위로 받을 수 없었던 우울한 시간이었다.

미친 광화문
"지금 서울은 말 그대로 미쳤다. 완전히 우스꽝스럽다." 평양 군사퍼레이드를 직접 취재한 경험이 있다는 한 외신기자는 "이런 건 처음 본다. 한국이 추락하는 걸 보여주는 장면이다."라고 했다.(조선일보, 2020.10.9)

문재인의 독재적 통치, 혹은 대한민국을 파괴하려는 듯한 이해할 수 없는 통치에 저항하는 국민들은 2020년 10월의 개천절과 한글날에 광화문에 모였다. 문재인 정권은 시민을 막기 위해 철제펜스를 설치하고 버스를 이어붙여 길고 긴 차벽을 만들었다. 내세운 명분은 코로나 방역이었다. 그러나 가까운 곳에 수만 명이 모인 민노총 집회를 그냥 두는 장면에서 역병이 이유가 아니라는 사실은 바로 증명되었다. 외신기자는 방역을 이유로 무려 500대의 버스를 동원하여 성벽을 만들고 수도 서울의 심장부를 완전히 봉쇄하는 나라를 이해할 수 없었던 것이다. 하루 수십만 명의 확진자가 나오고 있던 서구 국가에서도 본 적이 없는 이런 장면에 기자는 '미쳤다'고 한 것이다. 그렇다면 이 외신기자는 대체 누가 미쳤다고 말한 것인가. 대한민국이? 청와대가? 문재인이? 약 한 달이 지난 11월 4일, 대통령비서실장 노영민은 국회에서 노기 가득한 얼굴로 "집회 주동자들은 살인자"라며 목청을 높였다. 외국기자가 미쳤다고 말한 광화문 현장, 정권의 통치에 질문을 던지고 항의하는 국민에게 침묵으로 버티던 대통령 문재인, 집회에 참석한 시민을 살인자로 규정한 대통령비서실장, 이런 대한민국이 민주주의 국가가 맞는가. 박정희와 전두환의 군사정권보다 덜 독재적이라고 생각하시는가. 미친 것은 문재인과 그의 정권이었다.

2020년 10월 집회에 석 달 앞선 7월부터 이미 문재인의 실정에 항의하는 집회는 줄을 잇는다. 7월 17일 서울 도심에서 열린 한 집회에서는 문정권의 부동산 정책에 대한 항의의 표시로 신발을 벗어 공중으로 던지는 퍼포먼스 시위가 있었고, 또 다른 집회에서는 문재인의 이름이 적힌 의자를 향해 신발을 투척했으며, 문재인 정권의 불공정과 불평등의 상징으로 꼽히는 인국공사태에 항의하는 촛불문화제도 있었다. 모두 촛불로 정권을 잡은 문재인 세력을 향한 시위였고, 자칭 민주화운동가들의 자칭 민주정부가 자행한 반민주주의적이고 독재적인 통치에 대한 저항이었다.

8·15광복절에도 광화문에는 대규모 집회가 었었다. 문재인은 8월 21일에 열린 '서울시재난안전본부' 회의에 참석하여 이렇게 말한다. "공권력이 살아있다는 걸 국민에게 보여줘야 한다. 필요한 경우에는 현행범 체포라든지 구속영장 청구라든지 엄정한 법 집행을 하겠다." 조국사태에서는 탄핵정국보다 더 많은 국민이 모여 조국을 해임하라며 결단을 촉구할 때도 침묵으로 뭉개던 문재인이, 윤석열을 기어이 쫓아내겠다며 칼춤을 추는 추미애를 뒷전에서 지켜만 보던 문재인이, 자신을 직접 겨냥하는 시위에 모인 국민을 향해서는 체포와 구속영장과 엄정한 법집행을 말했다. 그동안 민주 평화 협치 인권 정의 공정 등 '자유'만 뺀 모든 아름다운 말을 내놓던 그가 이런 무서운 용어를 선택한 것은 자신을 반대하는 국민에게 던지는 협박이었다. 선전포고였는지도 모른다. 문재인의 말이 협박이나 선전포고가 되지 않으려면 광화문에 모여 그에게 질문을 던지고 항의하는 국민에게 대답하고 설명했어야 했다. 그러나 그는 체포를 말하고 구속영장을 말하고 엄정한 법집행을 말했다. 그는 무서운 독재자였다.

문재인의 집권이 3년을 넘어가며 그의 통치에 의문을 품거나 그의 국정운영에 반대하는 국민은 정부를 향해 지속적으로 질문을 던지고 답변을 요구했다. 그러나 그는 답변을 내놓지도 않았고 그러한 통치와 정책을 변경하지도 않았다. 국민이 이해할 수 없고 국민이 반대하는 통치를 지속했다는 것은 곧 독재적 통치를 했다는 뜻이다. 그는 독재정치를 펼치는 독재자였다. 그의 통치 5년 내내 그랬다.

문주공화국의 독재자

2021년 연초 민주당의 서울시장 후보 박영선은 "대한민국은 문재인 보유국"이라고 했다. 주사파 출신의 정청래도 복창했다. 자유민주주의 국가에서는 있을 수 없는 해괴한 인식이었다. 민주당 당 대표로 있던 이낙연은 "죽는 한이 있더라도 문 대통령을 지키겠다"고 했다. 이들에게는 문재인만 있었고 국민과 국가는 없었다. 박경미라는 사람은 베토벤의 월광 소나타를 연주하며 "달빛소나타는 문재인 대통령의 성정을 닮았다고 생각합니다"라며 읊조리는 영상을 유튜브에 올린 후 국회의원 공천을 받았고, 선거에서 떨어지자 바로 청와대 교육비서관에 임명되더니 다시 청와대 대변인이 되어 문재인의 입이 되었다. 낯 간지러운 신하에 낯 두꺼운 군주의 조합을 보는 듯도 했고, 충성을 다하는 간부에게 특권을 보장하는 북한 김씨 정권을 보는 듯도 했다. 국민들은 이런 정권을 향해 문주文主공화국이라 부르며 치오른 부아를 달랬다.

대통령 문재인은 그의 통치 5년 동안 청와대에 모은 주사파 수하들과 민주당의 동지들, 그리고 청와대 밖의 지지자들로부터 절대적인 존재로 추앙받았다. 그리고 군사정권 시대보다 더 심한 독재적 통치를 펼친다. 그가 늘 웃으며 자랑하고 홍보하고 선전한 결과, 그리고 KBS MBC 등의 공영방송이 마치 북한중앙방송처럼 당과 청와대가 써주는 것만 전달한 결과 국민인 우리가 속고 세뇌당해서 그의 통치가 독재라는 사실을 알아채지 못했을 뿐 그는 명백한 독재자였다. 이유없는 주장이 아니다. 증거가 많다. 수도 없이 많은 증거 중에서 몇 가지만 말하려 한다.

독재의 증거 1, 철밥통 10만개를 만든 독재권력

문재인은 자신의 대통령 취임 이틀 후인 2017년 5월 12일 인천국제공항 공사를 방문한 자리에서 말한다. "임기 내에 공공부문 비정규직 제로 시대를 열겠습니다." 공사 사장은 이에 "금년 내 공항가족 1만명 모두 비정규직에서 정규직으로 전환하겠습니다"라고 화답한다. 그러나 재원에 대한 대책이 마련되지 않고 형평성에 대한 대책도 없이 졸속으로 던져진 이 약속은 진척이 없었다. 2020년 4월이 되어 공사는 자회사를 설립하여 비정규직 인원을 직고용하는 방안을 정부에 보고한다. 그러나 청와대는 5월 20일 관계기관 회의를 열고 보안요원 1900여 명을 자회사가 아닌 공사가 직접 고용하겠다고 발표한다. 회사가 자체적으로 결정한 내용이 청와대의 개입으로 뒤집힌 것이다.(조선일보, 2020.6.22)

청와대의 결정에 젊은이들은 분노했다. 공항공사 내 직원간의 형평성 문제와 타 공기업과의 형평성이 문제가 된 것이다. "조선시대처럼 임금이 방문했다고 시혜를 주는 것이냐. 대통령 방문이라는 은혜를 입어야만 정규직이 될 수 있는 것이냐. 문재인 오신날을 만들자"라는 항의가 이어졌다. 악화된 여론이 오래 지속되자 정부는 문재인의 의중을 적극적으로 따르지 않은 공사 사장 구본환을 해임한다. 해임사유가 궁색하자 법인카드로 고깃집에서 22만6000원을 결제한 일까지 동원되었다. 그 무렵 법무장관 추미애가 딸의 식당에서 정치자금 카드로 21차례에 걸쳐 252만원을 사용했다는 사실이 큰 이슈가 되고 있었지만 이를 뭉개고 있던 그들이 추미애의 단 9%에 해당하는 금액을 들고나와 공기업 사장의 해임 사유로 써먹었다. 9월 중순에 거론된 구본환의 해임은 일사천리로 진행되어 9월 29

일 그는 쫓겨난다. 공기업 사장도 문재인의 권력 앞에서는 파리 목숨이었다. 문재인의 권력은 절대적이었다.

문재인이 집권한 5년간 인천국제공항공사에서 정규직으로 전환한 인원은 총 7894명이었고, 370개 공공기관에서 정규직으로 전환된 인원은 모두 10만1720명에 달했다.(서울신문, 2022.5.9) 사회주의 국가의 철밥통을 만드는 정책이라는 비판을 받으면서도 대통령 선거공약으로 내걸었다는 이유로 '비정규직 제로' 정책을 강행한 것이다. 물론 그의 이 공약은 완전한 실패로 끝났다. 소주성 등 그의 잘못된 경제정책으로 인한 총체적 경기 침체 속에 민간기업에서 양질의 일자리가 대폭 줄어들었고 이 상황에서 비정규직이 크게 증가했기 때문이다. 그럼에도 공공부문에서는 10만 명이상이나 정규직으로 전환했다는 사실은 문재인이 자신의 권력을 무소불위로 휘둘렀다는 증거다. 그는 독재자였다.

독재의 증거 2, 까라면 까, 온실가스 감축 목표 40%

2021년 10월, 정부는 2030년까지 우리나라의 온실가스 감축 목표를 발표했다. 기존의 목표치였던 26.3%를 40%로 대폭 상향한다는 것이 핵심내용이었다. 이에 산업계에서는 "비현실적인 목표다. 포항제철 같은 공장 여러 개를 없애야 가능할 것이다. 제조업 공장의 해외 이전이 잇따를 것이다"라며 우려하고 반발했다. 일반 국민의 관심에서는 거리가 있는 이 슈였지만 산업계에서는 매우 시끄러웠던 이 소란도 문재인의 한 마디에서 시작된 것이다. 위의 정부 발표 한달 전인 9월에 문재인은 "온실가스 감축목표가 40% 이상은 돼야 한다"고 말했다. 이에 산업계는 물론 정부의 관련 부처인 산업통상자원부까지 나서서 반대의견을 낸다. 문재인이 제시한 40% 감축목표를 실현하려면 2030년까지 매년 4.17%를 감축해야 하는데 미국과 영국의 연평균 목표 감축량 2.81%, EU의 1.98%를 감안하면 우리의 4.17%는 불가능한 목표라는 것이 반대의 이유였다.

문재인이 자신의 임기 7개월을 남기고 세계 최대의 탄소배출국 중국과 미국보다 더 높은 목표치를 제시한 의도는 무탄소 목표에 최적의 에너지원인 원전을 감축하는 그의 탈원전 정책과 함께 바로 국민의 의심을 산다. 대통령이 국가경제에 부담이 되는, 대한민국 경제를 파괴하는 정책만 펼친다는 것이다. 문재인에게 독재적 권력이 필요했던 이유는 여기에 있었을 것이다. 대한민국 경제를 파괴하는 그의 정책은 많은 반대와 저항에 직면할 것이고 이를 무릅쓰기 위해서는 권력을 독재적으로 휘둘러야 했을 것이다. 문재인이 민간 산업계와 정부 관계기관의 의견을 무시하고 경제에 큰 부담으로 작용하는 수준인 탄소감축 목표치 40%를 밀어부쳤다는 사실만으로도 그가 자신의 권력을 독재적으로 휘둘렀다는 사실은 충분히 입증된다. 그는 독재자였다.

독재의 증거 3, 신내림을 준 대통령

"월성1호기 영구 가동중단은 언제 결정되나" 2018년 4월 초, 대통령 문재인은 청와대 보좌진에게 이렇게 물었다. 이 소식을 들은 산업부 장관 백운규는 즉시 담당 과장에게 이를 확인한다. 이에 과장은 "월성1호기를 2년 더 가동하겠습니다"라고 대답한다. 백운규는 "너 죽을래?"라며 '즉시 가동 중단'으로 보고서를 다시 쓰게 한다. 5월이 되자 산업부 원전국은 청와대에 "월성1호기 경제성을 낮추겠다"고 보고한 후 담당 회계법인에 경제성을 조작하도록 압력을 가한다. 산업부는 한수원 사장에게 "월성1호기는 경제성이 없는 것으로 결론이 나와야 한다"는 내용의 문건을 보낸다. 6월이 되어 이 원전의 경제성을 대폭 낮게 평가한 회계법인 보고서 최종본이 제출 되자 한수원은 이사회를 열고 월성1호기 조기 폐쇄를 결정한다. 감사원과 검찰이 월성1호기 경제성 조작사건에 손을 댄 것은 다음 해다. 2019년 12월 감사원이 확보한 산업부 원전정책과 PC에는 월성1호기 관련 자료 444개가 삭제되어 있었다. 삭제된 시점은 확보 바로 전날 늦은 밤이었다. 검찰과 감사원은 담당 공무원에게 파일삭제를 지시한 윗선에 대해 추궁했다. 그는 말했다. "내가 신내림을 받았나하고 생각했다" 그에게 신내림을 준 존재는 대체 누구일까.

　문재인의 입에서 시작된 탈원전은 산업부 공무원들에게 수많은 범죄 행위를 야기했다. 그는 영화 '판도라'를 보고 눈물을 흘렸으며 이때 탈원전을 결심했다고 알려져 있다. 원전 산업을 초토화시키고, 한전에 30조의 적자를 안기고, 그의 집권 5년간 해외 원전수주를 제로로 만들고, 국가에 수백조 원의 손실을 안긴 그의 탈원전 정책이 영화 한 편으로 정해졌다고 단정한다면 대한민국 국정이 깃털같이 가벼운 일이 될 것이다. 그래서 탈원전은 깊고 원대한 어떤 음모에서 시작된 일이 분명하다. 그러나 이 엄청난 일은 우선 문재인의 말 한마디에서 시작했다. 말 한마디로 이런 어마어마한 일을 할 수 있었던 문재인의 권력은 절대적인 것이었다. 담당 공무원은 자신의 불법행위를 신내림으로 피해가려 했다. 그의 눈에는 문재인이 절대권력을 가진 신과 같은 존재로 보였던 모양이다.

독재의 증거 4, 이런 일에 대통령의 권력을 쓰다니

"조직의 명운을 걸라" 2019년 3월 18일, 동남아에서 막 돌아온 문재인은 순방에서 무슨 일을 하고 왔는지에 대한 설명이나 관련된 업무지시도 없이, 급감하는 일자리와 폭등하는 집값 등 당시 심각한 이슈였던 경제에 대한 언급도 없이, 박상기 법무부 장관과 김부겸 행안부 장관을 청와대로 불러 '장자연, 김학의, 버닝썬 사건'의 진실을 규명하라고 지시했다. 검찰과 경찰 조직의 명운을 걸라는 말도 덧붙였다. 법무부 장관과 행안부 장관에게도 "책임을 지고 사건의 실체와 여러 의혹들을 낱낱이 규명하라"고 지시한다. 이해할 수 없는 대통령의 지시에 의해 관련기관은 무리를 거듭하고 이 과정에서 많은 불법과 범법행위가 발생하였으며 많은 공무원이 처벌되었고, 또 처벌을 면하기 위해 국가의 사법체계를 문란하게 만든다.

장자연 사건과 김학의 사건은 이미 공소시효가 만료되어 수사의 실익이 전혀 없었다. 구체적인 사건에 대한 대통령의 이해할 수 없는 수사지시를 두고 특정 우익 언론사 사주와 우익진영의 공직자를 잡기위한 것이라는 등 의도와 목적에 대한 추측과 의심이 난무했다. 문재인의 무리한 지시를 이행하는 과정에는 많은 국가기관이 동원되고 많은 공무원이 불법행위를 범한다. 김학의를 출국금지 시키는 과정에는 이성윤 중앙지검장, 이광철 청와대 민정비서관 등 청와대 검찰 법무부의 여러 명의 고위 공직자가 불법에 연루되었고, 정권의 실세인 이들을 구제하기 위해 '목적이 정당하면 불법도 무죄'라는 취지의 판결을 내린 사법부의 신뢰는 형편없이 추락한다. 김학의, 장자연, 버닝썬 사건은 거의 1년간 언론의 관심과 국민의 시선을 낭비하고 국가의 행정력만 소모한 채 아무런 소득 없이 끝났다. 이번에도 시작은 대통령 문재인의 입이었다. 그의 말 한마디는 절대적 권력이었다는 뜻이다. 그래서 문재인은 독재자다.

결사옹위

사례 하나, 대통령은 거론하지 마라: 조국도 거쳐간 청와대 민정수석은 국가의 핵심 권력기관을 관장하는 자리로서 청와대에서도 최고 요직이다. 2021년 2월 임명된지 2개월도 안된 신현수 민정수석이 그만두겠다고 했다. 검찰 인사에 법무장관 박범계가 월권을 한 것이 이유였다. 정부 핵심 권력자간의 알력과 불화는 대통령의 지휘력에 1차적 책임이 있다. 언론과 야당에서 "대통령은 대체 뭐 하느냐"는 비판이 잇따르자 청와대에서 내놓은 반응은 이랬다. "대통령은 거론하지 말아달라" 문재인도 청와대의 수하들도 검찰인사가 왜 그렇게 됐는지, 민정수석은 왜 사의를 밝히고 휴가를 냈는지에 대해 설명을 해달라는 야당의 요구에는 입을 다물었다. '대통령은 신성한 존재냐, 대통령은 생색내는 일에만 얼굴을 내밀고 책임져야 할 일에는 숨느냐'는 말에는 대꾸조차 없었다.

사례 둘, 명운을 걸어라: 문재인의 청와대는 의혹이 제기되는 일이 생기면 해명을 하는 대신 겁박으로 나왔다. 2021년 1월이 되자 월성원전 폐쇄를 위한 조작과 불법이 드러나 이를 덮기에 급급했고 마침내 북한에 원전을 지어주기 위해 계획을 세우고 집행을 시도했다는 의혹까지 드러난다. 언론과 야당은 2018년 4월 27일 판문점 회담에서 문재인이 김정은에게 건넨 USB를 공개하라고 요구한다. 이에 대해 청와대 정무수석 최재성은 야당을 향해 "공당이라면 명운을 걸어야 한다"고 했다. 국민에게 알리거나 공개하지 않고 문재인과 그의 수하들이 은밀하게 진행한 일의 내용을 알려달라고 요구하는 목소리에 청와대는 설명을 해주는 대신 명운을 걸라는 겁박으로 나왔다. 그리고 "성립 불가능한 요구를 하고 있다. 국격이 떨어지는 것이기 때문에 공개하지 않을 것"이라고 했다. 이어 문재인의 심기를 거론하며 "격노라는 표현이 적당한지는 모르겠지만 매우 안타까워 하고 있다"고 말해 문재인이 격노했음은 저절로 알려졌다. 청와대의 수하들은 문재인의 심기만 살필 뿐 국민의 알 권리와 국민의 분노에는 무관심했다. 최재성이 말한 국격은 조작과 은폐가 기술이고 미덕인 독재국가의 국격이다. 투명한 통치를 지향하는 자유민주주의 국가의 국격은 아니다. 주사파 단체인 전대협 출신인 최재성은 문재인을 수령처럼 받들고 있었다. 임종석 등 청와대 참모 모두가 그러했다. 그들의 언어는 국민의 의견을 묵살하고 대통령 문재인을 결사옹위하는 것이었다. 그들은 젊은 시절 김일성과 김정일을 결사옹위 하였듯이 이제는 남쪽 지도자 문재인을 수령으로 모시며 결사옹위하고 있었다. 수령이라면 히틀러에 버금가는 최상위의 독재자를 뜻한다.

신독재 국가라고 합니다

"윤미향 조국 사태 등을 거치면서 만약 코로나가 아니었다면 민주당을 향해 촛불을 들었을 것이다." 2021년 5월 민주당 청년간담회에서 청년 이기웅 씨가 한 말이다. 문재인은 집권 중반을 넘기면서 통치에 항의하는 국민에게 대답을 주는 대신 광장에서 쫓아내고, 코로나에는 마스크도 백신도 음압병상도 필요한 때에 필요한 만큼 공급하지 못하면서 '방역 성공'을 말하고 또 말하는 동안 창궐을 거듭했다. 100석 이상을 가진 야당을 완벽하게 배제하고 묵살하며 국정을 독단적으로 운영했으며, 검찰 감사원 헌재 법원 등 권력을 견제할 수 있는 모든 국가기관은 '개혁'이란 이름으로 절단내어 본래의 기능을 수행할 수 없도록 만들었고, 연이어 임명된 3명의 법무장관과 민주당의 질 낮은 정치인들은 앞장서서 나라의 공정과 정의와 법치를 무너뜨렸다. 청년 이기웅 씨가 촛불을 들었을 것이라고 말한 이유는 이런 상황인식에서 비롯되었을 것이다.

영국 시사잡지 이코노미스트는 2020년 8월호에서 문재인 정권을 비판했다. 집권 전에는 비판세력으로서 도덕적 권위를 획득했으나 권력을 잡은 후 같은 기준이 자신들에게 적용되자 수긍은 커녕 발끈하며 고소고발을 일삼는다고 했다. 정권에 비판적인 언론인을 구속했다는 사실도 지적했다. 이 시사지는 정당과 의회가 중심이 되는 민주주의에 대한 반감이 극히 큰 두 나라를 지목했다. 이라크와 한국이다. 대한민국이 민주주의 평가에서 이슬람 국가 이라크와 나란히 서게 된 것이다. 이라크는 미국이 후세인을 제거한 후 쿠데타와 정변과 독재의 소식을 전하며 오랜기간 혼돈에 빠져 있는 나라다. 문재인의 시대에 우리의 정치가 이라크의 수준이 되었다는 뜻이다. 스웨덴에 본부를 둔 한 정치적 비영리 기구도 비슷한 평가를 했다. 이 기구가 실시한 '세계 가치관 조사'에 따르면 문재인 정권기의 한국은 러시아, 이라크와 비교될 정도로 민주주의의 근간이 위태로운 나라였다.(신동아, 2020년 10월호)

2018년 출간된 '어떻게 민주주의는 무너지는가'(스티븐 레비츠키 외)는 한 정치지도자가 대통령이 되기 전 그가 독재자가 될 가능성이 있는지를 알려주는 경고신호 네 가지를 제시했다. 이 네 가지를 따져보면 문재인의 통치와 완전하게 부합한다. 문재인이 분명한 독재자라는 뜻이다.

1. 말과 행동에서 민주주의 규범을 거부한다: 문재인은 2016년 탄핵정국에서 "헌재가 탄핵을 기각하면 다음은 혁명밖에 없다"고 말했다. 혁명은 기존의 자유민주주의 규범과 질서를 근본적으로 뒤엎는 행위다.

2. 정치 경쟁자의 존재를 부인한다: 문재인은 거짓과 조작으로 국민을 선동하여 18대 대선에서 자신에게 패배를 안긴 박근혜를 청와대에서 끌어내고 그의 집권 기간 내내 감옥에 가두어 놓다 퇴임 5개월 전에야 풀어주었다. 그리고 우익정부의 고위직 200명 이상을 함께 감옥으로 보냈으며 박근혜 대신 자유민주 세력의 구심점이 될 가능성이 있던 이명박까지 감옥으로 보내고 그의 임기가 끝날 때까지 풀어주지 않았다.

3. 폭력을 용인하거나 조장한다: 문재인은 문빠라고 불린 그의 극렬 지지자들을 "경쟁을 흥미롭게 하는 양념"이라고 미화했고, 그들은 보스 문재인의 비호 아래 정치판을 폭력적 언어테러가 난무하는 난장판으로 만들었다. 문양념은 이재명의 개딸로 계승되어 한국 정치의 암덩어리가 된다. 이 악성암을 최초로 활성화시킨 것은 문재인이다.

4. 반대 국민에 대해 표현의 자유를 포함한 기본권을 억압한다: 정권을 잡은 문재인은 KBS MBC YTN 등 방송을 민주당의 선전 선동대로 만들어 국민을 세뇌하는 도구로 사용하며 표현의 자유를 원천적으로 압사시킨다. 자신의 사상을 의심하고 자신의 통치를 비판하는 일반 국민 여러 명에게 대해서 고소 고발을 남발하며 표현의 자유를 압살했다. 이상의 네 가지 기준 모두에 부합하는 문재인은 독재자가 분명하다.

독재자와 간첩

마르크스 레닌의 계급투쟁론은 세계 노동자들을 향해 폭력적인 수단으로 자본가 계급을 타도하고 사회주의 국가를 건설하여 무산자 독재정권을 수립해야 한다고 독려한다. 그리고 무산자 계급이 정권을 잡고 독재적 통치를 실시하는 것이 진정한 민주주의라고 주창한다. 사회주의와 공산주의 창시하고 이론을 정립한 사람들의 이러한 가르침에 따라 독재정치는 좌익국가의 본질이 된다. 독재적 국가가 모두 좌익의 나라는 아니지만 좌익의 나라 중에 독재체제가 아닌 나라는 없는 이유다.

공산국가의 최고 권력기관은 공산당이다. 공산당이 국가보다 높은 위치에서 인민을 통치한다는 의미에서 당주黨主국가로 불리기도 한다. 공산당 내부에서는 중앙위원회 혹은 정치국이라 부르는 기구가 핵심권력을 장악하는데 이 핵심기구는 최고지도자 단 한 사람의 지휘에 따른다. 이것은 공산당의 독재정치 구조로서 레닌이 고안한 민주집중제Democratic centralism를 말한다. 이런 구조 속에서 최고지도자의 권력은 근대 이전의 전제군주의 권력보다 더욱 강력하다. 공산주의 이론과 용어가 대부분 그러하듯 이 민주집중제 역시 기만적 용어술이다. 실상은 절대적 독재체제를 의미한다. 레닌 자신부터 민주집중제라는 이름으로 황제 차르보다 더 강력한 권력을 행사했고 후계자 스탈린은 레닌보다 더 강력하고 폭력적인 권력을 행사했다. 중국의 모택동, 북한의 김씨 3대, 캄보디아의 폴 포트, 루마니아의 차우세스쿠도 마찬가지다. 공산주의 국가의 본질인 독재적 통치를 이렇게 길게 설명하는 이유는 문재인의 통치가 공산체제의 독재정치 족보에 기반을 둔 통치라는 사실을 말하기 위해서다.

문재인은 공산주의자이기 때문에 독재적 통치를 전개했다. 공산주의자가 자신의 이념 정체성을 감추고 자유민주주의 국가의 대통령이 되었다는 것은 간첩행위다. 대통령이 되어 독재적 권력을 행사하며 자유민주주의적 기본질서를 모조리 파괴하고 국가의 정체성을 사회주의 공산주의로 변경하려고 했다면 이 역시 간첩행위다. 그래서 문재인은 '대통령이 된 간첩'이다. 너무 놀라운 일이라서 수긍이 되지 않으신가. 대통령 문재인 그가 권력을 장악한 5년 동안 대한민국의 입법부 행정부 사법부 3권을 어떻게 운용했는지를 말하며 그가 독재자라는 사실을 입증할 것이다. 이 과정에서 그를 간첩으로 확신하는 이유도 함께 말할 것이다. 그가 간첩의 신분으로 대통령이 된 사람이라는 사실도 증명할 것이다.

CHAPTER ● 2

최고인민회의를 닮은 대한민국 국회

김경수의 드루킹과 손석희의 가짜 태블릿PC를 앞세우고 거짓과 조작과 선전 선동으로 시민을 광화문에 모은 촛불정국을 총지휘하여 결국 박근혜를 감옥으로 보내고 비워진 청와대를 차지하는데 성공한 사람이 바로 문재인이다. 그는 먼저 임종석과 조국을 필두로하는 주사파들을 모조리 청와대로 모으고 국가권력을 집중시키며 스스로 독재자가 되어 입법 사법 행정 등 모든 국가기관을 무력화시키고 껍데기만 남긴다. 자유민주주의를 실현하고 유지하고 방어하기 위해 만들어진 정부 시스템의 기능이 마비되자 모든 정부 조직은 청와대 주사파 권력의 들러리가 된다. 문재인은 이인영 송영길 등 또다른 주사파들이 이미 장악하고 있던 국회부터 자신의 독재적 통치의 도구로 만들어 간다. 그의 시대, 국회는 마치 북한의 최고인민회의 처럼 작동했다.

주사파와 저질파가 장악한 대한민국 국회

한국으로 넘어와 21대 국회에서 초선의원이 된 태영호는 의원 뱃지를 달고 두 달후 국회에서 "여기가 과연 북한의 최고인민회의인가 대한민국 국회인가 헷갈린다"고 말했다. 야당을 완벽히 배제한 채 국회를 독단적으로 운영하는 집권당인 더불어민주당을 보며 그는 "여당은 제1야당에게 답 정너를 외치고 있다. 그 답이란 대북전단 살포 금지, 종전선언, 판문점선언의 국회 비준이다"라고 했다. 그는 "민주주의에는 폭정과 강제가 아닌 절차와 협의가 필요하다"는 말도 덧붙였다.(중앙일보, 2020.6.21) 세계 최악의 공산독재 정권에서 넘어온 태영호는 우리보다, 정확히는 민주당 국회의원들보다 건강한 민주주의적 사고를 하고 있다. 그의 눈에는 우리 국회가 북한의 인민대회처럼 보였던 모양이다. 대한민국 국회가 북한에서 온 사람으로부터 훈계를 들어야 하다니, 어쩌다 이 꼴이 되었을까.

180대의 거수기

논객 진중권이 "거수기가 굳이 180대 씩이나 필요가 있을까"하고 비꼬았을 정도로 국회는 문재인 정권 초기부터 '청와대의 여의도 출장소'로 불렸다. 21대 국회에서 압승한 후에는 민주당을 조선로동당 서울지부로, 국회를 로동당 최고인민회의로 부르는 국민도 많았다. 문재인 정권이 야당을 무시하거나 배제하고 국회를 독단적으로 운영했다는 뜻이다.

문재인과 주사파가 뭉친 청와대와, 이해찬을 비롯한 종북세력이 지휘하는 당 지도부의 오더를 받는 민주당의 거수기들은 일사불란했다. 2020

년 7월 3일 민주당은 38조 원에 이르는 역대 최대 규모의 추경을 강행한다. 초슈퍼 규모라 불린 이 예산안을 각 상임위가 심사하는 데는 단 4일이 걸렸다. 어떤 상임위는 수조 원 규모의 사업을 단 30분에 끝냈고, 1~2시간 만에 심사를 마치는 경우가 대부분이었다. 모든 과정은 야당을 철저히 따돌린 채 졸속으로 처리되었다. 주호영 의원은 "제1 야당 원내대표인 저는 행정부로부터 이 추경에 대해 한 번도 설명을 들은 적이 없다"며 분노했다. 그는 "기한을 1주일이라도 연장하여 심사를 거치자"고 했으나 그의 호소는 가볍게 묵살되었고 민주당 원내대표 김태년은 "현미경 심사를 했다"며 전대협의 주사파 전사 답게 뻔뻔한 거짓말로 국민의 눈과 귀를 넘으려 했다. 이 슈퍼 추경은 야당의 불참 속에 찬성 179표 반대 1표로 통과된다. 반대표를 던진 강민정 의원은 민주당 윗선으로부터 혼쭐이 났다고 전해졌다. 이러니 태영호 의원의 눈에 대한민국 국회가 북한 최고인민회의로 보였을 것이다.

큰 물난리와 폭염이 함께 왔던 2020년의 여름, 야당과 무소속 의원 110명은 대한민국의 공정과 정의와 법치를 통째 말아먹고 있던 법무장관 추미애에 대한 탄핵소추안을 발의했다. 7월 23일 국회 표결에서 찬성 109표, 반대 179표로 부결된다. 이에 민주당 정청래는 소추안을 발의한 110명 중 1명이 이탈했다며 "안 찍은 범인 1명은 누구냐"고 조롱했다. 정청래는 발의에는 이름을 올렸으나 표결에는 참석하지 못했거나 혹은 의견을 바꾼 의원을 범인이라 불렀다. 일사불란은 공산당 당원의 미덕이다. 주사파 학생전위조직인 전대협 출신의 정청래에게는 이해되지 않는 일인 듯 했다.

180대의 거수기는 그해 연말 대한민국을 사회주의로 만드는 법안들이 대거 통과될 때 완벽하게 작동한다. 12월 10일 공수처법개정안에는 민주당 의원 173명 중 172명이 찬성표를 던졌고, 13일의 국정원법개정안에는 민주당과 범좌익 의원 187명 중 187명이 만장일치로, 14일의 대북전단금지법에는 188명 중 187명 찬성에 기권 1명이었다. 진중권이 말한 180대의 거수기였다. 더불어민주당 의원들은 자신들을 조선로동당 최고인민회의의 대의원쯤으로 생각하는 듯 보였다. 100% 찬성은 조선로동당의 자랑이자 상징이 아닌가. 문재인의 시대에 대한민국 국회는 청와대의 지령에 따라 일사불란하게 움직이는 180대의 오토 거수기였다.

국회를 장악한 주사파

공산당의 의사결정 시스템은 '민주집중제'다. 결정권은 상부에 집중되고 하부는 상부에서 내리는 결정을 충실히 따라야 한다. '당이 결정하면 우리는 따른다'는 공산당 구호 그대로다. 좌익의 용어가 다 그렇듯 '민주'라는 단어가 들어있어 속기 딱 쉽지만 민주집중제란 그냥 '최고 권력자의 독재'와 동의어다. 노무현이 사라지고 문재인이 민주당의 최고 리더가 된 이후부터 통혁당 잔당 한명숙 및 골수 좌익 이해찬과 함께 국회를 민주집중제에 봉사하는 들러리로 만들기 위해 국회를 주사파로 가득 채운다.

2012년에 실시된 18대 총선에서 한명숙과 임종석이 이끈 민주당은 이석기의 통진당과 연대하여 통진당이 후보를 낸 지역구에는 공천하지 않는 방법으로 통진당을 13석을 가진 원내 제3당으로 만드는데 성공한다. 간첩세력이 남쪽의 국회에 혁명을 위한 합법적 교두보를 확보한 것이다.

곧 이석기의 국가 전복 음모가 드러나고 통진당이 해산하게 되자 민주당은 모든 종북세력을 품에 안고 스스로 좌익 혁명정당의 역할을 수행한다. 2016년의 19대 총선에 당선된 민주당 의원 중에 반국가행위로 처벌받은 공안 범죄자는 모두 49명이었다.(미래한국, 2016.5.31) 처벌받지 않은, 혹은 집시법 위반 등 가벼운 혐의로 처벌받은 운동권 출신을 합하면 숫자는 대폭 늘어난다. 이어 2020년 21대 총선에서 민주당의 당선자 163명 중 운동권 출신은 60여 명이었다.(데일리안, 2020.4.19) 이 단순한 숫자보다 더 심각한 것은 이들이 당의 최대 파벌이 되어 핵심 요직을 모두 장악했다는 점이다. 민주당이 종북 정당, 주사파 정당, 간첩들의 정당이라 불린 이유다. 로동당 서울지부로 불린 이유도 같다. 민주당을 장악한 이들은 당을 조선로동당처럼, 국회를 북한의 최고인민회의처럼 이끌어 간다.

'산에는 나무들이 자라고/ 들에는 곡식이 자라고/ 국회에는 주사파가 자란다.' 김일성주의자들이 국회에 교두보를 확보했다는 사실을 자각하자는 의미로 김대중 시대에 유행했던 말이다. 김대중이 젊은 피 수혈을 명분으로 임종석 이인영 등의 주사파를 정치판으로 끌어올리기 시작한 뒤 세력을 키운 그들은 김대중의 시대가 끝난 후에는 노무현의 곁으로 모인다. 그들은 대중적 인기는 누렸지만 세력이 빈약하던 노무현을 옹립하여 대통령으로 만들고 자신들은 대한민국 정치판의 최대 파벌이 된다. '국회에는 주사파가 자란다'는 말은 이런 배경에서 나왔다. 문재인은 주사파에 더해 국회에다 완전히 새로운 또 하나의 종족을 더 끌어들인다. 김남국 김용민 장경태 민형배 등의 소위 저질파다. 주사파와 저질파로 국회를 채운 문재인 정권은 대한민국을 저급한 좌익의 나라로 속속 만들어 나간다.

저질파라는 새로운 종족

2020년 7월 30일, TV에는 대전의 침수 특보를 보도하는 화면이 나와 있었고 그 앞에는 민주당의 박주민 황운하 최강욱 이재정 김용민 김승원 김남국이 음식을 앞에 두고 환하게 웃고 있었다. 이들 중 한 명이 자랑삼아 SNS에 올려 온 국민이 보게된 장면이다. 국회에서 늘 상대진영을 향해 자신이 '국민의 대표'라며 눈을 부라리던 이들은 모두 민주당의 초선의원으로 문재인 키즈라 불리는 자들이다. 국민은 폭우로 난리를 치르고 있는데 그 시간 이들은 희희낙락했다. 국민을 대변하는 사람들이 모이는 국회에 들어오기에는 함량이 크게 미달하는 이들은 국회부터 저질화를 주도했다. 이어 대한민국 전체를 저질의 지경으로 이끌었다. 이들을 공천한 이해찬과 그들의 최고 영도 문재인이 힘을 합쳐 만든 작품이다.

저질파라 불린 함량 미달의 인물들이 대거 민주당의 공천을 받고 21대 국회의 초선의원이 된 일은 문재인 세력이 이들을 거수기 삼아 남한을 사회주의 체제로 변경하기 위해 계획적으로 한 것으로 처음부터 그런 의심을 받은 것은 아니다. 국회 개원에서부터 민주당의 의회독재가 시작되고 이어 이들 저질파 의원들 각자의 저질의 모습이 국민 앞에 속속 펼쳐지자 알게된 사실이다. 자신들의 검은 음모를 처음부터 국민에게 알렸다면 그들은 사회주의자도 아니고 종북주의자는 더욱 아닐 것이다.

주사파 운동권 출신들을 흔히 '정치 건달'로 부른다면 처럼회 회원들로 대표되는 저질파는 '정치 양아치'다. 주사파 건달들은 북한과 김씨 일가에 대한 충성이라는 분명한 공통적 지향 혹은 종북주의 이념이라도 공유한다. 그러나 저질파들은 국회의원의 영화를 쫓는 개개인의 이기심만 있었을 뿐 어떠한 공적 추구도 없었다. 처음에는 권력자 조국을 추종하고 조국이 권력을 잃자 이재명에게 충성하며 자신은 코인 투자로 큰 부자가 된 김남국이 대표적이다. 저질파를 정치 양아치라 부르는 이유다. 비록 이해찬과 문재인의 의도를 확인할 수는 없으나 결과로 판단하면 이해찬과 문재인은 이들 다수의 저질파들을 국회의원으로 만들고 거수기 삼아 많은 사회주의적 법안들을 통과시키며 대한민국의 체제변경을 도모했다. 그래서 선관위가 개입된 조직적인 부정선거 의혹과 함께 저질파의 대거 유입은 21대 국회의 두 가지 특징 중 하나로 꼽힌다. 저질 국회의원 들의 면면을 말하자면 다음과 같다. 22대 국회를 걱정하는 마음에서 그들의 이름을 하나씩 꼽아본다.

'최초로 엄마들을 앵벌이 시킨 딸'로 불리며 남편도 보좌관도 죄다 반국가 혐의자에다 자신도 국민이 낸 세금을 쓰며 '남조선 괴뢰도당'이라 부르는 조총련 집회에 버젓이 참석하여 저질파와 주사파 모두에 해당할 듯한 '대한민국 국회의원' **윤미향**, 자신의 빈곤 포르노가 인기를 잃자 영부인의 빈곤 포르노까지 찍은 포르노 청년정치인 **장경태**, 추미애 아들의 탈영이 문제되자 안중근 의사의 위국헌신 군인본분爲國獻身 軍人本分을 끌어다 붙인 jtbc 출신의 유식분자有識分子 **박성준**, 매일 밤마다 조국曺國을 위해 기도한 후 잠자리에 든다고 말해 그를 뽑아 준 지역구민을 모두 절망케 하더니 국회에서 코인투자에 몰두 하느라 이모사건을 일으켜 모든 국민을 절망케 했던 **김남국**, 국회에서 준비없는 내용으로 횡설수설하다 주모酒母라는 별명을 얻은 동작을의 **이수진**, 남총련 NL출신으로 상대당 의원들에게 거침없이 GSGGD개새끼들을 날리고 검수완박법을 통과시키기 위한 안건조정위의 야당몫 한 자리를 차지하기 위해 위장탈당하여 여당의원에서 졸지에 야당의원으로 둔갑하고도 위장탈당이라는 비판에 "탈당했잖아요, 제가 뭘 위장했습니까"라고 뻔뻔하게 말하고 얼마 있다 복당하여 '진짜 GSGGI'라 불린 **민형배**, 보수성향이 강한 60대 이상 세대의 정치에 대한 영향력을 감소시킬 의도로 노인을 '미래에는 없을 사람들'이라 비하하며 스스로의 국회의원 영생永生을 도모한 **양이원영**, 이미 나라 곳간은 텅텅 비고 빚이 산더미처럼 쌓이는데 "곳간에 재정 쌓아두면 썩어버리기 마련"이라고 말해 온 국민을 한숨짓게 했던 **고민정**, 김여정이 문재인 정권을 향해 특등머저리라며 욕을 퍼붓자 이를 "좀 더 과감하게 대화하자는 속내를 드러낸 것"이라는 엽기적 해석을 내놓아 진짜 특등 머저리로 불리고, 청와대에 있을 때는 물론 국회의원이 되어서도 문재인에게 욕먹을 일이 생기면 꼭 얼굴을 내밀고 궤변을 풀어놓으며 호위하는 딱 한가지 역할만 하며 국회의원 행세를 하는 전대협의 끝물 **윤건영**, 취임 5개월도 안된 대통령 윤석열의 탄핵을 선동한 민변 소속의 조국 똘마니 **김용민**, '짤짤이, 깐족거린다, 한국3M' 등의 숱한 설화로 유명세를 탄 극단적 인간형 **최강욱**, '직업이 낙선'이라 불렸을 정도로 수많은 선거에서 떨어진 송철호를 문재인이 형이라 부르고 그의 당선을 소원했다는 이유로 자신의 울산지방경찰청장의 직위를 이용해 결국 울산시장으로 만드는 데 공을 세우고 자신은 국회의원이 된 **황운하**도 있다.

코로나 시국에 구색용으로 공천을 받아 국회에 들어가고 이태원사건 때는 자신의 의전을 위해 구조대의 시간을 소모시킨 의사 출신의 **신현영**, 핸드볼 선수 출신으로 또 하나의 구색용이었던 **임오경**, 국회에 출석한 나이 많은 장관들에게 '발악, 추태, 비루하고 초라하다. 배우지 못하신 거 같아서' 등의 언어를 구사하며 대한민국 국회의 수준을 바닥 아래로 내린 **강선우**도 있다. 이 초선의 젊은 셋의 여성의원들은 선배 의원들에게 욕먹을 이슈가 생길 때면 A4용지를 들고 마이크 앞에 서는 역할을 주로 담당했는데 그들의 외모에서 나오는 이미지와 그들이 읽는 종이의 내용은 완전히 다 른 것이었다. 이해찬이 구상한 이들의 쓰임새로 보였다.

절도범 5선과 악마의 화신 0.5선

민주당의 저질파가 초선의원으로만 구성된 것은 결코 아니다. 선거 직전에 거짓말을 퍼뜨려 불리한 판세를 뒤집고 대통령 자리를 훔치는 오랜 전통의 원조 5선의원 **설훈**, 지역구 군수에게 "노래하시면 예산 100억 원을 내려주겠다"고 하여 대한민국의 정치가 아프리카의 미개국 수준임을 확인시키고, 박정희가 숨긴 300조를 찾는다며 세금으로 유럽을 오가고 그것이 모두 거짓으로 확인되고도 고개 빳빳이 들고 다니는 후안무치의 5선의원 **안민석**, 대한민국 정치판에서 막말 하나로는 수령급으로 꼽히는 주제에 다른 사람에게 "인간이 되자"고 말해 이미 인간이 아닌 '어떤 비인간의 존재'로 보이던 그를 명실상부한 막말의 지존으로 확정케 했던, 국회 대정부질의 회의장에서 함부로 고함을 지르며 진행을 방해하다 '야구장에 오셨냐'는 핀잔을 받은 최악의 저질 국회의원 **정청래** 등의 다선 의원들은 초선의 저질의원들에게 저질의 극단적 능력을 보이면 다음 총선에서도 공천장을 받아 재선, 3선, 5선이 될 수 있다는 멘토가 되어주었다. 공개된 장소에서 자신에게 질문을 던지는 젊은 기자에게 '후레자식'이라는 욕을 거침없이 날린 7선의 **이해찬**이야말로 초선의 저질파 의원들에게는 멘토 중의 멘토였을 것이다. 공적 의식public mind을 전혀 갖추지 못하고 자유민주주의에 대한 이해가 전무한 사람들을 민주당에 영입하고 이들을 공천하여 국회를 채운 일을 주도한 사람도 이해찬이었다. 부디 이들 함량미달의 의원들이 이해찬 처럼 많은 선수選數를 채우지 않기를 기도한다. 대한민국의 미래를 생각하면 그들에게는 재선도 너무 길다.

저질의 초선 의원 중에 빠진 사람이 있다. 0.5선의 **이재명**이다. 이미 4개의 전과를 단 잡범의 신분으로 대통령 후보가 되고, 십수 개의 범죄혐의로 검찰청을 들락거리면서 자신 한 몸 감옥 가지 않기 위해 국가의 제도와 기관을 총동원하고 170여 명의 국회의원을 자신을 지키는 방패막이로 써먹으면서 2년을 버틴 사람이다. 또한 언론노조위원장을 시켜 대선 며칠 전에 설훈 식의 거짓말을 퍼뜨려 선거를 훔치려 하고, 백현동 사건은 박근혜가 시켜서 한 일로, 대장동 사건은 윤석열게이트로 몰아붙인 극단의 저질 인물이다. 특히 김대중과 노무현은 설훈을 앞세우고, 문재인은 김경수와 민주당의 5인의 최순실TF를 앞세우고 대권을 훔쳤다면 이재명은 자신이 직접 정권 절도를 시도했다는 점에서 대한민국 정치판이 이제 막장에 이르렀다는 사실을 보여준다는 점에서 심각성이 더하다. 말과는 다른 행동을 완벽하게 해내고, 행동과는 다른 말을 완벽하게 하는 이재명을 두고 회계사 김경율은 "악마를 형상화하면 이재명일 것"이라고 했다. 악마가 형상화한 존재가 맞다면 그가 대통령이 될 뻔했던 일은 대한민국의 존립에 보통 심각한 일이 아니다. 극한의 저질형 인간 이재명 이 사람도 종북세력의 원로 이해찬이 좌익 진영의 최고 지도자로 만들고 대통령 후보까지 만드는데 성공한 작품이다. 저질화를 이해찬과 문재인의 북한주의 혁명의 수단이 라고 말하는 이유다.

대한민국의 저질화는 국회에서 발원하여 사법 행정 등 모든 국가기관으로 확산되고 마침내 대한민국 사회 전체로 확산되었다. 저질화는 종북 좌파진영 전체가 선택한 남한 혁명전술 중의 하나였을 것이다. 대한민국 전체가 저질화되어야 사회주의 공산주의 혁명이 쉽게 스며들기 때문이다. 양상훈 기자는 대한민국 70년의 흐름을 산업화, 민주화, 다음으로 저질화를 꼽았고(조선일보, 2022.9.1) 언론인 권순활은 문재인의 시대를 좌경화와 저질화 두 가지 키워드로 규정했다.(PenN뉴스, 2020.10.25) 문재인은 대한민국을 저질화했고 여기에는 이해찬을 앞세웠다. 대한민국이 좌경화되고 저질화되면서 이땅의 자유민주주의는 서서히 파괴되고 있었다. 이해찬과 문재인이 함께 계획한 것으로 보였다.

의회독재의 현장

2019년 4월 22일, 악질 친일분자 홍종철의 후손으로 알려진 홍영표 민주당 원내대표는 110석을 가진 제1야당을 따돌리고 3개 군소정당과 연합하여 검경수사권조정안과 공수처설치법과 선거법개정안을 패스트트랙에 태우기로 했다는 소식을 전격 발표한다. 이때부터 1주일간 국회는 1950년대 자유당 시대보다 더 후진적이고 더 폭력적이며 더 독재적인 전투장이 된다. 홍영표의 그림은 결국 성공하여 4월 30일 3개 법안 모두 신속안건으로 지정된다. 이 과정은 8개월 후 보수정당 의원 26명과 민주당

의원 10명이 기소될 정도로 난장판이었다. 좌익정권의 독재적 권력구조를 제도화하고 영구화하기 위한 3개의 법안을 패스트트랙에 태우는 과정에는 온갖 꼼수와 편법과 협잡과 폭력이 동원되었고, 결국 문재인 세력의 뜻대로 그해 12월부터 모두 국회본회의를 통과하여 확정된다. 문재인 시대의 의회 독재를 고발한다.

폭력적으로 성취한 선거법 개정

새로운 선거법의 세부 내용은 복잡했다. 그나마 국회 본회의에 오르기까지 동네 떡집 떡판 뒤집듯 여러 번 뒤집어졌고 그래서 국민의 시선은 이를 따라가지 못했다. 민주당이 국민 모르게 마음대로 주물렀다는 뜻이다. 지역구 의석수와 비례대표를 어떤 비율로 하느냐의 문제, 특히 지역구 투표와 정당 투표의 득표율을 어떤 비율로 반영하느냐 하는 '연동형 비례대표제'에 관심이 집중되었다. 정의당 심상정은 비례대표 의석을 확대한다는 민주당 약속에 속아 그해 4월에 패스트트랙 지정을 대표발의할 정도로 적극적이었다. 최종안은 4월 개정안의 원형을 알아볼 수 없을 정도로 누더기 법안이 되었고 군소정당에 처음 제시한 달콤한 유혹은 속임수로 드러났다. PD계열 사회주의자 심상정이 NL계열의 주사파를 믿은 결과다.

선거법 개정 과정에 헌정사상 처음으로 완전한 따돌림을 당한 채 지켜보고만 있어야 했던 제1야당은 궁여지책으로 비례대표 후보만 내는 위성 정당을 만들겠다고 선언한다. 이에 민주당 의원들은 온갖 비난과 악담을 퍼부었고 그들은 위성정당은 만들지 않겠다는 약속을 내놓으며 악담의 수위를 더 높인다. 그러나 일찍부터 레닌의 교시를 받들며 거짓말에는 일가를 이루는 더불어민주당이 이 약속을 지킬리는 만무했다. 민주당은 2020년 4·15선거를 코앞에 두고 위성정당을 만들었고 선거 후 획득한 의석수는 그들이 1년전 선거법 개정에 왜 그렇게 집착했는지를 선명하게 보여준다. 대승한 것이다. 이미 1년 전부터 억눌림 상태에 있었던 보수야당은 10석 이상이 줄었고 정의당은 6석으로 현상유지에 그쳤다. 베테랑 정치인 심상정 조차 민주당에 속아 넘어가 이용만 당한 것이다. 이로써 주사파 세력은 문재인의 집권과 동시에 청와대를 완전히 장악한데 이어 국회까지 장악한다. 그들의 합법적 혁명은 이때부터 시작된다.

제도적 혁명의 시작

총선에서 압승을 거둔 문재인 세력과 민주당은 6월 초부터 종북 혁명 집단으로서의 손톱과 발톱과 이빨을 모두 드러내기 시작했다. 민주당은 상임위를 합의하지 않은 상태에서 개원을 반대하는 야당을 배제하고 6월 5일 단독으로 박병석을 국회의장으로 선출한다. 1967년 제7대 국회 이후 53년만의 야당 없는 여당 단독의 의장 선출이었다. 이후 7월 16일까지 한 달 동안 여당은 18개 상임위의 위원장 자리를 독식하고 야당 의원까지 각 상임위에 마음대로, 강제적으로 배정하는 폭력적인 만행을 불사한다. 특히 윤호중을 법사위원장으로 뽑은 6월 15일의 국회는 야당의 불참속에 민주당 의원끼리 희희낙락하며 모든 사안을 독단적으로 처리했다. "오늘은 우리 역사에서 국회가 없어진 날"이라거나 "일당독재가 시작된 날"이라는 언론과 야당의 비판에 그들은 어떤 가책도 느끼지 않는 듯했다. 전형적인 공산주의 도당들의 모습이었다. '18개 상임위원장 자리를 다 가지려하느냐'는 비판에 윤호중은 "이승만 때도 그랬다"고 응수했고 "박정희때도 그랬다"는 민주당 의원도 있었다. 자유당 시대로 돌아간 것이다. 국회를 그들이 그렇게도 비판했던 군사독재 시대로 돌려놓은 것이다.

민주당의 독단적인 국회 의장단 선출과 상임위 구성의 정국에서 깨어있는 국민과 지식인의 비판은 거세었다. 민주당 정치인 중에는 염치없는 표정의 웃음을 흘리며 마이크를 피하는 사람도 있었으나 전대협 출신의 원내대표 김태년은 마이크 앞에서 큰소리를 쳤다. "논란의 모든 책임은 통합당(보수야당)에 있다." 마치 조선중앙방송을 듣는 듯 했던 그의 적반하장격 태도의 이유는 곧 드러났다. 국회를 완전히 장악한 그들은 '입법폭주 열차'를 계획하고 있었다. 대한민국을 사회주의화하는 많은 법안들이 줄을 지어 기다리고 있었다. 그들은 자유민주주의 대한민국을 인민민주주의 남조선으로 바꾸는 혁명을 시작하고 있었다. 능숙한 그들의 일처리 솜씨에서 모든 것이 오래 계획된 것임을 알 수 있었다. 이번에도 보수정당의 바보 같은 국회의원들은 '어, 어'하는 신음소리만 내고 있었다.

자유민주주의를 파괴하는 법안들

민주당이 기관실을 장악한 열차에는 대한민국의 자유민주주의를 약화시키거나 파괴하고 사회주의의 나라를 만들기 위한 법안들이 가득 기다리고 있었다. 정의당 등 우호세력까지 190석 이상을 가지고 꼼수와 편법과 폭력까지 모든 형태의 술수를 다 동원하고, KBS MBC YTN jtbc 등의 선전선동대를 이용해 국민의 귀를 막고 눈을 멀게 해두자 100석이 넘는 의원을 가진 자유진영의 야당은 문재인 세력 그들에게는 그냥 적폐세력의 잔당일 뿐 무시해도 되는 존재였다. 이해찬의 20년, 50년, 100년 집권론과 보수궤멸 발언은 이런 분위기 속에서 나온 말이다.

문재인의 청와대와 이해찬 이낙연의 민주당이 손발을 맞춰가며 발의한 법안들은 대부분 사회주의적 성격을 내포하고 있었다는 점에서 공통적이다. 이 법안들 중에는 국회 본회의를 통과하고 문재인이 거부권을 행사하지 않아 확정된 것도 있고 여론의 거센 저항으로 중간에 포기된 것도 있다. 자유민주주의를 약화시키거나 파괴하고 사회주의와 국가주의와 전체주의와 독재체제를 강화하는 법안들이 수두룩했다.

사회주의를 제도화했다

2019년 12월 **공수처법**이 국회본회의를 통과한다. 김웅 의원이 중국 공안제도를 베낀 것이라고 할 정도로 1당 독재세력이 반대세력을 탄압하는 장치로 고안되었다. 같은 달 공수처법과 함께 통과된 **선거법개정안**은 제10야당을 따돌리고 여당의 입맛대로 설계되어 폭력적 수단으로 확정된 것이다. 내용을 들여다 보면 종북좌익 세력이 항구적으로 국회를 장악하기 위한 수단이었다. 2020년 1월에 국회 본회의를 통과한 **검경수사권조정안**은 토사구팽법이라 불린 사실에서 알 수 있듯 앞의 두 보수정부 세력을 숙청하는데 쓰인 검찰의 칼이 문재인 세력 자신들에게는 쓰이지 못하도록 검찰의 수사권은 약화시키고 경찰의 수사권을 강화하는 내용이었다.

2020년 7월에는 **임대차3법**이 국회 본회의를 통과한다. 전월세의 가격과 계약을 국가가 강력 규제하기 위한 것으로 전월세 가격의 상한을 제한하는 내용도 있었다. 자유민주주의 국가의 시장자본주의 원칙에 반하고 사회주의적 이념을 반영한 이 법안은 즉시 시장을 교란하여 전월세 가격과 주택가격의 폭등, 그리고 권력의 주변이 개입된 대규모 전세사기를 촉발한다. 이어 8월에는 **부동산증세관련 18개법안**이 통과된다. 부동산의 취득 보유 매매 증여의 모든 과정에 대한 세금을 대폭 올리는 내용을 담은 이 법안은 큰정부를 실현하는데 필요한 재원을 확보하기 위한 것으로 궁극적으로는 정부의 역할을 확대 강화하는 사회주의 실현을 위한 것이다. 높은 세금으로 국민의 자산을 감소시키고 이를 정부의 자산으로 이전하는 것이 목적이었다. 문재인 세력이 **공정경제3법**이란 기만적인 이름을 붙인 상법개정안, 공정거래법개정안, 금융그룹감독법, 세 가지 법안이 국회 본회의를 동시에 통과한 것은 2020년 12월 9일이다. 모두 국내기업의 경영과 비지니스 활동을 크게 위축시키는 내용을 담고 있어 '국내기업 해외축출법'으로 불린 사회주의적 법안이다. 특히 상법개정안은 소액주주의 경영감독권을 강화하는 '다중대표 소송제'와 최대주주의 의결권을 3%로 제한하는 것이 주요 내용이었는데, 이는 해외경쟁 기업이나 외국계 투기펀드의 공격으로부터 국내 최대주주의 의결권과 경영권을 취약하게 하는 기업 악법으로 불렸다. 공개적으로 말하지는 않았으나 북한정권의 자본이 국내기업을 인수하는 길을 열어두기 위한 것이라고 보는 사람이 많았다. 3개월 전인 8월 27일 이인영의 통일부가 입법예고한 **남북교류협력법개정안**이 나오자 '북한이 남한의 주식 채권 부동산 저작권에 대한 투자와 취득까지 허용하는 것이 아니냐'는 우려가 제기된 터라 이런 의심을 뒷받침하기에 충분했다.

2020년 12월에는 5·18처벌법(9일), 공수처법개정안(10일), 국정원법개정안(13일), 대북전단금지법(14일) 등 대한민국을 사회주의화하거나 북한의 이익을 위한 법안이 연이어 통과된다. 문재인 세력은 다음 해인 2021년에는 2022년의 대선을 앞두고 그들의 종북 정체성을 고스란히 드러내는 이런 악법을 제정 개정하는 것에 대한 부담으로 2020년 연말에 몰아치기로 강행했을 것이다. 대통령 문재인을 비롯한 배후의 종북세력 전체가 기획한 일로 보였다. 민주당 주사파 지도부의 지휘를 받으며 180대의 거수기는 거의 이탈없이 작동했다. 투표결과는 볼 것도 없다. 대부분이 거의 만장일치로 통과되었다. 조선로동당 최고인민회의와 달라 보이지 않았다.

5·18처벌법은 광주사태에 대해 민주당 세력이 말하는 내용과 다른 의견을 내면 5년 이하의 징역이나 5000만원 이하의 벌금에 처한다는 내용으로 표현의 자유를 정면으로 부정하는 악법이다. 당시 광주 근처에도 가지 않았던 문재인과 이해찬까지 포함된 5·18유공자 4300여 명에 대한 진짜와 가짜 유공자 가리기, 5·18과 관련된 사람들을 국가유공자로 지정했다면 국가를 위해 공을 세우거나 희생을 당한 사람들일텐데 유공자 명단은 왜 법으로 공개를 거부하는지, 북한 스스로 광주사태에 개입하고 조종했다는 사실을 홍보하고 이에 공이 있는 자들에게 훈장까지 수여했다고 선전하는데 이에 대한 진실은 이제 더 이상 캐면 안되는지, 답답한 일이었다.

공수처법개정안은 문재인 정권이 얼마나 무도한 지를 단박에 알 수 있는 사례다. 2019년 공수처법을 제정할 당시 보수야당은 국가의 형사사사법 시스템을 근본적으로 교란시키며 통제받지 않는 권한을 가지는 공수처 설립을 극렬히 반대했고 여론도 극도로 악화되어 있었다. 이에 문재인 정권은 공수처장 추천에 야당의 참여를 보장하는 등 여러 통제장치를 두겠다고 약속했다. 그러나 야당의 견제로 자신들이 원하는 완벽한 좌편향적 인사를 임명하는데 어려움을 겪게되자 2020년 12월 야당측의 거부권을 박탈하는 내용의 개정안을 통과시킨 것이다. 공산당이 한 일이라면 이해되지만 자유민주주의 정당이라면 결코 할 수 없는 짓이었다. 그들은 '불순한 사람들의 무리'를 뜻하는 도당徒黨이라는 말에 딱 맞는 짓이었다.

국정원법개정안은 국가정보원의 핵심 업무인 간첩수사권을 박탈하고 수사 능력이 크게 떨어지는 경찰로 이관하는 것으로, 북한이 간첩을 파견하여 대한민국 전복활동을 전개해도 국정원은 더 이상 이에 관여할 수 없도록 만든 법안이다. 북한이 파견한 간첩들이 안전하게 스파이 활동을 할 수 있게 되었다고 해서 '간첩 안전법'으로 불렸고, 주사파들이 자신들의 반국가적 간첩행위를 수사하고 전과자로 만든데 대한 복수라는 의미로 '주사파들의 복수법'으로 불리기도 했다. **대북전단금지법**은 대북전단을 엄단하라는 김여정의 한 마디에 세계 46개국에서 표현의 자유 억압을 지적하며 항의서한을 보냈음에도 이를 무시하고 입법을 강행하여 '김씨 일가 보호법' 또는 '북한동포 영구적 노예화법'으로 불렸다. 국정원법개정안과 대북전단 금지법은 문재인이 간첩이냐 하는 물음에 더해 이적죄와 여적죄, 그리고 결국에는 간첩죄 혐의를 의심할 수 있는 법안들이다.

2021년 1월에 통과된 **중대재해처벌법**은 산업재해 발생시 사업주 또는 최고경영자에게 1년 이상의 징역이나 개인 10억, 법인 50억 이하의 벌금을 부과하는 내용으로 대표적 반기업법으로 불렸다. 기업과 기업인에 대한 과잉처벌과 중복처벌의 문제가 있었으나 결국 입법화되었다. 정권이 기업을 길들이기 위한 법안이라는 비판을 받았고, 외국기업의 외국인 CEO들이 한국 근무를 거부한 사실이 크게 화제가 되었다. 8월 말에 통과된 **사립학교법개정안**은 사립학교의 교원 채용에 정부가 직접 개입할 수 있도록 하여 사립학교에 대한 좌익세력의 지배력을 강화하기 위한 목적으로 비판받았다. 특히 좌익인사들이 모조리 장악한 교육청이 교원채용에 직접 개입할 수 있게 되어 학생 교육의 좌익사상 주입이 크게 강화될 것이라는 우려를 낳았다. 많은 국민은 이제 전교조 교사들이 미래세대에 대해 북한을 한반도의 정통으로 기술하는 역사를 합법적으로 가르칠 것이라고 걱정했다.

국민이 좌절시킨 사회주의 법안들

앞에서 살핀 법안들은 국회본회의를 통과하고 확정된 것이다. 이외에도 더불어민주당 의원들이 발의한 사회주의적 혁명적 법안들은 무수히 많다. 여러가지 이유로 입법이 좌절된 법안들을 살펴보면 문재인이 이끄는 세력의 정체를 더욱 잘 알 수 있다. 그들은 사회주의자 혹은 종북주의자로서 국회에서 입법을 통해 좌익혁명을 수행하고 있었음을 확인할 수 있다는 뜻이다. 대표적인 몇 가지만으로도 쉽게 확인된다.

민주당 윤호중 의원은 2020년 7월 정부가 직접 임대료를 결정하도록 하는 명백한 공산주의적 발상을 담은 **부동산임대법**을 발의했다. 젊은 시절 국보법 위반으로 징역 3년을 받았고 TV에 나와 집값을 잡을 수 있다고 주장하고는 방송이 끝나자 "그래도 부동산 가격은 안떨어진다"고 말해 '두개의 혀를 가진 혁명가'라 불린 진성준 의원은 2020년 12월 **1가구1**

주택법을 발의했다. 두 법안 모두 '대한민국이 공산주의 국가냐'는 국민의 질타를 받고 좌절된다. 2021년 5월에는 민주당 김영배 의원이 행정하부단위인 읍면동에 대해 정부의 직접적인 통제력을 강화하려는 의도가 담긴 내용의 **주민자치기본법**을 발의했으나 북한의 5호담당제라는 비판에 막혔고, 6월에는 10명의 민주당 의원이 공동으로 **언론중재법**을 발의하여 8월에 국회 법사위를 통과한다. 그러나 언론사에 대한 징벌적 손해배상 내용을 담은 것으로 모든 국가기관을 완전히 장악한데 이어 마지막으로 언론까지 법적으로 장악하여 독재체제의 그림을 완성시키려 하느냐 하는 국내의 비판과 세계 수십여 국가들로부터 거센 항의를 받아 국회 본회의 상정이 보류되었고 이어 정권연장에 실패하며 입법화는 좌절된다.

위안부사건에 대한 사실적시를 금지하는 내용까지 포함된 소위 **윤미향보호법**(2021년 8월 발의), 세월호참사에 대해 좌익정권의 의견과 다른 목소리를 내면 처벌한다는 내용까지 담은 **역사왜곡금지법**(2020년 6월)과 같은 표현의 자유를 명백히 제한하는, 마치 북한의 법률을 연상케하는 법안발의도 있었다. 피의자 신분으로 국회의원이 된 최강욱이 자신을 무죄로 만들기 위한 소위 **최강욱셀프구제법**(2021년 4월)같은 북한정권도 웃을만한 어이없는 법안도 발의되었고, 울산시장선거개입사건의 피고인 신분의 황운하를 구제하기 위한 의도가 분명한 **중대범죄수사청 신설법안**도 추진했는데 이해 당사자인 최강욱 황운하는 물론 김남국 김용민 등 친조국 의원들이 공동발의한 것으로 미루어 그들 자신과 함께 조국과 그 가족까지 포함하는 그들 모두의 범죄사건을 검찰의 손에서 빼내어 그들의 입맛대로 구성한 수사청에 넘긴 후 유야무야 뭉개버리겠다는 의도가 읽혀졌다.

역대 최악인 21대 국회의 의장을 맡은 박병석은 많은 반 민주주의적 법안을 통과시키며 '국민과 역사의 심판'을 들먹였다. 폭력이 난무하는 난장판 국회를 이끌며 염치가 없었거나 그게 아니면 허수아비가 될 줄 알면서도 그 자리를 탐한 자신의 기회주의적 처신이 걱정되었거나, 혹은 대한민국의 국체를 합법적으로 변경하는 일에 들러리를 서게 되는 일의 뒤가 두려워서 그렇게 말했을 것이다. 그러나 문재인의 상왕 노릇을 즐기던 이해찬은 "야당과 협상하고 양보할 일이 아니다"라며 이 모든 법안을 강행하라는 신호를 보냈다. 그들에게는 이미 짜여진 혹은 위의 어떤 존재가 짜서 내려준 큰 그림이 있는 듯했다. 이 그림은 문재인이 퇴임할 때까지 입법한 여러 법안들에 의해 윤곽이 잡혀갔다.

국회를 장악한 그들은 법률의 제정과 개정을 통해 대한민국의 정체성을 사회주의로 변경하는 혁명을 하고 있었다. 8년전 19대 총선에서 민주당의 도움으로 국회 입성에 성공했던 이석기 일당이 하려다 실패한 바로 그 혁명이었다. 이석기가 감옥에 갇혀 있으니 문재인과 민주당의 주사파 정치인들 자신들이 직접 이 제도적 혁명에 나섰을 것이다. 그래서 국회를 그렇게 폭력적으로 운영했을 것이다. 정치학 교과서에나 나오는 것으로 생각했던 의회독재를 생생하게 목도한 문재인 시대의 남쪽 국회였다.

CHAPTER ● 3

청와대의 심부름센터가 된 행정부

"청와대 수석은 행정부서의 장관보다 10배 힘이 세다"

문재인의 시대에 관가에서 흔히 들리던, 자조와 무기력감이 배어있는 말이다. 청와대에 권력이 집중되었다는 뜻이다. 각부의 장관과 고위 공직자는 허수아비였다는 의미다. 청와대의 주사파가 다 했다는 말이다. 2019년 7월 군 당국은 동해 북방한계선, 즉 NLL을 넘어온 북한 목선을 예인하고 북송한 일이 있었다. 이 지극히 마땅한 일을 두고 청와대 민정비서관실의 모 행정관은 박찬기 합참의장을 불러 조사했다. 군 서열 1위가 정당한 업무를 수행한 일로 간첩으로 의심되는 청와대의 일개 행정관의 조사를 받은 것이다. 2017년 9월에는 청와대 인사수석실의 일개 행정관이 김용우 육참총장을 외부로 불러내 자신의 업무범위 밖인 군 장성 인사에 대해 묻는 일도 있었다. 문재인의 시대, 무소불위의 청와대와 아무런 힘이 없었던 껍데기 행정부를 선명하게 보여주는 장면이다.

유능한 행정가는 모두 죽었다

문재인 정권에서 초대 경제부총리를 지낸 김동연은 수많은 논란과 문제를 낳은 2018년의 최저임금 16.4% 인상을 결정할 때 대통령에게 현실을 직접 보고하려 준비했으나 청와대 권력자들에 의해 번번이 막혔으며 후에 청와대 정책실 주도로 내부 결정된 내용을 전해 들었다고 했다.(조선비즈, 2021.7.16) 청와대가 모든 결정을 다 했던 문재인의 시대에 김동연 처럼 경험과 능력을 갖춘 행정가들은 모두 허수아비였다.

청와대가 다 했다

최저임금의 급격한 인상과 주52시간 근무제를 핵심으로 하는 문 정권의 소득주도성장 정책은 청와대 정책실장 장하성과 김상조 두 사회주의 경제학자가 주도했다. 정부 직제에 의해 대한민국 경제를 총괄하는 책임과 권한이 있는 김동연 홍남기 두 경제부총리는 껍데기였다. 이를 참지 못한 김동연은 스스로 그 자리를 박차고 나왔고, 홍남기는 홍두사미란 별명대로 문 정권의 현금살포 정책에 처음에는 곳간이 비었다며 반기를 들다 며칠을 못 버티고 번번이 꼬리를 내렸다. 홍백기도 그의 별명이다. 문재인 스스로 유일하게 실패를 인정했던 집값 폭등으로 야당의 비판을 막아내고 국민의 욕을 먹는 것은 늘 국토부 장관 김현미였다. 그러나 김현미는 총알받이였을 뿐 모든 부동산 정책을 설계한 사람은 노무현 정부에 이어 문 정권에서도 사회주의 경제학자 김수현이었다. 17번의 부동산 대책을 내놓았던 노무현 정부와 27번의 대책을 내놓았던 문재인 정권에서 부동산 정책을 총괄한 것은 김수현이다. 대한민국 집값 폭등의 주범이라 불리는 그는 노무현의 청와대에서 4년을, 문재인의 청와대에서 사회수석과 정책실장으로 자리를 바꾸며 오래 있었다. 장하성 김상조 김수현 홍장표 등의 사회주의 학자들은 아파트 수요억제와 공급억제 등의 거시적 부동산 정책은 물론 공시가격 인상률과 각종 부동산 세금 인상률 등 미시적 결정까지 주물렀고 주무 장관 김현미는 허수아비였다. 경제의 영역 뿐 아니다. 행정 외교 국방 교육 문화 등 모든 영역에서 다 그랬다.

운동권 측근들에게 포위되어 있었던 노무현이 한미FTA, 법인세 인하 등의 자유주의적 경제정책을 펼 수 있었던 것은 이헌재, 윤증현, 한덕수, 박병원 등 현장에 밝고 경험이 많은 경제관료의 역할에 의해 가능했다. 그러나 좌익 이념가들이 청와대를 장악한 문재인 정권은 달랐다. 주요 정책들은 행정 각 부처의 경험 많은 관료들은 물론 각 분야의 전문가들까지 완전히 배제한 채 청와대의 좌익 이념가들이 모든 것을 관장했다. '청와대 정부'는 그래서 나온 말이다. 문재인 정권의 국가 경영과 정부 운영은 청와대가 다했다는 말이고 행정부는 껍데기였다는 말이다.

이상한 장관 두 명
문재인 시대의 행정 각부 장관들의 면면을 살피면 참담하다. 대한민국의 법치를 박살내는 일로 늘 분란을 일으켰던 법무부 장관들, 문재인이 뚫어놓은 국방의 구멍 때문에 늘 국민에게 고개를 숙이며 사과했던 국방 장관들, 천장을 모르는 집값 때문에 조작된 통계를 들고 나와 국민에게 변명을 늘어놓던 국토부 장관, 청와대의 주사파 권력자들로부터 늘 무시를 당해 국민들의 한숨과 동정을 동시에 받은 경제부총리와 외무장관, 이 정도를 빼면 어느 부처에 누가 있는지 모를 정도로 존재감 자체가 미미했다. 잘못한 일에 대한 사과와 변명, 무능과 패싱 등 부정적인 일로만 존재감을 드러낸 문재인 정권의 장관들을 다 들여다 본다는 것은 시간 낭비다. 그들은 자리만 지켰고 일은 청와대가 다 했기 때문이다. 그 중에서도 이상한 장관 두명은 들여다 볼 무엇이 있다.

K4가 된 K5 강경화: K5는 외무장관 강경화의 별명이었다. '강경화는 5년 임기를 채울 것'이라는 뜻이다. 일을 잘 해서 일까. 그 반대다. 그에게는 늘 '투명 장관이냐'는 질책이 따라다녔다. 외교적 주요사건이 일어날 때면 "언론을 보고 알았다"고 했고, 청와대와 정부 고위직이 주요 외교현안을 논의하는 외교안보회의에는 부르지 않는 경우도 많았다. 2020년 9월 타계한 쿠웨이트 국왕 조문에는 건설 프로젝트 수주에 공을 들인다는 명분으로 외교장관인 그를 배제하고 국토부 장관을 보냈다. 이런 대우를 받으면서도 강경화는 장관 자리를 굳건히 지켰다.

2017년 10월 12일, 국회 국정감사에 참석한 강경화는 전략핵과 전술핵이 어떻게 다른지 설명해 달라는 민주당 의원의 질의에 답을 못하고 얼버무렸고 당황한 질문자가 대신 수습하고 넘어갔다. 생존배낭을 묻는 야당의원의 질의에도 마찬가지였다. 그가 실무에 얼마나 깡통인지를 보여준 장면이다. 강경화는 영문학과 커뮤니케이션학 학위 소유자로 외교에는 문외한이다. UN 직원으로 근무한 경력이 있어 영어가 자유로운 점은 인정되었다. 화염병만 던지며 대학 시절을 보내 영어라면 알레르기를 일으키는 주사파 운동권 출신의 청와대 권력자들은 외교 전문가 장관이 아닌 영어 잘하는 사람이 필요했을 것이다. 대한민국이 아닌 북한을 위한 외교를 실행하기로 작정했던 그들에게 국익을 따지는 전문 외교관은 장애물이 될 뿐이며 '시키는 대로만 하는 외교장관'을 찾았고 강경화는 여기에 딱 맞았을 것이다. 게다가 문재인의 외교는 어차피 북한과의 일이 대부분이었으며 북한의 언어에 익숙한 사람은 청와대에 수두룩 했으니 그들에게는 영어 통역 정도만 필요했을 것이다. 장관에 임명된 강경화는 예상대로 주사파 권력자들에게 고분고분했고 문재인에게 충성했다. 2020년 8월 뉴질랜드 외교관 성추행 사건으로 나라가 국제적 망신을 당하고 있을 때 강경화는 성추행 피해 당사자도 아니고 국민도 아닌 대통령 문재인에게 '불편한 위치가 되었다'며 사과의 말씀을 올렸다. 문재인에게 딱 맞는 스타일이었다.

그러나 강경화는 청와대의 주사파 권력자들과 문재인에게만 고분고분해서는 그 자리를 지킬 수 없다는 사실은 모르고 있었다. 2020년 12월 강경화는 "북한은 코로나 확진자가 없다고 주장하지만 믿기 어렵다. 코로나가 확산하면서 북한사회의 폐쇄성이 더 고조되고 있다"는 취지의 말을 했다. 북한에 대한 사실과 진실은 북한 정권과 문재인 정권 공통의 역린이다. 뭘 모르는 강경화가 이것을 건드린 것이다. 이에 대해 김여정은 문재인에게 "정확히 계산돼야 할 것"이라는 오더를 내렸고 한 달여가 지나자 문재인은 강경화를 경질했다. K5라 불린 강경화는 이렇게 해서 K4로 끝났다. 그는 철저한 허수아비로 K4까지는 될 수 있었지만 눈치가 없었기 때문에 K5는 될 수 없었다. 문재인은 눈치 있는 허수아비를 원했다. "남한에서 최고로 힘센 사람은 문재인이 아니라 김여정인 갑다."거나 "문재인은 북한의 지령을 받으며 남한을 통치하는 것은 아닌가"하는 믿기지 않는,

그렇다고 틀린 것 같지도 않는 말이 떠다닌 것은 이때부터였다.

이상한 장관 전해철: 2021년 3월 25일 북한은 신형 탄도미사일을 발사했다. 행정안전부는 전국 17곳의 광역지자체에 '핵·미사일 공격대비 매뉴얼'을 긴급히 발송한다. 그러나 합참은 미사일 발사 소식을 일본보다 16분이나 늦게 발표했고 그나마 '미상발사체'라는 모호한 표현으로 미사일의 위험성을 반감시켰다. 이날 북한의 미사일 발사를 두고 같은 정권의 다른 두 정부 조직인 행안부와 합참의 태도는 완전히 다른 것이었다.

행안부는 당일 긴급 발송된 공문에서 "안보위기 상황이 고조됨에 따라 기관별 위기대응 태세 강화를 위해 만전을 기하라"는 지시와 함께 '국민행동요령 안내서'도 실었다. 이 안내서에는 '핵무기 공격 이렇게 대처해요'라는 내용도 실렸는데 '핵 폭탄이 터지면' '핵 폭발 후의 행동요령'이 그림을 곁들이며 설명되어 있었다. 행안부는 미사일 발사 하루 전인 24일에는 합참에 '전시상황에 대비한 실제훈련이 필요하다'는 취지의 항의성 공문을 보내고 합참의장 면담까지 요구했으며 심지어 국방부에는 '훈련 좀 제대로 합시다'라며 항의한 사실이 드러났다.(조선일보, 2021.4.13)

문재인 정권은 남북관계 개선을 이유로 내세우며 대북 안보태세 유지에 필요한 모든 군사적 조치를 중단시켰다. 키 리졸브, 독수리훈련, 을지프리덤가디언의 3대 한미연합훈련은 모두 폐지하고 지휘소의 컴퓨터 연습만 남겼으며, 수시로 쏘아대는 북한의 미사일에 대한 내막은 외신으로 알게되는 경우가 빈번했다. 우리의 정보기관과 군대는 모두 놀고 있는 듯 보였다. 문재인 정권 출범이후 북한이 핵실험 1회를 포함하여 미사일, 방사포를 발사한 것은 2021년 10월 당시까지 총 40차례였다. 이에 대해 대통령 문재인이 대응발언을 한 것은 12회였고 그 중에서 '도발'이라는 분명한 단어를 쓴 것은 단 7회였다. 강민국 의원이 국회에서 밝힌 사실이다.(프라임경제, 2021.10.26) 북한은 문재인의 5년 동안 이전 정권에 비교해 훨씬 많은 횟수의 미사일 시험발사를 감행하며 무기체계를 고도화하여 결국 완전한 핵무기 시스템을 보유하는데 성공했다. 그러나 문재인은 오직 '평화'만 입에 달고 있었고 국민인 우리가 납득되지도 않고 국제 사회가 호응하지도 않는 종전선언과 평화협정의 체결에만 집착하고 있었다. 대통령인 그가 이러자 국방부 합참 국정원 등 국가안보를 담당하는 모든 국가기관은 북한의 위협에 무대응의 입장을 취하며 손을 놓고 있었다. 이런 가운데 대북 문제와는 직접적 관련성이 없는 행안부만 군대의 훈련을 요구하고 핵 폭발에 대한 대응요령을 하달하는 등 적극적인 태도를 취했다. 행안부 수장 전해철은 문재인 정권에서는 확실히 이상한 장관이었다.

전해철은 친노 인사로 분류되는 정치인으로 문재인의 핵심 측근인 3철 중의 한 명이다. 그의 과거 이력을 보면 운동권 경력은 찾을 수 없다. 문의 측근이나 수하 대부분이 감옥만 다녀오고 군 복무를 하지 않은 사람들인데 반해 전해철은 군법무관 출신이다. 이 정도의 배경만으로도 전해철은 문의 정권에서 충분히 이상한 사람이다. 북한의 핵이 민주당 사람들이 늘 말하는 것과는 달리 미국 중국 일본 등 세계 어느 나라도 아닌 우리를 겨냥하고 있다는 사실을 그는 알고 있었을 것이다.

지난 20세기 세계의 최대 위협은 전쟁이었다. 전쟁사가들은 20세기의

4대 전쟁으로 1차 및 2차 대전, 베트남전과 함께 6·25전쟁을 꼽는다. 지금의 국제정치학자들과 군사전문가들은 21세기에 국제적 대형 전쟁이 일어 난다면 전장은 한반도가 될 것이라는데 의견을 모은다. 북한의 김씨 3대는 인민을 굶기며 핵을 개발하고 미사일 체계의 완성에 매달렸고 결국 성공했다. 북한의 핵이 미국 중국 일본을 겨냥할 리는 만무하다. 세계 최강의 군사력을 보유한 미국을 겨냥할 리는 없으며 미국과 철벽같은 군사동맹을 유지하는 일본도 마찬가지다. 혈맹이라는 중국 러시아는 더욱 그렇다. 그렇다면 북핵은 우리를 겨냥한 것이 틀림없다. 전해철은 그것을 알고 그것을 인정하고 있는 것이다.

문재인을 포함한 주사파 운동권 출신의 권력자들이 자신의 자식보다 김일성과, 김일성이 내린 혁명과업과, 북한이 남한을 흡수하는 통일을 먼저 생각하는 사람들이라면 전해철은 보통의 우리처럼 자신의 자식들을 먼저 생각하는 사람일 것이다. 그래서 전해철은 핵공격에 대비하는 매뉴얼을 하달하고 국방부를 향해서는 훈련을 재촉했을 것이다. 전해철이 알려준 '핵 폭탄이 터졌을 때의 행동요령'을 꼭 숙지해 놓자. 그는 문재인 정권의 여러 장관들 중에서 유일하게 제정신이었고 그래서 이상하게 보였을 것이다. 이상한 장관이었던 그의 말을 들어야 한다.

대통령은 늘 아팠다

대한민국이 불과 50년, 길어야 70년만에 산업화에 성공하여 세계 10대 경제대국이 된 것에는 공무원과 관료들의 공이 지대하다. 문재인과는 완벽하게 달리, 국가와 민족의 미래에 대해 사명감을 가졌던 박정희는 많은 우수 인재를 정부 각 부처에 등용하고 체계적인 교육의 기회를 부여하며 육성했다. 질적으로 성장한 엘리트 관료는 대한민국이 민족 5000년의 빈곤을 처음으로 해결하는데 1등 공신이 된다. 그러나 주사파 운동권 출신이 장악한 좌익의 시대에는 공무원과 관료의 잘못만 논할 뿐 공은 결코 말하지 않았다. 기존의 자유민주주의 질서를 무너뜨리고 사회주의적이고 종북적인 자신들의 질서를 세워야 하는 그들에게 공무원과 관료는 첫번째 적이었다. 6·25 때 남한을 점령한 인민군이 공무원 경찰 군인을 먼저 찾아내고 그들의 가족까지 총살한 이유와 같다.

정권을 장악한 문재인 세력도 그랬다. 집권 초기 공직사회에 대한 대규모의 숙청 바람을 일으키자 관료들은 납짝 엎드린다. 공무원들이 움직이지 않게 되자 문재인은 저절로 무능한 정부의 수장이 되어갔다. 그래서 그 자신이 책임지고 욕 먹어야할 일이 끊임없이 이어졌다. 그럴때면 그는 얼굴을 내밀고 "가슴 아프다"거나 "안타깝다"고 말했다. 늘 그랬고 자주 그랬다. 그것으로 끝이었다. 또 욕 먹을 일이 생기면 같은 말을 또 했다. 그래서 그는 집권 5년 내내 가슴이 아프고 안타까운 사람이었다.

엎드린 공무원들

청와대에 권력이 집중된 문재인의 시대에 관료와 공무원은 보이지 않았다. 청와대로부터 기존의 제도와 질서와 관행과는 크게 다른 정책과 지시가 하달되는 것을 보면서 그들은 아무런 목소리도 내지 않았다. 문재인은 집권 초기부터 전 정부의 고위직은 물론 우익 성향의 중하급 공무원까지 거의 대청소에 가까운 숙청을 단행했고 이후에도 그들에게 고분고분하지 않는 공직자들은 모두 솎아낸다. 윤석열과 최재형도 그 중의 일부다. 이런 풍토에서 공무원 집단은 모두 입을 닫고 가자미 눈으로 자리를 지켰다. 임기가 절반이나 남았던 통계청장 황수경이 청와대에 대들다 경질된 후부터 공무원들은 청사 바닥에 배를 붙이고 일어나지 않았고 권력에 기생하는 기회주의자들과 나쁜 짓을 하고도 큰 소리를 치는 인간들만 득세한다. 쇠망의 전조였다.

문재인 다음의 대권을 노린 이재명이 "재난지원금 50번 줘도 100번 줘도 괜찮다"고 말할 때 '그러다 나라 망한다'고 말하는 관료는 하나도 없었다. 일부 언론과 지식인들이 이재명이라는 인간 자체의 극단성과 위험성을 경고할 때도 말을 보태는 고위 관료는 없었다. 이재명이 "국가 채무가 증가해서 재정지출을 늘이지 말아야 한다는 논리는 매우 악의적인 주장"이라는 정신 나간, 혹은 대한민국 재정을 거덜내기로 작정한 비이성적이고 악마적인 언설을 쏟아낼 때도 나서서 반박하는 관료는 없었다. 결국 유능한 고급 관료들의 합리적이고 권위 있는 어떤 견제도 받지 않았던 이재명은 거뜬히 문재인 다음의 민주당 대통령 후보가 될 수 있었다. 대한민국의 발전을 이끌었던 엘리트 관료들이 모두 사망한 결과였다. 노무현 시대의 주역인 주사파 운동권 세력이 문재인을 옹립하고 다시 권력을 잡는 것을 보며 공무원들은 어떤 세상이 펼쳐질지 알고 있었을 것이다. 대한민국에 드리운 망조였다.

노무현 정부의 청와대 정책실장 이정우는 "관료를 쓰면 개혁이 물건너 간다"고 했다. 사회주의 경제학자였던 그는 대한민국을 사회주의로 변경하는 과정에서 예견되는 관료들의 저항을 회피하는 방법으로 관료를 원천적으로 배척해야 한다고 말한 것이다. 문재인 정권에서 국회의장 자리를 꿰찬 김진표는 노 정부의 국정기획자문위 위원장으로 있을 당시 "보수 10년간 정부 관료들이 흘려들었던 우리의 국정 철학을 뼈저리게 느끼게 할 것"이라며 관료들을 향해 선전포고를 했다. 그들 앞에서 풍부한 국정운영의 경력을 가진 관료들과 현실적인 경험을 쌓은 직업 공무원이 말을 하거나 앞으로 나설 수 있는 기회는 없었다. 문재인의 5년 내내 그랬다. 이념가와 주사파가 내놓는 정책들이 자유민주주의 질서에 어긋나고, 실패가 뻔히 예상되고, 때로는 불법적이거나 위헌적인 것이어도 그들은 말을 하지 않았다. 문재인의 사회주의적 정책과 북한을 위한 통치는 그래서 어떤 장애도 없이 폭주할 수 있었다. 그러나 엘리트 관료들의 견제를 받지않고 폭주하던 문재인은 늘 아파야 했다. 어떤 관료도 입을 열지 않았고 어떤 공무원도 열심히 일하지 않고 그냥 엎드려 있었기 때문이다.

대통령이 아픈 이유
대통령 문재인은 5년 내내 아팠다. 그는 자신과 수하들의 무능이 원인이 된 어떤 문제가 발생하면 아무런 대책도 내놓지 않았다. 그냥 아프다고 했다. 그것으로 끝이었다. 2020년 5월 1일 이천물류창고 화재사건이 나자 "가슴아픈 일"이라고 말했다. 대통령인 그가 잠깐 가슴 아프고 잊어 버린 대형 화재는 이후 더 크게 더 자주 발생했다. 10월 5일에는 "코로나로 어려움을 겪고 있는 국민들을 생각하면 매우 가슴이 아프다"고 했고, 다음 날인 6일에는 아버지 피살의 진실을 묻는 서해 공무원 아들의 편지에 진실을 말해주는 대신 "나도 마음 아프다"고 말했다. 2021년 5월 10일에는 대폭 감소된 청년과 여성의 일자리가 큰 사회적 문제로 대두하자 또 "매우 아프다"고 말했고, 11월 25일에는 그의 시대에 유난히 잦았던 남성 폭력에 의한 여성의 희생에 "마음 아프다"고 말했다. 문재인은 그렇게 자신의 임기 내내 아팠다. 모두 자신과 정권의 무능 때문이었다. 엘리트 관료와 경험 많은 공무원들을 정부 청사 콘크리트 바닥에 바짝 엎드려 눈치만 보고 있도록 만들어 놓은 탓이었다. 잘못되고 망쳐진 일에 대해 아프다는 말만하는 그를 보며 대한민국 대통령이 할 수 없는 일이 이렇게 많은지, 대체 대통령이 할 수 있는 일은 무엇인지, 대통령 권력의 힘이 이렇게도 보잘 것 없는 것인지 궁금했다.

문재인의 시대를 산 공무원들은 지시받는 일도 적었고 재량껏 할 수 있는 일도 없었으며 상부로부터 관리감독도 제대로 받지 않았다. 은밀하게 추진하는 일이 널리 알려지지 않도록 입단속을 하라거나 통계를 입맛에 맞도록 조작하라는 등의 시키는 일만 하면 되었다. 시키지 않는 일을 하면 문책을 받기도 했다. 그래서 그들은 모두 한가했다. 시간이 널널해진 공무원들은 낮술을 마시고 주식투자를 하고 땅을 보러 다녔다. 근무 시간에 마약을 하는 공무원도 있었다. 기강이 무너진 그들은 모두 나사 풀린 시계처럼 움직였고 그들이 해놓은 일은 대부분 한숨이 나는 것이었다. 그런 사례들은 하루가 멀다하고 신문지면을 장식했다. 문재인이 늘 안타까워 해야하고 늘 가슴이 아픈 이유는 여기에 있었다. 대한민국을 파괴하는 그의 통치가 행정부의 기강을 무너뜨려 놓은 결과였다. 자업자득이었다.

자업자득

2021년 2월 5일 대통령 문재인은 전라남도를 방문했다. 그가 신안군의 한 전통시장에 도착하자 전남도청 직원 10여 명이 기다리고 있었다. 공무원인 그들은 꽃다발을 전달했다. 그들은 '우주 미남' '우윳빛깔 문재인' '문재인 너는 사슴 내 마음을 녹용' '대통령님은 우리의 행복' '그거 알아요? 저 굴 좋아하는 거? 문재인 얼굴' 등의 문구를 적은 피켓을 들고 있었다.(조선일보, 2021.2.8) 북한에서나 있을 법한 낯 뜨거운 수령님 찬양이라는 곱지 않은 시선도 있었지만 이 얼마나 아름다운 광경인가. 문재인의 5년은 적어도 대통령 문재인과 그가 거느리는 공무원 자기들 끼리는 천국의 시간이었다. 문재인이 방문한 그날 하루 시장에 나가 우주 미남을 찬양한 그 공무원들은 그날 이외의 날에는 어떻게 일했을까. 그들은 국민의 공복으로서 충실하게 일 했을까. 문재인의 시대에 그런 일은 없었다.

2018년 투자자·국가간 소송 ISD에서 한국 정부는 이란의 한 가문에 패소하여 국고에서 730억 원을 지급했다. 질 수 없는 이 소송에서 진 이유는 금융위원회가 소송에 필수적인 서류를 내지 않아서였다.(중앙일보,2018.8.14) 후에 알려진 바로 이 일의 주무 공무원은 낙하산으로 내려온 운동권 출신이었다. 300억 원짜리 나로호 핵심 부품을 단돈 700만 원에 고물상에 넘긴 항공우주연구원은 네티즌으로부터 "나로호를 팔아먹지 그랬냐"는 핀잔을 받은 일도 있었고(2020년 6월), 기상청은 1192억 원짜리 슈퍼컴퓨터를 연구용으로 재사용하는 외국과는 달리 단돈 1억 원에 고철로 처리했다.(2021년 10월) 경찰과 검찰 공무원은 수사 기록에 기재된 금액을 잘못 읽어 7000만 원 대출을 10배 불어난 7억 사기대출로 간주하여 사기죄로 기소하다 판사로부터 "터무니 없다"는 핀잔을 받았으며(2020년 8월), 국가보훈처는 가짜 독립유공자에게 34억 원이나 퍼주고 이중에서 환수된 금액은 1014만 원으로 0.03%였다.(한국경제, 2020.10.15) 기재부는 2020년도 공공기관 경영실적 평가에서 총 23개 기관의 평가등급이 뒤죽박죽 되었는데 이것은 단순한 계산착오라는 어이없는 이유 때문이었다.(2021년 6월) 나사 풀린 공무원들이 저지른 이런 유형의 어이없는 일들은 문재인의 5년 동안 부지런한 기자들에 의해 거의 매일 국민에게 전달되었다.

　공무원들의 해이해진 기강은 곧장 국민의 불편으로 이어졌다. 2021년 새해 벽두 서울 전역에는 폭설이 내려 시민이 탄 차량이 도로에 4시간 이상 방치되었다. 제설제 부족과 제설작업 지연이 이유였다. 이 폭설은 며칠간 전국에 걸쳐 계속되었고 전남 무안에서는 작업자가 제설작업을 거부하는 일도 있었다. 이에 무안군은 "제설 시늉이라도 하라. 사이렌이라도 울리며 돌아다니라"고 했고 피로가 누적된 작업자는 자신의 15톤 제설차에 불을 붙였다.(조선일보, 2021.1.10) 쇼와 변명과 눈속임으로 실정을 숨기는 문재인을 대통령으로 모시는 공무원들은 말단에서 조차 그들의 정부 수장이 하는 그대로의 수법으로 각자의 업무에 임했다.
　2020년 7월 인천 지역의 수돗물에서 유충이 나왔다는 신고가 200건이 넘었고 이어 강릉 무주 합천의 정수장에서도 유충이 발견되었다. 모두 담당공무원의 관리 부실 탓이었다. 그러나 해당 기관은 "인체에 해가 없다"는 말만 되풀이 했다. 인천시에서는 2019년에도 붉은 수돗물이 신고되었는데 당국은 "수질에 문제가 없다"며 버티었고 후에 공무원들이 수질검사 수치를 조작한 사실이 드러났다.(TV조선, 2020.7.21) 이전의 어느 정부에서 각 가정에서 사용하는 수돗물까지 이 지경이 된 일이 있었는지 기억나지 않는다. 문재인의 시대에 국민인 우리의 삶이 고달팠던 것은 코로나 때문이 아니었다. 모두 대통령 문재인이 만든 인재였다.

문재인의 시대에는 LH사태 처럼 한 조직 전체가 연루된 초대형 집단 범죄행위도 있었고 수많은 비위사건이 있었지만 이런 충격적인 일도 있었다. 적립기금 1000조를 눈 앞에 두고 세계3대 연기금으로 꼽히는 국민연금공단에서 수백조의 기금을 굴리는 직원 4명이 마약을 한 사실이 적발되었다. 국민의 노후자금을 운용하는 기관에서 이 업무를 담당하는 공무원이 마약에 취해 있었다는 사실에 국민의 충격은 컸다. 2018년에는 국민연금의 다른 직원들이 여러 위탁운용사들로부터 거액을 지원받고 해외연수를 다녀온 사건이 있었고, 또다른 직원들은 불륜몰카 등 성범죄 혐의로 2017년부터 2020년까지 성비위 사건으로만 4년간 모두 57명이 징계를 받은 것으로 드러났다.(중앙일보, 2020.10.6) 국민은 이런 정신나간 공무원들에게 국민 개개인의 노후자금 관리를 계속 맡겨도 되는지를 걱정했지만 퇴임 후 자신은 다양한 명목으로 큰 액수의 연금이 보장된 대통령 문재인은 아무런 걱정도 없는 듯 보였다. 2023년 9월 적립기금 1000조를 넘긴 국민연금이 수익률은 주요 글로벌 연기금 중 꼴찌를 기록하고 2055년에는 연금이 고갈된다고 했다.(한경비지니스, 2023.10.3) 문재인의 시대에 마약에 취한 국민연금 직원들의 운용 성적표다.

공무원이 나로호 핵심 부품을 고물상에 팔아먹은 일로, 전국적인 폭설에 제설작업이 제대로 안된 일로, LH라는 거대 범죄조직의 일로, 국민연금 직원들이 마약을 먹고 기금을 운용한 결과 수익률이 꼴찌가 된 일로 대통령 문재인은 진심으로 가슴이 아팠을까. 그렇지 않을 것이다. 종북세력의 '남북경제균형론'에 의하면 북한에는 퍼주어 끌어올려야 하고 남한의 경제는 무너뜨려야 한다. 그들의 계획표대로 하고 있었던 것이다. 그를 아프게 하는 원인을 후에 단 하나도 고치지 않았다는 사실이 증명하는 진실이다.

썩은 민주주의의 꽃 선거관리위원회

박정희가 대통령에 취임하고 첫 연두순시에 나섰을 때의 일이다. 청와대가 중앙선관위에 방문계획을 통보하자 사광욱 선관위원장은 이를 거절한다. "행정부의 장이 헌법상 독립기관을 방문할 수 없다"는 이유를 붙였다. 1964년에 있었던 일이다. 이회창이 선관위원장으로 있던 1989년, 그는 대통령 노태우 부터 3김까지 4당 총재 전원에게 "법은 지키라고 있는 것이지 밟으라고 있는 것이 아닙니다. 앞으로 위법행위가 발생하면 단호히 의법조치할 것입니다"라는 내용의 강력한 경고서한을 보냈다.(TV조선, 2023.5.29) 까마득한 50년 전, 30년 전의 이야기다. 문재인 시대의 선거행태와 선관위를 비교해 보자. 문재인 세력이 박정희를 향해 지금도 거품을 물고 독재자라고 비난하는 것을 용납할 수 없을 것이다.

조해주라는 인간

2020년 4월, 총선을 앞두고 선관위는 서울 동작을 지역구에서 우익 정당 후보가 낸 '민생파탄' 구호는 문 정권을 연상한다는 이유로, '거짓말 OUT'은 민주당 이수진 후보를 연상한다는 이유로 공직선거법 위반 판정을 내렸다. 그러나 민주당 후보가 내건 '투표로 100년 친일 청산'과 '투표로 70년 적폐 청산' 구호는 사용을 허가했다.(중앙일보, 2020.4.12) '내로남불, 위선, 무능'이 들어간 문구도 민주당과 문재인을 연상시킨다는 이유로 불허했다. 문재인 시대의 선관위는 일방적으로 한 쪽 편을 드는 편파적인 심판이었다. 혹은 축구 경기에서 왼쪽 팀에서 뛴 12번째 선수였다.

문재인은 비교적 중립적인 인사를 선관위원으로 임명하는 관례를 깨고 자신의 대선캠프 출신인 조해주를 3년 임기의 선관위 상임위원에 앉힌다. 2019년 1월의 일이다. 언론과 야당은 2017년 9월 민주당이 발간한 '제19대 대통령 백서' 785쪽에 명시된 '선거특보 조해주'를 제시하며 지명 철회를 요구했다. 그러나 민주당과 조해주는 "이 백서의 기록은 행정착오였다"며 입을 맞춘다. 문재인의 5년 내내 본 그런 식의 오리발이다. 선관위 상임위원은 3년 임기 종료 후 즉각 선관위를 떠난다는 불문율에 따라 조해주는 2022년 1월 사표를 낸다. 그러나 문재인은 반려한다. 3월에 실시되는 대선을 앞두고 관권선거와 부정선거를 작정한 듯 했다. 문재인이 기대한대로 조해주의 선관위는 민주당 후보가 우익정당 후보를 공격하는 것이라면 거짓말까지도 방치했고 야당 후보가 민주당 후보를 공격하는 것은 별 해괴한 논리를 다 동원하며 막아냈다. 야당이 유권자의 투표를 독려하며 민주당을 내로남불 정당이라고 표현한 현수막을 금지하며 그 이유로 "특정 정당을 연상시키기 때문"이라는 식이다. 문재인은 선관위를 장악하고 이런 편파적 판정을 거뜬히 해내는 조해주의 임기를 3년 더 연장하여 2022년의 대선과 2024년의 총선까지 장난질을 계획했을 것이다.

조해주의 연임 소식이 전해지자 선관위 직원들은 거세게 반발한다. 직원들의 기세에 놀란 조해주는 "후배들의 아픔을 더는 외면할 수 없어 떠난다"는 말을 남기고 다시 사표를 냈고 중동을 돌고 있었던 문재인은 해외에서 그의 사표를 수리한다. 선관위 직원들의 분노에 눌린 듯도 했고 부정선거 혹은 편파선거를 기획한 자신의 의도를 들켜 겁을 먹은 듯도 했다. 문재인의 시간은 민주주의의 꽃인 선거의 공정성이 무너지고 대한민국의 민주주의가 함께 무너진 시간이었다.

그들만의 천국

2022년 3월 선관위의 사실상 1인자인 김세환 사무총장이 사퇴한다. 대선에서 부정선거로 의심받은 소쿠리 투표와 자신의 아들 특채 논란이 이유였다. 이미 2020년 총선에서부터 제기된 부정선거 의혹은 수많은 증거를 첨부한 선거소송 대부분을 김명수의 대법원이 재판기한인 6개월을 넘기며 뭉개버린 탓에 유야무야 되었으나 선관위 직원 특채 의혹은 언론의 집요한 추적을 피할 수 없었다. 특채 비리는 이런식이었다. 김세환 사무총장을 비롯한 간부 세 명의 자녀 채용 면접에 대다수 면접관은 이들 세 사람과 함께 일했던 '아빠 동료들'이었고 그래서 세 명의 자녀들은 면접 최고점을 받았다. 이게 언론에 포착되어 문제가 되자 선관위는 독립기관임을 내세우며 감사원 감사를 거부하고 자체 감사만으로 '특혜 채용 없음'으로 결론내고 마무리한다. 그곳은 복마전이었다.

14개월이 지난 2023년 5월에는 선관위 사무총장 박찬진과 사무차장 송봉섭이 동시에 사표를 낸다. 선관위 1인자와 2인자의 동시 퇴진이라는 사상 초유의 일이 일어난 것은 조직 내부에서 광범위하게 벌어진 특혜 채용, 불법 채용과 함께 여러 형태의 내부 비위가 드러났기 때문이다. 이들은 4촌 이내 친족이 채용될 경우 신고해야 한다는 내부 규정을 위반했고 총장 본인 자녀의 채용을 셀프 결제했다. 이 과정에서 내부는 물론 외부로부터 어떠한 통제도 받지 않았다. 선관위는 여러 형태의 의혹이 불거지고 나서도 헌법상 독립기구라는 이유만 내세우며 감사와 수사 모두를 거부했고 오직 자체 감사만 고집했다. 그들만의 철옹성이었다.

그들의 특혜는 이게 다가 아니다. 선거가 없는 한가한 때에 채용되어 선거가 있을 때라도 바쁘게 일해야 하는 그들은 선거가 치러질 때면 휴직을 하거나 휴가를 냈고 선거가 끝나면 복귀했다. 그리고 다음 선거를 준비한다는 구실로 선관위 비용으로 해외연수나 견학 등 특혜성 외국 여행을 즐겼다. 국민의 눈에는 복마전이었지만 그들에게는 천국이었다. 문재인의 시대에 신규 채용된 선관위 직원은 최소 50%에서 최고 70%가 호남인이었고 영남인은 무조건 배제되었다는 내부자의 증언도 있었다.

문재인 정권은 그들에게 많은 특혜를 주며 비위를 눈감아 주었고 그들은 선거관리에서 편파적으로 행동하며 문재인 세력을 편들고 그들의 불법을 눈감아주는 것으로 보답했다. 공산당이 정권을 잡은 후 당에 충성하는 소수의 집단을 구성하고 그들에게 파격적이고 특권적인 혜택을 주어 공산당 정권에 충성을 다하는 호위세력으로 만드는 바로 그 전략이었다. 선관위를 천국으로 만든 것은 문재인이다. 선관위를 복마전으로 만든 것도 문재인이다. 민주주의의 꽃인 선거제도를 썩어 문드러지게 만든 것도 대통령 문재인 그였다.

민주주의 발전의 역사는 곧 선거제도 발전의 역사다. 가짜뉴스, 포퓰리즘, 투개표 조작은 선거제도를 망치고 민주주의를 파괴하는 3대 범죄로 꼽힌다. 문재인의 시대에는 이 3가지 선거 범죄가 한꺼번에 횡행했다. 선거를 관리하는 정부기관인 중앙선거관리위원회가 이에 부역했기 때문에 가능한 일이었다. 중앙선관위 위원장은 노정희, 노태악이었다. 이땅의 민주주의를 회복하기 위해서는 이들의 이름을 기억해야 한다. 대통령은 문재인이었다. 문재인 이 사람은 이름만 기억하기에는 죄가 너무 크다.

CHAPTER ● 4

거짓말의 명수가 만든 최악의 사법부

3총사, 4대천왕, 독수리5형제, 어벤져스. 같은 성격의 일로 잘맞는 사람들의 조합을 일컬을 때 쓰이는 말이다. 문재인의 시대, 그의 이해할 수 없는 통치를 목도하며 울화통이라는 정신증상에 시달린 국민은 문재인 정권 사람들의 이해되지 않는 언행과 권력 행사를 두고 '대한민국을 파괴하는 사람들의 조합'을 만들었다. 그리고 술자리에서 이를 말하며 작은 위안으로 삼았다. 문재인 조국 추미애 3총사, 김명수를 더해 4대천왕, 이재명을 더해 독수리5형제로 불렀다. 그리고 한명숙 이해찬 이석기 임종석 이인영 김경수 등을 포함하는 주사파 어벤져스도 있다. 여기서는 '거짓말의 명수'에다 '역대 최악의 대법원장'이라는 이름까지 얻은 김명수와 그가 만든 남조선의 사법부를 말하려 한다.

코드사법이란 이름의 판 뒤집기

2021년 4월 조선일보는 좌익 판사들의 모임인 국제인권법연구회 회원 명단을 분석했다. 이 기사에 따르면 김명수가 회장을 지낸 이 연구회 소속의 판사가 대법원 요직의 34%를 장악했으며 사법행정을 총괄하는 법원행정처 판사는 42%가, 비슷한 기능을 하는 사법행정자문위의 위원 40%가, 그리고 법원의 허리에 해당하는 전국 법원 지원장의 24%가 이 연구회 회원 출신이라고 했다. 이 연구회 출신들이 대법원 재판과 사법행정 부서에 집중적으로 배치된 것이다.(조선일보, 2021.4.27) 460여 명에 이르는 국제인권법연구회 회원은 전체 판사 3200여 명의 14%에 지나지 않는다. 그러나 이들이 대법원 요직의 30~40%를 차지한 것이다. 이를 두고 판사들 스스로도 "사법부가 이념 편향적인 판사 모임에 장악되었다. 이 정도일 줄은 몰랐다"(조선일보, 2021.4.28)며 경악할 정도였다. 국민인 우리가 모르는 사이에 종북좌익 세력이 대한민국을 장악했듯이 우리가 모르는 사이에 좌익성향의 판사들이 대한민국의 사법부를 장악한 것이다. 대통령 문재인이 대법원장 김명수를 앞세우고 벌인 일이다.

대한민국 사법 역사에서 초유이자 최악의 스캔들로 기록될 재판거래 의혹의 주인공 권순일이 물러나고 2020년 9월 그의 후임으로 대법관에 임명된 사람은 이흥구 판사다. 그의 이력은 문재인 시대의 대한민국 사법부의 본색을 보여주는 상징이다. 이흥구는 국가보안법, 집시법, 폭력처벌법 등을 위반한 혐의로 1심과 2심에서 유죄를 선고받은 사람이다. 게다가 국제인권법연구회의 전신인 우리법연구회 출신이다. 그의 이러한 경력과 그가 속했던 모임의 이념 지향성, 그리고 사회주의자 조국이 "정의감이 투철했다"고 말하고 천하의 거짓말쟁이 대법관 김명수가 "가장 훌륭한 법관"이라고 치켜세운 것으로 보아 그의 좌파 정체성은 분명하게 확인된다. 국가보안법을 위반한 전과가 있다면 간첩 전력이 있다고 봐도 무방하다. 간첩이 대법관이 되는 시대가 된 것이다. 문재인의 시대다.

문재인은 5개월 전의 총선에서 여당의 압승으로 국민여론에 대한 부담도 덜고 국회의 인준표결에도 문제가 없을 것으로 보이자 반국가운동 전력이 있는 이흥구를 대법관에 앉혔을 것이다. 그의 임명으로 대법원은 총 14명의 대법관 중 40%가 넘는 6명이 우리법, 국제인권법, 민변 등의 좌익 법조인 단체 출신으로 채워졌다. 김명수, 박정화, 김선수, 노정희, 김상환, 이흥구가 그들이다. 여기에 이들 모임 출신은 아니지만 젠더법연구회 출신으로 주로 좌익성향의 판결을 내리는 민유숙까지 포함하면 7명으로 절반이 된다. 이어 다음해인 2021년 9월에 국제인권법 출신의 오경미까지 가세하며 무려 8명의 좌익판사가 대법원을 장악한다.

대통령 문재인이 원장으로 임명한 김명수의 대법원은 한 법조인이 말한대로 정통 엘리트 법관과는 거리가 먼 '꿈에도 생각 못한 판사'들로 채워졌다. 사회주의 성향 정도가 아닌 북한을 추종하는 인물까지 대법관이 된 것을 두고 한 말이다. 이로써 대법원 전원합의체의 주도권은 좌익성향의 대법관이 단단하게 쥐게 되었고 1심과 2심의 판결은 대법원에서 판판이 뒤집히게 된다. 뒤집힌 판결에는 공통점이 있었다. 좌익무죄 우익유죄.

정치가 된 재판, 뒤집히는 판결들

2017년 국제인권법 출신의 한 판사는 '재판은 정치'라는 제목의 글을 법원 내부의 온라인망에 올린다. 종북좌파 세력의 리더 문재인의 정권 장악과 함께 이 땅의 사법부가 새로운 시대를 맞았음을 알리는 신호탄이었다. 이 신호탄은 개개의 법관이 유무죄 판결의 기준으로 삼는 사실과 진실, 공정과 정의, 헌법 법률에 규정된 법조항과 법리, 법관의 상식과 양심, 사회적 미풍양속과 질서와 도덕률, 헌법이 정하는 국가의 정체성 등 자유민주주의 국가 대한민국의 법관이 유무죄와 형량을 결정함에 있어 근거로 삼는 보편적 기준과는 다른 판결을 내릴 수 있다는 의미다. 더 구체적으로는 특정 정치세력이 지향하는 목적과 이념에 근거하는 판결로 바뀌어야 한다는 뜻일 것이다. 더 쉽게 말하자면 법원의 재판이 정권의 정치적 목적에 부역하는 수단이나 도구가 되어야 한다는 뜻이다. 문재인의 시대, 대부분의 대법원 판결과 많은 1, 2심 판결이 딱 그러했다.

동아일보와 서울대 한규섭 교수 연구팀이 2005년부터 2020년까지 대법원 전원합의체가 내린 판결을 분석한 결과 역대 정부 중 문재인 정권 하의 대법원이 가장 좌익성이 강한 것으로 나타났다. 노무현의 정부보다 2.3배 이상, 박근혜 정부보다 4배 이상으로 나타났다.(동아일보, 2020.9.23) 실제 김명수의 대법원이 1, 2심 판결을 뒤집은 사건을 살펴보자.

2018년 11월, 대법원 전원합의체는 **종교적 양심적 병역거부**는 정당한 사유라고 판결한다. 2004년 대법원에서 '양심적 병역거부에 대한 처벌이 합당하다'고 한 판결을 14년만에 뒤집은 것이다. 이것은 문재인 정권이 들어서고 나서 국제인권법 회원들이 토론회 등에서 이 사안에 대해 무죄의 견을 공유한 뒤에 나온 판결이다. 양심적 병역거부는 병역의무에 대한 국민의 의식 약화가 예견되어 반대의견이 높았다. 그러나 대한민국의 군사적 방어능력을 전방위적으로 약화시키는 국방정책으로 일관하고 있던 문재인 정권에 발 맞추어 대법원은 이런 판결을 내렸다.

2019년 3월에는 **여수순천군부대반란사건**에 대해 재심 개시를 결정했다. 반란군에 협조한 혐의로 여수 순천지역의 가족이 희생되었다고 주장하는 유족의 요구를 수용한 것이다. 문제는 희생자 유족의 주장만 있을 뿐 수사기록이나 재판기록 등 이를 뒷받침 할 수 있는 어떤 증거도 없다는 것이다.(조선일보, 2020.9.5) 이것은 제주4·3사건과 마찬가지로 민간인의 희생만 과장 강조하여 북한의 지령을 받은 남조선로동당의 폭동을 민주화 투쟁으로 둔갑시키려는 종북좌익 세력의 오랜 역사투쟁의 한 부분이다. 그들은 공산당 반란세력이 군과 경찰을 공격 살상하고 양민을 방어막으로 이용하는 과정에서 엄청난 민간인 희생이 있었다는 사실에 대해서는 결코 말하지 않는다. 좌익 대법관들이 주도권을 잡은 문재인 정권의 대법원은 여순반란사건의 가해자와 피해자를 뒤집어 놓기 위해, 공산주의자들이 대한민국을 점령하기 위한 폭동을 찬양하는 북한의 역사관을 따르기 위해 71년만에 재심 결정을 내린 것이다. 대한민국을 공산주의자들의 땅으로 만들기 위해 문재인 세력이 벌인 역사전쟁이다.

이승만과 박정희를 온갖 저질스러운 허위사실을 조작하며 악의적으로 묘사한 다큐 **'백년전쟁'**에 대해서도 김명수의 대법원은 무죄로 뒤집는다.

종북좌익단체인 '민족문제연구소'는 2009년 친일인명사전을 발간한데 이어 2012년에는 다큐 백년전쟁을 내놓는다. 이 다큐 프로그램은 이승만과 박정희를 악질친일파, 썩은 돌대가리, 민족반역자, 하와이 깡패 등으로 묘사하고 허위의 성적 추문도 만들어 명예훼손으로 방통위의 제재를 받는다. 이에 시민방송이 방통위의 제재에 불복해 소송을 제기했고 1심과 2심은 방통위의 손을 들어준다. 2015년 8월 대법원에 상고된 이 사건에 대해 김명수의 대법원은 2019년 11월 "주요 내용이 객관적 사실과 합치돼 문제가 없다."고 판결하여 방통위의 유죄판결과 1, 2심의 판단을 모두 뒤집는다. 김일성을 민족의 지도자로, 이승만과 박정희를 민족의 반역자로 규정하는 종북좌익 세력의 역사인식에 맞춘 것이다. 건국 대통령 이승만과, 산업화에 성공하여 한민족의 5천년 빈곤을 처음으로 해결한 박정희에게 항상 저주를 퍼붓는 종북세력을 승리자로 만든 김명수 대법원의 이 판결을 두고 한 언론은 사설에서 "대법원은 정권의 정치기구가 되었다."(조선일보, 2019.11.12)고 개탄했다. 그러나 광복회장 김원웅은 즉시 "이 판결을 환영한다"는 성명을 낸다. 광복회를 사적으로 이용한 온갖 치졸한 비리가 드러나서 광복회 회원들의 지탄을 받고 있던 김원웅이 환영한 판결이라면 크게 잘못된 판결임이 틀림 없을 것이다.

김명수의 대법원은 2020년 9월 **은수미**에 대한 2심 판결도 뒤집는다. 전임시장 이재명에 이어 지역 조폭과의 연관성이 많았던 성남시장 은수미의 불법정치자금 수수혐의에 대해 2심은 벌금 300만원을 선고한다. 시장직을 상실하는 형량이다. 그러나 대법원은 이것을 파기환송한다. 이유는 검사가 항소장을 부실하게 기재했다는 것이다. 법조인들은 그간 '양형

부당' 네 글자만 적는 것은 관행이라고 했는데, 은수미 재판에 대해서는 이것을 '항소장 부실기재'로 규정하고 판결을 뒤집는 이유로 삼은 것이다. 정치자금법 위반 혐의를 인정하면서도 엉뚱한 절차상의 이유를 대며 2심 판결을 파기하는 김명수의 대법원을 보며 법조인들은 관행으로 용인되어 온 절차적 문제를 핑계로 본안을 뒤집었다며 혀를 찼다. 은수미는 조국도 몸담았던 사노맹남한사회주의노동자동맹 조직원 출신으로 6년간이나 교도소 생활을 한 공적으로 주사파 집단에서 성골로 대접받는 혁명투사이며 그래서 문재인 정권에서도 귀하신 신분이었다.

이재명의 재판거래 사건에서 곁가지로 김만배가 "조금 힘써서 은수미 당선무효 아닐 정도로만"이라는 녹취가 공개되었다. 2020년 10월 은수미는 파기환송심에서 벌금 90만원을 받고 시장직을 유지한다. 김만배의 말 그대로 당선무효형에서 단 10만원 적은 벌금형을 받은 것이다. 문재인 정권의 김명수 사법부는 판결로써 혁명투사 은수미를 이렇게 예우했다. 문재인 김명수 은수미, 종북좌파 그들의 세상이었다.

대법원 전원합의체는 2020년 9월 **전교조의 법외노조** 처분을 파기했다. 1심과 2심은 전교조의 법외노조 통보가 적법하다는 판결을 내렸으며 헌재도 2015년 관련 법률에 대해 합헌결정을 내린 바 있다. 이것을 김명수 대법원이 뒤집은 것이다. 전교조는 김일성의 주체사상을 수용한 전대협 조직원들이 사상투쟁과 역사투쟁을 전개하기 위해 노동조합원으로 가장하고 교육현장에 침투한 단체다. 이런 전교조에 대해 과거 정부는 불법단체로 규정했으나 문재인의 시대 김명수의 사법부는 합법 단체의 길을 열어준 것이다. 이 판결로 교단에 있는 좌익 교사는 물론 이미 해직된 주사파 교사들까지 합법적으로 사상투쟁적 교육을 계속할 수 있게 된다. 주사파가 청와대와 더불어민주당을 장악한 문재인 정권의 장대하고 긴 그림의 한 부분일 것이다.

김명수의 대법원이 뒤집은 판결 중에는 이런 것도 있다. 민주당 소속의 경남 **양산시장 김일권**은 2018년 지방선거에서 허위사실공표 행위로 선거법위반혐의가 적용되어 1심과 2심에서 당선무효형인 벌금 500만 원을 선고 받는다. 2심이 내려진 것이 2019년 9월이니 선거법 규정에 의하면 3개월 내인 12월까지 대법원 선고가 내려져야 했다. 그러나 같은 시기에 실시된 다른 선거소송에는 모두 3개월 확정판결 원칙이 지켜진 반면 양산시장 선거만 무려 15개월을 끌었다. 결국 시민단체의 거센 항의를 받고 2020년 12월에야 대법원 판결이 나온다. 무죄였다. 명확한 이유는 알수가 없다. 문재인이 퇴임한 후 지낼 사저가 있는 곳이 양산이며 그래서 네티즌들의 말처럼 문재인이 퇴임한 후 잘 보살펴달라는 판결이 아니었을까 짐작할 뿐이다. 이 판결이 나온 직후 이렇게 말하는 네티즌도 있었다. 문재인의 삽살개 김명수. 당시의 온라인을 뒤져보면 나오는 말이다.

2019년 8월 29일 김명수의 대법원은 박근혜 최서원의 뇌물혐의에 대해서는 2심의 무죄판결을 그대로 유지했다. 그러나 삼성 **이재용의 뇌물혐의**는 2심까지 뇌물로 인정하지 않았던 34억 원 상당의 말 3마리와 동계스포츠 영재센터 지원금 16억 원을 합해 도합 50억 원을 뇌물로 인정하는 취지로 2심의 판결을 뒤집는다. 결국 이재용이 공여한 뇌물 액수는 기존의 36억3,000만원에서 86억3,000만원으로 대폭 늘어난다. 이어 대

318

법원은 동년 11월 28일 박근혜의 청와대가 국정원으로부터 지원받은 특수활동비에 대해 2심까지도 없었던 뇌물죄를 적용하라는 취지로 사건을 서울고법으로 되돌려 보낸다. 국민을 기만하여 만든 촛불정국에서 엉터리 사유를 대며 박근혜를 탄핵하고 감옥에 가둔 문재인 정권은 박근혜를 유죄로 만들기 위해 고심을 거듭했다. 2017년 10월 12일 문재인의 비서실장 임종석이 갑자기 기자회견을 자청하고 "믿기지 않을 정도의 조작 정황"이라며 청와대 캐비닛에서 나왔다는 세월호 보고시간 발표가 대표적인 사례다. 박근혜가 실제 9시 30분인 세월호 보고시간을 9시에 보고받은 것으로 30분을 조작했다는 이 발표는 이후 수사에 의해 거짓으로 밝혀진다. 문재인 정권이 엉터리 탄핵의 근거를 대기 위해 고심한 증거다. 그래서 박근혜에 대한 유죄의 사유를 만들어내는 것은 이후 진행된 법원의 재판에서 문재인 정권의 최대 관심사였고 특히 김명수의 대법원은 더욱 그랬다. 박근혜를 유죄로 만들기 위해 억지로 갖다붙인 이재용의 뇌물공여 혐의는 그래서 1, 2심의 판결이 대법원에서 뒤집힌 것이다.

박근혜 재판 이재명 재판

최서원은 현직 대통령 박근혜를 탄핵하고 감옥으로 보내는데 미끼로 쓰인 사람이다. 김명수 대법원은 2020년 6월 그에게 징역 18년, 벌금 200억, 추징금 63억 원의 형벌을 확정했다. 우익진영 괴멸의 제물로 바쳐진 전직 대통령 이명박에게는 2020년 10월 징역 17년에 벌금 130억 원을 확정했다. 현직 대통령 신분이던 박근혜에 대해서는 촛불의 광기를 빌어 먼저 탄핵시키고 감옥에 보낸 후 어렵게 유죄혐의를 만들어가고 있던 재판은 문재인의 임기 1년여를 남긴 2021년 1월 징역 22년, 벌금 180억 원에 추징금 35억 원이 확정되었다. 반면 문재인의 후계자 중 하나로 꼽히던 이재명에 대해서는 유권자의 선택을 받기 위한 공개 검증의 자리에서 뻔뻔하게 거짓말을 하고도 재판거래라는 희대의 의혹을 남기고도 2020년 7월 무죄가 확정된다. 이 모든 정치재판은 대통령 문재인과 그가 임명한 대법원장 김명수의 합작품이다. 대한민국은 대법원에서 뒤집어졌다.

박근혜, 혁명법정에 세우다

"한국 대통령의 탄핵재판은 인민재판이라 불렸다" 뉴욕타임즈 2017년 1월 5일자 기사. 박근혜 측 서석구 변호사가 "헌재는 박근혜를 군중재판 혹은 인민재판의 희생자로 정했다"고 항변한 사실도 같이 보도했다. 서 변호사는 "박 대통령을 반대하는 시위는 북한에 공감하는 공산주의자들에 의해 조작된 것이다. 법정이 공산주의자들의 영향으로부터 보호되길 바란다"고 말했다. 그러나 이후의 재판은 여전히 그의 호소와는 반대로 전개되었고 그래서 그의 바램은 결국 실현되지 않았다.

2016년 12월에 국회가 제시한 대통령 박근혜에 대한 탄핵소추안에는 13가지의 사유가 적시되어 있었다. 신문에 보도된 확인이 덜된 기사를 수집했거나 시중에 떠돌던 소문 수준의 것으로 13가지를 채운 것이다. 이 13가지 사유 중에 유죄가 확정된 것은 단 1개도 없다. 헌법재판관 강일원이 손수 변조해준 5가지 사유 중에도 후에 사법부에 의해 유죄가 확정된 것 은 아무것도 없다. 이정미가 읽은 탄핵선고문에는 촛불시위대가 턱없이 부풀려 주장한 '시위 참가인원 100만 명' 같은 실제적 사실도 아니고 법적 증거능력이 없는 것을 끌어냈다. 억지로 찾는다면 최서원의 사적 이익추구로 해석할 수도 있는 몇 가지 정도다. 삼성뇌물건도 탄핵 당시 제기된 공익재단출연금은 무죄로 판결났다. 박근혜에게 중형을 내린 근거인 이재용의 86억 뇌물공여, 국정원특활비, 새누리당 공천개입, 이 3가지 모두 탄핵사유와는 어떠한 관련성도 없는 별건이다. 김명수의 사법부는 국회의 탄핵소추안과 헌재의 탄핵결정문에는 코빼기도 비춘 적이 없는 이 3가지의 별건으로 박근혜에게 중형을 내리고 문재인이 집권한 5년 거의 내내 감옥에 가두어 놓은 것이다. (박근혜에 대한 재판은 졸저 '문재인의 정체-자유민주아카데미, 2022'에 심도있게 다루어져 있다)

희대의 재판거래, 이재명이 무죄라니

2020년 7월 16일 대법원장 김명수는 경기지사 이재명에 대한 공직선거법상허위사실공표 혐의에 대해 무죄의 취지로 2심 판결을 뒤집고 파기환송한다. TV로 생중계된 이 장면에서 김명수는 고개를 숙이고 책 읽듯 판결문을 낭독하고 30여 분만에 황급히 자리를 떴다. 국민에게 아! 하는 탄식을 남긴 이 날의 비밀은 1년이 더 지나서야 실체를 드러낸다.

김영환 후보: "형님을 정신병원에 입원시키려고 하셨죠. 보건소장을 통해서" 이재명 후보: "저는 그런 일 없습니다" 2018년 6·13지방선거를 앞두고 후보자 TV토론에서 오간 질의와 답변 중 일부다. 이재명의 답변은 이후 그의 가족간의 갈등으로 자신의 형수에게 패륜적 욕설을 퍼붓고 성남시장이라는 자신의 권력으로 친형을 강제적으로 정신병원에 보낸 사

실을 공개한 형님 가족과 이 일에 관여한 사람들을 통해 거짓말임이 밝혀진다. 당시 이재명의 지시를 받은 해당 지역의 보건소장은 "감옥에 가기싫다"며 이재명 형의 강제입원 사실도 확인해 주었다. 그래서 이재명이 그의 친형을 강제적으로 입원시키려 한 사실은 1심부터 대법원까지 모두 인정된다. 1, 2심이 내린 유죄는 희대의 사법부인 김명수의 대법원에서 뒤집힌다. 여기에는 또 한 명의 희대의 대법관 권순일도 있었다.

2019년 6월에 열린 2심에서 수원고법 임상기 판사는 TV토론에서 했던 이재명의 거짓말을 허위사실공표에 의한 공직선거법 위반으로 판단하고 지사직 상실의 형량인 벌금 300만 원의 유죄를 선고한다. 그러나 김명수의 대법원은 이를 뒤집는다. 대법원 전원합의체에서 5명의 대법관은 유죄로, 5명의 대법관은 무죄로 판단했다. 그러나 곧 퇴임을 앞둔 대법관 권순일과 대법원장 김명수가 무죄 판결에 가담하여 결국 7대 5로 무죄가 확정된다. 무죄 판결의 이유로 든 것은 "거짓말에 적극성이 없었다. 정치적 표현의 자유를 폭 넓게 보장해야 한다. 토론회 발언에 사법판단을 경계한다"는 등의 이해할 수 없는 구구한 설명을 덧붙였다. 한 마디로 공직선거에 출마하는 자가 유권자에게 검증을 받는 공개적인 자리에서 거짓말을 해도 죄가 되지 않는다는 말이었다. 심지어 "이 지사가 ~라고 해석해 이를 부인했다고 볼 수도 있다"고 한 무죄의 논리를 두고 한 법조인은 "관심법 판결"이라며 개탄했다. 자유민주주의 법원이 인민민주주의 법원이 되었다는 뜻이다. 문재인과 김명수가 만들어 놓은 인민법원이다.

이 판결이 나오자 국민과 언론의 비판이 쏟아진다. "공직을 맡겠다는 자가 유권자들이 보는 TV토론에서 공공연하게 거짓말을 했는데 법이 이 것을 통제하지 않는다면 법이 대체 왜 필요한가. 앞으로 TV토론 등 후보 검증과정에서 거짓말이 난무하여 검증 자체가 무의미하게 될 것이다. 후보 검증의 자리는 거짓말 경연장이 될 것이며, 대한민국은 거짓말쟁이들이 모조리 고위직을 차지하는 거짓말 공화국이 될 것이다." 당시 언론이 쏟아놓은 비판은 대체로 이런 취지였다. 이재명을 싫어한다는 어느 문빠는 "이제 다들 마음껏 거짓말 하시라"며 비꼬았고 이 판결이 내려진 다음 날이 제헌절인 점에 빗대어 "이제 거짓말이 무죄인 새로운 판례법이 만들어진 제2의 제헌절이다. 새로운 대한민국의 시대가 열렸다"고 말하는 국민도 있었다. 현직의 김태규 판사는 2심 판결을 뒤집은 대법관들을 "법으로 요술을 부리는 법 기술자"로 비판하며 "AI가 빨리 대체해야 할 직업은 판사다. 적어도 공정성은 담보될 것"이라고 말했다. 그는 문재인과 김명수가 망가뜨려 놓은 대한민국의 사법부를 걱정하고 있었다.

그렇다고 문재인의 시대에 모든 거짓말이 다 무죄였던 것은 아니다. 2016년 10월 국회 국정감사에서 문체부 장관 조윤선은 "문화계의 블랙리스트가 존재하느냐"는 질의에 "존재하지 않는다는 보고를 받았다"는 답변을 내놓았다가 후에 거짓 답변으로 밝혀져 1심부터 대법원까지 모두 위증죄의 유죄판결을 받았다. 그러나 이재명에 대해서는 1심에서 대법원까지 허위를 말한 사실의 존재는 모두 인정했으나 김명수의 대법원은 무죄로 판결했다. 이것이 바로 문재인 정권과 김명수 대법원의 본색이다. 좌익무죄 우익유죄의 본색이다. 그들의 나라는 거꾸로 가고 있었다.

이재명은 2021년 10월 민주당의 차기 대통령 후보가 되었다. 15개월 전 대법원의 뒤집기 판결이 없었다면 불가능했을 일이다. 당내 후보 경선에서 대장동 의혹이 나왔다. 이해할 수 없었던 대법원 판결의 비밀은 여기에 있었다. 당시 이재명의 유무죄에 대한 판단이 5 대 5로 갈렸을 때 대법관 퇴임 두 달을 남긴 권순일의 역할이 결정적이었다. 권순일은 심리과정에서부터 "토론회 발언은 처벌할 수 없다"며 캐스팅보트 그 이상의 역할을 한 것으로 드러났다.(동아일보, 2021.9.29) 이어 권순일이 왜 이렇게 속 보이는 무리한 역할을 했는지에 대한 의문도 풀렸다. 그는 이재명과 공생관계에 있는 김만배를 매개로 이해되지 않는 큰 보수를 받았고 소위 50억 클럽에도 이름이 있었다. 대법원을 김만배의 이발소로 만들고 대한민국의 사법정의를 막대한 돈과 바꿔먹었다는 '재판거래'라는 말은 그래서 나왔다. 이 재판거래 의혹이 제대로 밝혀져 바로 잡히지 않는다면 한쪽으로 비뚤어진 사법부는 물론 대한민국도 바로 서지 않을 것이다.

인간 김명수를 대법원장에 앉힌 이유

2019년 12월 김명수의 부산고 동문 500여 명이 '사법농단 김명수 대법원장을 규탄한다'는 성명을 내고 대법원 앞에서 시위를 벌이며 '부끄러운 동문 김명수'를 외쳤다. 2021년 2월에는 후배 법조인 14명이 "김명수를 탄핵하라"는 성명을 냈다. 지방의 일개 법원장으로 있다 문재인으로부터 벼락출세의 부름을 받고 춘천에서 백팩을 메고 고속버스로 서울로 올라오는 쇼를 하고서는 자신의 직위를 이용하여 온갖 치사하고 부끄러운 사익을 다 취하며 좌파형 인간의 본색을 고스란히 드러낸 일도 그가 대한민국 사법부의 수장이 아니었다면 구태여 거론할 일은 아니다.

김명수를 왜 그 자리에

인간 김명수에 대해 관심이 많다. 사실과 진실을 판정하고 공정과 정의를 지키는 최고 국가기관의 수장인 그가 여느 동네에서 함부로 사는 혐오적 인물 정도의 윤리의식을 가졌다는 사실이 놀라워서다. 그의 놀라운 인간됨을 다 말하자면 길다. 하나의 사례만 들자. 후배 판사 임성근이 오죽했으면 그와 대화하면서 녹음을 했고, 국회에서 관련 질의가 나오자 그는 거짓말을 한다. 다음날 후배 임성근은 녹취내용을 공개했고 그래서 김명수는 국회에서 거짓말을 한 최초의 대법원장이 된다. 이로써 그가 뻔뻔하게 거짓말을 한 사실을 온 국민이 다 알게된다. 그러나 김명수는 사법부 수장의 자리를 꼬떡없이 지키며 임기를 다 채운다. 이 일만으로도 그의 경이로운 인간됨은 충분히 알 수 있다.

문재인이 이런 인간형의 김명수를 대법원장에 임명한 이유는 무엇일까. 자신과 비슷한 유형의 인간이라서? 이 이유도 아마 맞을 것이다. 2020년 4월 국회의원이 된 최강욱은 당선 일성으로 "세상이 바뀌었다는 것을 확실히 느끼도록 갚아주겠다"고 했다. 문재인이 김명수를 대법원장 자리에 앉힌 이유도 바로 여기에 있을 것이다. 선과 악을 바꾸고, 정의와 불의를 뒤집기 위해 말 잘듣는 혹은 문재인 자신처럼 우뇌는 없고 좌뇌만 있는 김명수가 필요했을 것이다. 과거 우익정부에서 국가보안법 위반으로 처벌받은 동지들을 구제하고 자신들을 단죄한 사람들에게 되갚아주기 위해 김명수가 필요했을 것이다. 거짓과 조작과 선동으로 촛불세력을 키우고 그 힘으로 탄핵의 올가미를 씌워 박근혜를 청와대에서 끌어내고 감옥으로 보낸 공산당식 혁명을 법적으로 뒤처리를 해줄 사법부 수장이 필요했을 것이다. 문재인 자신이 공언한대로 앞으로 5년간 대한민국을 '한 번도 경험하지 못한 나라'로 만들어 가는 과정에서 필연적으로 범하게 될 수많은 위법 탈법 불법행위에 면죄부를 줄 대법원장이 필요했을 것이다. 모두 거짓말 선수이며 죄다 세금 훔쳐먹기에 달인인 자신의 좌익 동지와 수하들을 감옥에 보내지 않도록 하기 위해 자신과 같이 거짓말 잘하고 세금을 잘 훔쳐먹으며 공범의식을 가지고 서로를 보호해 줄 수 있는 사법부 수장이 필요했을 것이다. 종북주의자들이 모인 자신의 정권이 북한을 위한 이적죄와 여적죄를 범하고도 처벌받지 않기 위해 김명수가 필요했을 것이다. 김명수는 문재인을 실망시키지 않았다. 대한민국의 사법정의는 그렇게 무너져 갔다. 문재인과 김명수가 힘을 합쳐 한 일이다.

지연되는 재판

공직선거법에 의하면 선거소송은 대법원이 소 제기일로부터 6개월 내에 단심으로 재판해야 한다. 2020년 4월 15일 실시된 21대 총선은 좌익 성향의 대법관 노정희가 이끈 선관위의 총체적 난국과 수많은 의혹 속에 치러졌고 선거가 끝난 뒤에는 무려 126건의 소송이 제기된다. 20대 총선 13건의 약 10배다. 과거 통상 1~3개월 이내에 처리되었으나 김명수의 대법원은 6개월이 다 되어가던 2020년 10월까지 단 1건도 처리하지 않는다.(TV조선, 2020.10.4) 황운하의 당선무효소송은 2021년 4월에야 판결이 났고, 김두관이 당선된 경남 양산을의 경우 2021년 8월이 되어서야 검증소식이 전해졌으며, 안민석이 당선된 경기 오산의 선거무효소송은 무려 1년 반이 지난 2021년 10월 하순이 되어서야 검증을 시작했다. 이렇게 엿가락 늘이듯 지연된 21대 총선 선거소송에 대해 중간에 소를 취하한 14건 이외의 112건에 대해 대법원은 모조리 기각 각하 결정을 내린다. 각각의 소송건에 대한 소장을 읽어보기나 했을까 의심될 정도로 100% 기각 각하하였다. 구체적 내용을 가진 개별사건에 대한 시시비비는 논외로 하더라도 대법원이 선거법의 6개월 판결규정을 심각하게 위반한 것은 명백하다. 결국 2023년 8월 31일이 되어서야 최종 마무리 되었으니 무려 3년 5개월이 걸린 것이다. 이것은 이론의 여지가 없는 법치 붕괴다.

모든 선거재판이 거북이 걸음이었던 것은 아니다. 2023년 5월 대법원은 서울 강서구청장 김태우의 유죄를 확정했다. 2022년 8월 2심이 내려지고 9개월 만이다. 반면 민주당의 최강욱 사건은 1년이 넘도록 판결을 내리지 않더니 2023년 6월 사건을 대법원 소부에서 전원합의체로 넘겼다. 최강욱은 2020년 1월 기소 이후 3년 5개월째, 대법에서만 1년 넘게 시간을 끌다 다시 전원합의체로 넘긴 것이다. 이로써 그는 범죄혐의로 기소된 상태에서 국회의원에 출마하여 당선되고 2심에서 의원직 상실형을 받고도 김명수 사법부의 재판지연으로 2023년 9월까지 국회의원의 영예를 누렸다. 자녀 입시비리와 유재수 감찰무마 혐의로 기소된 조국은 1심이 나오는데 무려 3년 2개월이 걸렸고 2023년 9월 현재까지 3년 9개월째 재판 중이다. 기부금횡령 혐의로 기소된 윤미향은 1심 판결이 나오는데 2년 5개월이 걸렸고, 울산시장선거개입사건으로 기소된 황운하 의원과 한병도

의원은 3년 10개월이 지난 2023년 11월에야 1심 판결이 나왔다.

김명수 사법부가 출범한 이래 2년 이상이 소요된 민사합의부 사건은 2017년 3000건 수준에서 2022년에는 약 5000건으로 급증한다.(중앙일보, 2023. 6.15) 그의 재임 기간 전체로 볼 경우 2년 내에 1심 판결이 나오지 않은 장기미제 사건은 민사소송은 3배로, 형사소송은 2배로 늘었다. 김명수는 법관수 부족과 코로나를 이유로 들었다. 거짓말이다. 법관수는 2017년 2955명에서 2022년 3151명으로 늘었고, 민사1심 사건의 경우 같은 기간 35만 건에서 34만 건으로 줄었다.(조선일보, 2023.9.2) 판사는 늘고 사건은 줄었는데도 재판지연이 늘어난 것은 판사들의 평균적 사건처리 기간이 늘어났기 때문이다. 그래서 문재인이 청와대를 장악하고 김명수가 사법부를 장악한 시간, 법원 주변에는 재판지연이 만든 억울한 사연들이 넘쳐났다. 뒤늦게 승소했지만 이미 회사가 사라져 승소의 의미가 없어진 기업인, 연로한 원고가 오매불망 배상을 기다리다 판결이 나오기 전에 세상을 떠난 사연은 흔한 것이었다. 문재인과 김명수의 시간은 범죄자와 가해자는 살만한 세상이었고 선량한 피해자에게는 참으로 억울한 시간이었다.

"모든 국민은 신속한 재판을 받을 권리를 가진다" 헌법 27조 3항은 이렇게 규정하고 있다. 그러나 대통령 문재인과 대법원장 김명수의 시대에 이 헌법 규정은 지켜지지 않았다. 재판지연은 김명수가 문재인 정권과 종북좌익의 범죄혐의자들에게 봉사하는 대표적 수법 중의 하나였다. 김명수는 보통의 국민인 우리가 재판지연으로 억울하게 피해를 보는 일에는 무관심했다. 그는 오직 대통령 문재인과 그의 동지 수하들을 보호하는 일에만 관심이 있었다. 이것이야말로 그들이 박근혜 정부의 대법원장 양승태를 숙청할 때 써먹은 그 구호인 사법농단이다. 이제 김명수의 차례다. 김명수 단죄는 좌익의 숙청이 아닌 자유민주주의적 심판이어야 한다.

　총 14명의 대법관 중 문재인 정권에서 임명된 법관은 대법원장 김명수를 포함한 13명이다. 2023년 5월 말을 기준으로 대법관 14명의 정치적 성향은 13명이 좌익이거나 중도좌익이었고 보수 성향은 단 1명이었다. 이 1명은 새로운 정부가 임명한 대법관이다. 정권이 바뀌지 않았다면 좌익성향의 법관들이 완벽하게 장악한 대법원이 되었을 것이다. 문재인과 김명수가 대법원을 완전히 빨갛게 물들여 놓은 것이다. 대한민국을 파괴하는 것은 대통령 문재인의 그림이었다. 문재인의 그림 속에 들어온 김명수는 대한민국 사법의 옳고 그름을 판단하는 기준을 자유민주주의적 가치에서 공산주의적 가치로 변경하는 것이 그의 그림인 듯했다. 김명수는 문재인의 혁명동지였다. 실패한 혁명은 심판받아야 한다. 김명수와 문재인을 정의의 법 앞에 세워야 한다. 그들을 심판하는 기준은 자유민주주의적 가치여야 한다. 진실과 정의와 법 앞의 평등이 그것이다.

인민경제

"굉장했던 과거에서 이토록 악화되다니, 도대체 무슨 일이 있었던 건가요" 폴 콜리어Paul Collier 옥스퍼드대 교수는 문재인의 임기 종료 5개월을 앞두고 가진 국내 언론과의 인터뷰에서 한국의 경제개발 역사를 되짚으며 이렇게 탄식했다. 그는 "개발도상국에서 단 수십 년만에 선진국으로 도약한 유일한 국가인 한국이 현재는 악몽 같은 시기를 겪고 있다"는 말도 덧붙였다. 그리고 말했다. "한국의 자본주의는 망가졌습니다."(조선일보, 2021.12.24.)

CHAPTER ● 1

사회주의로 가는 대한민국 경제

자본주의와 자유시장주의는 헌법이 규정하는 대한민국 경제의 대원칙이다. 그러나 문재인의 경제는 거꾸로 갔다. 사회주의 공산주의 혹은 국가자본주의 경제로 갔다는 의미다. 이 과정에서 대한민국 70년의 경제적 성취는 뿌리 채 흔들렸고 그의 임기가 끝날 무렵에는 국민도 국가도 모두 가난하게 되고 개인도 기업도 나라도 모두 빚더미에 올랐다. 더욱 심각한 일은 문재인이 향후 수십 년간 대한민국 경제가 이런 흐름이 계속될 수밖에 구조를 만들어 놓고 떠났다는 사실이다.

경제 기적의 시대

2017년 5월 18일, 대통령이 된 문재인은 광주 5·18 행사에 참석했다. 청와대로 복귀하던 그의 행렬은 응급환자를 태운 구급차를 만났고 행렬은 길을 터주었다. 광주의 구급대원은 이 당연한 일을 '모세의 기적'이라며 추켜세웠다. 기적 인플레이션 시대를 알리는 예고였다. 가장 기적적인 곳은 경제였다. 한국 경제는 문재인이 전개하는 정책으로 매일 기적이 일어났다. 그도 자신이 통치하는 시대의 경제를 늘 기적이라고 말했다.

"보다 평등한 경제는 우리가 반드시 성취해야 할 실질적 민주주의입니다" 2020년 6월 6·10항쟁 기념식에 참석한 문재인은 이렇게 말했다. 당일 발표된 5월 고용동향에 의하면 취업자 수가 39만2천 명 감소하여 21년의 기록을 경신했고, 실업자 수 127만8천 명, 실업률은 4.5%로 1999년 통계 작성을 시작한 이래 최고치였다. 대통령이 '평등한 경제'를 말한 날 국민은 '최악의 실업'에 시달리고 있었다. 이것이 그의 평등한 경제다.

한 달 전인 5월 어버이날에 문재인은 "자식들의 몫을 다하는 효도정부가 되겠다"고 했다. 그는 민주당 대표 시절이던 2015년 어버이날에도 "이제는 국가가 효도할 차례"라고 말했으며 대통령 취임 사흘 전에도 "효도하는 정부"를 다짐했다. 그때는 노인들의 지지를 얻기 위한 단순한 구호 정도로 여겼다. 착각이었다. 문재인은 자신이 계획하고 있는 경제정책이 자식들의 일자리를 잃게 한다는 사실을 알고 있었던 것이다. 가난하게 된 자식들 대신 정부가 나서서 효도하는 그런 나라를 만들려고 했을 것이다. 아니라고 하실텐가. 적어도 결과는 딱 그렇게 되었다. 그것도 아니다. 자식들은 일자리를 잃었으나 효도하는 정부 약속은 그나마 지키지도 않았다.

사회주의 학자로 채운 경제 참모들

"중산층을 맷돌로 갈아 없애고 인민 전체를 굶주리게 만들어 배급표로 인민을 통치하라. 단 배급량을 3일분으로 제한해야 인민들이 정부의 지도를 따라온다. 3일을 초과하여 7일분을 배급하면 3일을 잘 먹고 아직도 먹을 양식이 남아 딴 생각을 하게 된다." "세금과 인플레이션으로 중산층을 으깨버려라. 더 이상 노력으로 계층상승이 불가능한 사회를 만들어야 한다. 중산층은 무거운 세금과 집값의 과다 상승을 통해 척살하라. 다수의 빈곤층으로 하여금 부유한 자를 혐오하게 만들고 국가 공권력 및 구호품에 절대적으로 의존케 하여 공산당 정부를 절대적으로 지지하게 만드는 것이 공산주의를 유지하는 핵심이다." 이 두 문장은 레닌어록을 인용한 것이다. 중국이 자본주의를 과감하게 수용한 등소평의 경제철학 아래 발전하던 시대를 제외한 모든 공산주의 국가에서 충실하게 따른 '가난하고 복종적인 인민을 만드는' 공산주의 경제정책이다. '평등한 경제'를 주창한 문재인의 경제가 따라간 바로 그 길이다.

법률가 출신의 문재인은 경제분야에는 문외한이다. 게다가 그의 관심사는 우익진영의 궤멸과 좌익진영의 대한민국 패권 장악, 북한과 김정은 단 두 가지 뿐이었다. 이 점은 그와 함께 정권을 잡은 주사파 운동권 출신의 권력자들도 마찬가지였다. 실제 문재인과 주사파 권력자들은 현대 국가의 국정운영의 핵심인 '경제'에 대해서는 그들의 능력으로는 애당초 관여할 수도 없었다. "주사파 출신 중에 마르크스 레닌 김일성 관련 서적 이

외의 책은 10권을 읽은 사람이 없고, 갑근세를 내본 사람도 없다"고 주사파에서 전향한 사람이 스스로 고백할 정도이니 그들 가운데 고도로 복잡한 경제를 감당할 수 있는 재목은 없었다. 단지 그들은 권력의 힘으로 경제대국 대한민국의 꿈을 빨아먹고 북한을 지원하는 일에만 열심이었다. 김대중 시대에는 IT분야 정책자금을, 노무현 시대에는 기계와 도박이 만난 '바다이야기'로 국민의 고혈을 빨아먹는 동시에 금융증권 부문에 빨대를 꽂고 돈 놓고 돈 먹기 정도가 아닌 '돈 한 푼 없이 천문학적인 돈을 먹으며' 국가의 금융경제를 헐겁게 만들었고, 이 재미를 잊지 못한 그들은 문재인의 시대에는 조 단위의 금융사기사건을 연이어 생산한다.

문재인과 권력자 자신들은 꿀맛을 즐기는 동안 국가의 경제운용은 자신들과 사회주의 이념을 공유하고, 친북 종북적 성향을 가지며, 반자본주의적 활동을 전개하며 유대를 맺어온 사회주의 경제학자들에게 경제 운용을 맡긴다. 문재인은 그런 사람들을 모아 청와대에 포진시켰다.

역대 정부에서 국가 경제운용의 본부 혹은 탑헤드는 경제기획원, 후에 부총리로 격상된 기획재정부 장관이었다. 그러나 1년 6개월간 재임한 김동연은 반자본주의적 경제를 고집하던 청와대와 1대 20의 싸움을 벌일 정도로 갈등을 빚은데다 권한은 없고 욕만 대신 먹는 자신의 역할에 분노하여 스스로 자리를 던졌고, 3년 6개월간 재임한 홍남기는 홍백기라는 별명을 감수하며 늘 자신의 소신을 굽히고 청와대와 민주당에 끌려다니면서 자리를 지켰다. 대신 대한민국의 경제를 총괄한 것은 사회주의 경제철학을 가진 4명의 청와대 정책실장이었다. 장하성, 김수현, 김상조, 이호승이 그들이다. 그리고 소주성을 총괄한 홍장표가 있다.

문재인 정권의 초대 청와대정책실장인 **장하성**은 청와대 입성 전에는 대기업의 경영권 독점 해소와 소액주주의 권리보호가 그의 주요 활동 분야였다. 그는 문재인 정권의 경제정책의 총체적 방향을 제시한 사실상의 경제사령탑이었으며 노동과 사회분야에서도 실세였다. 2018년 한 언론이 경제부문 오피니언 리더 140명에게 설문을 돌린 결과 경제정책 영향력 1위를 기록하여 문재인 경제의 실세였음이 확인된다.(한국경제신문, 2018.5.7) 그가 주도한 소득주도성장 정책은 주52시간제, 최저임금의 급격한 인상과 함께 문재인 시대의 자영업자 몰락과 도시빈민 증가의 주범이 되었다. 그가 지배 주주의 권리 축소와 소액 주주의 권리 확대를 주장한 것은 자본주의의 시장경제 원리를 부정하고 사회주의를 지향하는 그의 소신을 여지없이 드러낸 것이며 또한 "실수요 주택을 시장에 못 맡긴다" "집값, 시장이 정부를 못 이긴다"며 사회주의적 소신을 밝히자 집값은 급등했고 이에 그는 "모두가 강남에 살 필요는 없다"고 말해 모든 국민의 염장을 지른 일도 있다. 결국 그의 경제정책에 대한 국민의 비판이 정권의 존립을 위협하는 지경이 되어서야 2019년 3월 문재인은 중국 문외한인 그를 주중대사로 임명하여 그의 몸을 무탈하게 지켜주었다.

장하성에 이어 문 정권 경제정책의 원톱을 맡은 **김수현**은 이미 노무현 정부에서 장기간 청와대 비서관을 지내며 부동산 정책을 총괄한 사람이다. 그는 노무현과 문재인의 신임이 두터운 이너서클 멤버로 두 정부에서 판박이처럼 주택 가격을 폭등시킨 핵심 주역이다. 사회주의 학자인 그를 경제정책을 총괄하는 정책실장에 임명한 일은 문재인이 국가경제를 이념으로 이끈다고 비판받는 근거가 되었다. 그는 자신의 저서 [부동산은 끝났다]에서 "서민이 집을 구입하면 집값 하락을 방지하기 위해 보수화가 된다"고 함으로써 고의로 집값을 폭등시켜 서민, 특히 도시빈민이 자가주택을 소유하지 못하도록 했다는 비판의 근거가 되었다. 그는 2019년 도시철도 연장안을 구상하며 자신이 보유한 과천시 아파트 바로 앞에 '문원역'을 신설하는 방안을 추진하여 '김수현네 역'으로 불렸던 일은 그의 좌파 권력자로서의 본색을 여지없이 드러낸 일이다.

김수현을 이어 정책실장이 된 **김상조**는 박근혜 탄핵정국에서 최순실 게이트 수사와 삼성 이재용 수사에 조언하고 협력하며 종횡무진 활약한 공로로 2017년 대선에서 문재인 캠프에 합류했다. 그는 삼성의 지배구조를 집요하게 비판하고 공격해서 '삼성 저승사자'로 불린 사람이다. 정책실장이 되어서는 대기업의 지배구조 개선과 재벌개혁을 핵심 과제로 추진했는데 경제장관 회의에 지각 참석하여 "재벌 혼내주고 오느라 늦었다"고 했던 말에서 그가 대기업 때려잡기에 얼마나 열심이었는지 짐작할 수 있다. 늘 낡은 서류가방을 들고 삼성을 잡으러 다니며 청렴 이미지를 쌓았던 그는 인사청문회에서 위장전입, 아파트 매입 다운계약서, 자녀 특혜, 아내 부정취업, 이력 허위표기, 논문 표절 등 수많은 개인적 의혹으로 위선적이고 이중적인 좌파 지식인의 본색을 적나라하게 드러냈다. 그러나 "문재인 대통령은 제2의 스티브 잡스로 진화하고 있다"고 찬양하며 문 정부 초대 공정거래위원장과 청와대정책실장에 임명되어 부귀영화를 누리던 그는 2021년 4월 경질된다. 임대차3법이 시행되기 직전 자신의 집 전세임대료를 대폭 인상한 비윤리적 행위를 범했고, 보궐선거를 앞두고 있던 민주당의 성화를 못이긴 문재인은 그를 청와대에서 내보낸다. 김상조는 치사한 짓을 했고 문재인은 속 보이는 인사를 한 것이다.

문재인 정권의 마지막 정책실장 **이호승**을 보면 문재인의 시대에 우리 경제가 왜 그렇게 망가졌는지 상당 부분 이해된다. 그가 경제수석으로 있던 2019년 11월 국회 국정감사에서 송언석 의원이 "내년도 경제성장률을 얼마 정도로 전망하고 있습니까"라고 질의하자 이호승은 "정확한 기억인지는 모르겠으나 2.6%인가?"라고 답했다. 기가막힌 송 의원이 "금년도 성장률 전망은 몇%입니까"라고 묻자 그는 대답을 하지 못하고 그냥 멀뚱히 서 있었다. 송언석이 "시간 가요. 빨리 답변하세요"라며 채근하자 이호승은 "자료를 좀 보고 말씀드리겠습니다"라고 말했다. 이에 송언석은 "일본과 경제전쟁한다며... 기본이 안된 사람이 무슨 전쟁을 해"라고 일갈했다. 청와대 경제수석 이호승은 대한민국 경제에 무관심했다. 그는 늘 욕만 먹는 문재인의 경제에 대해 변명만 했던 사람으로 기억된다. 학자들이 경제위기를 경고하면 "무책임하다"고 비난했고, 2018년 5월의 악화된 고용통계에 대해서는 "5월의 봄비 탓"이라고 했으며, "적자 국채를 발행해서라도 성장률을 지탱해야 한다"며 나라와 미래세대를 빚더미에 올려놓기로 작정한 문재인을 엄호했다. 이런 사람이 국가 경제를 총괄하는 경제수석과 정책실장의 자리에 있었으니 문재인의 시대에 각종 경제지표가 개선되고 대한민국의 경제가 발전했다면 그것이 오히려 이상할 것이다.

오직 북한과 김정은만 쳐다보는 문재인은 경제성장률 수치에는 관심도 없었을 것이다. 만약 대통령 문재인이 성장률 수치에 관심이 있었다면 경제 분야를 보좌하고 총괄하는 이호승이 그것을 모를 리 만무하다. 모든 국민이 모른다 해도 그것을 꼭 알아야 했던 경제수석과 정책실장 이호승,

그는 문재인의 시대에 대한민국의 모든 경제지표가 늘 하향 곡선을 그렸던 이유를 설명하고 있다. 이것은 대한민국 경제를 망가뜨리려 작정한 문재인의 고의인 듯 보인다. 고의로 보이는 증거가 많다.

소주성이라는 망국적 경제정책

문재인 정권 경제정책의 근간인 소득주도성장론을 주도한 것은 홍장표다. 청와대는 2017년 7월 그를 경제수석으로 임명하며 "소득주도성장론을 주창한 경제학자"로 소개했다. 문재인이 그를 기용한 것이 이 이론을 써먹기 위한 것임을 알 수 있는 대목이다. 소주성 이론의 요지는 국가 주도로 먼저 국민 개개인의 소득을 증대시킴으로써 기업과 국가경제 전체의 발전을 이끈다는 것이다. 정부의 거시적 발전계획에 따라 대기업이 성장을 선도하고 그 낙수효과로 중소기업과 자영업자와 개인의 소득증대를 도모한다는 50년 이상 지속된 대한민국 경제발전의 모델을 완전히 거꾸로 뒤집어 놓은 것이다. 그래서 소주성 이론에 대해 경제학자는 물론 현장의 경제인들도 마차가 말을 끄는 정책이라며 심각한 우려를 표했다. 이론 자체가 사회주의 경제정책에 뿌리를 둔 것이며 남미의 여러 포퓰리즘 정권에 의해 이미 국가 경제력의 약화와 서민의 빈곤화를 초래하는 결과가 확인되었다는 것이다. 많은 사람이 이 정책의 실패를 예견하고 적극 반대했다. 그러나 문재인은 강행한다.

이 이론을 토대로 문재인은 최저임금을 급격히 인상하고, 임금 인상효과가 큰 주 52시간제를 도입했으며, 여러 형태의 친노동 반기업 정책을 시행한다. 그리고 정부 스스로 '돈질'이라 불릴 정도의 현금살포식 재정정책을 펼친다. 특히 선거가 다가올 때면 각종 선심성 현금 살포가 줄을 이었고, 공항 철도 도로 등 수천억에서 수십조가 드는 사업을 예비타당성검토를 생략하고 마구 결정하며 돈을 풀어 놓는다. 심지어 코로나조차 지원금이라는 이름으로 현금 살포의 구실로 써먹는다.

전세계적으로 유례가 없는, 족보없는 정책이라 평가받은 소주성 이론이 이끄는 경제정책의 부작용은 전문가들이 예상한대로 즉시 나타난다. 마구 풀린 재정에 의해 물가는 무섭게 오르고 부동산 가격은 연일 신 고가를 기록했으며, 최저임금 인상과 주52시간제는 자영업의 줄폐업을 초래한다. 여러 반기업 정책으로 기업의 해외 탈출이 가속화되고 기업 고용이 줄어들자 실업률은 급격히 올라간다. 문재인 정권은 이를 감추기 위해 통계청장을 교체하며 통계의 기준을 바꾸는 등 조작행위도 불사한다. 그러나 정부가 발표하는 부동산 가격 상승률과 국민이 실제 겪고 있는 수치가 하늘과 땅 차이가 되고, 정부 발표 청년고용률과 대학을 졸업하고 놀고있는 자식들의 취업상황은 완전한 괴리를 보였다.

홍장표를 기용하여 소주성 정책을 시행한지 9개월이 지난 2018년 4월 우익정당의 대표 홍준표는 문재인과의 단독 영수회담에서 "현재 경제 파탄에 가장 책임이 있고 청년 실업에 책임이 있는 홍장표 수석을 해임하라"고 요구한다. 그러나 문재인은 다음 달 "소득주도성장과 최저임금 증가는 긍정적 효과가 90%"라며 현실과는 완전히 다른 말을 한다. 며칠 후 이번에는 홍장표가 직접 나서서 실직자 가구와 자영업자의 소득 감소 통계는 제외하고 소득이 있는 개인의 통계만 제시하며 문재인이 말한 '긍정적 효과가 90%'를 증명하려 했다. 짜고 치는 고스톱을 보는 듯했다. 문재인은 신문도 방송도 보지 않고 참모들의 거짓 보고에만 의존했을까. 아니면 그가 대한민국 경제를 망가뜨리겠다고 작정했기 때문일까.

추락하는 모든 미시적 민생경제지표와 암울한 거시적 국가경제통계를 연일 제시하는 여론의 압력을 이기지 못하고 홍장표는 2018년 6월 청와대 경제수석 자리에서 물러난다. 그러나 문재인은 그를 정책기획위원회 산하의 '소득주도성장 특별위원장'에 임명한다. 소주성 이론을 포기하지 않겠다는 뜻이다. 이어 2021년 5월에는 홍장표를 KDI 원장에 임명한다. KDI에 재직했던 원로학자를 포함한 수많은 경제전문가들의 반대를 무릅쓰고 문재인이 강행한 임명이었다. KDI는 대한민국의 경제발전을 이론적으로 연구하고 이끄는 학자들의 집단으로 이 나라 주류 경제학의 중심이다. 이런 기관에 마르크스주의 경제학자 홍장표를 최고책임자로 임명했다는 사실에서 문재인이 대한민국 경제를 사회주의로 이끌어 가겠다는 의지는 분명히 확인된다. 문재인은 단기적으로는 '현금 풀기' 위주의 재정정책으로 지지율을 유지하고 좌익진영의 정권연장을 기도했다. 이 남미식 사회주의적 포퓰리즘 정책을 아름답게 포장하기 위해 소득주도성장이라는 이론을 끌어들인 것이다. 문재인은 이 이론이 대한민국 경제를 뿌리부터 썩게 한다는 사실을 알았을 것이다. 그렇다면 대한민국 경제를 망쳐놓는 것은 문재인이 계획한 것으로 봐야한다. 그를 간첩으로 의심하는 또하나의 중요한 이유다.

사회주의 정권을 준비했다

사회주의 공산주의는 국가주의와 전체주의를 지향한다. 개인과 민간 기업의 역할과 자유를 축소 억제하는 대신 정부의 역할과 간섭을 강화하는 것은 모든 좌익이념의 기본원리다. 이를 실현하기 위해 큰 정부조직과 높은 세금은 필연적이다. 문재인 정권은 큰 정부를 지향하고 증세정책을 강력하게 추진했다. 물론 대한민국 헌법이 지향하는 자유시장 자본주의에 정면으로 위배되는 위헌적 통치다. 이것은 동시에 대한민국 경제를 사회주의 원리에 의해 운용했다는 뜻이기도 하다.

큰 정부와 증세

대선을 4개월 앞둔 2017년 1월 문재인은 자신이 집권하면 정부가 일자리 창출을 주도하는 고용주 역할을 하게 될 것이라며 131만개의 새로운 일자리를 만들겠다고 밝혔다. 이와 함께 17만 4000명의 공무원을 증원하겠다는 공약도 내걸었다. 인구절벽이란 용어가 유행할 정도로 이미 인구감소는 예견되었고 실제 그의 재임기간 동안 그것이 수치로 입증되었음에도 그는 이 공약을 밀어붙였다. 결국 그의 임기가 끝날 때 민간부문의 고용율은 대참사를 빚은 것과 달리 공공부문에서는 총 13만 266명의 공무원이 증가했다는 통계가 나왔다. 이는 연평균 26,053명이 늘어난 것으로 이명박 정부 연평균 2,027명의 13배, 박근혜 정부 9,498명의 2.7배다. 절반 이상이 적자인 공기업의 임직원 수를 19%늘리고(조선일보, 2021.10.29) 인구 감소가 현저한 지방에도 공무원을 5만명 이상 늘리는 (한국경제, 2020.9.28) 등 국가직, 지방직, 공기업 할 것 없이 급격하게 늘려갔다. 이 중에서도 입법부 2.8% 증원, 사법부 5.3% 축소, 지방행정직 1.6% 증원에 비해 국가직 행정공무원을 19.8%로 집중적으로 증원했다.(중앙일보, 2022.9.21) 중앙 권력을 확대하고 강화했다는 뜻이다.

문재인의 대선 공약 중에서 몇 개 되지 않는 지켜진 공약 중의 하나인 공무원수 증가로 인건비도 크게 늘어난다. 지방직을 제외한 국가직에 한정할 경우 2017년 32조1000억 원에서 2022년에는 41조3000억 원으로 9조 원 이상 늘어나 증가율이 무려 28.7%다. 한국경제연구원에 따르면 공무원이 1% 늘어나면 실업률이 2.1% 오른다고 한다. 문재인이 '정부가 최대의 고용주'를 외치고 출범하여 공무원 수를 급격히 늘리자 '대한민국 경제에 민간은 안보이고 정부만 보인다'는 목소리가 커지더니 이것은 곧 심각한 실업률 증가로 이어지게 된다. '자본주의 국가에서는 민간이 일자리를 늘리고 사회주의 국가에서는 정부가 일자리를 없앤다'는 20세기의 경험을 문재인이 다시 재현한 것이다. 모르고 한 일이라면 바보같은 짓이다. 알면서도 고의로 한 일이라면 나라를 망하게 하는 사악한 짓이다.

경영학자 이호근 교수는 "공무원 권한은 결국 규제에서 나온다는 사실을 고려할 때 공무원을 늘릴수록 이에 비례해 민간에 대한 규제가 늘어난다"고 했다. 문재인 정권은 대한민국이 이미 인구감소국이 되었음에도 이렇게 큰 폭으로 공무원을 늘린 것은 민간에 대한 국가의 관리 감독의 역할을 증대하기 위해서다. 이것은 곧 사회주의 체제를 의미한다. 문재인은 국민에게 많은 공약을 하고 선택을 받았지만 그의 공약 중에서 대한민국을 발전시키는 내용의 공약은 거의 지켜지지 않았다. 반면 그가 지킨 공약은 대부분 대한민국을 퇴보시키고 위험에 빠뜨리는 결과를 낳았다. 공무원 증원 공약도 그런 것 중의 하나다. 공무원을 늘려 큰 정부조직을 만든 일은 그가 '사회주의 대한민국'을 계획하고 그것을 실행에 옮겼다는 중요한 증거다.

약탈적 세금폭탄, 문재인에 속았다

큰 정부를 지향한다는 것은 곧 큰 정부조직을 유지하며 국가의 모든 영역에서 정부가 더 많은 역할을 수행한다는 것을 의미한다. 이를 위해서는 더 큰 규모의 재정이 필요하다. 세수를 높여야 하는 이유다. 모든 사회주의 국가는 다 이렇게 하고 있다. 문재인 정권도 그렇게 했다.

2020년 8월 문재인은 청와대보좌관 회의에서 "세제를 강화하여 정부가 적극적으로 개입하는 것은 전 세계의 일반적 현상이며, 보유세 부담을 늘렸지만 다른 선진국에 비해서는 아직도 낮은 편"이라고 했다. 그가 말하는 세제 강화와 정부의 적극적 개입은 사회주의 국가의 현상일 뿐 자본주의 국가는 아니다. 오히려 OECD 37개국 중 21개국이 2010년 대비 2020년의 법인세율을 인하하는 등(조선일보, 2020.9.2) 세계 주요 국가는 모두 세율을 내려 민간경제의 활성화를 도모하고 있었다. 그래서 세제 강화가 세계적 일반 현상이라는 문재인의 말은 새빨간 거짓말이다. 당시 부동산 관련 세금의 대폭 인상이 크게 논란이 되고 있던 상황이라 문재인의 말은 부동산 보유세와 거래세에 초점이 맞춰져 있다. 그러나 문재인 정부는 부동산 세율 이외에도 모든 종류의 세금을 폭탄의 수준으로, 약탈의 수준으로 올렸다. 국민인 우리가 속은 것이다.

2021년 2월 국민의힘 유경준 의원이 제시한 자료에 따르면 이미 2018년 한국의 **부동산관련 세금**은 보유세(재산세, 종합부동산세), 자산거래세, 상속세, 증여세, 양도소득세를 모두 합해 GDP의 4.05%에 달해 이는 OECD 38개 회원국 평균인 1.96%의 두 배가 넘는 규모였다.(동아일보, 2021.2.15) 그렇다면 다른 선진국에 비해 낮은 편이라고 했던 문재인의 말은 거짓말이 확실하다. 문재인 2020년 신년기자회견에서 "거래세는 완화하는 것이 맞는 방향"이라고 말해 거래세를 낮출 것처럼 말했지만 유경준 의원은 이마저도 강화했다고 비판했다. 문재인은 자유시장자본주의 대한민국에서 사회주의 방식으로 경제를 운용하기 위해 거짓말을 했을 것이다.

"못살겠다 세금폭탄, 3040은 문재인에 속았다" 2020년 여름 청년들이 문재인 정권의 부동산 정책에 반발하여 실검 챌린지에 올린 검색어다. 검색어중에는 "문재인 지지철회"도 있었다.(중앙일보, 2020.7.18) 실제 문재인 정권은 부동산 세율을 반복적으로 올렸고 이 결과 청년들이 실검 챌린지를 하던 2020년 7월 무렵에는 이미 양도세가 2배, 취득세가 3배, 종부세가 9배 올라 있었다.(조선일보, 2020.7.8) 청년들은 말 그대로 세금폭탄을 맞았고 그래서 분노한 것이다. 종합부동산세 세수를 보면 더 놀랍다. 2018년 9500억 원이었던 종부세 세수는 2020년에는 6조원으로 무려 6배 이상이 증가했다.(중앙일보, 2021.5.5) 국민을 착취했다는 뜻이다.

2022년 1월에는 헤어롤을 달고 나와 박근혜 탄핵선고문을 읽었던 전 헌법재판관 이정미가 종부세법 위헌소송에 나선다는 보도가 있었다. 오죽했으면 문재인 정권 탄생의 1등 공신인 그도 나섰나 싶었다. 그도 문재인이 자신의 재산을 약탈할 것이라 예상하지는 못했을 것이다. 문 정권이 국민의 재산을 부동산에서만 약탈한 것은 물론 아니다. 법인세 소득세 상속세를 가리지 않았다. 그야말로 전방위적이었다.

문재인 정권은 2018년 **법인세**를 3% 올려 최고세율이 27.5%가 되었다. 2010년에서 2020년까지 10년 사이 OECD 37개국은 법인세율을 25.4%에서 23.5%로 낮추었으나 문재인은 이를 역행한 것이다. 높은 법인세율을 유지하던 G7도 이 10년간 33.1%에서 27.2%로 낮추었으니 우리의 법인세율이 이제 최고 선진국보다 더 높아진 것이다. 세계적 추세를 거스르며 법인세를 이렇게 대폭 올린 것이 자해적 경제정책이라는 사실은 바로 드러난다. 2019년 2020년 2년 연속으로 세수가 펑크난 것이다. 2020년의 경우 법인세가 17조, 부가세가 5.9조 덜 걷힌다. 코로나 영향도 있었으나 법인세 인상이 필연적으로 초래하는 효과인 기업의 투자감소, 해외이전, 사업철수, 폐업 등의 경영활동 위축과 이로 인한 총체적 경기 위축의 영향이었다. 법인세 감소가 주요 원인이 된 세수펑크는 이후에도 지속되어 2023년의 경우 60조 원에 이르는 세수감소가 예상되기에 이른다. 모든 사회주의 국가와 같이 문재인 정권은 세금을 높였고, 결과 역시 모든 사회주의 실험에서 본 그대로의 경제 침체를 재현한 것이다.

국민약탈적 세금폭탄은 **소득세**에서도 마찬가지다. 문재인 정권은 2017년 세법개정으로 소득세 최고세율을 기존의 44%(지방소득세 포함)에서 46%로 올린다. 이어 압도적 국회 의석을 힘으로 2020년 다시 최고세율을 49.5%로 올린다. 기존 세율 44%만으로 이미 OECD 상위권이었는데 문재인 정권에서 두 차례에 걸쳐 올리자 OECD 국가 평균인 42.5%보다 7% 높게 된 것이다.(한국경제, 2022.7.3) 이로써 대표적 복지국가인 북유럽 3국, 스웨덴 핀란드 노르웨이의 산술 평균인 48.8%를 추월하며 세계에서 손꼽히는 초고세율 국가가 되었다. 한국의 GDP는 2018년 10위에서 2019년에는 2단계 하락한 12위가 되었고, 1인당 국민총소득 GNI는 30위를 기록하며 국민소득과 생산성은 뒷걸음질 치는데(매일경제, 2020.7.22) 세금부담률은 OECD 국가는 물론 G7 국가를 모두 초월한 것이다. 국민의 소득세 부담을 살피면 세금폭탄은 더 실감난다. 월급쟁이들이 내는 세금인 근로소득세 세수는 2016년 30조8000억에서 2021년 43조5000억으로 5년간 무려 41%가 늘어났고, 다주택자의 양도소득세율은 최대 82.5%로 급증했으며, 2021년 주식시장에서 개미들이 8.5조의 마이너스 소득을 기록할 때 정부는 8.5조의 거래세를 거둬들였다.(조선일보, 2021.10.13)

세금폭탄의 결과는 확실했다. 문재인 정권 5년을 거치며 종합부동산세는 프랑스 부유세보다 무려 4배를 넘었고(동아일보, 2021.12.20) 법인세와 상속세는 OECD 국가 중 최고 수준이 되었으며, 자산세 부담은 4년만에 OECD 11위에서 2위로 점프했다.(조선일보, 2022.1.21) 국민의 조세부담율은 2014년 17.1%에서 2022년 20.7%로 대폭 올랐다. 자본주의 국가라고 하기에는 무색할 정도로, 그러나 사회주의 국가라면 충분히 이해되는 수준의 폭발적 증세였다. 이점은 세수에서 더 분명하다.

문재인 정권의 기획재정부는 2020년 하반기에 2021년도 본예산을 편성하며 세금수입을 282조7000억 원으로 예측했다. 그러나 기재부는 2021년 7월까지 세수가 31조원 더 걷혔다고 하더니 11월에는 19조원을 또 추가했다. 그리고 2022년 1월 들어 다시 7조8000억 원이 더 걷혔다고 발표했다. 세수 예측을 3번이나 수정하며 무려 60조원에 이르는 세수오차를 기록한 것이다.(TV조선, 2022.1.13) 기재부는 경기회복을 그 이유로 들었으나 경기회복 효과가 미미하다는 것은 국민 모두가 아는 사실이었고 폭발적으로 올린 세율과 부동산 가격 급등이 주요 원인이었다. 막대한 규모의 세수초과는 이미 2018년부터 시작된 것이어서 그해 8월 말까지도 세금이 무려 60조나 더 걷혔다.(조선일보, 2018.9.3) 문재인이 정권을 잡자마자 국민에게 세금폭탄을 던져 국민의 재산을 약탈했다는 뜻이다. 숫자가 증명하는 사실이다.

문재인의 시대는 전 국민이 세금폭탄을 맞은 시대다. 정권은 부자증세라며 우겼으나 종합부동산세를 강남구에서 4.5배 올릴 때 금천구에선 26배를 올리는 것을 보며(2022년) 부자증세라고 믿는 사람은 없었다. 학자들은 부자 서민 가리지 않고 모두 세금을 올린다는 뜻으로 '보편증세'라고 불렀다. 그러나 국민은 그냥 '세금폭탄' 혹은 '닥치고 증세'라는 쉬운 이름으로 불렀다. 국민 개개인에게 가장 중요한 재산인 한 채의 집은 '살 때도 팔 때도 가지고 있을 때도' 세금을 물린다고 하여 차라리 공산주의 국가처럼 집을 다 몰수하는 대신 세금은 걷지 말라는 말도 나왔다. 국민은 어이 없다는 뜻으로 그렇게 말했지만 문재인이 진짜 그렇게 하고 있다고 믿는 사람도 적지는 않았다.

2020년 경찰청은 7739억의 교통 과태료를 징수했다. 역대 최대였다. 무인단속카메라의 제한속도 허용범위를 줄인 결과라고 했다. 2016년 5852억 원에서 지속적으로 증가하여 매년 최고치를 경신한 결과다.(중앙일보, 2021.4.20) 교통유발부담금, 개발제한구역보전부담금 등 여러가지 명목으로 기업이 중앙정부와 지자체에 내는 준조세도 무수하다. 문재인 정권은 2017년 58조원 이었던 준조세 수입을 지속적으로 올렸고 2019년에는 67조6000억 원에 달했다. 2년 사이에 17%를 더 거둔 것이다. 이 금액은 2019년 법인세 총액의 93.6%였다.(TV조선, 2021.5.9) 문재인 정권은 자영업자들이 줄폐업을 하고, 기업이 줄도산하고, 서민들은 실업에 신음할 때 모든 종류의 세금을 다 올리고, 모든 종류의 준조세를 더 거두었으며, 심지어 교통범칙금까지 더 거두어 들였다. 그가 터뜨린 세금폭탄이 실감나시는가. 부자 정부에 가난한 민중은 사회주의 경제의 제1의 원칙이다. 그는 대한민국 경제를 사회주의 경제로 변경하려고 한 것이 분명하다. 그를 사회주의자 간첩으로 의심하는 매우 중요한 근거다.

임진왜란 당시 일본으로 끌려간 조선인 포로는 10만이 넘었다. 이 중 자발적으로 돌아온 사람은 사명당이 데려온 3000명에 쇄환사가 3번에 걸쳐 데려온 2000이 안되는 숫자까지 해서 5000명에 못 미쳤다. 군역과 함께 가혹한 세금이 귀국을 거부한 이유였다. 예나 지금이나 가혹한 세금은 서민에게는 이토록 무서운 것이다. 문재인이 집권 5년간 국민에게 세금폭탄을 안긴 것은 대한민국을 사회주의 국가로 만들기 위해서 일 것이다. 대한민국 경제를 파탄내기 위해서 일지도 모른다. 북한에게 더 퍼주기 위해 그렇게 가혹하게 세금을 걷은 것이라면 문제는 더욱 심각하다.

CHAPTER ● 2

기업 대신 민노총이 경제를 이끌었다

2020년 5월 근로자의 날을 맞아 문재인은 "노동자는 이제 우리 사회의 주류"라고 천명했다. 이미 정부 밖에서 대한민국 제1의 권력이 된 민노총의 나라를 천명하는 말이었다. 노동자가 주류인 나라는 사회주의 국가다. 자본주의 국가는 기업주와 근로자가 역할을 분담하며 서로 보완하는 자유계약 관계일 뿐 어느 쪽도 주류는 아니다. 문재인은 노동자가 주류인 사회주의 대한민국을 추구했다. 그것도 아니다. 그는 노동자가 주류인 사회주의 국가를 지향하는 것도 아니었다. 종북주사파 세력이 장악한 민노총이 주류가 되는 세상을 만들고 있었다. 노동자는 모두 가난한 인민이 되고 노조가 특권계급이 되는 공산주의 국가 대한민국을 그리고 있었다. 연봉 1억이 넘는 귀족노조가 산업현장을 지배하는 것은 레닌의 소비에트에서 공산당 특권계급으로 편입된 노조 간부들과 꼭 같은 것이었다. 문재인이 사회주의 공산주의 대한민국을 꿈꾸고 있었다는 것은 기업을 박대하고 기업인을 박해한 일에서 더 분명해진다.

대한민국이 대기업의 나라라는 모함

대부분의 우리 일반 국민은 대기업이 대한민국의 경제를 주무르는 것으로 알고 있다. 종북좌파들은 대한민국을 '재벌의 나라'로 부른다. 70년의 경제적 성취를 깎아내리고 북한과의 체제경쟁에서 대한민국이 승리했다는 사실을 부인하기 위해서다. 이익카르텔을 만들어 세금을 마구 훔쳐먹는 주사파와 그 언저리들의 부패행위를 정당화하기 위해, 혹은 그들이 숭배하는 북한 김씨 정권에게 보내줄 막대한 자금을 대기업으로부터 뜯어내기 위해 대기업의 순기능은 무참히 폄훼하고 역기능만을 뻥튀기하는 짓이다. 그러나 대한민국은 대기업이 경제를 지배하는 것도 아니고 재벌의 나라는 더욱 아니다. 그냥 자유시장주의를 기본 원리로 하는 자본주의 국가일 뿐이다. 대한민국을 대기업의 나라로 알고 있다면 거짓 선동가 뿐인 종북좌파 세력에게 속은 것이다.

민노총의 나라!

2019년 4월 한국경제연구원은 OECD 국가 37개국 중 통계를 제공하지 않은 콜롬비아, 칠레, 멕시코를 제외한 34개국을 대상으로 대기업 비중을 분석한 결과를 제시했다. 한국은 34개국 중 33위였다. 우리보다 대기업 비중이 더 낮은 나라는 관광 외에는 변변한 산업이 없는 그리스가 유일했다. 한국의 대기업은 전체기업의 0.09% 즉 기업 1만개 중 단 9개로, 1위인 스위스 82개, 미국 62개, 독일 48개와는 비교가 되지 않는다. 대기업 1사당 평균 근로자 수는 790명으로 21위였다.(글로벌경제신문, 2019.4.18) 실상이 이런데도 우리가 대한민국을 대기업의 나라로 인식하고 있는 것은 종북좌파 세력이 끝없이 그렇다고 외쳐왔기 때문이고 우리가 그들의 말에 속았기 때문이다. 종북세력이 세운 문재인 정권은 대기업을 핍박하고 노조(노동자가 아닌 노조)의 나라를 만들어 갔다. 이 과정에서 대한민국 경제는 엉망이 된다.

4737 vs 9840, 앞의 것은 박근혜 정권 마지막 해인 2016년 민노총의 집회 건수이고 뒤의 것은 코로나 직전인 2019년의 민노총 집회 건수다. 문재인의 시대에 두 배 이상 늘어난 민노총 집회로 인해 2017~2019년 3년간 경찰 부상자는 293명이고 경찰버스 훼손 등의 물적 피해는 241건이었다. 그러나 문재인 정권이 이에 대해 손해배상을 청구한 것은 단 한 번도 없다. 이명박 박근혜 정부의 경찰은 불법 폭력시위를 억제하기 위해 형사상 처벌은 물론 경제적 피해에 대한 민사상 손해배상도 청구했으나 문재인 정권은 그러지 않았다.(월간조선, 2020년 8월호) 불법 폭력집회는 두 배 늘었으나 집시법 위반으로 기소된 것은 오히려 절반 이상 감소했으니 기소가 4분의 1로 줄었다는 말이다. 후임 대통령 윤석열이 "과거정부는 불법집회에 대한 법집행을 포기했다"고 말한 이유다.

그들의 집회현장은 살벌했다. 정부청사와 대검찰청을 점거하고, 국회의 담장을 무너뜨리고, 지역 이권에 개입하기 위해 구청을 점령하고, 민간기업의 임원을 폭행하고, 공장의 생산라인을 멈춰세우고, 대기업 사옥 앞에서 하루 종일 확성기를 틀며 장기 농성을 하고, 기업주 사저 앞에 텐트를 치고 삼겹살을 구우며 소주를 마시고, 도심의 도로를 점거하고 노숙하며 술판을 벌이고 방뇨를 해도 문재인의 경찰은 그들을 제지하지 않았다.

어렵게 사건화하고 기소하는 경우에도 김명수의 사법부는 집행유예를 선고하여 곧 풀어주었다. 문재인의 시대는 민노총의 시대였다.

문재인이 집권한 5년 동안 노조는 급격히 몸을 불렸다. 한국노총은 2016년 84만2000명에서 2022년 123만8000명으로 47% 증가했고, 민노총은 64만9000명에서 121만3000명으로 87% 폭증했다. 가히 노조의 시대였다. 자금력과 조직력을 동원한 거짓과 조작과 선전 선동으로 시민을 광화문에 모으고 촛불을 들게하여 그 힘으로 우익정부를 탄핵하고 좌익의 문재인 정권을 세운 1등 공신인 민노총은 산업현장에서는 파업을 주도하는 한편 무려 53개의 정부위원회에 직접 참여하여 노동현안은 물론 국내 정치와 외교 안보 등의 국가정책 결정 전반에 개입했다. 이석기를 낳은 경기동부연합 출신들이 위원장(양경수)을 맡는 등 주사파들이 핵심 집행부를 완전히 장악한 민노총은 북한의 지령을 받으며 문재인 정권과 일치된 행보를 보였다. 그래서 문재인 정권이 민노총의 불법을 방관하고 보호했을 것이다. 민노총의 불법시위꾼들은 '민주열사'가 되고 이들을 막는 경찰은 '노동자의 몽둥이'였으며 그래서 '민노총은 문재인 정권의 상왕'이라 불렸다. 문재인이 만든 세상이다.

반기업이 문재인의 기본 경제정책이었다

563일과 235일, 세계 모든 경제인과 세계 대부분 국가의 원수가 협력과 투자유치를 위해 만나고 싶어하는 삼성과 롯데의 총수가 감옥에 갇혀 있었던 날짜다. 물론 문재인이 청와대를 차지하고 있던 때에서다. 이념 전쟁은 이미 지난 20세기에 자본주의의 완승으로 끝나고 이제 경제전쟁의 시대가 된 21세기에 문재인과 그의 수하들은 경제전쟁의 야전 장수인 기업 총수를 감옥에 꽁꽁 가두어 두었다. 자해행위였다.

이재용은 2021년 9월 30일 재판에 출석했다. 딱 100번 째 법정 출석이었다. 국정농단 사건으로 83번, 경영권 승계 의혹으로 17번, 도합 100번이다. 그의 나이 49세에서 53세까지 4년에 걸친 것이었다.(뉴스1, 2021.9.23) 세계적 다국적 대기업의 총수인 그는 세계를 무대로 바삐 움직여야 하는 사람이다. 그러나 매주 한두 번씩 법정에 출석해야하는 그는 몇 년째 서초동을 맴돌아야 했다. 이것은 그의 개인의 문제가 아니다. 애플 TSMC 인텔과의 반도체 전쟁을 선두에서 지휘하지 못한 결과는 앞으로 5년 10년 30년을 두고 나타날 것이다. 강력한 경쟁자인 TSMC는 신기술개발과 시장점유율에서 이미 삼성을 따돌렸고 미국과 일본의 반도체 기업은 연합하여 삼성에 도전장을 내밀고 있다. 문재인이 이 지경으로 만들었다. 그에게 오랫동안 책임을 물어야 할 대한민국 자해행위다. 롯데그룹 총수 신동빈도 마찬가지다.

포승줄에 묶인 **신동빈**이 TV 화면을 채운 것은 2018년 2월 13일이다. 창업주가 일본에서 기업을 일으키고 돈을 벌어왔다는 이유로 한국에서는 친일기업 이미지가 덧씌워져 특히 좌파들로부터 푸대접을 받고 있으나 세계 모든 나라가 한국 기업으로 인정하는 롯데의 총수가 포승줄에 묶인 모습은 전 세계로 빠르게 퍼져나갔다. 박근혜를 무너뜨리는 구실의 하나로 써먹기 위해 이재용과 함께 묶어넣은 것이다. 게다가 국가 안보를 위해 그룹이 보유한 골프장을 사드 부지로 제공한데 대한 중국의 보복조치로 중국 사업장을 모두 철수해야 했을 때 문재인 정권은 이를 방관만 했고 종북좌파 세력은 모두 환호했다. 그들은 큰집 중국의 대리 보복만으로는 만족하지 않았다. 그래서 총수 신동빈을 구속시키고 235일간 감방살이를 시켰을 것이다. 이 일 역시 롯데그룹은 물론 국가경제에 오래 영향을 미칠 것이다.

조양호는 평창올림픽을 유치하는데 절대적인 공헌을 했고 또 조직위원장으로 그것을 준비하는데 크게 기여한 사람이다. 그는 평창올림픽을 문재인과 김여정의 잔치판으로 만들어 주고나서 문재인 정권의 무자비한 공격을 받고 갑작스럽고 쓸쓸하게 퇴장했다. 그가 대한민국의 대기업 총수가 아니었다면, 북한이 다시 남한을 침공해올 때 교통과 운수업을 하는 그의 기업이 핵심 전시자산의 역할을 하는 것이 아니었다면 그런 일은 없었을 것이다. 문재인은 대한민국의 재정을 허물어놓은 것처럼, 대한민국의 안보를 허물어놓은 것처럼, 전시 물류자산인 한진그룹도 그렇게 허물어 놓으려 했을 것이다. 기업인 조양호는 그렇게 제물이 되어 이국에서 외롭게 사라졌다. 문재인이 했던 일로 오래 기억되길 바란다.

문재인 정권의 반기업적 통치는 기업인을 구속시키고 법인세를 대폭 높이는 것에 그치지 않았다. 기업의 경영활동을 위축시키고 경제 활성화에 역행할 것이라는 전문가들의 견해를 무시하고 기업과 노동에 족쇄를 채우는 법안을 마구 신설했다. 모든 기업의 대표를 잠재적 범죄자로 만들고 기업인을 감옥에 보내는 법이라는 비판을 받은 **중대재해처벌법**은 시행 첫 해인 2022년 한 해 동안 이 법의 적용을 받는 규모의 사업장에서 발생한 사망자 수는 256명으로 법 적용 전인 2021년의 248명보다 오히려 3.2%증가(중앙일보, 2023.3.6)함으로써 이 법이 중대재해를 줄이려는 목적으로 만들어진 것이 아니라 기업과 기업인을 길들이거나 징벌하고 궁극적으로 민간 기업에 대한 정부의 지배력을 강화하기 위한 목적으로 만들어졌다고 한 전문가들의 주장은 바로 사실로 입증되었다.

2020년 12월 국회 본회의를 무더기로 통과한 **기업규제3법과 노동3법**은 대표적인 반기업 친노동 법안이다. 노무현 정부에서 정책실장을 지낸 경제학자 김병준이 "경제를 국가권력에 완전히 귀속시킬 법안"이라 단언했을 정도로 대한민국 경제를 사회주의 체제로 변경하기 위한 것이었다. 정권은 '공정경제3법'이라 부르며 성격을 위장했지만 노동자의 기업경영 간섭권을 크게 확대하고 국가의 기업지배력을 강화하는 것이어서 전문가들은 한국 경제에서 시장자유주의 원칙을 삭제하는 치명적인 법으로 평가하며 우려했으나 문 정권은 이를 기어이 입법화했다. 국가권력이 기업에 영향력을 행사하는 것은 물론 생사여탈권까지 가지게 되어 '기업죽이기법'으로 부르는 학자도 있었고 민간기업을 국유화하기 위한 전단계로 해석하는 전문가도 있었지만 사회주의를 마음 먹은 문재인을 막지는 못했다.

문 정권의 사람들은 자신들이 통과시킨 사회주의적 경제법안이 청년들의 일자리를 박멸시킬 것이라는 사실을 알고 있었을 것이다. 그들은 고용 절벽이 대한민국 경제를 사회주의 경제로 변경하는 과정에서 불가피한 현상이라고 생각했을 것이다. 그래서 실업급여를 무한정 늘리고 수많은 명목의 지원금과 보조금을 만들어 지급했을 것이다. 문재인의 시대에 지독했던 청년실업은 그들의 실패가 아니었을 것이다. 문재인이 그린 빅픽쳐의 한 부분이 틀림없다.

기업을 적대한 결과

"여기 회장과 CEO가 오셨습니다. 잠시 일어나 주시겠습니까." 2021년 5월 21일 미국 대통령 바이든은 문재인과 함께 공동 기자회견을 하며 그 자리에 있던 최태원 SK회장 등 한국 기업인 6명을 일으켜 세우고 "감사, 감사, 감사하다"며 감사를 연발했다. 기자회견장은 이내 박수소리로 가득했다. 바이든은 이날 삼성, 현대, SK, LG가 미국에 394억 달러(44조 원)에 달하는 대규모의 투자계획을 발표한데 대해 감사의 인사를 한 것이다.(매일경제, 2021.5.22) 지금 생각해도 웃픈 장면이다.

기업은 밖으로 갔다

문재인 정권 2년차인 2018년 우리 기업의 해외투자는 497억8000만 달러였다. 이는 전년 대비 11.6% 증가한 것으로 사상 최대였다. 2019년 상반기 중소기업의 해외투자는 75억5500만 달러로 전년 대비 70% 폭증했다.(조선일보, 2019.12.13) 1956년 우리나라 증권거래소가 문을 열었을 때 1호로 상장된 100년 기업 경방이 공장을 통째로 뜯어 베트남으로 옮겼다고 화제가 된 것도 같은 해다. 문재인 집권기의 해외투자는 유출 대비 유입의 비중이 평균 40%대였다. 40이 들어올 때 100이 나갔다는 뜻이다. 이것은 집권 후반기에 더 심해져서 2021~2년에는 유입 비중이 30%대에서

20%대로 떨어졌다.(뉴데일리경제, 2023.9.15.)

해외투자의 유입 비중이 갈수록 떨어지는 수치에서 보듯 문재인의 5년은 우리나라 기업이 대기업 중소기업 가리지 않고 해외로 대탈출을 감행했던 시간이다. 이유는 우리가 알고 있는 그대로다. 폭력적인 노조와 이를 방관하는 공권력, 갈수록 늘어나는 정부의 규제, 좌익세력이 주도하는 기업인을 범죄시하는 분위기, 정부에 의한 삼성그룹의 해체루머, 본사의 미국 이전이라는 삼성의 선제적 대응과 관련된 루머 등이 기업의 해외 엑소더스를 부채질했다. 문재인 정권 하에서는 경영환경 개선의 가능성이 제로임을 감지한 기업들은 문재인의 5년 내내 가속도를 붙이며 해외로 탈출했다. "중소기업은 일자리 공장이자 세금 공장이다. 한 때는 중소기업 사장 명함이 애국자의 증표였는데 지금은 정부도 국민도 거들떠 보지도 않는다"는 한 중소기업 사장의 개탄에서 문재인 정권의 기업 박해의 수위가 실감난다. 문재인은 대한민국 경제발전의 선두마차였던 기업을 적으로 대하고 있었고 그 결과가 기업의 대규모적 해외탈출로 나타난 것이다.

바이든이 백악관에서 우리 기업인 6명을 일으켜 세우고 감사를 연발한 그날 문재인은 바이든과 오찬을 함께 했다. 청와대는 한 달 전에 있었던 일본 수상 스가와 바이든의 오찬에서는 햄버그가 나왔으나 문재인에게는 크랩케이크를 내놓았다는 자랑에 들떠있었다. 문재인도 청와대도 우리 기업이 한국 땅이 아닌 미국 땅에 대규모 공장을 세우는데 대해서는 아무런 문제의식이 없는 듯 했다. 문재인은 늘 북한과 김정은을 위한 일로 미국에 갔던 사람이니 이날도 문재인은 바이든을 만나 북한에 대한 경제제재의 완화를 부탁하고 김정은과의 만남을 주선했을 것이다. 여기에 우리 기업의 투자 보따리를 진상품처럼 써먹었을 것이다. 그래서 우리 기업이 미국에 공장을 세우는 대신 한국에 세웠더라면 그만큼 일자리가 더 생겨나고, 그 만큼 세금이 더 걷히고, 공장 근처 식당에 손님이 꽉 차게 된다는 사실은 문재인의 머리 속에는 없었을 것이다. 언감생심이다.

거짓말 뿐인 홍보 경제

2023년 9월 19일 문재인은 대통령 재임시에 즐겨 매던 푸른색 넥타이를 매고 서울에 나타났다. 퇴임 후 첫 나들이였다. 9·19평양선언 5주년 기념식에 참석한 그는 "경제는 보수정부가 낫다는 조작된 신화에서 이제는 벗어날 때가 됐다. 거의 모든 경제지표가 지금보다 문재인 정부 때가 좋았다."고 말했다. 현직 대통령일 때 하고 또 했던 낯익은 그의 뻔뻔한 자화자찬 술수를 다시보는 것이 참담했다. 대통령 재임 시 그는 모든 경제지표가 고꾸라지고 있을 때면 어김없이 얼굴을 내밀고 우리 경제가 기적이라고 말했다. '기적 같은 선방, 기적 같은 회복, 기적 같은 기회, 기적 같은 경제성장'을 말하고 또 말했다. 신도들의 뇌를 사로잡는 사이비 종교 교주의 화법이었다. 그나마 그가 자신의 시대에 경제가 더 좋았다고 말하는 근거는 모두 조작된 것이었다. 내가 살고 싶은 동네의 집값이 김현미가 내놓는 집값 상승률 수치와 엄청난 괴리를 보이는 것을 보며, 나와 내 이웃의 자식이 하염없이 취업준비만 하고 있는 것을 보며 문재인이 말하는 '경제 기적'이 새빨간 거짓말이라는 것은 바로 알 수 있었다. 퇴임한 대통령은 여전히 새빨간 거짓말을 하고 있었다.

문재인 시대의 경제성장률은 3%를 넘은 적이 없다. 2017년 3.2%를 기록한 후 2.9%(18년), 2.2%(19년), -0.7%(20년), 4.1%(21년), 2.6%(22년)이다. 코로나로 인한 20년, 21년의 수치를 예외로 하면 그의 경제 성적표가 나온다. 거대 규모 경제의 미국의 성장률과 비슷하거나 아래며 성장률에서 늘 앞뒤를 다투던 대만에는 뒤지는 수치다. 그나마의 성장률 수치에 정부는 마이너스 작용만 했다. 각종 규제와 상시적 압수수색과 사회 전체의 반기업 분위기를 이겨낸 기업의 분투로 이뤄낸 수치다. 특히 삼성, 현대, LG, SK 등 세계적 경쟁력을 지닌 대기업의 역할이 없었다면 결코 나올 수 없는 수치였다. 그래서 문재인이 자신의 시간에 경제가 더 좋았다고 말하는 것은 팩트와 다른 거짓말이며, 기업의 공으로 그 정도에 그친 것을 마치 자신의 업적인양 말하는 것은 부하의 공을 가로채는 악덕 상사와 같은 짓이다.

그의 시대에 대한민국 경제가 추락했다는 사실은 명목GDP 순위로도 확인된다. 명목GDP는 한 국가의 경제규모를 나타내는 지표다. 2017년 11위, 2021년 11위에서 2022년에는 13위로 두 단계 추락한다. 문재인 정권이 국가경제의 정상적인 운영을 도모하지는 않고 개인 기업 국가의 부채를 천문학적으로 늘여가며 막대한 현금을 퍼붓는 방법으로 성장률과 고용률 숫자를 유지한 사실과, 광범위하게 이루어진 경제 관련 통계조작과, 20년과 21년은 코로나로 유럽 관광국가의 경제는 급격하게 침체한 반면 한국 중국 대만과 같은 공업국가의 경제가 상대적으로 호조건이었던 점을 고려하면 이 수치의 속살은 더 참담하다. 새로 출범한 정부에서 통계조작을 멈추자 GDP 순위는 바로 13위로 떨어졌다. 문재인 집권 전반의 한국경제가 과거의 관성으로 그 정도의 수치라도 유지했듯이 문재인 다음의 정부는 어쩔 수 없이 문재인이 만들어 놓은 관성의 영향을 받아야 할 것이다. 문재인의 5년은 한국 경제가 기적같이 무너진 시간이다.

친노동이 아니었다

러시아 혁명사를 읽으면 레닌은 애당초 노동자와 농민의 이익과 권리에는 관심이 없었다. 단지 공산당이 기존의 질서를 뒤엎고 정권을 잡는데 지지세력으로 노동자를 이용하는데만 관심이 있었다. 노동자를 조직화하고 이들의 힘을 자신의 목적에 이용할 수 있도록 동원력을 갖춘 노조에 관심을 집중했다. 레닌은 정권을 잡은 후 소수를 점하는 노조 간부들은 모두 공산당 조직에 흡수하고 소비에트 특권계급에 편입시켰다. 그러나 절대 다수를 차지하는 노동자들의 빈곤은 방치했다. 레닌은 노조에만 관심이 있었을 뿐 노동자에게는 무관심했다. 문재인도 그랬다.

문재인의 경제정책을 흔히 '반기업 친노동'으로 표현한다. 착각이다. '반기업 친노조'라 부르는 것이 정확하다. 노동3법이라는 것도 속을 들여다보면 기업에 이미 재직하고 있는 노동자와 노조 간부들의 권리와 이익을 강화하는 것이다. 기업들은 이 법으로 인해 해외에 공장을 짓는 한편 국내의 신규채용은 포기하거나 줄였고 주52시간제와 최저임금의 급격한 인상도 중소기업과 자영업에서 똑 같은 결과를 낳았다. 고용통계를 조작하고, 세금으로 단기 알바를 대량으로 만들어 고용율을 높이고, 여러가지 명목으로 재정을 퍼부어도 양질의 일자리는 계속 줄어들기만 했던 것은 문재인이 친노동 정책을 쓴 것이 맞다면 있을 수 없는 일이다. 결과적으로 일자리를 줄였다면 그것은 친노동 정책이 아니라 반노동 정책이다.

모든 공산당은 '노동자의 당'을 표방하고 자신들은 노동자의 편이라고 선전한다. 노동자의 지지를 업고 정권을 장악하기 위한 기만전술이다. 모든 공산당 정권은 양질의 일자리를 줄임으로써 모든 노동자를 가난하게 만들었다. 그러나 공산당 조직 상층부는 노조 간부들을 흡수하여 자신들만의 이익 카르텔을 만들고 특권계급이 된다. 러시아를 비롯한 현존하는 공산주의 국가에서 특권계급이 권력의 힘으로 일군 부의 규모는 그들이 가진 권력의 힘으로 덮고 있어 공개되지 않을 뿐 그 규모는 합법적으로 부를 일군 자본주의 국가의 부호들 뺨친다는 것이 경제전문가들의 주장이다. 문재인과, 문재인의 사위와, 이상직과, 구린내 나는 이들의 관계를 덮으려는 더불어민주당 국회의원들은 그들의 이익 카르텔에만 관심이 있을 뿐 노동자의 권익에는 무관심했다. 그들은 공산당 정권을 닮아 있었다. 문재인 정권은 결코 친노동자 정권이 아니었다. 문재인은 자신과 이념정체성이 동일한 주사파가 지도부를 장악한 민노총과 함께 권력을 지키며 이익을 나누는 일에만 관심이 있었을 뿐 노동자는 애당초 그의 안중에 없었다. 그를 친노동자 대통령이라 생각한다면 그의 말과 표정에 속은 것이다. 문재인을 지지한 노동자 우리들이 속은 것이다. 문재인 정권은 친노조, 더 정확히는 친 민노총 정권이었다.

CHAPTER ● 3

국민을 인민으로 만드는 경제정책

사회주의 국가는 정부가 경제의 주체다. 정부가 계획을 세우고 이 계획에 민간 부문이 따라가는 계획경제다. 민간이 주체가 되고 수요와 공급의 시장 메커니즘이 경제를 움직이는 손으로 작용하는 자본주의와는 근본적으로 다르다. 사회주의는 국가의 주요 재산을 정부가 소유한다. 그래서 정부는 부유하고 민간은 가난하다. 부유한 정부는 가난한 민간에 주택을 제공하고 세금으로 만들어낸 일자리를 제공한다. 사회주의의 극단적 형태인 공산주의는 생필품까지 배급한다. 이렇게 다른 자본주의 체제 vs 사회주의 공산주의 체제의 경제를 국민경제 vs 인민경제로 구분해서 부른다. 정권을 잡은 문재인은 대한민국을 인민경제로 만들어 갔다. 믿을 수 없는 이 일은 국민을 가난하게 만드는 일자리 정책과 부동산 정책에서 가장 명징하게 확인되었다.

사회주의자들의 머리 속은 선전이론과 실천이론 이중구조로 되어있다. 그들이 항상 말 따로 행동 따로인 이유다. 그들이 모두 거짓말의 기술자인 이유이기도 하다. 그들의 선전이론에는 사회주의가 모두가 잘 사는 유토피아로 그려져 있다. 그러나 실천이론은 다르다. 배부르고 부유한 대중은 그들의 지지자가 될 수 없으므로 먼저 대중을 가난하게 만들고 굶주린 대중에게 식량 배급과 각종 지원금을 지급하여 공산당 정권에 의존케하라고 되어 있다. 바로 공산주의의 실천이론이다. 정권을 잡은 문재인은 이 실천이론을 실행에 옮겼다. 그는 성공한 자본주의 국가 대한민국의 국민을 실패한 사회주의적 인민으로 개조해 나갔다. 그는 국민의 재산을 줄여 가난하게 만드는 일부터 시작했다. 그의 경제는 국민을 인민으로 만드는 것이었다. 그래서 그의 경제는 인민경제라 불러야 한다.

국민의 일자리를 줄이는 정권

2017년 5월 취임한 문재인의 여러 정책 가운데 일자리에 대한 성적표가 제대로 나오고 그것이 주목을 받은 것은 2018년 하반기부터였다. 이에 정부는 2019년부터 국가 재정을 풀어 공공 노인 일자리와 청년들의 단기 알바를 대폭 만들어 통계에 분칠을 했다. 급격하게 줄어드는 일자리를 눈속임하기 위해 그것으로는 역부족이었고 그래서 2019년 9월에는 통계청장을 바꾸고 통계의 기준을 변경하고 숫자를 조작했다. 이것이야말로 진짜 국정농단이다. 실정법 위반에 대해서는 통계 조작을 지시한 권력자들과 이를 실행한 모든 공직자들은 처벌되어야 하겠지만 그보다 더 관심을 가져야 하는 것은 문재인의 시대에 일자리는 급격하게 '줄어든 것일까' 아니면 급격하게 '줄인 것일까'라는 고의성에 있다. 일자리 감소가 문재인의 무능 때문인지 아니면 그가 계획한 것인지 그것을 밝혀야 한다. 이에 대한 답이 나오면 그가 대한민국에서 활동한 간첩인지 여부는 쉽게 가려질 것이다.

일자리 상황판을 찾습니다

"청와대 일자리상황판이 중고품 거래 사이트에 매물로 올라왔다."

2019년 어느 날 온라인 영상가전 코너에 이런 글이 올라왔다. "2017년 6월에 산 80인치 크기의 일자리상황판을 150만원에 팝니다"라는 글과 함께 문재인이 상황판 앞에서 브리핑하고 있는 사진이 함께 있었다. "일자리를 감소시키는데 탁월한 효과를 가진 제품"이라는 설명도 있었다. 진위는 알 수 없다. 진짜라면 문재인 정권의 수많은 한심한 짓거리의 하나일 것이며, 가짜라면 문재인의 일관된 일자리 없애기 정책으로 인해 취업하지 못한 어느 취준생의 화풀이 쯤 될 것이다. 그러나 국민의 세금으로 구입되었을 이 일자리 상황판의 행방이 궁금하기는 하다.

문재인은 2017년 5월 취임과 동시에 "일자리의 양은 늘리고, 격차는 줄이고, 질은 높인다"면서 청와대 여민관 집무실에 설치하고 청와대 참모들 앞에서 직접 일자리 상황을 설명하는 장면을 연출하여 언론에 공개하는 등 이를 대대적으로 선전했다. 그리고 청와대 내에 '일자리위원회'를 만들고 자신이 직접 위원장이 되었다. 그게 다였다. 이 상황판은 그의 취임 초에만 반짝 알려졌을 뿐 그 후에는 자취를 감춘다. 2020년 7월 국무총리 정세균 조차 국회 대정부 질문에서 "저는 아직 본 적이 없습니다"(중앙일보, 2020.8.31)라고 말했을 정도이니 국민인 우리는 더욱 알 길이 없다. 중고거래 사이트에서 팔렸다는 루머가 사실인지도 모르겠다.

장면 1 : 문재인은 2018년 1월 청와대에서 정부 각부 장관과 책임자를 모아 놓고 주재한 회의에서 "정부 각 부처에 '일자리는 민간이 만드는 것이다. 시장에 맡겨야 한다'는 식의 고정 관념이 많이 남아 있는 것으로 보인다. 각 부처가 청년 일자리 문제 해결에 정책의 최우선 순위를 두는 것으로 보이지 않는다. 그 의지를 공유하고 있는지 의문이다"라고 말했다. 정부를 향해 일자리를 만들라는 질타였다.

장면 2 : 문재인은 2021년 12월 27일 삼성 이재용을 포함한 6대 기업 총수를 청와대로 불러 오찬을 하며 이렇게 말했다. "좋은 일자리를 창출하는 것은 기본적으로 기업의 몫이고 정부는 최대한 지원 할 뿐입니다"

취임 초기 일자리를 민간에 맡기는 것은 고정관념이라며 정부 주도의 일자리 만들기를 재촉했던 문재인은 4년이 지나 이렇게 딴소리를 했다. 이 사람의 고질병인 또 하나의 '책임 떠넘기기'일까. 그렇다. 문재인은 자신의 임기 내내 검찰과 법원을 들락거리게 하고 무려 1년 9개월간 감옥에 묶어 두었던 이재용을 비롯한 기업인을 자신의 퇴임을 불과 5개월 남기고 청와대로 불러 자신의 돈이 아닌 국민의 세금으로 점심을 대접하며 일자리를 창출하는 것은 기업의 일이라고 했다. 이 얼마나 비겁한 책임 떠넘기기의 수작인가. 그렇다면 그가 통치한 5년간 일자리 상황이 대체 어떠했기에 그는 이렇게도 뻔뻔하게 자신의 비겁함을 드러내어야 했을까.

문재인의 입을 배신한 통계

2017년 7월 실업자 수 95만8000명에 실업률 3.4%, 2018년 7월 103만9000명에 3.7%, 2019년 7월 109만7000명에 3.9%, 2020년 7월 113만8000명에 4.0%, 2021년 3월 121만5000명에 4.3%. 통계청이 발표한 수치다. '있는 그대로의 통계'를 고집하다 전격 경질된 황수경의 뒤를 이어 "좋은 통계를 만드는 것으로 보답하겠다"며 강신욱이 통계청장 자리에 앉은 2019년 9월 이후의 통계는 조작이 대거 개입되었다는 점과 빈 강의실 전등끄기 등 억지로 만든 단기 알바까지 취업자로 통계에 넣은 엉터리라는 점을 상기하면 실제 실업자 수는 이보다 월등히 높다. 무엇보다 내 자식과 내 지인과 이웃의 청년 중에 일자리를 구하지 못해 몇 년째 취업 준비만 하고 있었던 현실이 가장 정확한 실업률 통계일 것이다.

2022년 1월 12일 통계청은 2021년 취업자수는 2020년 대비 36만9000명이 증가했다고 발표했다. 고용부 장관 안경덕은 "고용률은 67.4%며 이는 역대 최고"라고 자랑했다. 이게 사실일까. 아니다. 대선을 두 달 앞두고 실패한 일자리 정책을 은폐하기 위한 거짓 선전물이다. 우선 늘어난 36만9000명 가운데 60대 이상의 노인 일자리가 33만개로 약 90%다. 중요한 15~29세 청년층의 취업자는 알바 등 단기취업자까지 포함하여 11만5000명이다. 반면 국가 경제의 허리이면서 1~3명의 부양가족을 거느린 가장인 3~40대 취업자는 전연대비 14만2000명이 감소했다. 문재인은 일자리 감소의 책임을 면하기 위해 국가 예산을 쏟아 부어 단기 노인 일자리와 청년들의 단기 알바 공급을 늘려 취업률을 높이고 실업률을 낮춘 것이다. 더구나 코로나로 우리 사회의 많은 영역이 움직임을 멈추었던

2020년을 비교 대상으로 하고도 이런 수치이니 실상은 훨씬 참담할 것이다. 경제학자 김태기 교수는 "정부의 공공일자리를 취업자에서 빼면 실업률은 크게 오를 것"이라고 했다. 이 정도는 학자의 권위를 빌리지 않더라고 국민 모두가 아는 일이었다. 그럼에도 문재인 정권은 이를 자랑스럽게 발표했다. 통계 조작과 선전 홍보 자랑질로 실상을 감추는 문재인 정권 특유의 기만적 통치기술이다.

문재인의 시대에 민간에는 '20대 아들은 취업준비생, 3~40대 아들은 실업자, 아버지는 공공근로'라는 말이 유행했다. 그의 시대는 통계보다, 청와대의 브리핑보다, 민주당의 자랑질보다, 항간의 유행어가 오히려 진실을 담고 있었다. 유행어가 진실이라는 것은 몇 가지 수치로 바로 증명된다. 우선 비정규직 근로자는 2016년 8월 648만명에서 2021년 10월 806만 6000명으로 5년 만에 159만 명이 늘어났다. 공공부문 비정규직 제로를 필두로 민간에까지 비정규직을 크게 감소시키겠다는 공약을 내걸고 국민의 선택을 받은 문재인의 기만적 성적표다. 언론이 매긴 성적표를 보자.

"문재인 정부 5년간 20대 근로자의 비정규직은 30만 명이나 늘었다. 이는 20대 취업자의 40%에 이른다. 일하고 싶은데 일자리를 찾지 못해 집에 있는 비경제활동 인구수는 400만 명에 육박했는데 이는 역대 최다 수치다."(연합뉴스, 2021.11.4) "2021년 10월 현재 공공일자리 등 단시간 근로자는 521만 명으로 늘었다. 이는 전년 동기 대비 2배 늘어난 수치다. 주 36시간 이상 일하는 취업자가 21% 감소하는 등 고용의 질 악화도 뚜렷하며 사실상 취업대기 상태인 정부 주도의 초단시간 일자리만 늘어나고 있다. 그러나 정부는 코로나 이전의 99%를 회복했다고 자화자찬하며 현실을 왜곡하고 있다."(동아일보, 2021.11.11) "대졸 청년고용율이 75.2%로 OECD 37개국 중 31위를 기록했다. 대졸 청년 중 비경제활동 인구의 비율이 20.3%로 이는 OECD 국가 중 3위로 높다"(매일경제, 2021.11.18) "2020년 대졸 취업률은 65%로 이는 최근 10년간 최저수치다"(중앙일보, 2021.12.28) "문정부 5년간 고용보험 적자액이 16조를 훌쩍 넘었다"(한국경제, 2022.1.28) 하나같이 참담한 문재인 정권의 일자리 성적표를 말하고 있다.

배고픈 저녁

문재인은 '3년 내인 2020년까지 최저 임금 1만원'을 대선 공약으로 내걸었고 실제 2017년 6470원이던 최저임금은 2022년 9160원으로 41.6%가 인상되었다. 경제학자들은 어떤 선진국 경제도 이런 급격한 인상은 흡수해 낼 수 없다는 경고를 보냈으나 문재인은 귀를 닫았다. 한국경제연구원은 최저임금을 1만 원으로 올리면 3년간 최대 48만 개의 일자리가 줄어들고 저소득층과 고소득층의 소득격차는 2.51%가 확대되어 빈부격차가 심화될 것이라는 분석을 내놓았다. 문재인은 이런 분석까지 깡그리 무시하고 2018년에 16.4% 올린데 이어 2019년에는 10.9%로 급격하게 올린다. 결과는 전문가와 연구기관의 분석대로 서민층과 청년들의 급격한 고용감소로 직결된다. 자영업자와 중소기업과 수익률이 낮은 업종의 대기업이 이를 감당하지 못한 것이다. 특히 영세기업과 단순 노무직에서의 영향은 막대했고 도시 빈민은 생계의 위협에 시달려야 했다. 처음부터 전문가들의 경고를 무시하고 이 공약을 그대로 강행한 것은 결국 그의 '일자리 줄이기'와 그로 인한 '서민 빈곤화'의 계획이 있었기 때문일 것이다.

2018년 2월 민주당이 주도한 국회는 주당 법정 근로시간을 기존의 68시간에서 52시간으로 단축하는 내용의 근로기준법 개정안을 통과시킨다. 이로서 5인 이상의 모든 사업장은 2021년 7월 1일까지 단계적으로 근로시간을 단축시켜야 하며 어기는 사업주는 징역 2년 이하, 벌금 2000만원 이하에 처하게 되었다. 이 법안은 강행규정이기 때문에 노사가 합의한다고 해도 52시간을 초과하는 것은 위법이다. 결과는 역시 전문가들이 사전에 경고한 딱 그대로 되었다. 근로자의 입장에서는 잔업이 축소되는 등 근로시간은 단축되었으나 급여 감소를 감당해야 했다. 가장의 급여에 의존하는 서민 가정에는 치명적이었다. '저녁이 있는 삶'을 선전하며 강행한 이 법안은 결국 서민에게 '돈이 없는 저녁' 혹은 '배고픈 저녁'을 만들었고 감소된 만큼의 급여를 보충하기 위해 저녁에 또다른 일자리를 찾아 투잡을 뛰어야 하는 국민이 늘어갔다. 문재인의 공약 실천으로 도시 빈민의 저녁이 완벽하게 사라진 것이다.

주52시간제의 시행은 사업주에게도 영향이 컸다. 자본집약 산업이나 설비의존도가 높은 첨단 기업에는 큰 영향을 끼치지 않은 반면, 노동집약적 제조업이나 전통 산업에는 치명적이었다. 추가로 고용을 늘려 이에 대응한 기업은 인건비 상승으로 인한 원가 부담으로 가격의 국제 경쟁력 하락과 이로 인한 수주량 감소를 피할 수 없었다. 이미 여러 노동법 조항의 개정으로 근로자의 해고를 사실상 불가능하게 함으로써 경기 악화기에는 인원을 줄일 수 있는 노동탄력성이 크게 떨어진 상황에서 기업은 고용을 회피했고 그래서 기대와는 달리 고용은 오히려 감소했다. 이런 현상은 중소기업이나 소규모 사업장일수록 더욱 현저했다. 우리나라에서 근로자

250명 이상의 대기업은 사업체 수를 기준으로 할 때는 1만 개 중 9~10개로 0.1% 수준이며, 250명 이하의 중소기업이 고용한 근로자는 전체 근로자의 87.2%(2015년 10월 발간 OECD 통계 기준)다. 전체 근로자 10명 중 9명이 중소기업에 근무하는 것이다. 그래서 주52시간제는 중소기업과 서민을 죽이는 법이라고 단언할 수 있다. 이 제도가 죽인 것은 이게 다가 아니다. 근로의 양보다 질이 우선하는 연구소나 새로 창업하여 밤낮을 가릴 수 없이 일해야 생존할 수 있는 스타트업은 처음부터 사망선고였다. 이역시 이 제도가 논의되는 단계에서 이미 전문가들이 예상했던 그대로였다. 그래서 문재인이 이런 결과를 몰랐을 리가 없다. 그의 고의성을 확신하는 이유다. 문재인은 서민을 더욱 가난하게 혹은 투잡을 뛰어야 생계를 꾸릴 수 있도록 더욱 고달프게 만들고, 새로운 미래 산업이 싹을 틔울 수 없도록 하기 위해 주52시간제를 강행했을 것이다. 적어도 결과는 딱 그렇게 되었고 이것은 충분히 예견된 결과이니 그가 계획한 일이 맞을 것이다.

일자리가 줄어들고 실업률이 증가한 가장 큰 이유는 역시 문재인 정권의 반기업 친노조 정책이다. 대기업에 대한 끊임없이 반복되는 압수수색, 생산현장과 기업 정문과 기업인 자택 앞을 점령하는 폭력적 노조에 대한 공권력의 방관과 정권의 옹호, 세계를 누벼야 하는 대기업 총수를 검찰이 부르고 법원에 불려가고 감옥에 가두는 숙청 수준의 기업인 박해, 모든 기업인에게 투옥의 두려움을 안긴 중대재해처벌법, 노조의 기업경영에 대한 간섭권을 크게 강화한 노동3법, 경제를 국가 권력에 완전히 귀속시키는 기업 규제3법은 기업의 국내투자를 줄이고 해외로 내몬 원인이었고 그것은 일자리 감소의 직접적인 원인이 된다. 기업인들은 "우리가 한국을 버린 것이 아니라 우리가 버림받고 쫓겨나는 것"이라고 하소연했으나 문재인은 기업을 내쫓는 경제정책을 포기하지 않았고 기업이 쫓겨난 만큼 일자리는 줄어들었다. 그의 통치 5년 내내 그랬다. 그가 통치한 1년 차부터 일자리가 줄어드는 현상은 이미 선명했으나 문재인은 퇴임할 때까지 반기업 정책을 수정하기는 커녕 입법 등의 적극적이고 항구적인 방법으로 강화했다. 그래서 '기업 내쫓기'도 계획된 것이었고 '일자리 줄이기' 역시 계획된 것이 분명하다. 그것은 정책의 실패도 아니었고 무능도 아니었다. 계획된 것이었다. 대한민국 경제를 고의로 파괴하고 국민을 의도적으로 가난하게 만든 문재인은 대한민국 반역자다. 그를 간첩이라 확신하는 또 하나의 이유다. 그는 대통령이 된 간첩이 맞을 것이다.

그는 또 새빨간 거짓말을 했다

문재인의 5년은 흔히 실업이 일상이고 취업이 예외인 시간이라 불렸다. 그러나 그의 말은 달랐다. 2019년 9월 16일 청와대 보좌관회의를 주재한 문재인은 "역대 최고의 고용율을 기록했다"고 자랑했다. 이 말이 새빨간 거짓말이라는 사실은 며칠 후 통계청 통계가 말해준다. 그해 1분기 임금일자리는 50만개가 증가했는데 이 중 50대 이상의 일자리가 47만개를 차지했다. 이 47만개는 대부분 단기성 공공 일자리이거나 저임의 노인 일자리였고 20~40대의 풀타임 일자리는 대폭 감소되었다. 그러나 문재인은 이에 대해서는 말하지 않았다. 전문가들은 세금으로 만든 일자리는 고용이 아닌 복지라는 이유로 이를 고용율에 반영해서는 안된다고 누누이 말했다. 그럼에도 문재인은 세금으로 단기 노인일자리를 가득 늘려놓고 '역대 최고고용률'을 자랑했다. 그래서 그의 말은 새빨간 거짓말이다.

게다가 이 통계는 기준부터 엉터리다. OECD는 주40시간 이상의 풀타임 일자리, 즉 전일제 일자리를 공식 통계로 잡는다. 그러나 문재인의 통계청은 주당 1시간만 일해도 취업자로 계산했다. 무급 휴직자도 취업자 수에 포함시켰다. 그러니 OECD 기준으로 다시 계산하면 일자리가 큰 폭으로 줄어들 것이다. 언론은 이점을 항상 지적했으나 문재인 정권은 이 엉터리 통계 방식을 바로잡지 않았다.

　　한국경제연구원은 일자리 감소가 통계청의 발표보다 실제는 10배 이상 심각하다고 했다. 전일제 근로자를 기준으로 할 경우 2020년 3월의 취업자 수는 2545만8000명으로 2019년 3월의 2755만3000명에 비해 7.6%가 감소했음을 밝히며 통계청이 발표한 전년 대비 0.7% 감소의 10배가 넘는다는 사실을 알렸다.(동아일보, 2020.5.6) 통계청은 같은 해 9월의 취업자가 39만 명이 감소했다고 발표했다. 이 역시 1시간만 일해도 취업자로 집계했기 때문이다. 이를 전일제로 환산하면 실제 줄어든 취업자는 135만 명이었다.(중앙일보, 2020.10.22) 한 달 전 문재인이 자랑한 '역대 최고의 고용률'을 새빨간 거짓말이라고 말하는 근거다.

　　일자리의 대폭적인 감소는 문재인의 통치가 1년이 되기도 전부터 이미 시작되었다. 2018년 3월의 경우 실업자 수 125만7000명에 실업률 4.5%로 17년 만의 최악을 기록했고, 특히 청년 실업률은 11.6%로 최악 중에서도 최악이었다.(연합뉴스, 2018.4.11) 문재인의 시대에는 실업이 일상이고 취업이 예외적이라는 말은 이때부터 유행했고, 끝없이 반복되는 일자리 감소를 감추기 위해 1년 후에는 '좋은 통계'를 약속하는 통계청장으로 교체했다. '195만개의 풀타임 일자리가 사라지고 단기 근로자는 213만 명 폭증했다.'(한국경제, 2021.3.21) 이것이 그의 퇴임 1년을 앞두고 나온 '진짜' 통계다. 이것이 문재인의 진짜 일자리 성적표다.

2020년 7월 14일 문재인은 '한국판 뉴딜'을 발표했다. 자신이 망쳐놓은 경제가 다음 대선에서 악영향을 미칠 것을 우려한 대책이었다. 내막을 들여다 보면 그것이 쇼라는 사실을 바로 알 수 있다. 뉴딜의 핵심은 160조 원의 사업비를 들여 190만 개의 일자리를 만든다는 것이다. 그런데 이 계획에서 문재인 자신의 임기 내에 해당하는 것은 40%에 지나지 않았고 60%는 다음 정부가 하는 것으로 설계되어 있다. 적어도 60%는 정부가 바뀌면 무효라는 뜻이다. 이런 내용이 결정된 과정을 보면 쇼라는 사실이 더 분명해진다. 이 구상이 논의되던 4월에는 문재인의 임기인 2022년까지를 염두에 두고 기획되었다. 그러나 기간을 25년까지 3년을 늘인 후 예산을 76조에서 160조 원으로, 일자리는 89만에서 190만 명으로 늘렸다.(파이낸셜뉴스, 2020.7.19) 거대 국가 사업이 단 3개월만에 고무줄처럼 늘어난 것이다. 그가 하는 일은 이렇게 엉터리였고 쇼였고 거짓이었다.

문재인은 2021년 6월 국제노동기구ILO 총회 기조연설에서 "고용의 양과 질을 높이려 최선을 다해왔다"고 말했다. 그의 또 하나의 새빨간 거짓말이다. 진짜 그렇게 한 것은 기업이다. 2018년 8월 8일, 삼성은 기업도 총수 개인도 박해를 받는 와중에서 국가 경제 활성화에 기여하기 위해 향후 3년간 180조를 투자하여 신규로 4만명을 채용하겠다고 발표했다. 특히 이중에서 신규 투자액의 70%가 넘는 130조를 국내에 투자하겠다고 밝혔다. 문 정권의 박해를 피하기 위한 립서비스 정도로 생각했으나 삼성은 결국 이 약속을 지켜냈다. 삼성은 2년이 지난 2020년 8월까지 110조원을 투자했고 3년을 다 채운다면 137조원 투자가 예상되었다. 고용은 그때까지 3년 목표치의 80%를 달성했고 3년 내에 100%가 예상되었다.(서울경제, 2020.8.13) 대통령은 거짓말을 했으나 기업은 약속을 지켰다. 문재인은 일자리를 늘인다는 약속을 하고는 모조리 일자리를 줄이는 경제정책만 펼쳤으나 삼성은 일자리를 늘인다고 약속하고 실제 그것을 실천했다. 그렇다면 누가 비판을 받아야 하는가. 문재인인가 이재용인가. 이재용을 감옥에 보낸 문재인을 간첩이라고 주장하는 것이 무리인가. 2019년 9월 16일, 문재인은 청와대 보좌관 회의에서 "역대 최고 고용률을 기록했다. 우리 경제가 올바른 방향으로 가고 있다"고 말했다. 실업자가 급격하게 늘어나고, 기업이 해외로 탈출하고, 국가 경제가 망해가고 있던 그 상황을 엉터리 통계 기준에다 조작된 수치로 오히려 성공인 양 말하고는 그것을 올바른 방향이라고 했다. 이래도 그가 간첩이 아닌가.

고구마를 약속하고 감자를 심은 사람

"부동산 빼놓고는 꿀릴게 없다" 2006년 말 노무현이 한 말이다. "부동산 빼고는 다른 건 성공적으로 잘 되고 있다" 2021년 6월 문재인이 한 말이다. 친구 사이였다는 두 사람은 15년 터울을 두고 같은 말을 했다. 그들이 통치하는 동안 부동산 정책은 실패했다는 말이다. 국민들 사이에서 통용되는 "민주당 세상이 되면 집값이 더 오를거야. 한 채 사둬"라는 말을 두 친구는 판박이처럼 실현했다. 그들의 부동산 정책은 실패한 것일까. 아니다. 그들은 '집 없는 국민 만들기'를 판박이처럼 성공했다. 대통령이 된 두 친구 모두 자신의 백성이 집을 가지지 않길 원했다.

돌아온 부동산 혁명가

2017년 8월 2일 국토부 장관 김현미는 8·2부동산 대책을 발표했다. 휴가 중이던 그의 갑작스런 출근에 기자들은 의아했다. 그가 휴가를 가기 전까지는 계획에 없었다는 뜻이다. 의문은 다음날 풀렸다. 김현미가 아닌 청와대 사회수석 김수현이 추가 설명에 나선 것이다. 김수현은 말했다. "내년 4월까지 집 팔 기회를 드리겠습니다." 김수현은 이 8·2대책은 물론 임대차3법 등 문재인 집권기에 가격을 폭등시킨 모든 부동산 정책의 핵심 설계자였다. 집을 팔라는 그의 말은 문재인 정권 5년 내내 지속된 집값 폭등의 도화선이 되었다. 김수현은 노무현의 청와대에서 청와대 국민경제비서관을 지내며 부동산정책을 총괄했고, 문재인의 청와대에서도 사회수석과 정책실장으로 있으며 다시 부동산 정책의 총사령관이 된다. 노무현 정부 17번, 문재인 정권 27번, 도합 44차례의 부동산 대책 모두는 그가 만들어 놓은 틀 안에 있었다. 그는 8·2대책을 추가 설명하는 기자 간담회에서 "이번 정부는 어떤 경우에든 부동산 가격에 대해서 물러서지 않을 것"이라며 비장한 결의를 드러내고 주택공급 확대에 대한 기자의 질문에는 "온당치 않다"고 분명한 반대의 의사를 보였다. 그리고 "참여정부 부동산 실패론과 공급부족 문제를 지적하는 분들께 내가 쓴 책 두 권의 일독을 권하고 싶다"며 그의 저서를 소개했다.(중앙일보, 2017.8.18) 시장의 반응은 즉각적이고 분명했다. "민주당 세상이 되면 집값이 오를 거라고 했잖아" 이구동성이었다.

김수현은 자신의 저서 '부동산은 끝났다'에서 "자가 소유자는 보수적인 투표성향을 보인다... 보수당이 자가소유촉진책을 편 것은 정치적으로 계산된 것이다... 중대형 아파트가 밀집된 고소득층은 보수당에 주로 투표하고 그 반대의 경우는 민주당에 투표한다"고 했다. 이것이 김수현 부동산 정책의 기본 철학이다. 그는 국민의 주거안정에는 관심이 없다. 오직 좌익정당의 표계산으로 부동산에 접근한다. 자기 집을 가지고 안정적인 삶을 영위하는 중산층은 좌익에게는 적이다. 중산층을 몰락시켜 정부에 의존하는 가난한 인민으로 만드는 것은 레닌 이래 모든 좌익 정권의 기본 정책이다. 김수현의 부동산 정책의 기본 철학도 여기에 있었다. 노무현 정부에서 집값을 폭등시켜 서민이 자가를 가지기 어렵게 만드는데 성공한 김수현을 문재인이 다시 기용한 이유다. 문재인이 성공할 차례였다.

김수현의 부동산 정책은 우선 수요를 억제하는데 초점이 맞춰져 있다. 대출이자 인상 등 대출규제의 방법으로 서민의 부동산 금융 접근을 어렵게 하고, 종부세 등의 부동산 보유세는 물론 거래세까지 부동산 관련 모든 세금을 폭탄의 수준으로 올린 것은 부동산에 대한 수요를 억제하기 위한 것이었다. 부동산 전문가들은 집값 상승의 첫째 원인으로 공급 부족을 꼽으며 재건축과 재개발 활성화를 공급확대의 주요 방안으로 제시했다. 그러나 김수현과 문재인은 오히려 재건축과 재개발을 억제한다. 전문가들이 제시한 해답과는 거꾸로 간 것이다.

이렇게 수요와 공급을 동시에 억제한 결과는 노무현 정부에서와 똑 같았다. 집값이 폭등한 것이다. 서민은 내집 가지기를 포기하거나 교외로 지방으로 이사했으며, 청년들은 영끌로 집을 사고 월급의 대부분을 대출 이자로 지불했고, 현금을 가진 부자들은 투기를 목적으로 집을 사들이고 집값을 더 올렸다. 노무현 정부에서 실패한 김수현의 경험을 반영하여 집값을 잡을 것으로 기대한 국민의 바램은 여지없이 빗나갔다. 이것이 과연 실패일까. 국민에게는 실패가 분명하다. 그러나 김수현과 문재인에게는 성공이었다. "중산층을 분쇄하라"고 한 레닌의 교시대로 된 것이다. 김수현과 문재인은 집값을 잡겠다고 말하고는 실제는 집값을 올리는 정책을 고집했다. 고구마를 심겠다고 약속하고 감자를 심은 것이다.

원조 수박

"부동산 문제는 우리 정부에서는 자신있다고 장담하고 싶습니다. 대부분의 기간 동안 부동산 가격을 잡아왔고요, 전국적으로 오히려 하락했을 정도로 안정화되고 있습니다." 2019년 11월 19일 문재인은 '국민과의 대화'에서 이렇게 말했다. 부동산 가격을 잡아왔다는 말은 물론 거짓말이다. 그때까지 이미 17 차례나 내놓은 대책은 모두 폭등한 집값을 잡기 위한 것이었다. 이어 2020년 1월 신년기자회견에서는 "(집값이) 일부 지역에서 급격한 상승이 있었는데 원상회복되어야 한다고 생각합니다." 이것도 거짓말이다. 집값 상승은 전국적 현상이었고, 그의 정권은 공급확대만이 집값을 잡을 수 있는 근본대책이라는 전문가들의 의견과는 여전히 거꾸로 갔다. "부동산 투기를 통해서는 더 이상 돈을 벌 수 없다는 점을 분명히 하겠습니다." 2020년 7월 16일 국회에 나온 그는 이렇게 말했다. 이것도 거짓말이다. 그해 하반기 부동산 가격은 폭발했고 부동산 투기로 떼돈을 번 벼락부자의 소식은 가까이서도 흔했다. 겉과 속이 다른 사람을 그의 민주당 동지들은 '수박'이라 부른다. 집값이 계속 오르고 있는 상황에서 집값이 잡혔다고 말하는 사람도 수박일 것이다.

임대차3법이 국회 본회의를 통과한 것은 2020년 7월 30일이고 다음 날 국무회의 의결을 거친다. 야당 의원 주호영의 말대로 대한민국 헌법이 정한 경제 정체성을 파괴하는 이 법안은 폭탄이었다. 이 법이 시행되자 곧 전셋집 품귀가 시작되더니 10월이 되자 전국의 전세수급지수는 191까지 치솟아 19년만에 최고를 기록했다. 그 많던 전세 물건은 씨가 마르고 전셋값은 폭등했다. 문재인은 "전세시장을 기필코 안정시킬 것"(2020년 10월 28일, 국회 시정연설)이라고 했다. 그는 이 법이 전셋값을 폭등시키는 상황을 목도하면서도 이 법을 조기에 안착시키겠다고 다짐했다. 그는 여전히 달나라에 살고 있었다. 이런 그에게 국민은 "이제 제발 아무것도 하지 말고 가만히 있어 달라"고 했다. 그러나 처음부터 고구마가 아닌 감자를 심기로 작정한 문재인은 감자심기를 멈추지 않았다.

위가 뚫린 집값

2017년 5월 서울의 아파트 가격은 평당 2041만 원이었다. 2021년 5월에는 3806만 원이었다. 4년만에 86.5% 상승한 것이다. 부동산 폭등의 시간으로 기억하는 노무현의 첫 4년 상승률 74.6%를 넘어선 수치다. 2.64%가 하락한 이명박 정부 첫 4년, 18.6% 상승한 박근혜 정부 첫 4년과는 선명하게 대비된다.(매일경제, 2021.6.10) 서울지역의 평균 아파트 가격을 보면 폭등은 더 분명해진다. 2018년 3월 7억, 19년 3월 9억, 21년 4월 11억, 21

년 10월 12억 원이다.(연합뉴스, 2021.10.25, KB국민은행 자료) 전국으로 확대해도 폭등 추세는 같다. 2017년 4월의 전국 아파트 평균 가격 2억8400만 원은 2021년 9월에 이르러 5억400만 원으로 77% 오른다.(YTN, 2021.10.15, 한국부동산원 자료) 2021년 전국 집값은 9.9% 상승하여 15년만에 최고를 기록했고 특히 3분기의 경우 24% 상승하여 54개 비교 대상국 중 1위를 기록했다.(매일경제, 2021.12.27) 문재인의 경이로운 집값 성적표다.

통계가 하는 말과 대통령의 말은 또 달랐다. 문재인은 2021년 11월 21일에 가진 '국민과의 대화'에서 "지금 부동산 가격이 상당히 안정세로 접어들었다."고 했다. 그의 퇴임을 반 년 앞둔 그즈음부터 그의 퇴임 자체가 요인이 되어 집값은 안정되고 있었다. 그러나 국민은 "3억 하던 집을 10억으로 만들더니 9억 되니까 안정이라 하네요"라며 조소를 보냈다. 박근혜 정부 시절 민주당은 20% 미만의 상승률을 두고 "미친 부동산 가격"이라며 공격했다. 근로자가 월급을 모아 서울에 소재한 25평 아파트를 구입하기 위해 박근혜 정부에서 21년이 걸린 반면 문재인 정권에서는 36년으로 15년이 늘었다.(조선일보, 2021.8.12) 이 비교를 본다면 박근혜 정부의 부동산 가격은 미친 것이 맞다. 그때는 문재인 시대에 비교하면 미칠 정도로 싼 가격이었다. 미친 듯 오르던 집값은 문재인의 퇴임을 6~9개월 앞두고, 차기 대선을 4~7개월 앞둔 2021년 하반기부터 진정되기 시작했다. 문재인의 퇴임과 정권 교체 가능성이 집값을 잡은 것이다. 문재인이 집값을 고의로 올리고 있다는 것을 시장은 알고 있었던 것이다.

팔지 않고 버틴 수하들이 진실을 말했다

문재인과 부부 모임 자리를 자주 가질 정도의 절친 사이로 알려진 김조원은 법무장관으로 자리를 옮긴 조국에 이어 청와대 민정수석이 되었다. 2020년 4월 총선을 앞둔 문재인 정권은 고위직 중 다주택자의 집을 팔도록 하겠다는 공약을 내걸었고, 집을 여러 채 소유하여 교체 대상이었던 김조원은 본인 주택을 처분하기로 하고 유임되었다. 그러나 그는 송파구에 소재한 시세 19억의 아파트를 22억으로 부동산 중개소에 내놓고 팔리지 않는다며 버티었다. 언론이 이런 매각 시늉을 더 문제로 삼자 그는 매각이 아닌 민정수석 사임을 선택했고 그와 함께 청와대의 여러 고위직도 줄줄이 사표를 던졌다. 문재인은 집값을 잡겠다고 누누이 공언했지만 그의 절친과 청와대 수하들은 그것이 거짓말이라는 것을 모두 알고 있었고 그래서 직 대신 집을 선택한 것이다. 이 사실은 국민에게도 집값이 계속 오를 것이라는 시그널이 되었고 그래서 집값은 더욱 가파르게 올랐다. 집값 대책의 주무 장관인 김현미의 작태는 더 한심하다. 그는 2017년부터 이미 "집값 폭락할 테니 집을 팔라"거나 "자기가 사는 집이 아닌 집들은 좀 팔라"며 다주택 국민을 향해 처분을 권유했다. 그런 그가 2021년 12월 경찰의 소환조사를 받는다. 가족끼리 부동산을 사고 판 혐의로 시민단체로부터 농지법 위반과 부동산실명법 위반으로 고발을 당한 것이다. 자신이 한 말을 자신도 믿지 않았거나 알고도 거짓말을 한 것이다.

정권 참여자들의 이런 행태를 지켜보던 경실련 부동산개혁본부장 김헌동은 청와대를 거쳐간 1급 이상 참모들의 아파트 가격을 전수조사 한 후 다음의 결과를 내놓는다. 65명의 수석급 이상의 아파트 가격이 그때까지 3년간 평균 40% 올랐으며, 그 중 상위 10명은 1인당 평균 10억, 최고 16억까지 올랐다고 했다. 국가 경제정책을 총괄하는 정책실장 3인의 경우 장하성 10.7억, 김수현 10.4억, 김상조 4.4억에다 비서실장 노영민은 52%가 올랐다.(TV조선, 2020.7.18) 문재인 자신이 임명한 최측근의 집값이 이렇게 올랐는데도 문재인은 줄곧 '안정'을 반복하고 어떤 때는 '오히려 하락'을 말했다. 문재인 이 사람 거짓말쟁이다.

문재인의 말이 거짓말이라는 사실은 그의 민주당 동지가 증명해 준다. '대한민국 반역이라는 민주화 운동'을 하다 4년 2개월 동안 감방살이를 한 공훈이 인정되어 민주당의 공천을 받고 재선 국회의원이 된 진성준은 2020년 7월 16일 저녁에 방송된 '집값 이번엔 과연 잡힐까'라는 주제의 'MBC 100분 토론'에 패널로 참석하여 집값 안정의 의지를 강하게 반복 피력하며 문재인의 부동산 정책을 조목조목 비판하는 야당과 격론을 벌였다. 토론이 마무리 되고 그는 말한다. "(집값) 안 떨어질 겁니다. 부동산이 뭐 어제 오늘 일입니까." 아직 마이크가 켜진 줄 모르고 내뱉은 그의 말은 방청객에게 그대로 전달되었다. 문재인이 국회에 나와 "정부는 집값 안정을 위해 필요한 모든 수단을 강구할 것"이라고 말한 바로 그날이었다. 낮에 대통령이 한 말을 진성준이 밤에 뒤집은 것이다. 이것이 바로 공산주의자들의 이중이론이다. 낮에 문재인은 선전이론을 말했으나 그날 밤 진성준이 실천이론을 실토했다. 문재인이 또 거짓말을 한 것이다.

권력의 실세가 아닌 힘없는 공직자들은 정권의 눈총을 이기지 못하고 속속 집을 처분했다. 그러나 문재인의 가까이에 있는 사람일수록 뱃심좋게 버티었고 이는 집값이 안정될 것이라는 문재인의 말은 거짓말이고 오히려 집값이 계속 오를 것이라는 강력한 메시지가 된다. 실제 문재인이 물러나기 6개월 전에야 집값 상승은 멈춘다. 그의 거짓말을 더 이상 들을 수 없게 된 것이 집값이 안정된 이유로 작용한 것이다. 국민은 문재인이 고의로 집값을 올리고 있다는 사실을 알고 있었고 그래서 그의 퇴임 자체가 집값을 안정시키는 비결이 된 것이다. 집값잡기는 의외로 쉬웠다.

집값 폭등이 문재인의 계획이었다는 증거

문재인의 시간을 살던 부자들은 이렇게 말했다. "나올 때마다 설레요" 그러나 한 맘까페에서는 "진심으로 문재인 정부 전으로 돌아가고 싶다"(한국경제, 2021.7.22)며 충격에 빠진 심정을 전했고 명의신탁과 다운계약서와 다주택자의 위장이혼 등 불법이 급증하고 결혼을 포기하는 청년도 늘어났다. 국민의 원성이 하늘을 찌르는 정도가 되자 국무총리 김부겸은 "부동산 해결책이 있다면 훔쳐오고 싶다"고 말할 뿐 공급억제와 중과세와 대출규제를 풀지는 않았다. 총리도 집값을 폭등시키겠다는 대통령 문재인의 의지를 어쩔 수 없다는 소리로 들렸다.

문재인의 시대에 대한민국 부동산 전문가들은 한가했다. 이전 정부에서는 전문가를 불러 자문을 구하고 관련 업무를 맡기곤 했으나 문재인 정권에서 그런 일은 거의 없었다. 사회주의 학자들과 문재인 주위의 운동권 이너서클에 포함되는 사람들이 다 주물렀기 때문이다. 한가해진 전문가들은 방송의 패널로 나와 정부가 자신들을 찾아 대책을 묻거나 의논하는 일은 없다고 말했다. 대신 그들은 방송 카메라를 보며 폭등하는 집값을 잡을 수 있는 대책을 이야기 했다. 모든 전문가들이 공통적으로 제시하는 대책은 첫째 공급을 확대 할 것, 둘째 부동산 관련 세율을 적정 수준으로 낮출 것, 셋째 부동산을 시장매커니즘에 맡길 것 등이었다. 문재인 정권의 부동산정책은 모두 이 대책과는 반대로 가기 때문에 집값 폭등을 불렀다는 말도 덧붙였다. 집값이 폭등한 이러한 직접적 원인을 고찰하면 문재인 정권의 고의성 혹은 기획성은 바로 확인된다.

폭등의 제1 원인, 공급 억제

2021년 2월 4일 국토부는 서울 지역에서 32만호를 공급하겠다는 계획을 발표한다. 스스로 '좌빨교수'라고 선언한 서울대 김경민 교수는 이 발표가 나오자 즉시 "국민을 속였다"고 말했다. 우선 규모면에서 불가능한 숫자이며 무엇보다 강남 23만호, 종로 7만호 건설을 위한 부지확보가 불가능하다고 했다.(중앙일보, 2021.2.25) 도시계획과 부동산이 전공인 그의 주장은 틀릴 수가 없었고 예상대로 이 계획이 추진되었다는 소식도 없었다. 욕을 덜 먹기 위해, 책임을 면하기 위해, 선거 대책용으로 내놓는 계획은 그 자리에서 생명력을 다하고 사라졌다. 문재인의 시대는 늘 그랬다.

2022년 1월 신년 벽두, 청와대 소통수석 박수현은 "문재인 정부의 주택공급이 다른 정부에 뒤지지 않는다"는 말과 함께 "향후 205만호를 공급할 기반을 마련했다"고 발표한다.(연합뉴스, 2022.1.5) 선거를 앞두고 허황한 공약을 내놓는 그들의 습성이 또 나온 것이다. 특히 임기를 불과 4개월 남긴 정권의 205만호 공급 약속을 믿는 국민은 아무도 없었고 언론은 어떤 논평도 내지 않았다. 그것은 폭등한 집값이 정권 재창출에 악영향을 미친다는 사실을 걱정하고 있던 민주당의 요구를 반영한 대국민 사기라는 것을 국민도 언론도 알고 있었던 것이다.

우선 문재인 정권의 주택공급이 이전 정부에 뒤지지 않는다는 말부터 거짓말이다. 아파트 입주물량은 2017년 39만, 18년 48만, 19년 40만, 20년 37만, 21년 32만 가구였다.(조선일보, 2021.12.29) 그러나 이 괜찮은 숫자는 박근혜 집권기에 분양되어 문재인 집권기에 입주된 것이다. 그래서 이것은 박근혜 정부의 공급물량이다. 문재인이 집권한 5년의 분양 아파트 물량은 84만6천 가구로 박근혜 정부 4년 114만6000가구에 비교해 26.2% 감소했다.(매일경제, 2021.6.10) 집값이 폭등한 서울 지역의 민간 아파트 분양을 보면 2015년 4.1만, 17년 4.0만, 18년 1.9만, 19년 2.6만, 20년 2.6만, 21년 1.5만 채로 문재인의 시대에 대폭 감소되었다.(중앙일보, 2021.10.29) 문재인 시대에 입주한 물량은 박근혜 정부가 분양한 것이었고, 문재인의 시대에 분양한 것은 물량이 대폭 감소하여 집값 폭등의 핵심 원인이 된 것이다. 이것이 진실이다. 그래서 박수현의 말은 거짓이다.

공급부족 문제에 전문가들이 제시하는 단골 해법에는 재건축과 재개발이 빠지지 않았다. 그러나 문재인은 이것도 막았다. 재·보궐 선거에서 당선된 서울시장 오세훈은 2021년 4월 21일 청와대에서 문재인을 만난다. 오세훈은 강화된 안전진단 요건으로 인해 서울시의 재건축과 재개발이 원천봉쇄되었음을 말하고 "오늘 (대통령을) 어렵게 뵙게 되었는데 예컨대 시범아파트 같은 재건축 현장을 한 번만 나가봐 달라"고 제안하며 해결을 요청했다. 그러나 문재인은 "입주자들이 쉽게 재건축을 할 수 있게 하면 부동산 이익을 위해서 멀쩡한 아파트를 재건축하려고 할 수 있다. 그러면 낭비 아니냐"고 말했다.(조선일보, 2021.4.21) '구더기 무서워 장 못 담근다'는 속담을 연상케하는 그의 말은 모든 전문가들이 해법으로 내놓는 재건축 재개발 방안을 자신은 반대한다는 말이었다. 그는 오세훈의 당부대로 현장을 직접 확인해볼 생각도 없었고 주택 공급을 늘려 폭등하는 집값을 잡을 생각도 없었다는 뜻이다. 대통령의 생각이 이러니 이미 확정된 재건축 재개발건 조차 줄줄이 연기되어 공급 부족을 부채질 했다. 2021년 서울지역의 재건축 재개발 공급계획은 총 19,643가구였다. 그러나 실제 분양은 60%에 그쳤고 40%는 사라졌다.(한국경제, 2021.10.27) 이것은 서울의 집값 상승 추세가 그해 연말까지도 지속된 이유 중 하나다. 당시 한국의 주택보급률은 104%로 선진국 115~120%에 비해 크게 낮았고, 이로인한 주택 절대량 부족이 집값 폭등의 첫 번째 원인이었다. 이 사실을 모르는 국민은 없었다. 그럼에도 문재인은 주택 공급을 늘릴 생각이 추호도 없었다. 단언컨대 그의 시대에 폭등한 집값은 그의 계획이었다.

집값을 폭등시키는 또 하나의 방법, 부동산 중과세

한 신문은 서울 마포에 소재하는 32평 아파트 1채를 상속받을 경우 납부해야 하는 상속세를 아파트 가격이 폭등하기 전과 후를 비교하는 시뮬레이션을 게재했다. 2019년 실거래가 8.9억이던 이 아파트의 상속세는 배우자가 있는 경우 0원, 배우자가 없는 경우는 6576만 원이었다. 그러나 2021년 10월 당시 15.6억 원으로 오른 이 아파트는 배우자가 있는 경우 1.2억 원, 없는 경우는 2.5억 원이었다. 그래서 "집 팔아 세금내야 하나"며

고민하는 직장인 K씨의 고민을 함께 전했다.(중앙일보, 2021.10.10)

다른 한 신문은 서울 구로에 소재하는 25평 아파트를 매매하려는 집 소유자의 양도세 부담을 시뮬레이션 했다. 8억 원으로 오른 이 아파트의 차익은 4억인데 세금 2.6억에 복비와 기타 세금을 합하면 3억 원이라고 했다. 2020년 8월 국회를 통과한 세법개정안에 따르면 기본세율은 최저 6%에서 최고 45%이지만 보유주택 수와 보유기간, 가격 증계에 따라 최고세율은 65~75%까지 치솟기 때문이다.(한국경제, 2021.7.8)

상속세와 양도세가 이렇게 크게 오른 결과는 민간과 정부 모두에 분명했다. 우선 국민은 이렇게 무거운 세금을 부담할 수 없어 다주택자는 시장에 내놓지 못하고 그냥 계속 보유하거나 자녀에게 증여하는 경우가 크게 늘어난다. 그리고 집을 팔기 위해 시장에 내놓는 경우에는 이런 세금을 모두 얹어 매각 가격을 매겼다. 경제학에서 말하는 조세전가다. 세율을 크게 높인 결과 정부의 입장에서는 부동산 세수가 폭증한다. 주택·토지·건축물 모두를 포함하는 부동산 재산세 징수액은 2010년 약 5조에서 2019년 12조600억 원으로 153% 증가했으며, 이 가운데 주택 재산세 징수액은 2010년 1조4500억에서 2019년 4조9900억 원으로 무려 242%가 증가했다.(서울경제, 2021.6.26, 국회입법조사처 자료)

문재인 정권이 부동산 세금을 폭등시켰다는 것은 OECD 회원국간 비교에서 분명해진다. 2018년 한국의 부동산 관련 세금(보유세, 자산거래세, 양도소득세 등)은 GDP의 4.05%로 영국과 프랑스에 이은 3위다. 부동산 세금이 무겁기로 소문난 미국 3.97%보다 더 무겁고 OECD 38개국 평균인 1.96%의 두 배를 넘는다. 이 중에서도 자산 거래세 부담은 GDP 대비 1.89%로 2위인 벨기에의 1.07%를 제치고 단연 1위이며 회원국 38개국 평균 0.45%의 4배가 넘는 수치다.(중앙일보, 2021.2.16) 부동산 보유세의 경우 2018년 기준 GDP의 0.82%로 OECD 평균인 1.07% 아래였으나 문재인의 중과세로 2020년에는 1.20%로 평균을 넘어섰다.(동아일보, 2021.2.15)

이러한 수치에서 문재인 집권기의 집값 폭등은 세금 폭등이 선도한 것임을 바로 알 수 있다. 문재인이 세금을 무겁게 하여 집값을 폭등시켰다는 뜻이다. 세제를 무겁게 고치기 전에 경제학자, 부동산 전문가, 언론, 중개업 종사자는 물론 동네 가게 아저씨까지 세금이 주택 가격에 전가되어 집값 상승을 초래할 것이라고 말했다. 문재인도 눈이 있고 귀가 있는 사람이라면 모를 리가 없다. 그의 부동산 중과세 정책은 그래서 그가 집값을 폭등시키기 위해 고의로, 계획적으로 강행한 정책이라는 것을 확신한다. 집값 폭등은 결코 그의 무지로 인한 것이 아니다. 그가 계획한 것이다. 그러므로 결코 실패라고 말할 수 없다. 그에게는 또 성공이었다.

그는 왜 집값을 폭등시켰을까

파리에서 근무를 마치고 4년 만에 서울로 돌아온 조선일보 손진석 기자는 계급이 된 부동산을 생생히 설명했다. 문 정권 첫 해에 나갔다가 끝날 무렵 돌아온 그는 10년 이상 걸렸을 법한 변화가 눈앞에 펼쳐져 있었다며 체감상 10억 원씩 불어있는 아파트 가격이 놀라웠다고 했다. 그의 말을 들어보면 계급이 된 아파트가 실감난다.

계급이 된 아파트

"그런데 집 있는 지인들에게 축하 인사를 했더니 고개를 저으며 한 채에 살고 있어 실제 들어오는 돈은 없는데 세금만 왕창 올라 화가 나 있다. 팔고 다른 곳으로 옮기려 해도 거래비용이 엄청나 그것도 어려운 처지라고 했다. 거주이전의 자유가 제한된거나 마찬가지다. 지역 간 이동이 줄어들면서 사는 동네에 따라 계급이 나뉘는 방향으로 갈 수 밖에 없게 된다. 강북 사람들은 강남과의 격차가 쳐다보지도 못할 정도가 되고, 경기도민은 서울 거주민을 쳐다보지도 못할 정도가 되고, 비수도권 지방의 주민은 지방이라는 이유로 우리는 3등 국민이 됐다고 했다. 여전히 무주택자는 넘쳐난다. 강남, 강북, 경기도, 지방, 무주택자로 빠르게 계급화가 되었다. 코로나로 인해 유동성이 넘친 국제적 추세로 파리를 비롯한 유럽의 대도시에서도 집값이 제법 올랐지만 서울의 집값 변화폭은 아찔할 정도다. 4년만에 돌아와보니 사는 곳과 자산 규모에 따라 사람들이 너무 많이 갈려져 있다."(조선일보, 2021.11.11)

"부동산 가격을 잡으면 기획재정부에 피자 한 판씩 쏘겠다" 대통령 취임 두 달이 지난 2017년 7월 문재인은 이렇게 말했다. 이 약속은 실현되지 않았다. 그의 집권 기간 내내 집값이 올랐기 때문이다. 2021년 1월의 전국 아파트 평균 매매가격은 1평당 1776만 원으로 그가 취임하기 전인 2017년 1월의 1246만 원보다 42.7% 올랐고, 같은 기간 서울은 2287만 원에서 4111만 원으로 79.8% 급등했으며(통계: KB부동산) 서울 지역의 25평 아파트 평균 매매 가격은 6억6000만원에서 11억900만원으로 82% 급등했다.(조선일보, 2021.2.17, 통계: 경실련) 문재인이 피자를 쏘지 못한 이유는 이렇게 분명하다. 자신이 피자를 쏠 일이 없다는 것을 그는 알고 있었다.

그렇다면 기재부 직원들에게 피자를 약속해놓고 자신은 집값을 폭등시키는 정책만 고수하며 아파트를 부자계급과 서민계급으로 나누는 상징으로 만든 이유는 무엇일까. 서민들에게 한국인의 욕망의 제1의 상징인 자기집을 가지기 어렵도록 만들어 부자와는 선명하게 구분되는 계층을 만들기 위해 고의로 집값을 폭등시킨 것은 아닐까. 그렇다. 문재인이 자신의 정권에서 부동산정책을 총괄하는 임무를 맡긴 김수현의 부동산 철학이 바로 그것이다. 서민이 집을 가지기 어렵도록 하여 보수세력에 합류하지 못하도록 하는 것에 목적이 있었다. 레닌 이래 모든 공산주의 지도자들의 통치술이다. 문재인의 계획은 결국 성공했고 그래서 해외 근무를 마치고 돌아온 기자는 집이 계급을 구분하는 기준이 되어 있더라고 말한 것이다. 문재인이 자신의 부동산 음모를 성공했다는 뜻이다.

임대주택을 장려한 이유

문재인 정권은 집권 초기 다주택자를 향해서는 집을 팔도록 압박하는 한편으로 주택임대사업을 장려한다. 이 결과 2020년 6월 기준 전국에서 48만4000명이 임대주택사업자로 등록하였고 임대주택의 수는 160만7000채였다.(매일경제, 2021.8.11) 신고만 하면 임대주택의 임대수입에 대한 과세가 면제되는 당근책으로 인해 전국을 돌며 아파트를 쇼핑하여 집이 1천 채가 넘는 투기꾼이 속출하여 투기꾼을 양성하는 제도라는 비판을 받았다. 그러나 임대사업자의 60%는 5채 미만의 생계형이었고 그래서 이 제도는 자가 소유를 희망하는 국민에게는 물량 부족을 초래하고 주택가격을 폭등시키는 원인으로 작용한다.

문재인의 국토부는 2020년 7월 7·10대책을 내놓으면서 갑자기 이 제도를 폐지한다. 이와 함께 양도세율을 높이고 대출을 봉쇄하는 등 정권 초기의 정책기조를 180도 바꾸어 사업주들을 벼랑으로 내몬다. 2019년 말 기준 전국의 주택수는 1994만 가구였고, 이 중 38%인 759만 가구가 세입자였으며, 세입자의 86.5%가 민간임대주택에 거주하고 있었으니(조선일보, 2021.6.11) 이 제도의 폐지는 사업자들을 멘붕에 빠뜨린다. 민간임대사업자가 크게 증가하고 그들이 시장에 공급하는 전월세 주택물량이 대폭 늘어나면서 오히려 저렴한 전월세 주택 수는 감소한다. 많은 임대주택을 소유한 일부 투기꾼 세력이 정권의 고의적인 부동산 가격 인상의도를 간파했을 뿐 아니라 아마추어 정책가들의 허점을 파고들며 전월세가격 폭등을 주도했기 때문이다. 여기다 정부의 현금살포식 재정정책으로 나라 곳간이 거덜나 세수증대를 위한 새로운 세원이 필요하던 차였다. 이런 이유로 이 제도는 갑자기 폐지되었고 사업자들은 망연자실 한다.

　　문재인은 단 2년만에 폐지할 이 제도를 왜 시행 했을까. 우선 이 제도는 무주택 서민들의 주거불안을 해결한다는 명분으로 시작했다. 그러나 전문가들은 자가주택 공급 확대 대책이 아닌 임대주택 공급대책을 이렇게 적극 시행하는 이유를 문 정권의 좌익 정체성에서 찾는다. 사회주의자들은 주택을 공공재로 규정하고 소유주는 개인이 아닌 정부가 되어야 한다는 것이 기본적 인식이다. 여기다 좌익정권의 입장에서 민간임대주택은 정부의 관리 통제가 용이하고 징세의 편의가 크다는 장점도 이 제도를 도입한 이유였을 것이다. 이런 이유로 시행된 민간임대주택 활성화 정책에 의해 문 정권은 힘들이지 않고 단기간 내에 160만여 채의 임대주택 물량을 확보할 수 있었다. 문재인 정권이 임대주택제도를 도입하고 장려한 의도는 ㄱ, 국민을 자가가 아닌 임대주택에 살도록 하고 ㄴ, 이 사업이 안정되면 징세 등의 수단으로 이 영역에 대한 정부의 통제를 강화하고 ㄷ, 궁극적으로는 사회주의 완성단계에서 모든 주택을 공공재로 전환할 때 민간소유의 주택을 손쉽게 수용할 수 있기 때문이다. 문재인 정권이 서민을 임대주택에 사는 인민으로 만들어 대한민국을 사회주의 국가로 변경하려 했다는 의도는 공공임대주택 정책에서 더 분명하게 확인된다.

엉터리 없는 공공임대주택 계획

"그 땅이면 땅값만 최소 3000억 원 이상일 겁니다. 그런 땅에 7~13평짜리 임대주택 300가구를 짓는다는데, 땅값만 한 가구당 10억 원입니다." 2020년 '8·4주택 공급대책'을 내놓을 때 정부는 서울 여의도에 LH가 보유하고 있던 토지 위에 300가구의 주택을 새로 짓겠다고 했으나 구체적 위치나 주택 유형 등은 발표하지 않았다. 이것이 다음해 7월이 되어서야 임대주택을 짓는다는 소식으로 전해지자 주민들이 반대에 나선 것이다. 더구나 부동산 전문가들은 지역 특성을 살려 국제금융중심지로 기능할 수 있는 개발안을 제시하였으나 현실은 문 정권에 의해 재건축 사업조차 막혀있던 터에 이런 계획을 준비하자 지역민들은 "여의도 주민 시체 위에 닭장 임대 지어봐라" 등 격한 내용의 현수막을 걸고 거세게 반발한다. 2028년 7월 서울시장 박원순은 여의도 지역을 통개발한다는 이유로 단지별 재건축을 불허한 터라 주민의 저항은 엄청났다. 이게 다가 아니었다. 사흘 후에는 서울 삼성동에 위치한 2조 원짜리 1만평 땅에 공공임대주택 3000가구를, 논현동 2000평 땅에 장기임대주택 200가구 공급계획

도 전해졌다.(중앙일보, 2021년 7월 8일 및 11일자)

서울에서도 땅값 비싸기로 소문난 강남과 여의도에 소형 임대주택을 짓겠다는 정부 계획은 국민의 저항으로 더 이상 진척되지 못한다. 그러나 문재인의 의도는 분명히 확인되었다. 그는 먼저 대한민국의 주택 가격을 급등시켜 소수의 부자를 제외한 일반 민중은 자가를 소유하기 어렵게 만든 후 임대주택에 수용하는 계획을 추친하려 한 것이다. 이것은 '집을 가진 국민은 보수가 된다'는 김수현의 철학인 동시에 모든 부동산은 정부가 소유하고 민중은 정부가 제공하는 주택에 거주하도록 설계된 사회주의화 정책이다. 여기다 높은 세금을 부과하면 세금부담을 이기지 못하는 국민의 부동산은 결국 국가 소유가 되는 것이다. 사회주의 경제화의 코스다. 문재인이 집값을 폭등시켜 서민의 자가보유를 억제하고 대신 공공임대주택에 수용하도록 하겠다는 계획 혹은 음모의 핵심은 여기에 있다. 공공임대주택에 거주하는 가난한 서민은 그들 좌익 정권의 충실한 지지자가 되어 선거에서 그들은 늘 승리할 것이며, 언젠가 북한에 합병당할 때에도 적극적인 지지자가 되거나 최소한 반대자가 되지는 않을 것이다.

27패가 아닌 27승, 결국은 44승

"주거 문제의 어려움으로 낙심이 큰 국민들에게 매우 송구한 마음이다. 결국 부동산 시장 안정화에 성공하지 못했다." 2021년 1월 문재인은 처음으로 부동산 정책의 실패를 인정했다. 어떤 잘못이나 실패도 인정하지 않는 그가 부동산에 대해서만 실패를 인정한 이유는 간단하다. 다음 해에 있을 대선을 염두에 둔 립서비스였다. 정권 재창출 가능성을 걱정하는 동지들의 성화를 이기지 못하고 실패를 인정했을 것이다. 그의 내심도 실패라고 생각했을까. 그럴리가.

　문재인이 통치한 5년간 정부가 내놓은 부동산 대책은 모두 27번이다. 워낙 자주 나오고 뒤의 규정이 앞의 규정을 뒤집거나 충돌하는 경우도 무수했다. 세무서에 부동산 관련 세금을 문의하면 친절한 공무원은 "새로운 규정을 공부하고 알려주겠다"고 말했지만 보통은 다른 부서로 전화를 돌리고 또 돌렸다. 세무사는 "난수표도 이런 난수표가 없다"며 계산을 포기했다. 아마 이 점도 무주택자가 자가 보유를 포기하는 요인으로 작용했을 것이다. 그렇다면 27번의 대책이 효과는 있었을까.

　2021년 여름, 민주당이 언론을 완전한 공산당식 선전선동부로 만들려고 한다는 비판을 무릅쓰고 징벌적 손해배상을 5배까지 물릴 수 있는 언론중재법 개정을 추진하자 한 언론인은 진짜 징벌적 손해배상의 대상은 25전 25패의 부동산 정책이라고 했다.(동아일보, 2021.8.30. 천광암) 이후에도 2번의 대책이 더 나왔으니 27전 27패가 맞다. 그는 문 정권의 부동산 대책이 모조리 실패했으며 이것이 국민에게 끼친 악영향이 얼마나 막대한 것인지를 말했다. 그런데 이것을 실패라고 말하는 것이 맞을까.

　집값을 안정시키고 서민의 주거안정과 국민의 자가보유율 상승을 꾀하는 자유민주 정부의 관점에서 판단하면 의심의 여지가 없는 27전 27패다. 그러나 집값을 폭등시켜 무주택자의 자가 보유를 어렵게 한 후 그들을 임대주택에 수용하고, 그들에게 각종 명목의 지원금을 지급하여 정부에 의존해야만 생계를 유지할 수 있도록 만들어 좌익정권의 고정 지지집단으로 확보하고, 자가주택에 거주하는 부자들은 점차 세금을 높여 큰 정부를 유지하는데 필요한 세원을 확보하며, 장기적으로 모든 주택을 국유화 하겠다는 궁극적 목표를 가진 정권의 시각에서 본다면 문재인의 부동산 대책은 27전 27승이다. 주사파에 의해 노무현 정권에서부터 문재인 정권까지 10년간 동일한 방향으로 일관되게 추진되었으니 노무현의 17번 대책까지 합해서 44전 44승이라고 말하는 것이 맞을 것이다.

또 속았습니다

"민주당 세상이 되었으니 집값 더 오를거야. 한 채 사둬" 나이드신 중개업소 사장님은 문재인이 정권을 잡자 이렇게 권유했다. 문재인이 물러날 때가 되니 이 말은 상식이 되었다. 문재인은 공급억제, 중과세, 대출규제로 요약되는 27번의 대책을 내놓으며 주택 가격을 폭등시키는 한편 국민들로 하여금 집을 사기도, 팔기도, 보유하기도 어렵게 만들었다. 그의 27번의 대책에는 집을 3채 이상 소유한 국민이 매년 10%가 넘는 종부세를 내고 77%의 양도세를 납부하면 5년 후에는 사실상 국가 소유가 되도록 설계되어 있다고 시뮬레이션을 해본 전문가들은 말했다. 이렇게 일관된 방향으로 추진되고 일관된 결과를 낳은 27번의 대책은 세밀하게 기획된 것이 틀림없다. 그래서 문재인의 부동산 대책은 대성공이었고 그가 실패를 인정한 것은 본래의 목적을 감추는 좌익의 위장술이다. 그는 공산당의 선전이론에 따라 실패를 인정했지만 그의 실천이론은 성공이다. 대통령 문재인이 국민인 우리를 기만한 것이다. 문재인은 "부동산 문제는 자신있다"고 말했다. 그가 부동산 정책 총괄책임자로 기용한 김수현은 "부동산은 끝났다"고 말하고는 자신의 9억짜리 아파트를 19억으로 올려 청와대 참모 중에서도 최고의 수익을 거둬들였다. 문재인의 부동산 문제 '자신'은 가격을 잡는 자신이 아니라 올리는 자신이었다. 그때는 몰랐다. 대통령 문재인은 속였고 국민인 우리는 속았다.

세월호가 침몰할 때 선내 방송은 학생들에게 실내에 머물라고 안내했고 그 말을 따른 학생들은 하늘의 별이 되었다. 그러나 방송을 무시하고 밖으로 나온 학생들은 걸어서 집으로 돌아갔다. 세월호 선장 이준석은 무기징역이 확정되었다. "집 사지 마라"고 경고한 문 정권의 말을 따랐던 국민은 상대적으로 더 가난하게 되었고, 경고를 무시하고 집을 산 국민은 부자가 되었다. 그의 부동산 정책으로 2천만 이상의 집 없는 국민은 더 가난하게 되었다. 문재인의 책임이 선장 이준석보다 가볍다고 생각하시는가. 이준석은 책임을 지고 감옥에 있다. 그러나 문재인은 궁궐같은 집에서 편안하게 살고 있다. 이 상황이 정의인가. "빚내서 집사라"고 말했고 그 말을 따른 국민은 부자가 되도록 만든 박근혜를 4년 9개월이나 감옥에 가두어 둔 전직 대통령 문재인이 아직도 감옥 밖에 있는 것은 정의인가.

CHAPTER 4

국민도 나라도 빚쟁이가 되었다

"국민이 원하는 것은 뭐든지 준다" 포퓰리즘의 바이블이다. 후안 페론은 선거유세에서 늘 이렇게 말했고 그래서 정권을 잡았다. 그리고 아르헨티나는 장작 대신 지폐를 태우고 벽지 대신 돈으로 도배하는 나라가 되었다. 한 나라를 망치는 최악의 바이러스로 불리는 포퓰리즘은 베네수엘라를 비롯한 여러 남미국가와 그리스 등의 경제를 망쳐놓았다. 남미의 어느 국가는 시골 지역 학생 전원에게 노트북을 무상으로 지급했는데 그곳은 아직 전기가 들어오지 않는 곳이었고, 그리스는 대학을 못 간 고교 졸업생을 국비로 해외유학을 보내주는 포퓰리즘 정책을 시행하다 결국 국가부도를 선언했다. 이런 20세기형 망조가 세계 10대 경제대국이 된 21세기의 대한민국에도 드리워졌다. 문재인이 퍼뜨린 바이러스다. 이 바이러스가 창궐하자 국고는 곧 바닥을 드러냈고 대한민국은 가장 빠르게 성장하는 나라에서 빚이 가장 빠르게 증가하는 나라로 변한다.

곳간을 거덜낼 결심

재정준칙을 법제화해야 한다는 여론은 국고가 바닥나고 부채가 급증하던 2020년부터 본격 제기된다. 경제학자와 언론의 질타에 떠밀려 그해 10월부터는 국회에서도 본격 논의되기 시작했다. 그러나 그것으로 끝이었다. 국가채무와 재정적자 등 국가의 재정건전성 지표가 일정 수준을 넘지 않도록 관리하는 규범인 재정준칙은 포퓰리즘이 극성을 부리며 한 나라의 경제를 망치고 세계경제 전체에도 악영향을 미치는 현상을 경험한 1990년대부터 세계 각국이 속속 도입하여 현재는 100여 개국에서 운용 중이다. 그러나 한국에는 아직 도입되지 않았다. 포퓰리즘을 주요한 정치 수단으로 악용하는 좌익세력이 1990년대부터 대한민국 정치판의 주류가 되어 이의 도입을 단단히 막고 있기 때문이다. OECD 국가 중 재정준칙제도를 도입하지 않은 나라는 에르도안 대통령이 여러 포퓰리즘 정책에 의지하여 장기집권하고 있는 튀르키예와 좌익세력이 정치판을 장악하여 사실상 좌익국가가 된 한국뿐이다.

우리 편을 찍으면 100% 드립니다

총선을 보름 앞 둔 2020년 3월 30일, 대통령 문재인은 또 돈질을 약속했다. 전체 가구의 70%에 이르는 1400만 가구에 4인 가족 기준 100만 원씩 재난지원금을 주겠다고 발표한다. 지급일은 총선 후라고 했다. 국회를 차지한 주사파인 민주당 원내대표 이인영은 선거를 이틀 앞두고 서울 광진을 고민정의 유세장에 나타났다. 그는 말했다. "고 후보를 당선시켜주면 국민 100% 모두에게 재난지원금을 드리겠습니다." 고민정은 당선되었고 민주당은 압승했다. 선거 후 소득 상위 30%를 제외한 하위 70% 가구에 지급하겠다고 말한 대통령의 약속을 뒤집고 일개 국회의원 이인영의 말대로 지원금은 전국민에게 뿌려졌다. 후보 자신의 돈으로 고무신과 막걸리를 사 주던 60년 전의 자유당 시절보다 더 추악하고 더 위험한 이런 일은 민주화유공자라는 문재인이 대통령으로 있던 시대에 흔히 있었다. 현금을 마음껏 뿌리고 그들은 승리했다. 그러나 정부의 국고는 빠르게 거덜나고 있었고 대한민국 경제는 빠르게 쇠퇴하고 있었다.

야당 의원 조수진이 "조선시대의 후궁이냐"고 말하다 고소당할 정도로 문재인 지키기에만 출실하며 국회의원 뱃지를 달고 있던 민주당 고민정 의원은 2021년 9월 6일 국회 대정부 질문에 나서 경제부총리 홍남기에게 따진다. "곳간에 곡식을 쌓아두는 이유가 뭐냐"고 물은 것이다. 이에 홍남기는 "나라 곳간이 쌓여 가는게 아니라 비어가고 있다."고 반박했다. 여기까지는 둘 중 한 사람은 제정신인 듯했다. 그러나 민주당의 여러 의원들은 홍남기에게 "국민들이 불안해 한다"고 압박을 가했고 그는 다음 날 "재정이 탄탄하다"고 입장을 번복한다. 현금 뿌리기 단 하나의 재정정책만으로 정권 지지율을 유지해 나가면서 대한민국 경제를 망치기로 작정한 그들에게 경제학 전공자 홍남기는 거추장스러운 존재였다. 심지어 부채증가를 이유로 무차별적 현금 살포를 반대하던 그에게 민주당의원들은 "예산이 네꺼냐"며 윽박질렀고 당 대표 이해찬은 "이렇게 소극적으로 나오면 물러나라고 할 수 있다"며 그의 목줄을 흔들었다. 보다 못한 그가 재정준칙 도입을 추진하자 김두관 등은 직접적으로 그의 해임을 거론했다. 이런 야만적 행태를 불사하며 문재인 정권은 막대한 규모의 추경을 반복 편성했고 그렇게 국가채무는 눈덩이처럼 불어나고 있었다.

예타면제라는 돈잔치

예타, 즉 예비타당성검토는 사업비 500억 이상이 투입되는 대규모 재정사업에 있어서 예산낭비와 사업부실화를 방지하기 위해 도입된 제도다. 김대중 정권은 1999년 긴급한 경제 대응과 지역균형 발전 등에 필요한 경우 이 제도를 면제할 수 있는 '예타면제제도'를 도입한다. 이것은 명분과는 달리 좌익세력의 영향력 강화와 호남지역에 국가예산을 마구 쓸 수 있는 도구로 악용된다. 그 중에서도 문재인 정권이 최악이다. 문재인은 이 제도를 악용하여 마음껏 현금을 살포하고 나라 곳간을 비우고 나라를 빚더미에 올려놓는다. 문재인은 총 144건의 사업에 대해 119조6000억 원의 예타를 면제했다. 이명박 정부 90건 61조1000억 원의 2배, 박근혜 정부 94건 25조의 5배다.(기재부 자료) '토건경제, 삽질경제'라며 비난했던 두 우익정부를 합한 금액을 가볍게 넘는다. 세부 내용을 보면 한숨이 나온다. 주로 현금성 지원과 필요성이 의심되는 SOC사업이기 때문이다.

SOC사업으로는 김천에서 거제까지의 남북내륙철도사업에 4조6562억 원이 예타면제되었다. 이 사업은 문재인의 그림자로 불린 김경수의 경남지사 선거공약 1호다. 그리고 부산 가덕도 신공항 건설에 13조7000억 원을 투입하기로 한 사업도 문재인 정권의 대표적인 낭비적 예타면제사업이다. 다음 대선을 앞두고 부산 경남지역의 표심을 흔들기 위해 논의되기 시작한 이 사업은 경제성에서 낙제점을 받은데다 부산시장으로 재직 중 직원 성추행으로 물러난 오거돈을 비롯한 다수의 관계자 가족이 막대한

면적의 공항예정지 인근의 토지를 사들인 사실이 드러나며 주춤거리다 대선 전에는 확정되지 못했다. 그러나 곧 있을 지방선거를 의식하여 문재인 퇴임을 보름 앞두고 국무회의를 통과하며 예타면제도 함께 결정된다.

각급 학교에 태양광 발전시설을 설치하는 사업에 4조3615억 원을 예타면제로 돈을 쏟아부은 것은 좌익진영을 먹여살리기 위한 것이었으며, 잼버리 개최를 명분으로 추진된 새만금항만 건설 등 총 11조가 들어가는 사업에서 새만금국제공항 건설에 투입되는 8077억 원도 예타가 면제되었다. 이 공항은 세계잼버리대회 개최를 명분으로 예타면제 필요성을 주장하고 확정되었으나 잼버리대회는 2023년에 개최되고 공항은 2024년에 공사를 시작하여 2029년에 완공이 예정되어 있어서 문재인 세력의 정치적 기반인 호남지역에 퍼주는 사업이라는 사실은 바로 드러났다. 정권을 지켜내기 위한 '돈질' 재정정책으로 비판받은 각종 현금성 지원사업도 대부분 예타가 면제되었다. 하위소득 가정의 8세 미만 아동에게 지급되는 아동수당 13조3611억, 청년일자리 대책 지원금 8조4000억, 전국민 재난지원금 9조6630억 원도 예타를 면제하고 뿌린 국가예산이다.

정부의 재정지출 사업에서 정부의 정책적 판단에 따라 예타면제를 결정한 비중은 이명박 정부에서 33.1%, 박근혜 정부 24.1%에 비교해 문재인 정권은 76.5%로 압도적이었다. 이 결과 타당성이 없는 사업에도 막대한 국가예산이 낭비적으로 투입되고 사업 내용이 부실한 경우가 대부분이었으며, 종북좌익 세력을 부양하거나 배불리고 호남 등 특정지역에 선심성 예산을 몰아주었다. 여기다 선거를 앞두고는 다양한 이름이 붙은 매표성 현금지원이 마구 뿌려졌다. 우익정부가 가득 채워놓은 국고는 결국 바닥을 드러낸다. 그것도 모자라게 되자 세금을 폭탄 수준으로 거둬들였고, 그래도 모자라서 국채를 마구 발행하여 국가채무가 눈덩이처럼 불어난다. 국민도 국가도 그렇게 모두 빚더미 위에 앉게 된다.

빚더미에 앉다

2015년 9월 더불어민주당 당대표 문재인은 "국가채무 비율이 마지노선인 40%선을 넘었다. 새누리당 정권 8년, 박근혜 정부 3년 만에 나라 곳간이 바닥났다."며 박근혜 정부의 재정운용을 강력하게 비판했다. 그러나 그 자신이 대통령이 되자 자신의 현금살포 정책을 그럴싸하게 포장하기 위해 소득주도성장이라는 해괴한 이론을 들먹이며 돈을 마구 뿌렸고, 결국 나라 곳간이 바닥을 드러내자 빚 낼 궁리를 한다. 2019년 5월 16일 열린 국가재정전략회의에서 국가의 채무비율을 GDP 대비 40%대 초반으로 유지해야 한다는 경제부총리의 보고를 받고 문재인은 말한다. "우리나라만 40%가 마지노선인 근거가 무엇이냐."(조선일보, 2019.5.20) 4년 전에 자신이 했던 말을 기억하지 못하는 기억력이 형편없이 나쁜 사람이거나, 나쁜 인간성을 가진 지독한 이중인격자이거나, 혹은 거짓말을 혁명의 수단으로 사용하는 레닌 추종자이거나, 문재인은 그런 사람이었다. 대통령의 이 말을 신호탄으로 한국의 부채는 나라, 기업, 가계를 가리지 않고 폭증하기 시작한다. 나라가 빚더미에 앉고 국민과 그 국민의 자식들이 모두 빚쟁이가 된 것은 문재인의 이 말 한 마디에서 시작되었다.

마지노선을 한참이나 넘은 나랏빚

2016년 말 591조9000억이던 대한민국의 국가채무는 2017년 660조 2000억이었고 문재인의 마지막 해인 2022년에는 1067조7000억으로 급증한다. 2017년 대비 407조5000억 원으로 늘어났다. 대한민국 건국 후 70년간 쌓인 채무의 61.7%가 문재인의 시간 단 5년 만에 증가된 것이다. 그래서 '빚더미에 올려놓았다'는 말은 결코 과장이 아니다. 문재인이 박근혜 정부를 향해 GDP 대비 국가채무가 40%를 넘으면 나라가 망할 것처럼 말한 것도 어이가 없는 일이다. 2017년 GDP 대비 36%였던 국가채무는 2022년 49.5%로 치솟았다. 그가 7년 전에 했던 말을 빌리자면 문재인은 마지노선을 넘어도 한참이나 넘었다.

국가채무가 이렇게 폭증한 것은 물론 예산 적자에 이유가 있다. 2018년 10조 적자, 19년 54조4000억 적자, 20년 112조 적자, 21년90조6000억 적자, 마지막 해인 22년은 117조 적자로 사상 최대를 기록한다.(중앙일보, 2023.4.4) 22년의 경우 각종 세율을 무겁게 올려 21년 대비 세입이 51조9000억이나 증가했음에도 최대의 적자를 기록한 것은 문 정권이 예산을 그만큼 흥청망청 뿌렸다는 뜻이다. 국가채무의 개념은 확정된 부채를 말하는 반면 국가부채는 국가채무에 더해 정부가 발행한 국고채에다 연금 등 부담이 예정된 미확정 부채까지 포함하는 넓은 의미다. 국가부채의 증가도 심각하기는 마찬가지다. 2018년 1683조4000억, 20년 1981조7000억, 2022년 2326조2000억으로 4년간 642조8000억, 38%가 증가했다.(자료: 기재부) 한마디로 빚이 폭발적으로 늘어난 것이다.

국민도 나라도 빚쟁이가 되었다

빚더미에 앉게된 것은 정부 뿐이 아니다. 민간도 심각하기는 마찬가지다. 2018년 한국의 **가계부채**는 GDP 대비 96%로서 BIS국제결제은행가 조사한 43개 경제주요국 중 7위였고 IMF가 발표한 가계부채 위험국 순위에는 6위에 올라있었다.(중앙일보, 2018.6.23) GDP 대비 부채비율이 65%가 넘으면 위험국으로 분류하는 IMF 기준에 따른다면 한국은 가계부채에서 이미 고위험국이었다. 여기다 가계부채 증가속도가 세계 2위라는 점은 더욱 심각한 신호였다. 이 부채비율은 가속도가 붙는다. 2020년 2분기는 98.2%로 오르더니 2021년 2분기에는 104.2%로 치솟아 IIF국제금융협회가 조사한 37개국 중 1위에 등극한다. 가계부채 증가속도에서도 1위였다. 이로써 한국은 가계부채가 국가경제규모를 의미하는 GDP를 넘은 유일한 나라가 된다.(조선비즈, 2022.6.6) 가계부채 세계 1위의 심각성을 제기하면 문재인 정권은 늘 코로나를 들먹였다. 그러나 코로나는 한국만 겪은 것이 아니다. 게다가 코로나가 창궐하기 전으로 문 정권 딱 절반을 지낸 2019년 말까지의 통계만 봐도 가계부채 급증의 추세는 분명했다. 이 추세는 **기업부채**도 마찬가지여서 2019년 말 세계 4위였던 부채 증가속도는 2020년 2분기에는 GDP 대비 107.9%, 21년 2분기 115%를 기록하며 세계 3위에 오르고(조선비즈, 2021.11.15) 이어 22년에는 2위로 등극한다. 세계에서 가장 빠르게 성장하던 대한민국 기업이 이제는 부채가 가장 빨리 증가하게 된 것이다. 기업만이 아니다. 대한민국 전체가 그러했다.

가계와 기업과 정부의 부채를 모두 합한 **총부채** 통계를 보면 빚더미에 앉게된 대한민국이 선명하게 보인다. BIS 자료에 따르면 2019년 말 한국은 가계부채 1827조, 기업부채(금융회사 제외) 1954조, 정부부채 758조로 총부채는 4539조였으며, 이는 대한민국 GDP의 237%였다.(서울경제, 2020.7.8) BIS가 1년 후 발표한 2020년 통계에는 가계부채 2045조, 기업부채 2181조, 정부부채 860조를 기록하여 3대 경제주체가 짊어진 총부채는 5086조였다.(매일경제, 2021.6.23) 문재인이 집권한 2017년 이후 매년 250~300조가 늘어나던 총부채가 급기야 1년 사이에 547조가 불어난 것이다. 가계 기업 정부 모두가 빚을 쌓아가며 버티었다는 의미다.

2023년 10월 IMF가 내놓은 '세계 부채 데이터베이스' 통계는 문재인의 5년간 늘어난 부채를 일목요연하게 보여준다. IIF, BIS와는 집계기준이 달라 수치에서 다른 점이 존재하지만 흐름의 방향과 강약은 동일하다. 우선 가계부채는 GDP 대비 2017년 92.0%에서 22년 108.1%로 16.1% 상승했다. 비교대상 26개국 중 1위이며 가계부채가 두 자리 수로 증가한 나라는 한국 뿐이다. 실패한 부동산 정책과 풍부한 유동성에 호황을 맞은 주식시장에 '빚투'가 늘어나고 일자리 감소와 자영업자의 몰락도 주요 원인으로 작용한 결과다. 기업부채도 GDP 대비 2017년의 147.0%에서 22년 173.6%로 26.6% 상승했다. 세계 2위의 증가폭이다. 이것은 문 정권의 반기업 정책으로 기업의 경영활동이 크게 위축된 점과 함께 탈원전 정책으로 한전의 총부채가 5년간 100조 가까이 늘어난 점이 크게 작용했다. 시장에 풀린 막대한 한전채가 민간 기업의 회사채 발행을 어렵게 해서 기업부채가 크게 늘어난 것이다. 가계부채와 기업부채를 합한 민간부채의 비율은 17년 238.9%에서 22년 281.7%로 5년간 42.8% 늘어났다. 이는 조사대상 26개국 중 증가속도 1위다. 민간부채 비율 순위에서 한국은 2017년 11위에서 2022년 2위로 껑충 뛰었다. 정부부채 비율은 17년 40.1%에서 22

년 54.3%로 14.3% 올랐는데 이는 5년 동안 예산총지출이 매년 7.1~9.5%로 가파르게 오른 결과다.(디지털타임즈, 2023.10.3, 최상현 기자) 이 모든 기록은 IMF가 집계한 26개국 가운데 독보적 1위의 증가속도로서 문재인이 박근혜 정부로부터 물려받은 국고를 거덜내고 그것으로도 부족하자 부채를 마구 늘린 것이 그 이유다. 그를 '대한민국 파괴범'이라고 주장하는 사람들이 빠뜨리지 않고 말하는 근거다.

국민을 빚더미에 앉힌 깊은 뜻

2020년 8월 문재인은 큰 물난리로 막대한 피해를 입은 전남구례 지역을 방문한다. 그는 가축폐사를 호소하는 동네 이장의 말을 듣고 '빠른 지원'을 약속했다. 정부와 민주당은 곧 그 지역에 재난지원금 액수를 2배로 올린다고 발표한다. 그러나 좌익세력의 반대로 영산강이 4대강 사업에서 빠지고 그래서 지류가 범람하여 그 지역의 피해가 컸기 때문에 영산강에 대한 정책을 선회하여 치수사업에 착수하겠다는 말은 하지 않았다. 그들은 현금질 외에는 아무것도 하지 않았다. 2개월 전인 6월에는 전남지역 대학 4년생 5800명에게 1인당 취업지원금 60만 원씩을 지급한다는 발표가 있었다. 그러나 청년들에게 일자리를 제공할 기업에 대한 지원은 아무것도 없었고 반기업 정책과 기업에 대한 전방위적인 박해를 멈추겠다는 말도 없었다. 중앙정부도 지방정부도 다 이러하니 나라빚은 눈덩이처럼 불어나기만 했다. 이 망조는 문재인이 만든 것이었다.

정권을 잡은 문재인이 현금살포를 멈추지 않으며 나라와 국민과 기업을 모두 빚쟁이로 만든 이유는 무엇일까. 그는 대체 무슨 목적으로 그렇게 했을까. 먼저 그 이유를 문재인과 그들 세력의 아마추어적 무능에서 찾는 시각은 철저히 반박한다. 학자 언론인 등 경제 전문가는 물론 일반 국민조차 모두 알고 있을 정도로 현금살포의 폐해는 명백했다. 그래서 확장적 재정정책에 기반한 경제운용이 낳는 망국적 결과를 그들이 몰랐을리는 만무하다. 게다가 그들은 현금살포가 초래하는 나쁜 통계 수치를 정권 차원에서 조작하기까지 했고 그런 결과를 보고도 정권이 끝날 때까지 돈질을 멈추지 않았다. 그래서 그들의 고의성과 계획성은 의심의 여지가 없다. 어줍잖은 민주당 패널들이 방송에 나와 코로나로 현금살포의 불가피성을 말하는 것 역시 일고의 가치도 없다. 문재인은 코로나가 오기 전부터 현금을 뿌렸고 더구나 코로나는 한국만 겪은 일도 아니다. 그렇다면 문재인은 대체 왜 이 망국적 정책을 고수했을까. 대답을 찾는 쉬우면서도 객관적인 길이 있다. 이 정책이 초래한 결과를 보면 된다. 그가 퇴임할 때까지 포기하지 않았고 그래서 국민인 우리가 그의 재임기간 내내 경험한 일들을 살피면 답은 나온다.

첫째, 그 개인과 그의 정권에 대한 지지율을 유지하고 그렇게 유지된 지지율을 종북좌익 세력의 정권 재창출로 이어가기 위해서다. 이것은 포퓰리즘 정책을 구사하는 모든 정권의 제1의 목적이다. 남미와 튀르키예에서는 지금도 확연히 목도된다. 문재인은 선거를 앞두고 있거나 정권에 대한 지지율이 떨어질 때면 온갖 이름을 붙이고 마구 돈을 뿌렸다. 그중에서도 자신의 확고한 표밭인 호남과 노무현 문재인 김경수 등의 기반 지역인 경남에 집중적으로 뿌렸다. 수십조의 예산이 투입되는 경남의 가덕도 신공항 건설과 전북의 새만금사업, 2020년 총선을 앞두고 전국민에게 뿌려진 재난지원금이 대표적이다.

둘째, 모든 좌익정권의 기본 전략인 '서민의 빈민화'를 실현하기 위해서다. 빈민계층을 더욱 빈민하게 만들어 정부에 의지하여 생계를 유지하게한 후 그들을 공산당의 확고한 지지기반으로 삼도록 하라는 레닌의의 가르침은 모든 공산주의자들이 충실하게 따르는 바이블이다. 공산주의자가 확실한 문재인은 이 전략을 충실하게 따랐다. 그는 일자리를 줄이고, 집값을 폭등시키고, 물가를 올려 기본 생계비 지출을 높이는 등의 경제정책을 수단으로 서민의 빈민화를 그의 집권 5년 동안 일관되게 실행했다. 그리고는 많은 현금을 뿌렸고 그래서 국가부채는 무섭게 쌓여갔다.

문재인은 선진 자본주의 국가 복지정책의 기본인 취약계층에 대한 집중 지원 대신 부유층을 포함한 전국민에게 재난지원금을 지원했다. 그는 복지성 예산의 지출을 서민층에 집중하여 서민의 복지수준을 높이는 일에는 관심이 없었다. 대신 자력으로 재난을 극복할 수 있는 중산층과 부유층에게도 재난지원금을 지급했다. 사회적 재난이나 경기 침체로부터 거의 영향을 받지 않는 공무원과 대기업 종사자에게도 동일하게 지급함으로써 취약계층에 대한 지원금은 줄어들었다. 그리고 취약계층이 주로 생계를 위해 지원금을 지출한 반면 중산층과 부유층은 지원금을 부동산과 주식에 투자했고 이것은 계층간의 소득격차를 더욱 벌이는 요인이 된다. 그렇게 해서 그의 시대에는 빈곤한 국민이 더욱 많아졌고 지원금을 현금으로 뿌리자 그를 지지하는 국민은 더욱 늘어났다. 그의 지지자와 국가부채가 함께 늘어난 이유다.

셋째, 대한민국 경제력을 약화시키기 위해서다. 북한을 한반도의 정통성을 가진 정권으로 인정하고 김씨 일가를 추종하는 문재인과 그의 동지들은 남북 경제력의 격차를 해소하는 것을 자신들의 임무로 여긴다. 남한의 경제력이 북한 경제력보다 크면 북한이 남한을 흡수하는 형태의 통일이 어렵기 때문이다. 이를 위해 그들은 대기업이 선도하는 구조의 대한민국의 경제성장 동력을 약화시키기 위해 끊임없이 재벌개혁을 외치며 투쟁했고, 그들이 정권을 잡을 때면 문재인의 경제두뇌인 김상조가 말한대로 대기업을 혼내줬다. 그리고 합법과 불법을 가리지 않고 북한으로 많은 현금과 현물을 보냈다. 대통령이 된 북한 추종자 문재인은 대한민국 경제를 약화시키는 것이 자신의 임무라는 것을 충분히 인식하고 있는 듯 했다. 그는 욕을 먹으면서도 과도하고 무차별적인 현금지원 정책을 고수했고 이는 국가부채를 크게 증가시켰을 뿐 아니라 교육과 과학기술과 미래산업에 대한 투자여력을 감소시켜 국가의 현재적 경제력을 약화시키고 미래 경쟁력을 저하시켰다. 그의 무분별한 포퓰리즘 정책이 대한민국 경제를 망치고 있다는 사실은 그도 충분히 알고 있었을 것이다. 그것은 그가 처음부터 바라고 계획한 것이기 때문에 더욱 모를 리가 없다.

돈잔치와 빚잔치, 그리고 더 큰 걱정

2020년 9월 기재부는 '2020~2060년 장기재정전망'을 발표한다. 여기에서 국가채무 비율이 2045년 99%를 찍은 후 2060년에는 65~81% 수준이 된다고 전망했다. 이 발표를 본 전문가들의 의견은 최고점은 99% 이상으로 더 상승할 것이며 2045년부터 꺾인다는 것은 비현실적이라는 데 의견이 모아졌다. 그 이유는 이미 문재인 정권이 무분별하게 시행한 포퓰리즘의 맛에 익숙해진 국민의 욕구를 표심에 얽매이는 다음의 어떤 정권도 거스르지 못하기 때문이며, 여기다 기하급수적으로 늘어나는 이자부담은 채무증가를 가속화하는 요인이 된다는 것이다.

40년 후에 뜨는 무지개

기재부는 돈을 펑펑 쓰는 문재인의 재정정책이 40년 후에는 괜찮아질 것이라고 했다. 그러나 전문가들은 위의 이유를 들며 그것을 반박했다. 40년 후인 2060년이 되면 문재인은 이 세상에 존재하지 않을 것이고 그래서 기재부의 전망이 틀려도 책임을 지기는 커녕 어떤 비난도 들리지 않을 것이다. 기재부의 이 장기예측은 청와대의 사인을, 어쩌면 문재인의 직접 지시를 받고 발표되었을 것이다. 자신이 책임져야 할 일에 대해 발뺌을 하는 것은 대통령 문재인의 특기가 아닌가.

문재인의 5년 동안 국가채무는 매년 평균 80조 이상 늘었고 국가부채는 매년 최소 250조에서 최고 550조까지 불어났다. 추경을 남발하며 현금성 지원을 늘리고 재정을 총체적으로 부실 방만하게 운영했기 때문이다. 여기다 문 정권의 노골적인 반기업정책으로 기업의 해외탈출이 이어지고 국내에서의 경영활동이 위축되었으며, 서민층에 대한 선심성 현금살포 정책으로 노동의욕이 저하되는 등의 요인이 작용하는 등 세입 여건이 크게 악화되었다. 이미 크게 늘어난 지출이 가속도를 붙여가며 더욱 늘어나는 구조가 되었으나 수입은 오히려 줄어드는 구조가 된 것이다. 이런 구조를 만든 것은 물론 문재인이다. 여기다 급속한 저출산과 인구의 고령화로 그의 시대에 시작된 인구감소는 세수를 더욱 감소시킨다.

국가부채도 결국은 세금을 내는 주체인 가계와 기업이 갚아야 하는 빚이라는 사실을 상기하면 이미 스스로의 직접적인 막대한 부채를 지고 있는 가계와 기업의 빚은 국가부채로 집계되는 부분까지 더해져 눈덩이처럼 불어난다. 그리고 이 빚은 현재 세대에게는 부담의 정도지만 미래 세대에게는 큰 위협이 된다. 포퓰리즘으로 망가진 모든 나라의 사례를 보면 현재의 짧은 돈잔치는 미래의 긴 빚잔치로 돌아왔다. 베네수엘라도 아르헨티나도 돈잔치는 지난 세기의 일이었으나 그것으로 피해를 받는 자식 세대의 고통은 지금까지 이어지고 있다.

우리 자식들의 빚잔치

2022년 1월 국회예산처가 내놓은 자료에 따르면 국가채무를 5100만 인구 각자가 부담해야 하는 액수로 계산하면 2017년 국민 1인당 1275만원이던 채무는 매년 10%수준으로 올라 21년에는 1861만원이 되고 22년에는 2081만원으로 예상되었다.(조선비즈, 2022.1.16) 2030년이면 국가채무가 2200조로 예상되니 이를 국민 1인당 부담해야 하는 몫으로 계산하면 2022년의 약 2배인 4200만원이 된다. 여기다 기성세대의 고령화와 인구감소가 가속화되어 청년과 중장년 가장 1인이 져야하는 부담은 더욱 커진다. 은퇴한 부모와 부양가족 평균 2명의 몫까지 계산하면 본인의 몫은 5

배가 되어 약 2억이 된다. 계산방법에 따라 3억까지로 보는 전문가도 있다. 이 정도면 망국을 걱정해야하는 수준이다. 상상이 되지 않는다면 베네수엘라와 아르헨티나를 보면 된다. 두 나라 모두 지난 세기부터 지속한 돈잔치를 문재인은 몇 년전부터 이 대한민국에다 판을 벌여 놓았다. 빚잔치는 우리 자식세대의 몫이다.

1950년의 베네수엘라는 세계 4위의 부국이었다. 베네수엘라보다 잘사는 나라는 미국, 스위스, 뉴질랜드뿐이었다. 그러나 1980년대까지 세계에서 가장 빠르게 성장하던 이 나라는 90년대 차베스가 집권하며 망조를 맞는다. 차베스는 무차별적 포퓰리즘 정책을 펼쳤고 나라 경제는 망가졌다. 그의 후손들은 지금 교수 의사 등 엘리트 계층까지 인근 국가로 탈출하여 아내는 성매매를 하고 남편은 공사장에서 막일을 하며 연명한다.

노무현 정부 시절 김상곤 정연주 조희연을 비롯한 그들 세력은 "차베스를 배우자"며 베네수엘라 붐을 일으켰다. 문재인은 자신의 정권에서 김상곤을 교육부총리로, 정연주를 방심위원장으로 기용했고 조희연은 서울시교육감으로 오래 있었다. 노무현 정부에서 권력서열 2위였던 문재인은 스스로가 대통령이 되어 차베스처럼 돈을 뿌렸다. 지금 우리가 보고 있는 완전히 망가진 베네수엘라를 차베스가 약 30년전부터 그렇게 해놓은 것처럼 문재인은 미래의 대한민국을 오늘의 베네수엘라처럼 만들려고 했을 것이다. 문재인은 일찍부터 다 계획이 있었다.

빚보다 더 큰 걱정

대한민국을 빚더미에 올려놓은 문재인이 저질러 놓은 죄악은 또 있다.

많은 국민이 "이런 인간은 처음 본다"고 말하는 극단적 인간형의 이재명이 수많은 범죄혐의가 드러났음에도 그에 대한 수사를 고의로 게을리하여 그를 대통령 후보에까지 이르도록 한 것이다. 대한민국의 형사사법시스템을 정상적으로 작동하게 하여 사회와 국가의 질서를 유지하는 것은 대통령의 기본 책무다. 이재명이 처벌을 피하기 위해 대한민국의 법체계와 모든 질서를 파괴한 것은 그의 범죄를 방치한 대통령 문재인의 또다른 범죄다. 민주당의 대통령 후보가 된 이재명이 내놓은 공약을 보면 그의 돈질 계획서는 문재인 뺨친다. 그가 대통령이 되어 '기본'을 앞에 붙인 포퓰리즘성 공약이 모두 지켜졌다면 대한민국은 틀림없이 베네수엘라 꼴이 되었을 것이다. 그 전에 김정은의 침략을 받고 북한에 흡수되었을지도 모른다. 부유한 남한을 접수하여 낙후된 북한 경제를 단숨에 해결하겠다는 계획을 버린 적이 없는 북한은 남한 스스로 거덜나기 전에 남한을 침공하여 접수할 것이다. 이 설득력 있는 시나리오는 여전히 유효하다.

이재명은 2020년 8월 28일 MBC라디오에 출연하여 "단언하는데 재난지원금을 30만 원씩 50번, 100번 지급해도 서구 선진국의 국가부채비율에 도달하지 않는다"고 말했다. 30만 원씩 50번이면 750조, 100번이면 1500조다. 기축통화국도 아니고, 더구나 대외의존도가 높은 경제구조를 가진 한국이 선진국 수준의 부채비율이 된다면 1998년의 IMF사태와 같은 국가파산 상태를 상시적으로 겪어야 할 것이다. 극단적 이기주의자 이재명은 대통령에 당선되기 위해 이런 극단적 현금질을 약속했다. 그리고 무려 전체 투표자의 47.83%에 이르는 1614만7738명의 국민으로부터 지지를 받았다. 그는 대통령 당선에 실패한 후에도 자신 한 몸 감옥에 가지 않기 위해 대한민국의 모든 이슈를 소용돌이처럼 삼키고 있으며 그래서 대한민국의 모든 성장과 발전 이슈는 사라졌다. 국가와 국민이 이재명의 일에 몰두하느라 미래를 논하지도 준비하지도 대비하지도 않는다는 뜻이다. 그런데 이재명 류의 인간은 민주당에 수두룩하다. 그들은 문재인이나 이재명보다 더 센 포퓰리즘 공약을 들고나와 국민을 기만하고 현혹하며 정권을 잡으려 할 것이다. 문재인이 우리에게 안겨놓은 빚 걱정은 단순한 빚의 크기에 그치지 않는다. 미래에 대한 더 큰 걱정은 여기에 있다.

CHAPTER ● 5

가난한 국민과 침몰하는 국가 경제

2023년 10월 27일 전직 대통령 문재인은 "올해 우리 경제의 잠재성장률이 최초로 1%대로 떨어져 우려스럽다"고 말했다. 후임 정부를 비판하려는 의도가 분명한 이 말은 자신의 책임을 회피하려는 비열한 짓이다. 한국경제의 잠재성장률은 그가 집권하고 있을 때 이미 1%대로 떨어졌으며 IMF 등 모든 국제경제기구는 2030년대가 되면 0%대까지 떨어질 것으로 전망했다. 그의 정권이 대한민국의 모든 부채를 세계 1위의 속도로 불리고 있던 2021년, OECD는 20년 후 한국의 잠재성장률이 38개 회원국 중 38등이 될 것이라고 예측했다. 대한민국 경제의 장기전망을 이렇게 만들어 놓은 것은 전직 대통령 문재인 그 자신이다.

문재인의 시간이 끝나고 방송에 나온 좌익 패널들은 막 지나간 문재인 시대의 일을 말하면 '또 지난 정부탓'하느냐며 말문을 막는다. 문재인은 더 그랬다. 2023년 9월 양산에서 서울로 올라온 그는 말했다. "안보는 보수정부가 잘한다, 경제는 보수정부가 낫다는 조작된 신화에서 이제는 벗어날 때가 됐다. 김대중, 노무현, 문재인으로 이어진 진보정부에서 안보

성적도, 경제성적도 월등히 좋았다." 오늘의 대한민국을 건설하는데 삽질 한 번 보탠 적이 없는, 오히려 70년 내내 국가 건설을 방해하고 세계가 인정하는 산업화의 성취를 부정하며 대한민국을 파괴할 궁리만 하는 종북 세력의 리더다운 허놀림이다. 문재인은 좌익세력이 안보와 경제를 잘했다는 새빨간 거짓말을 하고 있다. 집권 내내 자랑질만 하더니 퇴임 후에는 거짓 신화를 만들기로 작심한 듯했다.

국민이 가난하게 되었습니다

2022년 2분기는 문재인이 물러나고 새정부가 시작된 시점이다. 직전 1분기에 18.6% 증가했던 40대 알바 지원자는 2분기가 되자 138.4%로 7.4배 증가하더니 3분기 393%, 4분기 365.4%로 폭증한다.(조선일보, 2023.5.18.) 문재인의 반기업 정책으로 양질의 일자리가 대폭 감소하자 2~30대 청년과 4~50대 가장들의 실업률이 크게 높아진 결과다. 여기다 고물가 고금리 등 경제환경이 변하고, 신정부가 들어서면서 현금성 지원의 축소가 예상되었으며, 경제활력 증가에 대한 기대가 작용했기 때문이다.

알바를 찾는 가장들

가장들이 대거 알바를 찾게 된 제1의 원인은 소득감소다. 문재인의 이해할 수 없는 경제정책으로 가족이 생계를 유지하는데 필요한 생활비가 부족하게 되었기 때문이다. 문재인은 취업자 통계를 눈속임하기 위해 60대 이상의 노인 알바는 늘이면서도 청년과 중년 가장들에게 필요한 풀타임 일자리를 제공할 수 있는 기업에 대해서는 결코 부양정책을 쓰지 않았고 그 결과 일할 나이의 국민은 집에서 쉬는 대신 쉬어야 할 나이의 노인은 일을 해야 하는 상황은 일상이 되었다. 스스로 경제를 잘했다고 말하는 문재인의 자랑이 사실이 되기 위해서는 그의 경제는 국민의 생계를 개선시켜야 했다. 그것은 성공한 경제의 최소한의 조건이다. 그러나 통계는 오히려 더 가난하고 더 고달프게 된 국민의 생계를 말하고 있다.

"우리에게 매우 아픈 지점이다" 2018년 5월 29일 문재인은 청와대 회의에서 18년 1분기 소득하위 20%의 가계소득이 1년 전보다 8% 감소하는 등 역대 가장 큰폭으로 하락한 소득분배 지표 악화를 보고받고 또 아프다고 했다. 특히 정부지원금이나 실업급여 등 일하지 않고 번 돈인 이전소득이 일해서 번 돈인 근로소득보다 많아진 것은 통계를 작성한 이후 처음이었다. 저소득층의 근로소득은 1년전보다 13.3% 감소한 472,000원이었고 이전소득은 21.6% 증가한 597,000원이었다.(TV조선, 2018.5.29) 소득 하위 20%국민은 자신이 일해서 번 수입보다 많은 정부지원금으로 생계를 꾸린다는 의미다. 이런 흐름은 계속되어 다시 1년이 지난 2019년 2분기의 경우 하위소득 20% 국민의 근로소득은 1년전보다 15.3% 줄어든 438,000원, 이전소득은 9.7% 오른 652,000원이었다.(YTN, 2019.8.21.)

더 가난해진 서민

한국은행이 2020년 2분기부터 4분기까지 9개월간 조사한 통계에 의하면 소득하위 20%의 평균소득 감소율은 17.1%였고, 하위 21~40%의 감소율은 5.6%였으나 상위 20% 계층은 1.5% 감소를 보였다. 이 통계는 하위 20% 저소득 국민의 소득이 대폭 감소했다는 사실을 말해주고 있다. 실업으로 인한 근로수입의 감소가 가장 큰 이유다. 문재인 정권은 항상 코로나를 주요 원인으로 들먹였지만 이것은 소득주도성장과 반기업으로 대표되는 그들의 경제정책이 일자리를 감소시켰기 때문이다. 저소득층의 일자리 감소와 이로 인한 근로소득의 감소는 문재인 정권 1년차에서 가장 심각하게 나타났다. 이때는 물론 코로나가 시작되기 전이다. 저소득 층의 근로소득 감소와 이전소득의 증가는 문재인 정권 5년 내내 지속된 추세로서 소득하위 20% 국민이 자신의 소득액보다 더 큰 정부지원금을 받고 생계를 유지하게 되었다는 것을 의미한다.

저소득층의 소득 감소는 곧 빈부격차의 확대로 연결된다. 문재인의 5년간 소득 상위 10%의 통합소득(근로소득에다 이자, 임대 등 모든 소득을 합한 금액)은 1853만원 증가한 반면 하위 10%의 통합소득은 단 19만원 증가에 그쳤고 이들간의 소득격차는 2017년 68.7배에서 2021년에 이르러 71.4배로 높아졌다.(대한뉴스, 2023.2.24) 이것은 굳이 통계를 보지 않더라도 뻔한 일이다. 문재인의 시대에는 폭등하는 부동산 가격으로 더 큰 부자가 된 고소득층 사람은 주위에도 넘쳐난 반면 생계를 해결하지 못해 일가족이 극단적 선택을 했다는 소식은 일상적인 것이었다. 1인당 70만원이 넘는 명품식당은 풀부킹으로 자리가 없는데 서민은 냉면과 햄버거도 사치(서울경제, 2023.5.8)인 그런 나라가 된 것이다. 서민이 잘 사는 세상을 약속하고 그들의 지지를 받고 정권을 잡은 다음 서민을 오히려 더 가난하게 만드는 모든 사회주의 공산주의 정권처럼 문재인 정권도 딱 그렇게 했다.

인민을 만드는 정부 지원금

　'더 가난한 서민 만들기'가 문재인의 계획이었다는 것은 정부 지원금의 지급에서 쉽게 확인된다. 자본주의 경제제도를 선택하여 부유한 나라가 된 모든 선진국은 자본주의의 결점인 부의 편중 문제를 해결하기 위해 소득재분배 정책을 강화한다. 이를 위해 모든 복지제도는 저소득 계층에 대한 지원에 방점을 두고 설계된다. 그러나 문재인은 그렇게 하지 않았다. 그의 정책은 저소득층 국민이 더 가난해지도록 설계되어 있었다.

　국민의힘 송언석 의원이 국세청 자료를 분석한 바에 의하면 2017년 소득 상위 10% 국민의 연평균 소득은 1억2791만원이었던 반면 하위 10% 국민의 연평균 소득은 186만원이었다. 이 격차는 2021년이 되자 더 벌어져 1억4644만 원 vs 205만 원이 된다. 두 계층의 소득은 절대금액에서 격차가 더 벌어진 것이다. 이것은 자영업자 사이에서도 마찬가지다. 자영업자의 연평균 소득은 2017년 2170만원에서 2020년 2049만원, 21년 1952만원으로 매년 감소한다. 이 중에서도 소득 하위 20% 영세 자영업자의 연평균 소득은 17년 186만9000원에서 21년 84만1000원으로 무려 55%나 감소했으며, 자영업자 중위소득에서는 17년 830만원에서 21년 659만원으로 감소했다. 반면 소득 상위 20% 자영업자의 연평균 소득은 17년 7744만9000원에서 21년 7308만8000원으로, 상위 0.1%의 소득은 16억2289만원에서 17억6592만1000원으로 오히려 8.8% 증가했다.(조선일보, 2023.6.6) 여기서 계층간 소득의 절대금액을 비교해보면 2021년의 경우 최상위 0.1%는 17억 원 이상, 상위 20%는 7300만 원 이상인 반면 하위 20%는 84만 원이었다. 하늘과 땅 차이다.

문재인은 집권 5년 동안 자신의 경제 정책으로 상위 소득자와 하위 소득자의 소득 격차를 더 벌여놓았다는 점에서 1차적인 책임이 있다. 그러나 더 큰 비난을 받아야 할 점은 국가가 지출하는 지원금이 이들 저소득층에게 집중되지 않았고 그래서 저소득층이 상대적으로 더 가난하게 되었다는 점이다. 이것은 좌익의 전형적인 서민 빈민화 정책이다. 서민의 표를 얻어 집권한 그들은 빈부격차를 줄이기는 커녕 국가의 복지예산 마저 서민에게 집중하지 않고 초 부자들에게도 균등하게 지급함으로써 소득격차를 더 벌여놓았다. 2020년 4·15총선을 앞두고 대한민국 최고 부자인 삼성 총수에게도 지급한 전국민재난지원금이 대표적이다. 같은 예산액으로 소득 상위 30%를 제외한 나머지 70% 국민에게 더 돌아가도록 하자는 우익정당의 주장도 물리치고 문재인은 기어이 100% 국민에게 모두 지급했다. 야당과 여론의 아우성에 처음에는 50%로 논의되었으나 문재인이 발표할 때는 70%로 올리더니 마지막에는 100% 지급으로 확정되었다. 그들은 처음부터 저소득 국민을 지원할 생각이 없었다. 그들을 오히려 더 가난하게 만들어 정부가 주는 생계비에 의존하며 선거때마다 자신들을 찍도록 하는 좌익세력의 오래된 선거전략에만 관심이 있었다.

100% 지급에 대한 비판여론이 비등하자 정권은 부자들에게 지원금을 수령한 후 이를 기부하라는 '재난지원금기부운동'을 벌였다. 그러나 결과는 참담했다. 단 0.2%의 국민이 여기에 동참한 것이다. 정부가 공무원과 대기업 임원에게 압력을 넣어 이들이 아예 신청을 하지 않은 부분까지 합산하여 2%로 올려 발표했다. 모든 민주당 정치인들과 청와대 권력자들이 국가예산을 쪽쪽 빨아먹는 것을 본 국민이, 자칭 세계적 예술가라는 대통

령 아들이 가난한 예술가를 지원하는 각종 지원금을 먼저 찾아먹고 모두 받아먹는 것을 본 국민이 지원금을 기부할 리는 없었다. 더 근본적인 원인은 남미와 남유럽 국가의 사례에서 보듯 우리 국민도 이미 정부가 주는 공짜 돈에 맛을 들였다는 점이다. 공짜 돈으로 사먹은 소고기의 맛을 기억하는 국민이 기부운동을 외면했기 때문이다.

"중산층을 맷돌로 갈아 없애고 인민 전체를 굶주리게 만들어 배급표로 인민을 통치하라. 단 배급량을 3일분으로 제한해야 인민들이 정부의 지도를 따라온다. 3일을 초과하여 7일분을 배급하면 3일을 잘 먹고 아직도 먹을 양식이 남아 딴 생각을 하게된다. 세금과 인플레이션으로 중산층을 으깨버려라. 더 이상 노력으로 계층상승이 불가능한 사회를 만들어야 한다. 중산층은 무거운 세금과 집값의 과다 상승을 통해 척살하라. 다수의 빈민층으로 하여금 부유한 자를 혐오하게 만들고 국가 공권력과 구호품에 절대적으로 의존케 하여 공산당 정부를 절대적으로 지지하게 만드는 것이 공산당 정권을 유지하는 핵심이다." 마르크스의 공산주의 이론을 실천하여 최초로 공산당 정권을 수립한 레닌의 가르침을 반복 인용한다. 소련은 물론 모택동 시대까지의 중공, 김일성과 손자에 이르는 북한, 베네수엘라 등 모든 공산주의 정권이 '민중을 인민으로 만드는 공산당의 경제정책'이다. 문재인의 경제정책도 여기를 따라가고 있었다.

대한민국 경제의 암담한 미래

가계 기업 정부 등 모든 경제주체가 생산한 재화와 서비스를 시장가격으로 평가하여 합산한 GDP의 순위는 국가 간의 경제규모를 비교하는 가장 보편적인 지표로 쓰인다. 문재인이 집권한 2017년은 2015년부터 연속 3년 GDP 세계순위 11위였다. 그러나 2019년 12위로 떨어지더니 2022년에는 다시 13위로 내려앉는다. 2020년에는 10위로 올랐는데 이는 코로나로 인한 식량 교역량의 감소와 여행 인구의 감소로 러시아 브라질 호주의 순위가 내려앉은 결과다. 이런 돌발적 요인으로 인한 순위 변화를 배제하면 2019년의 12위와 2022년의 13위가 문재인 경제의 진짜 성적표다. 순위 하락보다 더 심각한 것은 19년의 GDP 총액은 18년 대비 5.3%가 감소하고 22년의 GDP 총액은 21년보다 8% 감소했다는 사실이다. 이것은 순전히 문재인의 파괴적 경제정책에 기인한 것이다. 박정희가 집권한 1961년 이후 오일쇼크, 광주사태, IMF, 금융위기 등 외부의 충격이나 경제 외적 충격에 기인하는 GDP의 감소 이외에 정권의 계획적 정책과 통치에 의해 GDP가 감소한 경우는 없었다. 더구나 문재인의 경제에 의해 2019년 이미 GDP 총액이 감소하고 순위도 하락한 것을 보고도 같은 정책을 고수하여 집권 마지막 해인 2022년에는 총액이 더 감소하고 순위가 더 떨어졌다는 사실은 그것이 문재인의 의도하고 계획한 것이라는 증거다. 대한민국 경제를 붕괴시키는 것이 문재인의 고의였다는 뜻이다.

자랑하는 대통령과 추락하는 경제

2020년 8월 OECD가 내놓은 '한국경제보고서'에 의하면 그해 한국경제는 성장률 마이너스 0.8%로 OECD 국가 중에서 1위로 예상되었다. 선전과 선동 외에는 할 줄 아는 것이 없는 문재인은 이 발표가 난 8월 11일 당일 바로 한국이 성장률 1위라는 소식을 전했다. 그리고 2021년 1월 18일에 열린 신년기자회견에서 "지금 우리 경제는 거시적으로 대단히 좋다. 2020년에 OECD 모든 국가가 다 마이너스 성장을 했지만, 한국은 그래도 가장 선방해서 최상위권 성장률을 유지했다"며 거듭 말했다. 이 말이 엉터리라는 것은 동 OECD 보고서에서 바로 확인된다. OECD는 "가계와 기업에 대한 정부의 광범위한 지원 때문"이라는 사실을 바로 지적했다. 성장률 1위라는 순위는 문재인 정권의 무차별적인 현금살포에 의한 것이지 정상적 성장이 아니라는 말이다. 그러나 문재인은 이에 대해서는 입을 다물었고 그의 돈질에 의해 나라가 빚더미에 앉게 되었다는 사실에 대해서는 더욱 함구했다. 더구나 OECD는 동 보고서에서 다음 해인 2021년의 성장률 전망치를 3.1%로 보았는데 이는 37개 회원국 중 34위에 해당한다. OECD는 이미 빚더미에 앉은 한국이 현금살포식 재정정책에 의지한 비정상적인 성장을 더 이상 지속할 수는 없다고 본 것이다. 문재인은 바로 다음해의 이 암울한 전망도 말하지 않았다. 그는 대한민국 경제가 망할 때까지 세치 혀로 어떻게든 상황을 호도하려는 듯 보였다.

세계는 한국 경제가 망조라고 말했다

세계은행은 2021년 한국의 경제성장률은 4.0%라고 발표했다. 코로나로 인해 크게 침체한 2020년 성장률에 비해 높아진 수치다. 그러나 거대 경제규모의 미국이 5.6%, 개도국 6.3%, 동아시아 태평양지역 국가 7.1%, 세계 평균 5.5%(한국경제, 2022.1.16)에 비교하면 한국의 성장률은 매우 낮다. 문재인 정권 5년간의 연평균 성장률은 2.38%(아시아경제, 2023.10.11)로 역대 정권 중 꼴찌다. 세계 평균보다도 크게 낮으며 성장 속도에서 늘 우리와 경쟁해온 대만 등의 국가보다도 낮다. 자본주의가 고도화하여 성장률이 상대적으로 낮은 서방 선진국보다도 크게 낮은 수치다. 장기적 성장 전망을 본다면 더욱 암울하다.

OECD는 2021년 내놓은 '재정전망보고서'에서 1인당 국내총생산 기준으로 2044년 한국의 잠재성장률을 0.62%로 예상했다. 이것은 2044년 당해를 기준으로 38개 회원국 중 38위다. 제1의 원인은 역시 회원국 중 가장 빠르게 증가하는 국가부채다. OECD는 GDP 대비 한국의 국가채무 비율이 2020년 말 47.9%에서 2026년에는 66.7%로 크게 증가하여 IMF가 선진국으로 분류한 35개국 중 1위가 될 것으로 예상했다.(조선일보, 2021.11.9) OECD도 IMF도 모두 한국의 성장률 꼴찌의 주요 원인으로 국가부채 증가를 꼽는다. 문재인 정권의 기재부도 2020년 9월 '장기재정전망'을 내놓으며 2045년이 되면 99%까지 오를 것으로 전망한 바 있다. 대한민국의 채무는 갈수록 눈덩이처럼 불어날 것이고 이것은 성장률 순위 꼴찌에서 그치지 않을 것이다. 문재인 세력이 본받으려 했던 베네수엘라처럼 우리의 경제도 그렇게 파탄날 것이다. 모두 문재인이 폭증시킨 빚과 빚이 계속 폭증될 수밖에 없는 경제구조를 만들어 놓았기 때문이다. 이 구조는 후임 정부와 국민의 피나는 노력으로 극복될 수도 있을 것이다. 그러나 문재인이 계획적으로 이런 구조를 만들어 놓고 떠난 것은 분명하다.

2000년대 연 3.8%에 달하던 한국의 잠재성장률은 문재인의 시대에

1%대로 떨어지더니 2030년대가 되면 0%대로 곤두박질 친다고 전망된다.(한국경제, 2022.4.4) 부채는 성장을 위해 불가피한 것이며 그래서 성장의 윤활유 혹은 성장의 사다리로 불리기도 한다. 그러나 성장이 둔화되거나 마이너스 성장을 한다면 이야기는 완전히 달라진다. 채무에 대한 이자도 감당하지 못하는 상황이 되면 개인이든 기업이든 국가든 파산을 피할 수 없다. 문재인이 만든 대한민국 경제가 딱 그런 지경이 되었다.

이미 문재인의 집권 2년차부터 세계의 경제기구들이 쏟아낸 한국 경제의 장기적 쇠락의 추세는 바뀐 정부에서 현저히 나타나고 있다. 2023년 한국의 성장률 전망치는 1.5%로 OECD 평균 이하다. 성장률이 OECD 평균 이하가 된 것은 2021년부터 시작된 추세다. 2021년 OECD 평균은 5.8%였으나 우리는 4.3%였고 2022년에는 OECD는 2.9%였으나 우리는 2.6%로 또다시 평균 이하였다. 이렇게 간다면 20년 후 한국의 국가채무는 GDP 대비 100%를 넘을 것이며, 잠재성장률은 OECD 38개국 가운데 38위가 될 것이라는 세계적 경제기구들의 전망은 현실이 될 것이다. 다가오는 미래의 이런 암울한 전망은 거짓말과 자랑질만 잘하는 전직 대통령 문재인이 "내가 경제를 더 잘했다"며 자꾸 거짓말을 하니 국민인 우리가 위험성조차 느끼지 못하고 있다. 그것이 더 위험한 일이다. 국민이 위험성을 알아채지 못하고 그래서 어떤 대비도 하지 못하게 하는 것도 문재인의 계획인 듯 보였다. 그렇다면 문재인이 우리 각자에게 지운 빚이 대체 얼마인지 계산해 보자. 문재인이 우리에게 지운 빚을 제대로 인식한다면 그의 말에 더 이상 속아 넘어가지 않고 우리의 미래가 암울해지는 것에 대비할 수 있을 것이다.

문재인의 5년 동안 한국의 국가부채 증가 속도는 선진국 평균의 2.5배였다.(한국경제, 2022.10.19) OECD 37개국 중 단연 1위다. 자영업자의 부채가 2022년 2분기에 1000조를 넘기는 등 가계부채는 일찌감치 GDP 규모를 넘는 유일한 국가가 되었다. 결국 문재인 정권의 마지막 3개월인 2022년 1분기 가계 기업 정부 3대 경제 주체의 총 부채는 5000조를 돌파했다. 여기다 정부가 책임져야하는 공기업 보증채무까지 더하면 6000조가 넘는다.(한국경제, 2022.4.4) 우리가 자주 망각하는 사실이지만 정부의 수입이라는 것이 국민과 기업이 내는 세금이니 정부의 부채도 당연히 국민과 기업이 부담해야 하는 몫이다. 결국 국민 5174만명 1인당 1억2000만 원씩 빚을 지고 있는 것이다. 여기서 아동과 노인 등의 비경제활동 인구를 빼고 자발적 비자발적 실업인구를 제외하면 경제활동이 가능한 청년과 중장년의 경제인구가 부담해야 하는 몫은 사실상 두 배가 된다. 그래서 경제인구 1인이 져야하는 사실상의 국가채무는 3억 원이 된다는 주장도 있다.

이 액수는 급격히 진행되는 인구의 고령화로 더욱 가파르게 증가할 것이다. 윤석열 정부가 긴축재정으로 부채의 증가속도를 늦추기 위해 노력하고 있지만 이미 포퓰리즘적 공짜돈에 맛을 들인 국민으로부터 지지율이 떨어지는 등 문재인이 시작한 '대한민국 빚더미에 올리기'의 관성은 쉽게 잡혀질 것 같지 않다. 그래서 문재인 정권의 기재부가 2045년이면 국가채무가 GDP의 99%에 이를 것이라는 장기전망은 시기를 당겨 미리 실현될 가능성이 매우 높다. 대한민국 정부도, 대한민국 기업도, 대한민국 국민도 모두 큰 빚쟁이가 된다는 의미다. 이 망조는 문재인이 만든 것이다. 그를 간첩으로 확신하는 또 하나의 중요한 이유다.

그는 간첩이 맞을 것이다

BIS□□□□□□은 2020년도 한국의 신용갭이 18.4%라고 발표했다.(매일경제, 2021.6.23) 신용갭이란 민간부채 증가율과 장기 추세 간 격차를 나타내는 지표다. 현재의 부채증가율이 장기적 추세와 괴리가 크다면 위험한 일이다. BIS가 발표한 한국의 2020년 신용갭 18.4%는 이 통계의 작성을 시작한 1972년 이래 최고치다. 더구나 이 수치는 직전 해인 2019년의 6.7%에 비교할 때 1년만에 2.7배로 높아진 것이다. 한국경제의 미래가 위험하게 되었다는 의미다. BIS는 과거 각국에서 발생한 금융위기의 3분의 2는 신용갭이 10%를 넘었을 때 터졌다고 했다. 이에 의하면 한국은 이미 금융위기 상태. 생계의 전쟁터에서 매일 피를 흘리는 국민은 이미 알고 있는 일이다. 그러나 문재인은 "문재인 정부는 모든 경제지표가 지금보다 좋았다"(2023.9.19)고 말했다. BIS의 경고와 문재인의 말은 완전히 다르다. 국민이 체감하고 있는 현실과 문재인의 말도 완전하게 다르다. BIS의 통계와 경고가 엉터리인가. 국민인 우리가 우매한 것인가. 문재인이 또 거짓말을 하고 있는 것인가.

문재인과 그의 더불어민주당 동지들은 대한민국 경제를 이렇게 위험하게 해놓고 다음 정부가 집권한 첫해부터 민생경제를 외치며 경제위기를 선전하는 한편 그들이 망쳐놓은 경제를 살리기 위해 분투하는 신임 대통령의 탄핵을 거론하고 있다. 그들은 단지 다시 정권을 잡기 위해 그렇게까지 하는 것 같지는 않다. 그들은 대한민국의 파괴와 소멸을 계획한 것일까. 그들의 투쟁이 승리한다면 결국 그렇게 될 것이다.

경제폭망은 그의 계획이었다

소득주도성장 정책, 반기업 정책, 약탈적 조세정책 등을 앞세운 그의 국가경제 운용이 이미 집권 초기부터 일자리를 대폭 줄이고, 집값을 폭등시키고, 국가와 민간의 부채를 대폭 늘리는 것을 보면서도 문재인은 대체 왜 이런 정책을 수정하지 않았을까. 이유는 우선 그가 공산주의자라는 사실에서 찾을 수 있다. 공산주의자인 그는 대한민국 경제를 시장자본주의에서 이탈하여 국가자본주의 혹은 사회주의 경제로 가려고 했다. 그의 모든 경제정책은 민간이 주도하고 정부가 보조하는 형식의 70년간 유지된 기조에서 이탈하여 정부가 개입 통제하는 국가주도의 경제정책을 고수했다. 그의 정권 실세였던 조국과 추미애가 토지공개념을 공공연히 들먹일 정도로 국가가 자본을 소유하고, 집값을 폭등시키고, 공공임대주택의 공급을 늘려 국민의 자가소유를 감소시키는 등 궁극적으로 국가가 모든 자본을 소유하고 시장을 지배하는 그런 체제로 변경하는 경제운용이었다. 이를 위해 문재인은 이미 20세기에 가난한 국가와 빈곤한 인민을 만든다는 것이 확인된 사회주의 경제정책을 펼친 것이다. 사회주의 경제가 국민 가난하게 하고 국민도 국가도 모두 빚쟁이로 만드는 것은 지난 세기에 이미 충분히 입증된 것이었고 문재인이 사회주의 경제를 고집하자 똑같은 경제적 재난이 재현된 것이다. 예상이 충분히 가능했던 이 재난은 대통령 문재인의 계획이었다. 이 사람 간첩 아닌가.

탈원전이라는 간첩행위

문재인은 자신의 대통령 임기 종료를 2개월 반을 남긴 2022년 2월 25일 "향후 60년 동안은 원전을 주력 기저 전원電源으로 충분히 활용해야 한다"고 말했다. 그 스스로 건설을 지연시켰던 신한울 1,2호기와 신고리 5,6호기에 대해서도 "가능한 빠른 시간 내에 단계적 정상 가동을 할 수 있도록 점검해 달라"고 주문했다. 임기 내내 탈원전 정책을 일관되게 밀어붙였던 그가 임기 종료를 앞두고 돌연 그동안의 행보를 완전히 뒤집는 말을 한 것이다. 그의 말이 떨어지자 청와대의 수하는 "탈원전을 한 적이 없다"고 오리발을 내밀었다. 이보다 더 이상하고 수상한 일이 없다. 문재인은 2016년 12월 원전 재난영화인 '판도라'를 관람한 후 눈물을 흘리고 탈핵 탈원전을 결심했다고 알려져 있다. 아니다. 문재인은 2012년 12월 박근혜와 대결한 18대 대선에서 이미 원전 비율을 축소하는 탈원전 에너지 정책을 공약으로 내놓았다. 그리고 2017년의 19대 대선에 다시 들고나와 신규 원전 전면 중단과 건설계획 백지화 등 탈원전 로드맵을 수립하는 공약을 제시했다. 민주당의 '19대 대선 정책공약집'에 모두 실려있다. 망국적인 탈원전은 문재인의 오래된 계획이었다.

문재인은 대통령 취임 한 달 후인 2017년 6월 19일 '고리1호기 영구정지 선포식'에 참석해 "원전정책을 전면적으로 재검토해 원전 중심의 발전정책을 폐기하고 탈핵시대로 가겠다"고 선언했다. '영구정지 선포'라는 말에서 탈원전에 대한 그의 확고한 의지가 읽혀진다. 탈원전 정책은 그의 임기가 거의 끝날 때까지 철저하게 실행된다. 일자리 공약, 비정규직 제로 공약, 부동산 가격 안정 공약 등 국민의 생활과 직접 관련성이 있는 공약은 하나도 지키지 않았으나 탈원전 공약은 원전의 경제성 조작 등 불법행위를 하면서까지 철저하게 지켜졌다. 그 결과 이승만 정부에서 토대를 닦은 후 지속적으로 발전하여 세계적 경쟁력을 보유하고 있던 대한민국의

원전 산업은 초토화되었고 수많은 관련 중소협력 기업이 사라지는 등 원전산업의 생태계는 급격히 해체된다.

"한국의 원전기술은 세계 최고 수준의 경제성과 안전성을 가지고 있다." 2022년 1월 사우디를 방문해서 문재인이 한 말이다. 자국 국내에서는 위험하다는 이유를 대며 탈원전 정책을 펴고 해외에 나가서는 안전하다고 했다. 같은 일을 두고 국내와 해외에서 한 말이 다르다. 둘 중 하나는 거짓말이란 뜻이다. 그러니 해외에서도 그의 말을 믿을리 없었고 그래서 그의 시대에 해외에서 수주한 원전건설 프로젝트는 없었다. 문재인 스스로 영국 체코 폴란드 터키 인도 헝가리 등 총 10개국에 13차례 방문해서 한국 원전의 우수성을 알리며 세일즈 활동을 했으나 어느 국가도 그의 말을 믿지 않았고 그래서 수주는 전무했다.(원자력신문, 2022.1.11) 국내의 따가운 비판여론을 의식해서 형식적인 세일즈 쇼를 하는 그에게 속은 나라가 단 하나도 없었다는 뜻이다. 10개국 13차례 방문이 헛일일까. 아마 북한을 위한 무엇을 하려고 갔거나 여행 좋아하는 부인을 위해 갔을 것이다. 위장하고 은폐할 일이 있어서 원전 세일즈 핑계를 댔을 것이다.

문재인은 2017년 6월 고리1호기 영구정지 선포식에서 "2011년 일본 후쿠시마 원전 사고로 5년 동안 1368명이 사망했다"고 말했다. 그러나 이 숫자는 당시 지진과 해일로 사망한 사람과 원전사고로 80세 이상 고령의 주민이 이재민 시설에서 사망한 것이다. 방사능으로 인한 사망자는 단 한 명도 없었다. 문재인의 말에 일본 정부는 이 사실을 즉시 반박했고 그래서 그의 말은 거짓임이 드러났다. 이에 대해 그는 반박하지 못했다. 그가 거짓말까지 불사하며 밀어붙인 탈원전 정책은 결국 대한민국의 에너지 산업과 경제의 기초를 크게 무너뜨렸다. 탈원전을 실행하는 과정에서 여러 불법행위를 범했음이 드러났고 이에 대한 책임은 최종적으로 대통령인 그에게 있다. 그래서 퇴임을 앞두고 탈원전을 한 적이 없다는 듯 오리발을 내민 그의 돌변이 거짓이라는 점은 분명하다. 그렇다면 그는 왜 막판에 오리발을 내밀었을까. 책임을 면하기 위해서일 것이다. 자신의 살갗 하나 다치려 하지 않는 그의 인간성으로 봐서 감옥 가는 것이 두려웠을 것이다. 그래서 범죄에 대한 법적 책임을 면하려는 수작일 것이다. 국민인 우리는 그를 용서해서는 안된다.

문재인이 탈원전 정책을 고집한 이유와 목적은 무엇일까. 남쪽의 경제를 침몰시키기 위해서 일 것이다. 현대 산업사회에서 에너지는 한 국가를 유지하기 위한 핵심적이고 기본적인 요소다. 석유 한 방울나지 않는 대한민국은 수십 년간 원자력 발전에 매진했고 그 결과 원전산업은 세계적 경쟁력을 가지게 되었다. 이는 대한민국이 눈부신 경제성장을 이룩하는 바탕이 되었다. 그래서 원전산업을 붕괴시키는 것은 곧 대한민국의 경제를 붕괴시키는 일이다. 대한민국 파괴를 사명으로 여기는 종북주사파 세력과, 늘 그들과 같은 행보를 해온 문재인은 그래서 집요하게 탈원전을 추진했을 것이다. 대통령이 된 문재인은 남한의 경제를 파괴하고 궁극적으로 남한 자체를 침몰시키기 위해 탈원전 정책을 고집했을 것이다. 그와 그의 동지들이 간첩이 아니라면 이해되지 않는 아니다. 그러나 간첩이라면 이상한 일도 아니다.

간첩의 경제학

문재인은 그의 5년 내내 '경제 기적'을 입버릇처럼 말했다. 이것이 거짓말인 것은 일단 확실하다. 국민이 기대한 발전적이고 생산적인 기적이 아니라 파괴적 기적이기 때문이다. 그런데 이렇게 간단히 생각할 일이 아니다. 그가 기적을 말할 때마다 국민은 그의 경제의 성공과 기적의 기준이 대체 무엇인지 의문을 가졌다. 화학 기계 조선 반도체 등 주력산업의 경쟁력은 하락을 거듭하고, 성장 잠재력은 추락하고, 전문가들은 장기 불황을 경고하고 있는데 그는 끝없이 성공과 기적이라고 했다. 그는 국민인 우리와는 다른 목표를 가지고 있었고 그래서 그가 말한 경제 기적은 우리가 생각하는 것과 다른 것이 분명하다. 국민인 우리와 다른 어떤 목적을 가지고 경제를 운용하고 국민과 다른 기준으로 성공과 기적을 판단했다면 그는 대한민국을 파괴하기 위해 일한 간첩으로 규정해야 마땅하다.

남한에 존재하는 모든 종북세력은 남북간의 경제력 격차를 해소하는 것을 중요한 사명으로 삼는다. 대기업을 공격하고, 한미FTA를 반대하고, 일본과의 경제협력을 친일로 규정하여 난리를 치는 일도 남한의 경제력을 무너뜨리기 위한 것이다. 공부하지 않고, 전문서적 읽지 않고, 갑근세 납부하는 일은 해본 적이 없고, 부가세와 소득세를 내는 기업을 경영해본 일이 없는 그들이 북한을 남한처럼 발전한 나라로 만드는 일은 애당초 불가능한 일이었다. 그들이 할 수 있는 일은 남한의 정권을 잡은 후 남한의 국고를 온갖 명목으로 북한에 퍼주는 일이었다. 김대중 노무현 정권에서 퍼준 돈은 어느 정도 공개라도 되었으나 문재인 정권은 이미 쌓은 은닉의 노하우가 뛰어나 제대로 밝힐 수도 없다. 그의 정권에서 수상한 방법으로 환전되어 해외로 송금된 10조5천억 원과 초대형 금융사기사건으로 만들어진 3조 이상의 최종 종착지가 확인된다면 문재인 정권의 대북송금은 김대중 노무현의 그것과는 비교가 되지 않는 규모일지 모른다.

문재인이 판문점 도보다리에서 김정은에게 건네주었다는 USB에 북한의 원전 발전소 건설계획이 들어있다는 것이 사실이라면, 혹은 막대한 액수의 가상화폐가 들어있었다는 루머가 사실이라면, 이것은 퍼주기 정도가 아닐 것이다. 2032년 서울평양공동올림픽 유치를 위해 수십조 원을 투자하여 평양의 인프라를 건설하는 평양대개조계획과 함께 북한의 경제건설을 직접 지원하여 남북의 경제력 격차를 줄이겠다는 플랜이다. 그러나 이렇게 은밀한 북한 직접 지원방식으로는 격차를 줄이는 데는 한계가 있다. 그들이 늘 정권을 잡는 것도 아니어서 그것은 상시적으로 수행할 수 있는 방법이 아니다. 그래서 남한의 경제력을 약화시켜 북한과의 격차를 줄이는 하향평준화의 길에 집중한다. 남한 내 종북세력의 일원인 문재인은 정권을 잡고 자신의 대통령 권한으로 남한의 경제력을 약화시켜 나갔다. 일자리 집값 부채 성장률 장기경제 전망 등 모든 지표가 악화일로를 걷고 있는 것이 훤히 보여도 그는 "지금 우리경제는 거시적으로 대단히 좋다"거나 "올바른 방향으로 가고 있다"고 했다. 남한 경제를 약화시켜 북한 경제와의 격차를 줄이는 것은 그들이 '남북경제균형론'이란 이름으로 이론화한 전략이다. 이 이론에 의하면 파괴적 경제정책은 그에게는 올바른 방향이었을 것이다. 그렇지 않다면 대한민국 경제가 무너지는 것을 보면서도 기적, 올바른 방향, 대단히 좋다고 한 문재인의 말은 이해되지 않는다. 그를 간첩으로 규정한다면 이해는 더 쉬워진다.

범죄와 분열과
특권계급의 사회

대통령 취임을 앞둔 문재인은 가장 이루고 싶은 일이 무엇이냐는 질문을 받고 "우리 사회의 주류 교체가 가장 큰 소망"이라고 대답했다. 그의 말에서 바뀌어야 하는 세력은 분명했다. 그러나 바뀐 후의 주류가 누군지에 대해 그는 한 번도 말하지 않았다. 그가 대한민국을 장악한 후 범죄천국을 만들고 갈등과 분열의 사회를 만들고 불공정과 특권이 판치는 사회로 바꾸는 그의 혁명에 그가 말하지 않는 주류의 답이 있었다.

CHAPTER ● 1

검찰이 무너지고 범죄 천국이 되었다

2019년 10월, 대통령 문재인은 35일만에 물러나는 법무장관 조국의 사퇴를 보며 "국민에게 송구스럽다"는 말과 함께 "검찰개혁에 끝까지 매진하겠다는 의지를 다시 한번 천명한다."고 말했다.(한겨레신문, 2019.10.14) 여러 언론사 기자들의 끈질긴 추적과 검찰의 수사로 드러난 조국 일가의 백화점식 범죄혐의에 대해 온 국민이 분화가 치밀어 있는데도 대통령은 이에 대한 철저한 수사를 지시하여 국민의 화를 풀어주려는 시늉조차 하지 않았다. 대신 그는 검찰개혁 의지를 다짐했다. 조국이 물러나는 이유는 그와 가족의 비리와 불법 때문이 아니라 언론이 파헤친 것을 조사한 검찰 때문이라는 뜻이었다. 문재인 시대의 검찰개혁은 과거 정부에서 말한 '권력으로부터의 독립'을 뜻하는 것이 아니었다. 그들의 범죄에는 칼을 대지 못하도록 하는 것이 그들의 검찰개혁이었다. 개혁된 검찰은 사지가 마비된 듯 보였고 그래서 권력형 범죄는 물론 일반 범죄자를 잡는 일에도 힘겨워 했다. 대한민국은 그렇게 범죄천국이 되었다.

검찰개혁이라는 노래

문재인 정권의 전반 2년간 검찰총장을 지낸 문무일은 퇴임을 앞두고 기자들 앞에서 양복 윗도리를 벗어 두 팔로 흔들며 말했다. "저고리가 흔들리는 건 저고리 때문입니까 아니면 팔이 흔들기 때문입니까." 문무일은 2017년 7월부터 2019년 7월까지 2년간 이명박 박근혜 정부 9년간의 일을 소탕 혹은 숙청하는데 집중한 사람이다. 그럼에도 문재인의 성에는 차지 않았던 모양이다. 그가 물러난 후 그는 조용했다. 그래서 더 이상의 내막은 알 수 없다. 문재인은 문무일이 물러난 자리에 두 우익정부의 권력형 비리를 잡는데 열심이었던 윤석열을 임명한다. 검찰의 위계를 무시한 이 인사를 두고 국민의 시선은 곱지 않았다. 그런 시선을 뭉개기 위해선지 눈치가 없었던건지 문재인은 임명장을 주는 자리에서 윤석열을 "우리 총장님"이라 불렀다. 그는 윤석열을 '우리편'으로 착각하고 있었다.

혁명과 범죄

혁명이란 기존의 질서를 뒤집는 것이다. 주사파들이 핵심세력이었던 문재인 정권은 스스로 자신들의 집권을 혁명이라 말했다. 리더 문재인은 박근혜 정부를 무너뜨릴 때는 '촛불혁명'을 말했고 4·19기념일에는 "혁명은 왜 고독한 것인가"라는 시를 읊조리며 자신의 혁명을 널리 알렸다. 문재인 세력이 남한의 70년간 유지하고 발전시켜온 자유민주주의와 자본주의를 인민민주주의와 계획경제체제로 변혁시키는 좌익혁명을 수행하는 과정에서 위헌적이고 위법적인 행위의 수반은 필연이었다. 그들은 스스로 국민에게 자신의 좌익 이념과 사상을 알리고 대한민국을 사회주의 국가로 변혁시키겠다는 공약을 밝힌 후 국민의 선택을 받은 세력이 아니다. 박근혜 정부를 무너뜨리는 과정에서 온갖 아름다운 말을 쏟아내고 조작한 허위와 수많은 거짓말과 선전선동술로 국민의 눈과 귀를 속이며 선택을 받았고, 취임식에서 말한 33가지의 약속과는 완벽하게 거꾸로 나라를 통치하는 과정에서 법체계를 무수히 위반했다. 게다가 좌익이 집권한 국가에서는 공통적인 혁명세력의 절대권력화와 권력자들의 부정과 부패 등 권력형 범죄는 피할 수 없는 것이었다. 문재인과 그의 동지들이 작당한 사회주의 혁명이 거대한 권력형 범죄를 수반하는 것은 필연이었다.

문재인 세력은 혁명의 과정에서 불가피했던 권력형 비리와 이념형 범죄로부터 자신들을 보호하는 방법으로 경찰 검찰 법원 등 국가의 형사사법기구들을 장악한다. 정권이 손쉽게 부릴 수 있는 경찰에 더 중요한 역할을 맡기고 더 많은 권한을 부여했으며, 검찰은 개혁이라는 이름으로 자신들의 코드에 충실한 검사로 대폭 교체했다. 그것으로 자신들의 범죄를 모두 감출 수 있는 것은 아니어서 검찰의 수사권까지 대폭 축소한다. 여기다 어느 국가기관으로부터도 견제받지 않고 정권의 충실한 충견으로 부려먹을 수 있는 공수처라는 조직까지 만든다. 이와 함께 역대 최악의 대법원장으로 평가되는 김명수를 사법부 수장의 자리에 앉혀 1심과 2심의 판결을 번번이 뒤집으며 좌익무죄 우익유죄의 판결원칙을 만들어 나간다. 결국 그들은 죄를 범하고도 처벌받지 않는 집단이 된다.

2021년 3월 검찰총장 윤석열을 기어이 쫓아내면서 모든 권력형 비리와 범죄는 기자들이 간간이 들려주는 소식 딱 그곳에서 멈추게 된다. 결국 문재인 정권의 대부분의 권력형 범죄는 없는 것이 되었고 나라는 조용해졌다. 새로운 정부가 나서서 이재명 송영길 등의 범죄는 다시 추적하고 있다. 그러나 과거 "검찰 칼 맞을 일이 있냐"고 말했던 문재인에게는 아직도 검찰의 칼이 양산 근처에도 닿지 못하고 있다.

검찰개혁 합창단

대통령 문재인은 2020년 9월 21일 법무장관 추미애를 청와대로 불러 '권력기관 개혁회의'를 주재한다. 온 국민이 황제휴가다 탈영이다 한 마디씩 보태던 추미애 아들 사건을 수사하고 있던 검찰의 수사결과 발표를 딱 1주일 앞둔 때였다. 당시 한 검사는 "검찰개혁과 관련해 특별한 이슈가 있는 시기가 아닌데도 회의를 연 것은 문 대통령이 권력기관 개혁회의라는 형식을 빌어 추장관에게 힘을 실어주는 것으로 보이며 (추장관 아들을 수사하고 있던) 검찰 수사팀은 압박을 느낄 것"이라고 했다.(중앙일보, 2020.9.21) 문재인에게 권력기관 개혁이란 자신과 수하들의 범죄혐의에 대해서는 수사도 기소도 못하도록 원천봉쇄하는 것을 의미했다.

추미애는 자신의 아들 문제로 온 나라가 시끄럽던 2020년 9월 13일 "국민에게 송구하다"면서도 "기필코 검찰개혁을 완성하겠다"며 독한 결기를 보였다. 이미 야인이 되었으나 여전히 자신이 문재인의 차기라는 미련을 버리지 못한 듯한 조국은 7월 3일 유재수감찰무마혐의 재판에 출석하여 1분 30초간 "검찰통제를 충실히 해달라"며 재판관에게 훈계했고(동아일보) 2021년에 발간한 책 '조국의 시간'에서는 온통 검찰권 통제와 검찰개혁을 말했다. 추미애와 조국이 말하는 검찰개혁은 우리가 생각하는 것과 달랐다. 그들의 범죄혐의에 손을 대지 못하도록 하는 것이었다.

2020년 12월 문재인 정권의 권력자들이 대거 연루된 금융사기사건인 라임사태로 구속되어 감옥에 있던 기업 대표 김봉현은 옥중 입장문을 내었다. 법무장관 추미애는 그의 주장을 근거로 내세우며 검찰총장 윤석열의 수사지휘권을 박탈한다. 후에 모두 거짓으로 드러난 이 입장문에서 김봉현은 "검찰개혁은 분명히 이뤄져야 한다"고 했다. 김봉현의 거짓말 위에서 추미애가 작두춤을 추는 것을 본 이혁진도 검찰개혁의 합창단에 가세한다. 주사파 임종석의 대학동기이자 측근인 이혁진은 수많은 권력 실세들이 개입된 또 하나의 초대형 금융사기사건인 옵티머스사태의 주범으로 지목되었음에도 정권의 비호 속에 미국으로 도주하여 공개적으로 사업을 하고 있는 사람이다. 추미애의 법무부가 '인도를 위해 노력중'이라는 말만 되풀이하며 팔짱을 끼고 있는 사이 검찰이 그를 쫓는 낌새를 보이자 이혁진은 즉시 '적폐검찰' 운운하며 윤석열을 '검찰당 총수'라고 불렀다. 검찰개혁 합창단에 또 한 사람의 범죄 혐의자가 가세한 것이다.

문재인 조국 추미애 김봉현 이혁진은 검찰개혁을 합창했다. 이 합창단의 공통점은 모두 범죄혐의자들이라는 사실이다. 문재인도 그해 2월에 공개된 울산시장선거개입사건 공소장에 청와대 8개 조직이 개입했다는 혐의와 함께 '대통령'이 35차례나 언급되어 있었고, 탈원전을 위한 경제성조작의 몸통으로 의심받고 있던 때여서 밤죄혐의자이기는 마찬가지였다. 그래서 이 다섯 명이 부르는 검찰개혁이라는 노래는 권력으로부터 독립된 검찰을 의미하는 것이 아니었다. 문재인 정권에 종속되고 북한과 김정은을 따르는 종북좌익 세력의 충견이 되는 검찰을 의미하는 것이었다. 검사 이종근은 2021년 1월 자신의 퇴임사에서 "(요즘은) 불륜을 저지른 사람도 검찰개혁을 핑계로 댄다"며 개탄했고, 의학자 서민 교수는 "노상방뇨를 하다 경찰에 걸렸을 때 '문제는 검찰개혁이다'라고 외쳐보자. 그러면 당신은 잡범에서 졸지에 정의의 투사로 변신할 것이다."라고 했다.(중앙일보, 2020.9.10) 문재인의 시대, 검찰개혁은 범죄자들이 부르는 노래였다. 죄짓지 않고 사는 보통의 국민들은 부르지 않는 노래였다.

무너지는 검찰

법원과 함께 국가 형사사법체계의 두 개의 큰 축인 검찰은 국가의 법을 위반하거나 사회의 질서를 어지럽히는 범죄를 수사하고 혐의가 확인되면 사법부에 기소하는 것이 기본 역할이다. 일반 국민의 범죄에 비해 힘 있는 사회단체 대기업 정치인 등 사회 지도층, 무엇보다 현재적 권력의 횡포와 위법을 포착하고 수사하는 것은 독재적 권력의 출현을 막고 자유민주주의를 지키는 검찰의 가장 중요한 역할이다. 이를 위해 검찰은 권력의 영향력으로부터 철저히 독립적이어야 한다. 문재인 정권은 이러한 당위와는 완전히 거꾸로 갔다. 처음에는 반대진영을 궤멸시키기 위해 검찰을 자신들의 수족으로 써먹었고, 자신들의 범죄혐의가 쌓여가자 검찰의 힘을 약화시키고 해체를 위협했다. 토사구팽이었다.

검경수사권 조정

처음부터 '혁명'을 표방하고 출범한 문재인 정권은 스스로 수많은 위법 위헌적 통치를 할 수밖에 없다는 사실을 알고 있었을 것이다. 정권 초기에 이미 검찰의 수사권을 축소하는 것을 핵심내용으로 하는 검경수사권조정안을 들고 나온 것은 그래서다. 2018년 6월 국무총리 이낙연은 확정된 조정안을 발표한다. 이어 청와대 정무수석 조국은 이것이 '대통령 문재인의 확고한 의지의 산물'이라고 강조했다. 경찰은 대통령과 행안부장관의 직접적 지휘를 받는 조직인 반면 검찰은 법적으로 독립성을 보장받는다. 따라서 검찰의 범죄수사권은 축소시키고 경찰의 수사권을 강화하는 것은 정권의 비리와 범죄혐의가 경찰의 손에서 흐지부지될 것이라는 이유로 언론과 학자들은 비판했다. 그러나 더불어민주당은 야당의 강력한 반대를 무릅쓰고 2019년 4월 국회에서 협잡과 폭력이 난무하는 가운데 패스트트랙에 태웠고, 2020년 1월 민주당 단독으로 국회 본회의를 통과한 후 2021년 1월부터 시행된다.

이 조정안은 기존의 경찰에 대한 검찰의 수사지휘권은 폐지되고, 경찰은 수사종결권을 가지며, 검찰의 직접수사 범위를 대통령령으로 정하는 중요 범죄와 경찰공무원이 정한 범죄로 제한하는 것이 골자였다. 한 마디로 검찰의 수사범위와 수사권은 대폭 축소하고 경찰의 권한은 대폭 강화하는 것이었다. 특히 정권의 직접적 지휘를 받는 경찰이 수사종결권까지 가지게 됨으로써 권력자들이 관련된 사건은 경찰 선에서 뭉개어버릴 수 있게 되었는데 이것은 문재인 세력이 법률전문가와 야당의 거센 반대를 무릅쓰고 이 조정안을 관철시킨 목적이었다.

토사구팽 당한 검찰특수부

검찰 특수부의 축소와 해체는 '비겁한 문재인'이나 '대한민국 파괴자 문재인'을 입증하는 대표적인 일이다. 우익진영과 보수정부를 숙청할 때는 검찰 특수부 조직을 키우고 또 키우며 사냥개처럼 써먹었고, 자신의 정권에 범죄혐의가 쌓여가자 자신과 좌익동지들을 보호하기 위해 특수부 조직을 축소하거나 해체했다. 사냥이 끝나자 사냥개를 삶아 먹은 것이다. 검찰의 범죄대응 기능을 약화시켜 대한민국을 범죄천국으로 만들고 나라를 파괴시키는 일이었다. 그러나 우선은 자신들의 범죄, 특히 종북세력의 국가 파괴적 범죄가 수사받지 않고 처벌받지 않는데 목적이 있는 듯 했다.

2019년 10월 8일, 법무장관 조국의 부인 정경심은 서울중앙지검 특수부에서 3차 검찰조사를 받고 있었고 동생 조권은 영장실질심사를 위해 강제 구인되고 있었다. 바로 그 시각 이 두 사람의 남편이자 형인 법무장관 조국은 비장한 어조로 검찰특수부의 해체를 선언한다. 이때부터 검찰특수부의 축소와 폐지는 정권 전체가 한 목소리를 내며 급물살을 탄다. 그들의 중대 비리는 대부분 특수부에서 수사했기 때문이다.

조국 일가에 대한 철저한 수사를 요구하는 국민의 목소리가 드높던 2019년 9월 30일 대통령 문재인은 윤석열 검찰총장을 지목하며 "국민으로부터 신뢰받는 권력기관이 될 수 있는 방안을 조속히 마련하라"고 지시한다. 이 말은 당시의 모든 정황을 고려하면 '조국 일가에 대한 수사를 톤다운 하라'는 뜻이었다. 국민의 여론과는 거꾸로 가는 문재인의 이 지시의 말뜻을 알아먹은 검찰은 기다렸다는 듯 다음 날인 10월 1일, 7곳 남은 특수부 3곳만 남기고 모두 폐지하겠다는 방안을 낸다. 이어 2020년 1월 법무장관에 취임한 추미애는 임명장을 받기가 무섭게 서울남부지검에 있던 증권범죄수사단을 해체한다. 정권 실세들의 이름이 줄줄이 나오고 있던 라임 옵티머스 등의 금융사기사건의 수사를 틀어막기 위해서다.

　검찰 특수부가 축소되고 해체되자 대부분의 권력형 범죄혐의 수사는 중단된다. 울산시장선거개입, 원전경제성조작, 탈북청년2인의 북송 등 문재인과 관련된 여러 개의 범죄혐의도, 임종석 기동민 장하성 등의 금융사기사건도, 대법관 권순일의 재판거래와 정자동 대장동 백현동 등 수 많은 이재명의 범죄혐의도, 여러 민주당 의원들이 연관된 LH사태도 모두 덮혀졌다. 금융사기사건은 야당으로부터 특검이나 특별수사팀을 만들어 조사할 것을 요구받자 겨우 10여 명의 전담수사팀을 만들어 수사하는 시늉만 내었고, 2021년 3월 LH사건이 터졌을 때는 국무총리 정세균이 나서서 수사인력을 2000명으로 대폭 확대하여 전국적으로 부동산 투기사범을 철저히 색출하겠다고 했다. 특수부 수사관 100여 명으로 LH사건을 조사하라는 요구를 20배 키워 나라 전체의 투기를 잡아내겠다고 응수한 물타기 전술이었다. 결국 전국적인 조사는 커녕 LH사건에 대한 조사도 흐지부지되고 끝난다. 정세균은 곧 대선 주자에 이름이 올랐다.

　검찰 특수부의 축소와 해체로 모든 권력형 범죄자들은 증거를 인멸할 수 있는 충분한 시간을 벌었고 그래서 조국과 이재명을 비롯한 문재인 정권의 권력자들의 범죄에 대한 수사는 정권이 바뀌고 나서도 어려움을 겪는 원인이 된다. 문재인 임종석 등의 범죄혐의에 대해서는 2023년 12월 현재 수사를 시작조차 하지 못하고 있는 실정이다. 검찰을 파괴하여 자신과 동지들의 범죄행위에 대한 수사를 봉쇄하고 나아가 대한민국을 범죄 천국으로 만들어 국가의 질서를 파괴하기 위한 목적이 성공한 것이다.

수사지휘권 발동이라는 미친 짓

검찰에 대한 수사지휘권 발동은 원래 독일에서 나치 만행과 같은 인권 침해 문제 등이 발생할 경우 선출직 장관이 그것을 통제하는 목적으로 고안된 제도다. 그러나 검찰권의 독립성을 해친다는 이유로 독일에서는 단 한 번도 발동된 적이 없으며 이 제도를 도입한 일본에서도 단 한 차례 발동되었고 이 때문에 법무대신이 사퇴한다. 우리나라에서도 노무현 정부 시절 천정배 법무장관이 국보법 위반혐의로 조사를 받고 있던 종북성향의 강정구 교수에 대해 불구속 수사를 지시한 것이 유일하다. 우리 헌정사에서 단 한 번 있었던 이 일은 문재인의 시대 5년간 무려 네 번이나 있었다. 한 번에 몇 개의 안건에 대해 무더기로 지휘권을 발동했기 때문에 사안의 숫자로는 10여 건이 된다. 나라가 미쳐가고 있었다.

대한민국 검찰은 70여 년간 느리지만 조금씩 권력으로부터 독립되어 갔다. 역대 정부는 검찰이 권력으로부터 독립성을 가지는 딱 그 만큼만 깨끗했다. 그러나 문재인은 추미애를 앞세워 검찰의 독립성을 철저히 파괴한다. 추미애는 세 차례, 박범계는 한 차례 수사지휘권을 발동했다. 네 차례 모두 한명숙 등의 문재인 세력을 무죄로 만들기 위해 발동되었다는 점에서 공통적이며 또한 검찰총장 윤석열의 지휘권을 제한하거나 박탈한다는 점에서도 공통적이었다. 박범계가 발동한 문재인 정권의 네 번째 수사지휘권 발동을 지켜보며 전직 검사 김종민은 "이제는 양아치를 넘어 양아치 따까리라 불러야 할지 모르겠다"고 개탄했다. 여기서 양아치는 누구이고 따가리는 누구일까. 앞은 문재인 뒤는 추미애와 박범계가 뻔하다.

사기꾼과 법무장관의 추악한 거래

70년 헌정사에서 단 한 번 있었던 법무장관의 수사지휘권 발동이 문재인의 5년 동안 네 번이나 있었다는 사실 만큼이나 형사사법질서를 파괴한 일은 또 있다. 네 번의 수사지휘권 모두 범죄자들의 주장에 근거하여 발동했다는 점이다. 한명숙을 구하기 위한 두 번의 발동은 감옥에서 복역 중인 한모씨의 말에 근거한 것이었다. 한씨는 사기 횡령 등의 범죄로 징역 20년 이상의 형을 선고받고 복역 중이던 사람이었다. 검언유착이나 채널A기자사건으로 더 잘 알려진 신라젠사건에 대한 수사지휘권 발동 역시 재소자의 말을 근거로 한 것이며, 라임사건도 교도소에 복역 중이던 라임의 전주 김봉현의 말을 근거로 추미애가 검찰총장 윤석열이 수사에 관여하지 못하도록 수사지휘권을 휘둘렀다. 김봉현이 감옥에서 주장했던 내용들은 불과 두 달도 지나지 않아 대부분 거짓말로 드러났다.

범죄심리학자 이수정 교수는 범죄심리학의 제1원칙으로 '범죄자 입에서 나오는 말은 믿지 않는다'는 것이라고 했다. 범죄자는 처벌을 피하기 위해 어떤 거짓말도 할 수 있으며 더구나 10년 20년 이상의 장기수라면 더욱 그럴 것이다. 그러나 법무장관 추미애와 박범계는 자유민주주의 국가의 사법체계에서 극약처방인 검찰에 대한 수사지휘권을 거듭 발동하면서 범죄자의 말을 근거로 했다. 이를 두고 언론은 이렇게 개탄했다. "죄수들이 추 장관 검찰개혁의 최측근이 되었다"(TV조선, 2020.6.5) "형사 피고인

이 추미애 장관의 배후인가. 이것이 바로 국정농단이다."(문화일보, 2020.7.9)
"법무장관은 검찰총장보다 범죄자를 믿는가"(한국경제, 2020.10.18) "범죄
자 한 마디에 검찰총장의 지휘권을 박탈하다"(조선일보, 2020, 10.20) 법무
부 장관들이 죄수들과 손을 잡고 대한민국의 형사사법 시스템을 유린하
는 것을 본 기자들의 분노와 개탄의 목소리다. 그들의 기사를 다 읽어보
면 공통적으로 내장된 메시지가 있다. 추미애와 박범계는 행동대장일 뿐
결국은 대한민국의 법치를 파괴하려는 대통령 문재인의 일이라는 것이다.
문재인은 검찰의 기능을 마비시켰고 검찰의 사지가 마비되자 대한민국
형사사법체계가 뒤틀렸다. 그래서 대한민국의 법치도 뒤틀렸다. 이 모두
는 문재인이 한 일이다.

결국은 문재인의 짓이었다

추미애는 2020년 1월에 법무장관에 오른 이후 그해 8월까지 불과 8개
월 사이에 네 번에 이르는 '윤석열 손발자르기' 인사를 단행했다. 이 과정
에서 윤석열은 점점 식물총장이 되어갔고 추미애의 칼춤은 갈수록 기고
만장해졌다. 12월 7일에는 전국법관회의가 열려 추미애가 윤석열 징계의
핵심 사유로 제시한 소위 '판사문건'에 대해 이것을 인정하지 않고 부결
결정을 내린다. 이에 추미애는 "(검찰이) 그냥 방치된다면 주님의 본성인 인
간성을 파괴하기에 더 이상 방관할 수 없다"고 했다. 논리가 막히고 거짓
이 들통나 궁지에 몰리면 진실과 정의를 들먹이는 종북좌익 세력의 습관
에는 익숙하지만 '주님의 본성과 인간성'까지 들먹이는 추미애를 보는 감
정은 분노보다 연민이었다. 미친 짓을 하고 있다는 사실을 그 자신도 아
는 듯 보였다. 그러나 문재인은 여전히 침묵하고 있었다.

12월 16일, 청와대는 윤석열에 대한 2개월 정직의 징계안을 들고와 여전히 "검찰개혁을 완수하겠다"며 강한 의지를 보이는 추미애에게 사퇴를 통보한다. 청와대는 추미애가 사퇴의사를 밝혔다고 말했으나 추미애는 후에 청와대로부터 사퇴 통보를 받았다고 폭로했다. 또 토사구팽이었다. 2021년 1월 27일 추미애는 "영원한 개혁은 있어도 영원한 저항은 없다"는 말을 남기고 사퇴한다. 7월이 되어 민주당의 대선 후보가 된 그는 당내 경선이 한창인 상황에서 윤석열과의 싸움을 두고 "추윤갈등이 아니라 개혁과 반개혁, 진실과 허위의 싸움이었다"며 소리를 높였다. 그는 아직도 자신이 윤석열을 잡기위해 이용된 문재인의 사냥개였다는 사실을 모르는 듯 했다. 그는 울산선거개입사건 등 문재인 자신의 권력형 범죄혐의를 뭉개기 위한 방패막이로 자신이 소모되었다는 사실을 아직 눈치채지 못하고 있었다. 문재인과 그의 주사파 동지들이 대한민국의 형사사법 체계를 무너뜨리는 데 자신이 이용당했다는 사실은 더욱 모르는 듯 했다.

범죄천국이 되었습니다

"필요하다면 돈이 최고 쉬운건데" 송영길을 민주당 당대표를 만들기로 작당한 이정근과 강래구의 녹취록에 나오는 말이다. 돈 몇 푼이 없어 아사하는 국민도 있고 일가족이 함께 극단적 선택을 하는 일도 자주 있었던 문재인의 시대에 더불어민주당의 권력자들은 돈이 최고 쉽다고 했다. 법을 집행하겠다는 검찰총장을 내쫓고, 대법원을 김만배의 이발소로 만든 세력은 불법으로 선거자금을 만들고 불법으로 돈봉투를 뿌리는 일을 두려워하지 않았다. 그러나 문재인의 수하가 하는 말은 달랐다. 2020년 8월 12일 청와대를 떠나는 국민소통수석 윤도한은 기자들을 향해 말했다. "문재인 정부 출범 이후 권력형 비리는 사라졌다. 그 어느 정부보다 깨끗하다고 자신있게 말할 수 있다. 문재인 정부는 민주주의를 발전시킨 민주정부의 전형이자 모범이라고 생각한다."(동아일보, 2020.8.13) 청와대에서는 정권이 깨끗하다고 홍보하고 있을 때 아래에서는 무수한 더러운 짓을 하는 것이 문재인 정권이었다. 검찰이 그들의 범죄에 손댈 수 없도록 해놓았으니 그렇게 말할 수 있었을 것이다. 그들이 원하는대로 검찰이 개혁되자 권력자들의 범죄는 안전하게 되었고 잡범들도 덩달아 안전하게 되었다. 범죄자들이 처벌받지 않는 대한민국이 된 것이다.

죄를 짓고도 벌받지 않는 나라

2021년 11월 대구의 한 식당 주인이 식당 앞에서 담배를 피우는 10여 명의 중학생들에게 훈계를 하자 학생들은 식당 기물을 부수고 난동을 부렸다. 난동 중에 한 학생은 "우린 사람을 죽여도 교도소 안간다"고 소리쳤다.(아시아경제, 2021.11.17) 2023년 8월 27일 서울 용산의 한 아파트에서 경찰관이 추락사한다. 사망한 경찰관을 포함한 7명으로부터 마약 양성반응이 나왔다. 이날의 마약 파티에는 모두 25명이 참석했음이 밝혀졌다. 문재인이 대통령이 되기 전까지 대한민국은 마약청정국으로 불렸으나 그의 시대가 끝나자 대한민국은 마약 천국이 되어 있었다. 중학생이 사람을 죽여도 감옥 안간다고 자신하고, 경찰관이 마약파티에 참석하는 그런 나라라면 그 나라는 범죄자의 천국일 것이다. 이 천국은 문재인이 만들었다. 문재인 그는 대한민국의 망국亡國을 꿈꾸고 있었을까.

문재인은 집권 초기에는 검찰의 특수부를 계속 키워가며 전 정권의 과오를 먼지털 듯 털었고 그것으로도 부족하자 없는 죄를 생산하며 우익 정권과 우익세력을 괴멸시켜 나갔다. 그것이 흡족한 수준로 마무리되자 이제 검찰의 칼끝이 자신들의 범죄로 향하는 일을 미리 막기 위해 검경수사권 조정으로 검찰의 권한을 경찰로 넘기고 검찰개혁을 외치며 범죄혐의에 손을 대는 검사들과 검찰총장까지 좌천시키고 쫓아낸다. 여기서 그치지 않았다. 사법개혁의 기치를 내걸고 자신들에게 편파적으로 유리한 판결을 내리는 법관들로 사법부 요직을 대거 교체하며 이해되지 않는 이상한 판결을 쏟아낸다. 법적 처벌로부터 자신들을 지키기에 부족하다고 여겼는지 급기야 공수처라는 공산주의 국가에나 있을 법한 기구까지 만든다. 이런 과정을 거치며 범죄와 형벌의 균형은 심각하게 깨어지고 사법정의가 훼손되었다. 특히 권력자가 범죄를 저지르고도 수사도 받지 않고 처벌받지 않는 일은 급격히 늘어난다. 이것이 바로 어린 학생들조차 "나는 사람을 죽여도 감옥 안간다"고 소리치는 대한민국 형사사법 체계의 현실이다. 결국 대한민국은 문재인의 5년을 거치며 죄를 짓고도 감옥 가지 않는 범죄자의 천국이 되었다. 이 사실은 숫자로 증명된다.

급증한 미제사건

법무장관 추미애가 수사지휘권을 발동하여 검찰총장의 지휘권을 박탈하고, 인사 학살로 권력 범죄 수사팀을 해체하며, 수사력이 우수한 검사들을 먼 곳으로 유배시키는데 정신이 팔려있는 동안 전국 검찰청에는 미해결 사건이 급증했다. 추미애 취임 전인 2019년의 미제사건은 총 6만 8000여 건이었으나 그가 법무부를 이끈 단 9개월만에 9만5000여 건으로 40% 급증했다. 추미애가 국민으로부터 광녀 또는 망나니라는 소리를 들으며 검찰조직을 붕괴시키고 식물 검찰을 만든 결과다.

당시 한 검찰 간부는 "정권 초기 적폐청산과 국정농단 사건 수사에 집중해서 형사부 인력이 부족할 때도 미제사건이 이렇게 많지는 않았다. 정권의 비리와 관련된 범죄 사건에 집중하느라 민생사건은 제대로 손을 대지 못한 것이다."라고 말했다.(중앙일보, 2020.10.10) 이 기사에서 비교된 2019년 미제사건은 1년치다. 그러나 2020년은 단 9개월치다. 이를 월평균 수치를 내고 다시 1년치를 계산하여 비교하면 2020년의 미제사건은 12만 6000여 건으로 무려 85%가 증가한 것이다. 검찰에 미제사건이 이렇게 급격하게 쌓였다는 것은 죄를 짓고도 처벌을 받지 않은 사람이 그만큼 늘어났다는 뜻이며 피해를 당하고도 국가의 도움이나 구제를 받지 못한 억울한 국민이 그만큼 늘어났다는 뜻이다. 대한민국은 이제 범죄자에게는 안전한 나라가, 선량한 국민에게는 위험한 나라가 되었다는 뜻이다.

사법부도 마찬가지다. 김명수가 사법부를 통솔한지 3년만에 재판기간이 현저히 늘어나 민사사건의 경우 소송건수가 감소했음에도 판결이 나기까지 소요된 기간이 평균 17.1개월에서 19.7개월로 늘어났다.(한국경제, 2020.10.13) 검찰에는 미제사건이 급증하고 법원에서는 판결을 내리는 시간이 길어졌다는 말은 결국 범죄혐의자들에 대한 수사와 처벌이 지연되는 동시에 피해를 입은 국민에 대한 구제 역시 지연된다는 뜻이고, 또한 국가의 형사사법 시스템이 제대로 기능하지 못하거나 권력자들이 필요에 따라 선별적으로 사법을 운용한다는 뜻이다. 범죄를 저지르고도 처벌받지 않는 사람이 증가한다는 뜻이기도 하다. 문재인이 의도한 대한민국과 맥을 같이 한다. 망가지고 붕괴되고 파괴되는 남쪽 말이다.

문재인은 2023년 7월 30일 자신의 페이스북을 통해 이렇게 말했다. "(나의 청와대에서는) 단 한 건도 금품과 관련된 부정비리가 없었다. 당시 청와대 사람들에게 고마운 마음을 전한다... (우리는) 국민에게 기준을 두고 근무했다." 또 하나의 새빨간 거짓말이다. 그러나 그가 항상 거짓말을 한다는 이유로 그냥 넘길수 없는 미제사건이 있다. 그의 시간을 점철한 금융사기 사건이다. 금융경제의 유린에 넘어 안보와도 관련이 있기 때문이다. 문재인의 시대에 그의 측근들이 개입한 사모펀드 사기사건은 우선 금융산업을 유린했다는 점에서 대한민국 경제에 큰 충격을 주는 일이었다. 라임과 옵티머스 두 사건만으로 사기의 규모는 3조 원이 넘는다. 그런데 이 천문학적인 돈의 종착점이 어디냐는 것은 이것이 단순한 금융사건이 아닐 수도 있다는 점에 심각성이 있다. 캄보디아로 수천억이 송금되었다는 사실이 확인되었는 바, 캄보디아는 북한 대사관이 개설된 나라일 뿐아니라 최근 고정간첩들이 북한 공작원과 주로 접선하는 곳이기도 하다. 문재인이 자신의 정권에서는 돈과 관련된 비리가 단 한 건도 없었다고 새빨간 거짓말을 하는 이유는 이것을 감추기 위한 것일지도 모른다. 그래서 사모펀드 사기사건은 단순한 금융사건이 아닌 듯하다. 3조원이 마지막으로 도착한 곳을 찾아내야 한다. 이 사건을 미제로 둘 수는 없다.

해먹을 결심, 끝까지 비워 둔 특별감찰관

2022년 4월, 퇴임을 한 달 앞두고 가진 손석희와의 인터뷰에서 문재인은 "역대 정부 가운데 우리 정부처럼 이른바 대통령 주변에 특수관계자나 청와대 인사나 정부 인사, 이런 사람들이 부정한 금품을 받고 정권을 농단한다든지 부당한 이권, 특혜를 준다든지 이런 일이 전혀 없었지 않았습니까"라고 말했다. 그는 심각한 치매 환자거나 새빨간 거짓말을 얼굴색 하나 변하지 않고 해낼 수 있는 뻔뻔한 사람일 것이다. 논객 진중권조차 문재인의 청와대 사람들 중에 안 해먹은 사람을 찾기가 어려울 정도라고 하지 않았던가. 그러나 문재인의 말을 거짓말 정도로 치부하고 넘어갈 일이 아니다. 그는 정권을 잡고부터 이미 남조선의 재산을 약탈하듯 마구 해먹을 작정을 했고, 퇴임을 앞두고 그동안 해먹은 것에 대한 수사와 구속이 걱정되니 국민을 향해 거짓말로 이렇게 홍보하고 선전하고 있는 것이다. 그와 그의 동지와 수하들이 처음부터 해먹을 작정을 했다는 것은 하나의 사실만으로도 쉽게 증명된다.

청와대에는 특별감찰관이라는 직제가 있다. 대통령에게 국가권력이 집중되는 한국의 정치구조에서 우려되는 대통령 주변의 친인척과 청와대 참모 등 측근들의 부패와 비리행위를 상시 감찰하는 역할을 한다. 법제화되어 있으므로 이 직무를 수행하는 조직을 의무적으로 둬야 한다. 그러나 문재인은 자신의 집권 5년 동안 이 자리에 누구도 임명하지 않은 채 비워두었다. 명백한 위법이다. 오히려 한 때 이 직제 자체를 폐지하는 논의를 시작했다는 소식도 들렸다. 우익정권을 부패집단으로 매도하고 국가를 장악한 그들은 깨끗하기 때문일까. 정반대다. 자신들이 마음껏 해 먹고도 처벌받지 않기 위해 그 자리를 공석으로 두었고 폐지까지 검토했다. 남한 체제를 파괴하는 그들의 혁명적 통치는 필연적으로 부패와 비리와 위법 불법 위헌적 행위로 수놓아 질 것이고 그래서 이런 행위를 통제하는 특별감찰관의 역할은 작동하지 않아야 했을 것이다.

야당이 특별감찰관 임명을 촉구할 때면 그들은 으레 이 역할이 청와대 민정수석실에도 직무범위에 들어있다고 둘러댄다. 그러나 민정수석 조국은 자신이 여러가지 혐의로 기소되었고 아내 동생 조카가 구속되었고 친인척담당 민정비서관 백원우도 자신이 울산선거개입 사건으로 기소되었다. 비위 감찰을 담당하는 부서의 수장들이 오히려 비리와 위법의 범죄 혐의자가 된 것이다. 결국 문재인의 청와대에는 대통령 측근들의 비위를 통제하는 조직은 전혀 존재하지 않았고 그래서 그의 시대에 청와대 측근들의 비위는 끊이지 않았다. 문재인이 자신의 특기인 가짜와 거짓 내용으로 홍보와 선전에 열심이었던 이유다. 그가 자꾸 자신의 청와대가 깨끗하다고 말한 이유이기도 하다. 문재인 시대의 청와대 고위직들이 대통령 측근들의 부패 의혹을 제기하는 언론과 야당과 국민에게 화만 낼 뿐 사실관계는 밝히지 않고 늘 '사생활이다, 개인정보 불법유출을 엄중 문책하겠다'는 등의 겁주는 말만 내놓은 이유도 마찬가지다.

결론은 이렇다. 문재인 세력은 집권하기 전에는 정부의 눈치를 보며 감질나게 해먹던 국가예산을 이제 거침없이 뭉텅이로 해먹기 위해, 쉬쉬하며 나눠먹던 정부 기관의 요직을 이제 공개적으로 몽땅 다 차지하기 위해, 그동안 숨어서 하던 음습하고 부패한 짓을 이제는 드러내놓고 당당하게 하기 위해, 특별감찰관 자리를 5년 내내 비워뒀을 것이다. 청와대 직원들이 마음껏 해먹을 수 있도록 그 자리를 비워뒀을 것이다.

마약천국이 되었습니다

"한국의 마약 중독자가 24만 명이나 된다는 것은 국제 마약판매상들에게 한국이 매우 군침도는 시장이 됐다는 뜻입니다." UNODC유엔마약범죄사무소 동아시아 태평양 국장 제러미 더글라스의 말이다. 그는 마약과의 전쟁에서 승리하기 위한 두 가지 비법을 강조했다. 국제공조와 예방강화다.(조선일보, 2023.4.28) 문재인은 이 사람의 말과는 거꾸로 갔다. 우선 마약사범 근절을 위한 국제공조는 처음부터 기대하기 어려운 것이었다. 오직 북한과 김정은을 위한 외교활동을 전개하며 발전한 자유진영을 멀리하는 대신 낙후된 공산진영으로 접근하는 외교를 펼치다 국제사회로부터 고립되어 가던 문재인 정권은 마약유입을 줄이기 위한 대책에는 관심도 없었지만 이를 위한 국제공조를 얻어낼 능력도 없었다. 여기다 '예방강화'라는 비법은 완전히 거꾸로 갔다. 마약을 근절하기는 커녕 오히려 마약천국을 만들어갔다는 뜻이다.

마약이 넘치는 나라

문재인이 대한민국을 마약천국으로 만들었다는 것은 그의 집권 첫 해와 마지막 해를 비교하면 수치로 바로 증명된다. 마약류 압수물은 2017년 154.6kg에서 2021년 1295.7kg로 8배 증가, 19세 이하 마약사범은 119명에서 450명으로 3.8배 증가, 마약밀수 적발 금액은 880억 원에서 4499억 원으로 5배 증가, 마약류 밀수 적발량은 69kg에서 1272kg으로 18배 증가했다.(자료: 대검찰청 및 관세청, 조선일보, 2022.11.9) 문재인의 시대에 경찰관들이 취객사건을 신고받고 출동해 "술을 마셨는줄 알았는데 나중에 보니 마약에 취했더라"고 하는 경우가 비일비재했던 이유는 바로 여기에 있다. 마약이 대한민국에 널리 퍼진 것이다.

　대한민국이 마약천국이 된 이유는 먼저 문재인 정권의 고의성에 있다. 이 고의성은 마약이 은밀하게 퍼지듯 정권 언저리들의 말 속에 은밀하게 숨어있다. 민주당의 초선 국회의원 황운하는 2022년 11월 9일 국내 마약 적발 실태와 관련하여 마약 단속 강화의지를 밝힌 윤석열 정부를 비판하며 "5년 사이에 불과 5배 늘어난 수준이다. 마약과의 전쟁을 선포할 수준은 아니다"라고 말했다. 그는 문재인의 소원인 '송철호 형님 울산시장 만들기'에 세운 공로를 인정받아 국회의원이 된 사람으로 울산지방경찰청장을 지낸 사람이다. 경찰 간부 출신인 그가 이렇게 말했다는 것은 정권의 차원에서 마약사범을 5배 정도가 아닌 10배 혹은 그 이상 늘려 마약이 넘실대는 나라로 만들겠다는 고의성을 의심할 수밖에 없다. 고의성을 입증하는 증거는 또 있다. 2023년 9월 8일 국회 대정부 질문대에 나선 민주당의 임오경 의원은 법무장관 한동훈을 불러놓고 "마약 청정국이 마약 공화국으로 변질되고 있다"며 질책했다. 문재인 정권은 2021년 이미 검경 수사권 조정으로 마약투약과 소지에 대한 검찰의 수사권을 경찰로 넘긴 데 이어 2022년에는 검찰수사권 완전박탈법을 통과시켜 검찰은 마약수사에 손도 댈 수 없게 만들어 놓았다. 문재인은 검수완박법의 내용도 모르는 임오경 같은 함량 미달의 인물들을 국회에 대거 포진시키고 거수기 삼아 검찰이 마약범죄를 수사하지 못하도록 만들었다. 이 결과 검찰 수사관들은 밀수현장을 수사하는 중에 마약사범을 적발하는 경우에도 수사권이 없어 112에 신고하고 혐의자에게 "경찰이 올 때까지 기다려주세요"라고 부탁해야 하며, 피의자가 부탁을 거부하고 현장을 떠나도 제지할 수 없게 되었다.(머니투데이, 2023.10.3) 마약천국이 된 이런 현장에서 대한민국을 마약천국으로 만들려고 했던 문재인의 고의성은 확인된다.

문재인의 깊은 뜻, 마약

문재인은 국정원의 간첩 수사권을 경찰로 넘겨 국정원 베테랑 수사관들이 수십 년간 쌓은 수사 전문성을 쓸모없는 것으로 만듦으로써 간첩들이 잡히지 않고 안전하게 활동할 수 있는 나라를 만든 것과 같은 방법과 목적으로 검찰의 마약범죄 수사권을 경찰로 넘겨 검찰의 베테랑 수사관들이 수십 년간 쌓은 수사 전문성을 쓸모없는 것으로 만들었다. 간첩과 마약사범에 대한 수사의 노하우와 역량이 상대적으로 크게 부족한 경찰은 간첩도 마약사범도 제대로 잡아내지 못했고 그래서 대한민국은 간첩천국이 되고 마약천국이 되었다. 문재인이 이것을 몰랐을 리는 만무하다. 문재인은 처음부터 대한민국을 간첩천국으로 만들기로 작정했듯이 또한 마약천국을 만들었다. 고의적이고 계획된 것이었다고 확신한다.

멕시코는 콜롬비아와 함께 중남미 마약 거래의 중심지로서 특히 펜타닐의 제조와 밀매의 본거지다. 멕시코 대통령 로페스 오브라도르는 2023년 5월 7일 중국발 멕시코 도착 선박에 펜타닐의 원료가 다량 선적된 사실을 발표했다. 부산을 경유한 이 선박을 두고 그는 "한국에선 해당 화물을 취급하지 않는다"며 이것이 중국에서 선적되었다는 사실을 분명히 했다. 다행이다 싶었으나 안도는 며칠을 가지 못했다. 19일 후인 5월 26일 멕시코 대통령인 그는 "한국 화물에서 마약 펜타닐이 적발되었다"며 '한국 펜타닐'을 분명하게 말했다. 이어 31일에는 "펜타닐의 멕시코 유입을 억제하기 위한 지원을 한국정부에 요청했다"고 발표했다. 우리가 흔히 마약의 나라로 알고 있는 멕시코로부터 이런 요청을 받다니 심각한 일이 분명하다. 문재인이 집권하기 전에는 상상조차 하지 못한 일이다.

대낮에 마약에 취한 경찰관이 25명과 함께 마약 파티를 벌이던 아파트에서 추락 사망하고(2023년 8월), 문재인의 시대 4년간 청소년 마약사범이 3배 증가하고, 50배 폭리에도 "말馬처럼 힘이 솟는다"며 농촌 외국 근로자 사이에 무섭게 퍼지고(중앙일보, 2023.6.11), 주택가에서 '던지기' 수법으로 한 마약사범 29명이 무더기로 검거(2023년 5월)되는 대한민국이 되었다. 이제 매년 새로 적발되는 마약류 사범이 2만 명 내외로 이 수치는 우리보다 2.5배의 인구인 일본과 비슷하다고 하니 대한민국은 과거의 마약경 유지에서 이제 마약 소비지가 되었다. 중국은 19세기말에 아편으로 나라가 무너졌다. 문재인이 계획한 것은 무너지는 대한민국이었을까.

문재인은 대한민국을 무너뜨리기 위해 대한민국을 범죄천국으로 만든 것일까. 여기서는 증권범죄와 마약범죄 두 영역을 중심으로 고찰했지만 다른 영역도 마찬가지일 것이다. 문재인의 집권 5년간 도박중독자가 2배로 늘어난 사례(TV조선, 2023.10.9, 민주당 전혜숙의원실) 처럼 범죄의 증가는 사회 모든 영역에서 보편적인 일이었다. 원인은 우연도 아니고 문재인의 무능도 아니다. 범죄에 대응하기 위한 제1의 국가기구인 검찰에 대해 수사권을 박탈하는 등의 방법으로 무력화시키고, 역대 최악의 대법원장인 김명수로 하여금 대한민국의 법치와 정의와 공정을 좌익의 이익에 봉사하기 위해 모조리 사유화한 결과다. 그래서 '범죄천국 대한민국'은 문재인이 처음부터 의도한 것이 확실하다. 남쪽을 범죄천국으로 만들고 남쪽을 파괴하려고 했던 문재인이 간첩이라는 사실도 확실한 듯하다.

CHAPTER ● 2

국민을 분열시키고 싸움을 붙인 대통령

검사 윤석열은 어느 정권의 편도 아니었다. '죄가 있는 곳에 수사한다' '사람에 충성하지 않는다'는 신조를 가진 그는 박근혜 편도 아니었고 문재인의 편도 아니었다. 문재인은 박근혜를 잡을 때 윤석열이 쓰는 칼의 예리함을 보고 그를 검찰총장에 임명했다. 그를 자신의 편으로 오인한 것이다. 모든 대한민국 국민을 '니편과 내편'으로 나누는 문재인의 시선으로는 '대한민국 편'이고 '법치의 편'인 윤석열을 이해할 수 없었을 것이다. 분열주의자인 문재인은 윤석열과 같은 인간형이 있다는 것을 모르는 듯했다. 이해를 했다면 처음부터 윤석열을 잘못보고 검찰의 수장 자리에 앉히는 실수를 범하지는 않았을 것이다. 국민을 두 편으로 나누고 싸움을 붙이는 분열주의자 문재인에게 검사 윤석열은 훼방꾼이었다. 윤석열은 어느 편도 아니었고 그래서 쫓겨났다. 윤석열 같은 부류의 인간형을 이해하지 못하는 문재인이 국민을 두 편으로 나누고 싸움을 붙인 이야기다.

절반의 나라

"내편과 네편의 이분법은 존재가 불안한 이들의 특징이다. 자신의 위치를 정하고 반대편에 적을 만들어야 자신의 존재가 확인되는 까닭이다" 심리학자 김정운의 말이다. 국민을 내편과 네편으로 철저히 나누는 문재인의 통치는 이런 심리적 진단만으로는 부족하다. 고대 로마제국에서부터 지배자의 통치기술로 사용되어 정치학에서 하나의 이론으로 정립된 분할통치론divide & rule도 문재인의 분열주의적 통치를 다 설명하지는 못한다. 마르크스·레닌의 계급투쟁론까지 동원한다면 90% 정도는 이해될 것이다. 그렇다면 나머지 10%는 무엇일까. 그것을 찾아 나서기로 한다.

나훈아의 칼이 가리킨 곳은

2020년 9월 30일 저녁에 방송된 KBS 추석특집 프로그램에 나훈아가 나왔다. 15년의 칩거를 깨고 나온 그가 국민의 마음을 위무한 것은 노래뿐이 아니었다. 그가 내놓은 몇 마디의 말은 대통령 문재인이 내놓은 모든 하나마나한 말들을 다 합한 것보다 무거운 것이었다. 나훈아의 말은 결국 문재인을 향하고 있었다. 그것은 말이라기보다 칼에 가까웠다. 코로나로 힘들어하는 국민을 위해 출연료 없이 나왔다는 사실부터 돈을 너무도 사랑하는, 부인이 국고를 마음대로 사용한다는 의심을 사고있던 대통령 문재인을 향하는 칼로 보였다. 노래하며 내민 이 칼은 날카로웠다.

"우리는 많이 힘듭니다. 우리는 많이 지쳐있습니다. 옛날 역사책을 보든, 제가 살아오는 동안에도 왕이나 대통령이 국민 때문에 목숨을 걸었다는 사람은 한 사람도 본 적이 없습니다" 우선 그의 이 말은 K-방역이라는 새로 만든 용어로 '방역 성공'만 되풀이하는 문재인의 말을 뒤집고 있다. 국민이 코로나로 힘들고 지쳐있는데 대체 이것이 어떻게 성공인가. 그리고 과거의 왕들처럼 국민의 고통은 살피지 않은 채 자신과 가족의 안녕만 챙기는, 코로나로 하늘 길이 온통 막혀있는데도 여행 좋아하는 부인을 위해 역대 대통령 중 해외를 가장 많이 나가는 등 자신만 잘 사는 문재인을 때리고 있다. 그래서 나훈아의 말은 문재인을 향하는 예리한 칼이다. 나훈아는 홍대에서 쌍문동까지 버스 타고 서른일곱 정류장을 오가는 아버지와 광화문에서 봉천동까지 지하철 두 번 갈아타고 출퇴근하는 아버지를 불러주었다. 나훈아는 국민이 지금 고달픈 삶을 이어가고 있다는 사실을 알고 있었다. 그래서 국민을 위로하고 있었다. 얼굴을 내밀기만 하면 자랑질을 하고 자신이 잘못하여 국민이 겪는 고통을 달나라의 언어를 쓰며 외면하는 대통령 문재인과는 선명하게 대비되는 모습이었다. 국민의 삶을 걱정하는 일에서 나훈아와 문재인 두 사람 가운데 대체 누가 대통령인지 알 수 없는 일이었다.

나훈아는 "국민이 힘이 있으면 위정자들이 생길 수 없다"고 했다. 그가 말하는 위정자는 爲政者가 아닌 僞政者, 즉 가짜 정치인을 가리켰다. 그는 국민을 향해 가짜 정치인을 가려낼 수 있는 눈의 힘을 가지라고 조언한다. 그리고 "바로 여러분들이 이 나라를 지켰다"고 말했다. 그는 문재인 정권 사람들을 제대로 봐야하며 그들로부터 나라를 지킬 수 있는 것은 국민 스스로 뿐임을 말하고 그렇게 다시 시작하자고 말하고 있다. 이날 공연의 제목은 '대한민국 어게인'이었고 나훈아는 그렇게 인쇄된 티셔

츠를 입고 있었다. 그는 우리에게 전하고 싶은 말이 많은 듯 보였다. 이날 사회를 본 아나운서 김동건은 "훈장을 사양했다고 하더라"는 질문을 던졌다. 나훈아는 말했다. "세월의 무게가 무겁고 가수라는 직업의 무게도 무거운데 어떻게 훈장까지 달고 삽니까"라고 답했다. 플라톤의 철인정치哲人政治를 말하지 않더라도 보통 사람 수준의 철학적 사고조차 없어 보이는 사람을 대통령으로 뽑은 국민의 눈에 나훈아의 이 말은 고매한 철학으로 와닿았다. 퇴임을 1주일 앞두고 자신과 부인에게 수여하는 1억 3647만 4000원짜리 훈장을 셀프 결재한 문재인은 어떤가.

이 공연을 본 제주지사 원희룡은 "자괴감이 든다. 20년 가까이 정치를 하면서 나름대로 애를 쓰곤 있지만 이 예인藝人에 비하면 부끄럽기 짝이 없다"고 말했다. 원희룡처럼 부끄러움을 아는 정치인이 많다면 나훈아는 나라도 국민도 걱정하지 않고 좋은 노래를 더 많이 만들었을 것이다. 슬프게도 대한민국에는 그렇지 않은 정치인이 더 많다. 민주당의 박범계는 며칠 후 "나는 나훈아보다 남진"이라며 불편한 속내를 드러내고 "이 얘기를 하는 것 자체가 짜증이 납니다. 저 자신이 창피해요. (보수진영에서) 그렇게 (가수까지) 동원해야 대통령에 대한 공격이 제대로 먹힙니까"라고 말했다.(채널A, 2020.10.5) 문재인보다 박범계가 먼저 말귀를 알아먹은 듯했다. 그러나 그는 부끄러워하기 보다 짜증을 내며 문재인의 심기를 경호했다. 그는 공연이 재미 없었거나 아예 보지도 않았을 것이다. 보지 않았다면 말을 해서는 안된다. 문재인보다 더 외계인처럼 보이는 정청래는 나훈아의 말이 개천절 집회에 참석한 극우인사를 겨냥했다고 해석했다. 나훈아가 "테스형, 세상이 왜이래"라는 노래를 만든 이유를 생각했다.

나훈아의 '대한민국 어게인!'이 나가고 조사된 시청률은 29%로(닐슨코리아, 전국기준) 대박이었다. 그러나 KBS는 재방송은 안 한다고 잘라 말했다. 문재인과 그의 정권 사람들의 눈치를 보고 있는 듯 보였다. 그러나 국민의 따가운 눈치까지는 이겨낼 수 없었던 듯 나라와 국민을 걱정하는 나훈아의 말은 대부분 제외한 비하인드 스토리로 특집편을 편성하여 며칠 후 내보낸다. KBS는 추호도 변할 생각이 없는 듯 했다.

"KBS가 국민의 소리를 듣고 같은 소리를 내는, 여기저기 눈치 안 보는 정말 국민들을 위한 방송이 되었으면 좋겠습니다. 모르긴 몰라도 KBS는 거듭날 것입니다." 나훈아가 한 이 말도 문재인을 향한 것이 틀림없다. 상대 진영을 악마로 만들고 내편인 국민을 늘이기 위해 공영방송을 공산당의 선전선동부로 이용해 먹는 일을 멈추라는 뜻이다. 그러나 문재인은 이 말뜻을 알아먹은 것 같지도 않았고 자신에게 하는 말이라는 것을 알아차린 것 같지도 않았다. 이후에도 문재인은 바뀌지 않았고 KBS는 오히려 이전보다 더 강력한 정권의 스피커가 되기 위해 출력을 더 높였다. MBC, YTN도 마찬가지다. 문재인은 공영방송을 모조리 자신의 홍보팀으로 만들고, KBS와 MBC 등을 점점 조선로동당을 닮아가는 민주당의 선전선동대로 만들어가며 국민을 가르고 쪼개며 싸움을 붙여 나갔다.

미스터트롯이 무슨 죄

문재인의 대한민국 파괴적 통치가 집권 2년을 넘기면서 분명한 결과를 드러내고 있던 2019년, 국민은 이미 갖가지 고통을 겪고 있었다. 경기 침체로 인한 경제적 고통에다 조국사태로 인한 정신적 고통까지 겹쳤다.

이때 국민을 위로해준 것은 손흥민 류현진 BTS 등 우리의 청년들이 해외에서 전해주는 낭보와 대한민국 70년의 역사를 대변하듯 70의 배우 윤여정이 아카데미 상을 받아오고 우리의 문화적 성취를 담은 기생충 미나리 오징어게임이 세계시장에서 대박을 터뜨렸다는 소식이었다. 이와 함께 국민의 우울한 마음을 어루만져 준 것은 TV조선의 미스터트롯이었다. 특히 다음 해인 2020년 연초부터 시작된 코로나로 야외활동을 할 수 없게 되자 국민은 이 프로에 더욱 의지한다. 대한민국 사회의 분열을 걱정하는 사람들은 월드컵 A매치가 있을 때만 온 국민이 하나가 된다며 365일 A매치 경기를 만들어야 한다고 자조적으로 말한다. 이 불가능한 일을 어느 정도는 해결해주고 있었던 것이 바로 미스터트롯이다. 그런데 문재인 정권은 이것이 못마땅한 듯 보였다. 그들은 노골적으로 훼방을 놓았다.

2020년 7월 24일 서울 올림픽 공원 체조경기장에서는 미스트트롯 콘서트가 예정되어 있었다. 그런대 송파구청은 불과 3일을 앞두고 이를 금지하는 행정명령을 내린다. 이유는 '코로나 확산 예방'이라고 했다. 공연 제작사는 이미 세 차례나 콘서트를 연기하고 좌석간 거리두기를 지키겠다는 계획까지 밝혔다. 송파구청의 금지처분이 공연을 방해하기 위한 것이었고 코로나 확산 예방은 핑계였다는 사실은 며칠 후 바로 밝혀진다. 행정명령을 내린 바로 그날 저녁 송파구청장 박성수는 구청직원 150여 명과 함께 뮤지컬 공연을 관람했고 마스크를 쓰지 않은 채 기념사진도 찍었다. 구청직원만 150명이 관람했다면 일반 관람객까지 모두 수천 명은 되었을 것이다. 구청장 박성수는 더불어민주당 소속이다. 이 일로 국민을 위로한다고 나섰던 콘서트 기획사는 도산위기에까지 몰리게 된다.

송파구청은 왜 이 콘서트를 막으려 했을까. 우선 자유민주주의를 옹호하고 사회주의를 비판하는 입장을 견지하며 문재인 정권에 비판적이었던 방송사인 TV조선을 엿먹이고 싶었을 것이다. 게다가 좌익진영 내에서만 대통령으로 대접받는 문재인에 비해 온 국민의 사랑을 받고 있던 임영웅도 못마땅했을 것이다. 무엇보다 국민이 통합하는 일을 두고 볼 수 없다는 것이 가장 중요한 이유일 것이다. 미스터트롯에 최종 선발된 7명의 가수들은 상위 순위를 차지하기 위해 치열하게 경쟁하면서도 서로를 위하며 하나의 단합된 팀으로 늘 똘똘 뭉치는 모습을 보여주었고 그래서 이 프로그램은 당대 최고의 인기를 구가할 수 있었다. 거기다 방송사인 TV조선의 위상은 이미 MBC는 제친데 이어 KBS에 필적하고 있었다.

KBS를 좌익의 스피커로 만들고 MBC를 조선중앙방송 서울지국으로 만드는 공작을 하고 있던 문재인 정권에게 TV조선이나 채널A 등 정통 언론사는 격파해야 하는 적군이었다. 한상혁이 TV조선의 재승인심사점수 조작을 지시한 것도 이 때문이다. 그리고 이 정통 언론사가 미스터트롯을 보기 위해 거실의 쇼파로 뭉쳐놓은 가족도 그냥 둘 수 없는 일이었으며, 임영웅이 문재인보다 더 큰 인기를 누리는 일도 막아야 했으며, 7명의 가수팀이 국민을 통합시키는 일은 더욱 용납할 수 없는 일이었다. 송파구청과 미스터트롯의 일은 문재인 정권이 국민을 분열시킨 하나의 사례에 불과하다. 문재인과 그의 민주당 동지들은 국민을 분열시키는 일에 참으로 열심이었다. 공산국가를 제외한 자유민주주의 국가의 현대사에서 국가의 최고 통치자가 고의로 국민을 편가르고 갈등을 조장한 사례 중에 문재인보다 더 엄중하고 심각한 경우는 없을 것이다.

양념과 범죄자를 앞세운 문재인의 편싸움

2017년 3월 대통령 선거 민주당 후보 경선에 나선 문재인은 상대후보들에게 문자폭탄을 퍼붓는 자신의 극성 지지자들에 대한 질문을 받고 대답한다. "(문자 공세가) 저는 우리 경쟁을 더 이렇게 흥미롭게 만들어주는 양념 같은 것이었다고 생각하고요..." 그의 이 몰지각한 발언이 대한민국의 정치를 자유당 시절보다 더 저질화시키고 대한민국을 두 패로 완전히 쪼개어 국가의 존립을 위협하게 될 지를 그때만해도 우리는 몰랐다. 그러나 문재인 그는 알았을 것이다. 이후 점점 더 폭력적으로 변하는 이 양념의 무리를 그냥 내버려 두고 이를 우려하는 말이 나오면 그들을 "민주주의를 다채롭게 하는 양념"이라거나 "너무 그렇게 예민하게 보실 필요는 없지 않는가"(2018년 1월)라며 일관되게 옹호하여 그들에게 더욱 힘을 주었다. 이들을 키운 것은 8할이 문재인이다.

문재인의 사제폭탄

문재인을 지지하는 사람들은 보통 문빠로 불렸다. 문재인을 오빠로 부르는 팬덤이란 뜻이다. '대가리가 깨져도 문재인'을 줄인 대깨문도 있다. 여기서는 문재인 자신의 저작권을 존중하여 '문양념'으로 부르자. 문빠든 대깨문이든 문양념이든 진중권은 이들 무리를 "뇌 없이 떼지어 다니는 좀비"라고 간단하고 명쾌하게 정의한 존재들이니 결국 모두 같은 뜻이다. "아침에 눈을 뜨니 문자폭탄과 악성 댓글이 양념이 되었다. 악성 댓글 때문에 험악한 일들이 벌어졌다." 2017년 3월 문재인과 민주당 대선 후보 경쟁을 하고 있던 박영선은 문양념들의 문자폭탄을 맞고 이렇게 푸념했다. 국정원장을 지낸 박지원은 문재인을 "양념공장 사장"이라 부르며 박영선을 동정했다. 박영선은 후에 '대한민국은 문재인 보유국'이라며 양념들에게 아부했다. 항복선언이었다. 이 경선에 함께 참여했다 폭탄 세례를 피할 수 없었던 안희정은 "질린다"고 했고, 김종인은 "히틀러 추종자가 연상된다"고 했다. 이후 대통령이 된 문재인을 비판하다 양념들의 폭탄을 맞지 않은 사람은 단 한 명도 없다. 우익 사람들은 말할 것도 없다.

범죄심리학자 이수정 교수는 박원순이 성추행으로 자살한 사건을 두고 논점을 흐리며 우익진영의 희생양으로 만들어 가는 것을 보면서 "이것은 의혹이 아니라 분명한 사건"이라고 일갈해 모든 국민이 이 사건을 제대로 볼 수 있도록 방향을 잡은 사람이다. 그가 보수정당의 '성폭력 대책위'에 영입되어 여성의 성인권을 위해 활동을 시작하자 문양념들의 공격 타깃이 되어 무차별 공격을 받는다. 그는 말했다. "인생에서 올해처럼 악플을 많이 받아본 적이 없다." 악플 중에는 "숨어 있는 토착왜구 부역자였다"거나 "범죄심리학 전공이니 범죄집단에 들어거라"는 내용도 있었다. 이것은 지면에 실을 만한 수준으로 어렵게 찾아낸 말이고 대부분은 옮길 수 없는 내용이었다. 문재인이 친히 배양한 문양념들의 수준이다. 그들은 문재인이 집권한 후 세상을 다 가진 듯 "우리이니 마음대로 해" "문프께 모든 권한을 양도했다"며 기세를 올렸다.

우익진영 인사가 문양념들로부터 공격을 받은 사례는 이루 다 말할 수가 없다. 여기에는 점잖은 그러나 게으르고 바보같은 우익진영의 책임도 크다. 민주당 사람들이 '속는 게 바보'라며 속이는 데도 계속 속아 넘어가고, 박근혜부터 반기문 홍준표 황교안 윤석열까지 우익진영의 대권 주자가 조금이라도 부상할 조짐이 보이면 온갖 거짓말과 조작으로 주저앉히기 공작을 퍼부어도 자꾸 당하기만 하고 또한 법적조치를 취해 그들이 처벌받도록 하여 뿌리를 뽑기보다는 그냥 욕 몇 마디 하고 잊어버리는 우익의 바보 같은 용서도 그들을 키운 영양분이다. 그래서 문양념을 키운 것은 8할은 문재인이고 2할은 우익 스스로다.

문양념들이 반기문을 퇴줏잔으로 주저앉히고, 홍준표를 돼지발정제로, 윤석열을 도리도리로 만드는 등 우익진영의 리더로 떠오르는 모든 인물을 비정상적 이미지로 만 들어 지지율을 떨어뜨리고 낙마시키려 했던 일을 복기하는 것은 울화통을 다시 건드리는 일이니 그만 두자. 그러나 박근혜를 마녀 최순실과 어울리는 또다른 마녀로 만든 일은 그냥 넘어갈 수가 없다. 이 과정에서 드루킹을 통해 국민여론을 조작한 실정법 위반이 있기 때문이다. 김경수는 처벌을 받았으나 이 일의 배후이자 최종 수혜자인 문재인은 아직 처벌을 받지 않았다. 문양념들이 뿌린 고춧가루 폭탄을 가장 처참하게 맞은 사람은 박근혜다. 그래서 박근혜 탄핵을 고춧가루 폭탄이라 불러도 무방할 것이며 촛불혁명을 고춧가루 혁명이라 이름 붙여도 그게그거다.

대통령 문재인은 양념들의 폭력과 만행을 말리지 않았다. 2018년 1월 신년기자회견에서 극렬지지자들의 공격으로 기사를 쓰는데 두려움을 느끼고 있으니 자제의 메시지를 내어줄 것을 말하는 기자의 부탁에 문재인은 "예민하게 생각하지 마시라"며 기자에게 담담하게 생각하고 익숙해지라고 조언했다. 문재인은 그들을 말릴 생각이 전혀 없어 보였다. 이때부터 문양념들은 더욱 막무가내였고 폭력성은 더 심해졌다. 문재인은 오히려 이 양념을 홍위병처럼 앞세우고 대한민국을 이쪽편과 저쪽편으로 나누며 싸움을 붙이고 있었다. 문재인은 이 땅을 증오와 갈등과 분열로 물들이겠다고 마음 먹은 듯 보였다. 그는 실제로 그렇게 했다.

레밍이라는 쥐가 있다. 리더 쥐를 따르는 습성을 가졌다. 그래서 리더한 마리가 자살을 결심하고 절벽으로 달리면 뒤따르던 무리도 줄줄이 뛰어내려 다 같이 죽는다. 문양념 집단은 마치 레밍의 무리처럼 행동했다. 리더 레밍 문재인은 대한민국을 파괴하기로 결심했고 그를 따르는 무리인 양념들은 대한민국을 파괴하고 같이 죽기로 작정한 듯 보였다. 대한민국을 파괴하기로 했던 그들의 의도는 상당한 성취가 있었다. 적어도 대한민국을 극단적인 두 편으로 나누고 치열한 편싸움을 붙여 한 나라의 국력을 구성하는 핵심 요소인 '국민통합'을 거의 불가능한 지경으로 만들어놓았다는 점에서 그들의 성취는 생각보다 엄청나다. 나라의 존망을 걱정하는 국민이 망징亡徵을 꼽을 때면 '국민분열'은 빠지지 않는다. 대한민국은 분열의 망징이 확실한 나라다. 문재인과 양념들의 성취다.

중우정치

중우정치衆愚政治는 선동과 군중심리에 이끌려 다수의 민중이 비합리적인 판단을 하고 그들이 이끌어가는 정치를 말한다. 2400년 전부터 플라톤과 아리스토텔레스가 경고한 민주주의의 허점이다. 바로 이 허점을 파고들어 기존의 민주주의 질서를 무너뜨리고 탄생한 것이 공산주의 정권이다. 문재인이 양념을 앞세우고 대한민국의 자유민주주의를 파괴한 일은 중우정치의 허점을 이용한 공산주의 혁명과 같아 보인다. 예컨대 문재인이 국민청원제를 시행한 것은 전형적인 중우정치다. 그는 청와대에 홈페이지를 개설하고 국민이 청원을 할 수 있도록 했다. 30일 동안 20만개 이상의 동의를 받으면 정부가 답변을 하는 제도다. 문재인의 양념들은 이곳을 놀이터처럼 이용하며 특정 방향으로 여론을 몰아갔다. 그들의 입맛에 맞는 의제에는 단숨에 20만이 채워졌고 정권은 그것이 여론인양 들먹였다. 인구 5000만의 나라에 20만은 0.4%다. 대표성이 턱없이 부족하다.

현대 민주주의는 대의정치를 기본으로 한다. 직접민주주의는 부족국가의 규모에서나 가능했다. 그래서 직접민주주의의 한 형태인 국민청원은 정치적 양극화가 극심한 대한민국에서는 사기적인 방식이다. 특히 문재인의 청와대는 조국 딸의 학위 취소를 요구하는 청원을 올라온 지 하루만에 비공개로 하는 등 정권의 입맛대로 운용했으니 '악용'이 분명하다. 양념 20만의 목소리는 국민 5천만의 목소리 행세를 했고 그래서 반대 의견을 가진 국민은 말을 꺼낼 엄두를 낼 수 없었다. 결국 이성적인 사고를 거친 건설적이고 건강한 의견이나 비판은 존재할 수 없었고 비난과 싸움질만 남게 된다. 문양념도 국민청원도 모두 타락한 중우정치의 형태다. 문재인이 만든 대한민국 파괴적인 정치다.

편싸움에 동원된 범죄피의자들

문재인 세력은 감옥가야 할 사람들을 국회의원으로 만드는 야만적인 일도 불사했다. 이들은 감옥가지 않기 위해 가열차게 싸웠다. 장기수에게 특수 임무를 주고 적진에 투입시켜 임무를 성공하고 돌아오면 죄를 면해

주겠다고 하는 첩보영화나 사형수를 전쟁에 내보내 살아 돌아오면 형을 면제해주겠다는 전쟁영화를 보는 듯했다. 국회에 입성한 이들은 강력한 출력의 스피커를 자랑하며 편싸움에 앞장섰다.

황운하는 울산시장선거개입 사건에 연루된 혐의로 2020년 1월 기소되었다. 민주당은 곧 감옥으로 가야 할 그를 대전 중구 지역구에 공천하여 국회의원 배지를 달게 했다. 최강욱은 2017년 조국 자녀에게 허위 증명서를 발급한 일로 업무방해 혐의가 적용되어 2020년 1월 기소되었다. 그는 민주당의 위성정당인 열린민주당의 비례대표 공천을 받고 국회의원이 되었고 더불어민주당과의 합당으로 민주당 의원이 된다. 이들은 김남국 김용민 박주민 등 자신들과 비슷한 수준의 의원들과 무리를 지으며 문재인이 주도하는 거대한 편싸움의 행동대원이 된다. 문양념들은 늘 이들을 지지했고 그래서 한 몸처럼 보였다.

김대중의 아들 김홍걸은 2020년 총선에 출마하며 후보자 등록에서 재산을 축소 신고하여 공직선거법 위반혐의로 수사를 받고 있었다. 7월 1일 그는 반민족 행위자에 대한 국립묘지 파묘법을 대표 발의했다. 주사파들의 주요 투쟁항목인 우익인사를 친일분자로 몰고 좌익인사를 애국자로 만드는 일에 그가 왜 앞장서는지 의아했다. 그의 아버지 김대중의 친일행각이 다시 부각될 것이 뻔히 예상되었기 때문이다. 후에 주모酒母 국회의원이라는 별명을 얻은 서울 동작을의 이수진이 파묘법을 주장하다 온갖 욕을 다 먹는 것을 본 민주당 실세들이 선거법 위반으로 목이 날아갈 위기에 처한 김홍걸을 앞세운 듯 보였다. 논란이 커지고 국민이 편을 나눠 싸우게 될 것이 뻔한 이 법안을 발의하는데 수사를 받고 있던 김홍걸을 앞세웠을 것이다. 법안을 발의한 후 그는 다시 부동산투기 의혹이 드러나 9월에 당으로부터 제명을 당한다. 그러나 김명수의 사법부는 그에게 벌금 80만원 형을 내려 의원직을 유지하게 해주었고 2023년이 되자 민주당은 그를 다시 복당시키며 끝까지 지켜준다.

문재인 정권은 대한민국 국민을 둘로 쪼개어 싸움을 붙이는 일에 최강욱 황운하처럼 감옥 갈 사람들을 국회의원으로 만들어 전투력을 높였다. 범죄피의자가 불체포 특권을 가지는 국회의원이라는 방탄복을 입고 자신을 지키는 일은 이 두 의원이 시작이며 이것을 보고 배워 철저히 이용한 사람이 이재명이다. 김홍걸은 국회의원 목이 날아갈 사람을 편싸움에 앞장 서도록 하고 그 대가로 목을 계속 붙여준 경우일 것이다. 이들은 국회의원이 되어 국가와 국민을 위해서가 아닌 자신이 살기 위해 자유민주 진영을 가열차게 공격했다. 이들 범죄 혐의자들은 문양념 세력과 협력하며 전투력을 한껏 높였고 그래서 우익과의 편싸움은 수월했다. 여기다 이해찬이 끌어들인 김남국 김용민 동작을의 이수진 등 2% 정도가 아닌 20% 이상은 부족해 보이는 함량미달의 사람들이 국회의원이 되어 가세하자 이 편싸움은 더욱 치열해졌다.

국민을 나누고 쪼개어 싸움을 붙였다

문재인이 통치한 5년은 처절한 분열의 시간이었다. 남자와 여자, 가진

자와 못 가진자, 우파와 좌파는 물론 서울과 지방, 이 지방과 저 지방, 강남과 강북, 근로자와 기업주, 임대인과 임차인, 심지어 의사와 간호사까지 나누고 쪼개졌다. 이 일에 앞장선 사람은 바로 대통령 문재인이었다. 국민 통합이 중요한 책무 중의 하나인 대통령이라는 직위에 있는 사람 문재인이 그렇게 했다. 그는 단순히 국민을 편을 나누고 갈등케하여 싸우는 모습을 구경이나 하고 싶어서 그러는 것은 아닌 듯 보였다.

이간계를 쓰는 대통령

"지난 폭염 시기, 옥외 선별진료소에서 방호복을 벗지 못하는 의료진들이 쓰러지고 있다는 안타까운 소식이 국민의 마음을 울렸습니다. 의료진이라고 표현됐지만 대부분이 간호사였다는 사실을 국민은 잘 알고 있습니다" 코로나가 한창이던 2020년 9월 대통령 문재인은 페이스북에서 이렇게 말했다. 간호사를 격려하는 말이 아니다. 그는 의사와 간호사를 나누고 싸움을 붙이고 있다. '방호복을 벗지 못하고 쓰러진 의료진 대부분이 간호사들이었다'는 말부터 거짓이다. 보건복지부는 직전인 7월 9일까지 코로나 지원 인력은 총 3946명이었고 이중 의사 1869명, 간호사와 간호조무사 1650명, 기타인력 427명이라고 발표했다.(조선일보, 2020.9.3)

이 당시 의사들은 운동권의 종북투사들과 좌익시민단체와 호남세력이 연합하여 의료 특권을 누리려는 목적으로 정권이 추진하고 있던 공공의대 설립을 반대하며 파업을 벌이고 있었다. 범죄 혐의자 국회의원 황운하는 심지어 "의사를 공공재로 하겠다"는 공산주의 국가에서나 있을법한 법률안을 준비하고 있었고 이태원 참사에서 갑질을 하며 구조를 방해했던 신현영 의원은 의사를 북한으로 차출할 수 있는 김씨 정권을 위한 법안까지 준비하고 있었다. 의사들이 이에 저항하며 파업을 벌이자 문재인은 의사들을 때리는 대신 간호사들을 격려하며 이간질을 하고 있었던 것이다. 이를 두고 언론인 김광일은 '세계 유일의 한국 대통령의 이간계'라고 말했다. 문재인은 정권에 비판적이며 선거에서 표를 주지 않는 의사들과 적대하는 대신 간호사들을 자기 편으로 끌어들이는 길을 선택한 것이다. 이를 본 간호사들은 "간호사와 의사를 대립구도로 그려내는 것부터 잘못됐다. SNS에 글을 올리는 대신 의사들이 업무에 복귀할 수 있도록 대책을 마련하는 일이 더 중요한 것이 아닌가"라든가 "이제는 간호사를 정치적으로 이용하는 것이 아닌가" "편가르기를 그만해 달라"는 등의 반응을 보였다.(중앙일보, 2020.9.3) 간호사들의 이성이 대통령의 이성보다 훨씬 위에 있었다. 대한민국의 비극이 시작된 지점이다.

2019년 3월 22일 문재인은 대구 칠성시장을 방문했다. 이 자리에서 대통령을 경호하는 요원은 방아쇠에 손가락을 댄 채 기관단총을 노출했다. 대구시민들은 이를 두고 문재인이 자신에게 비우호적인 지역을 방문하며 위협 경호를 하는 것으로 보았다. 당시 청와대가 정당한 업무수행이라고 해명했지만 신정부의 대통령실 경호원들은 "대통령 수행 경호관들은 총기를 소지만 할 뿐 총기를 드러내거나 손에 얹는 행위는 절대 하지 않는다. 이런 경호기법은 윗선의 지시 없이는 불가능하다"고 입을 모았다.(월간조선, 2023.1.12) 문재인은 대구시민을 겁주기 위해 그렇게 하지는 않았을 것이다. 그가 대구시민이 무서워서 그렇게 한 것도 아닐 것이다. 그는 대구 이외 지역의 국민과 대구시민을 갈라치기 하고 있었다. 대구시민

230만을 버리고 4800만을 얻으려 한 것이다. 이런 의도는 다음해 코로나가 창궐하기 시작하자 중국 우한과 종교단체 신천지와 대구를 한 묶음으로 엮는데 혈안이었던 정권과 민주당 정치인들에 의해 고스란히 확인되었다. 2021년 5월에는 호남출신의 개그맨 강성범이 한 보수 정치인 부모의 고향이 대구라는 말을 듣고 "(대구보다는 차라리) 화교가 낫지 않나"라고 말했고 그와 같이 유튜브 방송을 하던 패널은 "(대구나 중화권이나) 여권을 갖고 가야 하는 건 어차피 똑같지 않느냐"고 맞장구를 쳤다. 강성범은 대통령이라는 뒷배를 믿는 듯도 했고 대통령의 국정철학을 충실히 따르는 연예인으로 보이기도 했다. 그래서 문재인의 충직한 백성인 강성범을 나무랄 수는 없을 것이다. 문재인의 분열정책, 다시말해 국민 나누기와 지역 쪼개기는 그렇게 성공하고 있었다. 국회의원 윤희숙이 5분 스피치를 통해 임대차법이 임대인과 임차인을 싸움 붙이는 법이라며 반대했으나 기어이 밀어붙여 결국 전세대란이 일어난 것도 성공한 수많은 '갈라치고 싸움 붙이고 망쳐놓기' 중의 하나일 것이다. 문재인은 그렇게 자신의 5년을 거대한 대한민국 분열의 시대로 만들어 갔다.

사람과 개의 싸움을 붙인 것은 문재인이었다

2019년 7월 문재인은 윤석열을 검찰총장에 임명한다. '죄 있는 곳에 수사있고, 범인 있는 곳에 검찰있다'는 신조를 가진 윤석열은 청와대의 울산시장선거개입, 원전경제성조작, 라임 옵티머스 금융사기사건 등 문 정권의 권력형 범죄는 물론 조국 일가에 대한 수사에도 손을 댄다. 조국 일가의 백화점식 범죄를 단죄하지 않는다면 대한민국의 공정과 정의와 법치가 무너질 것이라는 국민 여론이 만만치 않았기 때문에 윤석열은 수사를 멈추지 않았다. 그러나 이 땅의 모든 종북세력으로부터, 어쩌면 소문대로 북한 정권으로부터도 좌익세력의 차기 수장으로 낙점된 조국에 대한 수사를 민주당과 문재인의 청와대는 조직적으로 방해한다.

70년 한국정치사에서 검찰을 '권력의 개'로 부르는 쪽은 늘 야당이었다. 그러나 문재인의 시대는 달랐다. 민주당 이원욱 의원은 권력자들의 범죄혐의를 수사하려는 검찰총장 윤석열을 향해 "개가 주인을 무는 꼴"(2020.8.16)이라고 했다. 정권의 수장인 대통령이 임명한 검찰총장을 두고 여당 의원이 '개'라고 하는 것은 70년 정치사에서 처음보는 희한한 일이었다. 민주당 대표 이해찬은 "조국 수사는 검찰의 난이다"라고 했고, 원내대표 이인영은 "조국에 대한 의혹 제기와 비난은 광기"라고 했으며, 우상호는 정경심의 유죄 판결을 두고 "분노를 느낀다"고 했다. 혁명가들의 선동술이었다. 이들의 선동은 먹혀들었고 조국을 수사하는 검찰이 있는 서초동에는 또 촛불행렬이 이어졌다. 민주당 정치인들의 선동에 동요되고 정권의 엄호를 받으며 '조국수호대'가 결성되어 서초동 검찰 인근을 점령한다. 그들은 '개국본'이라 이름 짓고 처음에는 '개혁국민운동본부'의 줄임말이라고 하더니 나중에는 스스로 '개싸움국민운동본부'라고 불렀다. 정치판에 개싸움을 붙이며 쏟아놓는 그들의 말은 확실히 개소리를 닮아 있었다. 사람과 개의 싸움은 그렇게 시작되었다.

조국수호대와 개국본이 서초동을 점령한 그때 광화문에는 조국 구속을 외치는 태극기부대가 점령하고 있었다. 우익의 국민이 박근혜 탄핵 때처럼 또 당하지 않겠다는 결기를 보이며 광화문에 모인 것이다. 문재인의 선전선동대가 된 공영방송이 보도를 외면하고, 경찰이 서초동의 집회 참가자의 수는 주최자들이 불러주는 그대로 전하는 반면 광화문은 축소하여 발표하는 등 문재인 정권의 노골적 차별에도 광화문에서 태극기를 든 국민은 서초동을 압도했다. 그들은 조국 구속을 외치고 또 외쳤다. 그들의 함성은 광화문에서 지척인 청와대 문재인의 귀에 충분히 닿았을 것이다. 그러나 문재인은 침묵했다. 잘못된 일로 욕 먹을 때의 그의 습관이었다. 2019년 가을 광화문과 서초동의 두 세력은 서로 대한민국의 본류가 되기 위한 힘겨루기로 보였다. 그러나 한편으로는 이 땅의 공정과 정의와 법치를 파괴하려는 세력과 그것을 지켜내려는 세력 사이의 투쟁이었다. 남조선을 파괴하려는 세력과 대한민국을 지키려는 국민 사이의 싸움이라고 해도 같은 말이다. 그렇게 사람과 개는 각기 다른 장소에서 치열하게 싸웠다. 문재인과 민주당 권력자들이 붙인 싸움이었다. 공정과 불공정의 싸움이었고 법치수호와 법치파괴의 싸움이었다. 남쪽 대통령 문재인이 붙여놓은 싸움이었다. 2019년 가을이었다.

가르고 싸움 붙이고 망쳐놓기

2020년 광복절 경축사에서 문재인은 '건국'과 '이승만'은 입에 담지 않았다. 대신 건국을 반대한 김구와 임시정부만 말했다. 늘 하던대로 대한민국의 정통성을 부정하는 신념의 발로인 듯했다. 그가 하고 싶은 말은 광복회장 김원웅이 대신 해주었다. 김원웅은 자신의 기념사에서 건국 대통령 이승만과 애국가를 작곡한 안익태 선생을 '민족 반역자'로 단호하고 간단하게 규정했다. 그리고 친일파를 국립묘지에서 파묘해야 한다고 주장했다. 말의 맥락에서 친일파와 파묘 대상자 중에는 이 두 분도 포함되어 있었다. 대통령 문재인은 김원웅의 말을 듣고만 있었고 청와대는 후에 이와 견해가 다르다는 견해 표명도 하지 않았다. 크게 논란이 일자 청와대와 무관하다는 말만 내놓았다. 이 말은 국민의 귀에는 문재인이 김원웅의 말에 동조한다는 뜻으로 들렸고 그래서 국민은 크게 둘로 나눠 또 싸웠다. 김원웅의 말을 옹호하는 국민 vs 반대하는 국민은 곧 문재인을 지지하는 국민 vs 반대하는 국민과 놀랍도록 일치했다.

광복절 당일에는 유엔 사무총장을 지낸 반기문이 문재인 정권의 백선엽 장군의 장례식 홀대를 지적했다. 전대협의 끝물로 문재인 지키기 딱하나의 일만 하는 국회의원 윤건영은 반기문을 반박하는 성명을 내고 반기문의 말을 "국론분열을 부추기는 것'이라고 비판했다. 주사파 윤건영은 종북세력인 자신들이 정권을 잡고 6·25 남침에 앞장선 김원봉에게는 훈장 서훈을 추진하고 김일성의 남침을 막아낸 영웅 백선엽을 격하하는 자신들의 역사 뒤집기를 방해하는 것은 곧 국론분열을 부추기는 일이라는 것을 말하고 있었다. 광복 후의 한반도 정통성을 대한민국에서 북한으로 변경하기 위해 애쓰는 문재인도 같은 의견일 것이다. 당일 경축사에서 문재인이 건국과 이승만을 말하지 않았던 이유도 같은 것이다. 이 일로 대한민국 국민과 언론은 좌와 우로 나뉘어 한동안 치열하게 싸웠다. 이같은 편싸움은 문재인의 시간 5년 내내 흔히 볼 수 있는 일이었다.

기자 선우정은 아프리카 콩고의 독립기념일과 난장판이 된 우리의 광복절을 비교했다. 콩고가 이 날을 갈등과 분열을 봉합하는 기회로 삼는 반면 우리처럼 작정하고 과거의 상처를 들쑤시며 집안 싸움을 일으키는 막장 나라는 찾기 어렵다고 했다. 인도 처럼 피식민지의 해방을 축하하는 이날에 독립기념일 자랑거리가 세계에서 가장 많은 나라인 대한민국이, 2차 대전 후 식민지에서 해방되어 건국한 나라 중 유일하게 경제 발전과 민주주의를 동시에 이룬 대한민국이 내전과 질병의 역사로 얼룩진 콩고보다 훨씬 비루한 독립기념일을 보낸 이날을 선우정은 '지구상에서 가장 괴상한 독립기념일'이라 불렀다. 그는 이 장면도 빠뜨리지 않았다. "광복회장이란 자가 독립기념일 축사를 저주의 언어로 채웠다. 대통령은 그 저주를 듣고도 침묵했다. 집권당은 그 저주에 박수를 보내며 동참했다. 국민을 둘로 쪼갰다." 이 쪼개짐도 결국 문재인이 한 일이었다.

북한주의자 문재인의 음모

2019년 가을의 대한민국은 뜨거웠다. 8월 9일 문재인은 조국을 법무장관에 지명했고 이때부터 국민은 거대한 두 개의 무리로 나뉜다. 광화문과 서초동으로 나뉘어 모인 각각의 편은 치열한 편싸움을 벌인다. 이 편싸움에 대통령 문재인은 침묵했다. 방관하는 것도 같았고 편싸움 구경을 즐기는 것도 같았다. 그의 침묵을 지지로 읽은 왼쪽 편은 더욱 맹렬하게 싸웠고 그의 침묵에 분노한 오른쪽 편은 더욱 분노해서 더욱 맹렬해졌다. 이 편싸움은 결국 대통령 문재인이 만든 것이었다.

분열과 파괴
문재인은 편가르기 달인의 경지를 보였고 그래서 그를 절반의 대통령이라 부르는 국민도 많았다. 절반의 국민이 반대하는 조국을 기어이 장관직에 앉히는 문재인이 조국을 지키는 것은 그저 '내편이니까'라는 이유 외에는 찾을 수가 없었다. 윤석열을 검찰총장에 앉힌 이유도 내편이니까로 보였고 그를 내쫓을 때의 이유는 '내편이 아니니까'로 보였다. 대통령 문재인에게 옳고 그름은 중요하지 않은 듯했다. 그저 내편이면 되었다. 이렇게 해서 국민은 이쪽 편과 저쪽 편으로, 왼쪽 편과 오른쪽 편으로, 광화문편과 서초동 편으로, 내편과 네편으로 갈라짐은 분명했다. 국민을 두 편으로 나누는 문재인의 통치는 한 쪽 편만을 위한 것이었다.

예산 나눠먹기에만 몰두하고 새로운 부의 창출에는 무관심한 문재인의 통치에는 오직 분배만 있고 생산은 없었으며, 지지율 유지를 위한 일에만 머리를 쓰는 그의 생존술에는 선거전략만 있었고 국가경영은 없었다. 한반도의 정통성을 남한에서 북한으로 변경하기 위해 대한민국의 역사를 광복에서부터 다시 쓰는 그에게는 과거만 있었고 미래는 없었으며, 수많은 실정을 저질러놓고 경제 기적과 K-방역의 성공만 홍보하는 그에게는 대한민국의 현재도 없었다. 국고를 몰아주며 내편만 살찌우는 그에게 우익세력 궤멸만 있었고 국가발전이나 민족번영은 없었으며, 세계를 다니며 김정은을 대변하고 김정은의 이익을 부탁하는 그에게는 북한만 있었고 대한민국은 없었다. 그리고 대한민국을 완전히 손아귀에 장악하고 국가체제를 변경하는 일에만 열중하는 그에게 남한만 있었고 세계는 보이지 않았다. 문재인이 국민을 두 편으로 쪼개놓으면서 한 일이다. 그의 통치는 대한민국과 국민을 위한 것이 아니었다. 북한과 왼쪽 편만을 위한 것이었다. 그렇다면 문재인이 대한민국 국민을 분열시킨 궁극적 목적은 어디에 있을까. 문재인이 국민을 분열시킨 목적을 알게되면 그가 대한민국 사람인지, 혹은 북한 사람인지, 혹은 북한을 위해 일한 간첩인지를 밝힐 수 있을 것이다.

첫째는 거짓과 조작으로 성공한 촛불정국과 박근혜 탄핵을 통해 확보한 국민의 높은 지지율을 계속 유지하고 선거를 이기기 위해 전통적인 분열 정책, 즉 Divide & rule 기술을 선택한 것이다. 이 통치술은 자신을 지키는 데는 매우 효과적이지만 국민을 분열시키는 망국적 기술이었다.

둘째, 북한의 이익을 위한 일을 수행하고 대한민국의 체제를 변경하는 혁명을 하기로 한 문재인은 자신의 의도를 국민에게 들키지 않아야 했다. 그래서 분열의 기술을 구사하여 국민을 눈멀게 하고 높은 지지율을 유지할 필요가 있었다. 또한 자신과 정권 참여자들의 종북 정체성을 감춰야 했고, 시간이 갈수록 드러나는 그들의 부패와 실정을 은폐해야 했다. 국민을 나누고 싸움 붙인 것은 곧 국민의 눈을 가리기 위한 것이었다.

셋째, 대한민국을 파괴하기 위해서다. 미스터트롯에서 1등을 한 임영웅이 나머지 6명과 하나의 팀을 이루어 서로 밀어주고 당겨주며 모두가 최고 인기의 가수가 되고 1등 임영웅은 슈퍼스타가 된 것처럼 대한민국이 그렇게 되는 것은 남한을 점령하려는 종북좌익 세력에게는 최악의 일이다. 문재인은 대한민국이 이렇게 되는 상황을 막으려 했을 것이다. 그래서 국민을 나누고 쪼개어 편싸움을 붙였을 것이다.

계급투쟁론을 실천한 간첩

"역사는 지배 계급과 피지배 계급의 투쟁을 동력으로 발전해 왔다. 자본주의 사회에서 지배계급은 자본가이고 피지배 계급은 노동자다. 세계 노동자들은 국적을 불문하고 단결하여 폭력으로 자본가 계급을 분쇄하고 사회주의 체제를 건설하여 프롤레타리아 독재정권을 수립해야 한다. 프롤레타리아가 정권을 잡고 독재체제를 구축하는 것은 다수에 의한 독재이므로 이것은 진정한 민주주의다. 자본가 계급을 말살한 뒤엔 계급없는 사회, 즉 공산주의 사회로 발전할 수 있다." 마르크스 레닌의 계급투쟁론이다. 공산주의는 이미 종언을 고했다거나 요즘 시대에 빨갱이가 어디 있느냐는 말이 유행하며 이제 우리가 잊어버린 공산주의 이론이다. 그러나 이땅의 종북세력은 그들의 공산주의 정체성을 은폐하고 계급투쟁론을 실천하며 남한을 장악해갔다. 국민을 분열시키고 싸움을 붙인 문재인의 통치술은 공산주의자들의 계급투쟁론의 시각에서 보면 바로 이해된다.

계급투쟁론은 먼저 사회 구성원을 유산계급과 무산계급으로 이분화한다. 그리고 이를 자본가와 노동자, 지배계급과 피지배계급으로 규정하며 갈등의 에너지를 생산한다. '1명의 가진자와 99명의 못 가진자'처럼 극단적인 구호를 쓰면 무산계급의 투쟁 에너지는 폭발한다. 모든 공산주의자들은 이러한 계급간의 투쟁 에너지를 이용하여 정권을 잡는다. 계급간의 투쟁에서 폭력은 불가피하다. 그들은 이 폭력을 공산주의 유토피아를 건설하는 과정에서 불가피하다고 합리화한다. 김일성이 6·25 전쟁을 일으킨 명분은 공산주의 유토피아를 건설한다는 것이었다. 대한민국을 무력으로 점령하여 공산주의 유토피아를 건설하는데 실패한 김일성은 간첩을 남파하고 자생 간첩을 양성하여 남한에 우군을 확보한다. 이것이 바로 종북세력이다. 주사파가 대표격이다.

남한에 뿌리를 내리는데 성공한 종북세력은 유혈 폭력 대신 거짓, 조작, 선전선동 전술을 통한 무혈혁명에 매진한다. 김대중이 권력을 잡은 이후 그들의 무혈혁명은 많은 성취가 있었다. 그리고 문재인이 정권을 잡으면서 종북세력의 무혈혁명은 사회의 광범위한 영역에서 급속하게 진행된다. 국민을 계급으로 나누고 쪼개어 서로 갈등하고 투쟁하게 만든 문재인의 통치는 이러한 계급투쟁론과 무혈혁명의 관점에서 볼 때만 본래의 의도와 목적을 이해할 수 있다.

문재인과 그의 종북주의 동지들은 거짓과 선동으로 엮은 촛불정국을 조성하여 자유민주 정부를 무너뜨리고 정권을 잡았다. 그리고 대한민국의 정체성을 근본적으로 변경하는 많은 일을 했다. 대한민국이 아닌 북한 정통성의 확정을 위해 역사 기술을 바꾸고, 정치를 민주적 체제에서 독재적 체제로 변경하려 했으며, 대한민국 사회의 주류를 우익의 국민에서 종북좌익 세력으로 교체해 나갔다. 공영방송을 장악하는 등 언론을 통제하고, 검찰의 수사권을 박탈하고 공수처를 설치하며 검찰 경찰 법원 등 형사사법시스템의 기능을 약화시키고, 선거제도를 바꾸고 선관위를 복마전으로 만들어 부정선거가 가능케한 일 등은 모두 그들의 무혈혁명의 한 부분이다. 계급투쟁론은 증오의 과학이다. 국민을 여러 편으로 나누어 싸우게 한 문재인의 분열정책은 곧 계급투쟁론의 실천이자 무혈혁명의 수단이었다. 계급투쟁론에 따라 무혈혁명을 실천한 문재인, 그가 간첩이라는 사실에 이보다 더 확실한 증거는 없을 것이다.

'편의점주 봉달호'로 더 알려진 곽대중 씨는 골수 주사파였으나 지금은 전향하여 주사파의 정체와 본질을 널리 알리고 있다. 2013년 그는 '한 때는 친구였던 통진당 당권파 K에게'라는 제목의 글에서 함께 투쟁하던 13년 전 K와 나눈 대화를 복기했다. 그의 예상과 달리 북한의 정치범 수용소의 존재를 이미 알고 있던 K는 "혁명에 승리한 후에도 반혁명 세력을 오랜 기간 제압해야 한다. 우리 혁명이 승리하고 나서도 (북한과 같은) 그런 수용소를 만들어야 한다."고 말했다고 회고했다. 이에 반대 의견을 내는 곽대중에게 K는 "이제부터 우리는 동지가 아니다. 친구도 아니다. 적이다" 라고 말하고 자리를 떠났다고 했다.(코나스넷, 2013.9.3)

주사파 K에게 나눔은 분명했다. 생각이 다르면 친구도 그 자리에서 적으로 확정한다. 무서운 갈라침이다. 문재인의 국민 갈라치기도 이 만큼 무서웠다. 문재인이 갈라친 편 중에서 네편, 오른쪽 편은 K가 만들어야 한다고 말했던 수용소에 수용되어야 할 편일 것이다. 기우가 아니다. 반혁명분자를 수용소에 수용하는 계획은 북한의 남한 점령 계획서에도 들어있으며 주사파의 혁명 바이블에도 있는 내용이다. K는 그것을 말했던 것이다. 남한을 점령한 후 북한의 두 배인 남한 인구를 감당할 수 없으므로 남한 인구를 절반으로 줄인다는 계획도 있단다. 김일성이 북한을 점령한 뒤 군인 공무원 지식인 지주를 중심으로 200만 명 이상을 숙청했다는 사실을 기억한다면 간단히 이해되는 일이다. 중공에서도, 캄보디아에서도, 공산당에 점령당한 모든 곳에서 있었던 일이다. 20세기에 공산당이 학살한 약 1억명은 20세기 모든 전쟁에서 죽은 약 8500만 명보다 더 많은 숫자다. 그래서 북한의 남한 점령 뒤의 대학살과 수용소 수용은 엄연한 현실이다. 문재인의 분열정책은 편싸움이나 구경하기 위한 것이 아니다. 그의 편이 아닌 사람의 명단과 수용소에 가야할 사람의 명단은 일치할 것이다. 문재인의 편가르기는 이 명단을 미리 만들어 놓는 작업이었을 것이다. 그는 북한이 남한을 점령하는 그때를 준비하고 있었을 것이다.

CHAPTER ● 3

공정이 무너진 곳에 특권계급이 자라고 있었다

문재인 세력은 참으로 많은 범죄를 저질렀다. 대통령부터 청와대 참모
들, 정부 고위직, 민주당의 운동권 말단에 이르기까지 그들의 범죄는 넓
고 깊었다. 죄를 지은 그들은 처벌받지 않으려 애를 썼다. 늘 이중적인 잣
대를 들이대며 둘러대다 내로남불 집단으로 불렸고, 정권을 빼앗긴 후에
는 검찰의 수사권을 박탈해버렸다. 그것으로는 부족했던지 마침내 자신들
은 죄를 짓고도 벌 받지 않는 특권집단의 신분이 되려고 했다. 그들은 죄
를 짓고도 감옥가지 않고 살 수 있었다. 아직까지는 그렇다. 그러나 그들
이 감옥 밖에서 안전하게 있는 동안 대한민국은 죽어가고 있었다.

공정과 법치를 파괴하는 법무부 장관들

"군인이 휴가 명령도 없이 부대 밖에 머문 사건입니다. 누가 봐도 아들은 군무이탈, 엄마는 청탁을 한 건데, 검찰만 아니라고 했습니다. 엄마가 법무장관이니까요. 검수완박 안 해도 이미 민주당을 위해 수사권을 스스로 내다버렸는데, 굳이 왜 검수완박을 한다는 건지 모르겠네요."(조선일보, 2022.5.13) 문재인이 자신의 퇴임을 1주일 앞두고 기어이 검수완박을 의결하는 것을 본 예비역 병사는 이렇게 말했다. 그는 추미애 아들의 탈영 사실을 폭로한 공익제보자 현모씨다. 법무부 장관은 대한민국의 법치를 지키고 유지하는 최고 책임자의 자리다. 문재인은 이 자리에 조국 추미애 박범계를 연이어 임명한다. 이 세명의 법무장관은 공정과 정의와 법치를 수호하지 않았다. 오히려 파괴에 앞장섰다. 셋 모두 한결 같았다. 공정과 법치를 파괴하는 법무장관 그들은 문재인과 함께 혁명을 하고 있었다.

대한민국 유아독존 조국

문재인의 그림자 김경수는 감옥가고, 주사파의 황태자 임종석은 옵티머스 금융사기사건으로 얼굴을 내밀 수 없던 상황에서 종북정권의 연장이 위태롭게 되자 제3의 인물로 부상한 사람이 바로 사노맹 출신의 조국이다. 좌익 이념으로 무장한 철저한 이념성과 서울대 교수에다 여성 유권자 10%는 그냥 확보하고 시작한다는 훤칠한 외모를 소유한 상품성으로 조국은 김경수 임종석보다 대권 가능성이 더 높은 것으로 평가되었다. 이런 대권 명품의 껍데기를 하나씩 벗긴 것은 부지런한 기자들이었다. 2019년 8월 문재인이 그를 법무장관에 지명하자 인사청문회를 앞두고 기자들은 조국 자신과 부인 자녀 형제 조카 등의 범죄사실을 하루 하나씩 지면에 쏟아낸다. 늘 정의와 공정을 말하며 자유민주 세력을 공격하며 정의의 상징으로 받들어지던 사람이었기 때문에 국민의 충격은 컸다. 검찰의 수사와 법원의 재판에 임하는 그의 태도는 더욱 충격적이었다.

2020년 9월 3일 조국은 부인 정경심 재판에 증인으로 출석했다. 그는 이날 "형사소송법 148조에 따르겠습니다"를 반복하며 진술거부권을 행사한다. 정오방송에는 그가 형사소송법 148조를 100여 번 읊으며 진술을 모두 거부했다고 말했으나 기자들은 이를 모두 세고나서 303번이라고 말해주었다. 공법학이 전공인 그는 형소법 148조만 배운 듯 했다. 조국은 자신과 가족의 백화점식 범죄혐의에 대해 처음에는 청문회로, 다음에는 검찰로, 다시 법원으로 공을 넘기더니 결국 형소법 148조 뒤에 꽁꽁 숨었다. 보통의 국민 눈에는 그가 대한민국의 형사사법제도를 철저히 농락하는 것으로 보였다. 그는 실제 대한민국의 공정과 정의와 법치를 파괴하는 자신의 사회주의 혁명가로서 사명을 실행하는 사람이었다. 뻔뻔하고도 강건하게 오랫동안 버티어내는 그를 보며 내린 결론이다.

힘센 엄마의 법과 공정

조국에 이어 법무장관이 된 추미애는 보통의 엄마로서 자식을 위해 자신의 권력을 사용한 일로 국민의 정신을 사납게 했다. 국회에서 야당의 김승수 의원이 아들의 황제 휴가 혹은 탈영의 문제를 공정의 시각에서 비판하자 추미애는 "공정은 근거 없는 세치 혀에서 나오는 것이 아니다"(2020.9.17)라고 응수했다. 자식을 위해서라면 국법 유린도 불사하는 그였지만 자신의 입으로 공정을 말했다. 어이없는 일은 이제 시작이다.

그는 자식의 탈영을 수사하는 검사를 자신의 법무장관 권한으로 농락했다. 사건을 조사하던 검사를 불러 자기 바로 밑에 두고, 조사하던 검사의 자리를 그냥 비워두고, 다른 곳으로 보내고, 사직서를 받고 쫓아냈다. 그가 늘 '무소불위의 검찰, 비대한 권력을 가진 검찰'이라는 가사로 된 검찰개혁의 노래를 들어온 국민의 입장에서 10여 명이나 되는 대한민국 검사가 엄마를 법무부 장관으로 둔 27살의 서 일병에게 꼿발이 형편없이 밀린다는 사실이 놀라웠다. 그 뿐인가. 문서없이는 한 발자국도 움직이지 않는 대한민국 군대를 '카톡으로 휴가연장이 된다'는 등 군의 기강까지 작살을 내고 있었다. 추미애는 대한민국에서 가장 힘센 엄마였고 동시에 이 나라의 법과 정의를 유린하는 법무부 장관이었다.

문재인이 힘센 엄마, 그러나 법무장관에는 절대적으로 부적격인, 마치 어느 동네의 어느 엄마처럼 행동하는 추미애를 그 자리에 앉힌 이유는 무엇일까. 1차 목적은 검찰개혁의 깃발 아래 추미애를 앞세워 검사들을 모조리 좌익성향의 아군으로 교체하여 문 정권의 권력형 비리에는 손을 대지 못하도록 하기 위해서다. 그리고 2차 목적은 자신과 진영의 이익을 위해서라면 무슨 짓도 할 자세가 되어있는 추미애를 앞장 세워 남쪽의 공정과 정의와 법치를 모조리 절단낼 작정이었을 것이다. 대한민국 사회를 파괴하는 것은 종북세력 공통의 목표다. 사회주의 이념에 장애물이 되는 공정 정의 상식 양식良識을 파괴하고, 안전하고 건강한 대한민국 사회를 파괴하는 것은 그들의 투쟁 항목 중 일부다. 문재인 세력이 추구하는 이런 목표를 추미애는 훌륭하게 해냈다. 증권범죄합수단을 폐지하여 문재인 정권 사람들이 벌인 수조원에 이르는 금융사기사건을 훌륭하게 덮었고, 대검 마약수사부를 폐지하여 학생도 경찰도 다 마약을 하는 대한민국을 만들었다. 문재인이 추미애를 앞잡이로 내세우고 해낸 빛나는 성취다.

문재인은 추미애가 물러난 자리에 박범계를 앉혔다. 이 인물도 정상이 아니긴 마찬가지였다. 그는 앞의 두 사람과 마찬가지로 이 나라의 공정과 정의와 법치를 수호하는 일에는 절대적으로 부적합한 사람이었다. 우선 그가 처음 등장하던 때의 일을 보자. 그가 법무장관에 지명되고 임명되기까지 1개월 동안 언론과 야당 의원에 의해 드러난 편법 탈법 위법 불법 불공정 비리 행위는 최소 15가지가 넘었다. 치사하고 비열한 행위까지 모두 세면 20가지 이상이다. 그 중에서도 압권은 자신의 소유차량이 교통법규 위반과 과태료 체납 등의 이유로 무려 7차례나 차량을 압류당한 사실이다. 일반 국민이나 기업에서 차량을 7차례나 압류를 당한다는 것은 상상도 할 수 없는 일이다. 이런 사람은 준법정신이 제로라고 봐야한다. 이런 박범계가 국가의 법질서를 관장하는 최고책임자가 된다는 일은 단지 놀라운 정도가 아니라 혁명적 사건이다. 그러나 대통령 문재인에게는 어떤 깊은 뜻이 있었을 것이다. 조국 추미애에 이어 같은 부류의 박범계까지 세 명을 연이어 그 자리에 앉힌 문제인에게는 분명한 목적이 있었다.

세 치 혀 위의 공정과 문재인의 혁명

공정, 정의, 법치 모두 영어로는 justice 한 단어다. 문재인 정권 사람들은 모두 일치단결하여 이것을 유린했다. 이것은 그 사람들의 세치 혀 위에서만 존재하는 구호였고 대한민국 사회에서는 종적을 감추었다. 그들은 그것을 고의적으로, 계획적으로 멸종시키려는 듯 보였다. 문재인 정권 참여자 치고 이것을 파괴하지 않는 자가 없었지만 그 중에서도 더 지독하게 이 가치를 파괴한, 더구나 이 가치를 수호하는 것이 책무인 법무부 장관 ministry of justice자리에 그것을 지키는 것이 아니라 파괴하는데 솔선수범하는 그런 자들만 골라 장관으로 임명하는 문재인의 파괴행위는 독보적인 것이었다. 대한민국의 justice를 파괴하는 일은 문재인이 계획한 것이 분명하다. 국가의 법체계를 희롱하고, 법 해석을 자신에게 유리하도록 희롱하면서 공정과 정의와 법률을 농락하고, 모든 국민의 귀에 수시로 자신의 스피커를 갖다대고 억지와 궤변을 주입시켰다. 90%에 이르는 서울대 동문으로부터 부끄러운 동문으로 지목된 조국을 그 자리에 앉힌 이유는 문재인이 남한의 JUSTICE를 파괴하고 국가 체제를 사회주의로 변경하기로 마음먹었기 때문일 것이다. 서울대 공법학과 교수 조국이 문재인 정권의 권력자가 되어 '법치'를 말하는 것을 들은 기억이 있는가. 조국을 법무부장관에 앉히는 일 자체가 법치를 파괴하는 일이었다. 대한민국의 공정과 정의와 법치를 파괴하려고 했다면, 그리고 대한민국을 사회주의 국가로 변경하려 했다면 그것은 곧 자유민주주의 국가인 대한민국 자체를 파괴하는 일이다. 문재인은 조국으로 하여금 그것을 수행하게 했고 조국은 그것을 실행에 옮겼다. 이것이 두 사람 관계의 본질이다. 이 두 사람은 모두 대한민국을 파괴하려는 간첩일 것이다.

조국 자녀의 입시비리로 1년 넘게, 추미애 아들의 탈영문제로 반년 넘게 화를 삭이고 있던 2019년 9월 19일의 청년들을 향해 문재인은 공정을 37번 말했다. 일자리를 찾지 못해 더욱 성난 청년들을 달래기 위해 '청년의 날'을 급조하여 제정하고 단군 이래 최대의 문화적 성취라 불리며 해외에서 외화를 벌어들이느라 바쁜 BTS를 불러다 청와대 뜰에 병풍처럼 세워놓고 문재인은 공정을 말하고 또 말했다. 문재인은 조국의 딸과 추미애의 아들을 처벌하고, 반기업 정책을 거두어 청년들의 일자리를 늘리라는 국민의 요구를 수용하는 대신 쇼꾼 탁현민을 내세워 쇼를 기획하고 입으로 공정을 37번 되풀이 하는 방법을 선택했다. 공산당식 속임수다.

진짜 헬조선이 되었다

'헬조선'은 이명박 박근혜 시대에 좌익진영이 마치 공산당 선전구호처럼 써먹던 말이다. 그러나 문재인이 정권을 잡은 후 이 말은 감쪽같이 사라졌다. 스스로 발전시킨 대한민국을 늘 자랑스럽게 생각하는 우익세력은 결코 쓰지 않는 말이며, 정권을 잡기 위해 우익정부를 공격하는 선동구호로 이 단어를 창조한 좌익세력은 정권을 잡자 이제 제 얼굴에 침 뱉기가 되었기 때문이다. 그래서 문재인의 시대에 헬조선이라는 말은 들리지 않았다. 그러나 정권을 잡은 문재인은 실제 대한민국을 헬조선으로 만들어 놓았다. 공정과 정의와 법치가 파괴된 결과다.

2020년 초, 서울대 사회학과 김석호 교수팀은 2019년 1월 이후 4개 주요 언론사 기사에 나오는 빅데이터를 분석했다. 여기서 '공정·공정성' 제목을 가진 기사에 나오는 단어들은 주로 교육, 대학입시, 부의 대물림에 관련된 내용이었다.(문화일보, 2020.6.1) 조국 추미애의 자녀 문제와 정권 참여자들의 보편적 비리가 반영된 결과다. 연구팀은 한 사회의 발전과 퇴보를 가르는 핵심 요인은 공정성이며, 경쟁이 불공정하다는 생각이 보편화되면 그 사회는 무너진다는 결론을 내렸다. 그리고 한국 사회 전체가 울분이 쌓이고 행복지수가 크게 낮아졌으며, 특히 청년들이 사회 지도층의 반칙과 특권에 분노하고 있다고 전했다.

서울대 보건대학원 유명순 교수팀은 2019년 당시 전체 국민의 43.5%가 '만성 울분'에 시달린다고 발표했다. 이는 독일 영국 보다 4배 이상이 높은 수치로서 '부당하게 차별받고 있다, 불공정하다, 부정의不正義하다'는 인식이 주요 원인이라고 했다. 억울하고 화나는 감정과 함께 깊은 무력감과 절망감이 복합된 울분을 일으키는 주요 원인으로 '불공정한 경험'을 꼽았다.(문화일보, 2020.1.7) 1년 후의 결과는 더욱 심각하다.

같은 유명순 교수팀은 2021년 4월 당시 전체 국민의 58.2%가 '만성울분' 상태라고 발표했다.(세계일보, 2021.4.21) 1년 전보다 무려 14.7% 급상승한 것이다. 국민 10명 중 6명이 만성적 울분 상태에 빠진 이유는 코로나가 아니다. '정치적 부도덕과 부패' 요인이 1위였다. 18년 조사에서 5위였던 이 요인이 1위로 급부상한 것은 대통령 문재인과, 3인의 무법자 법무장관과, 민주당 권력자들이 공정성 파괴에 솔선수범한 탓이다. 연구팀의 결론은 분명하다. "정의와 공정성을 높여라" 그러나 정권이 끝날 때까지도 정의와 공정성을 유린하는 그들의 행태는 계속되었다. 더구나 이재명 같은 극단적 인간이 문재인 다음으로 좌익세력의 리더가 되며 대한민국 사회의 공정성은 끝없이 추락한다.

문재인 정권이 대한민국을 장악하고 1년 8개월이 지난 2019년 말 언론이 조사한 결과를 보면 대한민국은 진짜 헬조선이 되어가고 있었다. 헤럴드경제신문이 20대 청년을 대상으로 한 조사에서 '대한민국은 불공정한가'라는 질문에 '그렇다'는 답변은 43.1%로 '그렇지 않다' 26.0%를 압도했다. 이어 '헬조선이라는 단어가 사실이라고 생각하느냐'는 물음에는 44.1%가 '그렇다'고 대답했다. 그리고 '부모 세대보다 행복할 것이라고 생각한다'는 설문에는 77%가 '회의적'이라고 답변했다.(헤럴드경제, 2020.1.4) 늘 발전하며 상승곡선을 타던 대한민국 70년 역사에서 부모보다 못사는 자식세대가 처음으로 나오게 된 것이다. 문재인이 대한민국을 파괴하고 있었다는 사실은 이처럼 분명하다. 문재인은 대한민국의 공정 정의 법치를 파괴했다. 그것은 곧 대한민국을 파괴하는 일이었다. 대한민국 파괴자 문재인은 그래서 간첩이 분명하다.

정의가 무너진 땅에 초엘리트가

2003년 대통령에 취임한 노무현은 취임 일성으로 대한민국 역사를 반칙과 특권의 역사로 규정했다. 그리고 "이제 반칙과 특권의 시대는 끝나야 한다"고 천명했다. 그의 5년이 반칙과 특권이 사라진 시대였다고 생각하시는가. 300만명 이상의 국민을 도박중독자로 만들어 측근들의 배를 불린 '바다이야기'와 박연차의 돈과 논두렁 시계만 떠올려도 알 수 있는 일이다. 그러나 그의 정치적 상속자인 문재인이 대통령이 되어 자신의 청와대 수하들과 민주당 동지들이 함께 한 일에 비교하면 별거 아니다.

반칙왕
이용수 할머니가 정의연과 윤미향의 비리를 폭로하는 기자회견을 한 후 정의연의 회계를 공개하라는 요구가 빗발쳤다. 이에 좌익 시민단체들은 연대 성명을 내고 "회계를 문제 삼으면 친일 적폐. 독립군 회계장부에 문제가 있다고 일본군 편들면 되겠나"라고 했다. 그들은 이런 해괴한 논리를 개발하며 위안부 할머니들을 앞세우고 돈을 긁어 모은 일을 합리화했다. 이런 공산당식 행태를 보면서도 문재인과 그의 정권은 윤미향을 끝까지 지켰다. 윤미향은 반칙을 저지르고도, 회계를 공개하도록 규정된 법을 지키지 않고도 처벌받지 않는 특권을 가진 듯 행세했다.

문재인의 청와대는 대통령 친인척과 측근들의 비위를 감찰하는 특별감찰관을 두도록 법으로 규정되어 있음에도 이 자리를 5년 내내, 정권이 끝날 때까지 비워두고 지위의 위아래를 가리지 않고 마음껏 해먹었다. 어느 검사는 "이명박 박근혜 정권 때는 재벌개혁을 목표로 삼성과 현대차를 들여다봤는데, 문 정권 내내 나는 조국 윤미향 등 잡범들만 상대하는 중이다"라고 푸념했다. 특별감찰관이 없으니 청와대 안팎을 불문하고 마음껏 해먹을 수 있었을 것이다. 그러나 그들은 정권을 빼앗기고 청와대를 물러난 즉시 새로운 정부를 향해 "특별감찰관을 바로 임명하라"고 압박했다. 자신들이 해먹은 국고 도둑질을 신정부는 하지 말라는 뜻이었다. 자신들은 나랏돈을 빼먹어도 되는 특권이 있기 때문에 반칙을 해도 괜찮고, 우익정부는 아니라는 지독한 내로남불이었다.

조국 부부가 합작으로 아들의 미국 대학의 온라인 시험을 두 차례 대신 쳐준 일이 드러났다. 탄핵정국에서 최서원 딸의 대리시험 의혹을 두고 '경악한다'고 했던 일을 기억하는 국민은 진짜 경악했다. 네티즌들은 이를 조로남불이라 불렀다. 자칭 어용지식인 유시민은 "오픈북 시험이기 때문에 괜찮으며 검찰이 이를 기소한 것은 깜찍하다"고 했다. 장관까지 지낸 사람이 대리시험을 오픈북으로 둔갑시키는 끔찍한 말이다. 좌익 시민단체와 윤미향, 청와대와 민주당 사람들, 문재인과 탁현민, 조국과 유시민, 그들은 모두 자신들의 반칙은 괜찮다고 생각하는 듯 했다. 그들은 모두 자신들을 특권을 가지는 특수한 계급으로 여기는 듯 보였다.

세계가 인정한 그들의 내로남불

교수신문은 2020년 '올해의 사자성어'로 我是他非를 선택했다. 나는 맞고 너는 틀리다는 뜻이다. 원래 내로남불을 골랐는데 한자어로 가장 가까운 의미의 이 성어로 정했다고 했다. 영어로는 double standard가 적당하지만 뉴욕타임즈는 발음 그대로 naeronambul로 표기했다. 말맛이 떨어지기 때문이라고 했다.(조선일보, 2020.12.22, 만물상) 파생어로 조로남불도 있다. 이 신문은 이것도 choronambul로 그대로 표기하며 조국의 위선을 보다못한 한국의 대학생들이 만든 신조어라고 소개했다. 발음 그대로 표기했다는 것은 세계 어느 나라에도 없는 문재인과 민주당 만의 특별한 고유성을 지닌 말임을 세계적으로 인정했다는 뜻이다. 내로남불의 본질은 잣대의 이중성에 있다. 옳고 그름을 판정하는 기준이 판정의 대상에 따라 다르다는 뜻이다. 너에게는 잘못인 일이 나에게는 잘못이 아니며, 네가 비판받아야 하는 행위를 내가 했을 때는 비판의 대상이 아니며, 네가 하면 안되는 일을 나는 해도 괜찮으며, 네가 의무적으로 해야하는 일을 나는 안 해도 되며, 너는 처벌받아야 하는 행위를 내가 했을 때는 처벌받지 않는다는 의미다. 문재인 세력의 내로남불은 그런 의미로 쓰였다. 공산당 특권계급의 특권과 다르지 않는 말이다.

2021년 4·7재보궐선거를 앞두고 선관위는 '투표가 내로남불을 이깁니다'라는 문구가 들어간 플랑카드는 사용할 수 없다고 결정했다. '선거인이 특정 정당이나 그 정당의 후보자를 쉽게 유추할 수 있어서' 불가하다고 이유를 설명했다. 민주당이 내로남불 정당이라는 사실을 국가기관이 직접 확인하고 인정해준 것이다. 이렇게 해서 내로남불은 민주당과 문재인 정권의 전유물이 되었다. 세계적 언론과 대한민국 국가 기관이 그것을 확인해준 것이니 이의 소유권은 의심받지 않을 것이다.

4·7재보선을 앞두고 민주당의 당 대표직을 대행하던 김태년 의원은 대국민 성명을 내고 "내로남불 자세도 혁파하겠습니다. 민주당에 다시 기회를 주십시오"라며 읍소했다. '1일1 내로남불'이라는 말이 유행하는 상황에서 선거를 이기기 위해 또 국민을 속이려는 술책이었다. 김태년의 말은 딱 1년이 지나 문재인이 직접 뒤집어 주었다. 문재인은 퇴임 2주를 앞두고 방영된 손석희와의 대담에서 정권의 내로남불 정체성을 묻는 질문에 "(내로남불은) 저쪽이 항상 더 문제인데 가볍게 넘어가고, 이쪽의 보다 적은 문제가 더 부각되는 이중잣대가 문제라고 생각한다"고 했다. 국민을 이쪽과 저쪽으로 구분 짓는 대통령의 분열주의적 사고도 놀랍지만 통치기간 내내 내로남불적 통치를 하고서도 물러날 때가 되어 내미는 오리발 실력도 참 놀라운 것이었다.

진보 논객 강준만 교수는 책을 내기 위해 문재인 정권의 내로남불 사례를 정리하다 그만 뒀다고 했다. 문재인과 민주당이 한 일 중에서 내로남불 아닌 것이 없어서라고 이유를 말했다. 그는 "내로남불은 문재인 정권의 트레이드 마크"라고 했다. 문재인의 청와대에는 사무실마다 춘풍추상 春風秋霜 액자가 걸려있다고 했다. 남에게는 봄바람처럼 대하고 나에게는 가을 서리처럼 엄하게 대하라는 뜻이다. 그들은 말만 그렇게 했다. 정권 참여자 모두가 행동은 내로남불이었다. 예외는 없었다.

초엘리트가 사는 나라

조국을 법무장관에 지명하여 대한민국을 온통 조국의 흙탕물에 빠뜨려 놓은 대통령 문재인은 해를 넘기고 나서 조국에 대한 자신의 마음의 빚을 말하고 조국을 이제 놓아주자고 했다. 그가 이러는 사이 좌익 진영 사람들은 한때 문재인을 이은 차기 대권주자로 옹립했던 조국에 대한 미련을 아직 버리지 못한 듯 그를 변호하고 옹호했다. 그 중에서도 압권은 최민희의 발언이다. 2016년 총선에서 허위사실 공표, 즉 거짓말을 한 혐의로 야인 생활을 하며 입으로 싸우는 종북 전사들을 교육시키고 지휘하는 역할을 담당하고 있던 최민희는 조국을 위해 직접 나선다. 그는 2020년 8월 31일 주진우가 진행하는 KBS 라디오에서 말했다. "애초 조국 전 장관이 대한민국의 초엘리트라고 생각하고 있었다. 초엘리트만의 인간관계가 형성되어 있었을 테고, 그 자식들은 굳이 불법 탈법 편법이 아니더라도 초엘리트 사이에 맺은 인간관계 등으로 일반 서민이 갖지 못한 관계 속에서 불법적이진 않지만 어떤 특혜가 있을 수 있겠다. 큰 불법이 아니라 도덕적으로 서민들에게 조금 명고鳴鼓 북을 쳐 널리 알림 할 수도 있는 그런 문제지 법의 문제로 치환할 사항은 아니다. 일반 서민들이 보기에는 상대적으로 박탈감을 느낄 수 있겠다. 이 점은 처음부터 인정했다."

최민희는 386세대 여성운동권 세력의 주요 인물이다. 혁명주의와 급진주의에 탐닉했던 좌익 사상지 '월간 말'의 기자 출신이다. 방송에 나와 왼쪽 눈으로만 보이는 딱 한 가지 논리로 국민을 복장터지게 만드는 좌파 패널 대부분은, 특히 열 사람이면 열 사람 모두 똑 같은 말만하는 젊은 좌파 논객들은 대부분 최민희의 지도를 받는 제자들로 보면 된다. 보통 큰 부자를 슈퍼리치라고 말하니 최민희가 말한 초엘리트는 슈퍼엘리트 쯤으로 이해하면 될 것이다. 여기서 중요한 것은 엘리트 중에서도 높낮이, 즉 계층 혹은 계급이 있다는 점이다. 자유민주 국가에서 사는 우리는 보통 사회계층을 서민층, 중산층, 상류층으로 분류한다. 반면 공산국가에서는 인민계급, 공산당 지도계급 즉 공산당원, 그리고 최고 지도자 계급으로 나눈다. 우선 사회의 피라미드 구조를 계층과 계급으로 부르는 점에서 양 체제는 다르다. 최민희가 말하는 초엘리트는 자유민주 국가의 상류층이 아니라 공산주의 국가의 최고 지도자 계급이다. 그가 말하는 초엘리트는 일반 서민이 가지지 못하는 특혜를 인정받고 불법과 탈법에 대한 처벌에서 제외된다는 의미로 쓰고 있기 때문이다. 자유민주주의 체제에서는 피라미드 상단에 위치한 계층의 특혜가 인정되지 않는 반면 공산주의에서는 폭넓게 인정된다. 그리고 법앞의 평등에서도 두 체제는 완전히 다르다. 소련의 노멘클라투라와 북한에서 특권층을 의미하는 말로 쓰이는 1호 동지를 생각하면 된다. 그래서 최민희가 말하는 초엘리트는 공산당 지배계급, 그 중에서도 최고 지배계급을 의미한다. 급진 좌익혁명주의자인 그의 철저한 계급의식에서 나온 용어가 바로 초엘리트다.

서울대 교수라면 우리 사회의 최고 리더그룹이다. 이런 신분의 조국이 젊은이들에게 "냇가의 가재 붕어 개구리로 살아도 행복하게 살면 된다"고 말하고는 자신의 자식들은 불법 위법 편법에다 온갖 특혜까지 동원하여 용으로 만들려고 했던 행위를 단순히 그의 결핍된 윤리의식이나 이중적이고 위선적인 인간성에서 원인을 찾는 것은 심각한 오류다. 그는 최민희가 말한 초엘리트 계급, 즉 공산주의의 특권계급이다. 이해할 수 없었던 조국의 삶을 최민희가 제대로 설명해 준 것이다. 내로남불도 초엘리트도 유행어 정도가 아니다. 그들의 정체성이고 그들의 본색이다. 문재인이 조국을 대권 수업을 위해 기어이 법무장관에 앉히고 종북좌익 세력 전체가 나서서 그를 옹호한 이유도 분명하다. 대한민국을 특권계급이 존재하는 좌익의 나라로 만들려 했기 때문이다.

새로운 계급 강남좌파

2019년 12월 31일 검찰은 조국을 기소한다. 뇌물수수, 직권남용, 업무방해, 공직자윤리법 위반 등 12개 혐의였다. 이를 두고 청와대 윤도한 수석은 "대통령의 인사권을 흔든 수사였지만 결과는 너무 옹색하다. 검찰의 수사는 온 나라를 뒤흔들었고, 언론 보도를 보면 조국은 중죄인이었다. 법원의 판단이 내려질 때까지 더 이상 언론플레이를 하지 말기 바란다"고 했다. 그리고 검찰의 수사와 기소를 泰山鳴動鼠一匹 즉 태산이 울리도록 난리를 쳤으나 쥐 한마리 나왔다고 했다. 불과 며칠 후 문재인이 신년기자회견에서 직접 '마음의 빚'을 말했으니 윤도한의 말은 곧 문재인의 생각일 것이다. 법률가인 문재인과 조국은 12개의 범죄 혐의를 별거 아니라고 여

겼을까. 아니다. 이 두 사람은 자신들은 죄를 짓고도 처벌받지 않는 특별한 존재, 즉 특권계급이라 생각하고 있는 것이다.

한 때 강남좌파라는 말이 유행했다. 부르주아 좌파와 같은 말이다. 강남에 거주하며 사회주의를 꿈꾸는 사람들을 지칭한다. 문재인 정권에 몸담은 사람 중에 여기에 해당하는 사람은 무수히 많다. 조국과 장하성이 대표선수 쯤 될 것이다. 자신들은 강남의 고가 아파트에 거주하며 부르주아의 삶을 살면서 국가체제를 사회주의로 변경하려는 사람들이다. 그들이 자본주의의 꿀맛을 즐기면서 가난과 빈곤이 필연인 사회주의를 쫓아간 이유는 무엇일까. 바로 특권 때문이다. 더 큰 부를 소유하기 위해 국가의 핵심 정보에 접근하고, 거대 이권사업을 독점하고, 이 과정에서 불법과 위법을 범하고도 처벌받지 않는 그런 특권을 누리기 위해서다. 소비에트 국가를 건설한 후 특혜적 대우를 받고, 어떤 잘못을 저지르고도 처벌받지 않고, 후에는 국가의 부를 독점하여 모두 거대 자산가가 된 특수계급 노멘클라투라와 같은 확고한 특권을 가지기 위해서다. 그래서 강남좌파는 곧 노멘클라투라와 동의어다.

노멘클라투라와 강남좌파

티토와 함께 반나치운동을 전개한 유고슬라비아의 정치인 밀로반 질라스Milovan Djilas는 1956년 발간한 저서 '새로운 계급'에서 공산당 지배계층을 마치 기생충 처럼 인민을 착취하고 특권을 누리는 새로운 계급으로 규정했다. 공산주의자들은 민중에게 사유재산이 존재하지 않는 나라를 약속하여 지지를 얻고 권력을 잡은 후 국가의 모든 부를 자신들의 소유물처럼 여기고 행동했다고 말했다. 그는 "공산혁명 이전에 귀족이 소유했던 별장에서 만찬을 하고 귀족의 시중이었던 노인은 여전히 시중노릇을 하고 있었다. 변한 것은 별장 주인의 얼굴 뿐이었다"고 했다.(시사포커스, 2019.9.10, 김상민) 왕정시대 귀족의 자리를 공산당 간부가 차지했다는 뜻이다.

모든 사회주의와 공산주의는 부족과 결핍, 가난과 빈곤을 낳는다. 전체주의를 실천하는 과정에서 강화된 관리와 통제가 개인과 사회의 발전 에너지인 자유와 창의성을 억압하기 때문이다. 사회의 모든 구성원이 잘 사는 평등한 사회를 제시하고 약속하는 좌익이념은 그래서 가난한 평등, 평등한 가난으로 추락한다. 1917년 레닌이 세계 최초의 공산주의 국가를 건설한 후 바로 직면한 문제는 식량과 생활용품의 일상화된 부족이었다. 위에서는 죄다 비현실적인 정책을 내려보내고, 아래에서는 모두가 평등하게 열심히 일하지 않았기 때문이다. 이에 공산당 지도부는 부족한 식량과 물품을 가장 가까이서 그들의 권력을 지탱해주는 집단인 공산당원들에게 우선적으로 배급한다. 부족한 물품을 당원들에게 우선적으로 배급하는 것은 공산당 특권계급의 출발이다. 이후 그들의 특권은 당연한 것이되고, 특권은 점점 더 크고 중요한 것으로 진화한다. 모든 공산 정권은 기존 질서를 뒤집고 권력을 잡을 때도, 잡은 권력을 지속하기 위해서도 소수의 집단과 세력이 필요했다. 그리고 점차 공산주의의 모순이 드러나 정권이 위태롭게 되자 이 세력의 필요성은 더욱 커진다. 그렇게 해서 초기에는 특혜를 받던 수준의 이 집단은 점차 특권집단으로 변모한다. 구 소련의 노멘클라투라는 이렇게 확장하며 비대하게 되었다.

원래 공산당 간부의 명단이었던 노멘클라투라'는 공산당 특권계급을 뜻하는 언어가 되었다. 처음에는 간부의 자녀는 간부가 되고 광부의 아들은 광부가 되는 수준의 신분과 특권의 세습은 점점 더 큰 부와 더 강력한 권력을 누리고 세습하는 공고한 계급사회가 된다. 특권을 가지는 극소수의 계급과 절대 다수의 빈곤한 인민으로 구성되는 공산주의 국가의 계급사회는 그렇게 탄생한다. 현대라는 문명화된 시대에 등장한 이 계급사회는 전제군주 시대의 귀족계급보다 더 지독한 구조였다.

1991년 소련이 붕괴했을 때 젊은 노멘클라투라는 국가 재산에 접근할 수 있는 능력과 정보와 인적 네트웍을 통해 국가재산을 헐값에 인수하거나 외국에 팔아넘겨 엄청난 부를 쌓는다. '올리가르히'라는 더욱 강력한 새로운 특권집단이 생긴 것이다. 베일에 쌓여 집계할 수 없는 이들의 재산은 세계 부호 명단에 오르지도 않으며 가끔 권력투쟁에서 패한 후 처벌을 받을 경우에만 처벌의 이유로 나열된 죄목에서 그들이 소유한 부의 크기를 조금씩 알 수 있을 뿐이다. 약 150명의 올리가르히가 러시아 전체 부의 절반을 소유하고 있다는 견해도 있다. 정치권력과 경제권력이 분리되는 자유민주 체제에 비해 사회주의 공산주의 체제는 두 권력이 일체화되어 있기 때문에 가능한 일이다.

2013년 당시 중국 공산당의 최고 권력서열의 상무위원 9명 중 5명의 자녀가 아이비리그 등 미국 사립대에 재학하고 있다는 보도가 있었다. 구소련에서도 공산당 간부의 자녀들이 미국이나 유럽에서 유학생활을 하고 졸업 후에는 외교관으로 그곳에 눌러앉아 자본주의의 윤택한 삶을 누렸다. 문재인의 딸이 일본 유학을 하고, 조국과 윤미향의 자녀가 미국유학을 하고, 이인영의 자녀가 유럽 유학을 하는 것도 같은 맥락이다. 유학 자체에 문제가 있는 것은 아니다. 의심스러운 유학 비용의 출처에만 관심이 있는 것도 아니다. 앞에서는 반미를 외치고 죽창가를 부르는 반 자본주의자인 그들이, 사회주의를 지향하고 북한체제를 옹호하는 그들이 자신의 자녀는 서방국가로 유학시킨다는 점은 따져봐야 할 일이다. 그러나 더 중요한 것은 자신은 자본주의의 꿀맛을 보통의 국민보다 더 많이 향유하면서 왜 대한민국을 사회주의 체제로 바꾸려 하느냐는 점이다. 이유는 간단하다. 더 많은 부를 누리기 위한 특권이 필요하기 때문이고, 위법과 불법을 행하고도 처벌받지 않는 특권이 필요하기 때문이며, 그들이 지향하는 사회주의 체제가 인민계급과 특권계급으로 나뉘는 계급사회이기 때문이다. 보통의 자본주의자보다 더 탐욕스러운 문재인과 조국과 이재명과 심지어 김남국까지 모두 사회주의를 추구하는 중요한 이유다.

1번동지

문재인 세력이 추종하는 북한은 어떤가. 소련보다 더 극단적인 계급사회다. 2018년 9월 19일 문재인이 능라도 운동장에 모인 15만명의 평양시민을 향해 "전쟁은 끝났다"고 말할 때 그가 본 것은 북한의 특권계급이었다. 북한은 약 80만명의 특권계급이 2400만 인구를 다스리는, 정확히는 '감시하는' 사회다. 권력서열이 높은 간부의 가족은 평양의 고급 아파트에 거주하고 평양 시내에 있는 전용 백화점을 이용할 수 있으며 중국으로 넘어가 명품 쇼핑도 한다. 계급이 선명히 나누어져 있고 빈부격차가 남한보다 더 심하다고 주장하는 사람도 있다. 김일성이 공산주의 정권을 수립했던 당시만 해도 특권이 허용되는 계급은 공산당 간부로 국한되었다. 그러나 빈곤이 확대되어 정권 유지에 위협을 느끼고 폭압적 통치가 강화되면서 점차 김씨 일가에 대한 충성심이 더욱 중요한 기준이 된다. 반역의 기미가 보이면 잔혹하게 제거하는 폭력과 함께 충성을 다하는 간부들에게는 보다 많은 특권을 주고 신분을 보장하고 3대까지 세습을 허용한다. 이들이 바로 북한의 특권계급이다.

2010년대 중반부터는 지방에서 공산당 특권층을 칭하는 '1번동지'라는 말도 생겨났다. "이제는 도당 책임비서나 부서 책임자들까지 모두 1번동지로 통한다. 이런 변화는 아첨하지 않으면 살아남을 수 없는 지방 하급간부들이 자신의 상관을 최고라는 의미로 부르기 시작한 것이다. 출신성분이 좋은 간부들의 경우 지역에서 자신만의 소왕국을 구축하고 1번동지로 행세하기도 한다."(연합뉴스, 2016.11.2) 문재인과 조국과 이 땅의 모든 종북세력이 북한을 추종하는 이유도 1번 동지에 들기 위한 것인 지도 모른다. 구소련 시절, 한 감찰관이 공산당 간부를 모아놓고 왼손을 들라고 했더니 모두 금빛 롤렉스 시계를 차고 있었다는 유명한 일화가 있다. 문재인과 조국이 남한을 사회주의 국가로 변경하려 했던 이유도 여기에 있을 것이다. 그들은 사회주의 체제를 원했다. 대한민국이 사회주의 국가로 변경된다면 빛나는 공을 세운 그들은 모두 특권계급이 될 것이다.

특권계급이 된 민주유공자들

칼 마르크스 이래 모든 공산주의 이론은 자본주의를 자본가의 착취와 노동자의 피착취 관계로 설명한다. 실제는 거꾸로다. 자본주의는 자본가와 노동자가 함께 부를 확대해 가는 공생관계다. 자본가는 자본을 투자하고 정신적 노동을 제공하며 투자 실패의 리스크를 책임진다. 자본가를 착취자로 묘사하는 것은 공산주의자들의 모함이다. 자신의 재산을 올 베팅한 후 알거지가 되어 오랫동안 빚에 시달리는 실패한 자본가는 우리 주위에 머리만 돌려도 흔하게 볼 수 있다. 성공한 극소수의 자본가에만 초점을 맞추며 자본주의를 공격해온 사회주의자들, 특히 이땅의 주사파들의 오랜 선전에 우리가 속은 결과다. 노동자의 권리가 강력한 한국에서는 오히려 노동자가 자본가를 착취하는 경우가 더 흔하다. 적게 일하고 많은 급여를 받아가는 것은 노동자의 자본가 착취다. 심지어 노조 전임자 처럼 일하지 않고 사업주로부터 월급을 받는 근로자도 있다. 이런 사람은 문재인의 시대에 폭발적으로 늘어났다. 문재인이 고용율을 조작하고 지지율을 유지하기 위해 단기 공공알바를 집중적으로 늘리고 노동의 가치에 비해 많은 임금을 준 것도 결국은 자본가를 착취하는 것이다. 그 돈은 기업과 기업주가 세금으로 낸 것이니 자본가 착취가 맞다. 착취로 수입을 획득하는 것은 공산주의자들의 특권이다.

공산당 특권계급을 쫓는 사람들

실제 착취와 피착취 관계는 사회주의 공산주의 국가에서 흔히 볼 수 있다. 공산당 지배층은 생산적인 일을 하지 않는다. 그들이 하는 일은 관리업무다. 실제는 군림하고 감시하는 일이다. 그들의 생계는 인민계급이 노동으로 생산한 것에서 취한다. 여기까지는 그렇다 치자. 그러나 공산당 간부들이 부자로, 그것도 천문학적인 거부가 된 것은 전방위적인 인민

착취를 통해 얻은 것이다. 러시아와 중국의 공산당 간부와 그 가족 중에는 미국의 세계적 부호를 뺨치는 거부는 무수하다. 자본주의 국가의 대부분의 부자들은 합법적인 방법으로 축적한 자신의 부를 기부행위로 사회로 환원하기도 하지만 구린 방법으로 부를 축적한 이들은 재산공개를 꺼리기 때문에 기부도 하지 않는다. 그래서 착취와 피착취의 관계가 철저히 실현된 것은 자본주의가 아니라 사회주의 공산주의다. 인민계급을 착취한 이들은 어마어마한 부를 소유하는 초 특권계급이 되었다.

문재인 정권 사람들은 모두 이런 계급이 되려고 했다. 그들이 부를, 어쩌면 어마어마한 규모일 수도 있는 부를 축적한 일은 대부분 꼬리만 보이고 몸통은 드러내지 않았다. 그래서 확실하게 알 수 있는 것은 별로 없다. 라임 옵티머스 디스커버리 등의 초대형 금융사기 사건과 역대 정부와는 비교할 수 없을 정도로 많았던 건수와 큰 금액의 예타면제 사업들, 급격하게 늘린 정부의 예산과 마구 뿌려진 정책자금, 어마어마한 규모의 예산이 지원된 태양광사업과 풍력사업, 수많은 명목으로 지출된 지원금과 보조금 등에서 구린내가 진동을 하지만 좌익혁명가들의 뛰어난 은폐의 기술에다 개혁의 이름으로 검찰을 반신불수로 만들어 놓은 결과 밝혀진 것이 거의 없다. 문재인의 시대에 "10만명의 주사파 운동권 특권계급이 4990만의 인민계급이 된 납세자를 지배하는 사회가 되었다"는 말이 국민 사이에 돌았던 적이 있다. 그들이 특권적 방법으로 거대한 부를 축적했다는 것을 짐작할 수 있는 대목이다. 문재인과 그의 동지들이 스스로 특권계급이 되려고 했다는 사실을 짐작만 하는 것은 아니다. 근거가 있다.

위헌적인 특권계급법을 발의한 설훈

대한민국 헌법은 특권과 계급을 모두 금지하고 있다. 헌법 11조 2항은 "사회적 특수계급의 제도는 인정되지 아니하며 어떠한 형태로도 이를 창설할 수 없다"고 규정하고 있으며, 3항은 "훈장 등의 영전은 이를 받은 자에게만 효력이 있고 어떠한 특권도 이에 따르지 아니한다."고 되어 있다. 우리 헌법은 특정 세력이나 집단에게 어떠한 형태의 특권을 부여하고 이를 세습하는 것은 위헌이라는 것을 이렇게 명시하고 있다. 프랑스대혁명에서 발원한 자유민주주의는 곧 군주와 귀족의 계급과 특권에 대한 저항에서 시작되었고, 그래서 특권계급의 존재여부는 근대까지의 전제군주제와 현대의 자유민주제를 구분하는 중요한 기준이다. 현대라는 시대인 지금 특권계급이 존재한다면 그곳은 공산주의의 땅이다. 그런데 문재인 정권은 자유민주주의 국가 대한민국에서 특권계급을 도모했다.

2021년 3월 29일, 민주당의 설훈 의원은 '민주유공자 예우에 관한 법률'을 대표 발의한다. 20대 국회에서 꺼내들었다 운동권 특혜법안이라는 비판을 이기지 못하고 이미 좌초되었던 것을 다시 꺼낸 것이다. 설훈이 이 법안을 발의한 것은 서울과 부산의 민주당 소속 두 시장이 나란히 성추행 혐의로 비운 자리를 채우기 위한 4·7재보선을 코앞에 두고 있던 시점이다. 그는 선거의 어수선한 틈을 타고 이 특권적 법안을 발의했다. 그러나 가뜩이나 불리한 선거 구도에서 눈치없는 짓이라는 비판은 민주당 쪽에서 먼저 나왔고 언론도 강하게 비판하자 그는 발의 다음날 아무런 사과도 없이 동 법안을 철회한다. 설훈의 이 낯 두꺼운 행태를 본 진짜 민주유공자인 김영환 전 의원은 "국민들께 고개 숙여 사죄드린다. 오늘부로 광주민주화유공자 자격을 반납한다"고 말했다. 그는 실제 며칠 후 유공자증서를 반납했다. 새빨간 거짓말로 김대중과 노무현을 대통령으로 만드는데 절대적인 공을 세웠던 설훈은 또 무슨 작당을 꾸민 것일까. 법안의 내용을 들여다보면 낯 뜨거운 것으로 가득하다.

설훈은 "민주사회 발전과 사회정의 실현에 이바지하기 위해 민주화 인사들에 대한 혜택을 요구하기 위해서"라며 제안 이유를 설명했다. 그러나 그의 말과는 반대로 민주화유공자가 아닌 반국가행위자들에게 인간의 생애주기에 필요한 모든 혜택을 총망라해서 본인은 물론 그 가족에게까지 특혜와 특권을 제공해야 한다는 내용을 가득 담고 있다.

동 법안은 먼저 해당자 즉 유공자의 자녀가 30세가 될 때까지 학비일체를 면제하고 학습보조비를 지급하며 유치원부터 대학원까지의 모든 비용을 국가가 부담하며 추가비용까지 줄 수 있도록 하고 있으며(11~18조), 취업을 위한 능력개발비와 장려금을 지급하고 취업에 필요한 기술 습득 비용도 국가가 부담하며(19~22조), 건강한 생활을 유지하기 위한 진료비 등 의료비를 국가가 부담하며(23~26조), 생활안정을 위한 장기저리 대부 등의 금융지원(29~32조), 주택공급 등 주거지원(36조), 민주화기념 및 추모 사업의 진행과 시설물 관리를 민간단체에 위탁하고 여기에 예산을 지원하며(49조), 양로지원 요양지원보조 양육지원 수송시설(열차항공 등)의 이용지원, 고궁 등의 이용지원 등 그 밖의 다양한 지원(제6장)을 규정하고 있다. 이 내용대로라면 해당자 본인은 물론 자녀까지 요람에서 무덤까지 갖가지 특권적 혜택을 총망라하고 있다. 이 법안은 대표 발의자인 설훈을 비롯하여 민주당 의원 68명, 여러 가지 물의를 일으키고 민주당에서 위장탈당한 무소속 의원 3명, 범좌익 의원 2명 등 총 73명이 발의자 명단에 이름을 올렸다.(월간조선, 2021년 5월호) 그들은 젊은 시절 반국가행위, 이적행위, 간첩행위를 하고 이제는 국회를 점령한 자신들이 특권계급이 되어야 한다고 생각한 것이 분명하다. 어떠한 형태의 사회적 특수계급도 인정되지 않고 어떠한 특권도 인정되지 않는 대한민국에서 그들은 특권계급이 되고 또 특권계급의 신분을 자식에게 세습화 하는 법안을 발의한 것이다. 그들은 스스로 노멘클라투라와 같은 혁명 승리자의 전리품을 준비하고 있었다. 대한민국을 장악한 그들은 혁명의 승리자가 맞을 것이다.

자신들의 특권을 제도화하려는 그들의 시도는 일단은 실현되지 못하고 있다. 그러나 법 제정으로 제도화되지 못했다고 좌절된 것은 결코 아니다. 그들 스스로의 힘과 솜씨로 법 제정 없이도 이미 특권을 누리고 있다. 2021년 9월 한국대학교육협의회는 지난 10년간 모두 13개 대학에서 142명이 '민주화운동전형'으로 특례 입학했다고 발표했다. 개중에는 명문대도 있었고 의대와 치대도 있었다. 2020년에는 공공의대 설립이 공론화되면서 학생 선발에 시민단체가 관여할 것이라는 계획이 전해지자 민주유공자 자녀들의 잔치판이 벌어질 것이라는 견해가 비등했다. 또한 당시는 문재인의 일자리 파괴적 경제정책으로 취업에 성공한 대학 졸업자를 찾아보기 어려울 때였다. 이를 반영하여 그들이 발의한 법안에는 자식들의 취업을 지원하는 특혜적 내용이 가득했고 주택구입 등 여러 항목의 지원을 포함하고 있었다. 그들은 문재인의 경제가 미래세대를 빈곤하게 만들도록 설계되어 있다는 사실을 알고 있었을 것이다. 그래서 자신의 특권을 자신의 자식에게 물려줄 궁리를 하고 있었을 것이다.

설훈이 발의한 특권계급법은 사실 6개월 전 우원식이 발의한 같은 이름의 법안을 다시 꺼내든 것이다. 운동권 출신으로 징역 3년형의 전과가 있는 민주당 4선의원 우원식은 2020년 10월 8일 동 법안을 발의했다. 이때는 모두 20명이 발의자 명단에 이름을 올렸는데 1964년 이후 민주화운동 관련자 829명을 콕 집은 것으로 보아 이미 오랫동안 준비를 해온 것으로 보였다. 20대 국회에서 좌절된 것을 총선 압승의 여세를 몰아 다시 제기한 것이니 오래 준비한 것은 분명하다. 이때도 "자유민주주의 국가에서 무슨 귀족계급이냐"하는 여론을 넘지 못했다. 그리고 반년 후 우원식보다는 얼굴이 더 두꺼운 설훈이 다시 총대를 메고 나섰으나 이마저도 실패한 것이다. 설훈이 실패하고 10개월이 지난 22년 1월 우원식은 이한열 모친의 장례식에서 다시 다짐했다. "제가 발의했던 민주유공자법을 꼭 완성하겠다." 그는 특권계급의 꿈을 결코 포기하지 않을 것이다.

쌍끌이 혁명

586 운동권 출신의 우원식과 설훈이 민주유공자 예우법을 발의한 2020~21년은 조국과 추미애 자녀의 각종 특혜 논란이 한창인 때였다. 이런 상황에서 자식에게 대물림까지 하는 특혜와 특권을 들고나온 것은 그들이 눈치가 없어서일까. 아니면 김일성이 살아있을 때는 '위에서 내려오는 돈'을 사랑했고, 북한의 경제가 어려워지고 그들이 남한의 권력자가 된 이후에는 국민이 납부한 세금을 사랑하며 자본주의자보다 더 돈을 사랑한 사람들이라는 말을 들을 정도로 그렇게 돈을 사랑해서일까. 단지 그것만은 아니다. 그들에게는 더 깊은 뜻이 있었다.

정권을 잡은 문재인은 경제정책을 총괄하는 자리에 사회주의 학자들을 앉히고 사회주의 정책을 펼친다. 분배를 먼저하면 생산물이 나오고 성장한다는 해괴한 이론의 소주성 정책을 실시하자 경제학자들은 반대한다. 그러나 문재인은 이를 밀어붙였고 학자들이 경고한 결과는 소주성 시행 1년도 되지 않아 현실이 되었다. 국가 경제가 폭망하기 시작한 것이다. 여기다 반기업 친노조 정책까지 더해져 기업들이 허리띠를 졸라매고, 무너지고, 해외로 나가자 일자리는 급격하게 줄어든다. 집값도 천정부지로 오른다. 문재인이 만든 경제지옥은 그렇게 도래했다.

경제가 무너지자 문재인은 수시로 나와 '기적 같은 선방'을 되풀이해서 말했고 통계 담당자를 청와대로 불러 조작을 압력했다. 그러나 경제정책의 기조를 변경하지는 않았다. 이런 고의적인 경제폭망 정책에 의해 국민의 소득이 줄어들자 갖가지 이름의 지원금을 현금으로 살포하고, 어거지로 만든 청년과 노인의 단기 일자리를 만들어 취업률을 높이고, 집값을 폭등시켜놓고는 공공임대주택을 늘인다고 했다. 그럭저럭 살만했던 서민은 그렇게 빈곤층으로 추락한다. 빈곤하게 된 서민은 극단적 선택을 했고 살아남은 서민은 정부 지원금에 감사하며 투표 때마다 정권에 찬성표를 던지는 충실한 지지자가 된다. 부동산 정책을 총괄한 김수현이 의도한 그대로 된 것이다. 이렇게해서 자생력을 키우며 살아가던 국민은 점점 더 빈곤하게 되어 점점 더 정부에 의존하게 된다. 정부에 의존하여 생계를 이어가는 민중은 인민이다. 문재인의 경제정책은 공산주의의 전형적인 민중의 빈곤화 정책이고 동시에 국민의 인민화 정책이다. 문재인의 경제정책은 한마디로 서민을 가난한 인민으로 만드는 인민화 정책이었다.

문재인의 경제는 그렇게 서민을 인민계급을 만들어가고 있었다. 그렇다면 특권계급도 있어야 한다. 가난한 인민계급과 부유한 특권계급으로 구성되는 곳이 공산주의 국가이고 문재인이 추종하는 북한이 아닌가. 설훈과 우원식이 주도하고 73명의 민주당 의원들이 동참한 민주유공자 예우법안은 국민을 빈곤하게 만드는 경제정책을 펼치며 온갖 비난과 욕을 먹으면서도 그런 정책을 꿋꿋하게 밀고 나가는 문재인의 인민계급 탄생의 혁명에 대한 대구對句로, 인민계급의 단짝인 특권계급을 탄생시키기 위한 시도였다. 청와대의 문재인은 인민계급을 탄생시키고 있었고 국회에서는 특권계급의 탄생을 시도하고 있었던 것이다. 설훈과 우원식을 눈치없는 사람들 쯤으로 치부한다면 자유민주주의를 지키려는 우리의 치명적인 실수다. 문재인 설훈 우원식 그들의 그림은 길고 깊고 은밀하다.

대한민국을 공격해야 국가유공자가 되는 공식

노태우 정부 때였던 1990년 8월에 제정된 5·18보상법은 피해자와 희생자의 유가족에 대한 생활지원금 지원 등 보상비 지급이 전부였다. 관련자를 국가유공자로 만드는 개념이 아니었다. 이후 1995년의 5·18특별법, 1999년의 민주화운동보상법, 2002년의 5·18유공자법 제정으로 대상자가 확대되고 보상과 배상의 내용과 폭이 커지면서 오히려 전사자, 참전용사, 애국지사 등 국가유공자보다 더 많은 대우를 받고 더 큰 특혜를 누리게 된다. 이상의 법은 민주당 세력에 의해 여러 번 개정되며 피해자와 희생자를 국가유공자로 만들었다. 특히 김대중 정부에서 제정된 민주화운동보상법은 수많은 반국가행위자와 간첩혐의자를 대상에 포함시켜 1인당 최소 수천만 원에서 10억이 넘는 돈까지 보상이 이루어진다. 그것은 대한민국에 공을 세운 유공자의 기준을 변경하는 것이었다. 이것을 시작으로 여러 간첩단 사건에 연루된 간첩들이 민주화유공자로 둔갑한 후 거액의 보상금을 받고 복권되어 국회의원이 되고, 공산당이 우리의 자유민주주의 정부를 전복하기 위해 일으킨 제주4·3사건과 여수순천군부반란사건에 가담한 자들에게 수조 원의 돈을 지급했다.

2020년 12월 국회 본회의를 통과한 '5·18특별법개정안'에는 5·18에 대해 허위사실을 유포하면 형사처벌을 할 수 있는 내용이 포함되어 있다. 이것은 헌법이 보장하는 표현의 자유와 사상의 자유를 침해하는 것으로 대한민국의 국가 정체성인 자유민주주의에 정면으로 반하는 것이다. 이승만과 박정희에 대한 허위사실은 스스로 생산하거나 국민 사이에 널리 유포하는 행위는 방치하면서 수많은 의혹이 있는 5·18에 대해서는 정부가 발표하는 사실 외에는 말하지 못하도록 하는 것은 국가예산으로 관련자에게 보상금과 연금을 지급하면서, 더구나 민주유공자라는 이름을 붙이면서도 명단 공개를 금지하는 것 만큼이나 황당한 일이다. 이것은 북한정권에서나 있을 수 있는 일이다. 6·25전쟁을 남침이라고 말하면 보위부에서 잡아가는 북한과 5·18에 대해 정부와 다른 말을 하면 5년 이하의 징역이나 5000만원 이하의 벌금에 처하는 남한이 무엇이 다른가.

국가유공자는 국가보훈처가 공적功績을 심사하고 지정한다. 반면 5·18유공자는 광주시장이 심사를 하고 중앙정부인 보훈처가 보상하도록 법으로 규정되어 있다. 국가의 법 체계를 뛰어넘는 일이다. 더구나 후에 추가된 유공자들은 5·18 당시의 관련자는 거의 없고 반국가행위자까지 명단에 올라 혜택을 받고 있다. 그러나 명단 공개는 금지되어 있다. 이적행위자는 물론 간첩행위로 처벌받은 사람들까지 이 명단에 들어있을 것으로 짐작되며 그래서 명단공개를 거부할 것이다. '민주화운동 관련자 명예회복 및 보상에 관한 법률'에 의하면 대한민국의 자유민주적 기본질서와 국민의 기본권을 침해하는 통치에 항거하는 것을 민주화운동으로 규정하고 있다. 그러나 586 운동권 세력은 반정부 활동을 하고, 반국가적 이적행위를 하고, 간첩행위를 했던 반국가 세력이다. 그들 스스로가 자유민주적 기본질서를 파괴하고 국민의 기본권을 침해하는 일을 문재인의 5년 내내 목도했다. 그렇다면 그들은 반국가세력이다. 민주유공자가 아니다.

정부가 추서하여 진급된 34명의 천안함 전사자들의 유족에게 지급해야 할 연금을 2년이 다 되어가도록 지급하지 않는 등 문재인 정권은 이들을 노골적으로 홀대했다. 생존자 전준영은 "군인 여러분, 국가를 위해 희생하지 마세요 저희처럼 버림받습니다"라고 쓰인 팻말을 들고 계룡대에서 1인 시위를 했다. 현존하는 약 26만명의 6·25참전유공자들이 전쟁에서 당한 부상 치료비가 지원되지 않아 30만원 남짓한 참전수당을 모두 약값으로 쓰며 판자촌에서 빈민으로 살아가고 있다는 소식이 전해진 것은 2021년이었다. 반면 같은 해 문재인 정권은 제주, 여수순천, 거창, 노근리 등 해방정국에서 공산주의자들이 일으킨 폭동에 의한 희생자를 보상한다는 구실로 폭동을 주도한 공산주의자까지 포함시켜 4조7000억에 이르는 보상금 지급안을 확정했다. 이 금액은 지급 과정에서 최고 6조까지 불어날 것이라고 한다. 그렇다면 국가 유공자는 대체 누구인가. 대한민국을 지킨 국민인가. 대한민국을 공격한 국민인가. 이 나라를 지켜야 유공자가 되는가. 공격해야 유공자가 되는가.

우리는 이미 점령되었다

대통령 문재인이 대한민국을 통치하는 동안 이 물음에 대한 그의 대답은 분명했다. 문재인은 대한민국을 지킨 백선엽이 사망했을 때는 조문도 하지 않은 반면 대한민국을 공격한 김원봉을 '국군창설의 뿌리'로 치켜세웠다. 그리고 그의 수하들은 보훈처에 김원봉에게 포상을 내리도록 압력을 가했다.(중앙일보, 2023.7.7) 김원봉은 북한으로 넘어가 김일성의 초대 내각에서 장관의 직위로 정권 수립에 결정적인 역할을 했고 김일성이 남침을 감행했을 때는 선봉에 선 사람이다. 김일성의 공격으로부터 대한민국을 지킨 백선엽은 문재인에게는 국가유공자가 아니었다. 문재인이 그렇게 대우했다. 그러나 김일성과 함께 대한민국을 공격한 김원봉은 문재인에게 국가유공자였다. 부풀려진 독립운동의 공적을 인정하느냐 하는 것과는 별개로 김원봉은 대한민국을 공격한 사람이 명백하다. 문재인은 김원봉이 독립운동을 했기 때문에 유공자로 인정하려 했던 것이 아니다. 김원봉이 대한민국을 공격했기 때문에 국가유공자로 대접하려고 했을 것이다. 민주유공자와 5·18유공자에 대한민국을 공격했던 반국가행위자와 간첩행위자가 수두룩하게 포함된 것과 같은 맥락이다.

대한민국 국가유공자 명단을 들여다보면 대한민국은 이미 종북세력에게 점령된 것이 분명하다. 이 명단에 대한민국을 공격한 종북주의자들이 수두룩하기 때문이다. 대한민국을 공격했던 사람들을 민주유공자 명단에 넣는 일은 문재인 정권이 가장 열심히 했던 일 중의 하나다. 반국가행위자, 이적행위자, 간첩행위자가 국가유공자가 되는 일은 북한이 남한을 완전히 점령한 이후의 논공행상 과정에서나 가능한 일이다. 그런데 이것이 이미 실행되었다고? 그렇다면 대한민국은 이미 북한에 점령되었다고 봐야 할 것이다. 공산주의자들의 모든 혁명은 보통의 민중과 자유민주주의자인 우리 국민이 모르는 사이에 은밀하게 진행된다.

간첩 문재인을 구속해야
대한민국이 안전하다

지옥으로 가는 길은 선의로 포장되어 있다고 한다. 문재인은 북한이 우리를 공격해도 비난하지 않았고 늘 북한을 아름답게 포장했다. 악마는 천사의 얼굴을 하고 있다고 한다. 문재인은 늘 웃었고 전남도청 공무원들은 그를 우주미남이라고 불렀다. 문재인의 시대는 악마도 지옥도 가까이 있었다. 그의 5년은 국민에게 지옥이었다. 그가 악마였는지는 모를 일이지만 그가 간첩인 것은 분명한 듯하다.

CHAPTER ● 1

문재인을 구속해야 하는 범죄혐의

문재인의 5년은 범죄자들이 죄를 짓고도 처벌을 받지 않는 시간이었다. 검찰의 기능이 마비되어 범죄에 대한 국가의 대응력이 크게 떨어지게 되고 그래서 미제사건은 급증한다. 이는 권력형 범죄에 대해 더욱 심각해서 정권 참여자들의 비리와 불법은 처음부터 뭉개졌다. 언론의 집요한 추적과 국민의 관심으로 어렵게 수사에 착수한 사건은 정권의 사주를 받는 정치검사들의 손에 들어가 흐지부지되기 일쑤였다. 기소된 범죄혐의 조차 김명수가 장악한 사법부에서 재판지연 등의 수법으로 또 뭉개졌다. 희대의 재판거래를 주도한 권순일, 국회에서 위증죄를 범한 최초의 대법원장 김명수, 라임 옵티머스 등 건국 이래 최대의 금융사기사건에 이름을 올리고도 무탈했던 임종석 기동민 등의 민주당 의원들, 단군 이래 최대의 토목건축 사기범죄가 드러나고도 제대로 수사받지 않고 처벌받지 않았던 이재명 등 모두 나열 하자면 끝이 없다. 그러나 가장 무거운 범죄를 가장 많이 범한 권력자는 대통령 문재인이었다. 구속사유로 충분한 그의 범죄를 말하려 한다.

1. 그는 국고를 횡령했다

문재인은 퇴임 직전 스스로 '전직대통령예우법'을 변경하여 국고를 합법적으로 약탈했다. 우선 퇴직연금 1390만 원을 매월 받는다. 여기다 예우보조금은 기존의 2억600만 원에서 3억9400만원으로, 비서실활동비 7200만 원에서 1억4000만 원으로 두 배 올렸다. 경호인력은 기존의 27명을 38명 늘여 65명으로 미국의 전직 대통령 경호인력 4명의 16배이며 사저에 심은 나무는 3,048주로 거의 식물원 수준이다. 여기다 국가의 조세체계를 망가뜨린다는 비판을 물리치고 이상의 혜택을 모두 비과세로 하도록 법률을 고쳤다. 문재인은 국고를 탕진하고 청년세대의 자산까지 미리 가불하여 경제를 망국의 지경으로 만드는 와중에도 자신을 위한 국고 탕진을 빠뜨리지 않았다. 일본천황의 하사금으로 당시 돈 30만 엔을 받고 나라를 팔아넘긴 고종과 무엇이 다른가.

2023년 5월 청와대 개방이 1년이 되었을 때 대통령 관저만 공개되지 못하는 이유가 알려졌다. 대통령 부부가 사용했던 생활가전과 가구 등의 집기가 남아있지 않았기 때문이었다. 다음 정권 관계자들이 청와대에 들어갔을 때 이미 집기는 없었으며 대통령기록관에 넘어온 것도 없었다. 관저에는 전자제품, 가구 등 살림살이가 텅텅 비어있었고 김정숙의 옷장 30여 개에 걸려있던, 국고로 구입했다는 의심을 사고있던 옷들도 흔적없이 사라지고 없었다. 그제서야 언론은 퇴임 전 3주 동안 수많은 트럭이 청와대와 양산을 오간 사실에 주목했다. 문재인은 입을 다물고 있었으나 그의 수하들이 진실을 알려주었다. 장관을 지낸 박영선과 조국이 그를 만난 후 올린 사진에는 청와대에 있었던 고가의 가구가 있었고 청와대 문양이 박힌 술이 있었다. 문재인은 나랏돈과 자신의 돈을 구분하지 않았다.

그의 부인 김정숙은 해외 순방을 가장 많이 나간 영부인이다. 방문국 숫자와 방문횟수에서 역대 1위다. 코로나로 하늘길이 꽉 막혀있었던 상황을 생각하면 놀랍다. 해외순방 중 영부인의 역할인 공관 가족 격려, 한국인학교 방문, 입양아 격려 등은 세 번 뿐이었다는 보도는 유명 관광지로 여행만 다녔다는 뜻이다. 인도 타지마할, 캄보디아 앙코르와트, 이집트의 피라미드, 부인 김정숙이 혼자 또는 비공식적으로 여행을 갔던 곳이다. 모두 사비로 갔다면 말을 꺼내지도 않는다. 타지마할은 대통령 전용기로 혼자 갔는데 이에 들어간 예산만 정부 발표 2억1700만원, 최고 4억 원으로 추정되었다. 앙코르와트에 갈 때는 그 곳의 활주로가 짧다는 이유로 국내에 있던 공군 2호기가 급파되었다. 체코 프라하, 베트남 호이안, 바티칸 성베드로성당 등 공개적으로 간 곳까지 모두 열거하면 무수하다.

부인의 고가 의상과 장신구 구입에는 국고횡령의 혐의가 더 분명하다. 여기에 국고가 쓰였다는 의혹이 드러나고 법원이 그것을 공개하라고 판결했으나 청와대는 기밀이라며 끝까지 공개를 거부했다. 제대로 드러나지 않은 더러운 것은 더 있을 것이다. 그러나 대통령 전용기로 혼자 타지마할을 구경하러 간 일과 앙코르와트에 가며 공군기를 동원한 일, 청와대 특활비로 추정되는 관봉을 두른 현금으로 고가의 많은 옷을 산 일과, 그렇게 구입한 옷과 장신구를 몽땅 사저로 가져간 일은 국고횡령 혐의로 반드시 진상이 밝혀지고 단죄되어야 한다. 국고란 곧 국민의 피땀이 아닌가.

"깨끗한 대통령이 되겠습니다. 빈손으로 취임하고 빈손으로 퇴임하는 대통령이 되겠습니다. 국민여러분의 자랑으로 남겠습니다." 취임사에서 이렇게 말한 문재인은 빈손으로 왔으나 물러날 때는 양손을 가득히 채우고 떠났다. 그는 국가의 모든 것을 자신의 소유로 아는 전제군주나 북한의 수령처럼 국고를 사용했다. 자유민주주의 국가의 대통령으로서는 처벌받아야 마땅한 일이다. 그를 심판하고 구속해야 할 첫 번째 이유다.

2. 통계조작이라는 국정농단

2022년 5월 9일은 문재인이 대통령직에서 퇴임한 날이다. 그는 청와대 앞에 모인 지지자들을 향해 말했다. "성공한 전임 대통령이 되도록 도와달라." 대통령으로서 그의 통치는 종료되었고 그에 대한 평가는 이제 오롯이 국민과 역사가들의 몫이다. 그런데 지지자들을 향해 성공한 대통령이 되도록 도와달라니, 자신에 대한 평가서 즉 대통령 성적표를 조작해달라는 말로 들렸다. 그는 자신의 성적표 조작을 마음먹고 있었을 것이다.

2023년 5월, 문재인의 다큐 영화 '문재인입니다'를 본 김의겸은 "문재인 전 대통령을 꼭 성공한 대통령으로 만들어보고 싶다"고 했다. 성공한 대통령을 만들겠다는 그가 기이해 보였다. 그것이 그가 만들 수 있는 것일까. 그는 국민의 평가도 역사의 평가도 '만들 수 있다'고 믿는 사람이었다. 탄핵정국 당시 한겨레신문의 기자로 있던 김의겸은 '최순실'이라는 허깨비를 처음으로 만들어 내어 문재인을 대통령으로 만드는데 결정적으로 기여한 사람이며 그 공으로 청와대에 들어가 대변인이 되고 국회의원이 된 사람이다. 무자격자 혹은 무능력자를 대통령으로 만든 그 실력으로 이제는 실패한 대통령 문재인을 성공한 대통령으로 만들수 있다고 자신하는 듯 보였다. 문재인과 김의겸은 조작질로 권력을 잡고 부귀영화를 누린다는 점에서 같은 종류의 사람들이었다.

2023년 9월 감사원은 문재인 정권이 부동산과 소득 관련 통계를 조작했으며 이와 관련된 혐의로 장하성 김수현 등 22명에 대해 검찰 수사를 요청한다고 발표했다. 가장 민감했던 부동산 통계의 경우 2017년부터 4년간 무려 94차례의 조작이 있었다고 했다. 집값이 무섭게 오르고 있던 2019년 7월의 사례를 보면 김현미의 국토부는 "마이너스 변동률을 부탁드린다"며 부동산원을 압박했고 부동산원은 매매변동률을 낮추어 내놓았다. 김현미는 이 숫자를 내밀며 "서울을 비롯한 수도권 전체의 주택가격은 몇 년만에 하락하는 등 안정세를 지속하고 있습니다"라고 발표했다.

감사원 발표에 의하면 청와대는 매주 수요일에 보고되는 주택가격동향 통계를 전주에 미리 보고하도록 하고, 확정된 상승률이 미리 보고한 수치보다 높으면 청와대 관계자가 "사유를 밝혀라"며 압박했고 부동산원은 미리 보고한 예상치에 결과를 꿰맞추었다. 부동산원은 나중에 문제가 될 수 있다며 사전보고 중단을 무려 12차례나 요청했으나 받아들여지지 않았다고 했다.(KBS, 2023.9.15) 문재인의 청와대가 조작의 주범이었다.

조작은 집값에 국한되지 않았다. 문재인이 집권한 2017년 2분기부터 가계소득이 7년 만에 감소로 돌아선 것으로 나오자 통계청은 즉시 산정방식을 변경하여 소득이 오른 것으로 조작했고 소득분배율이 악화되었는데도 개선된 것처럼 공표했다. 이런 조작은 부동산 일자리 소득 등 모든 부문에서 문재인 정권 5년 내내 있었던 일이다. 월성원전의 경제성 조작처럼 담당 공무원들에 대해 이미 징벌이 결정된 것도 있다.

문재인의 청와대는 통계청을 향해 불법적이고 조작된 통계자료를 지속적으로 요구했고 통계청장 황수경은 통계청 직원들에게 "통계법 위반이다. 청와대에 자료를 주지말라"고 반복 지시했다. 이에 직원들도 청와대의 무리한 요구에 "해당 자료의 제공은 통계법에 저촉되어 불가하다"고 설명하는 문서를 반복해서 보냈다. 그러나 통계청의 일부 직원은 황수경 청장 재직 중에 이미 청장 몰래 통계를 조작하여 청와대에 제공하고 있었다. 결국 청와대는 2018년 8월 말 안듣는 청장 황수경을 돌연 경질한다. 그리고 말 잘 듣는 청장 강신욱을 그 자리에 앉힌다. 충성스러운 강신욱은 취임 일성으로 "좋은 통계를 만드는 것으로 보답하겠다"고 말했다. 이제 국가통계를 대놓고 조작하겠다는 말이었다. 황수경의 경질은 조작으로 정권을 잡고 조작으로 높은 지지율을 유지하고 있던 문재인의 청와대에는 앓던 이를 뺀 것과 같았을 것이다. 그러나 이 조작은 대한민국의 근본과 기강을 뿌리부터 무너뜨리는 일이었다. 그들이 박근혜 정부를 무너뜨릴 때 쓴 구호였던 '국정농단'이란 바로 이런 것이다.

국가의 통계는 모든 정책의 기초자료가 된다. 그래서 이것을 조작한다는 것은 대한민국의 존립 자체에 위해를 가하는 반국가행위다. 이것은 누가 책임져야 하는가. 이 엄청난 일을 담당 공무원이 혼자 한 것은 결코 아닐 것이다. 감사원이 공개한 내용에는 국토부와 부동산원 직원간의 대화

에 국토부 측에서 "위에서 얘기하는데 방어가 안된다. 서울 최소 0.05%
나와야 한다. 안되면 전주前周에라도 맞춰달라"는 내용이 들어있다. 윗선
의 지시와 압력으로 통계를 조작하려는 공무원 사이의 대화다. 윗선이 누
구일까. 또 청와대 참모의 수준에서 끝낼 텐가. 국정의 최고 책임자는 문
재인이다. 그래서 국가의 통계를 조작한 이 엄중한 범죄는 최종적으로 대
통령 문재인이 책임져야 한다. 대통령은 국민이 낸 세금으로 부인의 해외
여행 버킷리스트나 채우는 자리가 아니다.

3. 탈원전이라는 자해적 정책은
엄중한 배임이다

문재인은 대통령 취임 한 달이 갓 지난 2017년 6월 19일 부산에서 고
리1호기 가동 영구정지를 기념하는 행사를 가졌다. 이날 행사에 초청받
은 이창건 박사는 참석을 거부했다. '한국원자력의 아버지'라 불리는 아흔
의 이창건은 고리1호기 건설의 주역이다. 그는 말했다. "원전 건물은 그 어
떤 현대 건축물보다 안전하다. 한국 원전의 안전성이 세계 최고라는 사실
은 전 세계가 인정했다. (문재인 정권의) 탈원전 논란은 거짓과 진실의 싸움
이며 현재와 미래의 싸움이다."(매일경제, 2017.7.26) 영구정지를 성대하게 기
념한다는 일도 이해되지 않았지만 대통령이 참석해야 할 정도로 중요한
일인지는 더욱 이해되지 않았다. 기념사에서 "저는 세월호 이전과 이후가
전혀 다른 대한민국을 만들겠다고 약속했다"고 말한 문재인은 신규 원전
건설계획을 전면 백지화한다고 선언했다. 덧붙여 "새 정부 원전정책의 주

인은 국민"이라고 말했다. 자신의 살갗 한 조각 다치는 것조차 겁낸다는 그가 국민을 들먹인다는 것은 어떤 엄청난 나쁜 일을 하겠다는 뜻이다. 거짓과 진실의 싸움이고 현재와 미래의 싸움이라고 한 이창건 박사의 말이 그때는 와닿지 않았다. 그러나 지금은 공감되고도 남는 일이다.

문재인의 탈원전 정책으로 대한민국이 입을 손실을 여기서 다 짚을 수는 없다. 손실을 정확히 계산하는 것도 불가능한 일이다. 그러나 대한민국 에너지산업을 초토화시켰다는 업계 종사자의 주장을 반박하는 국민은 문 양념이나 종북세력 외에는 없다. 대한민국을 파괴하는 일과 북한 정권을 위해 수행한 문재인의 일이 다 그렇듯 비밀리에 은밀하게 진행되어 아직은 진상이 드러나지 않았지만 지금까지 밝혀진 손실이라도 말해보자.

서울대 원자력정책센터는 문재인의 탈원전 정책으로 2030년까지 총 47조4000억 원의 손실이 발생할 것으로 추정했다. 2017년부터 22년까지 문재인의 5년간 22조9000억, 23년부터 30년까지 24조5000억 원을 합한 금액이다.(문화일보, 2023.5.23) 이 손실액은 물론 국민인 우리가 메워야 한다. 문재인 정권 마지막 해인 2022년 한전의 영업손실은 32조6550억 원이었다. 과거 만년 흑자기업이라 불리던 한전이 빚더미에 오른 이유는 유가의 급격한 상승도 있지만 원전을 줄이고 원전보다 생산단가가 두 배에 이르는 태양광 풍력 등 신재생에너지의 비중을 늘인 결과였다. 탈원전정책으로 인해 한전이 문재인의 5년간 추가로 지출한 비용은 26조원에 이른다. 월성1호기의 조기폐쇄로 입은 손실액만 7277억 원이다. 이 손실액은 국민이 매달 납부하는 전기요금의 3.7%를 떼어내 조성하는 전력기금에서 보충한다. 문재인이 법을 고쳐서 그렇게 만들어 놓았다. 전력기금은 원래 취약계층의 전기요금을 지원하기 위해 만들어진 것이었다. 늘 민생을 걱정하는 척하던 문재인이 한 짓이다. 그가 호남을 볼모로 잡기위한 방안의 하나로 추진한 한전공대의 설립에도 이 전력기금을 투입했다. 고리2호기의 가동 중단으로 하루 27억씩, 180일간 5000억 원 이상의 손실을 기록했다는 보도도 있었다. 이런 단편적인 사실들로 유추하면 탈원전으로 인한 문재인 5년간의 직접적 손실액은 서울대 원자력정책연구소가 제시한 22조9000억 보다 훨씬 큰 금액일 것이다. 간접 손실과 장기 손실을 추정하면 이 금액은 천문학적으로 늘어난다.

한국의 원자력발전은 기술에서 세계 최고 수준일 뿐 아니라 발전소의 건설과 관리의 안전성 측면에서도 세계에서 가장 모범적이다. 국제사회가 인정하는 사실이다. 그럼에도 문재인의 시대에 수주한 해외 원전발전소의 주문은 제로였다. 원전산업을 파괴했다는 여론에 못이겨, 어쩌면 자신이 퇴임한 후 대한민국 원전산업을 초토화시킨데 대한 처벌이 두려워서, 또 어쩌면 북한에 원전을 지어주려한 계획이 들통나 감옥에서 죽음을 맞이할 일이 두려워서였는지, 또 어쩌면 공짜 해외여행을 좋아하는 부인을 위해 세금으로 해외에 나갈수 있는 핑계거리를 만들기 위해서였는지, 문재인은 임기 종료를 1~2년 앞두고 해외에 나가 K-원전이라는 이름을 붙여가며 원전수주 활동을 하는 듯 보였다. 그러나 수주실적은 제로였다. 국내에서는 원전이 위험하다며 가동을 중단시키고 신규 원전 건설계획을 전면 백지화한다는 사실은 발주 당사국도 이미 알고 있을 뿐 아니라 치열하게 경쟁하던 수주 경쟁국이 이 사실을 집중적으로 홍보한 때문이다.

국내외에서 신규 원전을 수주할 수 없게 된 국내산업 원전산업은 고사 위기에 놓이게 된다. 문재인의 5년간 국내 원전 관련 기업의 매출은 41.8% 감소했고 종사자는 18.2%가 줄었다. 그나마 종사 인력의 감소가 적었던 것은 기업의 자구 노력으로 타 종목을 개척했기 때문이다. 그러나 원전 관련 기술과 경험을 가진 근로자는 절반이 줄었다. 많은 기술자가 해외로 빠져나가 동 업종에 종사하게 됨으로써 경쟁에서 우리가 불리하게된 점도 심각한 일이다. 결국 한국의 원전산업 생태계는 거의 붕괴수준에 빠지게 되었고 향후 경쟁력을 다시 회복하는 데는 많은 시간과 막대한 비용이 들 것이다. 문재인이 펼친 자해적 탈원전 정책의 결과다.

문재인의 탈원전 정책으로 대한민국이 입은 손실의 규모는 대체 어느 정도일까. 직접적 손실만 최소 50조에서 100조까지 보는 견해가 다수다. 그의 5년간 원전을 수출하지 못해서 포기된 기대수익을 계산에 넣는다면 손실액은 더 커진다. 여기다 결정에서 건설, 가동까지 10년 이상이 걸리는 원전의 속성으로 인해 탈원전이 향후 최소 20년간은 악영향을 미칠 것이라는 견해를 수용한다면 손실액 규모는 산정 불가다. 문재인의 탈원전은 대한민국의 에너지산업을 파괴한 행위로서 김일성이 6·25 남침으로 그나마 남아있던 산업시설을 모조리 파괴한 일에 비견될 정도로 대한민국 파괴적인 일이었다. 그래서 이 자해적 정책은 반역죄이자 대역죄다. 법전에 그런 죄가 없다고 하시는가. 그럼 배임죄는 어떤가.

4. 북원추는 이적죄인 동시에 여적죄다

문재인은 해외에 나가서는 안전하다고 홍보한 원전을 국내에서는 왜 안전을 이유로 고사시켰을까. 그는 탄소중립을 선언하고 석탄화력의 비중을 줄이면서도 저비용으로 탄소를 줄이는 유일한 방안인 탈원전 정책을 철회하지 않았다. 원전보다 전력 생산비가 두 배 비싼 태양광과 풍력발전을 확대한 것은 종북좌파 세력을 먹여살리고 북한에 퍼줄 수 있는 돈을 마련하기 위한 것이라는 음모론을 수긍한다고 해도 기존 원전의 가동을 중단시킨 것은 이해되지 않는다. 이해의 열쇠는 문재인이 판문점 도보다리에서 김정은에게 전해준 USB에 있는지도 모른다.

2018년 4월 27일 발표한 판문점선언에는 북한식 표현이 곳곳에 등장한다. 북한이 주도한 선언이라는 의미다. 내용에 '확성기 방송과 전단 금지' 등 북한이 그동안 지속적으로 요구해온 것으로 채워져 있는 일은 문재인이 북한을 위해 열심히 했던 일이 한두 가지가 아니니 그렇다 치자. 그런데 이적죄와 여적죄를 적용해야 하는 일은 그냥 넘어갈 수가 없다. 문재인은 이날 판문점 도보다리에서 단 한 명의 배석자 없이 김정은과 단둘이서 44분간 대화를 나누었다. 세계 어느나라도 정상만 단 둘이 회담하는 경우는 없다. 우호적 관계이거나 동맹국 사이에도 배석자 없이는 회담하지 않으며 적대적 국가간에는 더욱 그렇다. 국민이 모르는 혹은 동의하지 않는 의제를 논하거나, 해서는 안되는 약속을 하거나, 국익에 반하는 이적 여적의 모의를 하는 경우를 방지하기 위해서다. 국가원수도 인간인 이상 상대에게 속을 수 있다는 이유도 있다. 조선일보 안용형 기자는 "70

년간 우리를 공격해온 정권의 정상과 기록 한 줄 없이 무슨 말을 나눈건가"(조선일보, 2022.12.23)라며 의심의 눈초리를 보냈다. 둘이서 무슨 말을 나누었는지 내용과 상관없이 적대관계인 북한의 수령과 단 둘이서 44분간 밀담을 나눈 사실 만으로 여적죄가 성립하기에는 충분하다.

이날 단 둘이 대화를 나누고 아무런 기록도 남기지 않았기 때문에 무엇을 어떻게 이야기했는지는 아무도 모른다. 멀리서 대기하던 기자들이 문재인이 김정은에게 무엇을 건네주는 장면과 문재인의 입모양으로 "발전소 문제…"라는 말을 포착한 것이 전부다. 이것이 보도되어 국민도 언론도 도대체 무슨 이야기를 나누었는지를 궁금해 하자 청와대는 "신경제 구상을 USB에 담아 직접 김정은 위원장에게 건네줬다"고 했다. 기자들이 포착한 사실만 인정하겠다는 말이었다. 진실은 3년이 지나서야 밝혀졌다. 2020년 10월 감사원은 산업부를 감사한 결과를 내놓으며 판문점회담 직후부터 산업부가 북한에 원전을 지어주려는 계획을 세우는 문건을 다수 만들었다고 발표했다. 이 문건은 산업부 공무원들이 월성1호기 감사 직전 불법 삭제한 530건의 파일 가운데 들어있었으며, 북쪽을 뜻하는 핀란드어 '포흐요이스Pohjois'와 북한원전추진방안의 약어인 '북원추' 등의 파일명으로 만든 문건이라고 했다. 문재인이 도보다리에서 김정은과 나눈 대화에는 최소한 북한에 원자력발전소를 만들어 주는 내용이 있었으며, 건네준 USB에도 원전 건설에 대한 내용이 들어있었을 것이라는 그간의 추측이 입증된 것이다. 이것은 명백한 이적행위로서 국가보안법상 간첩죄까지 성립되는 일이다.

인간에게 에너지가 제로인 상태는 곧 죽음이듯 국가도 마찬가지다. 철을 산업의 쌀에 비유한다면 에너지는 현대 국가의 존립 그 자체다. 에너지 산업이 국가 경제의 기초 중의 기초라는 뜻이다. 남한과 북한의 경제력 차이는 곧 에너지 생산량의 차이와 일치하는 것도 이런 이치다. 대한민국 70년의 성취를 무너뜨리고 북한과의 격차를 줄임으로써 북한이 남한을 흡수하는 통일을 준비하는 것은 모든 종북세력의 혁명과업이다. 그들이 말하는 '남북경제균형론'은 남한의 것을 북한에 퍼주어 북한의 발전을 도모하는 동시에 남한의 경제력을 쇠퇴시킴으로써 남북간의 경제력 차이를 줄이는 것이다. 문재인은 이에 기초하여 에너지 정책을 수립했을 것이다. 남한의 에너지산업을 하향평준화하기 위해 탈원전을 하고 북한의 에너지산업을 상향평준화하기 위해 북원추를 추진했을 것이다. 정지시킨 고리1호기와 월성원전 등의 설비를 뜯어 제3국으로 헐값에 반출한 후 북한으로 보내려 했다는 음모설은 그래서 나온 것이다.

문재인이 이런 계획을 수립한 것이 사실이라면 그것은 남북이 통일된 이후이거나 적어도 북한이 민주적 정치체제로 전환하고 남한에 대한 적대적 정책을 완전히 거둔 이후에 해야할 일이다. 그러나 북한이 핵과 미사일로 우리를 지속적으로 위협하며 적대적 자세를 포기하기 않는 상태에서 국민의 동의를 구하지 않고, 국민 모르게 비밀스럽게 그것을 추진했다면 이는 이적죄와 여적죄를 동시에 적용해야 하는 엄중한 일이다. 양산에서 지지자들과 웃으며 무탈하게 지내는, 어쩌면 벙커처럼 지어놓은 저택에서 2개 소대 병력의 경호를 받으면서 종북 동지들과 회합하며 또 무엇을 도모하고 있을지 모르는 문재인을 그냥둬도 대한민국이 안전할까.

이적죄를 범하고 여적죄를 범했다면 극형으로 다스려야 이 나라가 무사할 것이다. 형법99조의 이적죄는 최소 3년 이상의 형량을 명시하고 있으며 형법93조의 여적죄는 "적국과 합세하여 대한민국에 항적한 자는 사형에 처한다"고 되어있다. 여적죄란 '적과 더불어 아국에 적대적 행위를 하는 죄'를 말한다. 국민인 우리도 이 정도는 외우고 있어야 대한민국을 지킬 수 있다. 외우지 못한다면 총을 들어야 하고 피를 흘려야 할 것이다.

5. 드루킹 여론조작의 몸통인 그는
아직 구속되지 않았다

대통령 박근혜의 탄핵과 뒤이은 문재인의 정권 장악은 대한민국 현대사의 대사건이다. 이 대사건의 본질은 종북세력이 자유민주주의 정부를 뒤집고 대한민국을 사회주의 체제로 변경하는 좌익혁명이라는 점이다. 이 과정에는 거짓과 조작과 선전 선동의 공산주의 혁명의 전형적인 기술이 동원되었다. 안민석 박범계 등으로 구성된 민주당의 최순실TF, jtbc의 가짜 태블릿PC, 그리고 김경수의 드루킹 여론조작은 문재인이 총사령관이었던 촛불혁명의 거짓과 조작과 선전 선동의 3대 도구였다. '문재인의 그림자'라 불리는 김경수가 주도한 드루킹의 여론조작은 박근혜 정부를 무너뜨린 탄핵정국에서 가짜 여론의 형성을 주도한다. 2016년 11월부터 시작된 촛불집회와 12월의 국회 탄핵소추안 통과, 그리고 다음해 3월 헌재의 탄핵결정에 이르는 과정에서 국민의 마음을 박근혜로부터 멀어지게 하는데 있어 김경수의 여론조작은 절대적으로 작용했다. 특히 헌재 재판관들이 박근혜 탄핵에 만장일치라는 이해할 수 없는 판결을 내린 것은 드루킹에 의해 왜곡된 민심과 종북세력과 민노총이 주도한 촛불시위의 영향이 결정적이었다. 드루킹의 힘으로 조작된 여론은 2017년의 대선에 이어 다음 해의 지방선거까지도 압도적인 힘을 발휘한다. 종북세력의 거짓과 조작과 선전 선동의 힘이다.

2021년 7월 김경수가 댓글 여론조작 혐의로 대법원에서 징역 2년이 확정된 후 허익범 특검이 밝힌 바에 의하면 법원에 제출된 증거목록만 1551개로 여론 조작에 동원된 댓글 120만개, 조작에 활용된 포털 아이디 3027개 등이었다.(동아일보, 2021.7.22) 그리고 2018년 8월의 특검 발표에 의하면 김경수는 드루킹과 공모해 8840만 회의 부정 클릭으로 여론을 조작한 것으로 드러났다. 이 숫자는 73건이 법 위반으로 판결난 국정원 댓글과는 비교가 되지 않는 규모다. 그리고 드루킹이란 필명을 쓴 김동원은 업무방해 혐의로 징역 3년, 정치자금법 위반 혐의로 유죄를 선고받았고 김경수는 징역 2년을 선고 받았다. 73건의 댓글조작으로 전 국정원장 원세훈이 받은 형량 4년과 120만건의 댓글조작과 8840만 회의 부정클릭으로 김경수가 받은 형량 2년, 이것이 문재인 시대의 대한민국 사법정의였다. 전면에 나서서 여론 조작을 실행한 김경수 김동원 두 사람은 징벌되었다. 그러나 이 사건의 최종 수혜자인 문재인은 아직 징벌되지 않았다.

김경수가 지휘하고 드루킹이 실행한 민심 조작에 힘입어 결국 현직 대통령 박근혜는 탄핵되었고 다음 대선 주자로 거론되던 반기문은 주저앉았으며 문재인과 경쟁한 안철수는 물러났다. 결국 문재인이 마지막 승자가 되고 청와대를 장악했다. 문재인의 집권 초기 80%가 넘던 지지율도 드루킹의 조작의 영향이 절대적이었다. 2018년의 지방선거에서 문재인 세력이 압승을 거둔 것도 마찬가지다. 김경수와 드루킹 사건의 본질은 여론조작과 민심 왜곡과 표심 훔치기였다. 그렇다면 국민을 속이고 기만한 힘으로 탄생한 대통령 문재인과 문재인 정권은 대체 뭔가. 드루킹의 여론조작 사건의 몸통은 누구이며 이 여론조작의 최대 수혜자는 누구인가는 하는 물음은 아직 미완의 숙제다. 우익정부를 전복시키고 좌익이 집권했으니 좌익세력 전체가 수혜를 입은 것은 분명하다. 그러나 최고의 수혜자는 이 여론조작에 힘입어 대통령이 된 문재인이다. 문재인이 가진 권력의 힘에 눌려 특검도 그와의 관련성을 제대로 밝히는 데는 실패했지만 문재인과의 관련성을 말해주는 사실들은 곳곳에서 드러났다.

　　김경수와 드루킹 김동원은 후에 청와대 비서관이 된 전대협 출신의 송인배의 소개로 2016년 6월 처음 만났다. 그리고 9월 1일 드루킹은 '선플운동'을 전개하겠다고 밝혔고 이틀 후인 9월 3일 문재인은 '문팬 창립총회'에서 지지자를 향해 선플운동을 해달라고 당부했다.(TV조선, 2021.7.31, 김웅 의원) 이것은 드루킹과 김경수와 문재인의 관련성을 확인할수 있는 하나의 사실관계다. 그리고 사정당국의 발표에 의하면 대선을 앞두고 김경수와 드루킹이 나눈 대화에는 "김경수가 문재인에 보고했고 그래서 문재인 역시 드루킹을 알고 있다"는 내용이 들어있는 것으로 알려졌다.(문화일보, 2018.4.20) 또한 드루킹은 법정 증인심문에서 문재인이 대통령 후보 시절부터 경공모와 경인선의 존재와 활동 내용을 알고 있었다고 주장했다. 드루킹은 "경인선은 애초 '경공모인터넷선플운동단'이라는 이름이었지만 김경수가 '어르신께서 경공모를 발음하기 어려워 한다'고 말해 경인선이라는 이름으로 활동했다"고 밝혔다. 그는 여기서 '어르신이 누구냐'는 질문에 '문 대통령'이라고 말했다. 후보 시절 선거운동 과정에서 영부인 김정숙이 "경인선도 가야지, 경인선에 가자"고 말하는 영상이 공개된 것도 문재인이 드루킹의 존재와 활동을 알고 있었다는 사실을 뒷받침했다.(중앙일보, 2018.12.7)

드루킹 사건은 여론조작으로 민심을 왜곡하고 이를 선거 표심으로 연결하여 우익 정권을 뒤집어 엎고 좌익세력이 정권을 찬탈했다는 점이 본질이다. 이것을 공산주의자들의 혁명의 과정과 기술로 규정하고 이 혁명이 성공하여 대한민국이 공산주의 국가가 되었다면 징벌할 수 없는 일이다. 그것이 아니라면 자유민주주의를 위협한 중대하고도 악질적인 범죄가 틀림없다. 문재인 자신이 공산주의자란 정체성을 천명하고 국민의 선택을 받아 대통령이 되고 대한민국을 사회주의 공산주의 체제로 변경해 갔다면 범죄가 성립되지 않는다. 그러나 자신의 정체성을 감추고 거짓과 조작으로 대통령이 되었다면 대한민국의 자유민주주의를 뿌리째 흔드는 중대하고도 엄중한 범죄다. 그래서 여론조작으로 탄생한 문재인 정권은 근본적으로 부정되어야 한다. 그리고 문재인은 처벌되어야 한다. 그의 법률적 죄명은 법률가들이 궁리하시기 바란다. 국민의 언어로는 대역죄다.

6. 계획적 국가경제의 파괴는 반역죄다

"한강의 기적을 대동강의 기적으로 확장시켜 세계 경제 지도를 바꾸는 한반도의 기적을 만들어낼 것이다" 문재인은 2017년 6월 1일 제주포럼 축사에서 이렇게 말했다. 2015년 박근혜도 같은 취지의 말을 한 적이 있었다. 그러나 의미는 달랐다. 박근혜는 미국 유럽 일본 등 서방 선진국과 협력하며 대한민국이 주도하는 한반도의 경제 기적을 구상했다. 당연히 자본주의 체제를 전제로 하는 것이다. 그러나 문재인이 말한 한반도의 기적이 어떤 의미인지는 2년이 지나 그의 입에 의해 밝혀졌다.

"근대화에 뒤처졌던 동아시아는 분업과 협업으로 경제 발전을 이뤘다. 세계는 동아시아의 기적으로 부른다" 2019년 광복절 기념사에서 그는 한국의 기적이 아닌 동아시아의 기적을 말했다. 그의 통치 2년을 넘긴 당시는 소주성이라는 해괴한 정책과 최저임금의 급격한 인상, 노조가 갑이 되고 사업주가 을이 되는 공산주의식 경제 운용으로 실업률과 집값이 폭증하고 기업이 곡소리를 내고 있던 때였다. 이런 상황에서 국내 경제에 대한 언급은 한 마디 없이 동아시아의 분업과 협업을 말하고 동아시아의 기적을 말했다. 동아시아라 함은 중국 일본 북한 동남아 국가들을 의미할 텐데, 그의 정권이 끝까지 적대시한 일본은 여기에 포함되지 않을 것이며 결국 중국과 북한을 염두에 둔 것이다. 그렇다면 그가 말한 동아시아의 기적은 대한민국 경제를 중국 북한 등의 공산주의 경제로 편입시키겠다는 구상이 분명하다. 그때는 무슨 말인가 했지만 지금은 분명해졌다. 그는 같은 날 이런 말도 했다. "평화경제에 우리가 가진 모든 것을 쏟아부어 새로운 한반도의 문을 활짝 열겠다" 그가 말하는 평화경제란 또 북한에 퍼주기 위해 고안해 낸 용어라는 국민의 비판을 의식 한 듯 그는 덧붙였다. "북한이 미사일을 쏘는데 무슨 평화경제냐고 말하는 사람들이 있지만 이념에 사로잡힌 외톨이로 남지 않길 바란다" 그는 망가지고 있는 대한민국 경제에는 관심이 없었다. 그는 북한에 퍼줄 궁리만 하고 있었다.

문재인의 통치는 대한민국 경제를 붕괴시키고 있었다. 그러면서 그것을 성공이라 했고 기적이라 했다. 그의 경제 성공과 기적은 국민인 우리와는 의미가 완전히 반대였다. 그가 말한 경제 성공과 기적은 종북 주사파의 관점이 분명하다. 종북주의자들이 말하는 남북경제균형론이란 남한의 경제를 하향화하고 북한 경제를 지원하여 상향화함으로써 통일의 최대 장애물인 남북의 경제적 격차를 해결하는 것이다. 그래서 대한민국 경제를 후퇴시키는 것은 그들이 투쟁하는 목표다. 그들의 경제 성공과 기적이란 그런 의미다. 그래서 문재인이 말한 경제 기적은 단순한 거짓말이 아니다. 국가 반역이다. 문재인은 선거운동 마지막 날인 2017년 5월 8일 광화문 유세에서 "압도적 지지가 모이면 천지개벽의 기적같은 변화가 가능하다"고 말했다. 그는 처음부터 반역을 꾀하고 있었던 것으로 보인다. 그가 남북경제 균형론에 따라 대한민국 경제를 고의로 파괴한 일은 반역죄다. 간첩죄, 이적죄, 여적죄와 같은 뜻이다. 이런 대역죄를 지은 범죄혐의자가 안전하고 무탈하다면 대한민국은 곧 큰 탈이 날 것이다.

7. 취임사와는 완벽하게 거꾸로 간 반역적인 통치

문재인의 대통령 취임사에는 어떤 문제도 없었다. 오히려 완벽했다. 문제는 취임사와는 완벽하게 거꾸로 간 통치에 있었다. 그의 취임사를 읽으며 어떤 이는 30가지의 약속이라고 했고 또 어떤이는 33가지라고 했다. 몇 가지인지는 전혀 중요하지 않다. 모조리 거짓말이기 때문이다. 논객 진중권은 29가지가 거짓말이고 '한 번도 경험하지 못한 나라' 단 한 가지만 지켜졌다고 했다. 취임사 제목이기도 한 이 말이야말로 가장 지독한 거짓말이라는 뜻이다. 문재인의 통치 5년을 리뷰하면 그의 취임사 내용과 어쩌면 그렇게 완벽하게 거꾸로 갈 수 있었는지 놀라게 된다.

대통령의 권력을 움켜 잡은 문재인은 국민이 기대하고 희망하고 상상한 것과는 완전히 다른 대한민국을 만들어 갔다. 그는 먼저 과거사의 진실을 뒤집는다. 해방정국 이후의 좌우익 간의 대결의 역사를 좌익이 승리한 것으로 바꾸었다. 공산당이 주도한 폭동사건과 관여자들을 민주화유공자 혹은 희생자로 둔갑시킨 후 국가 예산으로 수 조원의 보상금을 지급했고 공산주의 운동을 했거나 6·25 남침에 앞장섰던 자들에게 확인되지도 않은 독립운동의 희미한 흔적을 부풀려 독립유공자로 둔갑시키고 그들에게 돈과 훈장을 안겼다. 독립운동가를 기리는 일이 아니라 공산주의자를 역사의 본류로 만드는 작업이었다. 김원봉 홍범도 김원웅의 부모 손혜원의 부친 등이 이에 해당한다. 그러나 백선엽과 6·25참전 상이군인과 천안함 생존 병사 등 북한에 대항하여 대한민국을 지킨 국민은 모두 푸대접하고 외면했다. 문재인은 모든 과거사를 북한이 승리한 역사로 만들어갔다. 그는 대한민국의 역사를 뭉개기로 작정한 듯 보였다.

대통령 문재인은 현재의 일에 대해서는 거짓으로 우기고 조작으로 감추었다. 국가의 정체성을 바꾸고 대한민국 70년의 성공과 성취를 무너뜨리는 자신의 통치를 국민이 알아차리자 문재인은 쇼와 이벤트와 선전 선동으로 미화하며 그가 하는 통치의 본색을 은폐했다. 그리고 청년들의 미래 자산을 약탈하며 대한민국의 미래를 암흑으로 몰아갔다. 그의 나라다운 나라, 한번도 경험하지 못한 나라는 국민인 우리가 생각한 그것과는 완전히 다른 것이었다. 취임사와는 거꾸로 가는 그의 길은 사회주의와 북한으로 가는 길이었다. 그는 자유민주주의 국가인 대한민국의 정체성을 사회주의의 나라로 변경하려 했고 이를 위해 우선 자유민주주의 대한민국의 자랑스러운 성취를 고의로 파괴해 나갔다. 그리고 북한과 김정은을 위한 일에만 몰두했다.

문재인은 대한민국을 국민이 생각하고 상상한 것과는 완전히 거꾸로 통치하는 과정에서 국민을 속이고 기만하며 수많은 실정법 위반행위를 범했다. 대한민국이 자유민주주의 국가라면, 법치주의 국가가 맞다면 그의 실정법 위반에 대해 반드시 단죄해야 한다. 그가 다시 '전직 대통령에게 무례하다'고 말한다면 그의 정권이 박근혜와 이명박에게 했던 일을 말해줘야 한다. 현직 대통령을 끌어내리고 4년 9개월간이나 감옥에 가두어둔 일에 앞장 서서 그것을 촛불혁명이라며 국민을 독려했고 탄핵이 실패한다면 혁명밖에 없다고 말한 것도 그였다. 그를 단죄하지 않는다면 대한민국의 정의와 법치는 바로 서지 못할 것이다. 그를 단죄하는 일은 자유민주주의를 회복하는 일의 시작이다. 문재인은 대한민국을 반역한 대역죄인이다. 대역죄인이 안전하다면 대한민국은 안전하지 못할 것이다.

8. 실패한 혁명은 단두대에 올라야 한다

2016년 가을 광화문 광장에 거짓의 축제판을 벌였을 때 이를 총지휘한 사람은 문재인이었다. 그와 그가 이끄는 민주당의 거짓말과 여론조작과 선전 선동에 격한 시민은 한겨울에도 광화문에 나가 촛불을 들었고 국회와 특검의 기회주의자들과 촛불의 위세에 눌린 헌재의 심약한 법관 서생들은 만장일치로 탄핵을 결정하고 박근혜를 청와대에서 끌어냈다. 비워진 청와대는 곧 문재인이 차지했다. 거짓과 조작에 현혹된 국민이 그를 대통령으로 선택한 것이다. 그래서 문재인의 집권은 정권찬탈이라 불러야 마땅하다. 선거로 합법의 모양새를 갖추었지만 국민을 속이고 선동하여 표를 얻었으니 정권강탈이라 해도 별반 다르지 않을 것이다.

문재인은 헌재의 탄핵결정을 앞두고 "헌재에서 탄핵이 기각된다면 혁명밖에 없다."고 말했다. 헌재가 문재인 자신이 바라는 대로 탄핵을 결정하지 않으면 혁명 밖에 없다고 한 이 발언을 두고 많은 지식인과 국민은 '내란선동'으로 해석했다. 더불어민주당이 중심이 되고 종북좌파 세력이 광화문에 총결집하여 함성을 지르던 그 정국에서 꼭대기 점에 있었던 문재인이 혁명을 입에 담은 것은 헌재 재판관들에 대한 겁박인 동시에 그의 지지자들에게는 내란을 준비하라는 신호로 해석되기에 충분했다. 형법

제 91조는 '국헌문란'에 대해 규정하고 있다. 헌법에 의해 설치된 국가기관 이며 헌법을 수호하는 최후 보루인 헌법재판소를 겁박한 문재인의 혁명 발언은 헌재의 권능행사를 방해하는 국헌문란이 될 여지가 매우 크다. 헌 재가 문재인 자신이 원하는대로 결정하지 않는다면 혁명을 하겠다는 것 은 곧 내란선동이 분명하다. 문재인을 내란선동죄로 심판해야 한다고 주 장하는 이유다. 그와 발을 맞춰 적극적으로 내란선동에 가담하고 후에는 모두 고위직을 차지한 문재인의 주사파 수하들과 더불어민주당의 종북좌 익 동지들도 마찬가지다.

문재인은 자신의 집권을 촛불혁명이라 불렀다. 국민으로부터 욕을 먹 을 때면 더욱 자주 촛불과 혁명을 들먹였다. 그러나 그의 혁명은 자유민 주주의적 시각에서는 거짓과 조작으로 버무려진 사기혁명이었고 그 본질 을 파고들면 그것은 공산주의자들의 혁명이었다. 대통령 박근혜, 대법원 장 양승태, 청와대비서실장 김기춘, 국가안보실장 김관진, 기무사령관 이 재수, 4명의 국정원장 등 북한과 그들 세력에게 각을 세웠던 전 정부 인 사들이 포승줄에 묶여 방송에 등장했고 그것을 보는 국민들은 그들을 반 역죄를 저지른 사람들로 여겼다. 자주 감옥을 드나든 이재용 신동빈 등의 기업인도 마찬가지다. 그것이 좌익이 혁명에 성공한 후 맨 먼저 집행하는 우익에 대한 숙청이라는 사실은 공산주의 혁명사를 읽으면 바로 알 수 있 다. 정권을 잡은 후 펼친 문재인의 대한민국 파괴적인 국가 통치를 보며 적폐를 쌓은 것은 박근혜가 아니라 문재인이라는 사실도 분명해졌다. 2차 대전 이후의 세계사에서 최고 기적으로 불리는 세계 10대 경제대국 대한 민국에서 불과 몇 년전에 있었던 일이다. 문재인의 촛불혁명은 사기혁명이었다. 북한으로 가는 혁명이었으며 인민민주주의 혁명이었다.

　　문재인과 그의 주사파 운동권 수하들은 자신들의 통치를 촛불혁명이라 부르며 대한민국을 좌익의 나라로 만들어갔다. 이 과정에서 자유민주주의는 뿌리째 흔들리고 시장자본주의는 크게 훼손되었다. 그러나 국민적 저항에 부딪쳐 그것은 완성되지 못했고 정권 연장에 실패하며 일단 멈추게 된다. 그들의 혁명은 5년 후를 기약하며 다시 뒤집기를 시도하고 진영의 재기를 도모할 것이다. 이명박과 박근혜 정부를 향해 그랬던 것처럼 새로운 우익정부의 발목을 잡을 것이며 문재인 정권에서 체격을 크게 키운 그들의 반격은 이전보다 더 맹렬할 것이다. 촛불, 국정농단, 사법적폐, 적폐청산, 블랙리스트, 모두 자유민주주의 대한민국을 공격하는데 쓰인 화살이다. 이런 화살은 이제 문재인과 그의 주사파 동지들과 모든 종북세력으로 향해야 한다. 국민인 우리와 우익정부가 그들을 심판하지 않고 처벌하지 않은 채 방치한다면 그들의 '다시 뒤집기'가 먼저 완성될 것이다. 그들이 뒤집으려 하는 것은 대한민국의 자유민주주의와 시장자본주의와 법치주의와 민주적 사회질서다. 그들의 최종 목표는 남한을 북한에 흡수시키고 한반도를 북한체제로 통일하는 것이다. 문재인의 주사파 수하들과 민주당 동지들의 오랜 혁명투쟁은 모두 그것을 실행하는 것이었다.

　　문재인과 그의 세력 잔당들이 대한민국의 자유민주주의 세력을 공격하며 다시 정권을 잡고 혁명의 완성을 시도하기 전에 그들의 반국가 반체제 행위를 단죄하고 그들 세력을 소멸시켜야 한다. 이해찬이 우파궤멸을 공언하고 문재인과 민주당의 종북 국회의원들이 합심하여 자유민주주의 세력을 짓밟고 탄압한 그 이상의 에너지로 그들을 심판해야 한다. 그래야 자유민주주의 대한민국과 우리 후손들의 미래가 지켜질 수 있을 것이다. 그들의 좌익혁명은 아직 완성되지 못했다. 그래서 실패로 규정되어야 마땅하다. 적어도 아직은 그렇다. 실패한 혁명은 단두대에 올라야 한다. 그것이 혁명의 법칙이다. 단두대에 오르는 순서는 이 실패한 혁명의 수반이었던 문재인으로부터 시작해야 한다.

9. 개헌 없는 체제변경의 시도는 위헌이다

문재인이 집권하고 10개월이 지난 2018년 3월, 청와대 민정수석 조국은 직접 마이크를 잡고 신헌법개정안을 발표했다. 법무부 장관이 해야할 개헌안 발표를 사회주의자 조국이 하는 일부터 수상했다. 국민의 충격과 저항을 의식해서 3차례로 나누어 살라미식으로 내놓은 이 개정안은 결국 학자와 언론인의 거센 비판을 받고 포기된다. 그러나 그 내용을 살펴보면 문재인 정권이 대한민국을 사회주의, 즉 인민민주주의 체제로 변경하려고 했던 의도가 고스란히 담겨있다.

이 개헌안은 기존 헌법의 '자유민주적 기본질서'에서 '자유'를 삭제하고 있다. 서울대 법대 교수인 조국이 자유민주주의와 인민민주주의를 구분하는 첫 번째 척도가 '자유'라는 사실을 모를 리는 없다. 그래서 자유를 삭제한 개헌안은 대한민국을 인민민주주의 국가로 변경하려는 의도를 드러낸 것이 명백하다. '자유민주적 기본질서' 외에도 신헌법 개정안 곳곳에는 기존에 있던 '자유'가 빠져있었다. '국민'이 '사람'으로 바뀌어 있는 것도 마찬가지다. 북한 헌법과 김일성주체사상에 표기된 '사람'이 '국민'을 대신하여 우리 헌법에 버젓이 등장한 것이다. 우리 헌법은 국가 구성원으로서의 기본적 의무 준수를 전제로 자유를 보장받는 개인을 의미하는 '국민'의 개념을 바탕으로 하고 있다. 그러나 북한의 법체계는 인민 혹은 이보다 넓은 개념의 사람이라는 표현을 사용한다. 북한은 특히 인간과 사람의 개념을 구분하는데 계급투쟁 의식으로 각성된 인간만을 '사람'으로 인정한다. 의식화되지 않은 인간은 사람도 아니라는 의미다. 따라서 개헌안에 자유를 삭제한 것과 국민을 사람으로 변경 표기한 것은 문재인 정권이 대한민국의 국가체제를 인민민주주의로 전환하려 했다는 명백한 증거가 된다. 이 외에도 우리가 공산주의 국가와 구분하려는 분명한 의도를 가지고 사용해온 '근로자' 역시 북한과 중국이 쓰는 '노동자'로 바뀌어 있으며, 기존 헌법의 '양심의 자유'를 '사상의 자유'로 변경한 것도 사회주의와 공산주의를 허용하지 않는 국가보안법의 폐지를 위한 근거를 마련하기 위한 것이었다.

대한민국의 국체를 사회주의로 변경하려는 분명한 목적을 가지고 내놓은 개헌안은 국민의 거센 저항에 부딪쳐 곧 좌절된다. 그러나 문재인은 포기하지 않았다. 그는 개헌안을 거두어들이는 대신 대한민국을 실제적으로 사회주의 체제로 변경하는 정책을 내놓으며 정치 안보 외교 경제사회 등 국가의 모든 영역에 있어서 사회주의적 통치를 전개한다.

문재인은 국내정치의 영역에서 자유민주주의 국가의 기본적 권력구조인 삼권분립을 무시하고 공산주의 국가처럼 사실상 입법 사법 행정 권력을 통합하여 청와대로 집중시키고 독재적 권력을 행사했다. 그 결과 문재인은 마치 북한의 수령과 같은 존재로 보이기도 했다. 집권 초기에는 검찰의 수사기능을 강화하고 특수부 조직을 대폭 늘려 박근혜 이명박 정부 세력을 초토화시키는데 철저히 써먹더니 자신들의 비리와 불법이 쌓여가던 집권 중반기부터는 검찰개혁이라는 노래를 부르며 검찰을 비롯한 국가의 형사사법 시스템을 무너뜨리고 법치주의를 짓밟았다. 법치주의가 무너진 대한민국은 권력자와 소수 집단의 의지에 의해 통치되는 공산주의 국가를 닮아갔다. 문재인이 집행하는 모든 통치의 이념적 토대는 사회주의였다. 자유민주주의 이념인 기회와 과정의 평등 대신 사회주의 이념인 결과의 평등을 지향했고, 자유민주주의의 핵심가치인 자유와 인권은 무시되어 세계인의 항의에도 5·18 금지법 대북전단금지법 등 표현의 자유를 억압하는 입법으로 국민의 기본권을 침해했으며 거짓 선동 등 공산주의 전통적 통치기술에다 남미 사회주의 국가들의 포퓰리즘 정책을 상시적으로 구사했다. 국민의 자발성과 독립성을 죽이는 사회주의적 통치였다.

개인을 빈곤하게 만들고 자유를 억압하여 권력의 통제에 순응하고 국가의 배급에 의존하는 '인민'으로 만드는 것은 허구적인 공산주의 체제를 유지하는 기본 정책이다. 차기 정부를 맡은 윤석열이 '약탈'이라고 평가했던 문재인의 경제정책은 자유와 경제적 독립을 보장받는 자유민주적 국민을 소멸시키는 것이었고 그래서 그의 경제정책은 부유한 국민을 가난한 인민으로 만드는데 촛점이 맞추어져 있었다. 일자리 정책도 집값도 물가도 모두 그러했다. 그것은 단기적 고통에 그치지 않았다. 그가 통치한 5년간 대한민국은 개인과 국가의 부채는 폭증했고 미래에 대한 준비와 투자는 제로에 가까웠다. 이것은 향후 오랫동안 국가 경쟁력에 영향을 주고 국민 생활에 큰 짐이 될 것이다. 문재인이 주도한 혁명의 성취다.

대통령 문재인은 입으로는 늘 통합을 말하면서도 국민을 쪼개고 나누어 서로 갈등케하는 분열정책을 고수했다. 이념 지역 계층 등 좌익의 전통적 분열정책에 더해 남과 여, 임대인과 임차인, 심지어 의사와 간호사까지 찢고 또 찢으며 싸움을 붙였다. 이러한 분열정책은 수많은 실정을 쌓고 나라를 총체적으로 쇠망케 하고서도 임기말까지 40%이상의 견고한 지지율을 유지하는 비결이었다. 그러나 그의 국민 분열 정책은 자신과 정권의 지지율을 유지하는 데만 목적이 있는 것은 아니었다. 민중을 분열시켜 계급화하고 지배층을 특권계급화하는 것은 공산당의 통치방식이다. 절대다수의 피지배 계급에 대한 자유 억압과 인권 제한과 경제적 빈곤화에도 공산당 일당 지배체제를 공고히 하는 최선의 구조이기 때문이다. 문재인의 국민 분열정책은 계급사회인 공산주의 체제를 쫓았다는 증거다.

대한민국의 체제를 변경하는 문재인의 통치는 외교의 영역에서도 분명했다. 그는 반미 배일 정책으로 서방의 자유민주주의 진영에서 이탈하면서 중국 북한의 공산주의 진영으로 편입되려는 진영이동의 외교정책을 전개했다. 그 결과 그의 시대 대한민국은 문명화되고 선진화된 서방의 자유진영 국가들로부터 고립되었다. 왕따외교라 불렸던 문재인의 대외정책은 그 스스로 선택한 길이었다. 그리고 중국에 대해서는 철저한 굴종적 자세를 유지하고 북한을 향해서는 이적적 통치를 반복했다.

문재인의 통치 5년은 정치 경제 사회 국방 등의 내치의 영역은 물론 외교 안보 등 외치의 영역까지 그 내용물 모두가 대한민국 체제를 사회주의 공산주의로 변경하는 것이었다. 개헌을 하지 않고, 국민에게 알리지 않고, 국민의 동의를 얻지 않고 대한민국의 체제를 변경하려 한 일은 위헌적 범죄다. 국민의 언어로는 반국가 행위이자 반역이며 대역죄다. 문재인이 사람을 단죄하지 않는다면 대한민국은 곧 사회주의 공산주의 국가가 될 것이다. 국민은 북한에 흡수되어 김정은의 인민으로 살게 될 것이다.

10. 그에게는 이렇게 많은 구속의 사유가 있다

문재인과 그의 세력이 박근혜를 탄핵할 때 범죄혐의를 입증하는 증거가 차고 넘친다고 했다. 그러나 그들이 댄 증거는 대부분 후에 허위 혹은 과장으로 판명되었다. 반면 문재인의 범죄혐의는 항목도 많고 각각의 혐의마다 증거도 쌓여있다. 일반 공무원들의 배임, 직무유기 정도의 혐의에도 문재인은 대통령이라는 특수직위로 인해 그 내용을 들여다보면 모두 엄중한 범죄다. 그의 범죄혐의 대부분은 대통령 임기동안 공소시효가 정지되어 있었고 어떤 것은 아직 공론화되지 않았다. 모두 그가 박근혜 정부를 붕괴시킬 때 써먹은 프레임인 국정농단급이다. 박근혜의 범죄혐의는 거짓과 조작과 과장된 해석으로 만든 것이었으나 문재인의 범죄혐의는 프레임이 아니다. 모두 실체가 분명한 혐의다. 증거도 확실하다.

문재인이 청와대를 장악하기 이전의 일 가운데 대표적인 범죄혐의로는 이석기와의 관련성이다. 이석기는 비밀결사를 조직해서 우리의 통신 철도 유류저장고 등의 국가 기간시설 파괴를 모의하고 내란을 선동한 혐의로 9년 이상의 유죄형을 받은 사람이다. 문재인은 이런 이석기를 여러 번 사면 복권시키는데 관여하고 이석기를 국회의원으로 만드는 일에도 직간접적인 역할을 했다. 반국가행위로 처벌받은 이석기와의 관련성이 확인된다면 문재인에게도 유사한 혐의가 적용되어야 할 것이다. 10년 이상의 시간이 지났다는 이유로 그냥 묻어둘 수는 없다. 대한민국의 존속을 위협한 과거의 일에 그치지 않는다. 현존하는 위협이다.

선거제도는 흔히 민주주의의 꽃이라 불린다. 전제군주 시대와 민주주의 시대를 구분하는 기준의 하나가 바로 법제화된 선거의 유무다. 문재인은 선거라는 민주주의의 꽃을 무참히 짓밟은 사람이다. 그는 우선 수하 김경수를 앞세우고 여론의 풍향을 조작하여 정권을 잡았다. 드루킹이라는 여론조작으로 국민의 선택 정보를 왜곡함으로써 박근혜를 탄핵시키고 자신은 대통령이 되었다. 대한민국의 선거제도를 무용지물로 만들고 선거를 공산당의 혁명수단으로 전락시킨 사람이 바로 문재인이다. 그는 선거 결과의 왜곡에 직접적으로 관여하기도 했다. 자신의 30년 지기 송철호를 울산시장으로 만들기 위해 청와대의 8개 이상의 조직을 동원하고 울산지방경찰청장 황운하까지 여기에 개입시켜 기어이 소원을 달성했다. "내 가장 큰 소원은 송철호의 당선"이라고 말한 보스 문재인의 소원을 실현하기 위해 동원된 그의 수하 여럿이 검찰과 법원에 불려다니고 유죄를 선고받았다. 그러나 이 선거의 개입과 당선 조작을 사실상 지시한 문재인은 아직 조사도 수사도 처벌도 받지 않았다.

문재인은 자신의 대선캠프에서 일했던 조해주를 청문회도 없이 선관위의 사실상 최고위직인 상임위원에 임명했고 조해주는 선관위를 복마전으로 만들며 문재인 정권이 치룬 선거에서 철저히 편파적이고 불공정한 관리로 정권에 봉사했다. 선관위를 호남인으로 가득 채우고 자리를 세습하며 공산국가의 특권계급 처럼 만들자 선관위 직원들은 저절로 권력의 시녀가 되었다. 수많은 편파성 시비와 곳곳에서 드러난 부정선거의 흔적은 문재인이 대한민국의 선거제도를 유린한 결과다. 선관위가 공정성을 회복하고 선거제도가 다시 민주주의의 꽃이 될 수 있도록 하는 첫 걸음은 드루킹으로 여론을 조작하고, 울산시장 선거에 개입하고, 선관위를 공산당의 특권기관으로 만든 문재인을 심판하는 데서 시작해야 한다.

대한민국 제19대 대통령 문재인은 자신의 정권에서 발생한 여러 중대범죄에 대해 방임했다. 자유민주적 국헌을 준수하고 법치주의와 국가 질서를 유지하는 것은 대통령의 책무이자 임무다. 그러나 문재인은 이런 책무를 방기했다. 대법관 권순일이 이재명과 사법거래를 한 의혹은 대한민국의 사법 역사상 최악의 범죄가 분명한데 대통령 문재인은 이를 그냥 두었다. 성남시와 경기도에서 있었던 이재명의 건축 비리는 단군이래 최대의 부패행위가 분명한데 이를 단죄하지 않고 방치하여 이재명이 대권후보까지 될수 있도록 한 것 역시 대통령으로서의 책무를 포기한 일이다. 건국 이래 최대의 금융사기범죄인 라임 옵티머스 사건을 제대로 수사하지 않고 피해액을 은행에 전가하여 국민의 세금으로 메운 일과, 수상한 돈 10조5000억 원이 중국 동남아 등의 국가로 환전되어 유출된 일의 진상을 파헤치지 않은 것은 국가의 금융질서를 무너뜨리는 심각한 직무유기다. 여기다 검찰의 수사범위를 축소하고 수사능력을 약화시켜 죄를 짓고도 처벌받지 않는 범죄자가 급격히 늘어나는 사회환경을 만들고, 마약 범죄가 급격히 증가하는 상황을 방치한 일 역시 국정의 최고 책임자인 문재인이 책임져야 할 일이다. 모두 대통령으로서 직무유기의 범죄다.

대통령 문재인은 서해에서 공무를 수행 중이던 우리 국민이 바다를 표류하다 북한군에 의해 사살되고 불태워진 일에 대해 이 국민을 구조하기 위한 어떤 조치도 취하지 않은 것은 국민의 생명을 보호해야 하는 대통령으로서의 직무를 유기한 것이다. 사살된 우리 국민을 그의 청와대 수하들과 민주당 동지들이 월북으로 몰아가고 김정은의 잘못을 극구 은폐한 일 역시 대통령 문재인이 책임져야 할 일이 분명하다. 문재인은 이 일에 대해 직무유기죄로 처벌되어야 한다. 개성공단에서 1000억 원 상당의 우리 건물이 폭파되고 금강산에 설치한 500억 원 상당의 우리 시설물이 철거된 일에 대해서도 대통령 문재인은 이의 배상을 받아내기 위한 어떤 조치도 취하지 않았다. 이 역시 직무유기다. 헌법상 우리 국민인 탈북 청년 2인을 범죄자라는 북한 정권의 주장만 믿고 합법적 절차를 거치지 않은 채 극형이 뻔히 예상되는 북한으로 다시 돌려보낸 일은 설안죄를 구성하는 일이다.

19대 대통령 문재인은 그의 통치기간 동안 수많은 실정법 위반을 범했다. 감사원의 서면조사 조차 "대단히 무례한 짓"이라고 말하는 그를 그냥 둔다면 대한민국은 무너질 것이다. 이성윤 심재철 이정수 김오수 등에 의해 '개혁된 검찰'과, 김명수와 우리법 국제법 멤버들에게 장악된 사법부가 덮고 가로막은 탓에 문재인의 죄상은 아직 조사도 수사도 이루어지지 못하고 있다. 수사는 커녕 공론화 조차 하지 못하고 있다. 법치주의를 유린하고 자유민주적 질서를 파괴하여 대한민국을 공산당 일당독재의 초기 단계에까지 이르게 했던 문재인을 수사하고 구속하지 않는다면 대한민국은 결코 안전하지 못할 것이다. 문재인의 범죄를 단죄하는 일은 대한민국 바로잡기의 시작이다. 새로운 정부와 국민인 우리가 나서지 않는다면 그들이 먼저 움직여 대한민국을 다시 뒤집을 것이다.

CHAPTER • 2

그가 이끄는 정권은 사상 최대 규모의 간첩단이었다

논객 진중권 등이 저술한 조국 흑서에서는 문재인의 시대를 Post truth시대로 규정했다. 진실이 사라진 시대, 즉 거짓의 시대라는 말이다. 대한민국이 무고범죄율과 사기범죄율에서 세계 1위이며, 이런 유형의 범죄가 일본의 수십 배라는 기사도 있다. 일본 언론이 이 내용을 보도하고 한국 언론이 이를 다시 받아서 전하면 우익진영은 반성과 우려의 태도를 보인다. 그러나 종북좌파들은 본토 왜구의 이런 지적에 모두 침묵한다. 한국을 거짓과 조작과 무고와 사기의 나라로 만든 것은 자신들이 한 일이기 때문일 것이다. 100여 년 전처럼 우리가 또 망국의 운명을 맞이한다면 그이유는 북한의 남침이 아니라면 우리 내부에 만연한 이 거짓과 조작의 풍토 때문일 것이다. 거짓과 조작으로 내부가 먼저 무너지고 그 무너진 상황을 북한이 내려와 접수하는 시나리오가 더 구체성을 갖춘 시나리오다.

성공한 침공은 대부분 내부가 먼저 무너진 곳을 공격한 경우였다. 역사책에는 그런 이야기들로 가득하다. 그렇다면 진실을 뭉개고 대한민국을 온통 거짓과 조작의 나라로 만드는 세력의 리더였던 문재인은 대한민국의 패망을 준비하고 있었던 것인가. 평양까지 찾아가서 9·19합의를 맺어 휴전선 일대에서 북한의 남침을 사전에 탐지할 수 있는 우리 군의 정찰을 방해하고, 인민군의 탱크 행진을 막기 위해 경기 북부지역 도로변에 설치한 시멘트 방어물을 제거하고, 전방에 주둔하던 사단을 후방으로 이전하거나 해체한 것은 모두 인민군을 맞이하기 위한 준비가 아니었나. 그의 통치는 60년전 김일성이 남쪽의 간첩들에게 하달한 대남혁명과업을 수행하는 것이었다. 이런 문재인은 대한민국의 대통령이었을까. 간첩이 아닌가. 그는 대통령이 된 간첩이었고 그의 정권은 대한민국 70년 역사상 최대 규모의 간첩단이었다고 확신한다. 근거 10가지를 들겠다.

1. 그는 북한 편이었다 한 번도 대한민국 편이었던 적이 없다

문재인은 2022년 9·19합의 4주년을 맞아 "한반도 평화와 비핵화는 정부가 바뀌어도 이행해야 할 약속이다."라는 메시지를 내놓는다. 퇴임 후의 첫 공식 발언이었다. 북한은 할아버지 김일성에서 손자 김정은까지 70년 이상 代를 거쳤을 뿐 정부가 바뀐 적은 없다. 그러니 '정부가 바뀌어도' 라는 말은 북한이 아니라 남쪽의 자신의 후임 정부를 가리킨다. 그는 이어 "남북군사합의는 하늘과 땅, 바다 어디에서든 군사적 위험을 획기적으로 낮추는 실천적 조치들을 합의했다. 특히 남과 북이 처음으로 비핵화

방안에 합의하여 비핵화로 가는 실질적 로드맵을 제시했다. 남북합의는 정부가 바뀌어도 마땅히 이행되어야 한다."고 말했다. 북한은 그가 맺은 평양군사 합의의 파기를 2020년에 이미 선언했을 뿐 아니라 그것을 위반하는 실제적 행동을 17차례 이상 감행했다. 선언에 합의한 이후 2023년 10월까지 세부적 위반 사례는 3600건이라는 정부발표도 있었다. 그럼에도 문재인은 북한이 아닌 우리 정부를 향해 합의 준수를 촉구했다. 합의를 마구 깨는 북한에는 어떤 말도 하지 않은 채 국군의 손발을 묶는 것이라는 판단을 하면서도 합의라는 이유로 그것을 지켜온 우리를 향해서는 계속 지키라고 압박하고 있다. 이게 간첩행위가 아니고 무언가.

문재인이 자신의 메시지를 내놓기 딱 10일 전인 2022년 9월 8일, 김정은은 "핵은 국체國家體制다. 절대 먼저 핵포기, 비핵화란 없다. 비핵화에 대한 어떤 협상도 흥정물도 없다."고 천명했다. 그리고 '자의적 판단에 의한 선제적 핵 공격을 명시한 핵무력 정책'을 법령으로 채택한다. 모든 핵무장국은 핵 보유의 명분으로 방어적 목적을 내세우는데 반해 김정은은 '핵 선제타격'을 명시했다. 전문가들은 이를 '자의적 공개적 핵 사용의 법제화'로 불렀고 해외에서는 "김정은이 이겼다"고 말했다. 그렇다면 문재인이 새로운 정부를 향해 비핵화 합의를 준수하라는 메시지를 내놓은 것은 '북한의 핵은 기정사실화하고 남한은 핵을 가져서는 안된다'는 의미다. 실제 그 무렵 자유진영에서는 우리도 핵을 가져한 한다는 주장이 고개를 들고 있었다. 문재인은 남한의 핵보유 주장을 잠재우고 북한의 핵 우위를 확정하기 위해 비핵화를 주장했을 것이다. 이 사람 간첩 아닌가.

문재인이 낸 메시지 중 '9·19합의가 과거부터 이뤄낸 남북합의들의 결집체'라고 한 거짓 말씀도 우리 정부를 압박하기 위한 것이기는 마찬가지였다. 김대중 김정일의 6·15선언, 노무현 김정일의 10·4합의, 문재인 김정은의 9·19합의는 모두 북한의 핵 고도화와 미사일체계의 완성을 위한 시간과 돈을 벌어다 준 점, 그리고 북한이 곧 헌신짝처럼 버렸다는 점에서 공통적이다. 김대중과 노무현은 북한에 기만당했다는 측면이 강한 반면 앞선 2번의 합의를 이미 경험한 문재인은 뻔히 알고도 맺은, 혹은 김정은과 작당하여 국민인 우리를 기만한 것에 가깝다. 따라서 2018년에 맺은 9·19평양합의는 그 탄생의 의도부터 기만적이었고 그나마 2년이 지난 2020년 북한은 합의 파기를 선언하고 '상호 적대적 행위 금지'라는 기본 정신에 위반하는 도발을 되풀이했으며 2022년에는 핵을 선제적 공격에 사용할 수 있음을 법령으로 못박았다. 9·19합의의 '비핵화 조항'이 무효가 된 것이다. 이런 상황을 스스로 만들어 놓은 문재인은 신정부를 향해 합의 준수를 촉구하고 핵무장 의지의 포기를 종용했다. 그가 대한민국 사람이라면 할 수 없는 일이다. 간첩이라면 할 수 있는 일이다.

2. 북한에 돈을 보내준 사람

2017년 대통령 선거 후보간 TV토론에서 보수정당 후보 홍준표는 더불어민주당 후보 문재인을 향해 대북한 퍼주기를 추궁했다. 이에 문재인은 "(대북 퍼주기는) 이명박 박근혜 정부에서 더 많았다"고 반박했다. 그는 통계 숫자 등 어떤 근거도 대지 않고 그렇게 말했다. 종북주사파 정치인 특유의 우기기다. 문재인은 새빨간 거짓말을 하고 있었다. 2017년의 통일부 통계에 의하면 정부와 민간에서 북한으로 보낸 지원금은 현금과 현물을 합해 김대중 노무현 정부에서 68억 달러였던 반면 이명박 박근혜 정부는 23억 달러로 3분의 1이다. 그나마 이명박 박근혜 정부에서 보낸 23억 달러는 개성공단과 금강산관광사업의 유지에 관련된 것이었고 두 좌익정권에서 있었던 무조건적 퍼주기나 김정일을 만나기 위한 불법송금은 단 한 푼도 없었다. 그래서 이·박 정부에서 대북 퍼주기가 더 많았다는 문재인의 말은 거짓말이다. 개성공단 등 민간의 대북송금액을 제외할 경우는 더 분명하다. 김대중 정부가 시작된 1998년부터 노무현 정부가 끝난 2007년까지 우리 정부가 북한에 빌려준 현금과 현물 차관은 경수로건설 사업비와 곡물지원비 등 모두 2조5000억 원 이상이며 2016년까지 이자를 합한 누계액은 3조5000억 원이다.(한국경제, 2016.2.12) 이·박 집권기에 정부 차원에서 북한으로 보낸 돈은 그나마 김대중 노무현 정부에서 약속된 것이거나 계속되어야 하는 사업이었다. 물론 여기에는 두 좌익정권에서 불법적으로 은밀하게 보낸 돈은 포함되지 않았다.

2020년 7월 문재인은 박지원을 국정원장에 지명했다. 정보에 대해서는 어떤 경력도 없는 정보깜깜이인 박지원을 왜 그 자리에 임명했을까. 이유를 눈치챈 보수정당 원내대표 주호영은 그의 인사청문회에서 전직 고위 공무원이 제보한 '이면합의서' 한 건을 공개했다. 박지원이 남한 대표로 서명한 이 합의서에는 총 30억 불(환율에 따라 3조5000억에서 4조 원)을 북한에 제공한다고 적혀 있었다. 이 문건을 본 박지원은 처음에는 "그게 바로 유명한 4·8합의서입니다"라며 자랑스럽게 말했으나 30억 불 제공에 대한 내용이 공개되자 "사실이 아니다, 기억이 안난다, 위조된 것이다, 논의는 했지만 작성하지 않았다"며 당일 그 자리에서 네 번이나 말을 바꾸었고 청문회가 끝난 후에는 "이면 합의서는 허위 날조된 것으로 법적조치를 검토하겠다."며 겁을 주었다. 박지원 자신의 내장을 스스로 까발리며 방어에 전력을 다하는 모습을 본 주호영은 "이 합의서가 위조된 가짜라면 제발 고발 좀 해달라"고 말했다. 다음날 문재인은 그에게 임명장을 주었고 박지원은 그후에도 주호영을 고발하지 않았다.

청문회에서 오리발을 내민 박지원은 특검 조사에 의해 대북 불법송금을 주도한 혐의로 2006년 9월 징역 3년 형을 선고 받았다. 그는 김대중 정권에서 청와대 2인자로 있으며 북한의 핵 개발에 김대중 다음으로 책임이 큰 사람이다. 노무현 정부에서 똑 같은 지위에 있었고 그래서 북한의 핵 개발에 노무현 다음으로 책임이 있는 사람은 문재인이다. 전 외교장관 송민순이 '북한과 내통한 사람'이라고 했던 문재인은 주호영이 '적과 내통한 사람'이라고 한 박지원을 국정원장에 임명했다. 2020년 7월, 대북 불법송금에 경력을 쌓은 이 두 사람이 뭉친 것이다. 그렇다면 짐작되는 것은 뻔하다. 문재인은 박지원의 대북한 불법송금의 경험이 필요했을 것이다. 정보 까막눈인 그를 국정원장에 앉힌 이유는 여기에 있을 것이다.

라임 옵티머스 디스커버리는 모두 문재인 정권에서 있었던 초대형 금융사기사건이다. 임종석 장하성 등의 청와대 사람들과, 기동민 이수진(비례) 강기정 김상희 이낙연의 측근 등 민주당 사람들과 호남인들이 주축이 된 이들 금융사기사건은 사기피해 총액이 거의 4조 원에 이른다. 추미애가 증권범죄합수단을 해체하고 수사를 막아 윤곽만 희미하게 드러낸 후 아직 묻혀있는 사건이다. 파헤쳐지지 않은 이들 금융사기사건의 공통점은 돈이 캄보디아 베트남 중국 등 북한과 우호적인 나라로 흘러갔다는 점이다. 2022년 여름부터 신한은행 우리은행 등 국내의 여러 은행을 통해 중국 홍콩 동남아 등지로 불법적으로 송금된 돈이 10조5000억 원이었다. 이 역시 최종 종착지는 북한이 아니었을까. 문재인 정권에서 일어난 금융사건과 불법 해외송금 사건의 총액 15조 원 중에서 상당한 액수가 북한으로 송금되었을 것이라고 많은 국민은 의심한다. 돈을 북한으로 보냈을 것이라는 의심이 억울하다면 문재인은 수사에 적극 나서야 한다. 그가 이 사건들과 대북송금 의혹을 계속 감추려 한다면 국민의 의심은 더 깊어질 것이다. 그가 간첩이라는 의심도 마찬가지다.

3. 종전선언을 선창한 김정은과 이를 복창한 문재인

전 현직 주미특파원 모임인 한미클럽은 김정은과 트럼프가 2018년 4월부터 2019년 8월까지 주고받은 무려 27통의 서신을 공개했다. 2018년 9월 21일자 서신에는 이런 내용이 있다. "저는 향후 한국의 문재인 대통령이 아니라 각하와 직접 한반도 비핵화 문제를 논의하길 희망하며, 지금 문 대통령이 우리의 문제에 대해 표출하고 있는 과도한 관심은 불필요하다고 생각합니다." 김정은은 트럼프에게 앞으로 비핵화를 논의하는 과정에서 문재인을 배제하자는 뜻을 전하고 있다. 김정은은 이미 2018년 2월에 열린 평창올림픽을 앞두고 트럼프에게 직접 전화를 걸어 그의 여동생이 평창올림픽에 참가하고 싶다는 의사를 타진한 사실이 후에 밝혀져 트럼프와의 핫라인 존재가 확인되었던 바, 이 핫라인도 문재인이 중간에서 역할을 한 결과물로 보는 견해가 지배적이었다. 그럼에도 김정은은 문재인을 배제하고 트럼프와 협상을 시도한 것이다. 김정은이 이 서신을 트럼프에게 보내기 단 3일 전인 2018년 9월 18일에 문재인은 평양을 방문하여 김정은으로부터 최대의 환대를 받고 9·19남북공동선언을 발표했다. 여기에는 이런 내용이 있다. "남과 북은 한반도의 완전한 비핵화를 추진해나가는 과정에서 함께 긴밀히 협력해 나가기로 하였다." 비핵화를 논의하는 과정에서 남한과 긴밀히 협력하겠다는 말이다. 김정은이 트럼프에게 보낸 편지에서 문재인을 배제하자고 한 말과는 완전히 반대다. 김정은에게 문재인이 속은 것일까. 김정은과 문재인이 함께 대한민국 국민인 우리를 속인 것은 아닐까.

김정은이 2018년 7월 30일자로 트럼프에게 보낸 서한에는 이런 내용도 있다. "기대했던 종전선언이 빠져 애석하다. 종전선언은 세계사적 사건이다. 이른 시기에 빛을 볼 것을 확신한다." 김정은은 한 달전 싱가포르에서 있었던 트럼프와의 1차 북미회담에서 교환한 합의서에 종전선언이 빠진 것을 애석하다며 이렇게 되뇌이고 있다. 다음해 판문점에서 열린 3차 회담 후 미국과의 협상이 완전히 파탄나자 문재인은 그때부터 국내는 물론 유엔총회 등 해외에 나가서도 종전선언을 노래했다. 종전선언은 곧 미군 철수 주장을 위한 전제조건이며, 미군이 철수하는 순간 북한은 무력으로 남한을 점령할 것이라는 사실은 이제 보통의 국민도 다 아는 일이다. 그래서 김정은이 종전선언이 빠져 애석하다고 하는 속셈은 간단히 이해된다. 그렇다면 문재인이 종전선언을 노래하며 온 세계를 휘젓고 다닌 일은 어떻게 이해할 것인가. 종전선언은 김정은이 선창했고 미국이 움직이지 않아 실패했다. 이때부터 김정은은 종전선언에 입을 다물었다. 대신 문재인이 세계를 다니며 열심히 복창했다. 문재인을 간첩으로 규정하는 일에 아직도 근거가 부족한가.

4. 우리를 굴종과 죽음 양자택일 앞으로 끌고갔다

김대중은 평양을 다녀온 다음 해인 2001년 "북은 핵을 개발한 적도 없고 개발할 능력도 없다. 그래서 우리의 대북지원금이 핵 개발에 악용된다는 얘기는 터무니 없는 유언비어다. 북이 핵을 개발했다거나 개발하고 있다는 거짓 유언비어를 퍼뜨리지 마라. (북한이 핵을 개발한다면) 내가 책임지겠다"(뉴데일리, 2016.8.25)고 말했다. 퇴임한 그는 2004년 "미국의 핵 앞에서 북한의 핵은 장난감도 아닙니다"라고 했다.(경향신문, 2004.10.6) 그는 북한이 핵을 개발하면 책임지겠다고 말한지 단 3년만에 북핵의 존재를 인정했다. 그러나 책임지겠다고 말한 자신의 '책임'에 대해서는 말하지 않았다. 나아가 2006년 10월 전남대 강연에서 "북한의 핵 보유를 악의적으로 무시하고 압박과 경제제재를 계속하는 것은 오히려 북한의 도발을 조장하는 결과가 될 것"이라고 했다. 북한의 핵 보유를 인정하고 순종해야 하며 그렇지 않으면 공격당할 것이라는 경고다. 대한민국을 향한 협박이다.

노무현은 "북한도 체제 안정과 경제적 지원을 보장하면 핵무기를 포기할 의사를 확실히 가지고 있다고 믿고 있다."(2003년 1월)고 하더니 "북한의 핵 주장에 일리있는 측면이 있다고 본다"(2004년 11월 미국 방문길에서)며 소극적으로 북핵을 옹호했고 "인도는 핵 보유가 용인되고 북한은 왜 안되는지 이해하기 어렵다"(2006년 8월 언론사 간부들과의 면담에서)며 적극적으로 옹호했다. 김대중도 노무현도 처음에는 북핵을 부인하는 시늉을 하다 나중에는 합리화하고 옹호했다. 그러는 사이 북한은 핵 개발에 한 발자국씩 나아가고 있었다. 그렇다면 문재인은 어떻게 했을까. 그는 달랐다.

"완전한 핵 폐기가 이뤄질 것이다" 2018년 문재인은 우리 국민과 세계를 향해 이렇게 말했다. 그리고 자신의 임기 최소 1년 반을 김정은과 트럼프의 회담에 소비했다. 트럼프는 애초 핵 폐기 의사가 없었던 김정은의 속임수에 넘어가지 않았고 그래서 3번의 북미회담은 실패로 끝이 난다. 이때부터 문재인은 임기가 끝날 때까지 세계를 다니며 북한에 대한 제재 해제를 호소한다. 제재를 먼저 풀어주면 김정은이 핵을 폐기할 것이라고 설득했다. 그러나 김정은은 물론 문재인까지 믿지 않게 된 세계는 그의 말을 외면했다. 어느 국가의 정상이 "우리는 한국을 위해 북한 제재에 동참했는데 그것을 풀어주라니 이상한 사람"이라는 말을 해도, 나이가 한참이나 어린 프랑스 마크롱으로부터 핀잔을 받고도 그는 멈추지 않았다.

2019년 미국은 사실상 북한을 핵 보유국으로 인정했고 김정은은 스스로의 입으로 핵무장의 완성을 선언했다. 이때에도 문재인과 그의 정권 수하들은 이에 대해 약속 위반이라는 등의 통상적 항의 한번 하지 않았다. 문재인은 비핵화를 위해 북한을 압박하거나 설득하는 어떠한 실효적

조치도 취하지 않았으며 미국 등 자유 우방국과 어떠한 공조도 하지 않았다. 항상 속마음과는 다른 말을 하고, 늘 거짓말을 하는 그를 대신하여 민주당 동지 송영길이 북핵에 대한 문재인의 진심을 말해주었다.

민주당 국회의원으로 국회외통위원장으로 있던 국보법 전과범 송영길은 2020년 12월 국회에서 "핵확산금지조약 NPT는 불평등 조약이다. (미국)자기들은 5000개가 넘는 핵무기를 가지고 어떻게 북한에 대해서는 핵을 가지지 말라고 할 수가 있습니까. 상식적으로 생각할 때."라고 말했다. 송영길의 이 말은 북한의 핵 개발은 미국의 군사위협 때문이라고 주장하는 소위 '북한의 핵 자위론'으로 북한의 무력도발을 옹호하고 핵 무장에 면죄부를 주는 주사파의 논리 그대로다. 그렇다면 대통령 문재인이 북한이 핵 폐기를 약속했다고 일관되게 전한 말은 거짓말이냐는 비난이 거세게 일자 송영길은 듣는 사람이 잘못 이해했다는 식의 말장난으로 국민의 머릿속 실타래를 꼬아놓는 공산주의자들의 혁명기술을 구사했다. 문재인이 장담한 북한의 비핵화는 많은 사실 관계로 거짓말임이 이미 확인되었지만 송영길의 말에 의해 그것이 처음부터 의도된 속임수였다는 사실이 확인되었다. 문재인은 김정은이 비핵화를 약속했다는 거짓말로 남한 국민과 세계를 향해 커튼을 쳐주었고 북한은 그 커튼 뒤에서 핵과 미사일 체계를 완성할 수 있었다. 그가 이에 대한 고의성을 부인한다 해도 상관없다. 결과적으로 완벽하게 그렇게 된 것은 부인할 수 없는 사실이다.

북한은 1990년대 초부터 핵 개발에 착수하여 2020년까지 30년에 걸쳐 핵무장을 완성했다. 노무현 정부 시절 1차 핵실험을 단행한 이래 문재인 정권이 들어서자마자 6차 핵실험을 단행하고 핵보유국임을 선언했다. 문재인은 노무현 정부에서는 정권의 제2인자로, 자신의 정권에서는 대통령으로서 북한이 핵을 완성한데 대해 절대적 책임이 있는 사람이다. 우리의 입장에서는 절대 책임이지만 북한의 입장에서는 절대 공적일 것이다. 미국의 국제정치학자 한스 모겐쏘Hans J. Morgenthau는 "핵을 가진 적 앞에서는 굴종 아니면 죽음 양자택일 뿐이다."라고 말했다. 북한의 핵무장에 절대 공적을 쌓고 대한민국을, 대한민국 국민인 우리를 굴종과 죽음 양자택일의 벼랑끝으로 데려다 놓은 사람 문재인, 그는 자유민주주의 국가 대한민국 대통령이었을까. 북한을 섬긴 간첩은 아니었을까.

5. 국정원을 궤멸하고 간첩을 안전하게 했다

"국정원 공식 페이스북에 약이 되거나 독이 되는 음식궁합이라며 고구마와 김치, 치킨과 맥주, 소고기와 버터, 감자와 치즈 등을 소개했다. 이를 두고 인터넷 커뮤니티에선 '국정원이 생생정보통이 됐다.' 간첩 잡을 일이 없으니 이제 영양학 전공자를 뽑으려 하느냐'는 풍자와 조롱이 이어졌다." 이외에도 '종이도 늙는다, 책 관리 꿀팁' '만년필의 형태와 펜촉의 굵기' 등의 내용도 있다고 했다. '국정원 달력 만들기 공모전'을 진행하고 퀴즈를 통해 정답자를 추첨하여 문화상품권 등을 증정하고 있다."(조선일보, 2020.12.14.) 2020년 12월 국정원법이 통과된 직후 언론은 국정원의 이렇게 망가진 모습을 전했다. 문재인이 박지원을 국정원에 보낸 결과다.

문재인은 자신의 임기를 1년 10개월 남긴 2020년 7월에 박지원을 국정원장에 임명했다. 박지원은 할아버지, 큰아버지, 아버지 모두 공산주의자였다. 특히 아버지와 큰아버지는 모두 지리산에서 빨치산 투쟁을 벌이다 우리 군경에 사살되었다는 의혹이 늘 제기된다. 그 자신은 김대중 정권에서 북한에 5억 달러를 송금한 일로 유죄판결을 받고 감옥살이를 했던 사람이다. 이런 사람이 국정원장이 되더니 그의 조상의 반국가행위 의혹을 제기하거나 혹은 김대중의 비서실장이라는 자신의 권력으로 그런 조상을 민주화 유공자로 둔갑시켰다는 의혹을 제기한 국민 43명을 하나씩 찾아 내어 고소하는 등 국가권력을 사적으로 사용했다. 그리고 국정원 안가에서 젊은 여성과 단둘이서 고급 음식을 즐겼다. 자신의 권력을 한명숙 이석기 등의 종북주의자 동지들을 사면 복권시키는데 사용하고 부인의 해외여행 버킷리스트 실행에 이용한 문재인과 판박이다.

2020년 7월 16일 야당 원내대표 주호영은 국회 개원연설을 앞둔 문재인을 향해 당시의 주요 국정현안 10가지를 공개질의했다. 이 중 6번은 이렇다. "작금의 남북관계가 긴장되고 민감한 상황에서 박지원을 국정원장 후보로 지명한 사유에 대해 그 배경을 소상히 밝혀주시기 바란다. 국가안보의 최일선에 있는 국가 최고의 정보기관에 헌법상 반국가 단체이자 국보법상 이적단체인 북한과 긴밀한 관계를 지속하고 있는 후보자를 수장으로 지명하신 이유는 무엇인지, 또한 북한과 협의가 있었다는 보도에 관한 입장도 밝혀주시기 바랍니다." 문재인은 주호영의 질의 9가지는 답을 주지 않았으나 박지원의 문제에 대해 7월 20일 청와대 대변인을 통해 이렇게 대답했다. "야당이 박지원 국정원 후보자를 '적과 내통한 사람'이라며 공격한 것에 관해 문 대통령이 '매우 부적절 하다'며 강한 불쾌감을 표시했다." 문재인은 폭등하는 부동산과 국가 경제를 망치고 있던 소주성 정책 등 나머지 질의는 무시하고 박지원의 문제 단 하나에 대해서만 한 마디 내놓았다. 이 한 마디 조차 아무런 이유도 논리도 근거도 대지 않았다. 북한과 협의하여 박지원을 국정원장에 임명했다는 보도에 대해서도 대답하지 않았다. 그저 '부적절'하고 '불쾌'하다는 감정만 표출했다. 대북 정보기관의 수장이자 방첩 사령탑인 국정원장을 북한과 협의하여 임명한 것이 사실이면 문재인과 박지원은 모두 간첩이 분명하다. 문재인은 자신과 박지원의 간첩 정체가 함께 드러나는 것이 두려워 이 사실만은 확실히 부인하고 오리발을 내밀어야 한다고 생각했을 것이다. 그러나 눈치있는 국민들은 오히려 확신을 가지는 듯 보였다. "둘 다 간첩이 맞는갑다"

국정원장이 된 박지원은 그의 조상과 같은 간첩을, 혹은 그 자신이 포함될 수도 있는 간첩을 잡지 못하도록 수사 베테랑들을 모두 쫓아내거나 다른 부서로 이동시켰다. 그리고 법을 고쳐 국정원 본연의 업무인 간첩잡기를 막았다. 문재인의 지시가 없었다면, 문재인과 교감이 없었다면 할 수 없는 일이었다. 문재인은 출생과 태생에서 자신과 유사하다는 의혹을 사는 박지원을 국정원장에 임명했고 그로 하여금 국정원을 괴멸시키도록 지시했을 것이다. 문재인과 박지원은 결국 같은 일을 같이 했다. 문재인도 박지원도 그들의 부친들이 의심받았던 것처럼 간첩이 아닐까.

6. 문재인 정권은 최대 규모의 간첩단이었다

2009년 노무현이 사망한 후 좌익진영의 리더가 되고 이어 2012년 대선에서 민주당 후보로서 종북세력의 구심점이 된 문재인은 간첩행위로 전과를 쌓은 사람들로 주위를 채웠다. 그들과 함께 촛불혁명이라는 우익 정부 뒤집기를 도모하여 박근혜 정부를 붕괴시킨 후 청와대를 장악하고 주사파 등의 종북주의자들과 이적행위를 했던 간첩들을 모아 자신의 정권을 구성했다. 그의 정권의 인적 구성을 보면 먼저 배후에 흔히 '원탁회의'라 불리는 종북 원로집단이 있었다. 문재인 자신도 참석한 적이 있었던 이 그룹은 통혁당 간첩사건의 한명숙과 민청학련 사건으로 투옥되었던 이해찬을 매개로 그의 정권의 막후에서 영향력을 행사했다. 문재인이 2012년 대선에 출마했을 때 한명숙은 민주당의 당 대표로서 문재인을 옹위했으며, 이해찬은 대통령이 된 문재인을 '문 실장'으로 부를 정도로 상왕 노릇을 했다. 백낙청 함세웅 김상근 등이 주축이 된 원로그룹은 문재인의 배후로 작동했다. 이들은 늘 북한과 같은 목소리를 내고 북한 편에 선다. 그래서 간첩의 무리로 봐도 무방할 것이다.

대통령 후보가 된 이후 세력화한 문재인의 동지와 수하들의 무리에도 간첩행위로 처벌받은 사람들이 핵심을 이루었다. 문재인이 처음 대선에 출마한 해인 2012년에 치러진 총선에서 영입되어 국회의원이 된 이학영은 반국가단체인 남민전남조선민족해방전선 조직원으로 일본 적군파식 무장혁명을 목표로 무기를 비축하고 혁명자금 조달을 위해 종로 금은방을 털고 대기업 회장 자택을 습격한 일로 2년형을 산 사람이다. 민주당의 맹주인 문재인과 당대표인 한명숙이 협력하여 이 사람 이학영을 국회에 입성시킨 일은 이석기 등 통진당의 반국가행위자 13명을 국회의원으로 만든 일과 함께 대한민국 정치사에서 매우 엄중한 사건이다. 북한이 조종하는 지하혁명조직 출신들이 처음으로 제도 정치권으로 유입되어 합법적으로 대한민국을 장악하기 시작했기 때문이다.

　지하혁명당 출신들은 이미 연로한데다 숫적으로 한계가 있었다면 학생운동 출신들은 김대중이 집권한 이래 대한민국 정치판의 최대 파벌이 되었을 정도의 큰 세력을 형성하고 있었다. 학원 주사파 혹은 86운동권이라 불리는 이들은 민주당과 국회를 장악하고 노무현에 이어 문재인을 옹립하여 대한민국의 모든 영역에 침투한다. 문재인은 김일성주의를 추종한다는 점에서 이들과 이념적 동지로서 철저한 공생관계를 형성했다. 전대협 의장 출신의 송갑석이 2018년에 국회의원이 된 것은 문재인 정권이 주사파 정권이라는 사실을 입증하는 일이었다. 송갑석은 김일성을 존경한다고 말하고, 북한은 한반도의 유일한 합법정부이며 북한에 의한 통일만이 진정한 조국통일이라고 주장한 사람이다. 문재인의 시대에 이학영에다 송갑석까지 국회의원이 되었다는 사실은 문재인 정권이 주사파 정권의 정도가 아니라 간첩들의 정권이라는 의미다. 임종석 조국 이인영 한병도 백원우 윤건영등 문재인 정권의 최고 실세들은 모조리 국가보안법 위반으로 처벌을 받은 자들이다. 국보법을 위반했다는 것은 간첩죄를 범했다는 사실과 별반 다르지 않다. 민주당 국회의원 중 70여 명에 이르는 운동권 출신들도 마찬가지다. 여기다 양경수 등 주사파가 장악한 민노총은 문재인과 공동정부를 꾸렸다고 할 정도로 긴밀한 협력관계였다. 문재인 정권은 주사파 정권이었다. 간첩들의 정권이라고 해도 그게그거다.

문재인은 배후에서 종북 원로그룹의 지도를 받으며 지하혁명당 출신들과 주사파 운동권 세력을 모아 자신의 정권을 구성했다. 대부분의 그들은 국보법 범죄자로서 간첩이나 다름 없다. 문재인은 그들과 함께 대한민국을 사회주의 체제로 바꾸어 나갔고 이 과정에서 대한민국의 자유민주주의 정치체제는 파괴되고 시장자본주의가 유린되었다. 또한 그들은 북한과 김정은을 위해 열심히 일했다. 북한이 핵무기 생산을 늘리고 ICBM SLBM 단·중·장거리 가리지 않고 미사일을 마음껏 쏘아대며 성능을 고도화하고 방사포 등의 대남공격용 무기를 지속적으로 증강하는 중에도 북한은 지키지도 않을 9·19군사합의를 체결하여 우리 군의 손발을 꽁꽁 묶어 놓았다. 게다가 국보법을 사문화시키고 국정원법을 개정하여 간첩들이 마음대로 활동해도 잡을 수 없도록 만들어 놓았다. 문재인은 간첩이 틀림없다. 그의 정권은 간첩단이 틀림없다.

7. 맞고 가만히 있는 것을 평화라고 했다

문재인은 퇴임 직전 손석희와 가진 대담(JTBC, 2022.4.26)에서 "연락사무소 폭파 등으로 남북관계가 원위치로 돌아간 것이 아닌가하는 비판이 있다"는 질문에 "왜 비판합니까. 뭐가 문젭니까"라며 좌파 특유의 우기기 어법으로 따지듯 반문했다. 이어 "평화와 안보는 진보정부가 훨씬 잘 지켰다. 노무현 문재인 정부 땐 한 건도 북한과 충돌이 없었다"며 이명박 정부 때의 천안함 연평도 사건을 들먹였다. 그러나 김대중 때의 2차례에 걸친 연평해전으로 31명의 우리 군인이 사망하거나 부상을 당하고 우리 군함이 격침된 일은 말하지 않았다. 그의 재임 중에 있었던 개성연락사무소 폭파와, 우리 국민이 서해에서 사살된 일과, 금강산의 우리 기업 재산이 무단으로 철거된 일은 말하지 않았다. 그런 일이 있을 때마다 자신은 아무 것도 하지 않았다는 사실도 말하지 않았다. 맞고 당하며 가만히 있어 피한 충돌을 그는 평화라고 불렀다. 북한은 때리고 우리는 맞으면서 가만히 있는 것이 그에게는 자연스러운 일이고 당연한 일인 듯 보였다.

문재인이 손석희와 인터뷰를 가진 같은 달인 4월 초, 김여정은 "무서운 공격"과 "남조선군은 괴멸, 전면"을 공언했다. 군사 전문가들은 이 말이 우리를 향해 핵무기 사용도 할 수 있다는 가능성을 처음으로 언급한 것으로 해석했다. 이어 4월 25일 저녁에 열린 인민군 창건 90년 열병식에서 김정은은 '대원수' 견장을 차고 나왔다. 역대 최대 규모의 이 심야 무력시위에는 신형 ICBM과 SLBM에 극초음속 미사일까지 핵탄두를 장착할 수 있는 미사일은 다 나왔고 김정은은 "우리의 핵이 전쟁방지라는 하나의 사명에만 속박돼 있을 수는 없다. 어떤 세력이든 우리 국가의 근본이익을 침탈하려 든다면 우리 핵 무력은 둘째가는 사명을 결단코 결행하지 않을 수 없을 것"이라고 했다. 핵을 선제적으로 사용하겠다는 말이다. 이어 며칠이 지나 조선중앙통신은 김정은이 열병식을 지휘한 군 수뇌부를 격려하는 자리에서 "적대세력들에 필요하다면 선제적으로 철저히 제압 분쇄하겠다"고 한 말을 보도했다. 선제적 핵공격을 분명히 천명한 것이다. 이에 대해 문재인과 민주당 사람들은 어떻게 대응했을까. 아무것도 하지 않았고 아무 말도 하지 않았으며 그냥 가만히 있었다. 윤석열이 후보 시절 "북한이 남한에 미사일 공격을 가할 기미가 보이면 선제타격 하겠다"고 한 발언에 벌떼처럼 공격했던 민주당 국회의원들도, 윤석열을 전쟁광인양 몰아붙였던 이재명도 아무런 소리를 내지 않았다. 문재인은 손석희와의 대담에서 윤석열의 선제타격 발언을 "국가 지도자로서 적절치 못하다"고 지적하고 우리도 핵을 가져야 한다는 우익진영의 주장에 대해서는 "어처구니없고 기본이 안된 주장이다"며 매도했다. 이 어처구니없고 기본이 안 된 사람 문재인이 대통령으로 있었던 대한민국의 5년은 맞고 당하면서도 가만히 있어서 평화가 유지된 어처구니 없는 시간이었다. 국민인 우리가 기본이 안된 사람을, 혹은 간첩을 대통령으로 뽑은 결과였다.

김정은은 문재인 정권 출범 초기인 2017년 11월에 '국가 핵무력 완성'을 선언했다. 그리고 문재인 임기 종료를 45일 남긴 2022년 3월 24일 미국에까지 도달할 수 있는 ICBM을 완성한 후 핵무력 강화 수순에 돌입했다. 김정은이 핵무력 '완성'에 이어 끊임없는 미사일 시험발사로 '강화'의 단계로 돌입한 이 5년간 문재인은 이에 대한 어떠한 제동도 어떠한 조치도 취하지 않고 오직 평화타령만 불렀다. 북한의 ICBM발사로 그의 평화프로세스가 사망선고를 받자 "강력 규탄" 딱 한마디를 하고 그것으로 끝이었다. 결국 문재인의 평화프로세스는 김정은이 괴물 미사일을 만들 수 있는 길을 터준 것이라는 비판이 거세게 일었다. 그리고 채 한 달이 지나지 않은 4월 22일, 문재인이 김정은에게 친서를 보냈고 다시 김정은으로부터 그간의 노고를 높이 평가한다는 내용의 친서를 받았다는 소식이 전해졌다. 김정은이 우리를 때리면 남쪽 국민의 여론을 잠재워주고, 미국과 국제사회를 향해 대북 경제제재의 해제를 부탁해주고, 그러면서 미사일과 핵 무장 시스템을 완성할 수 있게 해준 노고를 치하한다는 말일 것이다. 문재인이 사람을 간첩으로 단정하는데 근거가 아직 부족한가.

8. 그는 남쪽의 안보를 파괴한 사람이다

2020년 7월, 문재인은 전대협 1기 의장 출신의 주사파 이인영을 통일부 장관에 지명했다. 그는 청문회에서 말했다. "포탄이 쏟아지는 전쟁 한복판에서도 평화를 외쳐야 한다. 북한이 핵과 미사일을 얘기할수록 더 강력하게 평화를 쏘아 올려야 한다" 그의 말이 아름답게 들리시는가. 무서운 이야기다. 그는 북한이 침공해오면 가만히 있다 순순히 항복하자는 말을 하고 있다. 전쟁 한복판에서 평화를 외친다는 말은 그런 뜻이다. 운이 없어 포탄을 맞는다면 죽음이고 운이 좋아 포탄을 피하게 된다면 김정은의 인민으로 살라는 뜻이다. 그때 이인영 자신은 공산당의 특권계급이 될 것이고 남쪽에 임명된 도독都督 쯤 되어있을 지도 모른다. 그가 말하는 평화는 이런 뜻이다. 그를 통일부 장관에 앉힌 문재인의 뜻도 같을 것이다.

문재인은 늘 평화를, 한반도의 평화를 말했다. 그의 대통령 재임 기간 동안 내내 그러했다. 그는 자신의 집권과 함께 평화가 온 듯 말했고 그의 수하들은 한반도에 봄이 왔다고 노래했다. 2018년 2월 김여정이 평창을 다녀간 후부터는 그것이 이미 실현된 듯 말했다. 북한이 무슨 짓을 해도 그는 아무런 대응도 하지 않았다. 오직 평화만 말했다. 그의 시대에 북한이 우리에게 대체 무슨 짓을 했는지 아시는가.

함박도 점령(17년 5월) / 무인기 침투(17년 6월부터 여러 차례) / 수색역과 여의도 등지에서 대남전단지 수만 장 발견(17년 8월) / 제6차 핵실험(17년 9월) / 판문점 귀순 북한 병사에게 총격(17년 11월, 판문점에 소총을 배치한 것은 정전협정 위반이다) / 우리 어선 나포(18년 11월) / 청와대 해킹 시도(18년 11월) / 북한 창린도에서 해안포 발사(19년 11월, 9·19 군사합의 위반이다) / 우리 측 GP를 향해 총격(20년 5월, 9.19합의 위반) / 개성공단 남북연락사무소 폭파(20년 6월, 700~1000억 손실) / 황강댐 통보없이 3차례 무단 방류(20년 7~8월) / 서해에서 우리 공무원 이대준 씨를 사살하고 불태움(20년 9월) / 통일부 등 10여개 국방보안기관 해킹 공격(21년 2~3월) / 국내 금융기관 해킹(21년 5월) / 금강산에 있는 우리 기업의 자산인 시설 무단 철거 시작(22년 3월부터, 피해액 500억 원 이상) 이것이 문재인 5년의 평화다.

2022년 9월 문재인은 퇴임 후 첫 메시지를 내놓았다. 또 평화타령이었다. 그는 자신이 김정은과 맺은 9·19군사합의 4주년을 기념하며 그것이 "전쟁없는 한반도의 시작을 만방에 알렸다"고 했다. 이어 북한이 이미 모조리 파기해 휴지가 된 과거의 합의를 들먹이며 "정부가 바뀌어도 마땅히 존중하고 이행해야 할 약속"이라고 했다. 북한이 이미 깡그리 깨어버린 과거의 약속을 우리는 지키라는 뜻이었다. 윤석열이 취임한 후 북한은 보란 듯 미사일을 무차별적으로 쏘아대며 계속된 위협을 가하고 있었다. 그럼에도 북한을 향해서는 "합의를 저버려서는 안된다"는 하나마나한 말을 곁들이며 우리 정부에게 약속이행을 압박했다. 북한은 지키지 않는 약속을 우리는 지켜야 한다고? 그의 평화는 다르다.

　임기 전반에 단순히 평화를 말하던 문재인은 후반이 되자 종전선언과 평화협정을 말했다. 전반의 평화가 분위기를 잡는 말이었다면 후반의 평화는 구체성이 있었다. 북한이 계속 미사일 시스템을 완성하고 핵무기를 소형화하는 등 고도화를 거듭하는 동안 그는 종전선언과 평화협정의 체결에 매달렸다. 휴전 당사국인 미국 중국 북한은 관심 조차 보이지 않았으나 그는 무모하게 보일 정도로 그것에 집착했다. 종전을 선언하고 평화협정을 맺는다면 다음 수순은 한미연합사를 해체하는 일이라는 것을 국민은 알고 있었다. 전쟁종식이 선언되고 평화협정을 맺는다면 불필요한 주한미군은 철수해야 한다. 그 다음은? 세계 최강의 군사력을 가진 미군이 철수한 대한민국이 핵을 가진 김정은의 사냥감이 되는 것은 자명한 일이다. 이것이 문재인의 평화다. 대한민국의 방어능력을 파괴하는 것이 그의 평화다. 문재인은 단순한 거짓말쟁이가 아니다. 그는 대한민국 반역자일 것이다. 그리고 간첩일 것이다.

9. 대한민국의 자유민주주의를 파괴한 대통령

　2020년 10월 9일 한글날, 문재인은 자신의 SNS를 통해 "더불어 사는 세상, 민주화의 길을 열었다"고 말했다. 그는 한글의 가치를 들먹이며 또 '민주화'를 말했다. 22년 1월 자신의 임기 마지막 신년사에서는 자신의 통치가 "민주주의를 진전시켰다"고 자랑했다. 어처구니 없는 말이다. 그의 시대 생생한 민주주의는 그의 입이 아닌 현장에 있었다. "지금 서울은 미쳤다. 완전히 우스꽝스럽다. 이런 건 처음 본다. 한국이 추락하는 것을 보여주는 장면이다" 2020년 10월 9일 한글날 광화문에서 한 외신기자는 이렇게 말했다. 그는 평양의 군사퍼레이드를 직접 취재한 경험이 있다고 했다.(조선일보, 2020.10.9) 문재인 정권은 이날 광화문에 모여 그들의 통치에 항의하려는 시민을 막기 위해 철제펜스를 설치했으며 3일의 개천절 집회에서 300여 대였던 버스는 이날 500여 대로 늘어나 거대한 차벽을 만들었다. 외신기자는 이 현장을 보고 미쳤다고 했다. 이미 8월 15일 광복절부터 시민들은 광화문에 모여 시위를 벌였고 정권은 이를 억압했다. 문재인은 직접 체포, 구속영장, 엄정한 법집행을 말했고 그의 비서실장 노영민은 "집회주동자는 살인자"라 고함쳤다. 평소 민주 평화 협치 인권을 노래하던 문재인이 자신의 통치에 항의하고 질문하는 시민을 향해 대답하고 설명하는 대신 체포와 구속을 협박했다.

2018년 6월, 영국의 이코노미스트지는 '후퇴하는 민주주의'라는 제목의 기사를 실었다. 이 기사는 민주주의가 일정한 수준까지 발전한 몇몇 국가에서 다음의 4단계를 거치며 민주주의가 퇴보한다고 말한다. 마치 문재인이 통치하는 한국을 염두에 둔 듯하다. 1.위기 상황이 발생하면 유권자들은 그들을 구해주겠다고 약속한 카리스마적 리더를 지지한다. 2.이 리더는 적을 찾는다. 3.그는 자신의 길을 막는 독립기구들을 방해한다. 4.그는 유권자들이 자신을 몰아내는 것을 어렵게 하기 위해 법을 바꾼다.(연합뉴스, 2019.7.4) 이 기사가 국내 언론에 보도된 그날 야당 원내대표 나경원은 이를 인용하며 문재인 정권을 '신독재'라고 규정했고 문재인의 혁명동지인 민주당의 의원들은 고함을 지르며 거세게 반발했다. 나경원의 입을 틀어막으려는 그들의 고함소리는 나경원의 말이 맞다는 증거였다.

"민주주의를 되살렸다" 대통령 퇴임 20일 전 문재인은 이렇게 말했다. 2023년 1월에는 양산을 방문한 잡범 이재명을 만나 의기투합한 듯 "민주주의가 후퇴하고 있다"며 같은 목소리를 냈다. 국민은 무수한 혐의가 있는 이 두 사람의 범죄가 제대로 심판되어야 민주주의가 지켜진다고 생각했으나 그들의 생각은 다른 듯 보였다. 문재인이 입버릇처럼 말하는 그의 민주주의는 대체 무엇일까. 대한민국 국민인 우리의 민주주의와는 다른 것이 분명하다. 민주주의는 자유민주주의와 인민민주주의로 나누어진다. 높은 지위의 권력자일수록 심판받지 않는 민주주의는 인민민주주의다. 따라서 그가 열었다는 민주화의 길과 그가 되살렸다는 민주주의는 거짓말이 아닐 것이다. 단지 우리가 생각하는 자유민주주의가 아닐 뿐이다. 그래서 문재인과 이재명이 말하는 민주주의는 인민민주주의다. 인민민주주의를 말하는 문재인은 대한민국 사람일 수가 없다. 간첩이라면 모를까.

10. 문재인이 원한 것은 대한민국 파괴였다

문재인은 자신의 대통령 임기 마지막 날 저녁 청와대에서 나오는 퇴근길을 연출했다. 그는 지지자들 앞에 섰다. "여러분, (제가) 성공한 대통령이었습니까"라고 물었다. 환영 인파는 "예"라고 합창했다. 단체로 거짓말을 하고 있었다. 기분이 좋은 듯 문재인은 만면에 웃음을 띠고 "다시 출마할까요"라고 했다. 그가 다시 출마한다고? 끔찍한 일이다. 그가 다시는 출마할 수 없는 정치 시스템의 힘, 이것이 대한민국의 유일한 희망의 끈이다. 문재인의 시대는 문재인 자신과 종북세력에게는 성공의 시대였다. 그러나 국민과 대한민국에는 성공의 시대가 아니었다.

그의 시대에 정치는 임종석을 필두로 청와대를 장악한 주사파들에게 권력이 집중되고 3권은 통합되었다. 검찰 권력을 강화하여 우익진영을 붕괴시키는데 써먹은 후 자신들의 범죄혐의가 쌓여가자 검찰개혁을 노래하며 국가의 형사사법 기능을 크게 약화시켰다. 독재적이고 전체주의적인 통치를 자행하며 자유민주주의를 마구 짓밟았다. 집값은 폭등하고 일자리는 줄어들고 소비는 위축되어 가계 기업 국가 모두 빚쟁이가 되는 등 경제는 쇠퇴와 추락을 거듭했다. 사회는 대통령 스스로가 국민을 쪼개고 나누어 싸움을 붙여 분열과 갈등으로 혼란했고, 말로는 원칙과 상식이 통하는 세상을 만들겠다고 했으나 조국 추미애 박범계 손혜원 윤미향 김원웅 전현희 등 모조리 비상식적인 그의 수하와 동지들은 모든 원칙을 뭉개버렸다. 아무도 흔들 수 없는 나라를 만들겠다고 말했으나 성공한 자유진영을 등지고 실패한 공산진영으로 다가가는 그의 외교는 대한민국을 국제 왕따로 만들었다. 북한은 핵을 고도화하고 단 중 장거리 미사일시스템을 모두 완성하고 있었으나 문재인은 전방부대를 해체하고 전방초소를 철거하고 한미연합훈련을 포함한 대부분의 군사훈련을 중지시켰다. 이것이 성공이라면 그것은 북한의 성공이다. 대한민국의 성공은 결코 아니다.

유엔 산하기구인 UNCTAD는 2021년 7월 대한민국을 개도국에서 선진국으로 승격시켰다. 1964년 이 기구가 설립된 이래 처음 있는 일이라고 했다. 이 기구는 무역과 기술 등의 방면에서 개도국들을 도움으로써 선진국과 후진국의 경제적 격차를 줄이기 위해 설립되었다. 이를 위해 선진국에는 경제적 부담 등 많은 의무가 주어지고 개도국에는 관세 등에서 많은 혜택이 주어진다. 모든 나라들이 선진국이란 영예를 마다하고 이 기구의 선진국 명단에 오르려 하지 않는 이유다. 한국의 선진국 승격이 이 기구의 역사 57년에서 초유의 일이 된 이유이기도 하며 또한 이 기구가 만장일치로 승격을 결정한 이유다. 그래서 의식있는 언론사는 선진국으로 승격된 후 받게될 청구서를 걱정했다. 우리의 수출가격 경쟁력이 저하되고 특히 농업부문에서 큰 피해를 입게될 것이라고 했다. 그러나 대통령 문재인과 국무총리 이낙연 부터 정권의 모든 사람이 선진국 승격을 자랑했다. 그들의 말에는 그것이 문재인 정권의 업적이라는 뜻이 담겨 있었다. 물론 청구서에 대해서는 함구했다. 문재인은 21년 7월 6일 국무회의에서 "한국이 명실상부한 선진국임을 국제적으로 인정받았다. 국민께서는 자부심을 가져주기 바란다"고 말했다. 그러나 곧 이 일이 우리 정부가 스스로 신청한 일이라는 사실이 드러났다. 눈치없는 외교부가 부서의 업적임을 내세우기 위해 "선진국으로 지위 변경을 신청했다"고 자랑했고 그래서 국민도 알게 된 것이다. 문재인은 자신이 대한민국을 발전시켰다는 듯 말했으나 내막은 대한민국을 망치고 있었다. 그의 모든 통치가 다 그랬다.

한국은 그가 정권을 잡기 전에 이미 선진국이었다. IMF는 1991년에 한국을 선진국으로 지정했다. 1996년에는 세계은행도 선진국으로 지정했으며 동시에 경제 선진국 클럽인 OECD의 회원국이 되었다. 한국은 이미 20년 전부터 국제사회에서 명실상부한 선진국으로 인정받고 있었다. 과거 정부는 개도국에게 주어지는 무역관세 혜택을 계속 누리기 위해 UNCTAD에는 선진국으로의 지위를 신청하지 않았던 것이다.(중앙일보, 2021.7.8) 그러나 문재인은 이 자해적 승격을 스스로 신청하고는 마치 처음 선진국이 된 것처럼 선전했다. 자신이 엉망으로 만들어 놓은 경제상황을 덮고 다음 해에 있을 대선의 악재를 미리 틀어막기 위해서였다. 그의 통치방식이었다. 한국이 선진국이 된 성취에 문재인 정권의 공은 없다. 세계 10대 경제대국이 된 대한민국은 보수 우익진영의 지도자들이 이끌고 자유민주주의 대한민국을 지키려는 국민이 이룩한 성취다. 종북좌익 세력의 공은 단 하나도 없다. 특히 문재인 세력은 대한민국을 퇴보시키고 망쳐놓았다. 그럼에도 문재인은 자신의 통치를 '성공한 정부'라고 홍보하고 선전하고 자랑했다.

문재인은 퇴임 후에 개봉된 자신을 미화하는 다큐영화에서 "5년간 이룬 성취가 순식간에 무너져 허망한 생각이 든다"고 말했다. 대체 그의 성공과 성취는 무엇일까. 아무리 생각해도 떠오르는 것이 없다. 집값 폭등, 일자리 대폭 감소, 서민의 자살, 국고 탕진과 천문학적 부채, 내로남불, 공정과 정의의 후퇴, 독재적 통치, 이런 일 외에는 생각나는 것이 없다. 오죽하면 국민이 "문재인이 잘 한 일이 있다면 한 가지만 말해보라"고 했겠는가. 그렇다면 대한민국의 쇠퇴가 그의 성공인가. 대한민국의 자유민주주의 파괴가 그의 성취인가. 그가 말한 평화, 민주화, 성공, 성취는 거짓말이 아닐 것이다. 다만 대한민국 국민인 우리의 그것과 다를 뿐이다. 대한민국을 지키려는 우리의 성공 기준과 대한민국을 파괴하려는 문재인의 성공기준이 어떻게 같을 수가 있겠는가. 대한민국을 파괴하는 통치를 펼친 문재인은 간첩으로 규정해야 마땅하다. 그는 적국의 대통령이 된 간첩이다. 세계 역사에서 유례를 찾을 수 없는 일이다.

CHAPTER ● 3

문재인을 간첩으로 확신하는 100가지 이유

이상의 본문에서 서술한 모든 것은 책 제목 그대로 대통령 문재인이 간첩이라는 사실을 입증하는 내용이다. 그의 정치적 이념, 북한과 김정은에 대한 충성, 대한민국의 방위능력을 허무는 자해적 안보정책, 독재적 정치, 국민과 국가를 가난하게 만드는 경제운용, 범죄와 특권이 횡행하는 분열적 사회로 만든 문재인의 대한민국 통치를 통해 그가 간첩이라는 사실을 확인했다. 그런데 적지 않은 분량이 독자에게 부담이 될 수 있겠다는 생각이 들었다. 그래서 유튜브의 쇼츠 형식의 필요성을 고민했다. 특히 좌파들이 세금 빼먹을 생각만 하고 있을 때 열심히 일하느라 늘 시간이 부족한 보통의 국민을 위해 필요성이 더한 듯 보였다. 그래서 문재인이 간첩이라는 사실을 증명하는 100가지의 쇼츠를 정리한다.

문재인의 사상과 정체성

1. 전 미국 국방장관 캐스퍼 와인버그는 대한민국이 멸망한다면 간첩과 주사파의 공작에 의한 내전에 의해서 일 것이라고 말했다. 광우병사태, 세월호사태, 사드사태, 촛불정국은 모두 내전이었고 이 내전을 총 지휘한 사람은 문재인이었다. 문재인은 주사파와 고정간첩과 종북좌파 진영 전체가 옹립하여 대통령이 되었다. 그렇다면 문재인은 간첩이 아닌가.

2. 문재인의 동지는 대부분 반국가행위자이고 고정간첩이었다. 북한주의자 리영희를 스승으로 모시고, 간첩단에 연루되어 20년을 감옥에서 산 신영복을 존경하고, 13년을 감옥에서 산 박성준을 멘토로 삼았으며, 간첩단 혐의로 유죄를 받은 한명숙과 이석기의 동지였으며, 김일성주의자 임종석과 김경수를 수하로 둔 문재인, 그도 김일성주의자이고 간첩일 것이다.

3. 문재인 정권은 통혁당 간첩단사건으로 유죄를 받은 반국가사범 한명숙을 구하기 위해 헌정사상 단 한 번 있었던 법무장관의 수사지휘권을 두 번 발동했다. 문재인은 이석기를 노무현 정부의 권력 2인자로서 두 번, 자신의 대통령 권한으로 한 번, 모두 세 번을 사면시켰다. 이석기는 대한민국 전복을 준비한 고정간첩이고 이석기를 키운 8할은 문재인이다. 고정간첩을 사면 복권시키기 위해 권력을 사용한 문재인 그도 간첩일 것이다.

4. 임종석은 반국가행위로 5년 형을 받고 3년6개월 간 복역한 중대 범죄자다. 문재인은 그를 대통령비서실장에 임명하여 자신과 가장 가까운 거

리에 두었다. 그리고 임종석과 함께 대한민국 공격을 꾀했던 백원우, 윤건영, 한병도, 신동호 등 모든 김일성 추종자들을 청와대로 모아 정권을 구성한 후 북한에 충성하는 통치를 펼쳤다. 그래서 문재인은 간첩이다.

5. 문재인은 퇴임 6개월 전 태극기를 밟고 서서 웃었던 혁명가 한명숙을 복권시키고 구속중이던 이석기도 함께 석방시켰다. 행동주사파의 두목 임종석, 감옥에서 풀려난 김경수도 있으며 민노총을 틀어잡고 있는 이석기의 동지 양경수도 있다. 주사파 어벤져스다. 문재인은 이 고정간첩 어벤져스를 만들어놓고 낙향했다. 문재인을 간첩으로 확신하는 이유다.

6. 노무현 정부의 외무장관 송민순은 2007년 유엔의 대북인권결의안에 대한 우리의 입장을 논의하는 과정에서 비서실장 문재인이 북한과 접촉하여 북한의 의견을 듣고 이를 반영하도록 했다고 증언했다. 외교안보수석 천영우는 해외 은행에 동결된 북한의 돈을 풀어주기 위해 노력한 문재인을 증언했다. 문재인은 북한과 내통하고 북한을 위해 일한 간첩이 아닌가.

7. 종로 금은방을 턴 돈으로 무기를 구입하여 적군파식 무장혁명을 준비한 이학영, 북한으로의 통일만이 진정한 통일이라고 주장한 송갑석 등 간첩행위로 처벌받은 자들은 국회에 입성하여 합법적 혁명을 도모했다. 문재인이 좌익진영의 리더가 된 후의 일이다. 문재인도 간첩일 것이다.

8. 변호사 문재인은 민주당 민노총 전교조 참여연대 등 대한민국을 파괴하기 위해 만들어진 조직에서 대한민국을 공격하는 행위를 했던 자들을

변호했다. 그가 교류한 사람 중에 대한민국의 건설에 기여한 사람은 거의 없었다. 죄다 대한민국을 파괴한 사람들이다. 남한 파괴는 간첩의 임무다.

9. 문재인은 제주4·3사건 추념식에서 "지난 날 제주가 꿈꾸었던 꿈이 지금 우리의 꿈입니다"라고 말했다. 4·3사건은 제주의 꿈이 아니라 남조선로동당의 꿈을 이루기 위한 것이었다. 한반도 전체를 김일성의 나라로 만드는 꿈이었다. 문재인은 이것을 그의 꿈이라고 했다. 그는 간첩이다.

10. 문재인은 대통령에 취임하고 곧 육사를 방문하여 교과서를 개편하라고 지시했다. 역대 어느 대통령도 하지 않은 지시다. 이에 의해 6·25전쟁은 필수가 아닌 선택과목이 되었고 생도 70%는 남침의 실상을 제대로 알지 못하게 되었다. 공산주의자 홍범도 흉상을 교정에 세운 일과 함께 미래의 군 지도자들에게 적의 존재를 모호하게 하는 일이었다. 이적행위다.

11. 이완용은 전쟁보다 나쁜 평화가 낫다고 말하고 나라를 팔아먹었다. 문재인도 "좋은 전쟁보다 나쁜 평화에 가치를 부여한다"고 말했다. 김정은이 쳐내려오면 항복하고 목숨을 구하자는 말이다. 문재인의 말은 나라를 팔아먹은 이완용의 말과 다르지 않다. 매국노와 간첩은 그게 그거다.

12. 문재인의 부친은 인민군 장교의 신분으로 6·25남침에 참전했고 양산일대에서 간첩행위를 했다고 주장하는 사람이 있었다. 그는 이 사실을 밝힌 후 의문사했다. 문재인은 퇴임 후 양산에다 마치 요새와도 같은 집을 짓고 2개 소대 규모의 경호조직으로 자신을 지키고 있다. 그는 왜 양산에

갔을까. 종북주의자와 간첩행위자들이 그곳을 부지런히 드나들고 있다.

13. 민주주의의 핵심 가치는 자유다. 자유가 없는 민주주의는 인민민주주의다. 대통령 문재인은 수많은 그의 담화에서 자유를 빼고 말했다. 김정은과 체결한 판문점선언과 평양선언문에도 자유는 없다. 김정은과 이견없이 자유가 빠진 합의문에 서명한 것은 대한민국을 인민민주주의 국가로 만들겠다는 뜻이다. 우리를 인민으로 만들려는 문재인은 간첩일 것이다.

14. 문재인 정권은 자유민주주의자 이승만 대신 사회주의자 여운형을 대접했고, 애국가를 만든 안익태 대신 인민군 군가를 만든 정율성을 우대했으며, 대한민국을 지킨 백선엽 대신 6·25남침의 선봉에 섰던 김원봉을 내세웠다. 문재인이 북한 편을 드는 간첩이 아니라면 할 수 없는 일이다.

김정은에 충성하고 북한을 위한 통치를 했다

15. 근로자의 날을 북한이 쓰는 명칭인 노동절로 바꾸고, 녹색인 우리의 여권 색상을 북한을 따라 남색으로 바꿨으며, 정부 행사에 쓰인 지도에는 서울대신 평양이, 여의도 대신 능라도가 나왔다. 한 두 번은 실수로 생각했으나 반복됨에서 그것이 계획된 것임을 알았다. 간첩의 짓이었다.

16. 문재인은 자신의 공산주의자 정체성을 의심하는 국민을 직접 소송으로 대응했다. 그러나 자신을 삶은 소대가리로 욕하는 북한에는 아무런 대

응을 하지 않았다. 대북전단을 엄단하라는 김여정의 말 한마디에 그의 더불어민주당 동지들이 세계의 비판을 무릅쓰고 즉각 법을 만들어 이를 수행할 때 그는 거부권을 행사하지 않았다. 그를 간첩으로 보는 것이 맞다.

17. 문재인은 자신의 5년을 평화의 시대라고 말하고 또 말했다. 그러나 북한은 그의 시대에 많은 미사일 시험발사와 제6차 핵실험을 감행했다. 개성공단을 폭파하여 1000억 원의 우리의 재산을 가루로 만들고 500억 원의 금강산 우리 시설을 무단 철거했으며 서해에서 우리 공무원을 사살했다. 그가 간첩이 아니라면 이것을 평화라고 말하지 않았을 것이다.

18. 문재인이 평양에 가서 체결한 9·19군사합의를 북한은 2023년 10월까지 3700건 위반했다. 이 합의로 우리 군의 필수적인 방어활동인 정찰비행조차 불가능하여 후임 정부가 폐기를 검토하자 퇴임 대통령인 그는 합의를 수시로 위반하는 북한이 아닌 우리 정부를 향해 이것을 계속 준수하라고 압박했다. 아군이라면 이러지 않을 것이다. 간첩이라면 모를까.

19. 서해에서 우리 공무원이 사살된 것은 2020년 9월 22일이다. 3일이 지난 25일 청와대는 문재인이 김정은에게 "생명존중 의지에 경의를 표한다"는 내용의 친서를 김정은에게 보냈다는 사실을 공개했다. 이복형과 고모부를 죽이고 우리 국민을 사살한 김정은에게 생명존중 의지에 경의를 표한 것은 김정은의 잔혹함을 감추어 주려는 대한민국 대통령 문재인의 가상한 충성심이다. 그는 간첩이 맞을 것이다.

20. 2018년 11월부터 김정은을 맞이하는 환영단이 서울 도심 곳곳에 등장했다. 그들은 김정은을 위인으로 부르고 BTS보다 더 좋다고 했다. 이 착란은 북한이 민노총에 내린 지령에서 시작되었고 문재인이 분위기를 잡으며 김정은에 대한 국민의 호감도를 31%(2018년 5월, 한국갤럽)까지 올려놓은 결과다. 김정은을 위인으로 만든 착란의 주범은 간첩이라 불러야 한다.

21. 천안함 폭침에 대한 우리의 대응으로 2010년부터 시행된 5·24조치를 문재인 정권이 하루 아침에 폐기한 것은 2020년 5월이다. 이때부터 대대적인 대북지원을 계획했다. 북한에 의사를 파견하는 등 의료지원의 법제화를 시도하고, 평양종합병원 건설 지원을 계획하고, 금강산 공동개발과 금강산 국제골프대회를 제안했다. 그렇다면 문재인 정권은 간첩단이 아닌가.

22. 이인영의 통일부는 2020년 8월 북한이 남한의 부동산과 우리 기업의 주식을 취득할 수 있도록 하는 법안을 입법예고했다. 충격적인 이 법안은 국제사회의 대북 경제제재의 환경에서 좌절되었다. 이것이 문재인의 재가 없이 추진되지는 않았을 것이다. 이인영 문재인 둘 다 간첩일 것이다.

23. 문재인 정권은 2019년에 김정은을 초청하기 위해 16억 짜리 별장을 매입하고 명품 매니아인 김정은의 취향을 고려하여 6000만 원 짜리 고급 탁자를 구입했다. 요트 매니아인 김정은을 위해 6~7억 원 하는 요트도 구입했으며 김정은의 외가 연고지라는 이유로 제주에 연회장을 짓기로 하고 220억 원을 책정했다. 김정은을 위해 대한민국 국고를 활짝 열었던 문재인 이 사람은 간첩이 맞을 것이다.

24. 2021년 4월, 오세훈이 시장으로 취임하기 직전 청와대의 입김을 받은 서울시는 IOC에 서울평양공동올림픽 제안서를 낸다. 여기에는 28조5540억의 인프라 구축계획이 들어있었는데 이 중 22조6615억 원이 북한 인프라 구축에 드는 예산이었다. 올림픽이 목적이 아니라 남한의 돈으로 평양을 대개조하려는 계획이었다. 국민의 동의를 구하지 않고 국민에게 알리지도 않고 이런 계획을 세운 문재인은 간첩이 분명하다.

25. 함박도는 대한민국 주소를 가지고 공시지가도 매겨지며 정부에 의해 국가지정문화재구역으로 되어 있다. 북한은 이 우리 땅을 점령했고 문재인 정권은 함박도가 우리 땅이 아니라고 우겼다. 전시가 되면 서울을 공격하는 결정적 군사기지가 되는 함박도에 북한은 군사시설을 짓고 병사를 주둔시키고 있다. 우리 땅을 넘겨준 문재인 이 사람은 간첩이 분명하다.

26. 북한은 여름 폭우에 황강댐을 무단 방류하여 연천 임진강 유역 우리 국민의 생명과 재산상 피해를 초래했다. 남북합의 위반이다. 개성연락사무소 폭파, 서해의 비무장 국민 사살 등 수시로 우리를 공격했다. 그러나 대통령 문재인은 우리에게 생명과 재산상의 위해를 가한 북한에 어떠한 실효적 손해배상도 청구하지 않았다. 명백한 직무유기다. 그가 대한민국 대통령이 맞다면 있을 수 없는 일이고 그가 간첩이라면 이해되는 일이다.

27. 북한은 문재인이 남한을 통치하고 있는 동안 제6차 핵실험을 감행하고, 단·중·장거리 미사일체계를 모두 완성하고, 잠수함은 물론 어느 곳에서나 쏠 수 있는 발사시스템을 모두 개발했다. 마침내 문재인이 물러날 무

렵 핵무력 완성을 선언하고 핵의 공격용 선제 사용을 법으로 못박았다. 그 사이 문재인은 김정은이 비핵화를 약속했다며 국민과 세계를 향해 대북 경제제재를 호소했다. 그래서 북한이 완전한 핵보유국이 되는 일에는 문재인의 공적이 절대적이다. 이 사람은 그래서 간첩이다.

28. 문재인은 그의 시대에 늘 평화를 말했다. 그가 물러나고 나서 국민은 그것을 가짜평화로 규정했다. 북한은 여전히 우리를 공격했고 과거 정권은 물론 문재인 정권이 체결한 군사적 합의도 수시로 위반했다. 그러나 문재인은 여전히 그것을 평화라고 했다. 국민을 집단적으로 가스라이팅 한 것이다. 문재인이 간첩이 아니라면 국민을 가스라이팅하여 속였을까.

29. 현대 자유민주주의 국가에서 국가 정상 단 둘이서 배석자 단 한 명 없이 밀담을 한 경우는 유례가 없다. 적대국의 정상이라면 더욱 그렇다. 그러나 문재인은 판문점 도보다리에서 40분 이상 김정은과 단 둘이 밀담을 나누었다. 둘이 무슨 말을 했는지는 아무도 모른다. 국민이 주권자인 민주주의 국가에서는 결코 있을 수 없는 일이다. 김정은에게 전달한 USB에 무엇이 들었는지도 공개하지 않았다. 국민을 배신한 간첩행위다.

30. 문재인이 전달한 USB에는 막대한 금액의 가상화폐를 전달했을 것이라는 의혹과 함께 북한에 원자력발전소를 건설해주는 계획이 들어있다는 것이 지배적 추측이다. 산자부 공무원들의 컴퓨터에서 증거가 다수 나왔으니 단순한 추측이 아니다. 자신이 통치하는 대한민국에는 원전을 폐쇄시키고 북한에는 그것을 지어주기로 했다면 이것은 자해행위인 동시에 이적행위

다. 그의 간첩행위에 이보다 더 확실한 증거는 없을 것이다.

31. "나라에 간첩이 이렇게나 많나" 문재인으로부터 정권을 넘겨받은 윤석열은 이렇게 말했다. 문재인은 간첩을 잡지 않았다. 잡지않아 활개치던 간첩들은 다음 정부에서 대거 체포된다. 이땅을 간첩 천국으로 만든 문재인 그도 간첩이기 때문인가. 그의 정권 전체가 하나의 간첩단이기 때문인가. 문재인은 간첩이고 그의 정권은 사상 최대 규모의 간첩단으로 보인다.

32. 국가보안법은 건국 직후 여순반란사건에 깜짝 놀란 이승만 정부가 급히 만든 간첩 잡는 기본법이다. 남한 점령을 포기하지 않은 김일성은 대남혁명의 주요 과업으로 국보법 철폐 지령을 내렸고 주사파 등 종북세력은 이를 노래처럼 불렀다. 문재인은 간첩을 잡지않음으로써 이 법을 사실상 사문화시켰다. 김일성의 대남혁명과업을 수행한 문재인은 간첩일 것이다.

33. 검찰공안부는 학원가 노동계 문화계 등 사회 일반의 간첩사건을 수사한다. 정권을 잡은 문재인은 적폐청산이라는 이름으로 이전 정부의 핵심 인사를 숙청하는데 이 조직을 앞장 세웠다. 그래서 대한민국에 위해를 가한 간첩들에 대해서는 수사할 수 있는 여력이 없었다. 간첩 잡는 조직으로 자유민주주의 진영의 인사들을 대거 잡아들인 문재인은 간첩일 것이다.

34. 기무사령부는 군 내부에 침투한 간첩을 잡는 기구다. 문재인은 이 기구를 해체했다. 인원을 대폭 축소하고 안보사로 이름을 바꾼 이 조직이 문재인의 5년 동안 적발한 간첩 사건의 수는 '0'이다. 전쟁이 나면 먼저

성문을 열어줄 군 내부의 간첩을 잡지 않은 문재인은 간첩일 것이다.

35. 문재인은 집권 초반 원장 4명을 포함한 국정원 고위직 100명 이상을 기소하거나 구속시켰다. 간첩 잡는 직무에 충실했던 공무원들에 대한 대청소였다. 이어 북한 김씨 일가와 각별한 관계의 박지원을 보내 베테랑 수사관들의 수족을 잘랐다. 국정원을 궤멸시킨 사람은 간첩이 맞을 것이다.

36. 문재인 정권은 집권 후반이 되자 법을 개정하여 국정원이 아예 간첩을 잡지 못하도록 대못을 박았다. 앞으로는 경찰이 간첩을 잡는다고 했으나 경찰의 능력으로 신출귀몰하는 간첩을 잡는 일은 쉽지 않을 것이다. 간첩에 대한 국가적 대응수단을 완전하게 무력화시켜 놓은 문재인과 이를 법제화 한 그의 민주당 동지들은 모두 간첩일 것이다.

37. 2011년부터 2017년까지 6년간 적발된 간첩사건은 26건이다. 그러나 문재인의 집권 5년간은 단 3건이다. 이 3건도 이전 정부에서 혐의가 인지되고 많은 증거가 쌓여 더 이상 뭉갤 수 없는 것이었고 문재인의 시간에 새로 수사를 착수한 것은 없었다. 세계 어떤 나라도 자국의 정체성과 안전과 존립을 위협하는 간첩활동을 허용하거나 방치하는 경우는 없다. 방첩조직을 궤멸하고 법을 바꾸어 간첩을 안전하게 한 문재인은 간첩이 맞을 것이다.

국군을 궤멸시킨 대통령

38. 문재인 세력은 쿠데타 음모 등의 혐의를 씌워 기무사령관 이재수를 극단적 선택으로 몰아갔다. 국군은 참군인 이재수를 그렇게 잃었다. 김관진은 북한의 병사들이 사격연습을 할 때 표적으로 쓸 정도로 북한정권이 두려워하는 강골 군인이다. 문재인 정권은 김관진을 숙청하기 위해 온갖 죄목을 붙이고 검찰청과 법원으로 불렀다. 참군인을 제거하여 우리의 방어력을 약화시키고 김정은과 인민군을 기쁘게 한 문재인은 간첩으로 규정해야 마땅하다.

39. 문재인 시대의 국군의 날은 병사들의 시가 퍼레이드는 사라지고 대신 연예인들의 가무가 열렸다. 포항 해병대에서 엘리트 군인 5명이 사망했을 때 대통령은 조문을 가지 않았고 그와 부인은 청와대에서 영화를 감상했다. 국군을 대하는 대통령의 태도가 이렇자 국방에 대한 국민의 의식은 점점 희미해졌다. 국민의 호국의식을 무너뜨린 사람은 간첩이 맞을 것이다.

40. 공산당이 일으킨 제주 폭동에는 꼭 참석하는 대통령이 대한민국을 지키다 희생된 군인을 추념하는 자리에는 듬성듬성 갔다. 연금조차 받지 못하고 있던 천안함 생존자는 국민을 향해 "군인 여러분, 국가를 위해 희생하지 마세요. 저희처럼 버림받습니다"라고 절규했다. 국군을 홀대하여 병사들의 사기를 떨어뜨린 사람은 대통령이 아니라 간첩일 것이다.

41. 문재인의 시대에 나온 국방백서에는 주적이 사라지고 없었다. 주적을

모르는 국군의 총구는 표적을 잃었고 병사들은 훈련하지 않았다. 다른 모든 공약은 지키지 않으면서도 병사들의 복무기간 단축은 한 치의 차질없이 실행에 옮기자 곳곳에서 병력이 부족했다. 국군의 토대를 하나씩 허물어간 문재인은 국군통수권자가 아니라 이적행위를 하는 간첩으로 보였다.

42. 문재인의 평화타령은 군인들의 경계근무 기강을 허물었다. 그래서 탈북민은 우리의 영역을 수시로 넘나들었다. 경기북부 지역의 장갑차방어벽을 제거하고, 전방 사단을 해체하거나 후방으로 이전하여 북한이 다시 남침을 감행한다면 수월하게 남하할 수 있을 것이다. 간첩행위가 아닌가.

43. 이념 대립이 전쟁 발발의 주요 원인이 되는 현대전에서 심리전은 매우 중요하다. 북한에 비해 압도적으로 유리한 컨텐츠를 보유한 우리의 심리전 전력을 문재인은 완벽하게 무력화시켰다. 대북 확성기 설비와 장비를 모두 해체 철수하고 김여정의 한 마디에 대북전단의 발송을 법으로 금지했다. 이런 자해행위와 이적행위를 한 문재인은 간첩이 맞을 것이다.

44. 전쟁의 시작과 진행과 마무리는 육군이 담당한다. 세계 모든 나라의 군대는 그렇게 설계되어 있다. 문재인은 군 수뇌부에 육군을 홀대하고 공군 출신으로 채웠다. 전쟁이 나면 지휘부가 약한 국군은 우왕좌왕할 것이다. 여기다 좌익성향의 정치군인과 기회주의적 특정 지역 출신의 군인으로 채워진 군 지휘부는 대한민국을 목숨바쳐 지키지는 않을 것이다. 국군의 지휘부를 이렇게 만들어 놓은 대통령은 간첩이 맞을 것이다.

45. "사격훈련을 하지 않아 탄알장전도 못한다" 육군훈련소 조교의 하소연이다. 인권을 이유로 암기를 강요하지 않아 병사들은 군가 '멋진사나이'도 모른다고 했다. 문재인의 군대는 병사들에게 훈련을 시키지 않았고 제대하는 병사들은 놀다 왔다거나 꿀 빨고 왔다고 말했다. 훈련하지 않는 군인은 전쟁이 나면 적에게 패할 것이다. 고의로 강군이 아닌 약군을 만들어 놓은 군 통수권자 대통령 문재인은 간첩이 맞을 것이다.

46. 2021년 7월 국방장관 집무실 바로 옆 건물에서 현역군인이 자살했다. 공군에서 성추행으로 여군이 자살한데 이어 관련자가 또 자살한 것이다. 훈련하지 않아 한가해진 병사들의 성 군기는 무너졌고 군인들은 전장이 아닌 자살로 목숨을 잃었다. 영내에서 상관을 만나도 경례하지 않는 병사도 크게 늘어났다. 군기가 무너진 군대는 적군에게 쉽게 무너질 것이다. 이런 군대로 만들어 놓은 군 통수권자 문재인은 간첩이 맞을 것이다.

47. 대통령 문재인은 한미군사훈련을 "북한과 협의할 수 있다"고 했고 안민석 등 민주당 의원 35명은 김정은이 반대한다는 이유로 한미연합훈련의 연기를 촉구하는 성명을 냈다. 문재인 시대의 한미연합방어훈련은 결국 컴퓨터 시뮬레이션으로 대체되었다. 세계 최강의 군사력을 보유한 동맹군과의 연합훈련을 중단시킨 대통령이라면 그는 간첩이 분명할 것이다.

48. 문재인은 국방예산을 인건비 복리비 등 소모성 지출에 3분의 2를 집중했고 북한이 가장 두려워하는 F-35A 스텔스기 구입 등의 방위력 강화에는 쓰지 않았다. 우리 군에는 필요성이 적은데다 10년 후에나 완성될

경항공모함 건조를 결정하고 여기에 7조8천억의 예산을 배정하여 전력 강화를 위한 예산은 부족하게 해 놓았다. 이런 대통령은 간첩이 아닌가.

49. 문재인은 노무현 정부의 2인자로 있던 시절 이미 김정은에게 NLL을 양보했고, 자신이 대통령이 되어서는 함박도를 넘겨주었다. 이로써 우리의 서해 방어자산인 해상경계선은 무력화되고 함박도는 북한의 공격자산이 된다. 북한의 서울 공격을 수월하게 해준 사람은 간첩이 맞을 것이다.

50. 2016년 일본과 체결한 지소미아는 폐쇄적인 북한 내부의 정보와 핵개발, 미사일 발사 등의 도발행위에 대한 정보공유라는 제한적인 목적으로 맺어졌다. 문재인은 고의로 파탄낸 일본과의 관계가 무역분쟁으로 번지자 지소미아 폐기를 협박했다. 이의 폐기는 북한을 이롭게하는 이적행위인 동시에 우리를 불리하게 만드는 자해행위다. 간첩행위이기도 하다.

51. 사드는 동맹국 미국이 우리에게 제공한 1조원이 넘는 군사적 방어자산으로 북한이 미사일 공격을 가해올 때 이를 요격할 수 있는 방어무기다. 문재인은 환경평가를 핑계로 이의 정상 운용을 막았다. 중국에는 이의 운용을 제한하는 약속까지 해주었다. 동맹국이 우리의 방어능력 보강을 위해 보내준 사드를 그냥 처박아 놓은 대통령은 간첩이 맞을 것이다.

52. 문재인이 2018년 9월 친히 평양으로 가서 김정은과 맺고 온 9·19군사합의는 모두 우리 안보에 자해적인 내용이다. 서해를 우리가 정한 NLL이 아닌 북한이 주장하는 경비계선으로 경계를 정하고도 다시 15km를

더 양보했으며, 서해에 적대행위금지구역을 설정하여 해병대의 손발을 묶고 해군 군함의 해상초계와 공군의 초계비행을 막아버렸다. 군사분계선 일대에 평화구역을 설정하고 비행금지구역을 만들어 북한측 후사면에 있는 군부대에 대한 정찰을 막았다. 북한이 선제공격을 가해올 때 국군의 즉각적 대응을 불가능하게 한 것이다. 국군의 눈을 가리고 손발을 묶는 이런 내용의 합의문에 서명하고 돌아온 문재인 이 사람은 간첩이다.

53. 김대중의 시대에 핵 개발을 시작한 북한은 노무현 시대에 속도를 붙이고 문재인의 시대에 핵무장을 완성했다. 핵을 세계 어디든 쏠 수 있는 미사일시스템까지 다 갖추었다. 여기에는 김정은이 비핵화를 약속했다며 국민과 세계를 안심시키고 시간을 벌어준 문재인의 역할이 절대적이다. 핵을 가진 적 앞에서는 죽음 아니면 항복 뿐이라고 했다. 이 양자택일의 벼랑끝에 우리를 세워놓은 사람이 문재인이다. 그는 간첩이 분명하다.

54. 문재인은 재임 5년간 미국을 8번 방문했다. 보통 2~3회였던 전임 대통령에 비해 압도적이다. 그가 8번 미국에 가서 대한민국 국익에 도움이 되는 일을 한 것은 하나도 없다. 모두 북한을 위한 일로 갔다. 대북 경제 제재를 풀어달라거나 북한과의 협상 테이블에 미국을 끌어들이기 위해서다. 남베트남에서 활동한 북베트남의 간첩 쯔엉딘주의 역할과 꼭 같았다.

55. 문재인이 북한과 미국 사이에서 거간꾼 노릇을 한 것은 미국이 북한과 평화협정을 맺고 주한미군을 철수시킨 후 북한이 남한을 점령하는 '베트남 모델'을 재현하기 위해서였다. 간첩 쯔엉딘주가 했던 역할이다. 문재

인과 김정은의 의도를 간파한 미국이 더 이상 협상에 응지 않게되자 문재인은 종전선언과 평화협정에 매달렸다. 미군 철수를 위한 선결조건이기 때문이다. 미군 철수를 위해 노력하고 애쓴 그는 간첩이 분명하다.

56. 김정은의 비핵화 약속을 들은 사람은 아무도 없다. 문재인이 전한 말을 들었을 뿐이다. 그가 전한 말을 듣고 국민도 세계도 모두 주목하고 기대했다. 그러나 문재인의 임기가 끝날 때 북한은 핵무력 완성을 선언했고 세계는 북한이 핵보유국이라는 사실을 어쩔수 없이 인정했다. 김정은을 대신하여 국민과 세계를 감쪽같이 속인 문재인은 간첩이 맞을 것이다.

57. 문재인이 대신 전한 북한의 비핵화는 사기극이었다. 인민이 굶어죽는 상황을 방치하며 개발한 핵을 김정은이 포기할 리는 없으며, 국민과 미국과 국제사회가 원한 것은 CVID 즉 완전하고 확인가능하며 불가역적인 비핵화였으나 김정은과 문재인이 원한 것은 북한에 대한 경제제재를 풀고 핵무장을 완성하는데 필요한 시간을 버는 일이었다. 문재인은 김정은이 CVID를 약속한 듯 말하며 미국을 끌어들였으나 김정은은 미국과의 회담에서 CVID를 입에 담지도 않았다. 사기를 친 문재인은 간첩일 것이다.

58. 전시작전권 회수, 유엔사령부와 한미연합사의 해체, 한미동맹의 해체와 주한미군의 철수는 주사파들이 학생시절부터 외쳐온 구호이며 이땅에 존재하는 모든 종북주의자들의 공통적 주장이다. 대통령이 된 문재인은 이 주장들을 모두 실천에 옮기려 시도했다. 이 주장들의 종착점은 분명하다. 북한의 남한 흡수다. 이를 시도했던 문재인은 간첩이 맞을 것이다.

59. 종북 친중 반미 배일은 문재인 외교의 기본이었다. 그는 자유민주 국가 대한민국을 미국 유럽 등 서방 민주주의 국가에서 멀어지고 중국 중심의 공산주의 진영으로 이끌었다. 대한민국의 정체성에 위배되는 외교였다. 성공한 자유진영을 배척하고 실패한 공산진영으로 옮겨가는 그의 외교는 결국 북한과 같아지기 위해서였다. 외교에서도 그는 간첩이었다.

60. 문재인은 친중주의자 문정인을 앞세워 한미동맹을 흔들고 반미주의자 이수혁을 주미대사로 보내 미국과의 관계를 비틀었다. 쿼드, 인도·태평양 안보구상 등 자유진영 국가가 참여하는 협의체는 모조리 참여를 거부했고 여덟 끼 혼밥의 수모를 겪으면서도 중국에 매달렸다. 이전 정부에서부터 논의되어 온 한미일 삼각군사동맹의 가능성은 죽창가를 앞세운 배일정책으로 싹을 잘라버렸다. 간첩이 대통령이 되어 전개한 외교였다.

파괴독재의 시대

61. 문재인 정권의 통치를 비판의 소재로 삼는 것을 막기 위해 KBS의 개그 콘서트를 없애버렸다. 이에 희극인들은 "군사정권 때도 이러지는 않았다"고 말했다. 박정희의 통치를 강력한 경제발전을 추구한 '개발독재'라면 문재인의 통치는 종북주의자들이 주체가 되어 대한민국 70년의 성취를 무너뜨리는 '파괴독재'였다. 간첩이 대통령이 되자 그는 독재자가 되었다.

62. 원전 경제성 조작을 수사받던 공무원은 지시를 내린 윗선을 묻는 수

사관의 추궁에 "내가 신내림을 받았나 생각했다"고 대답했다. 자해적인 탈원전은 대통령 문재인의 정책이었고 이를 수행한 담당 공무원은 문재인의 지시를 자백하는 대신 신내림을 말했다. 그 시대에 문재인은 신이었다. 청와대도 민주당도 대한민국을 파괴하는 간첩 문재인을 결사옹위했다.

63. 문재인은 공공부문의 비정규직 10만 개 이상을 정규직으로 전환하고 공무원을 11만 명 이상 늘리는 등 자신의 권력으로 철밥통 수십만 개를 만들었다. 온실가스 감축 목표치를 26%에서 하루 아침에 40%로 올려 기업 숨통을 죄었다. 국가의 모든 주요 현안을 제쳐놓고 장자연, 김학의 버닝썬 등 우익진영 궤멸을 목적으로 하는 일에 자신의 권력을 휘둘렀다. 그는 절대권력을 가진 독재자였다. 간첩이 권력을 잡은 결과로 보였다.

64. 문재인은 집권 중반이 될 때부터 자신의 통치에 질문하는 국민에게 대답을 주는 대신 광화문 광장에서 쫓아내고 야당을 완벽하게 배제 묵살한 채 국정을 독단적으로 운영했다. 이를 본 해외 언론은 한국을 신독재국가로 분류하고 민주주의 지수에서 이라크와 같은 반열에 올려놓았다. 국민은 문주文主국가라고 자조했다. 문재인은 독재자가 된 간첩이었다.

65. 문재인은 자신의 시대에 이학영 송갑석 등의 극단적 종북주의자까지 국회에 입성시켜 주사파를 국회의 최대 파벌로 만든데 이어 김남국 김용민 김의겸 최강욱 등 저질파까지 대거 영입한 후 그들을 거수기 삼아 의회독재를 실현했다. 북한 출신의 태영호 의원이 북한의 최고인민회의와 헷갈린다고 말하는 그런 국회로 만든 것은 간첩 문재인이었다.

66. 문재인 정권은 2019년부터 제1야당인 자유민주 정당을 완벽하게 소외시킨 채 자유당 시대보다 더 후진적이고 폭력적으로 국회를 운영했다. 검경수사권조정, 공수처설치, 선거법개정 등 좌익정권의 독재적 권력을 영구화하기 위한 법안을 마구 통과시킨다. 간첩 문재인 정권이 한 일이다.

67. 임대차3법, 부동산증세18개법안, 공정경제3법, 남북교류협력법, 중대재해처벌법은 대한민국 경제를 사회주의 경제로 변경하는 법안이다. 5·18처벌법, 공수처법개정안, 국정원법개정안, 대북전단금지법은 자유민주주의 국가인 대한민국의 정체성에 반하는 법안들이다. 모두 문재인의 시대에 국회를 통과했고 문재인은 이에 거부권을 행사하지 않음으로써 확정되었다. 간첩이 대통령이 되어 독재적 권력을 행사한 결과물이다.

68. 정부가 임대료를 결정하고 복수의 주택 소유를 금지하는 등 명백한 공산주의 법안인 부동산임대법과 1가구1주택법, 전세계로부터 강력한 항의를 받은 언론중재법, 말단의 읍·면·동까지 직접 통제하는 주민자치기본법, 윤미향구제법 등 국민의 저항으로 통과되지 못한 독재적 법안도 많다. 이런 법안이 통과되었다면 북한과 다를 바 없는 남한이 되었을 것이다. 북한과 같은 남한을 만들려고 했던 사람은 간첩이 맞을 것이다.

69. "청와대 수석은 장관보다 10배 힘이 세다" 문재인의 시대 관가에서 유행한 이 말은 청와대 주사파가 권력을 다 가졌다는 말이며 각 부처 장관은 허수아비였다는 말이다. 청와대 일개 행정관이 군 서열 1위인 합참의장을 불러 조사할 정도였다. 문재인 정권은 곧 청와대 독재정권이었다.

간첩이 대통령이 되어 주사파의 옹위 속에 수령 노릇을 한 시간이었다.

70. 독재자 문재인은 늘 아프다고 했다. 유능한 행정가들이 정부청사 바닥에 엎드려 움직이지 않으니 행정은 곳곳에서 구멍이 났고 사고가 터지면 대통령은 "가슴 아프다"는 말만 반복했다. 그것으로 끝이었다. 그래서 며칠 후면 가슴 아픈 일은 또 발생했고 그래서 또 아프다고 말했다. 간첩이 대통령이 되어 대한민국을 망치는 임무를 수행한 결과다.

71. 선거가 민주주의의 꽃이라면 문재인 시대의 선거는 썩은 꽃이었다. 선관위 직원들은 자리를 나눠 먹고 세습해 먹으며 해외로 나가 놀았고 바쁜 선거철이 되면 휴가를 내고 또 쉬었다. 그 대가로 정권이 원하는 것은 다 해주고 반대진영에는 가혹한 잣대를 들이댔다. 덕분에 문재인은 선거에서 쉽게 이길 수 있었다. 가짜뉴스, 포퓰리즘, 금권선거 등 3대 선거범죄를 모두 써먹은 문재인 세력은 이 땅의 민주주의를 썩게 한 간첩들이다.

72. 문재인이 임명한 대법원장 김명수는 전체 판사의 14%에 지나지 않는 우리법·국제인권법 출신들로 사법부 요직의 30~40%를 채웠다. 국보법 위반으로 유죄를 받은 이흥구를 "가장 훌륭한 판사"라며 대법관에 임명했다. 좌익 판사들이 장악한 대법원은 1·2심 판결을 판판이 뒤집어 놓는다. 뒤집힌 판결에는 공통점이 있었다. 좌익무죄 우익유죄. 간첩이 대통령이 되어 자신들에게 부역할 준비가 된 김명수를 대법원장에 앉힌 결과다.

73. 문재인이 권력을 잡자 한 판사는 바로 "재판은 정치"를 선언했고 이를

신호탄으로 정치적 목적에 부역하는 판결이 속출한다. 종교적 양심적 병역거부가 정당하다는 판결이 나오고, 여순반란사건에 대한 재심이 결정되어 폭동을 일으킨 간첩들에게 수조 원에 이르는 보상금을 지급하는 길이 열리고, 이승만과 박정희를 온갖 저질스러운 허위사실로 악의적으로 묘사한 다큐 '백년전쟁'이 무죄로 뒤집히고, 성남시장직 상실형을 받은 은수미의 2심판결을 파기환송하고, 전교조의 법외노조 처분도 파기된다. 이 모든 뒤집힘은 간첩 문재인이 부역자 김명수를 앞세우고 한 일이다.

74. 거짓말쟁이 대법원장 김명수는 간첩 문재인이 정권을 찬탈하는 과정에서 혁명적 방법으로 숙청한 박근혜를 계속 감옥에 잡아두기 위해 혁명재판을 열고 유죄를 만들어 갔다. 그리고 권순일과 이재명과 김만배가 엮인 희대의 재판거래로 이재명에게 무죄를 선고하여 극단적으로 이기적인 인간형인 이재명이 대권에 도전할 수 있었다. 현대 자유민주주의 국가에서 있을 수 없는 이런 일은 간첩 문재인이 대통령이 된 일에서 시작되었다.

75. 후배 법관이 대화를 녹음하여 스스로를 지키고, 법조인들이 탄핵을 촉구하는 성명을 낼 정도로 졸렬한 인간형 김명수를 문재인이 사법부 수장에 앉힌 이유는 무엇일까. 선과 악을 바꾸고 정의와 불의의 기준을 뒤집어 놓기 위해 자신처럼 좌뇌 한 쪽만 있는 김명수가 필요했을 것이다. 죄 없는 박근혜를 감옥으로 보낸 그들의 범죄를 법적으로 뒤처리해 줄 김명수가 필요했을 것이다. 한 번도 경험하지 못한 나라를 만들어가는 과정에서 범하게 될 위법 탈법 불법에 면죄부를 줄 수 있는 부역자가 필요했을 것이다. 간첩이 대통령이 되었으니 그런 사법부 수장이 필요했을 것이다.

인민을 만드는 경제

76. 대통령이 된 문재인은 자유시장자본주의를 경제원리로 삼는 대한민국에 장하성 김상조 김수현 등 좌익 경제학자를 대거 발탁하여 사회주의적 경제정책을 시행한다. 특히 홍장표가 주도한 소득주도성장이론은 남미 좌익 권력자들이 보편적으로 사용하는 포퓰리즘적 경제운용을 합리화하는 이론적 토대였다. 남한 경제를 망쳐놓기로 작정한 문재인은 이 이론에 의지하여 현금을 마구 뿌려 높은 지지율을 유지하면서 국민의 발전욕구와 국가의 성장 에너지를 박멸했다. 대통령이 된 간첩의 경제였다.

77. 사회주의 국가는 정부의 역할을 확대 강화한다. 이를 위해 큰 정부조직이 필요하고 세금을 높게 거둔다. 인구 감소가 시작된 나라에 문재인이 공무원 17만 명 증원을 공약하고 세금을 약탈의 수준으로 올린 것은 남한에 북한과 같은 전체주의 체제를 계획했다는 증거다. 자본주의 국가인 대한민국을 사회주의 체제로 만들어간 문재인은 간첩이 맞을 것이다.

78. 문재인 정권의 경제는 반기업 친노조 기조 위에서 운용되었다. 특히 촛불정국을 주도하여 박근혜를 축출하고 문재인 정권을 탄생시킨 1등 공신 민노총은 국가 경제의 방향성을 결정했다. 문재인의 시대에 민노총은 끌고 다녔고 기업은 끌려 다녔으며 경제의 주체는 기업이 아닌 민노총이었다. 권력자가 된 민노총 간부들은 많은 특권을 향유했으나 일반 노동자는 더욱 가난해 졌다. 간첩이 대통령이 되어 만든 대한민국 경제였다.

79. 문재인이 반기업 정책을 고수하자 기업은 고용을 줄이거나 해외로 나갔다. 주 52시간제를 법제화하고, 최저임금을 급격히 올리고, 중대재해처벌법을 만들어 모든 기업주를 잠재적 범죄자로 만들자 일자리는 급격하게 줄었다. 이에 문재인은 세금으로 만든 단기 알바를 대폭 늘리고 통계를 조작했다. 그러나 일자리를 대폭 줄인다는 것이 확인된 자신의 경제정책을 수정하지 않았다. 살만했던 서민의 일자리를 줄여 가난한 인민으로 만드는 그의 인민화 정책이었다. 이래도 문재인이 간첩이 아닌가.

80. 국민의 재산을 약탈하여 가난한 인민으로 만드는 문재인의 정책은 부동산 가격의 폭등에서 분명하게 확인된다. 그는 집값 안정에 자신 있다고 말했으나 27번에 걸친 모든 대책은 하나같이 폭등의 원인이 되었다. 노무현 정부에서 이미 17번의 대책을 내놓으며 집값을 폭등시킨 김수현을 다시 부동산 사령탑에 세운 일에서 집값 폭등이 문재인의 계획이었음은 확인되며, 직을 버리고 집을 선택한 그의 수하들도 문재인의 본심을 확인해 주었다. 집값을 올려 집 없는 인민을 만드는 것이 그의 본심이었다. 국민을 인민으로 만드는 이 정책은 그가 간첩이라는 또 하나의 증거다.

81. 문재인이 원한 백성은 자가를 가진 부유한 국민이 아닌 공동주택에 사는 가난한 인민이었다. 이것은 민간의 임대주택사업을 장려하고 심지어 여의도와 강남의 금싸라기 땅에 공공임대주택 건설을 추진한 일에서 분명하게 확인된다. 자가를 가진 국민은 보수가 된다고 말한 김수현의 신념을 실천한 정책이다. 간첩의 정책이 아니라면 이해되지 않는다.

82. 문재인은 자기 집이 없고 일자리가 없는 서민에게 갖가지 명목의 현금을 마구 퍼부었다. 그것은 복지가 아니라 돈질이었다. 가난한 서민이 정부 지원금에 의존하여 생계를 유지하고 선거 때가 되면 지금의 정부에 반사적으로 투표하는 것은 남미 좌익 국가에서 흔한 인민화 정책이다. 문재인의 일자리 정책과 부동산 정책은 실패한 것이 아니다. 이런 정책으로 집권 초반에는 80%가 넘는 지지율을 누렸고 물러날 때는 나라를 엉망으로 만들어 놓고도 40%대를 유지했다. 그래서 그의 인민화 정책은 성공했고 나라는 망가졌다. 간첩이 대통령이 되어 한 일이다.

83. 문재인은 저소득층에게 지원을 집중하는 현대 자본주의 국가의 복지 정책에 반하여 전국민에 균등하게 현금을 살포했다. 파괴적인 그의 경제 정책에다 역병이 더해져 하위 20% 서민의 소득이 급격하게 줄어 감소율이 무려 17%를 넘었고 부자들과의 소득 격차도 크게 확대되었다. 서민과 노동자의 정부를 표방하고 저녁이 있는 삶을 모토로 그들의 선택을 받은 문재인은 서민이 배고픈 저녁, 저녁에도 알바를 뛰어야 하는 서민을 만들어 놓았다. 그가 간첩이 아니라면 이렇게 하지 않았을 것이다.

84. 2020년 총선에서 고민정의 지원유세에 나선 이인영은 "고 후보를 당선시켜주면 국민 100% 모두에게 재난지원금을 드리겠습니다"라고 말했다. 선거에 압승한 후 소득 하위 70%에 지급하겠다고 한 대통령 문재인의 말을 뒤집고 100% 지급했다. 문재인의 5년 간 예타가 면제된 SOC사업은 119조 원으로 이명박의 2배, 박근혜의 5배였다. 문재인은 국민의 세금을 물쓰듯 했다. 그가 간첩이 아니라면 그러지 않았을 것이다.

85. 국고를 물 쓰듯 했던 문재인의 5년간 우리는 국민도 기업도 나라도 모두 빚더미에 앉게 되었다. 2017년까지 70년간 쌓인 국가채무는 660조2000억이었으나 이 금액은 그의 5년간 단숨에 407조5000억이 늘어 2022년에는 1067조7000억이 된다. 가계부채 규모는 2018년 주요국 중 6위였으나 2021년에는 1위로 등극했고 독보적 1위인 증가속도는 세계를 놀라게 했다. 특히 가계부채가 104.2%로 GDP 규모를 넘는 유일한 국가가 된 것은 크게 위험한 일이다. 나라와 국민을 빚쟁이로 만들고 퇴임 후 자신의 시대에 경제가 더 좋았다고 말한 사람은 간첩이 맞을 것이다.

86. BIS가 발표한 2020년 대한민국의 총부채(가계+기업+정부부채)는 5086조다. 이를 기준으로 지금의 청년세대가 장년이 되는 20년 후 짊어져야 하는 부채는 은퇴한 부모세대의 몫까지 포함하여 1인당 2~3억 원이 될 것이다. 특히 문재인 정권은 2022년 1067조인 국가채무를 2030년에는 2200조가 되고 이후 더 기하급수적으로 늘어나는 구조를 만들어 놓아 1인당 부담액은 급격히 늘어날 것이다. 문재인이 했던 돈잔치는 자식세대에게 빚잔치로 돌아갈 것이다. 간첩의 돈잔치는 미래의 빚잔치를 예약했다.

87. 문재인이 정권을 잡은 2017년 한국의 GDP 순위는 세계 11위였다. 그러나 그가 물러난 2022년의 순위는 13위로 내려앉았다. 이게 진정한 문재인의 경제 성적표다. OECD의 보고서에 의하면 2044년 한국의 잠재성장율은 0.62%로 예상되어 38개 회원국 중 38위다. 제1의 원인은 급격히 증가하는 부채규모다. 문재인 정권의 기재부도 2045년 우리의 부채가 GDP의 99%에 이를 것이라고 전망했다. 2000년대에 3.8%에 달하던 잠재성

장율은 문재인의 시대에 1%대로 떨어진 후 2030년대가 되면 0%대로 곤두박질 친다고 OECD는 전망했다. 세계 경제기구들은 이구동성으로 망조가 든 대한민국 경제를 말하고 있다. 그럼에도 문재인은 자신의 정부에서 경제가 더 좋았다고 말했다. 거짓말 하는 이 사람 간첩이 틀림없다.

88. 남북경제균형론은 종북세력이 고안해낸 이론이다. 남북의 경제적 격차가 크면 통일에 장애가 되므로 균형을 맞추어야 한다는 것이다. 종북정권이 들어서면 북한 퍼주기에 혈안이 되는 이론적 토대다. 문재인은 퍼주기에서 한 발 더 나아가 남한의 경제력을 고의로 저하시키는 정책을 감행했고 그래서 그의 경제정책은 모두 파괴적 결과를 낳았다. 이 중에서도 대표적인 것이 바로 탈원전 정책이다. 대한민국의 에너지 산업을 무너뜨리는 동시에 가동을 중지시킨 원전 설비를 뜯어 3국을 경유, 북한으로 보내는 계획인 듯 했다. 그렇다면 탈원전은 자해행위인 동시에 간첩행위다. 북한의 경제를 지원하고 남한의 경제를 파괴하는 간첩의 경제학이다.

범죄와 분열과 특권의 사회를 만들었다

89. 대한민국을 완전한 좌익의 나라로 바꾸는 혁명을 결심한 문재인과 그의 동지들은 검찰개혁을 합창한다. 혁명의 과정에서 불가피한 위법과 불법행위에 대한 처벌을 선제적으로 피하기 위해서다. 그것으로 안심하지 못한 문재인은 퇴임 직전 검찰의 수사권을 박탈하며 국가의 형사사법 기능을 망가뜨리는 일까지 감행한다. 이런 혁명적 입법행위도 불사하는 그

는 정상적인 국가원수가 아니었다. 대통령이 된 간첩이 하는 짓이었다.

90. 대통령 문재인이 법무장관으로 임명한 추미애는 미쳐 있었다. 헌정사상 단 한 번 있었던 법무장관의 수사지휘권을 세 번이나 발동하고 감옥살이 중이던 사기꾼의 말을 근거로 검찰총장의 직무를 거듭 정지시켰다. 그러나 대통령 문재인은 그의 미친 짓을 말리지 않았다. 나라의 사법기강을 온전하게 유지하는 일에 관심이 없는 대통령은 간첩으로 보였다.

91. 문재인은 대한민국을 범죄천국으로 만들기로 작정한 듯 보였다. 특별감찰관 자리를 5년 내내 공석으로 두자 청와대 직원들의 비리사건은 연이어 터졌고, 그럼에도 비리사건이 없었다고 말하는 그의 심중은 국민의 눈을 속이고 계속 해먹자는 수작으로 보였다. 대법원장 김명수가 권력자들의 범죄를 심판하는 일을 미루고 또 미루자 일반 국민의 사건도 함께 밀렸고 그래서 문재인의 시대에 미제사건은 산더미처럼 쌓여갔다. 결국 어린 학생들이 "우리는 사람을 죽여도 교도소 안간다"고 소리치는 나라가 되었다. 범죄천국을 만들려는 간첩 대통령이 만든 대한민국이었다.

92. 마약 청정국이던 한국은 문재인의 시대에 마약이 넘치는 나라가 되었다. 마약의 나라 멕시코 대통령이 한국을 경유하여 멕시코로 유입되는 마약에 대한 통제를 우리 정부에 공식 요청할 정도였다. 지방경찰청장을 지낸 국회의원이 "5년 사이에 불과 5배 늘어난 수준이다"라고 하는 말에서 정권 차원에서 대한민국을 마약천국으로 만들었다는 것을 알 수 있다. 아편에 무너진 청나라를 꿈꾼 대통령 문재인은 간첩이 맞을 것이다.

93. 문재인은 국민을 이쪽과 저쪽, 네편과 내편으로 나누고 편싸움을 붙였다. 그의 편에는 그가 양념이라 부른 극단적 지지자들과 조국 최강욱 황운하 등 곧 감옥 가게 될 범죄피의자들을 선두에 세웠고 그들은 가열차게 싸웠다. 대통령이 붙인 편싸움을 구경하는 국민도 덩달아 두 편으로 나뉘어졌다. 국민통합을 위해 노력하는 일은 대통령의 중요한 책무다. 스스로 국민을 분열시킨 문재인은 대통령이 아니라 간첩이었다.

94. 대통령 문재인은 국민을 두 편으로 나누고 싸움을 붙이기 위해 직접 이간계를 썼다. 코로나가 창궐하여 모든 의료진이 기진맥진하고 있을 때 그는 의사와 간호사를 싸움 붙였고 이를 한심하게 여긴 간호사들이 그에게 통합 노력을 주문할 정도였다. 그는 스스로 주저하지 않고 국민을 '이쪽과 저쪽'으로 나눠 부르기도 했다. 대통령이라면 할 수 없는 국민 분열의 술수였다. 그러나 간첩이 한 일이라면 충분히 이해되는 술수였다.

95. 대통령인 문재인이 종합범죄혐의자 조국을 편들자 서초동을 점령한 개국본은 국민에게 싸움을 걸었다. 조국을 초엘리트라 부르며 지켜내려는 사람들은 계급투쟁을 벌이고 있었다. 공산주의 특권계급의 반열에 오른 조국을 지키는 투쟁이었다. 그래서 조국의 처벌을 주장하는 국민은 저절로 기득권을 지키려는 부르주아 계급이 되었다. 조국을 내세워 대한민국 땅에 계급투쟁론을 부활시킨 문재인은 간첩이 분명하다.

96. 법무장관은 국가의 법과 정의를 지키는 직무를 수행하는 최고위의 직위다. 대통령 문재인이 이 자리에 연이어 임명한 조국 추미애 박범계는 모

두 법 질서를 파괴하는 행적을 걸어온 사람들이다. 이 셋은 법무장관이 되어서도 대한민국의 법 질서를 적극적으로 무너뜨렸다. 이를 방관하는 대통령을 보며 세 명의 법무장관은 하수인일 뿐 그것은 문재인이 의도한 것임을 알 수 있었다. 법과 공정을 파괴하여 남한의 사회질서를 붕괴시키는 문재인의 혁명이었다. 문재인 이 사람 간첩이 분명하다.

97. 문재인의 시대에 유행한 내로남불은 좌익의 불공정을 상징하는 말이다. 불공정은 곧 특권으로 발전했고 민주당 정치인들은 민주유공자법을 만들어 자신들의 특권계급화를 시도하고 그것을 세습하는 법안을 발의했다. 특권계급은 공산국가에서 존재할 뿐 자유민주 국가에서는 인정되지 않는다. 이를 도모한 문재인 정권은 간첩들의 정권이다.

98. 헬조선은 이명박 박근혜 시대에 좌익진영이 공산당의 선전구호처럼 써먹던 말이다. 그러나 문재인이 법과 공정과 정의를 무너뜨리자 대한민국은 진정한 헬조선이 되었다. 실업자가 넘쳐나고, 서민의 자가 소유가 어렵게 되고, 권력자들이 특권을 누리는 세상이야말로 헬조선이었다. 대한민국을 진짜 헬조선으로 만들어 놓은 문재인은 대통령이 된 간첩이었다.

99. 퇴임 대통령 문재인은 한 다큐영화에서 "5년간 이룬 성취가 순식간에 무너져 허망하다"고 말했다. 대체 그의 성취는 무엇일까. 집값 폭등, 일자리 대폭 감소, 서민의 잇따른 자살, 국고탕진과 천문학적 부채, 공정과 법치의 후퇴, 국민 분열, 주사파들의 독재적 통치, 왕따 외교, 이런 일 외에는 생각나는 것이 없는데 그가 말하는 '무너진 성취'는 대체 무엇일까. 우

리에게는 모조리 나라 망친 일로 기억되는 이런 일이 그에게는 성취라는 의미인가. 그가 말하는 성공과 성취는 대한민국 국민인 우리의 그것과 다른 것이 분명하다. 대한민국을 지키려는 우리의 성공과 대한민국을 파괴하려는 그의 성공이 같을 수는 없을 것이다. 대한민국을 파괴하는 성취를 이루고 윤석열이 그것을 되돌리는 것을 보며 허무하다고 말하는 전직 대통령 문재인은 간첩이 분명하다. 그는 적국의 대통령이 된 간첩이다. 세계 역사에서 유례를 찾을 수 없는 일이다. 이 일을 그냥 둘 수는 없다.

100. 대통령이 된 문재인은 종북 원로그룹의 지도를 받으며 지하혁명 조직 출신들과 주사파 세력을 모아 자신의 정권을 구성했다. 이들은 대부분 과거 반국가행위로 처벌을 받은 사람으로 간첩이나 다름없다. 문재인은 이들과 함께 주한미군철수, 국보법 철폐, 연방제 실시 등의 대남혁명과업을 수행해 나갔다. 60년 전 김일성이 내린 이 대남혁명의 지령은 모든 간첩과 간첩단이 추구하고 수행하는 임무다. 이것을 수행한 문재인은 간첩이 분명하다. 이것을 수행한 그의 정권은 사상 최대 규모의 간첩단일 것이다. 간첩 문재인을 처벌하지 않으면 그의 대남혁명은 곧 완성될 것이다. 그를 방치하면 우리는 목숨을 잃거나 김정은의 인민이 될 것이다. 문재인은 양산에 요새를 구축하고 지금도 건재하다.

간첩 이야기 그리고 문재인

1949년 10월 건국을 선포한 신중국의 북경 겨울, 총리 주은래는 공산당 품에 안긴 국민당 인사들을 위한 연회를 베풀었다. 이 자리엔 장개석 국민당군의 최고계급인 상장군 후쭝난胡宗南의 부관이자 기밀비서인 슝상후이熊向暉도 있었다. 주은래는 자랑스럽게 말했다. "오늘 내가 여러분께 비밀 하나를 공개하겠다. 슝상후이 동지는 1936년 입당한 공산당원이다. 우리가 후쭝난 군에 심어놓았다." 후쭝난은 장개석이 타이완 섬으로 탈출할 때 마지막까지 싸웠던 총사령관이고 슝상후이는 후쭝난이 가장 신뢰하는 부관이었다. 슝은 무려 12년간 국민당군 심장에 심어진 공산당의 간첩이었다. 밤에 결정된 국민당군의 작전계획이 다음날 아침이면 모택동의 책상 위에 올라 있고 국민당군의 일선 부대에 전달되기도 전에 공산당군 지휘관 손에 먼저 들어가 있었던 이유는 그렇게 밝혀졌다. 타이완으로 쫓겨난 장개석이 "나는 군사에서 패배한 것이 아니라 정보에서 졌다"며 뒤늦은 한탄을 토해낸 것도 같은 이유다.

1946년 7월에 장개석은 국민당군의 200만 병력을 동원하여 화북 화중지역의 공산당 근거지를 점령한다. 이때 후쫑난은 15만 병력을 움직여 공산당 기지 옌안延安 공격을 단행했다. 공산당군은 후쫑난을 텐냥天狼 즉 세상에서 가장 흉폭한 놈이라 부르며 두려워했고 국민당 스스로는 후의 군대를 천하제일군天下第一軍으로 불렀다. 그러나 후의 군대가 예안에 입성했을 때 공산당군은 이미 흔적도 없었다. 오히려 매복하고 있던 펑더화이彭德懷군의 기습을 받았고 미국이 공급한 최신 장비로 무장한 15만의 천하제일군은 2만5천의 공산당군에 궤멸된다. 펑의 군대는 간첩 슝샹후이가 제공한 국민당 군의 깨알같은 작전계획을 모두 꿰고 있었던 것이다.

1930~40년대에 전개된 대륙의 국민당군과 공산당군의 내전에서 48년 완전한 패망 전까지도 미국의 지원을 받은 국민당군은 화력은 물론 병력숫자에서도 홍군에 비교해 우위에 있었다. 홍군 병력이 10만도 되지 않던 시기에도 국민당군은 100~200만 명에 달했다. 그럼에도 홍군은 회생 불능의 치명적 패배를 당한 적은 없다. 국민당의 움직임을 미리 알려주는 간첩들이 곳곳에 심어져 있었고 그래서 국민당군보다 늘 한 발자국 먼저 움직일 수 있었기 때문이다. 전력면에서 턱에도 미치지 못했던 홍군이 국민당군을 이길 수 있었던 것은 스파이를 이용한 정보전에서 절대적으로 앞섰던 것이 핵심 요인이었다. 타이완으로 퇴각한 장개석이 그곳에까지 따라온 공산당 간첩들을 샅샅이 잡아낼 때도 자신의 턱밑에 있는 국방부 참모부장 우스吳石가 간첩이라는 사실은 몰랐다. 아군 내부에 침투한 공산당 스파이는 이렇게 무서운 것이다.

팜응옥타오는 공산당원으로서 월맹, 즉 공산 베트남의 정보장교였다. 그는 남하하여 자유베트남에 귀순했고 군부의 요직을 두루 거치며 베트남군 내부의 주요 정보를 공산 베트남에 제공했다. 북쪽의 공산당이 내려보낸 간첩이었다. 남베트남 일개 주의 주지사를 역임할 때는 다수의 공산주의자를 포함하는 약 2000명의 반정부 인사를 석방하는 등 자유 베트남 정부에 반하는 행동으로 일관했다. 자유주의를 표방한 딘디엠 정부에 대한 쿠데타를 모의한 것이 발각되어 도주하다 1965년 체포된 후 사살되었다. 이때까지도 그가 월맹의 간첩이라는 사실은 드러나지 않았다. 그러나 공산당이 승리하고 12년이 지난 1987년에 베트남 정부는 그에게 인민군 대령 계급과 인민군 영웅 칭호를 부여했고 이때에야 비로소 그가 북베트남의 간첩이었다는 사실이 밝혀졌고 지금도 베트남에서는 최고의 간첩으로 추앙받고 있다. 공산당 간첩의 정체를 밝혀내는 것이 얼마나 어려운 일인지를 보여주는 대표적 사례로 꼽힌다.

쯔엉딘주는 북베트남이 남베트남이 심은 간첩이다. 그는 남베트남의 부통령에 출마했을 정도로 토착화에 성공한 간첩이었다. 그는 "월맹과 대화를 통해 얼마든지 협상이 가능하다. 평화적으로 남북문제를 해결하겠다"는 주장을 반복했다. 문재인의 논리와 판박이다. 당시의 베트남도 지금의 우리처럼 남쪽은 자유민주 정부였고 북쪽은 공산당이 장악하고 있어서 그들에게도 두 체제의 대립은 남북문제였다. 1973년 미국이 프랑스 파리에서 공산 베트남 월맹과 협상하여 베트남 철수에 합의할 당시 쯔엉딘주는 막후에서 미국과 접촉한 주요 라인이었으며 미국에 머문 그의 아들도 은밀하게 움직였다. 그의 정체가 드러난 것은 자유베트남이 월맹에 점령되고 나서의 일이다. 전후 미국은 그의 아들을 간첩혐의로 체포했고 월맹은 미국과 접촉하며 자유주의 사상에 오염된 쯔엉을 사상교화를 거친후 정부의 고위 고문역으로 편안한 노후를 보장했다.

1949년 독일이 동·서독으로 분단되고 동독에서 서독으로 넘어간 난민은 300만 명에 달했다. 동독의 국가안보부 슈타지STASI는 여기에 다수의 간첩을 심었고 이들이 서독인을 포섭한 결과 서독에는 약 3만명의 간첩이 암약했다. 자유민주 정부 서독에서 공산당 정권인 동독을 위해 일한 사람이 3만명이었다는 의미다. 통일 후 기밀 해제된 슈타지의 문건에 의해 확인된 사실이다. 이들은 서독 사회의 모든 영역에 침투했고 언론인, 작가, 군인, 경찰, 체육인, 연예인, 교수 등 수많은 서독인과 접촉하여 빼낸 정보를 동독에 넘겼다. 정계의 경우는 연방의원 8명과 유럽의회 의원 2명이 동독 간첩이라고 이 문건에 나와 있다. 이들의 수는 원내 교섭단체를 구성할 수 있을 정도였는데 사민당 원내총무도 그 중 한명이었었다.

사민당 빌리 브란트 총리의 수행보좌관으로 1급 국가기밀에 접근할 수 있었던 퀸터 기욤이 동독의 간첩으로 확인되었고 기민당의 헬무트 콜 총리의 측근에도 간첩들이 포진되어 있었다는 사실은 특히 충격적이었다. 학계에도 간첩들이 활개를 쳤는데, 북한을 북한의 시각으로 봐야 한다는 '내재적 북한 접근법'을 주장한 재독 학자 송두율이 벤치마킹한 '내재적 동독 접근법'의 주창자 페터 루츠 교수, 저명한 국제정치 학자인 한스 야콥센 교수도 동독의 간첩이었다.(매일신문, 2023.1.11) '민족'과 '공산주의' 이념으로 간첩행위의 양심과 불법의식을 극복한 동독의 간첩들이 서독에서 광범위하게 활동한 것이다. 김대중 정권의 햇볕정책 이후 북한 정권에 대한 경계심이 무너지고 '요즘 세상에 간첩이 어디 있느냐'는 의식이 보편화되면서 대한민국은 이미 간첩들의 천국이 되었다. 통일이 되고 비밀문서가 공개되면 북한을 위해 활약한 사람들이 누구인지, 누가 간첩이었는지 드러날 것이다. 우리의 통일이 북한이 남한을 흡수하는 공산주의로의 통일이 되지 않기 바란다면 간첩들이 통일 이후에나 밝혀져서는 안된다.

1997년 2월 망명한 북한 정권 서열 24위의 로동당 비서 황장엽은 망명전 우리 측에 보낸 서신에서 "그쪽(남한) 권력 깊숙한 곳에 이쪽(북한) 사람이 있다"며 기밀유지를 신신당부했다. 후에 그는 "남한 내에는 고정간첩 5만 명이 암약하고 있으며 권력 핵심부에도 침투해있다"며 "우연히 김정일의 집무실 책상 위에 놓인 서류를 보았더니 그날 아침 (남한의) 여권 핵심 기관의 회의내용과 참석자들의 발언내용 등이 상세히 기록돼 있었다"는 구체적 정황 설명까지 해서 우리에게 충격을 주었다.

황장엽이 망명한 3일 뒤에는 이미 귀순하여 분당에 거주하고 있던 김정일의 처조카 이한영이 북파 간첩이거나 남한 내 자생간첩으로 추정되는 괴한으로부터 피습을 받고 사망한 사건이 발생한다. 이한영의 모친이자 김정일의 전처 성혜림의 언니인 성혜랑은 1996년 미국으로 망명한 뒤 "서울에만 4만 명의 북한 간첩이 있다"고 말했다. 또한 북한 정찰총국 고위직을 지낸 탈북자 김국성은 직파 간첩이 15만 명이라고 주장했다. 황장엽은 5만이라고 했고 성혜랑은 4만이라고 했으며 김국성은 15만 명이라고 했다. 대한민국에는 대체 간첩이 얼마나 존재할까.

1992년 노태우 정부의 국방장관 이종구는 "북한은 서울 시내에만 2만여 명의 고정간첩망을 두고 있다"고 말했다. 이 무렵 북한학자인 이명영 성균관대 교수도 비슷한 수치의 자료를 내놓았다. 김일성이 사망한 1994년 7월에는 서강대 박홍 총장이 "사회 각계에 진출한 주사파가 1만5000명에서 3만 명에 달한다"며 국민의 경각심을 깨웠다. 대검 공안부장을 지낸 이건개 변호사는 2013년 "우리 사회에 심어져 있는 간첩세력의 규모는 지금 12만 명 정도로 보고 있다. 왕재산 사건 당시 담당 판검사들에게 9000건 이상의 항의가 들어왔다. 정치권 뿐만 아니라 사법부에까지 종북 세력이 광범위하게 뻗어있다는 증거다"라고 말했다. 1968년 1월 청와대를 습격하기 위해 남파되었다 생포된 후 "박정희 모가지 따러 왔수다"라고 말했던 김신조 목사는 "남한에 빨갱이가 너무 많다. 대한민국은 김정일의 것이다"라고 말했고, 윤석열은 대통령이 되어 국정을 파악하다 "나라에 간첩이 이렇게나 많나"라며 놀랐다고 한다. 대한민국이 간첩천국이 되었다는 말은 근거 없는 것이 아니다.

국정원이나 대검 공안부 등 대간첩 업무를 담당했던 전직 수사관들은 국내에서 암약하는 핵심 고정간첩을 최소 500명에서 최고 1000명으로 추정한다. 1996년 7월에 검거된 고정간첩 정수일(일명 무하마드 깐수)은 "현재 수십 명에서 수백 명이 남한에서 활동 중"이라고 밝힌 바 있다. 서울대에서 우익성향의 학자로 위장하여 무려 36년간이나 적발되지 않고 암약했던 고영복 교수도 이들 중 하나인 고정간첩이었다. 그러나 대북정보 분석가들은 서울에서 매일 발사되는 암호전파의 숫자를 근거로 서울에서 암약 중인 고정간첩의 수를 2만명 이상으로 추정한다. 최소 500명에서 2

만명, 5만명, 그리고 15만명의 차이는 간첩활동 무게의 경중과 남한 내의 자생간첩을 포함시키느냐 하는데 따라 달라지는 숫자다. 기준에 따라 최고 30만명으로 보는 견해도 있다. 북한이 파견한 직파간첩에다 주사파를 비롯한 운동권과 범 종북세력까지 합하면 최소 10만명은 될 것이다. 여기다 보수정당에는 무조건적으로 등을 돌리는 사람들과 선거에서 단일투표 집단으로 행동하며 간첩세력에게 자양분을 공급하는, 정확히는 이용당하고 있는 특정 지역민까지 합한다면 이야기는 달라질 것이다. 반국가행위자를, 심지어 간첩으로 활동하다 처벌받은 사람들까지 민주화 유공자로 신분을 세탁해주고, 그들 세력에게 진보라는 이름을 붙여주고, '요즘 세상에 간첩이 어디있느냐' '체제경쟁과 이념전쟁의 시대는 끝났다'는 등의 위장언어에 익숙해지며 우리가 잊고 있는 사이 대한민국에는 이렇게 많은 간첩들이 활개를 치고 있다. 노무현 사후 종북좌파 세력의 리더가 된 문재인은 이런 간첩의 무리 중 하나일 것이다. 그러나 대통령의 자리에 오른 그의 무게는 보통의 간첩들과는 완전히 다른 것이었다.

숭상후이와, 팜응옥타오와, 쯔엉딘주와, 퀀터 기욤과, 고영복과, 문재인은 간첩이었다는 점에서 공통적이다. 자신이 간첩이라는 사실을 숨기고 적진이나 적국에서 암약한 점에서도 같다. 숭상후이와 팜응옥타오와 쯔엉딘주는 결국 적을 이기고 승리했으나 퀀터 기욤은 패배했고 고영복은 결과를 보지 못했으며 문재인은 아직 진행중이라는 점에서 각기 다르다. 그중에서도 문재인이 앞의 5명의 간첩들과 결정적으로 다른 점이 있다. 적국의 정권을 잡고 국가수반이 되어 5년간 체계적으로 적국을 파괴해 나갔다는 점이다. 현대 세계사에 이런 일은 없다. 그래서 문재인은 적국의 대통령이 된 첫 번째 사례일 것이다. 세계사에도 이런 일이 있었나 싶다. 없다면 그는 세계사에서 최초로 적국의 최고통치자가 된 사람일 것이다. 문재인은 그의 적국 대한민국의 대통령이 된 간첩이었다.

문재인은 경남 양산에 800평에 이르는 대저택을 짓기 위해 농지전용 등 편법적이고 위법적인 방법을 동원했고, 100억 이상을 들여 경호동을 짓고 3000그루 이상의 다양한 수종으로 조경을 했다. 그리고 사저에서 가장 가까운 KTX 물금역 확장공사까지 했다. 완성된 그의 사저는 창문도 제대로 나 있지 않아 무슨 비밀 성채 같은 모양새다. 그래서 많은 국민은 이곳을 종북세력의 아지트로 의심한다. 심지어 북한과 교신할 수 있는 통신시설이 구비되어 있을 것이라고 주장하는 사람도 있다. 동아일보 김순덕 기자도 이곳을 마치 바스티유 같다고 했으니 이런 주장이 근거 없는 것은 아닐 것이다. 문재인은 이곳에 경호인력을 65명이나 배치하고 있다. 기존 대통령들의 27명에서 무려 38명을 더 늘린 것이다. 이 경호팀을 유지하는데도 수십억이 들어갈 것이다. 65명은 2개 소대 병력규모다. 그렇다면 이곳은 요새要塞가 맞다. 그는 외부의 어떤 무력 공격을 대비하고 이 건물을 지었을 것이다. 외부에서는 안이 전혀 보이지 않게 만들어져 있다. 반국가세력이 이곳에 모여 반란을 모의한다고 상상하면 그 용도에 딱 맞게 지어진 것으로 보인다. 문재인을 간첩으로 규정한다면 모두 이해되는 일이다. 그러나 그를 대한민국 전직 대통령으로 생각한다면 도무지 이해되지 않는 일들이다. 그는 대통령이었던가. 아니다. 북한을 위해 일한 간첩일 것이다. 간첩이 대통령이 되었던 것이다. 확신한다.